Interprétation en anglais de la signification de la

Le Qur'an

Révélation finale

Présenté à:

_____

D1510979

finalrevelation.net
Houston, Texas

Le Qur'an

Publié par:
finalrevelation.net
a6h@yahoo.com
P.O. Box – 890071
Houston, TX 77289
281-488-3191

Compilé par (*ISNA de site web*): Abdul Hye, PhD

1ère impression / juillet 2010

Imprimé aux Etats-Unis d'Amérique

Bibliothèque de Nombre de Carte de Catalogue de Congrès: 2006906270

ISBN 9781477467374

Le Qur'an

Introduction

Le Qur'an est la révélation finale d'orientation de l'humanité à partir du même Dieu Tout-Puissant qui a envoyé Abraham, Moïse et Jésus. Ce Qur'an est traduit / mot interprété pour mot de l'arabe vers l'anglais de manière simple afin qu'il puisse être facilement comprises par tout le monde. N'importe quel mot nécessaires pour compléter un sens ou pour faire l'interprétation claire est ajoutée entre parenthèses. Il devrait aider le lecteur à bien comprendre. Tous les 25 noms des prophètes mentionnés dans le Qur'an sont répertoriés comme des noms anglais de sorte que le lecteur peut trouver le même nom mentionné dans les textes précédemment révélé. Un arbre prophète est fourni au début avec une liste des lieux, les nations, les repères, etc pour chaque prophète comme références. Une carte est fournie pour montrer l'emplacement de chacun de ces lieux et les nations. Une brève liste des événements de la vie du Prophète Muhammad est donné de comprendre les buts et les objectifs de sa mission. Depuis qu'il a été envoyé comme **Messager de la finale de l'univers** tout entier jusqu'au dernier jour de ce monde, tous ses efforts se sont concentrés sur la réalisation à toutes les nations par le biais des délégations et des lettres vers la paix pour toute l'humanité dans ce monde et l'au-delà. Il a personnellement voyagé 27 expéditions et a écrit des lettres aux différents rois et les chefs des différentes nations. Une liste de ces lieux et les nations sont répertoriés. Outre le Qur'an, toutes ses paroles avec les événements (Hadith) raconté par ses compagnons de son vivant et après ont été conservées et enregistrées dans un ordre systématique si un lecteur peut trouver la référence détaillée / raison dans Hadith pour toute révélation particulière dans le Qur'an «une qui a été révélé pendant 23 ans. Deux exemplaires du Qur'an sont à l'origine compilé conservé à Tachkent, en Ouzbékistan et Istanbul, en Turquie. Aujourd'hui, l'arabe Qur'an est le même que celui initialement établi.

Toutes ces informations aideront le lecteur à comprendre la poursuite de la religion d'Abraham à Moïse, Jésus et enfin par Muhammad, qui a été envoyé avec ce **Qur'an** pour livrer la version finale de la religion d'Allah à l'humanité, **l'islam**.

Abdul Hye, PhD
finalrevelation.net
1 juillet 2010

Table des matières

Introduction iii
Table des matières..iv
Prophètes mentionnés dans le Qur'an (Arbre) vii
Lieux, Nations Unies, de la Culture (Table)............................ viii
Situation des lieux, des nations, Culture (Carte) ix
Lieux et endroits (Liste) x
La vie du Prophète Muhammad xi
Prophète des Lettres aux dirigeants et leaders xv
Le dernier sermon du prophète Mohammed xvi
L'histoire de la compilation du Qur'an xvii
Alphabétique des chapitres Qur'an..............................xviii

#	Nom de la section	Nom de la section Sens	# Versets	Révélé @	Page #
1	Al-Fatihah	Prologue	7	La Mecque	1
2	Al-Baqarah	La Vache	286	Médine	1
3	Al-Imran	La famille d'Imran	200	Médine	22
4	An-Nisa'	Les femmes	176	Médine	34
5	Al-Maidah	La table servie	120	Médine	47
6	Al-Anam	Les bestiaux	165	La Mecque	56
7	Al-Araf	Le heights	206	La Mecque	67
8	Al-Anfal	Le butin	75	Médine	79
9	At-Tawbah	Le repentir	129	Médine	84
10	Yunus	Jonas	109	La Mecque	93
11	Hud	Hud	123	La Mecque	99
12	Yusuf	Joseph	111	Médine	106
13	Ar-Raad	Le tonnerre	43	Médine	113
14	Ibrahim	Abraham	52	La Mecque	116
15	Al-Hijr	Les secteurs de Rock	99	La Mecque	119
16	An-Nahl	Les abeilles	128	La Mecque	122
17	Al-Isra	Le voyage nocturne	111	La Mecque	129
18	Al-Kahf	La caverne	110	La Mecque	135
19	Maryam	Marie	98	La Mecque	141
20	Ta-Ha	Ta-Ha	135	La Mecque	145
21	Al-Anbiya	Les prophètes	112	La Mecque	150
22	Al-Hajj	Le pèlerinage	78	Médine	155
23	Al-Muminune	Les croyants	118	La Mecque	159
24	An-Nur	La lumière	64	Médine	164
25	Al-Furqane	Le discernement	77	La Mecque	168
26	Ash-Shuaraa	Les poètes	227	La Mecque	172
27	An-Naml	Les fourmis	93	La Mecque	178
28	Al-Qasas	Le rècit	88	La Mecque	182
29	Al-Ankabut	L'araignèe	69	La Mecque	187
30	Ar-Rum	Les romains	60	La Mecque	191
31	Luqman	Luqman	34	La Mecque	194
32	As-Sajda	Le prosternation	30	La Mecque	196
33	Al-Ahzab	Les coalisès	73	Médine	197

34	Saba	Saba	54	La Mecque	202
35	Fatir	Le Crèateur	45	La Mecque	205
36	Ya-Sin	Ya-Sin	83	La Mecque	208
37	As-Saffat	Les rangés	182	La Mecque	211
38	Sad	Sad	88	La Mecque	215
39	Az-Zumar	Les groupes	75	La Mecque	218
40	Gafir	Le pardonneur	85	La Mecque	223
41	Fussilat	Les versets détaillés	54	La Mecque	227
42	Ash-Shura	La consultation	53	La Mecque	230
43	Az-Zukhruf	L'ornement	89	La Mecque	233
44	Ad-Dukhan	La fumée	59	La Mecque	237
45	Al-Jathiyah	L'agenouillée	37	La Mecque	238
46	Al-Ahqaf	Les Courbes des collines de sable	35	La Mecque	240
47	Muhammad	Muhammad	38	Médine	242
48	Al-Fath	La victoire éclatante	29	Médine	245
49	Al-Hujurat	Les appartements	18	Médine	247
50	Qaf	Qaf	45	La Mecque	248
51	Adh-Dhariyat	Qui éparpillent	60	La Mecque	249
52	At-Tur	Le Mont-Tur	49	La Mecque	251
53	An-Najm	L'étoile	62	La Mecque	253
54	Al-Qamar	La lune	55	La Mecque	254
55	Ar-Rahman	Le Tout Miséricordieux	78	Médine	256
56	Al-Waqi'ah	L'evénement	96	La Mecque	258
57	Al-Hadid	Le fer	29	Médine	260
58	Al-Mujadilah	La femme qui a des différends	22	Médine	262
59	Al-Hashr	L'exode	24	Médine	264
60	Al-Mumtahanah	La femme à examiner	13	Médine	266
61	As-Saff	Le rang	14	Médine	267
62	Al-Jumu'ah	Le vendredi	11	Médine	268
63	Al-Munafiqun	Les hypocrites	11	Médine	268
64	At-Taghabun	La grande perte	18	Médine	269
65	At-Talaq	Le divorce	12	Médine	270
66	At-Tahrim	L'interdiction	12	Médine	271
67	Al-Mulk	La royauté	30	La Mecque	272
68	Al-Qalam	La plume	52	La Mecque	273
69	Al-Haqqah	Celle qui montre la vérité	52	La Mecque	275
70	Al-Ma'arij	Les voies d'ascension	44	La Mecque	276
71	Nuh	Noé	28	La Mecque	277
72	Al-Jinn	Les djinns	28	La Mecque	278
73	Al-Muzzammil	L'enveloppé	20	La Mecque	279
74	Al-Muddaththir	Le revêtu d'un manteau	56	La Mecque	280
75	Al-Qiyamah	La résurrection	40	La Mecque	282
76	Al-Ihsan	L'homme	31	Médine	283
77	Al-Mursalat	Les envoyés	50	La Mecque	284
78	An-Naba'	La nouvelle	40	La Mecque	285

79	An-Nazi'at	Les anges qui arrachent les âmes	46	La Mecque	286
80	'Abasa	Il s'est renfrogné	42	La Mecque	287
81	At-Takwir	L'obscurcissement	29	La Mecque	288
82	Al-Infitar	La rupture	19	La Mecque	288
83	Al-Mutaffifin	Les fraudeurs	36	La Mecque	289
84	Al-Inshiqaq	La déchirure	25	La Mecque	290
85	Al-Buruj	Les constellations	22	La Mecque	290
86	At-Tariq	L'astre nocturne	17	La Mecque	291
87	Al-A'la	Le Très-Haut	19	La Mecque	291
88	Al-Ghashiyah	L'enveloppante	26	La Mecque	292
89	Al-Fajr	L'aube	30	La Mecque	292
90	Al-Balad	La cité	20	La Mecque	293
91	Ash-Shams	Le soleil	15	La Mecque	294
92	Al-Lail	La nuit	21	La Mecque	294
93	Ad-Duha	Le jour montant	11	La Mecque	294
94	Ash-Sharh	L'ouverture	8	La Mecque	295
95	At-Tin	Le figuier	8	La Mecque	295
96	Al-'Alaq	L'adhérence	19	La Mecque	295
97	Al-Qadr	La Destinée	5	La Mecque	296
98	Al-Bayyinah	La preuve	8	Médine	296
99	Az-Zalzalah	La secousse	8	Médine	296
100	Al-'Adiyat	Les coursiers	11	La Mecque	296
101	Al-Qari'ah	Le fracas	11	La Mecque	297
102	At-Takathur	La course aux richesses	8	La Mecque	297
103	Al-'Asr	Le temps	3	La Mecque	297
104	Al-Humazah	Les calomniateurs	9	La Mecque	297
105	Al-Fil	L'éléphant	5	La Mecque	298
106	Quraish	Coraïsh	4	La Mecque	298
107	Al-Ma'un	L'ustensile	7	La Mecque	298
108	Al-Kauther	L'abondance	3	La Mecque	298
109	Al-Kafirun	Les infidèles	6	La Mecque	298
110	An-Nasr	Les secours	3	La Mecque	298
111	Al-Masad	Les fibres	5	La Mecque	299
112	Al-Ikhlas	Le monothéisme pur	4	La Mecque	299
113	Al-Falaq	L'aube naissante	5	La Mecque	299
114	An-Nas	Les hommes	6	La Mecque	299
	Total		6,236		

Références 300

Prophètes mentionnés dans le

(Liens entre les prophètes peut ou peut ne pas indiquer les descendants directs)

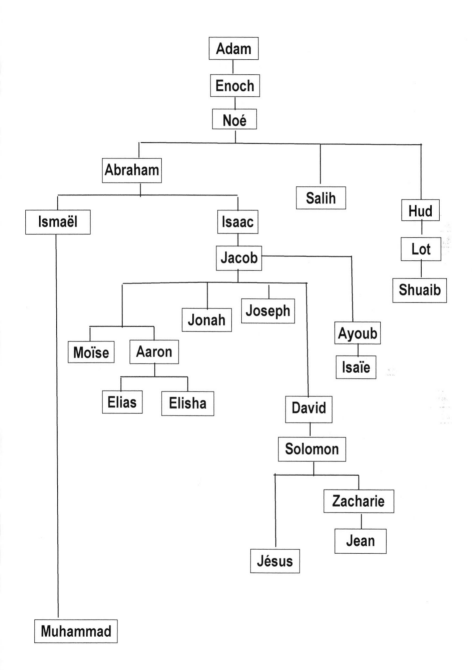

#	Prophète	Lieux, Nations Unies, Culture	Carte des emplacements
1	Adam	La Mecque, Djeddah, en Inde, au Sri Lanka, Syrie	1, 3, 75, 76, 74
2	Enoch	Babylone, Hébron, Manf	64, 35, 30
3	Noé	Peuple de Noé (Kufa), Mt. Judi	65, 72
4	Hud	Al-Ahqaf, le peuple de 'Ad	19, 21
5	Salih	Hadramawt, Saleh Madain, le peuple de Thamud	24, 23, 22
6	Abraham	Ur, Babylone, Harran, Alep, Jérusalem, Hébron, Makkah, Al-Gizah	66, 64, 52, 57, 33, 35, 1, 31
7	Isaac	Ur, Babylone, Urfa, Jérusalem, Hébron	66, 64, 67, 33, 35
8	Ismaël	La Mecque, Mina, Muzdalefa, Arafat	1, 4, 5, 6
9	Ayoub	Sodome et Gomorrhe, la mer Morte, Sughar	54, 39, 55
10	Jacob	Hébron, Jérusalem, Harran, Faddan, Manf, Héliopolis	35, 33, 52, 41, 30, 29
11	Joseph	Jérusalem, Hébron, San Al Hajar	33, 35, 32
12	Shuaib	Madian, Al-Aikah (Tabuk)	18, 16
13	Moïse	Manf, Madian, Al-Akaba, Mt. Tur, Héliopolis, Mer Rouge, le Sinaï, Jourdain, le mont. Nibu	30, 18, 60, 17, 29, 47, 73, 51, 62
14	Aaron	Sinaï, le mont. Haur	73, 61
15	Elias	Baalabak, Jal'ad, Sheva B'ir, le Sinaï	45, 53, 42, 73
16	Elisha	Baalabak, Jal'ad, Sheva B'ir, le Sinaï	45, 53, 42, 73
17	David	Ashdod, Dajan Bait, Ramla, Ghush Abou, Jérusalem	48, 44, 37, 59, 33
18	Solomon	Jérusalem, Ashdod, Asqalan (Vallée des Fourmis), Marib (Yémen), la Reine Bilqis	33, 48, 49, 26, 27
19	Ayoub	Bathaniyyah, Damas, Adoum	46, 38, 58
20	Isaïe	Mt. Qasiyun (Damas)	56
21	Jonah	Jaffa, Alep, Nasibain, Minawa (Mossoul)	50, 57, 63, 68
22	Zachariah	Jérusalem, à Alep	33, 57
23	Jean	Jérusalem, à Damas	33, 38
24	Jésus	Bethléem, Nazareth, Gaza, Farma, Héliopolis, Jourdain, Jérusalem	34, 36, 40, 43, 29, 51, 33
25	Muhammad	La Mecque, la Syrie, de Taëf, à Jérusalem, Al-Akaba, Médine, Badr, Uhud, Hudaibiyah, Khaïbar, Hunayun, Tabuk, Mina, Muzdalefa, Arafat	1, 74, 11, 33, 60, 2, 9, 8, 10, 13, 12, 15, 4, 5, 6

Situation des lieux, des Nations, Culture

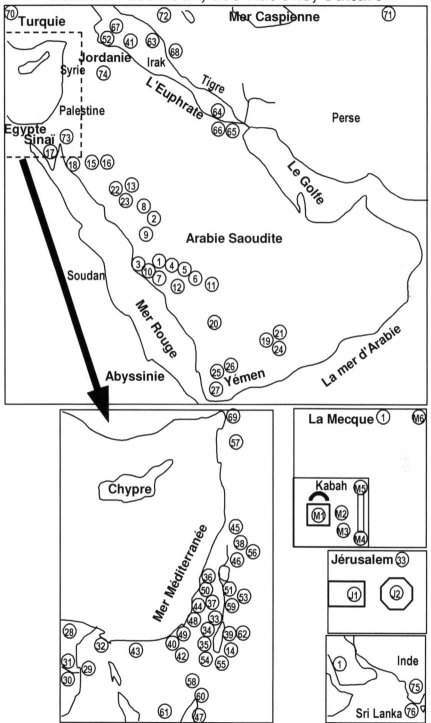

Place	Location	Place	Location
La Mecque	1	Hébron	35
Kabah	M1	Nazareth	36
Station d'Abraham	M2	Ramlah	37
ZamZam	M3	Damas	38
Safa	M4	Mer Morte	39
Marwa	M5	Gaza	40
Cave Hira	M6	Faddan	41
Médine	2	B'ir Sheva	42
Jeddah	3	Farma	43
Mina	4	Bait Dajan	44
Muzdalefa	5	Baalabak	45
Arafat	6	Bathaniyyah	46
Mt. Thawr	7	Mer Rouge	47
Uhud	8	Ashdod	48
Badr	9	Asqalan (Vallée des Fourmis)	49
Hudaibiyah	10	Jaffa	50
Taif	11	Jourdain	51
Hunayan	12	Harran	52
Khaibar	13	Jal'ad	53
Mutah	14	Sodome et Gomorrhe	54
Tabuk	15	Sughar	55
Al-Aikah (Tabuk)	16	Mt. Qasiyun (Damas)	56
Mt. Tur	17	Alep	57
Midian	18	Adoum	58
Al-Ahqaf	19	Abu Ghush	59
Najran	20	Al-Akaba	60
Les gens d'Ad	21	Mt. Haur	61
Les gens de Thamud	22	Mt. Nibu	62
Madain Saleh	23	Nasibain	63
Hadramawt	24	Babylone	64
Sana	25	Peuple de Noé (Kufa)	65
Marib(Yémen)	26	Ur	66
Reine Bilqis	27	Urfa	67
Cairo	28	Minawa (Mossoul)	68
Heliopolis	29	Antioche	69
Manf (Egypte)	30	Istanbul	70
Al-Gizah	31	Tachkent	71
San Al-Hajar	32	Mt. Judi	72
Jérusalem	33	Sinaï	73
Mosquée Al-Aqsa	J1	Syrie	74
Dôme du Rocher	J2	Inde	75
Bethléem	34	Sri Lanka	76

La vie du Prophète Muhammad

Année	Événement *	Âge
570	Naissance du Prophète Muhammad à la Mecque (Mars/avril). Son père est mort Abdullah plusieurs mois avant sa naissance. Il fut élevé par Halimah aussi mouillé-mère selon la tradition de La Mecque.	0
576	Mort de Amina (la mère du Prophète). Muhammad a été pris en charge par son grand-père Abd Al-Muttalib.	6
578	La mort d'Abd Al-Muttalib. Ensuite, Muhammad a grandi sous le régime de protection de son oncle Abu Talib.	8
582	Voyage en Syrie avec l'oncle Abu Talib.	12
582-94	A travaillé comme berger pour son oncle et plus tard comme un commerçant. Il a vécu une vie simple. Il était compatissant envers les pauvres, des veuves et des orphelins. Il s'est porté volontaire dans de nombreuses activités communautaires. Les gens de La Mecque le nomme "**Al-Siddiq** (le Véridique)» et «**Al-Ameen** (la confiance)" en raison de son honnêteté et son bon caractère. A agi comme agent d'affaires pour Khadija, une femme d'affaires de La Mecque. Muhammad transportaient des marchandises vers le nord et revint avec un bénéfice.	12-24
595	Impressionné par l'honnêteté de Mohammed et de caractère, Khadijah (qui était veuve) proposé pour le mariage et finalement ils se sont mariés. Il était de 25, elle était de 40.	25
609	Kabah a été reconstruite par les gens de Quraysh. Muhammad a aidé à résoudre les différends entre les tribus.	39
610	Première révélation venue (août) à Muhammad à Hira Cave avec un message (versets 96:1-5) d'Allah par l'ange Gabriel.	40
610-13	Reçu plusieurs versets durant cette période et plus tard, ils ont été compilées pour faire partie du Qur'an. Il a été rabaissé, ridiculisé, alors persécutés et agressés physiquement par des habitants de La Mecque pour son message de «l'Unité» d'Allah, partant de la façon tribale traditionnelle, y compris idole culte à la Kabah.	40-43
615	Les musulmans ont émigré en Abyssinie afin d'éviter des souffrances / persécution du peuple de la Mecque. Le Négus roi offrit asile.	45
617-20	Embargo et le boycott de la famille du Prophète par les gens de Quraysh.	47-50
620	La mort d'Abou Talib, oncle du Prophète. La mort de Khadidja, épouse du Prophète. Les Qurayshites tenté de l'assassiner. **Voyage à Taëf**. Parlé avec les dirigeants communautaires et les gens à transmettre son message. Ils ont rejeté et le lapidèrent d'une blessure.	50

621	Ascension du prophète Muhammad dans la nuit du Meraj avec ange Gabriel. Le voyage lui a pris de la Mecque à Jérusalem, puis à travers les 7 cieux. Allah lui a montré toutes les activités, les caractéristiques du ciel et l'enfer. Il a ensuite été renvoyé à la Mecque en toute connaissance alors qu'il était en mesure de décrire tout. Premier engagement d'Al-Akaba (entre le prophète et 12 personnes de Médine). Ils ont juré allégeance à lui.	**51**
622	Deuxième Serment d'Al-Akaba (entre le prophète et 75 personnes de Médine). Ils ont juré de le défendre. **L'émigration à Médine** (Juillet). Créé mosquée Quba la première mosquée de l'Islam. Traité avec les Juifs et les non-musulmans à Médine avec des droits égaux de citoyenneté et de pleine liberté religieuse. Expédition de Hamza (Décembre).	**52**
623	Expédition de Ubaidah (Février); Expedition Al-Kharrar (Mars), le mariage d'Aisha (avril); **Al-Abwa** 'Expedition (Juin); Expédition **Buwat** (Juillet); Expédition **Safawan** (Badr Première) (Juillet); Expédition **Ushairah** (Octobre).	**53**
624	Changement de Qibla de Jérusalem à La Mecque (Janvier) quand il a reçu le commandement d'Allah, alors qu'il était en prière à la mosquée connue sous le nom Masjid Al-Qiblatain. Expédition **Nakhlah Batn** (Janvier); Expedition **Badr** (Mars). Salim bin Umair Expedition (avril); Expedition Banu Qainuqa (avril), le mariage de la fille du Prophète Fatima à Ali (Juin); **Sawiq** Expedition (Juin); **Bani Sulaim** (Al-Kudr) Expedition (Juillet); An-Nadir Expedition (Septembre); Expedition **Amar Dhi** (Septembre); Expedition Buhran (Novembre); Expedition Al-Qaradah (Décembre)	**54**
625	Expédition **Uhud** (Mars); **Hamra 'Expedition Al-Asad** (Avril)	**55**
626	Expédition Salamah Abu (Juillet); bin Abdullah Unais Expedition (Juillet); **Dhatur-Riqa** 'Expedition (Juillet); Amr bin Al-Moundhir (août); Expedition Raji (août); Expedition **Daumatul-Jandal** (août); Banu An- Expédition Nadir (Septembre).	**56**
627	**Banu Mustaliq** Expedition (Janvier); **Ahzab** Expedition (tranchée autour de Médine pour défendre la ville) (Février - Mars); **Banu Quraizah** Expedition (avril); **Deuxième Badr** Expedition (mai); Al-Qurata Expedition (Juin); **Banu Lihyan** Expedition (août); Expedition **Dhu Qarad** (août); Expedition Ghamr (août); Expedition Dhul-Qassah (Septembre); Qassah Dhul (Abu Ubaidah) Expedition (Septembre); Harith bin Zaid 5 expéditions (août / 627 - Février / 628).	**57**

628	Daumatul-Jandal (Abdul Rahman bin Awf) Expedition (Janvier); Expedition Fadak (Janvier); Khaibar: (Abdullah bin Atik) Expedition (Février), (Rawaha Abdullah bin) Expedition (Mars); «Expedition Urainah (Mars); Annonce -Damri expédition; **Traité de Hudaibiyah** entre les Qurayshites de La Mecque et les musulmans (avril). Le prophète Muhammad et les musulmans retourna à Médine sans Omra dans le cadre du traité d'une disposition de retourner à la Mecque l'année prochaine pour la Omra. Mecquois violé le traité un an plus tard. Les lettres d'invitation aux rois et dirigeants du monde (avril - mai) de l'Abyssinie, du Bahreïn, de la Perse, Jérusalem (Roman Roi), Alexandrie, Oman, Yamamah, Damas. Voir carte ci-jointe plus tard. Expédition **Khaibar** (Mai - Juin).	58
629	Turabah (Khattab bin Umar) Expedition (Janvier); Najd Expedition (Abu Bakr) (Janvier); Expedition Fadak (Bashir bin Saad) (Janvier); Expedition Mayf'ah (Janvier); Yamn et Expedition Jabar (Janvier). **Performance de manquer la Omra** (Umratul-Qada ') (avril). Expédition Sulaim Banu (mai); Expedition Kadid et Fadak (Juillet); Expedition Al-Asadi (août); Expedition Atla Dhat (août); Expedition Mutah (Octobre); Expedition dhatus-Salasil (Novembre); Expedition Al-Khabt (Décembre)	59
630	Abu Qatadah Expedition (Janvier), **la victoire de la Mecque** (Janvier); le Prophète entra Mecque avec 10.000 musulmans sans effusion de sang. Les Mecquois rejoint les musulmans après avoir vu aucune vengeance ou de représailles plutôt il a annoncé l'amnistie générale à tous les ennemis et traités les citoyens de la ville avec générosité. Nakhlah (bin Khalid Al-Walid) Expedition (Janvier); Hudhail Suwa-Banu (Amr Ben Al-As) Expedition (Janvier); bin Al-Mushallal (Sa'd Zaid) Expedition (Janvier); Jadhimah Banu (bin Khalid Al-Walid) Expedition (Février). Expédition **Hunain** (Février); expédition **au-Taif** (Février). Naissance d'Ibrahim (fils du Prophète) (Mars); Expedition Tamim Banu (mai); Expedition Tabalah (Juin); Dahhâk Expedition Al-Kilabi (Juillet); Expedition Jeddah (août), Ali bin Abi Talib (août); Al-Asadi Expédition (août). Décès du Négus, roi d'Abyssinie (Octobre). Expédition **Tabuk** (Octobre - Décembre).	60
631	Décès d'Ibrahim (fils du Prophète) (Janvier). Pèlerinage à La Mecque dirigé par Abu Bakr (Mars). Expédition Najran par Khalid (Juillet).	61
632	Expédition Yémen par Ali (Janvier), la révélation dernière (Février - Mars). **Adieu pèlerinage** à la Mecque et a rejoint des milliers de musulmans (Février - Mars). Dernier sermon à Arafat (Mars); Expedition Oussama (Juin).	62

632	La mort du Prophète Muhammad (Juin). Il a été enterré dans la mosquée de Médine. Au cours des 10 dernières années de sa vie,	62+

La mort du Prophète Muhammad (Juin). Il a été enterré dans la mosquée de Médine. Au cours des 10 dernières années de sa vie,

➤ l a détruit l'idolâtrie en Arabie;

➤ soulevé la situation des femmes à l'égalité juridique avec les hommes;

➤ arrêté l'ivrognerie et l'immoralité dans la société;

➤ fait de personnes vivent avec la foi, la sincérité et l'honnêteté; transformé la nation de l'ignorance de l'obscurité dans les sociétés connaissent parfaitement.

➤ Sa mission a transformé une société contre toutes les formes d'injustice dans la fraternité humaine universelle comme serviteurs d'Allah.

Dans 100 ans, l'Islam et son mode de vie s'était propagée à partir des coins reculés de l'Arabie à l'est jusqu'à l'Indo-Chine et à l'ouest jusqu'au Maroc, en France et en Espagne. Il est le *dernier* messager pour le monde entier à partir du *même* Dieu d'Abraham, Moïse et Jésus. Le Qur'an est la *révélation finale*.

* **Prophète Muhammad a participé à des expéditions en gras.**

Prophète des lettres aux dirigeants et leaders

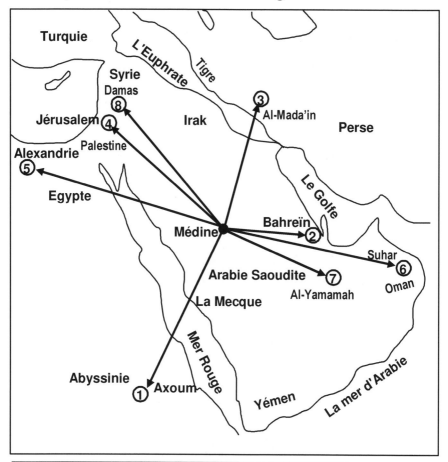

#	Ville	Règle / Pays
1	**Axoum**	Negus Roi / Abyssinie
2	**Bahreïn**	Sawa bin Al-Moundhir / Bahreïn
3	**Al-Mada'in**	Chosroès / Perse
4	**Jérusalem**	Hercules, César / Rome
5	**Alexandrie**	Al-Muqawqis / Egypte
6	**Suhar**	Jayfar, Abd, fils d'Al-Julandi / Oman
7	**Yamamah**	Ali bin Hawdhah / Al-Yamamah
8	**Damas**	Harith bin Shamr Gassani / Syrie

Lettre du Prophète

Sceau du Prophète

Le dernier sermon du prophète Muhammad

(Ce sermon a été prononcé à Arafat en Mars, 632 CE)

Après avoir loué et remercié Allah, dit-il:

Ô gens, de me prêter une oreille attentive, car je ne sais pas si, après cette année, je serai encore parmi vous. Par conséquent, écoutez ce que je vous dis avec beaucoup d'attention et de prendre ces paroles à ceux qui ne pouvaient être présents ici aujourd'hui.

Ô peuple, tout comme vous considérez ce mois, ce jour, et cette ville comme sacrée; considérez aussi la vie et les biens de chaque Musulman comme une mission sacrée. Retour des marchandises qui vous sont confiés à leurs propriétaires légitimes. Ne blessez personne afin que personne ne puisse vous blesser. Rappelez-vous que vous voudrez bien répondre à votre Seigneur, et Il sera en effet compte de vos actes. Allah vous interdit de prendre l'usure (intérêt), donc toutes les obligations d'intérêt sera dorénavant levée. Votre capital est toutefois à vous. Vous n'infligerez ni souffrir l'injustice. Allah a jugé qu'il n'y aura aucun intérêt et que tous les intérêts dus à Ibn Abbas Abd'al Muttalib est désormais levée. Tous les droits découlant d'homicide en période pré-islamique est désormais levée et la première à droite de telle sorte que je renonce, c'est que découlant de l'assassiner d'Ibn Harith al Rabiah.

Ô peuple, les mécréants se livrer à d'interférer avec le calendrier afin de rendre admissible ce qu'Allah a interdit et interdire ce qu'Allah a rendu licite. Avec Allah, les mois sont au nombre de douze. Quatre d'entre eux sont sacrés, trois d'entre eux sont successifs et un seul produit entre les mois de Jumada et de Shaban. Méfiez-vous de Satan, pour le salut de votre religion. Il a perdu tout espoir qu'il ne sera jamais en mesure de vous égarer dans de grandes choses, alors faites attention de le suivre dans les petites choses. Ô peuple, il est vrai que vous avez certains droits à l'égard de vos femmes, mais ils ont aussi des droits sur vous. Rappelez-vous que vous les avez prises comme femmes seulement en vertu de la confiance d'Allah et avec sa permission. Si elles se soumettent à vous, alors qu'ils ont le droit d'être nourries et habillées convenablement. Ne traiter bien vos femmes et soyez gentils de les car elles sont vos partenaires et assistants engagés. Et c'est votre droit de ne pas se faire des amis avec quelqu'un dont vous n'approuvez pas, ainsi que de ne jamais commettre l'adultère.

Ô peuple, écoutez-moi bien, adorez Allah, faites vos cinq prières quotidiennes (Salah), jeûner pendant le mois de Ramadhan, et donnez votre richesse en Zakât. Effectuer le Hajj si vous pouvez vous le permettre. Vous savez que chaque musulman est le frère du musulman. Vous êtes tous égaux. Personne n'a de supériorité sur l'autre, sauf par la piété et bonne action. N'oubliez pas, un jour vous vous présenterez devant Dieu et répondrez de vos actes. Alors méfiez-vous, ne pas dévier du droit chemin après ma mort.

O peuple, aucun prophète ou apôtre ne viendra après moi et aucune nouvelle foi ne naîtra. Raisonnez bien, donc, Ô Peuple, et comprenez mes paroles que je vous transmets. Je laisse derrière moi deux choses, le Qur'an et mon exemple, la Sunna et si vous les suivez, vous ne vous égarerez jamais.

Tous ceux qui m'écoutent transmettent ce message à d'autres et ceux d'autres encore, et que les derniers puissent comprendre mieux que ceux qui m'écoutent directement. Soyez mes témoins O Allah que j'ai transmis votre message à votre peuple.

L'histoire de la compilation du Qur'an**

Au cours de la vie du prophète Muhammad (570 - 632 CE)

- Le Prophète avait l'habitude de réciter le Qur'an avant ange Gabriel une fois tous les Ramadan, et il récita deux fois (dans le même ordre que nous avons aujourd'hui) dans le Ramadan dernier avant sa mort.
- Chaque verset a reçu était récité par le Prophète, et son emplacement par rapport à d'autres versets et des chapitres a été identifié par lui.
- Les vers ont été écrits par des scribes, choisis par le Prophète, sur n'importe quel objet approprié - les feuilles des arbres, des morceaux de bois, parchemin ou de cuir, pierres plates, et les omoplates. Scribes inclus Ali Ibn Abi Talib, Mu'awiyah Ibn Abi Sufyan, Ibn Ka'ab Ubey et Zayed Ibn Thabit. Certains des compagnons a écrit le Qur'an pour leur propre usage. Plusieurs centaines de compagnons mémorisé le Qur'an par cœur.

Durant le califat d'Abou Bakr (632 - 634 CE)

- Omar Ibn Al-Khattab a demandé instamment Abou Bakr de préserver et de compiler le Qur'an. Cela a été invité après la bataille de Yamamah, où de lourdes pertes ont été subies parmi ceux qui ont mémorisé le Qur'an.
- Abou Bakr confié Zayed avec la tâche de recueillir le Qur'an. Zayed avait été présent lors de la récitation du Qur'an dernier par le Prophète de l'ange Gabriel.
- Zayed, avec l'aide des compagnons ayant mémorisé et écrit des versets du Qur'an, accomplir la tâche et remis Abou Bakr la première copie authentifiée du Qur'an. La copie a été conservée dans la résidence de Hafsa, fille d'Omar et épouse du Prophète.

Durant le califat d'Othman (644 - 656 CE)

- Uthman ordonna Zayed Ibn Thabit, Abdullah Ibn Al Zubayr, Saeed Ibn Al-Aas, et Abdur-Rahman Ibn Harith de faire des copies parfaites de la copie authentifiée conservé avec Hafsa en raison de l'expansion rapide de l'Etat islamique et l'inquiétude au sujet des différences dans la récitation .
- Des copies ont été envoyées à divers endroits dans le monde musulman. L'original a été retourné à Hafsa, et une copie a été maintenu à Médine.

Trois étapes de parsemant et diacritization

- Les points ont été mis en tant que marques syntaxiques par Abou Al-Aswad Al Doaly, pendant le temps de Mu'awiya Ibn Abi Sufian (661-680 CE).
- Les lettres ont été marqués avec différents parsemant par Ibn Nasr de l'ASEM et Hayy ibn Ya'mor, à l'époque d'Abd El-Malek Ibn Marawan (685-705 CE).
- Un système complet de signes diacritiques (Damma, fataha, kasra) a été inventé par Al Khalil Ibn Ahmad Al Faraheedy (d. 786 CE).

**Université de Californie du Sud - MSA

Les exemplaires originaux du Qur'an existent encore:
(1) à Tachkent, en Ouzbékistan, (2) Istanbul, Turquie.

4 Califes après le Prophète Muhammad		
Nom	**Période**	**Ans**
Abu Bakr Siddique	632 - 634 CE	2
Omar Ibn Khattab	634 - 644 CE	10
Uthman Ibn Affan	644 - 656 CE	12
Ali ibn Abi Talib	656 - 661 CE	5

Alphabétique	#	Alphabétique	#	Alphabétique	#
Abraham	14	L'aube	89	Les djinns	72
At-Tur	52	L'aube naissante	113	Les envoyés	77
Celle qui montre la vérité	69	Le butin	8	Les femmes	4
Coraïsh	106	Le Crèateur	35	Les fibres	111
Courbes des collines de sable	46	Le discernement	25	Les fourmis	27
Hud	11	Le divorce	65	Les fraudeurs	83
Il s'est renfrogné	80	Le fer	57	Les groupes	39
Jonas	10	Le figuier	95	Les hommes	114
Joseph	12	Le fracas	101	Les hypocrites	63
La caverne	18	Le heights	7	Les infidèles	109
La cité	90	Le jour montant	93	Les poètes	26
La consultation	42	Le monothéisme pur	112	Les prophètes	21
La course aux richesses	102	Le pardonneur	40	Les rangés	37
La déchirure	84	Le pèlerinage	22	Les romains	30
La Destinée	97	Le prosternation	32	Les secours	110
La discussion	58	Le rang	61	Les secteuers de Rock	15
La famille d'Imran	3	Le rècit	28	Les versets détaillés	41
La femme à examiner	60	Le repentir	9	Les voies d'ascension	70
La fumée	44	Le revêtu d'un manteau	74	L'étoile	53
La grande perte	64	Le soleil	91	L'evénement	56
La lumière	24	Le temps	103	L'exode	59
La lune	54	Le tonnerre	13	L'homme	76
La nouvelle	78	Le Tout Miséricordieux	55	L'interdiction	66
La nuit	92	Le Très-Haut	87	L'obscurcissement	81
La plume	68	Le vendredi	62	L'ornement	43
La preuve	98	Le voyage nocturne	17	L'ouverture	94
La résurrection	75	L'éléphant	105	Luqman	31
La royauté	67	L'enveloppante	88	L'ustensile	107
La rupture	82	L'enveloppé	73	Marie	19
La secousse	99	Les abeilles	16	Muhammad	47
La table servie	5	Les anges qui arrachent les âmes	79	Noé	71
La vache	2	Les appartements	49	Prologue	1
La victoire éclatante	48	Les bestiaux	6	Qaf	50
L'abondance	108	Les calomniateurs	104	Qui éparpillent	51
L'adhérence	96	Les coalisès	33	Saba'	34
L'agenouillée	45	Les constellations	85	Sad	38
L'araignèe	29	Les coursiers	100	Ta-Ha	20
L'astre nocturne	86	Les croyants	23	Ya-Sin	36

1. Prologue (Al-Fatiha)

1:1 Au nom d'Allah, le Tout Miséricordieux, le Très Miséricordieux.

1:2 Louange à Allah, Seigneur de l'univers.

1:3 Le Tout Miséricordieux, le Très Miséricordieux,

1:4 Maître du Jour de la rétribution.

1:5 C'est Toi [Seul] que nous adorons, et c'est Toi [Seul] dont nous implorons secours.

1:6 Guide-nous dans le droit chemin,

1:7 le chemin de ceux que Tu as comblés de faveurs, non pas de ceux qui ont encouru Ta colère, ni des égarés.

2. La vache (Al-Baqarah)

Au nom d'Allah, le Tout Miséricordieux, le Très Miséricordieux.

2:1 Alif, Lam, Mim.

2:2 C'est le Livre au sujet duquel il n'y a aucun doute, c'est un guide pour les pieux.

2:3 qui croient à l'invisible et accomplissent la Salat et dépensent [dans l'obéissance à Allah], de ce que Nous leur avons attribué

2:4 Ceux qui croient à ce qui t'a été descendu (révélé) et à ce qui a été descendu avant toi et qui croient fermement à la vie future.

2:5 Ceux-là sont sur le bon chemin de leur Seigneur, et ce sont eux qui réussissent (dans cette vie et dans la vie future).

2:6 [Mais] certes les infidèles ne croient pas, cela leur est égal, que tu les avertisses ou non: ils ne croiront jamais.

2:7 Allah a scellé leurs coeurs et leurs oreilles; et un voile épais leur couvre la vue; et pour eux il y aura un grand châtiment.

2:8 Parmi les gens, il y a ceux qui disent: ‹Nous croyons en Allah et au Jour dernier!› tandis qu'en fait, ils n'y croient pas.

2:9 Ils cherchent à tromper Allah et les croyants; mais ils ne trompent qu'eux-mêmes, et ils ne s'en rendent pas compte.

2:10 Il y a dans leurs coeurs une maladie (de doute et d'hypocrisie), et Allah laisse croître leur maladie. Ils auront un châtiment douloureux, pour avoir menti.

2:11 Et quand on leur dit: ‹Ne semez pas la corruption sur la terre›, ils disent: ‹Au contraire nous ne sommes que des réformateurs!›

2:12 Certes, ce sont eux les véritables corrupteurs, mais ils ne s'en rendent pas compte.

2:13 Et quand on leur dit: ‹Croyez comme les gens ont cru›, ils disent: ‹Croirons-nous comme ont cru les faibles d'esprit?› Certes, ce sont eux les véritables faibles d'esprit, mais ils ne le savent pas.

2:14 Quand ils rencontrent ceux qui ont cru, ils disent: ‹Nous croyons›; mais quand ils se trouvent seuls avec leurs diables, ils disent: ‹Nous sommes avec vous; en effet, nous ne faisions que nous moquer (d'eux)›.

2:15 C'est Allah qui Se moque d'eux et les endurcira dans leur révolte et prolongera sans fin leur égarement.

2:16 Ce sont eux qui ont troqué le droit chemin contre l'égarement. Eh bien, leur négoce n'a point profité. Et ils ne sont pas sur la bonne voie.

2:17 Ils ressemblent à quelqu'un qui a allumé un feu; puis quand le feu a illuminé tout à l'entour, Allah a fait disparaître leur lumière et les a abandonnés dans les ténèbres où ils ne voient plus rien.

2:18 Sourds, muets, aveugles, ils ne peuvent donc pas revenir (de leur égarement).

2:19 [On peut encore les comparer à ces gens qui,] au moment où les nuées éclatent en pluies, chargées de ténèbres, de tonnerre et éclairs, se mettent les doigts dans les oreilles, terrorisés par le fracas de la foudre et craignant la mort; et Allah encercle de tous côtés les infidèles.

2:20 L'éclair presque leur emporte la vue: chaque fois qu'il leur donne de la lumière, ils avancent; mais dès qu'il fait obscur, ils s'arrêtent. Si Allah le voulait Il leur enlèverait certes l'ouïe et la vue, car Allah a pouvoir sur toute chose.

2:21 Ô hommes! Adorez votre Seigneur, qui vous a créés vous et ceux qui vous ont précédés. Ainsi atteindriez-vous à la piété.

2:22 C'est Lui qui vous a fait la terre pour lit, et le ciel pour toit; qui précipite la pluie du ciel et par elle fait surgir toutes sortes de fruits pour vous nourrir, ne Lui cherchez donc pas des égaux, alors que vous savez (tout cela).

2:23 Si vous avez un doute sur ce que Nous avons révélé à Notre Serviteur, tâchez donc de produire une sourate semblable et appelez vos témoins, (les idoles) que vous adorez en dehors d'Allah, si vous êtes véridiques.

2:24 Si vous n'y parvenez pas et, à coup sûr, vous n'y parviendrez jamais, parez-vous donc contre le feu qu'alimenteront les hommes et les pierres, lequel est réservé aux infidèles.

2:25 Annonce à ceux qui croient et pratiquent de bonnes oeuvres qu'ils auront pour demeures des jardins sous lesquels coulent les ruisseaux; chaque fois qu'ils seront gratifiés d'un fruit des jardins ils diront: ‹C'est bien là ce qui nous avait été servi auparavant›. Or c'est quelque chose de semblable (seulement dans la forme); ils auront là des épouses pures, et là ils demeureront éternellement.

2:26 Certes, Allah ne se gêne point de citer en exemple n'importe quoi: un moustique ou quoi que ce soit au-dessus; quant aux croyants, ils savent bien qu'il s'agit de la vérité venant de la part de leur Seigneur; quant aux infidèles, ils se demandent ‹Qu'a voulu dire Allah par un tel exemple?›. Par cela, nombreux sont ceux qu'Il égare et nombreux sont ceux qu'Il guide; mais Il n'égare par cela que les pervers,

2:27 qui rompent le pacte qu'ils avaient fermement conclu avec Allah, coupent ce qu'Allah a ordonné d'unir, et sèment la corruption sur la terre. Ceux-là sont les vrais perdants.

2:28 Comment pouvez-vous renier Allah alors qu'Il vous a donné la vie, quand vous en étiez privés? Puis Il vous fera mourir; puis Il vous fera revivre et enfin c'est à Lui que vous retournerez.

2:29 C'est Lui qui a créé pour vous tout ce qui est sur la terre, puis Il a orienté Sa volonté vers le ciel et en fit sept cieux. Et Il est Omniscient.

2:30 Lorsque Ton Seigneur confia aux Anges: ‹Je vais établir sur la terre un vicaire ‹Khalifa›. Ils dirent: ‹Vas-Tu y désigner un qui y mettra le désordre et répandra le sang, quand nous sommes là à Te sanctifier et à Te glorifier?› - Il dit: ‹En vérité, Je sais ce que vous ne savez pas!›.

2:31 Et Il apprit à Adam tous les noms (de toutes choses), puis Il les présenta aux Anges et dit: ‹Informez-Moi des noms de ceux-là, si vous êtes véridiques!› (dans votre prétention que vous êtes plus méritants qu'Adam).

2:32 - Ils dirent: ‹Gloire à Toi! Nous n'avons de savoir que ce que Tu nous a appris. Certes c'est Toi l'Omniscient, le Sage›.

2:33 - Il dit: ‹Ô Adam, informe-les de ces noms;› Puis quand celui-ci les eut informés de ces noms, Allah dit: ‹Ne vous ai-Je pas dit que Je connais les mystères des cieux et de la terre, et que Je sais ce que vous divulguez et ce que vous cachez?›

2:34 Et lorsque Nous demandâmes aux Anges de se prosterner devant Adam, ils se prosternèrent à l'exception d'Iblis qui refusa, s'enfla d'orgueil et fut parmi les infidèles.

2:35 Et Nous dîmes: ‹Ô Adam, habite le Paradis toi et ton épouse, et nourrissez-vous-en de partout à votre guise; mais n'approchez pas de l'arbre que voici: sinon vous seriez du nombre des injustes›.

2:36 Peu de temps après, Satan les fit glisser de là et les fit sortir du lieu où ils étaient. Et Nous dîmes: ‹Descendez (du Paradis); ennemis les uns des autres. Et pour vous il y aura une demeure sur la terre, et un usufruit pour un temps.

2:37 Puis Adam reçut de son Seigneur des paroles, et Allah agréa son repentir car c'est Lui certes, le Repentant, le Miséricordieux.

2:38 - Nous dîmes: ‹Descendez d'ici, vous tous! Toutes les fois que Je vous enverrai un guide, ceux qui [le] suivront n'auront rien à craindre et ne seront point affligés›.

2:39 Et ceux qui ne croient pas (à nos messagers) et traitent de mensonge Nos révélations, ceux-là sont les gens du Feu où ils demeureront éternellement.

2:40 Ô enfants d'Israël, rappelez-vous Mon bienfait dont Je vous ai comblés. Si vous tenez vos engagements vis-à-vis de Moi, Je tiendrai les miens. Et c'est Moi que vous devez redouter.

2:41 Et croyez à ce que J'ai fait descendre, en confirmation de ce qui était déjà avec vous; et ne soyez pas les premiers à le rejeter. Et n'échangez pas Mes révélations contre un vil prix. Et c'est Moi que vous devez craindre.

2:42 Et ne mêlez pas le faux à la vérité. Ne cachez pas sciemment la vérité.

2:43 Et accomplissez la Salat, et acquittez la Zakat, et inclinez-vous avec ceux qui s'inclinent.

2:44 Commanderez-vous aux gens de faire le bien, et vous oubliez vous- mêmes de le faire, alors que vous récitez le Livre? Etes-vous donc dépourvus de raison?.

2:45 Et cherchez secours dans l'endurance et la Salat: certes, la Salat est une lourde obligation, sauf pour les humbles,

2:46 qui ont la certitude de rencontrer leur Seigneur (après leur résurrection) et retourner à Lui seul.

2:47 Ô enfants d'Israël, rappelez-vous Mon bienfait dont Je vous ai comblés, (Rappelez-vous) que Je vous ai préférés à tous les peuples (de l'époque).

2:48 Et redoutez le jour où nulle âme ne suffira en quoi que ce soit à une autre; où l'on n'acceptera d'elle aucune intercession; et où on ne recevra d'elle aucune compensation. Et ils ne seront point secourus.

2:49 Et [rappelez-vous], lorsque Nous vous avons délivrés des gens de Pharaon, qui vous infligeaient le pire châtiment: en égorgeant vos fils et épargnant vos femmes. C'était là une grande épreuve de la part de votre Seigneur.

2:50 Et [rappelez-vous], lorsque Nous avons fendu la mer pour vous donner passage!.. Nous vous avons donc délivrés, et noyé les gens de Pharaon, tandis que vous regardiez.

2:51 Et [rappelez-vous], lorsque Nous donnâmes rendez-vous à Moïse pendant quarante nuits!.. Puis en son absence vous avez pris le Veau pour idole alors que vous étiez injustes (à l'égard de vous mêmes en adorant autre qu'Allah).

2:52 Mais en dépit de cela Nous vous pardonnâmes, afin que vous reconnaissiez (Nos bienfaits à votre égard).

2:53 Et [rappelez-vous], lorsque Nous avons donné à Moïse le Livre et le Discernement afin que vous soyez guidés.

2:54 Et [rappelez-vous], lorsque Moïse dit à son peuple: ‹Ô mon peuple, certes vous vous êtes fait du tort à vous-mêmes en prenant le Veau pour idole. Revenez donc à votre Créateur; puis, tuez donc les coupables vous- mêmes: ce serait mieux pour vous, auprès de votre Créateur›!... C'est ainsi qu'Il agréa votre repentir; car c'est Lui, certes, le Repentant et le Miséricordieux!

2:55 Et [rappelez-vous], lorsque vous dites: ‹Ô Moïse, nous ne te croirons qu'après avoir vu Allah clairement›!... Alors la foudre vous saisit tandis que vous regardiez.

2:56 Puis Nous vous ressuscitâmes après votre mort afin que vous soyez reconnaissants.

2:57 Et Nous vous couvrîmes de l'ombre d'un nuage, et fîmes descendre sur vous la manne et les cailles: - ‹Mangez des délices que Nous vous avons attribués!› - Ce n'est pas à Nous qu'ils firent du tort, mais ils se firent tort à eux-mêmes.

2:58 Et [rappelez-vous], lorsque Nous dîmes: ‹Entrez dans cette ville, et mangez-y à l'envie où il vous plaira; mais entrez par la porte en vous prosternant et demandez la ‹rémission› (de vos péchés); Nous vous pardonnerons vos fautes si vous faites cela et donnerons davantage de récompense pour les bienfaisants.

2:59 Mais, à ces paroles, les pervers en substituèrent d'autres, et pour les punir de leur fourberie Nous leur envoyâmes du ciel un châtiment avilissant.

2:60 Et [rappelez-vous], quand Moïse demanda de l'eau pour désaltérer son peuple, c'est alors que Nous dîmes: ‹Frappe le rocher avec ton bâton.› Et tout d'un coup, douze sources en jaillirent, et certes, chaque tribu sut où s'abreuver! - ‹Mangez et buvez de ce qu'Allah vous accorde; et ne semez pas de troubles sur la terre comme des fauteurs de désordre›.

2:61 Et [rappelez-vous], quand vous dîtes: ‹Ô Moïse, nous ne pouvons plus tolérer une seule nourriture. Prie donc ton Seigneur pour qu'Il nous fasse sortir de la terre ce qu'elle fait pousser, de ses légumes, ses concombres, son ail (ou blé), ses lentilles et ses oignons!› - Il vous répondit: ‹Voulez-vous échanger le meilleur pour le moins bon? Descendez donc à n'importe quelle ville; vous y trouverez certainement ce que vous demandez!›. L'avilissement et la misère s'abattirent sur eux; ils encoururent la colère d'Allah. Cela est parce qu'ils reniaient les révélations d'Allah, et qu'ils tuaient sans droit les prophètes. Cela parce qu'ils désobéissaient et transgressaient.

2:62 Certes, ceux qui ont cru, ceux qui se sont judaïsés, les Nazaréens, et les Sabéens, quiconque d'entre eux a cru en Allah, au Jour dernier et accompli de bonnes oeuvres, sera récompensé par son Seigneur; il n'éprouvera aucune crainte et il ne sera jamais affligé.

2:63 (Et rappelez vous), quand Nous avons contracté un engagement avec vous et brandi sur vous le Mont -: ‹Tenez ferme ce que Nous vous avons donné et souvenez- vous de ce qui s'y trouve afin que vous soyez pieux!›

2:64 Puis vous vous en détournâtes après vos engagements, n'eût été donc la grâce d'Allah et Sa miséricorde, vous seriez certes parmi les perdants.

2:65 Vous avez certainement connu ceux des vôtres qui transgressèrent le Sabbat. Et bien Nous leur dîmes: ‹Soyez des singes abjects!›

2:66 Nous fîmes donc de cela un exemple pour les villes qui l'entouraient alors et une exhortation pour les pieux.

2:67 (Et rappelez-vous,) lorsque Moïse dit à son peuple: ‹Certes Allah vous ordonne d'immoler une vache›. Ils dirent: ‹Nous prends-tu en moquerie?› ‹Qu'Allah me garde d'être du nombre des ignorants› dit-il.

2:68 - Ils dirent: ‹Demande pour nous à ton Seigneur qu'Il nous précise ce qu'elle doit être›. - Il dit: ‹Certes Allah dit que c'est bien une vache, ni vieille ni vierge, d'un âge moyen, entre les deux. Faites donc ce qu'on vous commande›.

2:69 - Ils dirent: ‹Demande donc pour nous à ton Seigneur qu'Il nous précise sa couleur›. - Il dit: ‹Allah dit que c'est une vache jaune, de couleur vive et plaisante à voir›.

2:70 - Ils dirent: ‹Demande pour nous à ton Seigneur qu'Il nous précise ce qu'elle est car pour nous, les vaches se confondent. Mais, nous y serions certainement bien guidés, si Allah le veut›.

2:71 - Il dit: ‹Allah dit que c'est bien une vache qui n'a pas été asservie à labourer la terre ni à arroser le champ, indemne d'infirmité et dont la couleur est unie›. - Ils dirent: ‹Te voilà enfin, tu nous as apporté la vérité!› Ils l'immolèrent alors mais il s'en fallut qu'ils ne l'eussent pas fait.

2:72 Et quand vous aviez tué un homme et que chacun de vous cherchait à se disculper!... Mais Allah démasque ce que vous dissimuliez.

2:73 Nous dîmes donc: ‹Frappez le tué avec une partie de la vache›. - Ainsi Allah ressuscite les morts et vous montre les signes (de Sa puissance) afin que vous raisonniez.

2:74 Puis, et en dépit de tout cela, vos coeurs se sont endurcis; ils sont devenus comme des pierres ou même plus durs encore; car il y a des pierres d'où jaillissent les ruisseaux, d'autres se fendent pour qu'en surgisse l'eau, d'autres s'affaissent par crainte d'Allah. Et Allah n'est certainement jamais inattentif à ce que vous faites.

2:75 - Eh bien, espérez-vous [Musulmans], que des pareils gens (les Juifs) vous partageront la foi? alors qu'un groupe d'entre eux, après avoir entendu et compris la parole d'Allah, la falsifièrent sciemment.

2:76 - Et quand ils rencontrent des croyants, ils disent: ‹Nous croyons›; et, une fois seuls entre eux, ils disent: ‹Allez-vous confier aux musulmans ce qu'Allah vous a révélé pour leur fournir, ainsi, un argument contre vous devant votre Seigneur! Etes-vous donc dépourvus de raison?›.

2:77 - Ne savent-ils pas qu'en vérité Allah sait ce qu'ils cachent et ce qu'ils divulguent?

2:78 Et il y a parmi eux des illettrés qui ne savent rien du Livre hormis des prétentions et ils ne font que des conjectures.

2:79 Malheur, donc, à ceux qui de leurs propres mains composent un livre puis le présentent comme venant d'Allah pour en tirer un vil profit! - Malheur à eux, donc, à cause de ce que leurs mains ont écrit, et malheur à eux à cause de ce qu'ils en profitent!

2:80 Et ils ont dit: ‹Le Feu ne nous touchera que pour quelques jours comptés!› Dis: ‹Auriez-vous pris un engagement avec Allah - car Allah ne manque jamais à Son engagement; - non, mais vous dites sur Allah ce que vous ne savez pas›.

2:81 Bien au contraire! Ceux qui font le mal et qui se font cerner par leurs péchés, ceux-là sont les gens du Feu où ils demeureront éternellement.

2:82 Et ceux qui croient et pratiquent les bonnes oeuvres, ceux-là sont les gens du Paradis où ils demeureront éternellement.

2:83 Et [rappelle-toi], lorsque Nous avons pris l'engagement des enfants d'Israël de n'adorer qu'Allah, de faire le bien envers les pères, les mères, les proches parents, les orphelins et les nécessiteux, d'avoir de bonnes paroles avec les gens; d'accomplir régulièrement la Salat et d'acquitter le Zakat! - Mais à l'exception d'un petit nombre de vous, vous manquiez à vos engagements en vous détournant de Nos commandements.

2:84 Et rappelez-vous, lorsque Nous obtînmes de vous l'engagement de ne pas vous verser le sang, [par le meurtre] de ne pas vous expulser les uns les autres de vos maisons. Puis vous y avez souscrit avec votre propre témoignage.

2:85 Quoique ainsi engagés, voilà que vous vous entre-tuez, que vous expulsez de leurs maisons une partie d'entre vous contre qui vous prêtez main forte par péché et agression. Mais quelle contradiction! Si vos coreligionnaires vous viennent captifs vous les rançonnez alors qu'il vous était interdit de les expulser (de chez eux). Croyez-vous donc en une partie du Livre et rejetez-vous le reste? Ceux d'entre vous qui agissent de la sorte ne méritent que l'ignominie dans cette vie, et au Jour de la Résurrection ils serons refoulés au plus dur châtiment, et Allah n'est pas inattentif à ce que vous faites.

2:86 Voilà ceux qui échangent la vie présente contre le vie future. Eh bien, leur châtiment ne sera pas diminué. Et ils ne seront point secourus.

2:87 Certes, Nous avons donné le Livre à Moïse; Nous avons envoyé après lui des prophètes successifs. Et Nous avons donné des preuves à Jésus fils de Marie, et Nous l'avons renforcé du Saint-Esprit. Est-ce qu'à chaque fois, qu'un Messager vous apportait des vérités contraires à vos souhaits vous vous enfliez d'orgueil? Vous traitiez les uns d'imposteurs et vous tuiez les autres.

2:88 Et ils dirent: ‹Nos coeurs sont enveloppés et impénétrables› - Non mais Allah les a maudits à cause de leur infidélité, leur foi est donc médiocre.

2:89 Et quant leur vint d'Allah un Livre confirmant celui qu'ils avaient déjà, - alors qu'auparavant ils cherchaient la suprématie sur les mécréants, - quand donc leur vint cela même qu'ils reconnaissaient, ils refusèrent d'y croire. Que la malédiction d'Allah soit sur les mécréants!

2:90 Comme est vil ce contre quoi ils ont troqué leurs âmes! Ils ne croient pas en ce qu'Allah a fait descendre, révoltés à l'idée qu'Allah, de part Sa grâce, fasse descendre la révélation sur ceux de Ses serviteurs qu'Il veut. Ils ont donc acquis colère sur colère, car un châtiment avilissant attend les infidèles!

2:91 Et quand on leur dit: ‹Croyez à ce qu'Allah a fait descendre›, ils disent: ‹Nous croyons à ce qu'on a fait descendre à nous›. Et ils rejettent le reste, alors qu'il est la vérité confirmant ce qu'il y avait déjà avec eux. - Dis: ‹Pourquoi donc avez-vous tué auparavant les prophètes d'Allah, si vous étiez croyants?›.

2:92 Et en effet Moïse vous est venu avec les preuves. Malgré cela, une fois absent vous avez pris le Veau pour idole, alors que vous étiez injustes.

2:93 Et rappelez-vous, lorsque Nous avons pris l'engagement de vous, et brandi sur vous At-Tur (le Mont Sinaï) en vous disant: ‹Tenez ferme à ce que Nous vous avons donné, et écoutez!›. Ils dirent: ‹Nous avons écouté et désobéi›. Dans leur impiété, leurs coeurs étaient passionnément épris du Veau (objet de leur culte). Dis-[leur]: ‹Quelles mauvaises prescriptions ordonnées par votre foi, si vous êtes croyants›.

2:94 - Dis: ‹Si l'Ultime demeure auprès d'Allah est pour vous seuls, à l'exclusion des autres gens, souhaitez donc la mort [immédiate] si vous êtes véridiques!›

2:95 Or, ils ne le souhaiteront jamais, sachant tout le mal qu'ils ont perpétré de leurs mains. Et Allah connaît bien les injustes.

2:96 Et certes tu les trouveras les plus attachés à la vie [d'ici-bas], pire en cela que les Associateurs. Tel d'entre eux aimerait vivre mille ans. Mais une pareille longévité ne le sauvera pas du châtiment! Et Allah voit bien leurs actions.

2:97 Dis: ‹Quiconque est ennemi de Gabriel doit connaître que c'est lui qui, avec la permission d'Allah, a fait descendre sur ton coeur cette révélation qui déclare véridiques les messages antérieurs et qui sert aux croyants de guide et d'heureuse annonce›.

2:98 [Dis:] ‹Quiconque est ennemi d'Allah, de Ses anges, de Ses messagers, de Gabriel et de Michaël... [Allah sera son ennemi] car Allah est l'ennemi des infidèles›.

2:99 Et très certainement Nous avons fait descendre vers toi des signes évidents. Et seuls les pervers n'y croient pas.

2:100 Faudrait-il chaque fois qu'ils concluent un pacte, qu'une partie d'entre eux le dénonce? C'est que plutòt la plupart d'entre eux ne sont pas croyants.

2:101 Et quand leur vint d'Allah un messager confirmant ce qu'il y avait déjà avec eux, certains à qui le Livre avait été donné, jetèrent derrière leur dos le Livre d'Allah comme s'ils ne savaient pas!

2:102 Et ils suivirent ce que les diables racontent contre le règne de Solayman. Alors que Solayman n'a jamais été mécréant mais bien les diables: ils enseignent aux gens la magie ainsi que ce qui est descendu aux deux anges Harout et Marout, à Babylone; mais ceux-ci n'enseignaient rien à personne, qu'ils n'aient dit d'abord: ‹Nous ne sommes rien qu'une tentation: ne soit pas mécréant›; ils apprennent auprès d'eux ce qui sème la désunion entre l'homme et son épouse. Or ils ne sont capables de nuire à personne qu'avec la permission d'Allah. Et les gens apprennent ce qui leur nuit et ne leur est pas profitable. Et ils savent, très certainement, que celui qui acquiert [ce pouvoir] n'aura aucune part dans l'au-delà. Certes, quelle détestable marchandise pour laquelle ils ont vendu leurs âmes! Si seulement ils savaient !

2:103 Et s'ils croyaient et vivaient en piété, une récompense de la part d'Allah serait certes meilleure. Si seulement ils savaient!

2:104 Ô vous qui croyez! Ne dites pas: ‹Raina› (favorise- nous) mais dites: ‹Onzurna› (regarde-nous); et écoutez! Un châtiment douloureux sera pour les infidèles.

2:105 Ni les mécréants parmi les gens du Livre, ni les Associateurs n'aiment qu'on fasse descendre sur vous un bienfait de la part de votre Seigneur, alors qu'Allah réserve à qui Il veut sa Miséricorde. Et c'est Allah le Détenteur de l'abondante grâce.

2:106 Si Nous abrogeons un verset quelconque ou que Nous le fassions oublier, Nous en apportons un meilleur, ou un semblable. Ne sais-tu pas qu'Allah est Omnipotent?

2:107 Ne sais-tu pas qu'à Allah, appartient le royaume des cieux et de la terre, et qu'en dehors d'Allah vous n'avez ni protecteur ni secoureur?

2:108 Voudriez-vous interroger votre Messager comme auparavant on interrogea Moïse? Quiconque substitue la mécréance à la foi s'égare certes du droit chemin.

2:109 Nombre de gens du Livre aimeraient par jalousie de leur part, pouvoir vous rendre mécréants après que vous ayez cru. Et après que la vérité s'est manifestée à eux? Pardonnez et oubliez jusqu'à ce qu'Allah fasse venir Son commandement. Allah est très certainement Omnipotent!

2:110 Et accomplissez la Salat et acquittez la Zakat. Et tout ce que vous avancez de bien pour vous-mêmes, vous le retrouverez auprès d'Allah, car Allah voit parfaitement ce que vous faites.

2:111 Et ils ont dit: ‹Nul n'entrera au Paradis que Juifs ou Chrétiens›. Voilà leurs chimères. - Dis: ‹Donnez votre preuve, si vous êtes véridiques›.

2:112 Non, mais quiconque soumet à Allah son être tout en faisant le bien, aura sa rétribution auprès de son Seigneur. Pour eux, nulle crainte, et ils ne seront point attristés.

2:113 Et les Juifs disent: ‹Les Chrétiens ne tiennent sur rien›; et les Chrétiens disent: ‹Les Juifs ne tiennent sur rien›, alors qu'ils lisent le Livre ! De même ceux qui ne savent rien tiennent un langage semblable au leur. Eh bien, Allah jugera sur ce quoi ils s'opposent, au Jour de la Résurrection.

2:114 Qui est plus injuste que celui qui empêche que dans les mosquées d'Allah, on mentionne Son Nom, et qui s'efforce à les détruire? De tels gens ne devraient y entrer qu'apeurés. Pour eux, ignominie ici-bas, et dans l'au-delà un énorme châtiment.

2:115 A Allah seul appartiennent l'Est et l'Ouest. Où que vous vous tourniez, la Face (direction) d'Allah est donc là, car Allah a la grâce immense; Il est Omniscient.

2:116 Et ils ont dit: ‹Allah s'est donné un fils›! Gloire à Lui! Non! mais c'est à Lui qu'appartient ce qui est dans les cieux et la terre et c'est à Lui que tous obéissent.

2:117 Il est le Créateur des cieux et de la terre à partir du néant! Lorsqu'Il décide une chose, Il dit seulement: ‹Sois›, et elle est aussitôt.

2:118 Et ceux qui ne savent pas on dit: ‹Pourquoi Allah ne nous parle-t-Il pas [directement], ou pourquoi un signe ne nous vient-il pas›? De même, ceux d'avant eux disaient une parole semblable. Leurs coeurs se ressemblent. Nous avons clairement exposé les signes pour des gens qui ont la foi ferme.

2:119 Certes, Nous t'avons envoyé avec la vérité, en annonciateur et avertisseur; et on ne te demande pas compte des gens de l'Enfer.

2:120 Ni les Juifs, ni les Chrétiens ne seront jamais satisfaits de toi, jusqu'à ce que tu suives leur religion. - Dis: ‹Certes, c'est la direction d'Allah qui est la vraie direction›. Mais si tu suis leurs passions après ce que tu as reçu de science, tu n'auras contre Allah ni protecteur ni secoureur.

2:121 Ceux à qui Nous avons donné le Livre, qui le récitent comme il se doit, ceux-là y croient. Et ceux qui n'y croient pas sont les perdants.

2:122 Ô enfants d'Israël, rappelez-vous Mon bienfait dont Je vous ai comblés et que Je vous ai favorisés par dessus le reste du monde (de leur époque).

2:123 Et redoutez le jour où nulle âme ne bénéficiera à une autre, où l'on n'acceptera d'elle aucune compensation, et où aucune intercession ne lui sera utile. Et ils ne seront pas secourus.

2:124 [Et rappelle-toi,] quand ton Seigneur eut éprouvé Abraham par certains commandements, et qu'il les eut accomplis, le Seigneur lui dit: ‹Je vais faire de toi un exemple à suivre pour les gens›. - ‹Et parmi ma descendance›? demanda-t-il. - ‹Mon engagement, dit Allah, ne s'applique pas aux injustes›.

2:125 [Et rappelle-toi], quand nous fîmes de la Maison un lieu de visite et un asile pour les gens - Adoptez donc pour lieu de prière, ce lieu où Abraham se tint debout - Et Nous confiâmes à Abraham et à Ismaël ceci: ‹Purifiez Ma Maison pour ceux qui tournent autour, y font retraite pieuse, s'y inclinent et s'y prosternent.

2:126 Et quand Abraham supplia: ‹Ô mon Seigneur, fais de cette cité un lieu de sécurité, et fais attribution des fruits à ceux qui parmi ses habitants auront cru en Allah et au Jour dernier›, le Seigneur dit: ‹Et quiconque n'y aura pas cru, alors Je lui concéderai une courte jouissance [ici-bas], puis Je le contraindrai au châtiment du Feu [dans l'au-delà]. Et quelle mauvaise destination›!

2:127 Et quand Abraham et Ismaël élevaient les assises de la Maison: ‹Ô notre Seigneur, accepte ceci de notre part! Car c'est Toi l'Audient, l'Omniscient.

2:128 Notre Seigneur! Fais de nous Tes Soumis, et de notre descendance une communauté soumise à Toi. Et montre nous nos rites et accepte de nous le repentir. Car c'est Toi certes l'Accueillant au repentir, le Miséricordieux.

2:129 Notre Seigneur! Envoie l'un des leurs comme messager parmi eux, pour leur réciter Tes versets, leur enseigner le Livre et la Sagesse, et les purifier. Car c'est Toi certes le Puissant, le Sage!

2:130 Qui donc aura en aversion la religion d'Abraham, sinon celui qui sème son âme dans la sottise? Car très certainement Nous l'avons choisi en ce monde; et, dans l'au-delà, il est certes du nombre des gens de bien.

2:131 Quand son Seigneur lui avait dit: ‹Soumets-toi›, il dit: ‹Je me soumets au Seigneur de l'Univers›.

2:132 Et c'est ce que Abraham recommanda à ses fils, de même que Jacob: ‹Ô mes fils, certes Allah vous a choisi la religion: ne mourrez point, donc, autrement qu'en Soumis›! (à Allah).

2:133 Etiez-vous témoins quand la mort se présenta à Jacob et qu'il dit à ses fils: ‹Qu'adorerez-vous après moi›? - Ils répondirent: ‹Nous adorerons ta divinité et la divinité de tes pères, Abraham, Ismaël et Isaac, Divinité Unique et à laquelle nous sommes Soumis›.

2:134 Voilà une génération bel et bien révolue. A elle ce qu'elle a acquis, et à vous ce que vous avez acquis. On ne vous demandera pas compte de ce qu'ils faisaient.

2:135 Ils ont dit: ‹Soyez Juifs ou Chrétiens, vous serez donc sur la bonne voie›. - Dis: ‹Non, mais suivons la religion d'Abraham, le modèle même de la droiture et qui ne fut point parmi les Associateurs›.

2:136 Dites: ‹Nous croyons en Allah et en ce qu'on nous a révélé, et en ce qu'on n'a fait descendre vers Abraham et Ismaël et Isaac et Jacob et les Tribus, et en ce qui a été donné à Moïse et à Jésus, et en ce qui à été donné aux prophètes, venant de leur Seigneur: nous ne faisons aucune distinction entre eux. Et à Lui nous sommes Soumis›.

2:137 Alors, s'ils croient à cela même à quoi vous croyez, ils seront certainement sur la bonne voie. Et s'ils s'en détournent, ils seront certes dans le schisme! Alors Allah te suffira contre eux. Il est l'Audient, l'Omniscient.

2:138 ‹Nous suivons la religion d'Allah! Et qui est meilleur qu'Allah en Sa religion? C'est Lui que nous adorons›.

2:139 Dis: ‹Discutez-vous avec nous au sujet d'Allah, alors qu'Il est notre Seigneur et le vôtre? A nous nos actions et à vous les vôtres! C'est à Lui que nous sommes dévoués.

2:140 Ou dites-vous qu'Abraham, Ismaël, Isaac et Jacob et les tribus étaient Juifs ou Chrétiens?› - Dis: ‹Est-ce vous les plus savants, ou Allah?› - Qui est plus injuste que celui qui cache un témoignage qu'il détient d'Allah? Et Allah n'est pas inattentif à ce que vous faites.

2:141 Voilà une génération bel et bien révolue. A elle ce qu'elle a acquis, et à vous ce que vous avez acquis. Et on ne vous demandera pas compte de ce qu'ils faisaient.

2:142 Les faibles d'esprit parmi les gens vont dire: ‹Qui les a détournés de la direction (Cibla) vers laquelle ils s'orientaient auparavant?› - Dis: ‹C'est à Allah qu'appartiennent le Levant et le Couchant. Il guide qui Il veut vers un droit chemin›.

2:143 Et aussi Nous avons fait de vous une communauté de justes pour que vous soyez témoins aux gens, comme le Messager sera témoin à vous. Et Nous n'avions établi la direction (Cibla) vers laquelle tu te tournais que pour savoir qui suit le Messager (Muhammad) et qui s'en retourne sur ses talons. C'était un changement difficile, mais pas pour ceux qu'Allah guide. Et ce n'est pas Allah qui vous fera perdre [la récompense de] votre foi, car Allah, certes est Compatissant et Miséricordieux pour les hommes

2:144 Certes nous te voyons tourner le visage en tous sens dans le ciel. Nous te faisons donc orienter vers une direction qui te plaît. Tourne donc ton visage vers la Mosquée sacrée. Où que vous soyez, tournez-y vos visages. Certes, ceux à qui le Livre a été donné savent bien que c'est la vérité venue de leur Seigneur. Et Allah n'est pas inattentif à ce qu'ils font

2:145 Certes si tu apportait toutes les preuves à ceux à qui le Livre a été donné, ils ne suivraient pas ta direction (Cibla)! Et tu ne suivras pas la leur; et entre eux, les uns ne suivent pas la direction des autres. Et si tu suivais leurs passions après ce que tu as reçu de science, tu sera, certes, du nombre des injustes.

2:146 Ceux à qui nous avons donné le Livre, le reconnaissent comme ils reconnaissent leurs enfants. Or une partie d'entre eux cache la vérité, alors qu'ils la savent!

2:147 La vérité vient de ton Seigneur. Ne sois donc pas de ceux qui doutent.

2:148 A chacun une orientation vers laquelle il se tourne. Rivalisez donc dans les bonnes oeuvres. Où que vous soyez, Allah vous ramènera tous vers Lui, car Allah est, certes Omnipotent.

2:149 Et d'où que tu sortes, tourne ton visage vers la Mosquée sacrée. Oui voilà bien la vérité venant de ton Seigneur. Et Allah n'est pas inattentif à ce que vous faites.

2:150 Et d'où que tu sortes, tourne ton visage vers la Mosquée sacrée. Et où que vous soyez, tournez-y vos visages, afin que les gens n'aient pas d'argument contre vous, sauf ceux d'entre eux qui sont de vrais injustes. Ne les craignez donc pas; mais craignez-Moi pour que Je parachève Mon bienfait à votre égard, et que vous soyez bien guidés!

2:151 Ainsi, Nous avons envoyé parmi vous un messager de chez vous qui vous récite Nos versets, vous purifie, vous enseigne le Livre et la Sagesse et vous enseigne ce que vous ne saviez pas.

2:152 Souvenez-vous de Moi donc, Je vous récompenserai. Remerciez- Moi et ne soyez pas ingrats envers Moi.

2:153 Ô les croyants! Cherchez secours dans l'endurance et la Salat. Car Allah est avec ceux qui sont endurants.

2:154 Et ne dites pas de ceux qui sont tués dans le sentier d'Allah qu'ils sont morts. Au contraire ils sont vivants, mais vous en êtes inconscients.

2:155 Très certainement, Nous vous éprouverons par un peu de peur, de faim et de diminution de biens, de personnes et de fruits. Et fais la bonne annonce aux endurants,

2:156 qui disent, quand un malheur les atteint: ‹Certes nous sommes à Allah, et c'est à Lui que nous retournerons›.

2:157 Ceux-là reçoivent des bénédictions de leur Seigneur, ainsi que la miséricorde; et ceux-là sont les biens guidés.

2:158 As Safa et Al Marwah sont vraiment parmi les lieux sacrés d'Allah. Donc, quiconque fait pèlerinage à la Maison ou fait l'Umra ne commet pas de péché en faisant le va-et-vient entre ces deux monts. Et quiconque fait de son propre gré une bonne oeuvre, alors Allah est Reconnaissant, Omniscient.

2:159 Certes ceux qui cachent ce que Nous avons fait descendre en fait de preuves et de guide après l'exposé que Nous en avons fait aux gens, dans le Livre, voilà ceux qu'Allah maudit et que les maudisseurs maudissent

2:160 sauf ceux qui se sont repentis, corrigés et déclarés : d'eux Je reçois le repentir. Car c'est Moi, l'Accueillant au repentir, le Miséricordieux.

2:161 Ceux qui ne croient pas et meurent mécréants, recevront la malédiction d'Allah, des Anges et de tous les hommes.

2:162 Ils y demeureront éternellement; le châtiment ne leur sera pas allégé, et on ne leur accordera pas le répit.

2:163 Et votre Divinité est une divinité unique. Pas de divinité à part lui, le Tout Miséricordieux, le Très Miséricordieux.

2:164 Certes la création des cieux et de la terre, dans l'alternance de la nuit et du jour, dans le navire qui vogue en mer chargé de choses profitables aux gens, dans l'eau qu'Allah fait descendre du ciel, par laquelle Il rend la vie à la terre une fois morte et y répand des bêtes de toute espèce, dans la variation des vents, et dans les nuages soumis entre le ciel et la terre, en tout cela il y a des signes, pour un peuple qui raisonne.

2:165 Parmi les hommes, il en est qui prennent, en dehors d'Allah, des égaux à Lui, en les aimant comme on aime Allah. Or les croyants sont les plus ardents en l'amour d'Allah. Quand les injustes verront le châtiment, ils sauront que la force tout entière est à Allah et qu'Allah est dur en châtiment!...

2:166 Quand les meneurs désavoueront le suiveurs à la vue du châtiment, les liens entre eux seront bien brisés !

2:167 Et les suiveurs diront: ‹Ah! Si un retour nous était possible! Alors nous les désavouerions comme ils nous ont désavoués› - Ainsi Allah leur montra leurs actions; source de remords pour eux; mais ils ne pourront pas sortir du Feu.

2:168 Ô gens! De ce qui existe sur la terre, mangez le licite et le pur; ne suivez point les pas du Diable car il est vraiment pour vous, un ennemi déclaré.

2:169 Il ne vous commande que le mal et la turpitude et de dire contre Allah ce que vous ne savez pas.

2:170 Et quand on leur dit: ‹Suivez ce qu'Allah a fait descendre›, ils disent: ‹Non, mais nous suivrons les coutumes de nos ancêtres.› - Quoi! et si leurs ancêtres n'avaient rien raisonné et s'ils n'avaient pas été dans la bonne direction?

2:171 Les mécréants ressemblent à [du bétail] auquel on crie et qui entend seulement appel et voix confus. Sourds, muets, aveugles, ils ne raisonnent point.

2:172 Ô les croyants! Mangez des (nourritures) licites que Nous vous avons attribuées. Et remerciez Allah, si c'est Lui que vous adorez.

2:173 Certes, Il vous est interdit la chair d'une bête morte, le sang, la viande de porc et ce sur quoi on a invoqué un autre qu'Allah. Il n'y a pas de péché sur celui qui est contraint sans toutefois abuser ni transgresser, car Allah est Pardonneur et Miséricordieux.

2:174 Ceux qui cachent ce qu'Allah à fait descendre du Livre et le vendent à vil prix, ceux-là ne s'emplissent le ventre que de Feu. Allah ne leur adressera pas la parole, au Jour de la Résurrection, et ne les purifiera pas. Et il y aura pour eux un douloureux châtiment.

2:175 Ceux-là ont échangé la bonne direction contre l'égarement et le pardon contre le châtiment. Qu'est-ce qui leur fera supporter le Feu?!

2:176 C'est ainsi, car c'est avec la vérité qu'Allah a fait descendre le Livre; et ceux qui s'opposent au sujet du Livre sont dans une profonde divergence.

2:177 La bonté pieuse ne consiste pas à tourner vos visages vers le Levant ou le Couchant. Mais la bonté pieuse est de croire en Allah, au Jour dernier, aux Anges, au Livre et aux prophètes, de donner de son bien, quelqu'amour qu'on en ait, aux proches, aux orphelins, aux nécessiteux, aux voyageurs indigents et à ceux qui demandent l'aide et pour délier les jougs, d'accomplir la Salat et d'acquitter la Zakat. Et ceux qui remplissent leurs engagements lorsqu'ils se sont engagés, ceux qui sont endurants dans la misère, la maladie et quand les combats font rage, les voilà les véridiques et les voilà les vrais pieux !

2:178 Ô les croyants! On vous a prescrit le talion au sujet des tués : homme libre pour homme libre, esclave pour esclave, femme pour femme. Mais celui à qui son frère aura pardonné en quelque façon doit faire face à une requête convenable et doit payer des dommages de bonne grâce. Ceci est un allégement de la part de votre Seigneur et une miséricorde. Donc, quiconque après cela transgresse, aura un châtiment douloureux.

2:179 C'est dans le talion que vous aurez la préservation de la vie, ò vous doués d'intelligence, ainsi atteindrez-vous la piété.

2:180 On vous a prescrit, quand la mort est proche de l'un de vous et s'il laisse des biens, de faire un testament en règle en faveur de ses père et mère et de ses plus proches. C'est un devoir pour les pieux.

2:181 Quiconque l'altère après l'avoir entendu, le péché ne reposera que sur ceux qui l'ont altéré; certes, Allah est Audient et Omniscient.

2:182 Mais quiconque craint d'un testateur quelque partialité (volontaire ou involontaire), et les réconcilie, alors pas de péché sur lui car Allah est certes Pardonneur et Miséricordieux !

2:183 Ô les croyants! On vous a prescrit as-Siyam comme on l'a prescrit à ceux d'avant vous, ainsi atteindrez-vous la piété,

2:184 pendant un nombre déterminé de jours. Quiconque d'entre vous est malade ou en voyage, devra jeûner un nombre égal d'autres jours. Mais pour ceux qui ne pourraient le supporter (qu'avec grande difficulté), il y a une compensation: nourrir un pauvre. Et si quelqu'un fait plus de son propre gré, c'est pour lui; mais il est mieux pour vous de jeûner; si vous saviez!

2:185 (Ces jours sont) le mois de Ramadan au cours duquel le Qur'an a été descendu comme guide pour les gens, et preuves claires de la bonne direction et du discernement. Donc quiconque d'entre vous est présent en ce mois, qu'il jeûne! Et quiconque est malade ou en voyage, alors qu'il jeûne un nombre égal d'autres jours. - Allah veut pour vous la facilité, Il ne veut pas la difficulté pour vous, afin que vous en complétiez le nombre et que vous proclamiez la grandeur d'Allah pour vous avoir guidés, et afin que vous soyez reconnaissants!

2:186 Et quand Mes serviteurs t'interrogent sur Moi.. alors Je suis tout proche: Je réponds à l'appel de celui qui Me prie quand il Me prie. Qu'ils répondent à Mon appel, et qu'ils croient en Moi, afin qu'ils soient bien guidés.

2:187 On vous a permis, la nuit d'as-Siyam, d'avoir des rapports avec vos femmes; elles sont un vêtement pour vous et vous un vêtement pour elles. Allah sait que vous aviez clandestinement des rapports avec vos femmes. Il vous a pardonné et vous a graciés. Cohabitez donc avec elles, maintenant, et cherchez ce qu'Allah a prescrit en votre faveur; mangez et buvez jusqu'à ce que se distingue, pour vous, le fil blanc de l'aube du fil noir de la nuit. Puis accomplissez le jeûne jusqu'à la nuit. Mais ne cohabitez pas avec elles pendant que vous êtes en retraite rituelle dans les mosquées. Voilà les lois d'Allah: ne vous en approchez donc pas (pour les transgresser).C'est ainsi qu'Allah expose aux hommes Ses enseignements, afin qu'ils deviennent pieux.

2:188 Et ne dévorez pas mutuellement et illicitement vos biens, et ne vous en servez pas pour corrompre des juges pour vous permettre de dévorer une partie des biens des gens, injustement et sciemment.

2:189 Ils t'interrogent sur les nouvelles lunes - Dis: ‹Elles servent aux gens pour compter le temps, et aussi pour le Hajj [pèlerinage]. Et ce n'est pas un acte de bienfaisance que de rentrer chez vous par l'arrière des maisons. Mais la bonté pieuse consiste à craindre Allah. Entrer donc dans les maisons par leurs portes. Et craignez Allah afin que vous réussissiez!›.

2:190 Combattez dans le sentier d'Allah ceux qui vous combattent, et ne transgressez pas. Certes. Allah n'aime pas les transgresseurs!

2:191 Et tuez-les, où que vous les rencontriez; et chassez-les d'où ils vous ont chassés: l'association est plus grave que le meurtre. Mais ne les combattez pas près de la Mosquée sacrée avant qu'ils ne vous y aient combattus. S'ils vous y combattent, tuez-les donc. Telle est la rétribution des mécréants.

2:192 S'ils cessent, Allah est, certes, Pardonneur et Miséricordieux.

2:193 Et combattez-les jusqu'à ce qu'il n'y ait plus d'association et que la religion soit entièrement à Allah seul. S'ils cessent, donc plus d'hostilités, sauf contre les injustes.

2:194 Le Mois sacré pour le mois sacré! - Le talion s'applique à toutes choses sacrées. Donc, quiconque transgresse contre vous, transgressez contre lui, à transgression égale. Et craignez Allah. Et sachez qu'Allah est avec les pieux.

2:195 Et dépensez dans le sentier d'Allah. Et ne vous jetez pas par vos propres mains dans la destruction. Et faite le bien. Car Allah aime les bienfaisants.

2:196 Et accomplissez pour Allah le pèlerinage et l'Umra. Si vous en êtes empêchés, alors faite un sacrifice qui vous soit facile. Et ne rasez pas vos têtes avant que l'offrande [l'animal à sacrifier] n'ait atteint son lieu d'immolation. Si l'un d'entre vous est malade ou souffre d'une affection de la tête (et doit se raser), qu'il se rachète alors par un Siyam ou par une aumône ou par un sacrifice. Quand vous retrouverez ensuite la paix, quiconque a joui d'une vie normale après avoir fait l'Umra en attendant le pèlerinage, doit faire un sacrifice qui lui soit facile. S'il n'a pas les moyens, qu'il jeûne trois jours pendant le pèlerinage et sept jours une fois rentré chez lui, soit en tout dix jours. Cela est prescrit pour celui dont la famille n'habite pas auprès de la Mosquée sacrée. Et craignez Allah. Et sachez qu'Allah est dur en punition.

2:197 Le pèlerinage à lieu dans des mois connus. Si l'on se décide de l'accomplir, alors point de rapport sexuel, point de perversité, point de dispute pendant le pèlerinage. Et le bien que vous faites, Allah le sait. Et prenez vos provisions; mais vraiment la meilleur provision est la piété. Et redoutez-Moi, ò doués d'intelligence!

2:198 Ce n'est pas un pêché que d'aller en quête de quelque grâce de votre Seigneur. Puis, quand vous déferlez depuis Arafat, invoquez Allah, à al- Mashar-al-Haram (Al-Muzdalifa). Et invoquez-Le comme Il vous a montré la bonne voie, quoiqu'auparavant vous étiez du nombre des égarés.

2:199 Ensuite déferlez par où les gens déferlèrent, et demandez pardon à Allah. Car Allah est Pardonneur et Miséricordieux.

2:200 Et quand vous aurez achevé vos rites, alors invoquez Allah comme vous invoquez vos pères, et plus ardemment encore. Mais il est des gens qui disent seulement: ‹Seigneur! Accorde nous [le bien] ici-bas!› - Pour ceux-là, nulle part dans l'au- delà.

2:201 Et il est des gens qui disent: ‹Seigneur! Accorde nous belle ici-bas, et belle part aussi dans l'au-delà; et protège-nous du châtiment du Feu!›.

2:202 Ceux-là auront une part de ce qu'ils auront acquis. Et Allah est prompt à faire rendre compte.

2:203 Et invoquez Allah pendant un nombre de jours déterminés. Ensuite, il n'y a pas de péché, pour qui se comporte en piété, à partir au bout de deux jours, à s'attarder non plus. Et craignez Allah. Et sachez que c'est vers Lui que vous serez rassemblés.

2:204 Il y a parmi les gens celui dont la parole sur la vie présente te plaît, et qui prend Allah à témoin de ce qu'il a dans le coeur, tandis que c'est le plus acharné disputeur.

2:205 Dès qu'il tourne le dos, il parcourt la terre pour y semer le désordre et saccager culture et bétail. Et Allah n'aime pas le désordre.

2:206 Et quand on lui dit: ‹Redoute Allah›, l'orgueil criminel s'empare de lui, l'Enfer lui suffira, et quel mauvais lit, certes!

2:207 Et il y a parmi les gens celui qui se sacrifie pour la recherche de l'agrément d'Allah. Et Allah est Compatissant envers Ses serviteurs.

2:208 Ô les croyants! Entrez en plein dans l'Islam, et ne suivez point les pas du diable, car il est certes pour vous un ennemi déclaré.

2:209 Puis, si vous bronchez, après que les preuves vous soient venues, sachez alors qu'Allah est Puissant et Sage.

2:210 Qu'attendent-ils sinon qu'Allah leur vienne à l'ombre des nuées de même que les Anges et que leur sort soit réglé? Et c'est à Allah que toute chose est ramenée.

2:211 Demande aux enfants d'Israël combien de miracles évidents Nous leur avons apportés! Or, quiconque altère le bienfait d'Allah après qu'il lui soit parvenu... alors, Allah vraiment est dur en punition.

2:212 On a enjolivé la vie présente à ceux qui ne croient pas, et ils se moquent de ceux qui croient. Mais les pieux seront au-dessus d'eux, au Jour de la Résurrection. Et Allah accorde Ses bienfaits à qui Il veut, sans compter.

2:213 Les gens formaient (à l'origine) une seule communauté (croyante). Puis, (après leurs divergences,) Allah envoya des prophètes comme annonciateurs et avertisseurs; et Il fit descendre avec eux le Livre contenant la vérité, pour régler parmi les gens leurs divergences. Mais, ce sont ceux-là mêmes à qui il avait été apporté, qui se mirent à en disputer, après que les preuves leur furent venues, par esprit de rivalité! Puis Allah, de par Sa Grâce, guida ceux qui crurent vers cette Vérité sur laquelle les autres disputaient. Et Allah guide qui Il veut vers le chemin droit.

2:214 Pensez-vous entrer au Paradis alors que vous n'avez pas encore subi des épreuves semblables à celles que subirent ceux qui vécurent avant vous? Misère et maladie les avaient touchés; et ils furent secoués jusqu'à ce que le Messager, et avec lui, ceux qui avaient cru, se fussent écriés: ‹Quand viendra le secours d'Allah?› - Quoi! Le secours d'Allah est sûrement proche.

2:215 Ils t'interrogent: ‹Qu'est-ce qu'on doit dépenser?› - Dis: ‹Ce que vous dépensez de bien devrait être pour les pères et mère, les proches, les orphelins, les pauvres et les voyageurs indigents. Et tout ce que vous faites de bien, vraiment Allah le sait›.

2:216 Le combat vous a été prescrit alors qu'il vous est désagréable. Or, il se peut que vous ayez de l'aversion pour une chose alors qu'elle vous est un bien. Et il se peut que vous aimiez une chose alors qu'elle vous est mauvaise. C'est Allah qui sait, alors que vous ne savez pas.

2:217 - Ils t'interrogent sur le fait de faire la guerre pendant les mois sacrés. - Dis: ‹Y combattre est un péché grave, mais plus grave encore auprès d'Allah est de faire obstacle au sentier d'Allah, d'être impie envers Celui-ci et la Mosquée sacrée, et d'expulser de là ses habitants. L'association est plus grave que le meurtre.› Or, ils ne cesseront de vous combattre jusqu'à, s'ils peuvent, vous détourner de votre religion. Et ceux parmi vous qui adjureront leur religion et mourront infidèles, vaines seront pour eux leurs actions dans la vie immédiate et la vie future. Voilà les gens du Feu: ils y demeureront éternellement.

2:218 Certes, ceux qui ont cru, émigré et lutté dans le sentier d'Allah, ceux-là espèrent la miséricorde d'Allah. Et Allah est Pardonneur et Miséricordieux.

2:219 - Ils t'interrogent sur le vin et les jeux de hasard. Dis: ‹Dans les deux il y a un grand péché et quelques avantages pour les gens; mais dans les deux, le péché est plus grand que l'utilité›. Et ils t'interrogent: ‹Que doit-on dépenser (en charité)?› Dis: ‹L'excédent de vos bien.› Ainsi, Allah vous explique Ses versets afin que vous méditez

2:220 sur ce monde et sur l'au-delà! Et ils t'interrogent au sujet des orphelins. Dis: ‹Leur faire du bien est la meilleur action. Si vous vous mêlez à eux, ce sont vos frères [en religion]›. Allah distingue celui qui sème le désordre de celui qui fait le bien. Et si Allah avait voulu, Il vous aurait accablés. Certes Allah est Puissant et Sage.

2:221 Et n'épousez pas les femmes associatrices tant qu'elles n'auront pas la foi, et certes, une esclave croyante vaut mieux qu'une associatrice, même si elle vous enchante. Et ne donnez pas d'épouses aux associateurs tant qu'ils n'auront pas la foi, et certes, un esclave croyant vaut mieux qu'un associateur même s'il vous enchante. Car ceux-là [les associateurs] invitent au Feu; tandis qu'Allah invite, de part Sa Grâce, au Paradis et au pardon. Et Il expose aux gens Ses enseignements afin qu'ils se souviennent!

2:222 - Et ils t'interrogent sur la menstruation des femmes. - Dis: ‹C'est un mal. Eloignez-vous donc des femmes pendant les menstrues, et ne les approchez que quand elles sont pures. Quand elles se sont purifiées, alors cohabitez avec elles suivant les prescriptions d'Allah car Allah aime ceux qui se repentent, et Il aime ceux qui se purifient›.

2:223 Vos épouses sont pour vous un champ de labour; allez à votre champ comme [et quand] vous le voulez et oeuvrez pour vous-mêmes à l'avance. Craignez Allah et sachez que vous le rencontrerez. Et fais gracieuses annonces aux croyants!

2:224 Et n'usez pas du nom d'Allah, dans vos serments, pour vous dispenser de faire le bien, d'être pieux et de réconcilier les gens. Et Allah est Audient et Omniscient.

2:225 Ce n'est pas pour les expressions gratuites dans vos serments qu'Allah vous saisit: Il vous saisit pour ce que vos coeurs ont acquis. Et Allah est Pardonneur et Patient.

2:226 Pour ceux qui font le serment de se priver de leur femmes, il y a un délai d'attente de quatre mois. Et s'ils reviennent (de leur serment) celui-ci sera annulé, car Allah est certes Pardonneur et Miséricordieux!

2:227 Mais s'ils se décident au divorce, (celui-ci devient exécutoire) car Allah est certes Audient et Omniscient.

2:228 Et les femmes divorcées doivent observer un délai d'attente de trois menstrues; et il ne leur est pas permis de taire ce qu'Allah a créé dans leurs ventres, si elles croient en Allah et au Jour dernier. Et leurs époux seront plus en droit de les reprendre pendant cette période, s'ils veulent la réconciliation. Quant à elles, elles ont des droits équivalents à leurs obligations, conformément à la bienséance. Mais les hommes ont cependant une prédominance sur elles. Et Allah est Puissant et Sage.

2:229 Le divorce est permis pour seulement deux fois. Alors, c'est soit la reprise conformément à la bienséance, ou la libération avec gentillesse. Et il ne vous est pas permis de reprendre quoi que ce soit de ce que vous leur aviez donné, - à moins que tous deux ne craignent de ne point pouvoir se conformer aux ordres imposés par Allah. Si donc vous craignez que tous deux ne puissent se conformer aux ordres d'Allah, alors ils ne commettent aucun péché si la femme se rachète avec quelque bien. Voilà les ordres d'Allah. Ne les transgressez donc pas. Et ceux qui transgressent les ordres d'Allah ceux-là sont les injustes.

2:230 S'il divorce avec elle (la troisième fois) alors elle ne lui sera plus licite tant qu'elle n'aura pas épousé un autre. Et si ce (dernier) la répudie alors les deux ne commettent aucun péché en reprenant la vie commune, pourvu qu'ils pensent pouvoir tous deux se conformer aux ordres d'Allah. Voilà les ordres d'Allah, qu'Il expose aux gens qui comprennent.

2:231 Et quand vous divorcez d'avec vos épouses, et que leur délai expire, alors, reprenez-les conformément à la bienséance, ou libérez-les conformément à la bienséance. Mais ne les retenez pas pour leur faire du tort: vous transgresseriez alors et quiconque agit ainsi se fait du tort à lui-même. Ne prenez pas en moquerie les versets d'Allah. Et rappelez-vous le bienfait d'Allah envers vous, ainsi que le Livre et la Sagesse qu'Il vous a fait descendre, par lesquels Il vous exhorte. Et craignez Allah, et sachez qu'Allah est Omniscient.

2:232 Et quand vous divorcez d'avec vos épouses, et que leur délai expire, alors ne les empêchez pas de renouer avec leurs époux, s'ils s'agréent l'un l'autre, et conformément à la bienséance. Voilà à quoi est exhorté celui d'entre vous qui croit en Allah et au Jour dernier. Ceci est plus décent et plus pur pour vous. Et Allah sait, alors que vous ne savez pas.

2:233 Et les mères, qui veulent donner un allaitement complet, allaiteront leurs bébés deux ans complets. Au père de l'enfant de les nourrir et vêtir de manière convenable. Nul ne doit supporter plus que ses moyens. La mère n'a pas à subir de dommage à cause de son enfant, ni le père, à cause de son enfant. Même obligation pour l'héritier. Et si, après s'être consultés, tous deux tombent d'accord pour décider le sevrage, nul grief a leur faire. Et si vous voulez mettre vos enfants en nourrice, nul grief à vous faire non plus, à condition que vous acquittiez la rétribution convenue, conformément à l'usage. Et craignez Allah, et sachez qu'Allah observe ce que vous faites.

2:234 Ceux des vôtres que la mort frappe et qui laissent des épouses: celles-ci doivent observer une période d'attente de quatre mois et dix jours. Passé ce délai, on ne vous reprochera pas la façon dont elles disposeront d'elles mêmes d'une manière convenable. Allah est Parfaitement Connaisseur de ce que vous faites.

2:235 Et on ne vous reprochera pas de faire, aux femmes, allusion à une proposition de mariage, ou d'en garder secrète l'intention. Allah sait que vous allez songer à ces femmes. Mais ne leur promettez rien secrètement sauf à leur dire des paroles convenables. Et ne vous décidez au contrat de mariage qu'à l'expiration du délai prescrit. Et sachez qu'Allah sait ce qu'il y a dans vos âmes. Prenez donc garde à Lui, et sachez aussi qu'Allah est Pardonneur et Plein de mansuétude.

2:236 Vous ne faites point de péché en divorçant d'avec des épouses que vous n'avez pas touchées, et à qui vous n'avez pas fixé leur mahr. Donnez-leur toutefois - l'homme aisé selon sa capacité, l'indigent selon sa capacité - quelque bien convenable dont elles puissent jouir. C'est un devoir pour les bienfaisants.

2:237 Et si vous divorcez d'avec elles sans les avoir touchées, mais après fixation de leur mahr, versez-leur alors la moitié de ce que vous avez fixé, à moins qu'elles ne s'en désistent, ou que ne se désiste celui entre les mains de qui est la conclusion du mariage. Le désistement est plus proche de la piété. Et n'oubliez pas votre faveur mutuelle. Car Allah voit parfaitement ce que vous faites.

2:238 Soyez assidus aux Salats et surtout la Salat médiane; et tenez-vous debout devant Allah, avec humilité.

2:239 Mais si vous craignez (un grand danger), alors priez en marchant ou sur vos montures. Puis quand vous êtes en sécurité, invoquez Allah comme Il vous a enseigné ce que vous ne saviez pas.

2:240 Ceux d'entre vous que la mort frappe et qui laissent les épouses, doivent laisser un testament en faveur de leurs épouses pourvoyant à un an d'entretien sans les expulser de chez elles. Si ce sont elles qui partent, alors on ne vous reprochera pas ce qu'elles font de convenable pour elles-mêmes, Allah est Puissant et Sage.

2:241 Les divorcées ont droit à la jouissance d'une allocation convenable, [constituant] un devoir pour les pieux.

2:242 C'est ainsi qu'Allah vous explique Ses versets, afin que vous raisonniez.

2:243 N'as-tu pas vu ceux qui sortirent de leur demeures, - il y en avait des milliers, - par crainte de la mort? Puis Allah leur dit: ‹Mourez›. Après quoi Il les rendit à la vie. Certes, Allah est Détenteur de la Faveur, envers les gens; mais la plupart des gens ne sont pas reconnaissants.

2:244 Et combattez dans le sentier d'Allah. Et sachez qu'Allah est Audient et Omniscient.

2:245 Quiconque prête à Allah de bonne grâce, Il le lui rendra multiplié plusieurs fois. Allah restreint ou étend (Ses faveurs). Et c'est à Lui que vous retournerez.

2:246 N'as-tu pas su l'histoire des notables, parmi les enfants d'Israël, lorsqu'après Moïse ils dirent à un prophète à eux: ‹Désigne-nous un roi, pour que nous combattions dans le sentier d'Allah›. Il dit: ‹Et si vous ne combattez pas, quand le combat vous sera prescrit?› Ils dirent: ‹Et qu'aurions nous à ne pas combattre dans le sentier d'Allah, alors qu'on nous a expulsés de nos maisons et qu'on a capturé nos enfants?› Et quand le combat leur fut prescrit, ils tournèrent le dos, sauf un petit nombre d'entre eux. Et Allah connaît bien les injustes.

2:247 Et leur prophète leur dit: ‹Voici qu'Allah vous a envoyé Talout pour roi.› Ils dirent: ‹Comment régnerait-il sur nous? Nous avons plus de droit que lui à la royauté. On ne lui a même pas prodigué beaucoup de richesses!› Il dit: ‹Allah, vraiment l'a élu sur vous, et a accru sa part quant au savoir et à la condition physique.› - Et Allah alloue Son pouvoir à qui Il veut. Allah a la grâce immense et Il est Omniscient.

2:248 Et leur prophète leur dit: ‹Le signe de son investiture sera que le Coffre va vous revenir; objet de quiétude inspiré par votre Seigneur, et contenant les reliques de ce que laissèrent la famille de Moïse et la famille d'Aaron. Les Anges le porteront. Voilà bien là un signe pour vous, si vous êtes croyants!›

2:249 Puis au moment de partir avec les troupes, Talout dit: ‹Voici: Allah va vous éprouver par une rivière: quiconque y boira ne sera plus des miens; et quiconque n'y goûtera pas sera des miens; - passe pour celui qui y puisera un coup dans le creux de sa main.› Ils en burent, sauf un petit nombre d'entre eux. Puis, lorsqu'ils l'eurent traversée, lui et ceux des croyants qui l'accompagnaient, ils dirent: ‹Nous voilà sans force aujourd'hui contre Goliath et ses troupes!› Ceux qui étaient convaincus qu'ils auront à rencontrer Allah dirent: ‹Combien de fois une troupe peu nombreuse a, par la grâce d'Allah, vaincu une troupe très nombreuse! Et Allah est avec les endurants›.

2:250 Et quand ils affrontèrent Goliath et ses troupes, ils dirent: ‹Seigneur! Déverse sur nous l'endurance, affermis nos pas et donne-nous la victoire sur ce peuple infidèle›.

2:251 Ils les mirent en déroute, par la grâce d'Allah. Et David tua Goliath; et Allah lui donna la royauté et la sagesse, et lui enseigna ce qu'Il voulut. Et si Allah ne neutralisait pas une partie des hommes par une autre, la terre serait certainement corrompue. Mais Allah est Détenteur de la Faveur pour les mondes.

2:252 Voilà les versets d'Allah, que Nous te (Muhammad) récitons avec la vérité. Et tu es, certes parmi les Envoyés.

2:253 Parmi ces messagers, Nous avons favorisé certains par rapport à d'autres. Il en est à qui Allah a parlé; et Il en a élevé d'autres en grade. A Jésus fils de Marie Nous avons apporté les preuves, et l'avons fortifié par le Saint-Esprit. Et si Allah avait voulu, les gens qui vinrent après eux ne se seraient pas entre- tués, après que les preuves leur furent venues; mais ils se sont opposés: les uns restèrent croyant, les autres furent infidèles. Si Allah avait voulu, ils ne se seraient pas entre- tués; mais Allah fait ce qu'il veut.

2:254 Ô les croyants! Dépenser de ce que Nous vous avons attribué, avant que vienne le jour où il n'y aura ni rançon ni amitié ni intercession .Et ce sont les mécréants qui sont les injustes.

2:255 Allah! Point de divinité à part Lui, le Vivant, Celui qui subsiste par lui-même ‹al-Qayyum›. Ni somnolence ni sommeil ne Le saisissent. A lui appartient tout ce qui est dans les cieux et sur la terre. Qui peut intercéder auprès de Lui sans Sa permission? Il connaît leur passé et leur futur. Et, de Sa science, ils n'embrassent que ce qu'Il veut. Son Tròne ‹Kursiy› déborde les cieux et la terre, dont la garde ne Lui coûte aucune peine. Et Il est le Très Haut, le Très Grand..

2:256 Nulle contrainte en religion! Car le bon chemin s'est distingué de l'égarement. Donc, quiconque mécroît au Rebelle tandis qu'il croit en Allah saisit l'anse la plus solide, qui ne peut se briser. Et Allah est Audient et Omniscient.

2:257 Allah est le défenseur de ceux qui ont la foi: Il les fait sortir des ténèbres à la lumière. Quant à ceux qui ne croient pas, ils ont pour défenseurs les Tagut, qui les font sortir de la lumière aux ténèbres. Voilà les gens du Feu, où ils demeurent éternellement.

2:258 N'as-tu pas su (l'histoire de) celui qui, parce qu'Allah l'avait fait roi, argumenta contre Abraham au sujet de son Seigneur? Abraham ayant dit: ‹J'ai pour Seigneur Celui qui donne la vie et la mort›, ‹Moi aussi, dit l'autre, je donne la vie et la mort.› Alors dit Abraham: ‹Puisqu'Allah fait venir le soleil du Levant, fais-le donc venir du Couchant.› Le mécréant resta alors confondu. Allah ne guide pas les gens injustes.

2:259 Ou comme celui qui passait dans par un village désert et dévasté: ‹Comment Allah va-t-Il redonner la vie à celui-ci après sa mort?› dit-il. Allah donc le fit mourir et le garda ainsi pendant cent ans. Puis Il le ressuscita en disant: ‹Combien de temps as-tu demeuré ainsi?› ‹Je suis resté un jour, dit l'autre, ou une partie de la journée.› ‹Non! dit Allah, tu es resté cent ans. Regarde donc ta nourriture et ta boisson: rien ne s'est gâté; mais regarde ton âne... Et pour faire de toi un signe pour les gens, et regarde ces ossements, comment Nous les assemblons et les revêtons de chair›. Et devant l'évidence, il dit: ‹Je sais qu'Allah est Omnipotent›.

2:260 Et quand Abraham dit: ‹Seigneur! Montre-moi comment Tu ressuscites les morts›, Allah dit: ‹Ne crois-tu pas encore?› ‹Si! dit Abraham; mais que mon coeur soit rassuré›. ‹Prends donc, dit Allah, quatre oiseaux, apprivoise-les (et coupe-les) puis, sur des monts séparés, mets-en un fragment ensuite appelle-les: ils viendront à toi en toute hâte. Et sache qu'Allah est Puissant et Sage.›

2:261 Ceux qui dépensent leur biens dans le sentier d'Allah ressemblent à un grain d'où naissent sept épis, à cent grains l'épi. Car Allah multiplie la récompense à qui Il veut et la grâce d'Allah est immense, et Il est Omniscient.

2:262 Ceux qui dépensent leurs biens dans le sentier d'Allah sans faire suivre leurs largesses ni d'un rappel ni d'un tort, auront leur récompense auprès de leur Seigneur. Nulle crainte pour eux, et ils ne seront point affligés.

2:263 Une parole agréable et un pardon valent mieux qu'une aumône suivie d'un tort. Allah n'a besoin de rien, et Il est indulgent.

2:264 Ô les croyants! N'annulez pas vos aumònes par un rappel ou un tort, comme celui qui dépense son bien par ostentation devant les gens sans croire en Allah et au Jour dernier. Il ressemble à un rocher recouvert de terre; qu'une averse l'atteigne, elle le laisse dénué. De pareils hommes ne tireront aucun profit de leur actes. Et Allah ne guide pas les gens mécréants.

2:265 Et ceux qui dépensent leurs biens cherchant l'agrément d'Allah, et bien rassurés (de Sa récompense), ils ressemblent à un jardin sur une colline. Qu'une averse l'atteigne, il double ses fruits; à défaut d'une averse qui l'atteint, c'est la rosée. Et Allah voit parfaitement ce que vous faites.

2:266 L'un de vous aimerait-il voir un jardin de dattiers et de vignes sous lequel coulent les ruisseaux, et qui lui donne toutes espèces de fruits, que la vieillesse le rattrape, tandis que ses enfants sont encore petits, et qu'un tourbillon contenant du feu s'abatte sur son jardin et le brûle? Ainsi Allah vous explique les signes afin que vous méditiez!

2:267 Ô les croyants! Dépensez des meilleures choses que vous avez gagnées et des récoltes que Nous avons fait sortir de la terre pour vous. Et ne vous tournez pas vers ce qui est vil pour en faire dépense. Ne donnez pas ce que vous-mêmes n'accepteriez qu'en fermant les yeux! Et sachez qu'Allah n'a besoin de rien et qu'Il est digne de louange.

2:268 Le Diable vous fait craindre l'indigence et vous recommande des actions honteuses; tandis qu'Allah vous promet pardon et faveur venant de Lui. La grâce d'Allah est immense et Il est Omniscient.

2:269 Il donne la sagesse à qui Il veut. Et celui à qui la sagesse est donnée, vraiment, c'est un bien immense qui lui est donné. Mais les doués d'intelligence seulement s'en souviennent.

2:270 Quelles que soient les dépenses que vous avez faites, ou le voeu que vous avez voué, Allah le sait. Et pour les injustes, pas de secoureurs!

2:271 Si vous donnez ouvertement vos aumônes, c'est bien; c'est mieux encore, pour vous, si vous êtes discrets avec elles et vous les donniez aux indigents. Allah effacera une partie de vos méfaits. Allah est Parfaitement Connaisseur de ce que vous faites.

2:272 Ce n'est pas à toi de les guider (vers la bonne voie), mais c'est Allah qui guide qui Il veut. Et tout ce que vous dépensez de vos biens sera à votre avantage, et vous ne dépensez que pour la recherche de la Face ‹Wajh› d'Allah. Et tout ce que vous dépensez de vos biens dans les bonnes oeuvres vous sera récompensé pleinement. Et vous ne serez pas lésés

2:273 Aux nécessiteux qui se sont confinés dans le sentier d'Allah, ne pouvant parcourir le monde, et que l'ignorant croit riches parce qu'ils ont honte de mendier - tu les reconnaîtras à leur aspects - Ils n'importunent personne en mendiant. Et tout ce que vous dépensez de vos biens, Allah le sait parfaitement.

2:274 Ceux qui, de nuit et de jour, en secret et ouvertement, dépensent leurs biens (dans les bonnes oeuvres), ont leur salaire auprès de leur Seigneur. Ils n'ont rien à craindre et ils ne seront point affligés.

2:275 Ceux qui mangent [pratiquent] de l'intérêt usuraire ne se tiennent (au jour du Jugement dernier) que comme se tient celui que le toucher de Satan a bouleversé. Cela, parce qu'ils disent: ‹Le commerce est tout à fait comme l'intérêt› Alors qu'Allah a rendu licite le commerce, et illicite l'intérêt. Celui, donc, qui cesse dès que lui est venue une exhortation de son Seigneur, peut conserver ce qu'il a acquis auparavant; et son affaire dépend d'Allah. Mais quiconque récidive... alors les voilà, les gens du Feu! Ils y demeureront éternellement.

2:276 Allah anéantit l'intérêt usuraire et fait fructifier les aumònes. Et Allah n'aime pas le mécréant pécheur.

2:277 Ceux qui ont la foi, ont fait de bonnes oeuvres, accompli la Salat et acquitté la Zakat, auront certes leur récompense auprès de leur Seigneur. Pas de crainte pour eux, et ils ne seront point affligés.

2:278 Ô les croyants! Craignez Allah; et renoncez au reliquat de l'intérêt usuraire, si vous êtes croyants.

2:279 Et si vous ne le faites pas, alors recevez l'annonce d'une guerre de la part d'Allah et de Son messager. Et si vous vous repentez, vous aurez vos capitaux. Vous ne léserez personne, et vous ne serez point lésés.

2:280 A celui qui est dans la gêne, accordez un sursis jusqu'à ce qu'il soit dans l'aisance. Mais il est mieux pour vous de faire remise de la dette par charité! Si vous saviez !

2:281 Et craignez le jour où vous serez ramenés vers Allah. Alors chaque âme sera pleinement rétribuée de ce qu'elle aura acquis. Et il ne seront point lésés.

2:282 Ô les croyants! Quand vous contractez une dette à échéance déterminée, mettez-la en écrit; et qu'un scribe l'écrive, entre vous, en toute justice; un scribe n'a pas à refuser d'écrire selon ce qu'Allah lui a enseigné; qu'il écrive donc, et que dicte le débiteur: qu'il craigne Allah son Seigneur, et se garde d'en rien diminuer. Si le débiteur est gaspilleur ou faible, ou incapable de dicter lui-même, que son représentant dicte alors en toute justice. Faites-en témoigner par deux témoins d'entre vos hommes; et à défaut de deux hommes, un homme et deux femmes d'entre ceux que vous agréez comme témoins, en sorte que si l'une d'elles s'égare, l'autre puisse lui rappeler. Et que les témoins ne refusent pas quand ils sont appelés. Ne vous lassez pas d'écrire la dette, ainsi que son terme, qu'elle soit petite ou grande: c'est plus équitable auprès d'Allah, et plus droit pour le témoignage, et plus susceptible d'écarter les doutes. Mais s'il s'agit d'une marchandise présente que vous négociez entre vous: dans ce cas, il n'y a pas de péché à ne pas l'écrire. Mais prenez des témoins lorsque vous faites une transaction entre vous; et qu'on ne fasse aucun tort à aucun scribe ni à aucun témoin. Si vous le faisiez, cela serait une perversité en vous. Et craignez Allah. Alors Allah vous enseigne et Allah est Omniscient.

2:283 Mais si vous êtes en voyage et ne trouvez pas de scribe, un gage reçu suffit. S'il y a entre vous une confiance réciproque, que celui à qui on a confié quelque chose la restitue; et qu'il craigne Allah son Seigneur. Et ne cachez pas le témoignage: quiconque le cache a, certes, un coeur pécheur. Allah, de ce que vous faites, est Omniscient.

2:284 C'est à Allah qu'appartient tout ce qui est dans les cieux et sur la terre. Que vous manifestiez ce qui est en vous ou que vous le cachiez, Allah vous en demandera compte. Puis Il pardonnera à qui Il veut, et châtiera qui Il veut. Et Allah est Omnipotent.

2:285 Le Messager a cru en ce qu'on a fait descendre vers lui venant de son Seigneur, et aussi les croyants: tous ont cru en Allah, en Ses anges, à Ses livres et en Ses messagers; (en disant): ‹Nous ne faisons aucune distinction entre Ses messagers›. Et ils ont dit: ‹Nous avons entendu et obéi. Seigneur, nous implorons Ton pardon. C'est à Toi que sera le retour›.

2:286 Allah n'impose à aucune âme une charge supérieure à sa capacité. Elle sera récompensée du bien qu'elle aura fait, punie du mal qu'elle aura fait. Seigneur, le nous châtie pas s'il nous arrive d'oublier ou de commettre une erreur. Seigneur! Ne nous charge pas d'un fardeau lourd comme Tu as chargé ceux qui vécurent avant nous. Seigneur! Ne nous impose pas ce que nous ne pouvons supporter, efface nos fautes, pardonne-nous et fais nous miséricorde. Tu es Notre Maître, accorde-nous donc la victoire sur les peuples infidèles.

3. La famille d'Imran (Al-Imran)
Au nom d'Allah, le Tout Miséricordieux, le Très Miséricordieux.

3:1 Alif, Lam, Mim.

3:2 Allah! Pas de divinité à part Lui, le Vivant, Celui qui subsiste par Lui-même ‹al-Qayyum›.

3:3 Il a fait descendre sur toi le Livre avec la vérité, confirmant les Livres descendus avant lui. Et Il fit descendre la Thora et l'Evangile

3:4 auparavant, en tant que guide pour les gens. Et Il a fait descendre le Discernement. Ceux qui ne croient pas aux Révélations d'Allah auront, certes, un dur châtiment! Et, Allah est Puissant, Détenteur du pouvoir de punir.

3:5 Rien, vraiment, ne se cache d'Allah de ce qui existe sur la terre ou dans le ciel.

3:6 inité à part Lui, le Puissant, le Sage.

3:7 C'est Lui qui a fait descendre sur toi le Livre: il s'y trouve des versets sans équivoque, qui sont la base du Livre, et d'autres versets qui peuvent prêter à d'interprétations diverses. Les gens, donc, qui ont au coeur une inclinaison vers l'égarement, mettent l'accent sur les versets à équivoque, cherchant la dissension en essayant de leur trouver une interprétation, alors que nul n'en connaît l'interprétation, à part Allah. Mais ceux qui sont bien enracinés dans la science disent: ‹Nous y croyons: tout est de la part de notre Seigneur!› Mais, seuls les doués d'intelligence s'en rappellent.

3:8 ‹Seigneur! Ne laisse pas dévier nos coeurs après que Tu nous aies guidés; et accorde-nous Ta miséricorde. C'est Toi, certes, le Grand Donateur!

3:9 Seigneur! C'est Toi qui rassembleras les gens, un jour - en quoi il n'y a point de doute - Allah, vraiment, ne manque jamais à Sa promesse.

3:10 Ceux qui ne croient pas, ni leur biens ni leurs enfants ne les mettront aucunement à l'abri de la punition d'Allah. Ils seront du combustible pour le Feu,

3:11 comme le gens de Pharaon et ceux qui vécurent avant eux. Ils avaient traité de mensonges Nos preuves. Allah les saisit donc, pour leurs péchés. Et Allah est dur en punition.

3:12 Dis à ceux qui ne croient pas: ‹Vous serez vaincus bientòt; et vous serez rassemblés vers l'Enfer. Et quel mauvais endroit pour se reposer!›

3:13 Il y eut déjà pour vous un signe dans ces deux troupes qui s'affrontèrent: l'une combattait dans le sentier d'Allah; et l'autre, était mécréante. Ces derniers voyaient (les croyants) de leurs propres yeux, deux fois plus nombreux qu'eux-mêmes. Or Allah secourt qui Il veut de Son aide. Voilà bien là un exemple pour les doués de clairvoyance!

3:14 On a enjolivé aux gens l'amour des choses qu'ils désirent: femmes, enfants, trésors thésaurisés d'or et d'argent, chevaux marqués, bétail et champs; tout cela est l'objet de jouissance pour la vie présente, alors que c'est près d'Allah qu'il y a bon retour.

3:15 Dis: ‹Puis-je vous apprendre quelque chose de meilleur que tout cela? Pour les pieux, il y a, auprès de leur Seigneur, des jardins sous lesquels coulent les ruisseaux, pour y demeurer éternellement, et aussi, des épouses purifiées, et l'agrément d'Allah.› Et Allah est Clairvoyant sur [Ses] serviteurs,

3:16 qui disent: ‹Ô notre Seigneur, nous avons foi; pardonne-nous donc nos péchés, et protège-nous du châtiment du Feu›,

3:17 ce sont, les endurants, les véridiques, les obéissants, ceux qui dépensent [dans le sentier d'Allah] et ceux qui implorent pardon juste avant l'aube.

3:18 Allah atteste, et aussi les Anges et les doués de science, qu'il n'y a point de divinité à part Lui, le Mainteneur de la justice. Point de divinité à part Lui, le Puissant, le Sage!

3:19 Certes, la religion acceptée d'Allah, c'est l'Islam. Ceux auxquels le Livre a été apporté ne se sont disputés, par agressivité entre eux, qu'après avoir reçu la science. Et quiconque ne croit pas aux signes d'Allah... alors Allah est prompt à demander compte!

3:20 S'ils te contredisent, dis leur: ‹Je me suis entièrement soumis à Allah, moi et ceux qui m'ont suivi›. Et dis à ceux à qui le Livre a été donné, ainsi qu'aux illettrés: ‹Avez-vous embrassé l'Islam?› S'ils embrassent l'Islam, ils seront bien guidés. Mais, s'ils tournent le dos... Ton devoir n'est que la transmission (du message). Allah, sur [Ses] serviteurs est Clairvoyant.

3:21 Ceux qui ne croient pas aux signes d'Allah, tuent sans droit les prophètes et tuent les gens qui commandent la justice, annonce-leur un châtiment douloureux.

3:22 Ce sont eux dont les oeuvres sont devenues vaines, ici-bas comme dans l'au-delà. Et pour eux, pas de secoureurs!

3:23 N'as-tu pas vu comment agissent ceux qui ont reçu une part du Livre, et qui sont maintenant invités au Livre d'Allah pour trancher leurs différends; comment un groupe des leurs tourne le dos et s'esquive?

3:24 C'est parce qu'ils disent: ‹Le Feu ne nous touchera que pour un nombre de jours déterminés. Et leurs mensonges les trompent en religion.

3:25 Eh bien comment seront-ils, quand Nous les aurons rassemblés, en un jour sur quoi il n'y a point de doute, et que chaque âme sera pleinement rétribuée selon ce qu'elle aura acquis? Et ils ne seront point lésés.

3:26 - Dis: ‹Ô Allah, Maître de l'autorité absolue. Tu donnes l'autorité à qui Tu veux, et Tu arraches l'autorité à qui Tu veux; et Tu donnes la puissance à qui Tu veux, et Tu humilies qui Tu veux. Le bien est en Ta main et Tu es Omnipotent.

3:27 Tu fais pénétrer la nuit dans le jour, et Tu fais pénétrer le jour dans la nuit, et Tu fais sortir le vivant du mort, et Tu fais sortir le mort du vivant. Et Tu accordes attribution à qui Tu veux, sans compter›.

3:28 Que les croyants ne prennent pas, pour alliés, des infidèles, au lieu de croyants. Quiconque le fait contredit la religion d'Allah, à moins que vous ne cherchiez à vous protéger d'eux. Allah vous met en garde à l'égard de Lui-même. Et c'est à Allah le retour.

3:29 Dis: ‹Que vous cachiez ce qui est dans vos poitrines ou bien vous le divulguiez, Allah le sait. Il connaît tout ce qui est dans les cieux et sur la terre. Et Allah est Omnipotent.

3:30 Le jour où chaque âme se trouvera confrontée avec ce qu'elle aura fait de bien et ce qu'elle aura fait de mal; elle souhaitera qu'il y ait entre elle et ce mal une longue distance! Allah vous met en garde à l'égard de Lui-même. Allah est Compatissant envers [Ses] serviteurs.

3:31 Dis: ‹Si vous aimez vraiment Allah, suivez-moi, Allah vous aimera alors et vous pardonnera vos péchés. Allah est Pardonneur et Miséricordieux.

3:32 Dis: ‹Obéissez à Allah et au Messager. Et si vous tournez le dos... alors Allah n'aime pas les infidèles !

3:33 Certes, Allah a élu Adam, Noé, la famille d'Abraham et la famille d'Imran au-dessus de tout le monde.

3:34 En tant que descendants les uns des autres, et Allah est Audient et Omniscient.

3:35 (Rappelle-toi) quand la femme d'Imran dit: ‹Seigneur, je T'ai voué en toute exclusivité ce qui est dans mon ventre. Accepte-le donc, de moi. C'est Toi certes l'Audient et l'Omniscient›.

3:36 Puis, lorsqu'elle en eut accouché, elle dit: ‹Seigneur, voilà que j'ai accouché d'une fille›; or Allah savait mieux ce dont elle avait accouché! Le garçon n'est pas comme la fille. ‹Je l'ai nommée Marie, et je la place, ainsi que sa descendance, sous Ta protection contre le Diable, le banni›

3:37 Son Seigneur l'agréa alors du bon agrément, la fit croître en belle croissance. Et Il en confia la garde à Zacharie. Chaque fois que celui-ci entrait auprès d'elle dans le Sanctuaire, il trouvait près d'elle de la nourriture. Il dit: ‹Ô Marie, d'où te vient cette nourriture?› - Elle dit: ‹Cela me vient d'Allah›. Il donne certes la nourriture à qui Il veut sans compter.

3:38 Alors, Zacharie pria son Seigneur, et dit: ‹Ô mon Seigneur, donne-moi, venant de Toi, une excellente descendance. Car Tu es Celui qui entend bien la prière›.

3:39 Alors, les Anges l'appelèrent pendant que, debout, il priait dans le Sanctuaire: ‹Voilà qu'Allah t'annonce la naissance de Yahya, confirmateur d'une parole d'Allah . Il sera un chef, un chaste, un prophète et du nombre des gens de bien›.

3:40 Il dit: ‹Ô mon Seigneur, comment aurais-je un garçon maintenant que la vieillesse m'a atteint et que ma femme est stérile›?. Allah dit: ‹Comme cela!›, Allah fait ce qu'Il veut.

3:41 - ‹Seigneur, dit Zacharie, donne-moi un signe.› - ‹Ton signe, dit Allah, c'est que pendant trois jours tu ne pourras parler aux gens que par geste. Invoque beaucoup Ton Seigneur; et, glorifie-Le, en fin et en début de journée.›

3:42 (Rappelle-toi) quand les Anges dirent: ‹Ô Marie, certes Allah t'a élue au-dessus des femmes des mondes.

3:43 ‹Ô Marie, obéis à Ton Seigneur, prosterne-toi, et incline-toi avec ceux qui s'inclinent›.

3:44 - Ce sont là des nouvelles de l'Inconnaissable que Nous te révélons. Car tu n'étais pas là lorsqu'ils jetaient leurs calames pour décider qui se chargerait de Marie! Tu n'étais pas là non plus lorsqu'ils se disputaient.

3:45 (Rappelle-toi,) quand les Anges dirent: ‹Ô Marie, voilà qu'Allah t'annonce une parole de Sa part: son nom sera ‹al-Masih› ‹Hissa›, fils de Marie, illustre ici-bas comme dans l'au-delà, et l'un des rapprochés d'Allah›.

3:46 Il parlera aux gens, dans le berceau et en son âge mûr et il sera du nombre des gens de bien›.

3:47 - Elle dit: ‹Seigneur! Comment aurais-je un enfant, alors qu'aucun homme ne m'a touchée?› - ‹C'est ainsi!› dit-Il. Allah crée ce qu'Il veut. Quand Il décide d'une chose, Il lui dit seulement: ‹Sois›; et elle est aussitôt.

3:48 ‹Et (Allah) lui enseignera l'écriture, la sagesse, la Thora et l'Evangile,

3:49 et Il sera le messager aux enfants d'Israël, [et leur dira]: ‹En vérité, je viens à vous avec un signe de la part de votre Seigneur. Pour vous, je forme de la glaise comme la figure d'un oiseau, puis je souffle dedans: et, par la permission d'Allah, cela devient un oiseau. Et je guéris l'aveugle-né et le lépreux, et je ressuscite les morts, par la permission d'Allah. Et je vous apprends ce que vous mangez et ce que vous amassez dans vos maisons. Voilà bien là un signe, pour vous, si vous êtes croyants!

3:50 Et je confirme ce qu'il y a dans la Thora révélée avant moi, et je vous rends licite une partie de ce qui était interdit. Et j'ai certes apporté un signe de votre Seigneur. Craignez Allah donc, et obéissez-moi.

3:51 Allah est mon Seigneur et votre Seigneur. Adorez-Le donc: voilà le chemin droit.›

3:52 Puis, quand Jésus ressentit de l'incrédulité de leur part, il dit: ‹Qui sont mes alliés dans la voie d'Allah?› Les apôtres dirent: ‹Nous sommes les alliés d'Allah. Nous croyons en Allah. Et sois témoin que nous Lui sommes soumis.

3:53 Seigneur! Nous avons cru à ce que Tu as fait descendre et suivi le messager. Inscris-nous donc parmi ceux qui témoignent›.

3:54 Et ils [les autres] se mirent à comploter. Allah a fait échouer leur complot. Et c'est Allah qui sait le mieux leur machination !

3:55 (Rappelle-toi) quand Allah dit: ‹Ô Jésus, certes, Je vais mettre fin à ta vie terrestre t'élever vers Moi, te débarrasser de ceux qui n'ont pas cru et mettre jusqu'au Jour de la Résurrection, ceux qui te suivent au-dessus de ceux qui ne croient pas. Puis, c'est vers Moi que sera votre retour, et Je jugerai, entre vous, ce sur quoi vous vous opposiez.

3:56 Quant à ceux qui n'ont pas cru, Je les châtierai d'un dur châtiment, ici-bas tout comme dans l'au-delà; et pour eux pas de secoureurs.

3:57 Et quant à ceux qui ont la foi et font de bonnes oeuvres, Il leur donnera leurs récompenses. Et Allah n'aime pas les injustes.

3:58 Voilà ce que Nous te récitons des versets et de la révélation précise.

3:59 Pour Allah, Jésus est comme Adam qu'Il créa de poussière, puis Il lui dit ‹Sois›: et il fut.

3:60 La vérité vient de ton Seigneur. Ne sois donc pas du nombre des sceptiques.

3:61 A ceux qui te contredisent à son propos, maintenant que tu en es bien informé, tu n'as qu'à dire: ‹Venez, appelons nos fils et les vôtres, nos femmes et les vôtres, nos propres personnes et les vôtres, puis proférons exécration réciproque en appelant la malédiction d'Allah sur les menteurs.

3:62 Voilà, certes, le récit véridique. Et il n'y a pas de divinité à part Allah. En vérité, c'est Allah qui est le Puissant, le Sage.

3:63 Si donc ils tournent le dos... alors Allah connaît bien les semeurs de corruption!

3:64 - Dis: ‹Ô gens du Livre, venez à une parole commune entre nous et vous: que nous n'adorions qu'Allah, sans rien Lui associer, et que nous ne prenions point les uns les autres pour seigneurs en dehors d'Allah›. Puis, s'ils tournent le dos, dites: ‹Soyez témoins que nous, nous sommes soumis›.

3:65 Ô gens du Livre, pourquoi disputez-vous au sujet d'Abraham, alors que la Thora et l'Evangile ne sont descendus qu'après lui? Ne raisonnez-vous donc pas ?

3:66 Vous avez bel et bien disputé à propos d'une chose dont vous avez connaissance. Mais pourquoi disputez-vous des choses dont vous n'avez pas connaissance? Or Allah sait, tandis que vous ne savez pas.

3:67 Abraham n'était ni Juif ni Chrétien. Il était entièrement soumis à Allah (Musulman). Et il n'était point du nombre des Associateurs..

3:68 Certes les hommes les plus dignes de se réclamer d'Abraham, sont ceux qui l'ont suivi, ainsi que ce Prophète-ci, et ceux qui ont la foi. Et Allah est l'allié des croyants.

3:69 Une partie des gens du Livre aurait bien voulu vous égarer. Or ils n'égarent qu'eux-mêmes; et ils n'en sont pas conscients.

3:70 Ô gens du Livre, pourquoi ne croyez vous pas aux versets d'Allah (le Qur'an), cependant que vous êtes témoins?

3:71 Ô gens du Livre, pourquoi mêlez-vous le faux au vrai et cachez- vous sciemment la vérité?

3:72 Ainsi dit une partie des gens du Livre: ‹Au début du jour, croyez à ce qui a été révélé aux Musulmans, mais, à la fin du jour, rejetez-le, afin qu'ils retournent (à leur ancienne religion).

3:73 [Et les gens du Livre disent à leur coreligionnaires]: ‹Ne croyez que ceux qui suivent votre religion...› Dis: ‹La vraie direction est la direction d'Allah› - [et ils disent encore: Vous ne devez ni approuver ni reconnaître] que quelqu'un d'autre que vous puisse recevoir comme ce que vous avez reçu de sorte qu'ils (les musulmans) ne puissent argumenter contre vous auprès de votre Seigneur. Dis-[leur]: En vérité la grâce est en la main d'Allah. Il la donne à qui Il veut. La grâce d'Allah est immense et Il est Omniscient.

3:74 Il réserve à qui Il veut sa miséricorde. Et Allah est Détenteur d'une grâce immense.

3:75 Et parmi les gens du Livre, il y en a qui, si tu lui confies un qintar, te le rend. Mais il y en a aussi qui, si tu lui confies un dinar, ne te le rendra que si tu l'y contrains sans relâche. Tout cela parce qu'ils disent: ‹Ces (arabes) qui n'ont pas de livre n'ont aucun chemin pour nous contraindre.› Ils profèrent des mensonges contre Allah alors qu'ils savent.

3:76 Au contraire, quiconque remplit sa promesse et craint Allah... Allah aime les pieux.

3:77 Ceux qui vendent à vil prix leur engagement avec Allah ainsi que leurs serments n'auront aucune part dans l'au-delà, et Allah ne leur parlera pas, ni les regardera, au Jour de la Résurrection, ni ne les purifiera; et ils auront un châtiment douloureux.

3:78 Et il y a parmi eux certains qui roulent leur langues en lisant le Livre pour vous faire croire que cela provient du Livre, alors qu'il n'est point du Livre; et ils disent: ‹Ceci vient d'Allah›, alors qu'il ne vient pas d'Allah. Ils disent sciemment des mensonges contre Allah.

3:79 Il ne conviendrait pas à un être humain à qui Allah a donné le Livre, la Compréhension et la Prophétie, de dire ensuite aux gens: ‹Soyez mes adorateurs, à l'exclusion d'Allah›; mais au contraire, [il devra dire]: ‹Devenez des savants, obéissant au Seigneur, puisque vous enseignez le Livre et vous l'étudiez›.

3:80 Et il ne va pas vous recommander de prendre pour seigneurs anges et prophètes. Vous commanderait-il de rejeter la foi, vous qui êtes Musulmans?

3:81 Et lorsqu'Allah prit cet engagement des prophètes: ‹Chaque fois que Je vous accorderai un Livre et de la Sagesse, et qu'ensuite un messager vous viendra confirmer ce qui est avec vous, vous devez croire en lui, et vous devrez lui porter secours.› Il leur dit: ‹Consentez-vous et acceptez-vous Mon pacte à cette condition?› - ‹Nous consentons›, dirent-ils. ‹Soyez-en donc témoins, dit Allah. Et Me voici, avec vous, parmi les témoins.

3:82 Quiconque ensuite tournera le dos... alors ce sont eux qui seront les pervers›.

3:83 Désirent-ils une autre religion que celle d'Allah, alors que se soumet à Lui, bon gré, mal gré, tout ce qui existe dans les cieux et sur terre, et que c'est vers Lui qu'ils seront ramenés?

3:84 Dis: ‹Nous croyons en Allah, à ce qu'on a fait descendre sur nous, à ce qu'on a fait descendre sur Abraham, Ismaël, Isaac, Jacob et les Tribus, et à ce qui a été apporté à Moïse, à Jésus et aux prophètes, de la part de leur Seigneur: nous ne faisons aucune différence entre eux; et c'est à Lui que nous sommes Soumis›.

3:85 Et quiconque désire une religion autre que l'Islam, ne sera point agrée, et il sera, dans l'au-delà, parmi les perdants.

3:86 Comment Allah guiderait-Il des gens qui n'ont plus la foi après avoir cru et témoigné que le Messager est véridique, et après que les preuves leur sont venues? Allah ne guide pas les gens injustes.

3:87 Ceux là, leur rétribution sera qu'ils auront sur eux la malédiction d'Allah, des Anges et de tous les êtres humains.

3:88 Ils y demeureront éternellement. Le châtiment ne leur sera pas allégé, et ils n'auront aucun répit,

3:89 excepté ceux qui par la suite se repentiront et se réformeront : car Allah est certes Pardonneur et Miséricordieux.

3:90 En vérité, ceux qui ne croient plus après avoir eu la foi, et laissent augmenter encore leur mécréance, leur repentir ne sera jamais accepté. Ceux là sont vraiment les égarés.

3:91 Ceux qui ne croient pas et qui meurent mécréants, il ne sera jamais accepté d'aucun d'eux de se racheter même si pour cela il (donnait) le contenu, en or, de la terre. Ils auront un châtiment douloureux, et ils n'auront point de secoureurs.

3:92 Vous n'atteindriez la (vraie) piété que si vous faites largesses de ce que vous chérissez. Tout ce dont vous faites largesses, Allah le sait certainement bien.

3:93 Toute nourriture était licite aux enfants d'Israël, sauf celle qu'Israël lui-même s'interdit avant que ne descendit la Thora. Dis-[leur]: ‹Apportez la Thora et lisez-la, si ce que vous dites est vrai!›

3:94 Donc, quiconque, après cela, invente des mensonges contre Allah... ceux-là sont, donc, les vrais injustes.

3:95 Dis: ‹C'est Allah qui dit la vérité. Suivez donc la religion d'Abraham, Musulman droit. Et il n'était point des associateurs›.

3:96 La première Maison qui a été édifiée pour les gens, c'est bien celle de Bakka (la Mecque) bénie et une bonne direction pour l'univers.

3:97 Là sont des signes évidents, parmi lesquels l'endroit où Abraham s'est tenu debout; et quiconque y entre est en sécurité. Et c'est un devoir envers Allah pour les gens qui ont les moyens, d'aller faire le pèlerinage de la Maison. Et quiconque ne croit pas... Allah Se passe largement des mondes.

3:98 Dis: ‹Ô gens du Livre, pourquoi ne croyez-vous pas aux versets d'Allah (al-Quran), alors qu'Allah est témoin de ce que vous faites?›

3:99 Dis: ‹Ô gens du Livre, pourquoi obstruez-vous la voie d'Allah à celui qui a la foi, et pourquoi voulez-vous rendre cette voie tortueuse, alors que vous êtes témoins de la vérité!› Et Allah n'est pas inattentif à ce que vous faites.

3:100 Ô les croyants! Si vous obéissez à un groupe de ceux auxquels on a donné le Livre, il vous rendra mécréants après vous ayez eu la foi.

3:101 Et comment pouvez-vous ne pas croire, alors que les versets d'Allah vous sont récités, et qu'au milieu de vous se tient son messager? Quiconque s'attache fortement à Allah, il est certes guidé vers un droit chemin.

3:102 Ô les croyants! Craignez Allah comme Il doit être craint. Et ne mourez qu'en pleine soumission.

3:103 Et cramponnez-vous tous ensemble au ‹Habl› (câble) d'Allah et ne soyez pas divisés; et rappelez-vous le bienfait d'Allah sur vous: lorsque vous étiez ennemis, c'est Lui qui réconcilia vos coeurs. Puis, pas Son bienfait, vous êtes devenus frères. Et alors que vous étiez au bord d'un abîme de Feu, c'est Lui qui vous en a sauvés. Ainsi, Allah vous montre Ses signes afin que vous soyez bien guidés.

3:104 Que soit issue de vous une communauté qui appelle au bien, ordonne le convenable, et interdit le blâmable. Car ce seront eux qui réussiront.

3:105 Et ne soyez pas comme ceux qui se sont divisés et se sont mis à disputer, après que les preuves leur furent venues, et ceux-là auront un énorme châtiment.

3:106 Au jour où certains visages s'éclaireront, et que d'autres s'assombriront. A ceux dont les visages seront assombris (il sera dit): ‹avez-vous mécru après avoir eu la foi?› Eh bien, goûtez au châtiment, pour avoir renié la foi.

3:107 Et quant à ceux dont les visages s'éclaireront, ils seront dans la miséricorde d'Allah, où ils demeureront éternellement.

3:108 Tels sont les versets d'Allah; Nous te (Muhammad) les récitons avec vérité. Et Allah ne veut point léser les mondes.

3:109 A Allah appartient tout ce qui est dans les cieux et sur la terre. Et c'est vers Allah que toute chose sera ramenée.

3:110 Vous êtes la meilleure communauté qu'on ait fait surgir pour les hommes vous ordonnez le convenable, interdisez le blâmable et croyez à Allah. Si les gens du Livre croyaient, ce serait meilleur pour eux, il y en a qui ont la foi, mais la plupart d'entre eux sont des pervers.

3:111 ils ne sauront jamais vous causer de grand mal, seulement une nuisance (par la langue); et s'ils vous combattent, ils vous tourneront le dos, et ils n'auront alors point de secours.

3:112 Où qu'ils se trouvent, ils sont frappés d'avilissement, à moins d'un secours providentiel d'Allah ou d'un pacte conclu avec les hommes,. Ils ont encouru la colère d'Allah, et les voilà frappés de malheur, pour n'avoir pas cru aux signes d'Allah, et assassiné injustement les prophètes, et aussi pour avoir désobéi et transgressé.

3:113 Mais il ne sont pas tous pareils. Il est, parmi les gens du Livre, une communauté droite qui, aux heures de la nuit, récite les versets d'Allah en se prosternant.

3:114 Ils croient en Allah et au Jour dernier, ordonnent le convenable, interdisent le blâmable et concourent aux bonnes oeuvres. Ceux-là sont parmi les gens de bien.

3:115 Et quelque bien qu'ils fassent, il ne leur sera pas dénié. Car Allah connaît bien les pieux.

3:116 Quant à ceux qui ne croient pas, ni leurs biens, ni leurs enfants ne pourront jamais leur servir contre la punition d'Allah. Et ce sont les gens du Feu: ils y demeureront éternellement.

3:117 Ce qu'ils dépensent dans la vie présente ressemble à un vent glacial qui s'abat sur un champ appartenant à des gens qui se sont lésés eux-mêmes, et le détruit. Car ce n'est pas Allah qui leur cause du mal, mais ils se font du mal à eux-mêmes.

3:118 Ô les croyants, ne prenez pas de confidents en dehors de vous- mêmes: ils ne failliront pas à vous bouleverser. ils souhaiteraient que vous soyez en difficulté. La haine certes s'est manifestée dans leur bouches, mais ce que leurs poitrines cachent est encore plus énorme. Voilà que Nous vous exposons les signes. Si vous pouviez raisonner!

3:119 Vous, (Musulmans) vous les aimez, alors qu'ils ne vous aiment pas; et vous avez foi dans le Livre tout entier. Et lorsqu'ils vous rencontrent, ils disent ‹Nous croyons›; et une fois seuls, de rage contre vous, ils se mordent les bouts des doigts. Dis: ‹mourrez de votre rage›; en vérité, Allah connaît fort bien le contenu des coeurs.

3:120 Qu'un bien vous touche, ils s'en affligent. Qu'un mal vous atteigne, ils s'en réjouissent. Mais si vous êtes endurants et pieux, leur manigance ne vous causera aucun mal. Allah connaît parfaitement tout ce qu'ils font.

3:121 Lorsqu'un matin, tu (Muhammad) quittas ta famille, pour assigner aux croyants les postes de combat et Allah est Audient et Omniscient.

3:122 Quand deux de vos groupes songèrent à fléchir! Alors qu'Allah est leur allié à tous deux! Car, c'est en Allah que les croyants doivent placer leur confiance.

3:123 Allah vous a donné la victoire, à Badr, alors que vous étiez humiliés. Craignez Allah donc. Afin que vous soyez reconnaissants !

3:124 (Allah vous a bien donné la victoire) lorsque tu disais aux croyants; ‹Ne vous suffit-il pas que votre Seigneur vous fasse descendre en aide trois milliers d'Anges› ?

3:125 Mais oui! Si vous êtes endurants et pieux, et qu'ils [les ennemis] vous assaillent immédiatement, votre Seigneur vous enverra en renfort cinq mille Anges marqués distinctement.

3:126 Et Allah ne le fit que (pour vous annoncer) une bonne nouvelle, et pour que vos coeurs s'en rassurent. La victoire ne peut venir que d'Allah, le Puissant, le Sage;

3:127 pour anéantir une partie des mécréants ou pour les humilier (par la défaite) et qu'ils en retournent donc déçus. -

3:128 Tu n'as (Muhammad) aucune part dans l'ordre (divin) - qu'Il (Allah) accepte leur repentir (en embrassant l'Islam) ou qu'Il les châtie, car ils sont bien des injustes.

3:129 A Allah appartient tout ce qui est dans les cieux et sur la terre. Il pardonne à qui Il veut, et Il châtie qui Il veut.... Et Allah est Pardonneur et Miséricordieux.

3:130 Ô les croyants! Ne pratiquez pas l'usure en multipliant démesurément votre capital. Et craignez Allah afin que vous réussissez!

3:131 Et craignez le Feu préparé pour les mécréants.

3:132 Et obéissez à Allah et au Messager afin qu'il vous soit fait miséricorde!

3:133 Et concourez au pardon de votre Seigneur, et à un Jardin (paradis) large comme les cieux et la terre, préparé pour les pieux,

3:134 qui dépensent dans l'aisance et dans l'adversité, qui dominent leur rage et pardonnent à autrui - car Allah aime les bienfaisants -

3:135 et pour ceux qui, s'ils ont commis quelque turpitude ou causé quelque préjudice à leurs propres âmes (en désobéissant à Allah), se souviennent d'Allah et demandent pardon pour leur péchés - et qui est-ce qui pardonne les péchés sinon Allah? - et qui ne persistent pas sciemment dans le mal qu'ils ont fait.

3:136 Ceux-là ont pour récompense le pardon de leur Seigneur, ainsi que les Jardins sous lesquels coulent les ruisseaux, pour y demeurer éternellement. Comme est beau le salaire de ceux qui font le bien!

3:137 Avant vous, certes, beaucoup d'événements se sont passés. Or, parcourez la terre, et voyez ce qu'il est advenu de ceux qui traitaient (les prophètes) de menteurs.

3:138 Voilà un exposé pour les gens, un guide, et une exhortation pour les pieux.

3:139 Ne vous laissez pas battre, ne vous affligez pas alors que vous êtes les supérieurs, si vous êtes de vrais croyants.

3:140 Si une blessure vous atteint, pareille blessure atteint aussi l'ennemi. Ainsi faisons-Nous alterner les jours (bons et mauvais) parmi les gens, afin qu'Allah reconnaisse ceux qui ont cru, et qu'Il choisisse parmi vous des martyrs - et Allah n'aime pas les injustes.

3:141 et afin qu'Allah purifie ceux qui ont cru, et anéantisse les mécréants.

3:142 Comptez-vous entrer au Paradis sans qu'Allah ne distingue parmi vous ceux qui luttent et qui sont endurants?

3:143 Bien sûr, vous souhaitiez la mort avant de la rencontrer. Or vous l'avez vue, certes, tandis que vous regardiez !

3:144 Muhammad n'est qu'un messager - des messagers avant lui sont passés - S'il mourait, donc, ou s'il était tué, retourneriez-vous sur vos talons? Quiconque retourne sur ses talons ne nuira en rien à Allah; et Allah récompensera bientòt les reconnaissants.

3:145 Personne ne peut mourir que par la permission d'Allah, et au moment prédéterminé. Quiconque veut la récompense d'ici-bas, Nous lui en donnons. Quiconque veut la récompense de l'au-delà, Nous lui en donnons et Nous récompenserons bientòt les reconnaissants.

3:146 Combien de prophètes ont combattu, en compagnie de beaucoup de disciples, ceux-ci ne fléchirent pas à cause de ce qui les atteignit dans le sentier d'Allah. Ils ne faiblirent pas et ils ne cédèrent point. Et Allah aime les endurants.

3:147 Et ils n'eurent que cette parole: ‹Seigneur, pardonne-nous nos péchés ainsi que nos excès dans nos comportements, affermis nos pas et donne-nous la victoire sur les gens mécréants›.

3:148 Allah, donc, leur donna la récompense d'ici-bas, ainsi que la belle récompense de l'au-delà. Et Allah aime les gens bienfaisants.

3:149 Ô les croyants! Si vous obéissez à ceux qui ne croient pas, il vous feront retourner en arrière. Et vous reviendrez perdants.

3:150 Mais c'est Allah votre Maître. Il est meilleur des secoureurs.

3:151 Nous allons jeter l'effroi dans les coeurs des mécréants. Car ils ont associé à Allah (des idoles) sans aucune preuve descendue de Sa part. Le Feu sera leur refuge. Quel mauvais séjour que celui des injustes!

3:152 Et certes, Allah a tenu Sa promesse envers vous, quand par Sa permission vous les tuiez sans relâche, jusqu'au moment où vous avez fléchi, où vous vous êtes disputés à propos de l'ordre donné, et vous avez désobéi après qu'Il vous eut montré (la victoire) que vous aimez! Il en était parmi vous qui désiraient la vie d'ici bas et il en était parmi vous qui désiraient l'au-delà. Puis Il vous a fait reculer devant eux, afin de vous éprouver. Et certes Il vous a pardonné. Et Allah est Détenteur de la grâce envers les croyants.

3:153 (Rappelez-vous) quand vous fuyiez sans vous retourner vers personne, cependant que, derrière vous, le Messager vous appelait. Alors Il vous infligea angoisse sur angoisse, afin que vous n'ayez pas de chagrin pour ce qui vous a échappé ni pour les revers que vous avez subis. Et Allah est Parfaitement Connaisseur de ce que vous faites.

3:154 Puis Il fit descendre sur vous, après l'angoisse, la tranquillité, un sommeil qui enveloppa une partie d'entre vous, tandis qu'une autre partie était soucieuse pour elle-même et avait des pensées sur Allah non conformes à la vérité, des pensées dignes de l'époque de l'Ignorance. - Ils disaient: ‹Est-ce que nous avons une part dans cette affaire?› Dis: ‹L'affaire toute entière est à Allah.› Ce qu'ils ne te révèlent pas, ils le cachent en eux-mêmes: ‹Si nous avions eu un choix quelconque dans cette affaire, disent-ils, Nous n'aurions pas été tués ici.› Dis: ‹Eussiez-vous été dans vos maisons, ceux pour qui la mort était décrétée seraient sortis pour l'endroit où la mort les attendait. Ceci afin qu'Allah éprouve ce que vous avez dans vos poitrines, et qu'Il purifie ce que vous avez dans vos coeurs. Et Allah connaît ce qu'il y a dans les coeurs.

3:155 Ceux d'entre vous qui ont tourné le dos, le jour où les deux armées se rencontrèrent, c'est seulement le Diable qui les a fait broncher, à cause d'une partie de leurs (mauvaises) actions. Mais, certes, Allah leur a pardonné. Car vraiment Allah est Pardonneur et indulgent!

3:156 Ô les croyants! Ne soyez pas comme ces mécréants qui dirent à propos de leurs frères partis en voyage ou pour combattre: ‹S'ils étaient chez nous, ils ne seraient pas morts, et ils n'auraient pas été tués.› Allah en fit un sujet de regret dans leurs coeurs. C'est Allah qui donne la vie et la mort. Et Allah observe bien ce que vous faites.

3:157 Et si vous êtes tués dans le sentier d'Allah ou si vous mourez, un pardon de la part d'Allah et une miséricorde valent mieux que ce qu'ils amassent.

3:158 Que vous mouriez ou que vous soyez tués, c'est vers Allah que vous serez rassemblés.

3:159 C'est par quelque miséricorde de la part d'Allah que tu (Muhammad) as été si doux envers eux! Mais si tu étais rude, au coeur dur, ils se seraient enfuis de ton entourage. Pardonne-leur donc, et implore pour eux le pardon (d'Allah). Et consulte-les à propos des affaires; puis une fois que tu t'es décidé, confie-toi donc à Allah, Allah aime, en vérité, ceux qui Lui font confiance.

3:160 Si Allah vous donne Son secours, nul ne peut vous vaincre. S'Il vous abandonne, qui donc après Lui vous donnera secours? C'est Allah que les croyants doivent faire confiance.

3:161 Un prophète n'est pas quelqu'un à s'approprier du butin. Quiconque s'en approprie, viendra avec ce qu'il se sera approprié le Jour de la Résurrection. Alors, à chaque individu on rétribuera pleinement ce qu'il aura acquis. Et ils ne seront point lésés.

3:162 Est-ce que celui qui se conforme à l'agrément d'Allah ressemble à celui qui encourt le courroux d'Allah? Son refuge sera l'Enfer; et quelle mauvaise destination!

3:163 Ils ont des grades (différents) auprès d'Allah et Allah observe bien ce qu'ils font.

3:164 Allah a très certainement fait une faveur aux croyants lorsqu'Il a envoyé chez eux un messager de parmi eux-mêmes, qui leur récite. Ses versets, les purifie et leur enseigne le Livre et la Sagesse, bien qu'ils fussent auparavant dans un égarement évident.

3:165 Quoi! Quand un malheur vous atteint - mais vous en avez jadis infligé le double - vous dites ‹D'où vient cela?› Réponds-leur: ‹Il vient de vous mêmes›. Certes Allah est Omnipotent.

3:166 Et tout ce que vous avez subi, le jour où les deux troupes se rencontrèrent, c'est par permission d'Allah, et afin qu'Il distingue les croyants.

3:167 et qu'Il distingue les hypocrites. on avait dit à ceux-ci: ‹Venez combattre dans le sentier d'Allah, ou repoussez [l'ennemi]›, ils dirent: ‹Bien sûr que nous vous suivrions si nous étions sûrs qu'il y aurait une guerre› Ils étaient, ce jour-là, plus près de la mécréance que de la foi. Ils disaient de leurs bouches ce qui n'était pas dans leurs coeurs. Et Allah sait fort bien ce qu'ils cachaient.

3:168 Ceux qui sont restés dans leurs foyers dirent à leurs frères: ‹S'ils nous avaient obéi, ils n'auraient pas été tués.› Dis: ‹Ecartez donc de vous la mort, si vous êtes véridiques›.

3:169 Ne pense pas que ceux qui ont été tués dans le sentier d'Allah, soient morts. Au contraire, ils sont vivants, auprès de leur Seigneur, bien pourvus

3:170 et joyeux de la faveur qu'Allah leur a accordée, et ravis que ceux qui sont restés derrière eux et ne les ont pas encore rejoints, ne connaîtront aucune crainte et ne seront point affligés.

3:171 Ils sont ravis d'un bienfait d'Allah et d'une faveur, et du fait qu'Allah ne laisse pas perdre la récompense des croyants.

3:172 Ceux qui, quoiqu'atteints de blessure, répondirent à l'appel d'Allah et du Messager, il y aura une énorme récompense pour ceux d'entre eux qui ont agi en bien et pratiqué la piété.

3:173 Certes ceux auxquels l'on disait: ‹Les gens se sont rassemblés contre vous; craignez-les› - cela accrut leur foi - et ils dirent: ‹Allah nous suffit; Il est notre meilleur garant›.

3:174 Ils revinrent donc avec un bienfait de la part d'Allah et une grâce. Nul mal ne les toucha et ils suivirent ce qui satisfait Allah. Et Allah est Détenteur d'une grâce immense.

3:175 C'est le Diable qui vous fait peur de ses adhérents. N'ayez donc pas peur d'eux. Mais ayez peur de Moi, si vous êtes croyants.

3:176 N'aie (ò Muhammad) aucun chagrin pour ceux qui se jettent rapidement dans la mécréance. En vérité, ils ne nuiront en rien à Allah. Allah tient à ne leur assigner aucune part de biens dans l'au-delà. Et pour eux il y aura un énorme châtiment.

3:177 Ceux qui auront troqué la croyance contre la mécréance ne nuiront en rien à Allah. Et pour eux un châtiment douloureux.

3:178 Que ceux qui n'ont pas cru ne comptent pas que ce délai que Nous leur accordons soit à leur avantage. Si Nous leur accordons un délai, c'est seulement pour qu'ils augmentent leurs péchés. Et pour eux un châtiment avilissant.

3:179 Allah n'est point tel qu'Il laisse les croyants dans l'état où vous êtes jusqu'à ce qu'Il distingue le mauvais du bon. Et Allah n'est point tel qu'il vous dévoile l'Inconnaissable. Mais Allah choisit par Ses messagers qui Il veut. Croyez donc en Allah et en Ses messagers. Et si vous avez la foi et la piété, vous aurez alors une récompense énorme.

3:180 Que ceux qui gardent avec avarice ce qu'Allah leur donne par Sa grâce ne comptent point cela comme bon pour eux. Au contraire, c'est mauvais pour eux: au Jour de la Résurrection, on leur attachera autour du cou de qu'ils ont gardé avec avarice. C'est Allah qui a l'héritage des cieux et de la terre. Et Allah est Parfaitement Connaisseur de ce que vous faites.

3:181 Allah a certainement entendu la parole de ceux qui ont dit: ‹Allah est pauvre et nous somme riches›. Nous enregistrons leur parole, ainsi que leur meurtre, sans droit, des prophètes. Et Nous leur dirons: ‹Goûtez au châtiment de la fournaise.

3:182 Cela, à cause de ce que vos mains ont accompli (antérieurement)!› Car Allah ne fait point de tort aux serviteurs.

3:183 Ceux-là mêmes qui ont dit: ‹Vraiment Allah nous a enjoint de ne pas croire en un messager tant qu'Il ne nous a pas apporté une offrande que le feu consume›. - Dis: ‹Des messagers avant moi vous sont, certes, venus avec des preuves, et avec ce que vous avez dit [demandé]. Pourquoi donc les avez-vous tués, si vous êtes véridiques› ?

3:184 S'ils te (Muhammad) traitent de menteur; des prophètes avant toi, ont certes été traités de menteurs. Ils étaient venus avec les preuves claires, les Psaumes et le Livre lumineux.

3:185 Toute âme goûtera la mort. Mais c'est seulement au Jour de la Résurrection que vous recevrez votre entière rétribution. Quiconque donc est écarté du Feu et introduit au Paradis, a certes réussi. Et la vie présente n'est qu'un objet de jouissance trompeuse.

3:186 Certes vous serez éprouvés dans vos biens et vos personnes; et certes vous entendrez de la part de ceux à qui le Livre a été donné avant vous, et de la part des Associateurs, beaucoup de propos désagréables. Mais si vous êtes endurants et pieux... voilà bien la meilleure résolution à prendre.

3:187 Allah prit, de ceux auxquels le Livre était donné, cet engagement: ‹Exposez-le, certes, aux gens et ne le cachez pas›. Mais ils l'ont jeté derrière leur dos et l'ont vendu à vil prix. Quel mauvais commerce ils ont fait!

3:188 Ne pense point que ceux-là qui exultent de ce qu'ils ont fait, et qui aiment qu'on les loue pour ce qu'ils n'ont pas fait, ne pense point donc, qu'ils trouvent une échappatoire au châtiment. Pour eux, il y aura un châtiment douloureux!

3:189 A Allah appartient le royaume des cieux et de la terre. Et Allah est Omnipotent.

3:190 En vérité, dans la création des cieux et de la terre, et dans l'alternance de la nuit et du jour, il y a certes des signes pour les doués d'intelligence,

3:191 qui, debout, assis, couchés sur leurs còtés, invoquent Allah et méditent sur la création des cieux et de la terre (disant): ‹Notre Seigneur! Tu n'as pas créé cela en vain. Gloire à Toi! Garde-nous du châtiment du Feu.

3:192 Seigneur! Quiconque Tu fais entrer dans le Feu, Tu le couvres vraiment d'ignominie. Et pour les injustes, il n'y a pas de secoureurs!

3:193 Seigneur! Nous avons entendu l'appel de celui qui a appelé ainsi à la foi: ‹Croyez en votre Seigneur› et dès lors nous avons cru. Seigneur, pardonne-nous nos péchés, efface de nous nos méfaits, et place nous, à notre mort, avec les gens de bien.

3:194 Seigneur! Donne-nous ce que Tu nous a promis par Tes messagers. Et ne nous couvre pas d'ignominie au Jour de la Résurrection. Car Toi, Tu ne manques pas à Ta promesse›.

3:195 Leur Seigneur les a alors exaucés (disant): ‹En vérité, Je ne laisse pas perdre le bien que quiconque parmi vous a fait, homme ou femme, car vous êtes les uns des autres. Ceux donc qui ont émigré, qui ont été expulsés de leurs demeures, qui ont été persécutés dans Mon chemin, qui ont combattu, qui ont été tués, Je tiendrai certes pour expiées leurs mauvaises actions, et les ferai entrer dans les Jardins sous lesquels coulent les ruisseaux, comme récompense de la part d'Allah.› Quant à Allah, c'est auprès de Lui qu'est la plus belle récompense.›

3:196 Que ne t'abuse point la versatilité [pour la prospérité] dans le pays, de ceux qui sont infidèles.

3:197 Piètre jouissance! Puis leur refuge sera l'Enfer. Et quelle détestable couche!

3:198 Mais quant à ceux qui craignent leur Seigneur, ils auront des Jardins sous lesquels coulent les ruisseaux, pour y demeurer éternellement, un lieu d'accueil de la part d'Allah. Et ce qu'il y a auprès d'Allah est meilleur, pour les pieux.

3:199 Il y a certes, parmi les gens du Livre ceux qui croient en Allah et en ce qu'on a fait descendre vers vous et en ceux qu'on a fait descendre vers eux. Ils sont humbles envers Allah, et ne vendent point les versets d'Allah à vil prix. Voilà ceux dont la récompense est auprès de leur Seigneur. en vérité, Allah est prompt à faire les comptes.

3:200 Ô les croyants! Soyez endurants. Incitez-vous à l'endurance. Luttez constamment (contre l'ennemi) et craignez Allah, afin que vous réussissiez!

4. Les femmes (An-Nisa')
Au nom d'Allah, le Tout Miséricordieux, le Très Miséricordieux.

4:1 Ô hommes! Craignez votre Seigneur qui vous a créés d'un seul être, et a créé de celui-ci sont épouse, et qui de ces deux là a fait répandre (sur la terre) beaucoup d'hommes et de femmes. Craignez Allah au nom duquel vous vous implorez les uns les autres, et craignez de rompre les liens du sang. Certes Allah vous observe parfaitement.

4:2 Et donnez aux orphelins leurs biens; n'y substituez pas le mauvais au bon. Ne mangez pas leurs biens avec les vòtres: c'est vraiment un grand péché.

4:3 Et si vous craignez de n'être pas justes envers les orphelins,...Il est permis d'épouser deux, trois ou quatre, parmi les femmes qui vous plaisent, mais, si vous craignez de n'être pas justes avec celles-ci, alors une seule, ou des esclaves que vous possédez. Cela afin de ne pas faire d'injustice (ou afin de ne pas aggraver votre charge de famille).

4:4 Et donnez aux épouses leur mahr, de bonne grâce. Si de bon gré elles vous en abandonnent quelque chose, disposez-en alors à votre aise et de bon coeur.

4:5 Et ne confiez pas aux incapables vos biens dont Allah a fait votre subsistance. Mais prélevez-en, pour eux, nourriture et vêtement; et parlez-leur convenablement.

4:6 Et éprouvez (la capacité) des orphelins jusqu'à ce qu'ils atteignent (l'aptitude) au mariage; et si vous ressentez en eux une bonne conduite, remettez-leur leurs biens. Ne les utilisez pas (dans votre intérêt) avec gaspillage et dissipation, avant qu'ils ne grandissent. Quiconque est aisé devrait s'abstenir de se payer lui-même de cet héritage qui lui est confié. S'il est pauvre, alors qu'il y puise une quantité convenable, à titre de rémunération de tuteur.) est aisé, qu'il s'abstienne d'en prendre lui-même. S'il est pauvre, alors qu'il en utilise raisonnablement: et lorsque vous leur remettez leurs biens, prenez des témoins à leur encontre. Mais Allah suffit pour observer et compter.

4:7 Aux hommes revient une part de ce qu'ont laissé les père et mère ainsi que les proches; et aux femmes une part de ce qu'ont laissé les père et mère ainsi que les proches, que ce soit peu ou beaucoup: une part fixée.

4:8 Et lorsque les proches parents, les orphelins, les nécessiteux assistent au partage, offrez-leur quelque chose de l'héritage, et parlez-leur convenablement.

4:9 Que la crainte saisisse ceux qui laisseraient après eux une descendance faible, et qui seraient inquiets à leur sujet; qu'ils redoutent donc Allah et qu'ils prononcent des paroles justes.

4:10 Ceux qui mangent [disposent] injustement des biens des orphelins ne font que manger du feu dans leurs ventres. Ils brûleront bientôt dans les flammes de l'Enfer.

4:11 Voici ce qu'Allah vous enjoint au sujet de vos enfants: au fils, une part équivalente à celle de deux filles. S'il n'y a que des filles, même plus de deux, à elles alors deux tiers de ce que le défunt laisse. Et s'il n'y en a qu'une, à elle alors la moitié. Quant aux père et mère du défunt, à chacun d'eux le sixième de ce qu'il laisse, s'il a un enfant. S'il n'a pas d'enfant et que ses père et mère héritent de lui, à sa mère alors le tiers. Mais s'il a des frères, à la mère alors le sixième, après exécution du testament qu'il aurait fait ou paiement d'une dette. De vos ascendants ou descendants, vous ne savez pas qui est plus près de vous en utilité. Ceci est un ordre obligatoire de la part d'Allah, car Allah est, certes, Omniscient et Sage.

4:12 Et à vous la moitié de ce laissent vos épouses, si elles n'ont pas d'enfants. Si elles ont un enfant, alors à vous le quart de ce qu'elles laissent, après exécution du testament qu'elles auraient fait ou paiement d'une dette. Et à elles un quart de ce que vous laissez, si vous n'avez pas d'enfant. Mais si vous avez un enfant, à elles alors le huitième de ce que vous laissez après exécution du testament que vous auriez fait ou paiement d'une dette. Et si un homme, ou une femme, meurt sans héritier direct, cependant qu'il laisse un frère ou une soeur, à chacun de ceux-ci alors, un sixième. S'ils sont plus de deux, tous alors participeront au tiers, après exécution du testament ou paiement d'une dette, sans préjudice à quiconque. (Telle est l') Injonction d'Allah! Et Allah est Omniscient et Indulgent.

4:13 Tels sont les ordres d'Allah. Et quiconque obéit à Allah et à Son messager, Il le fera entrer dans les Jardins sous lesquels coulent les ruisseaux, pour y demeurer éternellement. Et voilà la grande réussite.

4:14 Et quiconque désobéit à Allah et à Son messager, et transgresse Ses ordres, Il le fera entrer au Feu pour y demeurer éternellement. Et celui- là aura un châtiment avilissant.

4:15 Celles de vos femmes qui forniquent, faites témoigner à leur encontre quatre d'entre vous. S'ils témoignent, alors confinez ces femmes dans vos maisons jusqu'à ce que la mort les rappelle ou qu'Allah décrète un autre ordre à leur égard.

4:16 Les deux d'entre vous qui l'ont commise [la fornication], sévissez contre eux. S'ils se repentent ensuite et se réforment, alors laissez-les en paix. Allah demeure Accueillant au repentir et Miséricordieux.

4:17 Allah accueille seulement le repentir de ceux qui font le mal par ignorance et qui aussitôt se repentent. Voilà ceux de qui Allah accueille le repentir. Et Allah est Omniscient et Sage.

4:18 Mais l'absolution n'est point destinée à ceux qui font de mauvaises actions jusqu'au moment où la mort se présente à l'un d'eux, et qui s'écrie: ‹Certes, je me repens maintenant› - non plus pour ceux qui meurent mécréants. Et c'est pour eux que Nous avons préparé un châtiment douloureux.

4:19 Ô les croyants! Il ne vous est pas licite d'hériter des femmes contre leur gré. Ne les empêchez pas de se remarier dans le but de leur ravir une partie de ce que vous aviez donné, à moins qu'elles ne viennent à commettre un péché prouvé. Et comportez-vous convenablement envers elles. Si vous avez de l'aversion envers elles durant la vie commune, il se peut que vous ayez de l'aversion pour une chose où Allah a déposé un grand bien.

4:20 Si vous voulez substituer une épouse à une autre, et que vous ayez donné à l'une un quintar, n'en reprenez rien. Quoi! Le reprendriez-vous par injustice et péché manifeste?

4:21 Comment oseriez-vous le reprendre, après que l'union la plus intime vous ait associés l'un à l'autre et qu'elles aient obtenu de vous un engagement solennel?

4:22 Et n'épousez pas les femmes que vos pères ont épousées, exception faite pour le passé. C'est une turpitude, une abomination, et quelle mauvaise conduite!

4:23 Vous sont interdites vos mères, filles, soeurs, tantes paternelles et tantes maternelles, filles d'un frère et filles d'une soeur, mères qui vous ont allaités, soeurs de lait, mères de vos femmes, belles-filles sous votre tutelle et issues des femmes avec qui vous avez consommé le mariage; si le mariage n'a pas été consommé, ceci n'est pas un péché de votre part; les femmes de vos fils nés de vos reins; de même que deux soeurs réunies - exception faite pour le passé. Car vraiment Allah est Pardonneur et Miséricordieux;

4:24 et parmi les femmes, les dames (qui ont un mari), sauf si elles sont vos esclaves en toute propriété. Prescription d'Allah sur vous! A part cela, il vous est permis de les rechercher, en vous servant de vos bien et en concluant mariage, non en débauchés. Puis, de même que vous jouissez d'elles, donnez-leur leur mahr, comme une chose due. Il n'y a aucun péché contre vous à ce que vous concluez un accord quelconque entre vous après la fixation du mahr. Car Allah est, certes, Omniscient et Sage.

4:25 Et quiconque parmi vous n'a pas les moyens pour épouser des femmes libres (non esclaves) croyantes, eh bien (il peut épouser) une femme parmi celles de vos esclaves croyantes. Allah connaît mieux votre foi, car vous êtes les uns des autres (de la même religion). Et épousez-les avec l'autorisation de leurs maîtres (Waliy) et donnez-leur un mahr convenable; (épousez-les) étant vertueuses et non pas livrées à la débauche ni ayant des amants clandestins. Si, une fois engagées dans le mariage, elles commettent l'adultère, elles reçoivent la moitié du châtiment qui revient aux femmes libres (non esclaves) mariées. Ceci est autorisé à celui d'entre vous qui craint la débauche; mais ce serait mieux pour vous d'être endurant. Et Allah est Pardonneur et Miséricordieux.

4:26 Allah veut vous éclairer, vous montrer les voies des hommes d'avant vous, et aussi accueillir votre repentir. Et Allah est Omniscient et Sage.

4:27 Et Allah veut accueillir votre repentir. Mais ceux qui suivent les passions veulent que vous incliniez grandement (vers l'erreur comme ils le font).

4:28 Allah veut vous alléger (les obligations,) car l'homme a été créé faible.

4:29 Ô les croyants! Que les uns d'entre vous ne mangent pas les biens des autres illégalement. Mais qu'il y ait du négoce (légal), entre vous, par consentement mutuel. Et ne vous tuez pas vous-mêmes. Allah, en vérité, est Miséricordieux envers vous.

4:30 Et quiconque commet cela, par excès et par iniquité, Nous le jetterons au Feu, voilà qui est facile pour Allah.

4:31 Si vous évitez les grands péchés qui vous sont interdits, Nous effacerons vos méfaits de votre compte, et Nous vous ferons entrer dans un endroit honorable (le Paradis).

4:32 Ne convoitez pas ce qu'Allah a attribué aux uns d'entre vous plus qu'aux autres; aux hommes la part qu'ils ont acquise, et aux femmes la part qu'elles ont acquise. Demandez à Allah de Sa grâce. Car Allah, certes, est Omniscient.

4:33 A tous Nous avons désigné des héritiers pour ce que leur laissent leurs père et mère, leurs proches parents, et ceux envers qui, de vos propres mains, vous vous êtes engagés, donnez leur donc leur part, car Allah, en vérité, est témoin de tout.

4:34 Les hommes ont autorité sur les femmes, en raison des faveurs qu'Allah accorde à ceux-là sur celles-ci, et aussi à cause des dépenses qu'ils font de leurs bien. Les femmes vertueuses sont obéissantes (à leurs maris), et protègent ce qui doit être protégé, pendant l'absence de leurs époux, avec la protection d'Allah. Et quant à celles dont vous craignez la désobéissance, exhortez-les, éloignez-vous d'elles dans leurs lits et frappez-les. Si elles arrivent à vous obéir, alors ne cherchez plus de voie contre elles, car Allah est certes, Haut et Grand !

4:35 Si vous craignez le désaccord entre les deux [époux], envoyez alors un arbitre de sa famille à lui, et un arbitre de sa famille à elle. Si les deux veulent la réconciliation, Allah rétablira l'entente entre eux. Allah est certes, Omniscient et Parfaitement Connaisseur.

4:36 Adorez Allah et ne Lui donnez aucun associé. Agissez avec bonté envers (vos) père et mère, les proches, les orphelins, les pauvres, le proche voisin, le voisin lointain, le collègue et le voyageur, et les esclaves en votre possession, car Allah n'aime pas, en vérité, le présomptueux, l'arrogant,

4:37 Ceux qui sont avares et ordonnent l'avarice aux autres, et cachent ce qu'Allah leur a donné de par Sa grâce. Nous avons préparé un châtiment avilissant pour les mécréants.

4:38 Et ceux qui dépensent leurs biens avec ostentation devant les gens, et ne croient ni en Allah ni au Jour dernier. Quiconque a le Diable pour camarade inséparable, quel mauvais camarade!

4:39 Qu'auraient-ils à se reprocher s'ils avaient cru en Allah et au Jour dernier et dépensé (dans l'obéissance) de ce qu'Allah leur a attribué? Allah, d'eux, est Omniscient.

4:40 Certes, Allah ne lèse (personne), fût-ce du poids d'un atome. S'il est une bonne action, Il la double, et accorde une grosse récompense de Sa part.

4:41 Comment seront-ils quand Nous ferons venir de chaque communauté un témoin et que Nous te (Muhammad) ferons venir comme témoin contre ces gens-ci?

4:42 Ce jour-là, ceux qui n'ont pas cru et ont désobéi au Messager, préféreraient que la terre fût nivelée sur eux et ils ne sauront cacher à Allah aucune parole.

4:43 Ô les croyants! N'approchez pas de la Salat alors que vous êtes ivres, jusqu'à ce que vous compreniez ce que vous dites, et aussi quand vous êtes en état d'impureté [pollués] - à moins que vous ne soyez en voyage - jusqu'à ce que vous ayez pris un bain rituel. Si vous êtes malades ou en voyage, ou si l'un de vous revient du lieu où il a fait ses besoins, ou si vous avez touché à des femmes et vous ne trouviez pas d'eau, alors recourez à une terre pure, et passez-vous-en sur vos visages et sur vos mains. Allah, en vérité est Indulgent et Pardonneur.

4:44 N'as-tu (Muhammad) pas vu ceux qui ont reçu une partie du Livre acheter l'égarement et chercher à ce que vous vous égariez du [droit] chemin?

4:45 Allah connaît mieux vos ennemis. Et Allah suffit comme protecteur. Et Allah suffit comme secoureur.

4:46 Il en est parmi les Juifs qui détournent les mots de leur sens, et disent : ‹Nous avions entendu, mais nous avons désobéi›, ‹Ecoute sans qu'il te soit donné d'entendre›, et favorise nous ‹Raina›, tordant la langue et attaquant la religion. Si au contraire ils disaient: ‹Nous avons entendu et nous avons obéi›, ‹Ecoute›, et ‹Regarde-nous›, ce serait meilleur pour eux, et plus droit. Mais Allah les a maudits à cause de leur mécréance; leur foi est donc bien médiocre.

4:47 Ô vous à qui on a donné le Livre, croyez à ce que Nous avons fait descendre, en confirmation de ce que vous aviez déjà, avant que Nous effacions des visages et les retournions sens devant derrière, ou que Nous les maudissions comme Nous avons maudit les gens du Sabbat. Car le commandement d'Allah est toujours exécuté.

4:48 Certes Allah ne pardonne pas qu'on Lui donne quelqu'associé. A part cela, Il pardonne à qui Il veut. Mais quiconque donne à Allah quelqu'associé commet un énorme péché.

4:49 N'as-tu pas vu ceux-là qui se déclarent purs ? Mais c'est Allah qui purifie qui Il veut; et ils ne seront point lésés, fût-ce d'un brin de noyau de datte.

4:50 Regarde comme ils inventent le mensonge à l'encontre d'Allah. Et çà, c'est assez comme péché manifeste!

4:51 N'as-tu pas vu ceux-là, à qui une partie du Livre a été donnée, ajouter foi à la magie (gibt) et au taghout, et dire en faveur de ceux qui ne croient pas: ‹Ceux-là sont mieux guidés (sur le chemin) que ceux qui ont cru› ?

4:52 Voilà ceux qu'Allah a maudits; et quiconque Allah maudit, jamais tu ne trouveras pour lui de secoureur.

4:53 Possèdent-ils une partie du pouvoir? Ils ne donneraient donc rien aux gens, fût-ce le creux d'un noyau de datte.

4:54 Envient-ils aux gens ce qu'Allah leur a donné de par Sa grâce? Or, Nous avons donné à la famille d'Abraham le Livre et la Sagesse; et Nous leur avons donné un immense royaume.

4:55 Certains d'entre eux ont cru en lui, d'autres d'entre eux s'en sont écartés. l'Enfer leur suffira comme flamme (pour y brûler).

4:56 Certes, ceux qui ne croient pas à Nos Versets, (le Qur'an) Nous les brûlerons bientòt dans le Feu. Chaque fois que leurs peaux auront été consumées, Nous leur donnerons d'autres peaux en échange afin qu'ils goûtent au châtiment. Allah est certes Puissant et Sage!

4:57 Et quant à ceux qui ont cru et fait de bonnes oeuvres, bientòt Nous les ferons entrer aux Jardins sous lesquels coulent des ruisseaux. Ils y demeureront éternellement. Il y aura là pour eux des épouses purifiées. Et Nous les ferons entrer sous un ombrage épais

4:58 Certes, Allah vous commande de rendre les dépòts à leurs ayants-droit, et quand vous jugez entre des gens, de juger avec équité. Quelle bonne exhortation qu'Allah vous fait! Allah est, en vérité, Celui qui entend et qui voit tout.

4:59 Ô les croyants! Obéissez à Allah, et obéissez au Messager et à ceux d'entre vous qui détiennent le commandement. Puis, si vous vous disputez en quoi que ce soit, renvoyez-là à Allah et au Messager, si vous croyez en Allah et au Jour dernier. Ce sera bien mieux et de meilleur interprétation (et aboutissement).

4:60 N'as-tu pas vu ceux qui prétendent croire à ce qu'on a fait descendre vers toi [prophète] et à ce qu'on a fait descendre avant toi? Ils veulent prendre pour juge le Tagut, alors que c'est en lui qu'on leur a commandé de ne pas croire. Mais le Diable veut les égarer très loin, dans l'égarement.

4:61 Et lorsqu'on leur dit: ‹Venez vers ce qu'Allah a fait descendre et vers le Messager›, tu vois les hypocrites s'écarter loin de toi.

4:62 Comment (agiront-ils) quand un malheur les atteindra, à cause de ce qu'ils ont préparé de leurs propres mains? Puis ils viendrons alors prés de toi, jurant par Allah: ‹Nous n'avons voulu que le bien et la réconciliation›.

4:63 Voilà ceux dont Allah sait ce qu'ils ont dans leurs coeurs. Ne leur tiens donc pas rigueur, exhorte-les, et dis-leur sur eux-mêmes des paroles convaincantes.

4:64 Nous n'avons envoyé de Messager que pour qu'il soit obéi, par la permission d'Allah. Si, lorsqu'ils ont fait du tort à leurs propres personnes ils venaient à toi en implorant le pardon d'Allah et si le Messager demandait le pardon pour eux, ils trouveraient, certes, Allah, Très Accueillant au repentir, Miséricordieux.

4:65 Non!... Par ton Seigneur! Ils ne seront pas croyants aussi longtemps qu'ils ne t'auront demandé de juger de leurs disputes et qu'ils n'auront éprouvé nulle angoisse pour ce que tu auras décidé, et qu'ils se soumettent complètement [à ta sentence].

4:66 Si Nous leur avions prescrit ceci: ‹Tuez-vous vous- mêmes›, ou ‹Sortez de vos demeures›, ils ne l'auraient pas fait, sauf un petit nombre d'entre eux. S'ils avaient fait ce à quoi on les exhortait, cela aurait été certainement meilleur pour eux, et (leur foi) aurait été plus affermie.

4:67 Alors Nous leur aurions donné certainement, de Notre part, une grande récompense,

4:68 et Nous les aurions guidé certes vers un droit chemin.

4:69 Quiconque obéit à Allah et au Messager... ceux-là seront avec ceux qu'Allah a comblés de Ses bienfaits: les prophètes, les véridiques, les martyrs, et les vertueux. Et quels compagnons que ceux-là!

4:70 Cette grâce vient d'Allah. Et Allah suffit comme Parfait Connaisseur.

4:71 Ô les croyants! Prenez vos précautions et partez en expédition par détachements ou en masse.

4:72 Parmi vous, il y aura certes quelqu'un qui tardera [à aller au combat] et qui, si un malheur vous atteint, dira: ‹Certes, Allah m'a fait une faveur en ce que je ne me suis pas trouvé en leur compagnie›;

4:73 et si une grâce qui vous atteint de la part d'Allah, il se mettra, certes, à dire, comme s'il n'y avait aucune affection entre vous et lui: ‹Quel dommage! Si j'avais été avec eux, j'aurais alors acquis un gain énorme›.

4:74 Qu'ils combattent donc dans le sentier d'Allah, ceux qui troquent la vie présente contre la vie future. Et quiconque combat dans le sentier d'Allah, tué ou vainqueur, Nous lui donnerons bientòt une énorme récompense.

4:75 Et qu'avez vous à ne pas combattre dans le sentier d'Allah, et pour la cause des faibles: hommes, femmes et enfants qui disent: ‹Seigneur! Fais-nous sortir de cette cité dont les gens sont injustes, et assigne-nous de Ta part un allié, et assigne-nous de Ta part un secoureur›.

4:76 Les croyants combattent dans le sentier d'Allah, et ceux qui ne croient pas combattent dans le sentier du Tagut. Eh bien, combattez les alliés de Diable, car la ruse du Diable est certes, faible.

4:77 N'as-tu pas vu ceux auxquels on avait dit: ‹Abstenez-vous de combattre, accomplissez la Salat et acquittez la Zakat.› Puis lorsque le combat leur fut prescrit, voilà qu'une partie d'entre eux se mit à craindre les gens comme on craint Allah, ou même d'une crainte plus forte encore, et à dire: ‹Ô notre Seigneur! Pourquoi nous as-Tu prescrit le combat? Pourquoi n'as-Tu pas reporté cela à un peu plus tard?› Dis: ‹La jouissance d'ici-bas est éphémère, mais la vie future est meilleure pour quiconque est pieux. Et on ne vous lésera pas fût-ce d'un brin de noyau de datte.

4:78 Où que vous soyez, la mort vous atteindra, fussiez-vous dans des tours imprenables. Qu'un bien les atteigne, ils disent: ‹C'est de la part d'Allah.› Qu'un mal les atteigne, ils disent: ‹C'est dû à toi (Muhammad).› Dis: ‹Tout est d'Allah.› Mais qu'ont-ils ces gens, à ne comprendre presque aucune parole?

4:79 Tout bien qui t'atteint vient d'Allah, et tout mal qui t'atteint vient de toi- même. Et Nous t'avons envoyé aux gens comme Messager. Et Allah suffit comme témoin.

4:80 Quiconque obéit au Messager obéit certainement à Allah. Et quiconque tourne le dos... Nous ne t'avons pas envoyé à eux comme gardien.

4:81 Ils disent: ‹obéissance!› Puis sitôt sortis de chez toi, une partie d'entre eux délibère au cours de la nuit de tout autre chose que ce qu'elle t'a dit. [Cependant] Allah enregistre ce qu'ils font la nuit. Pardonne-leur donc et place ta confiance en Allah. Et Allah suffit comme Protecteur.

4:82 Ne méditent-ils donc pas sur le Qur'an? S'il provenait d'un autre qu'Allah, ils y trouveraient certes maintes contradictions!

4:83 Quand leur parvient une nouvelle rassurante ou alarmante, ils la diffusent. S'ils la rapportaient au Messager et aux détenteurs du commandement parmi eux ceux d'entre eux qui cherchent à être éclairés, auraient appris (la vérité de la bouche du Prophète et des détenteurs du commandement). Et n'eussent été le grâce d'Allah sur vous et Sa miséricorde, vous auriez suivi le Diable, à part quelques- uns.

4:84 Combats donc dans le sentier d'Allah, tu n'es responsable que de toi même, et incite les croyants (au combat) Allah arrêtera certes la violence des mécréants. Allah est plus redoutable en force et plus sévère en punition.

4:85 Quiconque intercède d'une bonne intercession, en aura une part; et quiconque intercède d'une mauvaise intercession portera une part de responsabilité. Et Allah est Puissant sur toute chose.

4:86 Si on vous fait une salutation, saluez d'une façon meilleure; ou bien rendez-la (simplement). Certes, Allah tient compte de tout.

4:87 Allah! Pas de divinité à part Lui! Très certainement Il vous rassemblera au Jour de la Résurrection, point de doute là-dessus. Et qui est plus véridique qu'Allah en parole?

4:88 Qu'avez-vous à vous diviser en deux factions au sujet des hypocrites ? Alors qu'Allah les a refoulés (dans leur infidélité) pour ce qu'ils ont acquis. Voulez-vous guider ceux qu'Allah égare? Et quiconque Allah égare, tu ne lui trouveras pas de chemin (pour le ramener).

4:89 Ils aimeraient vous voir mécréants, comme ils ont mécru: alors vous seriez tous égaux! Ne prenez donc pas d'alliés parmi eux, jusqu'à ce qu'ils émigrent dans le sentier d'Allah. Mais s'ils tournent le dos, saisissez-les alors, et tuez-les où que vous les trouviez; et ne prenez parmi eux ni allié ni secoureur,

4:90 excepte ceux qui se joignent à un groupe avec lequel vous avez conclu une alliance, ou ceux qui viennent chez vous, le coeur serré d'avoir à vous combattre ou à combattre leur propre tribu. Si Allah avait voulu, Il leur aurait donné l'audace (et la force) contre vous, et ils vous auraient certainement combattu. (Par conséquent,) s'ils restent neutres à votre égard et ne vous combattent point, et qu'ils vous offrent la paix, alors, Allah ne vous donne pas de chemin contre eux.

4:91 Vous en trouverez d'autres qui cherchent à avoir votre confiance, et en même temps la confiance de leur propre tribu. Toutes les fois qu'on les pousse vers l'Association, (l'idolâtrie) ils y retombent en masse. (Par conséquent,) s'ils ne restent pas neutres à votre égard, ne vous offrent pas la paix et ne retiennent pas leurs mains (de vous combattre), alors saisissez-les et tuez les où que vous les trouviez. Contre ceux-ci, Nous vous avons donné autorité manifeste.

4:92 Il n'appartient pas à un croyant de tuer un autre croyant, si ce n'est par erreur. Quiconque tue par erreur un croyant, qu'il affranchisse alors un esclave croyant et remette à sa famille le prix du sang, à moins que celle-ci n'y renonce par charité. Mais si [le tué] appartenait à un peuple ennemi à vous et qu'il soit croyant, qu'on affranchisse alors un esclave croyant. S'il appartenait à un peuple auquel vous êtes liés par un pacte, qu'on verse alors à sa famille le prix du sang et qu'on affranchisse un esclave croyant. Celui qui n'en trouve pas les moyens, qu'il jeûne deux mois d'affilée pour être pardonné par Allah. Allah est Omniscient et Sage.

4:93 Quiconque tue intentionnellement un croyant, Sa rétribution alors sera l'Enfer, pour y demeurer éternellement. Allah l'a frappé de Sa colère, l'a maudit et lui a préparé un énorme châtiment.

4:94 Ô les croyants! Lorsque vous sortez pour lutter dans le sentier d'Allah, voyez bien clair (ne vous hâtez pas) et ne dites pas à quiconque vous adresse le salut (de l'Islam) : ‹Tu n'es pas croyant›, convoitant les biens de la vie d'ici-bas. Or c'est auprès d'Allah qu'il y a beaucoup de butin. C'est ainsi que vous étiez auparavant; puis Allah vous a accordé Sa grâce. Voyez donc bien clair. Allah est certes Parfaitement Connaisseur de ce que vous faites.

4:95 Ne sont pas égaux ceux des croyants qui restent chez eux - sauf ceux qui ont quelques infirmité - et ceux qui luttent corps et biens dans le sentier d'Allah. Allah donne à ceux qui luttent corps et biens un grade d'excellence sur ceux qui restent chez eux. Et à chacun Allah a promis la meilleure récompense; et Allah a mis les combattants au-dessus des non combattants en leur accordant une rétribution immense;

4:96 des grades de supériorité de Sa part ainsi qu'un pardon et une miséricorde. Allah est Pardonneur et Miséricordieux.

4:97 Ceux qui ont fait du tort à eux mêmes, les Anges enlèveront leurs âmes en disant: ‹Où en étiez-vous?› (à propos de votre religion) - ‹Nous étions impuissants sur terre›, dirent-ils. Alors les Anges diront: ‹La terre d'Allah n'était-elle pas assez vaste pour vous permettre d'émigrer?› Voilà bien ceux dont le refuge et l'Enfer. Et quelle mauvaise destination!

4:98 A l'exception des impuissants: hommes, femmes et enfants, incapables de se débrouiller, et qui ne trouvent aucune voie:

4:99 A ceux-là, il se peut qu'Allah donne le pardon. Allah est Clément et Pardonneur.

4:100 Et quiconque émigre dans le sentier d'Allah trouvera sur terre maints refuges et abondance. Et quiconque sort de sa maison, émigrant vers Allah et Son messager, et que la mort atteint, sa récompense incombe à Allah. Et Allah est Pardonneur et Miséricordieux.

4:101 Et quand vous parcourez la terre, ce n'est pas un péché pour vous de raccourcir la Salat, si vous craignez que les mécréants ne vous mettent à l'épreuve, car les mécréants demeurent pour vous un ennemi déclaré.

4:102 Et lorsque tu (Muhammad) te trouves parmi eux, et que tu les diriges dans la Salat, qu'un groupe d'entre eux se mette debout en ta compagnie, en gardant leurs armes. Puis lorsqu'ils ont terminé la prosternation, qu'ils passent derrière vous et que vienne l'autre groupe, ceux qui n'ont pas encore célébré la Salat. A ceux-ci alors d'accomplir la Salat avec toi, prenant leurs précautions et leurs armes. Les mécréants aimeraient vous voir négliger vos armes et vos bagages, afin de tomber sur vous en une seule masse. Vous ne commettez aucun péché si, incommodés par la pluie ou malades, vous déposez vos armes; cependant prenez garde. Certes, Allah a préparé pour les mécréants un châtiment avilissant.

4:103 Quand vous avez accompli la Salat, invoquez le nom d'Allah, debout, assis ou couchés sur vos còtés. Puis lorsque vous êtes en sécurité, accomplissez la Salat (normalement), car la Salat demeure, pour les croyants, une prescription, à des temps déterminés.

4:104 Ne faiblissez pas dans la poursuite du peuple [ennemi]. Si vous souffrez, lui aussi souffre comme vous souffrez, tandis que vous espérez d'Allah ce qu'il n'espère pas. Allah est Omniscient et Sage.

4:105 Nous avons fait descendre vers toi le Livre avec la vérité, pour que tu juges entre les gens. selon ce qu'Allah t'a appris. Et ne te fais pas l'avocat des traîtres.

4:106 Et implore d'Allah le pardon car Allah est certes Pardonneur et Miséricordieux.

4:107 Et ne dispute pas en faveur de ceux qui se trahissent eux-mêmes. Allah vraiment, n'aime pas le traître et le pécheur.

4:108 Ils cherchent à se cacher des gens, mais ils ne cherchent pas à se cacher d'Allah. Or, Il est avec eux quand ils tiennent la nuit des paroles qu'Il (Allah) n'agrée pas. Et Allah ne cesse de cerner (par Sa science) ce qu'ils font.

4:109 Voilà les gens en faveur desquels vous disputez dans la vie présente. Mais qui va disputer pour eux devant Allah au Jour de la Résurrection? Ou bien qui sera leur protecteur?

4:110 Quiconque agit mal ou fait du tort à lui-même, puis aussitòt implore d'Allah le pardon, trouvera Allah Pardonneur et Miséricordieux.

4:111 Quiconque acquiert un péché, ne l'acquiert que contre lui- même. Et Allah est Omniscient et Sage.

4:112 Et quiconque acquiert une faute ou un péché puis en accuse un innocent, se rend coupable alors d'une injustice et d'un péché manifeste.

4:113 Et n'eût été la grâce d'Allah sur toi (Muhammad) et Sa miséricorde, une partie d'entre eux t'aurait bien volontiers égaré. Mais ils n'égarent qu'eux-mêmes, et ne peuvent en rien te nuire. Allah a fait descendre sur toi le Livre et la Sagesse, et t'a enseigné ce que tu ne savais pas. Et la grâce d'Allah sur toi est immense.

4:114 Il n'y a rien de bon dans la plus grande partie de leurs conversations secrètes, sauf si l'un d'eux ordonne une charité, une bonne action, ou une conciliation entre les gens. Et quiconque le fait, cherchant l'agrément d'Allah, à celui-là Nous donnerons bientôt une récompense énorme.

4:115 Et quiconque fait scission d'avec le Messager, après que le droit chemin lui est apparu et suit un sentier autre que celui des croyants, alors Nous le laisserons comme il s'est détourné, et le brûlerons dans l'Enfer. Et quelle mauvaise destination!

4:116 Certes, Allah ne pardonne pas qu'on Lui donne des associés. A part cela, Il pardonne à qui Il veut. Quiconque donne des associés à Allah s'égare, très loin dans l'égarement.

4:117 Ce ne sont que des femelles qu'ils invoquent, en dehors de Lui. Et ce n'est qu'un diable rebelle qu'ils invoquent.

4:118 Allah l'a (le Diable) maudit et celui-ci a dit: ‹Certainement, je saisirai parmi Tes serviteurs, une partie déterminée.

4:119 Certes, je ne manquerai pas de les égarer, je leur donnerai de faux espoirs, je leur commanderai, et ils fendront les oreilles aux bestiaux; je leur commanderai, et ils altéreront la création d'Allah. Et quiconque prend le Diable pour allié au lieu d'Allah, sera, certes, voué à une perte évidente.

4:120 Il leur fait des promesses et leur donne de faux espoirs. Et le Diable ne leur fait que des promesses trompeuses.

4:121 Voilà ceux dont le refuge est l'Enfer. Et ils ne trouveront aucun moyen d'y échapper!

4:122 Et quant à ceux qui ont cru et fait de bonnes oeuvres. Nous les ferons entrer bientôt aux Jardins sous lesquels coulent les ruisseaux, pour y demeurer éternellement. Promesse d'Allah en vérité. Et qui est plus véridique qu'Allah en parole?

4:123 Ceci ne dépend ni de vos désirs ni des gens du Livre. Quiconque fait un mal sera rétribué pour cela, et ne trouvera en sa faveur, hors d'Allah, ni allié ni secoureur.

4:124 Et quiconque, homme ou femme, fait de bonnes oeuvres, tout en étant croyant... les voilà ceux qui entreront au Paradis; et on ne leur fera aucune injustice, fût-ce d'un creux de noyau de datte.

4:125 Qui est meilleur en religion que celui qui soumet à Allah son être, tout en se conformant à la Loi révélée et suivant la religion d'Abraham, homme de droiture? Et Allah avait pris Abraham pour ami privilégié.

4:126 C'est à Allah qu'appartient tout ce qui est dans les cieux et sur la terre. Et Allah embrasse toute chose (de Sa science et de Sa puissance).

4:127 Et ils te consultent à propos de ce qui a été décrété au sujet des femmes. Dis: ‹Allah vous donne Son décret là-dessus, en plus de ce qui vous est récité dans le Livre, au sujet des orphelines auxquelles vous ne donnez pas ce qui leur a été prescrit, et que vous désirez épouser, et au sujet des mineurs encore d'âge faible›. Vous devez agir avec équité envers les orphelins. Et de tout ce que vous faites de bien, Allah en est, certes, Omniscient.

4:128 Et si une femme craint de son mari abandon ou indifférence, alors ce n'est pas un péché pour les deux s'ils se réconcilient par un compromis quelconque, et la réconciliation est meilleure, puisque les âmes sont portées à la ladrerie. Mais si vous agissez en bien et vous êtes pieux... Allah est, certes, Parfaitement Connaisseur de ce que vous faites.

4:129 Vous ne pourrez jamais être équitable entre vos femmes, même si vous en êtes soucieux. Ne vous penchez pas tout à fait vers l'une d'elles, au point de laisser l'autre comme en suspens. Mais si vous vous réconciliez et vous êtes pieux... donc Allah est, certes, Pardonneur et Miséricordieux.

4:130 Si les deux se séparent, Allah de par Sa largesse, accordera à chacun d'eux un autre destin. Et Allah est plein de largesses et parfaitement Sage.

4:131 A Allah seul appartient tout ce qui est dans les cieux et sur la terre. ‹Craignez Allah!› Voilà ce que Nous avons enjoint à ceux auxquels avant vous le Livre fut donné, tout comme à vous-mêmes. Et si vous ne croyez pas (cela ne nuit pas à Allah, car) très certainement à Allah seul appartient tout ce qui est dans les cieux et sur la terre. Et Allah se suffit à Lui-même et Il est digne de louange.

4:132 A Allah seul appartient tout ce qui est dans les cieux et sur la terre. Et Allah suffit pour s'occuper de tout.

4:133 S'il voulait, il vous ferait disparaître, ò gens, et en ferait venir d'autres. Car Allah en est très capable.

4:134 Quiconque désire la récompense d'ici-bas, c'est auprès d'Allah qu'est la récompense d'ici-bas tout comme celle de l'au-delà. Et Allah entend et observe tout.

4:135 Ô les croyants! Observez strictement la justice et soyez des témoins (véridiques) comme Allah l'ordonne, fût-ce contre vous mêmes, contre vos père et mère ou proches parents. Qu'il s'agisse d'un riche ou d'un besogneux, Allah a priorité sur eux deux (et Il est plus connaisseur de leur intérêt que vous). Ne suivez donc pas les passions, afin de ne pas dévier de la justice. Si vous portez un faux témoignage ou si vous le refusez, [sachez qu'] Allah est Parfaitement Connaisseur de ce que vous faites.

4:136 Ô les croyants! Soyez fermes en votre foi en Allah, en Son messager, au Livre qu'il a fait descendre sur Son messager, et au Livre qu'il a fait descendre avant. Quiconque ne croit pas en Allah, en Ses anges, en Ses Livres, en Ses messagers et au Jour dernier, s'égare, loin dans l'égarement.

4:137 Ceux qui ont cru, puis sont devenus mécréants, puis ont cru de nouveau, ensuite sont redevenus mécréants, et n'ont fait que croître en mécréance, Allah ne leur pardonnera pas, ni les guidera vers une chemin (droit).

4:138 Annonce aux hypocrites qu'il y a pour eux un châtiment douloureux,

4:139 ceux qui prennent pour alliés des mécréants au lieu des croyants, est-ce la puissance qu'ils recherchent auprès d'eux? (En vérité) la puissance appartient entièrement à Allah.

4:140 Dans le Livre, il vous a déjà révélé ceci: lorsque vous entendez qu'on renie les versets (le Qur'an) d'Allah et qu'on s'en raille, ne vous asseyez point avec ceux-là jusqu'à ce qu'ils entreprennent une autre conversation. Sinon, vous serez comme eux. Allah rassemblera, certes, les hypocrites et les mécréants, tout, dan l'Enfer.

4:141 Ils restent dans l'expectative à votre égard; si une victoire vous vient de la part d'Allah, ils disent: ‹N'étions-nous pas avec vous?›; et s'il en revient un avantage aux mécréants. ils leur disent: ‹Est-ce que nous n'avons pas mis la main sur vous pour vous soustraire aux croyants?› Eh bien, Allah jugera entre vous au Jour de la Résurrection. Et jamais Allah ne donnera une voie aux mécréants contre les croyants.

4:142 Les hypocrites cherchent à tromper Allah, mais Allah retourne leur tromperie (contre eux-mêmes). Et lorsqu'ils se lèvent pour la Salat, ils se lèvent avec paresse et par ostentation envers les gens. A peine invoquent-ils Allah.

4:143 Ils sont indécis (entre les croyants et les mécréants) n'appartenant ni aux uns ni aux autres. Or, quiconque Allah égare, jamais tu ne trouveras de chemin pour lui.

4:144 Ô les croyants! Ne prenez pas pour alliés les mécréants au lieu des croyants. Voudriez-vous donner à Allah une preuve évidente contre vous?

4:145 Les hypocrites seront, certes, au plus bas fond du Feu, et tu ne leur trouveras jamais de secoureur,

4:146 sauf ceux qui se repentent, s'amendent, s'attachent fermement à Allah, et Lui vouent une foi exclusive. Ceux-là seront avec les croyants. Et Allah donnera aux croyants une énorme récompense.

4:147 Pourquoi Allah vous infligerait-il un châtiment si vous êtes reconnaissants et croyants? Allah est Reconnaissant et Omniscient.

4:148 Allah n'aime pas qu'on profère de mauvaises paroles sauf quand on a été injustement provoqué. Et Allah est Audient et Omniscient.

4:149 Que vous fassiez du bien, ouvertement ou en cachette, ou bien que vous pardonniez un mal... Alors Allah est Pardonneur et Omnipotent.

4:150 Ceux qui ne croient pas en Allah et en Ses messagers, et qui veulent faire distinction entre Allah et Ses messagers et qui disent: ‹Nous croyons en certains d'entre eux mais ne croyons pas en d'autres›, et qui veulent prendre un chemin intermédiaire (entre la foi et la mécréance),

4:151 les voilà les vrais mécréants! Et Nous avons préparé pour les mécréants un châtiment avilissant.

4:152 Et ceux qui croient en Allah et en Ses messagers et qui ne font de différence entre ces derniers, voilà ceux à qui Il donnera leurs récompenses. Et Allah est Pardonneur et Miséricordieux.

4:153 Les gens du Livre te demandent de leur faire descendre du ciel un Livre. Ils ont déjà demandé à Moïse quelque chose de bien plus grave quand ils dirent: ‹Fais-nous voir Allah à découvert!› Alors la foudre les frappa pour leur tort. Puis ils adoptèrent le Veau (comme idole) même après que les preuves leur furent venues. Nous leur pardonnâmes cela et donnâmes à Moïse une autorité déclarée.

4:154 Et pour (obtenir) leur engagement, Nous avons brandi au-dessus d'eux le Mont Tor, Nous leur avons dit: ‹Entrez par la porte en vous prosternant›; Nous leur avons dit: ‹Ne transgressez pas le Sabbat›; et Nous avons pris d'eux un engagement ferme.

4:155 (Nous les avons maudits) à cause de leur rupture de l'engagement, leur mécréance aux révélations d'Allah, leur meurtre injustifié des prophètes, et leur parole: ‹Nos coeurs sont (enveloppés) et imperméables›. Et réalité, c'est Allah qui a scellé leurs coeurs à cause de leur mécréance, car ils ne croyaient que très peu.

4:156 Et à cause de leur mécréance et de l'énorme calomnie qu'ils prononcent contre Marie.

4:157 et à cause leur parole: ‹Nous avons vraiment tué le Christ, Jésus, fils de Marie, le Messager d'Allah›... Or, ils ne l'ont ni tué ni crucifié; mais ce n'était qu'un faux semblant! Et ceux qui ont discuté sur son sujet sont vraiment dans l'incertitude: ils n'en ont aucune connaissance certaine, ils ne font que suivre des conjectures et ils ne l'ont certainement pas tué.

4:158 mais Allah l'a élevé vers Lui. Et Allah est Puissant et Sage.

4:159 Il n'y aura personne, parmi les gens du Livre, qui n'aura pas foi en lui avant sa mort. Et au Jour de la Résurrection, il sera témoin contre eux.

4:160 C'est à cause des iniquités des Juifs que Nous leur avons rendu illicites les bonnes nourritures qui leur étaient licites, et aussi à cause de ce qu'ils obstruent le sentier d'Allah, (à eux-mêmes et) à beaucoup de monde,

4:161 et à cause de ce qu'ils prennent des intérêts usuraires - qui leur étaient pourtant interdits - et parce qu'ils mangent illégalement les biens des gens. A ceux d'entre eux qui sont mécréants Nous avons préparé un châtiment douloureux.

4:162 Mais ceux d'entre eux qui sont enracinés dans la connaissance, ainsi que les croyants, (tous) ont foi à ce qu'on a fait descendre sur toi et à ce qu'on a fait descendre avant toi. Et quant à ceux qui accomplissent la Salat, paient la Zakat et croient en Allah et au Jour dernier, ceux-là Nous leur donnerons une énorme récompense.

4:163 Nous t'avons fait une révélation comme Nous fîmes à Noé et aux prophètes après lui. Et Nous avons fait révélation à Abraham, à Ismaël, à Isaac, à Jacob, aux Tribus, à Jésus, à Job, à Aaron et à Salomon, et Nous avons donné le Zabour à David.

4:164 Et il y a des messagers dont Nous t'avons raconté l'histoire précédemment, et des messagers dont Nous ne t'avons point raconté l'histoire - et Allah a parlé à Moïse de vive voix -

4:165 en tant que messagers, annonciateurs et avertisseurs, afin qu'après la venue des messagers il n'y eût pour les gens point d'argument devant Allah. Allah est Puissant et Sage.

4:166 Mais Allah témoigne de ce qu'Il a fait descendre vers toi, Il l'a fait descendre en toute connaissance. Et les Anges en témoignent. Et Allah suffit comme témoin.

4:167 Ceux qui ne croient pas et qui obstruent le sentier d'Allah, s'égarent certes loin dans l'égarement.

4:168 Ceux qui ne croient pas et qui pratiquent l'injustice, Allah n'est nullement disposé à leur pardonner, ni à les guider dans un chemin

4:169 (autre) que le chemin de l'Enfer où ils demeureront éternellement. Et cela est facile à Allah.

4:170 Ô gens! Le Messager vous a apporté la vérité de la part de votre Seigneur. Ayez la foi, donc, cela vous sera meilleur. Et si vous ne croyez pas (qu'importe!), c'est à Allah qu'appartient tout ce qui est dans les cieux et sur la terre. Et Allah est Omniscient et Sage.

4:171 Ô gens du Livre (Chrétiens), n'exagérez pas dans votre religion, et ne dites d'Allah que la vérité. Le Messie Jésus, fils de Marie, n'est qu'un Messager d'Allah, Sa parole qu'Il envoya à Marie, et un souffle (de vie) venant de Lui. Croyez donc en Allah et en Ses messagers. Et ne dites pas ‹Trois›. Cessez! Ce sera meilleur pour vous. Allah n'est qu'un Dieu unique. Il est trop glorieux pour avoir un enfant. C'est à Lui qu'appartient tout ce qui est dans les cieux et sur la terre et Allah suffit comme protecteur.

4:172 Jamais le Messie ne trouve indigne d'être un serviteur d'Allah, ni les Anges rapprochés [de Lui]. Et ceux qui trouvent indigne de L'adorer et s'enflent d'orgueil... Il les rassemblera tous vers Lui.

4:173 Quant à ceux qui ont cru et fait de bonnes oeuvres, Il leur accordera leurs pleines récompenses et y ajoutera le surcroît de Sa grâce. Et quant à ceux qui ont eu la morgue et se sont enflés d'orgueil, Il les châtiera d'un châtiment douloureux. Et ils ne trouveront, pour eux, en dehors d'Allah, ni allié ni secoureur,

4:174 Ô gens! Certes une preuve évidente vous est venue de la part de votre Seigneur. Et Nous avons fait descendre vers vous une lumière éclatante.

4:175 Alors ceux qui croient en Allah et qui s'attachent à Lui, Il les fera entrer dans une miséricorde venue de Lui, et dans une grâce aussi. Et Il les guidera vers Lui dans un chemin droit.

4:176 Ils te demandent ce qui a été décrété. Dis: ‹Au sujet du défunt qui n'a pas de père ni de mère ni d'enfant, Allah vous donne Son décret: si quelqu'un meurt sans enfant, mais a une soeur, à celle-ci revient la moitié de ce qu'il laisse. Et lui, il héritera d'elle en totalité si elle n'a pas d'enfant. Mais s'il a deux soeurs (ou plus), à elles alors les deux tiers de ce qu'il laisse; et s'il a des frères et des soeurs, à un frère alors revient une portion égale à celle de deux soeurs. Allah vous donne des explications pour que vous ne vous égariez pas. Et Allah est Omniscient.

5. La table servie (Al-Maidah)

Au nom d'Allah, le Tout Miséricordieux, le Très Miséricordieux.

5:1 Ô les croyants! Remplissez fidèlement vos engagements. Vous est permise la bête du cheptel, sauf ce qui sera énoncé [comme étant interdit]. Ne vous permettez point la chasse alors que vous êtes en état d'ihram. Allah en vérité, décide ce qu'Il veut.

5:2 Ô les croyants! Ne profanez ni les rites du pèlerinage (dans les endroits sacrés) d'Allah, ni le mois sacré, ni les animaux de sacrifice, ni les guirlandes, ni ceux qui se dirigent vers la maison sacrée cherchant de leur Seigneur grâce et agrément. Une fois désacralisés, vous êtes libres de chasser. Et ne laissez pas la haine pour un peuple qui vous a obstrué la route vers la Mosquée sacrée vous inciter à transgresser. Entraidez-vous dans l'accomplissement des bonnes oeuvres et de la piété et ne vous entraidez pas dans le péché et la transgression. Et craignez Allah, car Allah est, certes, dur en punition!

5:3 Vous sont interdits la bête trouvée morte, le sang, la chair de porc, ce sur quoi on a invoqué un autre nom que celui d'Allah, la bête étouffée, la bête assommée ou morte d'une chute ou morte d'un coup de corne, et celle qu'une bête féroce a dévorée - sauf celle que vous égorgez avant qu'elle ne soit morte -. (Vous sont interdits aussi la bête) qu'on a immolée sur les pierres dressées, ainsi que de procéder au partage par tirage au sort au moyen de flèches. Car cela est perversité. Aujourd'hui, les mécréants désespèrent (de vous détourner) de votre religion: ne les craignez donc pas et craignez-Moi. Aujourd'hui, J'ai parachevé pour vous votre religion, et accompli sur vous Mon bienfait. Et J'agrée l'Islam comme religion pour vous. Si quelqu'un est contraint par la faim, sans inclination vers le péché... alors, Allah est Pardonneur et Miséricordieux.

5:4 Ils t'interrogent sur ce qui leur permis. Dis: ‹Vous sont permises les bonnes nourritures, ainsi que ce que capturent les carnassiers que vous avez dressés, en leur apprenant ce qu'Allah vous a appris. Mangez donc de ce qu'elles capturent pour vous et prononcez dessus le nom d'Allah. Et craignez Allah. Car Allah est, certes, prompt dans les comptes.

5:5 ‹Vous sont permises, aujourd'hui, les bonnes nourritures. Vous est permise la nourriture des gens du Livre, et votre propre nourriture leur est permise. (Vous sont permises) les femmes vertueuses d'entre les croyantes, et les femmes vertueuses d'entre les gens qui ont reçu le Livre avant vous, si vous leur donnez leur mahr, avec contrat de mariage, non en débauchés ni en preneurs d'amantes. Et quiconque abjure la foi, alors vaine devient son action, et il sera dans l'au-delà, du nombre des perdants.

5:6 Ô les croyants! Lorsque vous vous levez pour la Salat, lavez vos visages et vos mains jusqu'aux coudes; passez les mains mouillées sur vos têtes; et lavez-vous les pieds jusqu'aux chevilles. Et si vous êtes pollués ‹junub›, alors purifiez-vous (par un bain); mais si vous êtes malades, ou en voyage, ou si l'un de vous revient du lieu ou' il a fait ses besoins ou si vous avez touché aux femmes et que vous ne trouviez pas d'eau, alors recourez à la terre pure, passez-en sur vos visages et vos mains. Allah ne veut pas vous imposer quelque gêne, mais Il veut vous purifier et parfaire sur vous Son bienfait. Peut-être serez-vous reconnaissants.

5:7 Et rappelez-vous le bienfait d'Allah sur vous, ainsi que l'alliance qu'Il a conclue avec vous, quand vous avez dit: ‹Nous avons entendu et nous avons obéi›. Et craignez Allah. Car Allah connaît parfaitement le contenu des coeurs.

5:8 Ô les croyants! Soyez stricts (dans vos devoirs) envers Allah et (soyez) des témoins équitables. Et que la haine pour un peuple ne vous incite pas à être injuste. Pratiquez l'équité: cela est plus proche de la piété. Et craignez Allah. Car Allah est certes Parfaitement Connaisseur de ce que vous faites.

5:9 Allah a promis à ceux qui croient et font de bonnes oeuvres qu'il y aura pour eux un pardon et une énorme récompense.

5:10 Quant à ceux qui ne croient pas et traitent de mensonge Nos preuves, ceux-là sont des gens de l'Enfer.

5:11 Ô les croyants! Rappelez-vous le bienfait d'Allah à votre égard, le jour où un groupe d'ennemis s'apprêtait à porter la main sur vous (en vue de vous attaquer) et qu'Il repoussa leur tentative. Et craignez Allah. C'est en Allah que les croyants doivent mettre leur confiance.

5:12 Et Allah certes prit l'engagement des enfants d'Israël. Nous nommâmes douze chefs d'entre eux. Et Allah dit: ‹Je suis avec vous, pourvu que vous accomplissiez la Salat, acquittiez la Zakat, croyiez en Mes messagers, les aidiez et fassiez à Allah un bon prêt. Alors, certes, J'effacerai vos méfaits, et vous ferai entrer aux Jardins sous lesquels coulent les ruisseaux. Et quiconque parmi vous, après cela, mécroît, s'égare certes du droit chemin› !

5:13 Et puis, à cause de leur violation de l'engagement, Nous les avons maudits et endurci leurs coeurs: ils détournent les paroles de leur sens et oublient une partie de ce qui leur a été rappelé. Tu ne cesseras de découvrir leur trahison, sauf d'un petit nombre d'entre eux. Pardonne-leur donc et oublie [leurs fautes]. Car Allah aime, certes, les bienfaisants.

5:14 Et de ceux qui disent: ‹Nous sommes chrétiens›, Nous avons pris leur engagement. Mais ils ont oublié une partie de ce qui leur a été rappelé. Nous avons donc suscité entre eux l'inimitié et la haine jusqu'au Jour de la Résurrection. Et Allah les informera de ce qu'ils faisaient.

5:15 Ô gens du Livre! Notre Messager (Muhammad) vous est certes venu, vous exposant beaucoup de ce que vous cachiez du Livre, et passant sur bien d'autres choses! Une lumière et un Livre explicite vous sont certes venus d'Allah !

5:16 Par ceci (le Qur'an), Allah guide aux chemins du salut ceux qui cherchent Son agrément. Et Il les fait sortir des ténèbres à la lumière par Sa grâce. Et Il les guide vers un chemin droit.

5:17 Certes sont mécréants ceux qui disent: ‹Allah, c'est le Messie, fils de Marie!› - Dis: ‹Qui donc détient quelque chose d'Allah (pour L'empêcher), s'Il voulait faire périr le Messie, fils de Marie, ainsi que sa mère et tous ceux qui sont sur la terre?... A Allah seul appartient la royauté des cieux et de la terre et de ce qui se trouve entre les deux›. Il crée ce qu'Il veut. Et Allah est Omnipotent.

5:18 Les Juifs et les Chrétiens ont dit: ‹Nous sommes les fils d'Allah et Ses préférés.› Dis: ‹Pourquoi donc vous châtie-t-Il pour vos péchés?› En fait, vous êtes des êtres humains d'entre ceux qu'Il a créés. Il pardonne à qui Il veut et Il châtie qui Il veut. Et à Allah seul appartient la royauté des cieux et de la terre et de ce qui se trouve entre les deux. Et c'est vers Lui que sera la destination finale.

5:19 Ô gens du Livre! Notre Messager (Muhammad) est venu pour vous éclairer après une interruption des messagers afin que vous ne disiez pas: ‹Il ne nous est venu ni annonciateur ni avertisseur›. Voilà, certes, que vous est venu un annonciateur et un avertisseur. Et Allah est Omnipotent.

5:20 (Souvenez-vous) lorsque Moïse dit à son peuple: ‹Ô, mon peuple! Rappelez-vous le bienfait d'Allah sur vous, lorsqu'Il a désigné parmi vous des prophètes. Et Il a fait de vous des rois. Et Il vous a donné ce qu'Il n'avait donné à nul autre aux mondes.

5:21 Ô mon peuple! Entrez dans la terre sainte qu'Allah vous prescrite. Et ne revenez point sur vos pas [en refusant de combattre] car vous retourneriez perdants.

5:22 Ils dirent: ‹Ô Moïse, il y a là un peuple de géants. Jamais nous n'y entrerons jusqu'à ce qu'ils en sortent. S'ils en sortent, alors nous y entrerons›.

5:23 Deux hommes d'entre ceux qui craignaient Allah et qui étaient comblés par Lui de bienfaits dirent: ‹Entrez chez eux par la porte; puis quand vous y serez entrés, vous serez sans doute les dominants. Et c'est en Allah qu'il faut avoir confiance, si vous êtes croyants›.

5:24 Ils dirent: ‹Moïse! Nous n'y entrerons jamais, aussi longtemps qu'ils y seront. Va donc, toi et ton Seigneur, et combattez tous deux. Nous restons là où nous sommes›.

5:25 Il dit: ‹Seigneur! Je n'ai de pouvoir, vraiment, que sur moi- même et sur mon frère: sépare-nous donc de ce peuple pervers›.

5:26 Il (Allah) dit: ‹Eh bien, ce pays leur sera interdit pendant quarante ans, durant lesquels ils erreront sur la terre. Ne te tourmente donc pas pour ce peuple pervers›.

5:27 Et raconte-leur en toute vérité l'histoire des deux fils d'Adam. Les deux offrirent des sacrifices; celui de l'un fut accepté et celui de l'autre ne le fut pas. Celui-ci dit: ‹Je te tuerai sûrement›. ‹Allah n'accepte, dit l'autre, que de la part des pieux›.

5:28 Si tu étends vers moi ta main pour me tuer, moi, je n'étendrai pas vers toi ma main pour te tuer: car je crains Allah, le Seigneur de l'Univers.

5:29 Je veux que tu partes avec le péché de m'avoir tué et avec ton propre péché: alors tu seras du nombre des gens du Feu. Telle est la récompense des injustes.

5:30 Son âme l'incita à tuer son frère. Il le tua donc et devint ainsi du nombre des perdants.

5:31 Puis Allah envoya un corbeau qui se mit à gratter la terre pour lui montrer comment ensevelir le cadavre de son frère. Il dit: ‹Malheur à moi! Suis-je incapable d'être, comme ce corbeau, à même d'ensevelir le cadavre de mon frère?› Il devint alors du nombre de ceux que ronge le remords.

5:32 C'est pourquoi Nous avons prescrit pour les Enfants d'Israël que quiconque tuerait une personne non coupable d'un meurtre ou d'une corruption sur la terre, c'est comme s'il avait tué tous les hommes. Et quiconque lui fait don de la vie, c'est comme s'il faisait don de la vie à tous les hommes. En effet Nos messagers sont venus à eux avec les preuves. Et puis voilà, qu'en dépit de cela, beaucoup d'entre eux se mettent à commettre des excès sur la terre.

5:33 La récompense de ceux qui font la guerre contre Allah et Son messager, et qui s'efforcent de semer la corruption sur la terre, c'est qu'ils soient tués, ou crucifiés, ou que soient coupées leur main et leur jambe opposées, ou qu'ils soient expulsés du pays. Ce sera pour eux l'ignominie ici-bas; et dans l'au-delà, il y aura pour eux un énorme châtiment,

5:34 excepté ceux qui se sont repentis avant de tomber en votre pouvoir: sachez qu'alors, Allah est Pardonneur et Miséricordieux.

5:35 Ô les croyants! Craignez Allah, cherchez le moyen de vous rapprocher de Lui et luttez pour Sa cause. Peut-être serez-vous de ceux qui réussissent!

5:36 Si les mécréants possédaient tout ce qui est sur la terre et autant encore, pour se racheter du châtiment du Jour de la Résurrection, on ne l'accepterait pas d'eux. Et pour eux il y aura un châtiment douloureux.

5:37 Ils voudront sortir du Feu, mais ils n'en sortiront point. Et ils auront un châtiment permanent.

5:38 Le voleur et la voleuse, à tous deux coupez la main, en punition de ce qu'ils se sont acquis, et comme châtiment de la part d'Allah. Allah est Puissant et Sage.

5:39 Mais quiconque se repent après son tort et se réforme, Allah accepte son repentir. Car, Allah est, certes, Pardonneur et Miséricordieux.

5:40 Ne sais-tu pas qu'à Allah appartient la royauté des cieux et de la terre? Il châtie qui Il veut et pardonne à qui Il veut. Et Allah est Omnipotent.

5:41 Ô Messager! Que ne t'affligent point ceux qui concourent en mécréance; parmi ceux qui ont dit: ‹Nous avons cru› avec leurs bouches sans que leurs coeurs aient jamais cru et parmi les Juifs qui aiment bien écouter le mensonge et écouter d'autres gens qui ne sont jamais venus à toi et qui déforment le sens des mots une fois bien établi. Ils disent: ‹Si vous avez reçu ceci, acceptez-le et si vous ne l'avez pas reçu, soyez méfiants›. Celui qu'Allah veut éprouver, tu n'as pour lui aucune protection contre Allah. Voilà ceux dont Allah n'a point voulu purifier les coeurs. A eux, seront réservés, une ignominie ici-bas et un énorme châtiment dans l'au-delà.

5:42 Ils sont attentifs au mensonge et voraces de gains illicites. S'ils viennent à toi, sois juge entre eux ou détourne toi d'eux. Et si tu te détournes d'eux, jamais ils ne pourront te faire aucun mal. Et si tu juges, alors juge entre eux en équité. Car Allah aime ceux qui jugent équitablement.

5:43 Mais comment te demanderaient-ils d'être leur juge quand ils ont avec eux la Thora dans laquelle se trouve le jugement d'Allah? Et puis, après cela, ils rejettent ton jugement. Ces gens-là ne sont nullement les croyants.

5:44 Nous avons fait descendre le Thora dans laquelle il y a guide et lumière. C'est sur sa base que les prophètes qui se sont soumis à Allah, ainsi que les rabbins et les docteurs jugent les affaires des Juifs. Car on leur a confié la garde du Livre d'Allah, et ils en sont les témoins. Ne craignez donc pas les gens, mais craignez Moi. Et ne vendez pas Mes enseignements à vil prix. Et ceux qui ne jugent pas d'après ce qu'Allah a fait descendre, les voilà les mécréants.

5:45 Et Nous y avons prescrit pour eux vie pour vie, oeil pour oeil, nez pour nez, oreille pour oreille, dent pour dent. Les blessures tombent sous la loi du talion. Après, quiconque y renonce par charité, cela lui vaudra une expiation. Et ceux qui ne jugent pas d'après ce qu'Allah a fait descendre, ceux-là sont des injustes.

5:46 Et Nous avons envoyé après eux Jésus, fils de Marie, pour confirmer ce qu'il y avait dans la Thora avant lui. Et Nous lui avons donné l'Evangile, où il y a guide et lumière, pour confirmer ce qu'il y avait dans la Thora avant lui, et un guide et une exhortation pour les pieux.

5:47 Que les gens de l'Evangile jugent d'après ce qu'Allah y a fait descendre. Ceux qui ne jugent pas d'après ce qu'Allah a fait descendre, ceux-là sont les pervers.

5:48 Et sur toi (Muhammad) Nous avons fait descendre le Livre avec la vérité, pour confirmer le Livre qui était là avant lui et pour prévaloir sur lui. Juge donc parmi eux d'après ce qu'Allah a fait descendre. Ne suis pas leurs passions, loin de la vérité qui t'est venue. A chacun de vous Nous avons assigné une législation et un plan à suivre. Si Allah avait voulu, certes Il aurait fait de vous tous une seule communauté. Mais Il veut vous éprouver en ce qu'Il vous donne. Concurrencez donc dans les bonnes oeuvres. C'est vers Allah qu'est votre retour à tous; alors Il vous informera de ce en quoi vous divergiez.

5:49 Juge alors parmi eux d'après ce qu'Allah a fait descendre. Ne suis pas leurs passions, et prends garde qu'ils ne tentent de t'éloigner d'une partie de ce qu'Allah t'a révélé. Et puis, s'ils refusent (le jugement révélé) sache qu'Allah veut les affliger [ici-bas] pour une partie de leurs péchés. Beaucoup de gens, certes, sont des pervers.

5:50 Est-ce donc le jugement du temps de l'Ignorance qu'ils cherchent? Qu'y a-t-il de meilleur qu'Allah, en matière de jugement pour des gens qui ont une foi ferme?

5:51 Ô les croyants! Ne prenez pas pour alliés les Juifs et les Chrétiens; ils sont alliés les uns des autres. Et celui d'entre vous qui les prend pour alliés, devient un des leurs. Allah ne guide certes pas les gens injustes.

5:52 Tu verras, d'ailleurs, que ceux qui ont la maladie au coeur se précipitent vers eux et disent: ‹Nous craignons qu'un revers de fortune ne nous frappe.› Mais peut-être qu'Allah fera venir la victoire ou un ordre émanant de Lui. Alors ceux-là regretteront leurs pensées secrètes.

5:53 Et les croyants diront: ‹Est-ce là ceux qui juraient par Allah de toute leur force qu'ils étaient avec vous?› Mais leurs actions sont devenues vaines et ils sont devenus perdants.

5:54 Ô les croyants! Quiconque parmi vous apostasie de sa religion... Allah va faire venir un peuple qu'Il aime et qui L'aime, modeste envers les croyants et fier et puissant envers les mécréants, qui lutte dans le sentier d'Allah, ne craignant le blâme d'aucun blâmeur. Telle est la grâce d'Allah. Il la donne à qui Il veut. Allah est Immense et Omniscient.

5:55 Vous n'avez d'autres alliés qu'Allah, Son messager, et les croyants qui accomplissent la Salat, s'acquittent de la Zakat, et s'inclinent (devant Allah).

5:56 Et quiconque prend pour alliés Allah, Son messager et les croyants, [réussira] car c'est le parti d'Allah qui sera victorieux.

5:57 Ô les croyants! N'adoptez pas pour alliés ceux qui prennent en raillerie et jeu votre religion, parmi ceux à qui le Livre fut donné avant vous et parmi les mécréants. Et craignez Allah si vous êtes croyants.

5:58 Et lorsque vous faites l'appel à la Salat, ils la prennent en raillerie et jeu. C'est qu'ils sont des gens qui ne raisonnent point.

5:59 Dis: ‹Ô gens du Livre! Est-ce que vous nous reprochez autre chose que de croire en Allah, à ce qu'on a fait descendre vers nous et à ce qu'on a fait descendre auparavant? Mais la plupart d'entre vous sont des pervers.

5:60 Dis: ‹Puis-je vous informer de ce qu'il y a de pire, en fait de rétribution auprès d'Allah? Celui qu'Allah a maudit, celui qui a encouru Sa colère, et ceux dont Il a fait des singes, des porcs, et de même, celui qui a adoré le Tagut, ceux-là ont la pire des places et sont les plus égarés du chemin droit›.

5:61 Lorsqu'ils viennent chez vous, ils disent: ‹Nous croyons.› Alors qu'ils sont entrés avec la mécréance et qu'ils sont sortis avec. Et Allah sait parfaitement ce qu'ils cachent.

5:62 Et tu verras beaucoup d'entre eux se précipiter vers le péché et l'iniquité, et manger des gains illicites. Comme est donc mauvais ce qu'ils oeuvrent!

5:63 Pourquoi les rabbins et les docteurs (de la Loi religieuse) ne les empêchent-ils pas de tenir des propos mensongers et de manger des gains illicites? Que leurs actions sont donc mauvaises!

5:64 Et les Juifs disent: ‹La main d'Allah est fermée!› Que leurs propres mains soient fermées, et maudits soient-ils pour l'avoir dit. Au contraire, Ses deux mains sont largement ouvertes: Il distribue Ses dons comme Il veut. Et certes, ce qui a été descendu vers toi de la part de ton Seigneur va faire beaucoup croître parmi eux la rébellion et la mécréance. Nous avons jeté parmi eux l'inimité et la haine jusqu'au Jour de la Résurrection. Toutes les fois qu'ils allument un feu pour la guerre, Allah l'éteint. Et ils s'efforcent de semer le désordre sur la terre, alors qu'Allah n'aime pas les semeurs de désordre.

5:65 Si les gens du Livre avaient la foi et la piété, Nous leur aurions certainement effacé leurs méfaits et les aurions certainement introduits dans les Jardins du délice.

5:66 S'ils avaient appliqué la Thora et l'Evangile et ce qui est descendu sur eux de la part de leur Seigneur, ils auraient certainement joui de ce qui est au-dessus d'eux et de ce qui est sous leurs pieds. Il y a parmi eux un groupe qui agit avec droiture; mais pour beaucoup d'entre eux, comme est mauvais ce qu'ils font!

5:67 Ô Messager, transmets ce qui t'a été descendu de la part de ton Seigneur. Si tu ne le faisait pas, alors tu n'aurais pas communiqué Son message. Et Allah te protégera des gens. Certes, Allah ne guide pas les gens mécréants.

5:68 Dis: ‹Ô gens du Livre, vous ne tenez sur rien, tant que vous ne vous conformez pas à la Thora et à l'Evangile et à ce qui vous a été descendu de la part de votre Seigneur.› .› Et certes, ce qui t'a été descendu de la part de ton Seigneur va accroître beaucoup d'entre eux en rébellion et en mécréance. Ne te tourmente donc pas pour les gens mécréants.

5:69 Ceux qui ont cru, ceux qui se sont judaïsés, les Sabéens, et les Chrétiens, ceux parmi eux qui croient en Allah, au Jour dernier et qui accomplissent les bonnes oeuvres, pas de crainte sur eux, et ils ne seront point affligés.

5:70 Certes, Nous avions déjà pris l'engagement des Enfants d'Israël, et Nous leur avions envoyé des messagers. Mais chaque fois qu'un Messager leur vient avec ce qu'ils ne désirent pas, ils en traitent certains de menteurs et ils en tuent d'autres.

5:71 Comptant qu'il n'y aurait pas de sanction contre eux, ils étaient devenus aveugles et sourds. Puis Allah accueillit leur repentir. Ensuite, beaucoup d'entre eux redevinrent aveugles et sourds. Et Allah voit parfaitement ce qu'ils font.

5:72 Ce sont, certes, des mécréants ceux qui disent: ‹En vérité, Allah c'est le Messie, fils de Marie.› Alors que le Messie a dit: ‹Ô enfants d'Israël, adorez Allah, mon Seigneur et votre Seigneur›. Quiconque associe à Allah (d'autres divinités) Allah lui interdit le Paradis; et son refuge sera le Feu. Et pour les injustes, pas de secoureurs!

5:73 Ce sont certes des mécréants, ceux qui disent: ‹En vérité, Allah est le troisième de trois.› Alors qu'il n'y a de divinité qu'Une Divinité Unique! Et s'ils ne cessent de le dire, certes, un châtiment douloureux touchera les mécréants d'entre eux.

5:74 Ne vont-ils donc pas se repentir à Allah et implorer Son pardon? Car Allah est Pardonneur et Miséricordieux.

5:75 Le Messie, fils de Marie, n'était qu'un Messager. Des messagers sont passés avant lui. Et sa mère était une véridique. Et tous deux consommaient de la nourriture. Vois comme Nous leur expliquons les preuves et puis vois comme ils se détournent.

5:76 Dis: ‹Adorez-vous, au lieu d'Allah, ce qui n'a le pouvoir de vous faire ni le mal ni le bien?› Or c'est Allah qui est l'Audient et l'Omniscient.

5:77 Dis: ‹Ô gens du Livre, n'exagérez pas en votre religion, s'opposant à la vérité. Ne suivez pas les passions des gens qui se sont égarés avant cela, qui ont égaré beaucoup de monde et qui se sont égarés du chemin droit.

5:78 Ceux des Enfants d'Israël qui n'avaient pas cru ont été maudits par la bouche de David et de Jésus fils de Marie, parce qu'ils désobéissaient et transgressaient.

5:79 Ils ne s'interdisaient pas les uns aux autres ce qu'ils faisaient de blâmable. Comme est mauvais, certes, ce qu'ils faisaient!

5:80 Tu vois beaucoup d'entre eux s'allier aux mécréants. Comme est mauvais, certes, ce que leurs âmes ont préparé, pour eux-mêmes, de sorte qu'ils ont encouru le courroux d'Allah, et c'est dans le supplice qu'ils éterniseront.

5:81 S'ils croyaient en Allah, au Prophète et à ce qui lui a été descendu, ils ne prendraient pas ces mécréants pour alliés. Mais beaucoup d'entre eux sont pervers.

5:82 Tu trouveras certainement que les Juifs et les associateurs sont les ennemis les plus acharnés des croyants. Et tu trouveras certes que les plus disposés à aimer les croyants sont ceux qui disent: ‹Nous sommes chrétiens.› C'est qu'il y a parmi eux des prêtres et des moines, et qu'ils ne s'enflent pas d'orgueil.

5:83 Et quand ils entendent ce qui a été descendu sur le Messager [Muhammad], tu vois leurs yeux déborder de larmes, parce qu'ils ont reconnu la vérité. Ils disent: ‹Ô notre Seigneur! Nous croyons: inscris-nous donc parmi ceux qui témoignent (de la véracité du Qur'an).

5:84 Pourquoi ne croirions-nous pas en Allah et à ce qui nous est parvenu de la vérité. Pourquoi ne convoitions-nous pas que notre Seigneur nous fasse entrer en la compagnie des gens vertueux?›.

5:85 Allah donc les récompense pour ce qu'ils disent par des Jardins sous lesquels coulent les ruisseaux, où ils demeureront éternellement. Telle est la récompense des bienfaisants.

5:86 Et quant à ceux qui ne croient pas et qui traitent de mensonges Nos versets, ce sont les gens de la Fournaise.

5:87 Ô les croyants: ne déclarez pas illicites les bonnes choses qu'Allah vous a rendues licites. Et ne transgressez pas. Allah, (en vérité,) n'aime pas les transgresseurs.

5:88 Et mangez de ce qu'Allah vous a attribué de licite et de bon. Craignez Allah, en qui vous avez foi.

5:89 Allah ne vous sanctionne pas pour la frivolité dans vos serments, mais Il vous sanctionne pour les serments que vous avez l'intention d'exécuter. L'expiation en sera de nourrir dix pauvres, de ce dont vous nourrissez normalement vos familles, ou de les habiller, ou de libérer un esclave. Quiconque n'en trouve pas les moyens devra jeûner trois jours. Voilà l'expiation pour vos serments, lorsque vous avez juré. Et tenez à vos serments, Ainsi Allah vous explique Ses versets, afin que vous soyez reconnaissants!

5:90 Ô les croyants! Le vin, le jeu de hasard, les pierres dressées, les flèches de divination ne sont qu'une abomination, oeuvre du Diable. Ecartez-vous en, afin que vous réussissiez.

5:91 Le Diable ne veut que jeter parmi vous, à travers le vin et le jeu de hasard, l'inimité et la haine, et vous détourner d'invoquer Allah et de la Salat. Allez-vous donc y mettre fin?

5:92 Obéissez à Allah, obéissez au Messager, et prenez garde! Si ensuite vous vous détournez... alors sachez qu'il n'incombe à Notre messager que de transmettre le message clairement..

5:93 Ce n'est pas un pêché pour ceux qui ont la foi et font de bonnes oeuvres en ce qu'ils ont consommé (du vin et des gains des jeux de hasard avant leur prohibition) pourvu qu'ils soient pieux (en évitant les choses interdites après en avoir eu connaissance) et qu'ils croient (en acceptant leur prohibition) et qu'ils fassent de bonnes oeuvres; puis qui (continuent) d'être pieux et de croire et qui (demeurent) pieux et bienfaisants. Car Allah aime les bienfaisants.

5:94 Ô les croyants! Allah va certainement vous éprouver par quelque gibier à la portée de vos mains et de vos lances. C'est pour qu'Allah sache celui qui le craint en secret. Quiconque après cela transgresse aura un châtiment douloureux.

5:95 Ô les croyants! Ne tuez pas de gibier pendant que vous êtes en état d'Ihram. Quiconque parmi vous en tue délibérément, qu'il compense alors, soit par quelque bête de troupeau, semblable à ce qu'il a tué, d'après le jugement de deux personnes intègres parmi vous, et cela en offrande qu'il fera parvenir à (destination des pauvres de) la kaaba, ou bien par une expiation, en nourrissant des pauvres, ou par l'équivalent en jeûne. Cela afin qu'il goûte à la mauvaise conséquence de son acte. Allah a pardonné ce qui est passé; mais quiconque récidive, Allah le punira. Allah est Puissant et Détenteur du pouvoir de punir.

5:96 La chasse en mer vous est permise, et aussi d'en manger, pour votre jouissance et celle des voyageurs. Et vous est illicite la chasse à terre tant que vous êtes en état d'Ihram. Et craignez Allah vers qui vous serez rassemblés.

5:97 Allah a institué la Kaaba, la Maison sacrée, comme un lieu de rassemblement pour les gens. (Il a institué) le mois sacré, l'offrande (d'animaux,) et les guirlandes, afin que vous sachiez que vraiment Allah sait tout ce qui est dans les cieux et sur la terre; et que vraiment Allah est Omniscient.

5:98 Sachez qu'Allah est sévère en punition, mais aussi Allah est Pardonneur et Miséricordieux.

5:99 Il n'incombe au Messager de transmettre (le message). Et Allah sait ce que vous divulguer tout comme ce que vous cachez.

5:100 Dis: ‹Le mauvais et le bon ne sont pas semblables, même si l'abondance du mal te séduit. Craignez Allah, donc, ò gens intelligents, afin que vous réussissiez

5:101 Ô les croyants! Ne posez pas de questions sur des choses qui, si elles vous étaient divulguées, vous mécontenteraient. Et si vous posez des questions à leur sujet, pendant que le Qur'an est révélé, elles vous seront divulguées. Allah vous a pardonné cela. Et Allah est Pardonneur et Indulgent.

5:102 Un peuple avant vous avait posé des questions (pareilles) puis, devinrent de leur fait mécréants.

5:103 Allah n'a pas institué la Bahira, la Saïba, la Wasila ni le Ham, Mais ceux qui ont mécru ont inventé ce mensonge contre Allah, et la plupart d'entre eux ne raisonnent pas..

5:104 Et quand on leur dit: ‹Venez vers ce qu'Allah a fait descendre (La Révélation), et vers le Messager›, ils disent: ‹Il nous suffit de ce sur quoi nous avons trouvé nos ancêtres.› Quoi! Même si leurs ancêtres ne savaient rien et n'étaient pas sur le bon chemin...?

5:105 Ô les croyants! Vous êtes responsables de vous-même ! Celui qui s'égare ne vous nuira point si vous vous avez pris la bonne voie. C'est vers Allah que vous retournerez tous; alors Il vous informera de ce que vous faisiez.

5:106 Ô les croyants! Quand la mort se présente à l'un de vous, le testament sera attesté par deux hommes intègres d'entre vous, ou deux autres, non des vòtres, si vous êtes en voyage dans le monde et que la mort vous frappe. Vous les retiendrez (les deux témoins), après la Salat, puis, si vous avez des doutes, vous les ferez jurer par Allah: ‹Nous ne faisons aucun commerce ou profit avec cela, même s'il s'agit d'un proche, et nous ne cacherons point le témoignage d'Allah. Sinon, nous serions du nombre des pêcheurs›.

5:107 Si l'on découvre que ces deux témoins sont coupables de pêché, deux autres plus intègres, parmi ceux auxquels le tort a été fait, prendront leur place et tous jureront par Allah: ‹En Vérité, notre témoignage est plus juste que le témoignage de ces deux-là; et nous ne transgressons point. Sinon, nous serions certainement du nombre des injustes›.

5:108 C'est le moyen le plus sûr pour les inciter à fournir le témoignage dans sa forme réelle; ou leur faire craindre de voir d'autres serments se substituer aux leurs. Et craignez Allah et écoutez. Allah ne guide pas les gens pervers.

5:109 (Rappelle-toi) le jour où Allah rassemble (tous) les messagers, et qu'Il dira: ‹Que vous a-t-on donné comme réponse?› Ils diront: ‹Nous n'avons aucun savoir: c'est Toi, vraiment, le grand connaisseur de tout ce qui est inconnu›.

5:110 Et quand Allah dira: ‹Ô Jésus, fils de Marie, rappelle-toi Mon bienfait sur toi et sur ta mère quand Je te fortifiais du Saint-Esprit. Au berceau tu parlais aux gens, tout comme en ton âge mûr. Je t'enseignais le Livre, la Sagesse, la Thora et l'évangile! Tu fabriquais de l'argile comme une forme d'oiseau par Ma permission; puis tu soufflais dedans. Alors par Ma permission, elle devenait oiseau. Et tu guérissais par Ma permission, l'aveugle- né et le lépreux. Et par Ma permission, tu faisais revivre les morts. Je te protégeais contre les Enfants d'Israël pendant que tu leur apportais les preuves. Mais ceux d'entre eux qui ne croyaient pas dirent: ‹Ceci n'est que de la magie évidente›.

5:111 Et quand J'ai révélé aux Apôtres ceci: ‹Croyez en Moi et Mon messager (Jésus)›. Ils dirent: ‹Nous croyons; et atteste que nous sommes entièrement soumis›.

5:112 (Rappelle-toi le moment) où les Apôtres dirent: ‹Ô Jésus, fils de Marie, se peut-il que ton Seigneur fasse descendre sur nous du ciel une table servie?› Il leur dit: ‹Craignez plutòt Allah, si vous êtes croyants›.

5:113 Ils dirent: ‹Nous voulons en manger, rassurer ainsi nos coeurs, savoir que tu nous as réellement dit la vérité et en être parmi les témoins›.

5:114 ‹Ô Allah, notre Seigneur, dit Jésus, fils de Marie, fais descendre du ciel sur nous une table servie qui soit une fête pour nous, pour le premier d'entre nous, comme pour le dernier, ainsi qu'un signe de Ta part. Nourris-nous: Tu es le meilleur des nourrisseurs.›

5:115 ‹Oui, dit Allah, Je la ferai descendre sur vous. Mais ensuite, quiconque d'entre vous refuse de croire, Je le châtierai d'un châtiment dont Je ne châtierai personne d'autre dans l'univers.›

5:116 (Rappelle-leur) le moment où Allah dira: ‹Ô Jésus, fils de Marie, est-ce toi qui as dit aux gens: ‹Prenez-moi, ainsi que ma mère, pour deux divinités en dehors d'Allah?› Il dira: ‹Gloire et pureté à Toi! Il ne m'appartient pas de déclarer ce que je n'ai pas le droit de dire! Si je l'avais dit, Tu l'aurais su, certes. Tu sais ce qu'il y a en moi, et je ne sais pas ce qu'il y a en Toi. Tu es, en vérité, le grand connaisseur de tout ce qui est inconnu.

5:117 Je ne leur ai dit que ce Tu m'avais commandé, (à savoir): ‹Adorez Allah, mon Seigneur et votre Seigneur›. Et je fus témoin contre eux aussi longtemps que je fus parmi eux. Puis quand Tu m'as rappelé, c'est Toi qui fus leur observateur attentif. Et Tu es témoin de toute chose.

5:118 Si Tu les châties, ils sont Tes serviteurs. Et si Tu leur pardonnes, c'est Toi le Puissant, le Sage›.

5:119 Allah dira: ‹Voilà le jour où leur véracité va profiter aux véridiques: ils auront des Jardins sous lesquels coulent les ruisseaux pour y demeurer éternellement.› Allah les a agréés et eux L'ont agréé. Voilà l'énorme succès.

5:120 A Allah seul appartient le royaume des cieux, de la terre et de ce qu'ils renferment et Il est Omnipotent.

6. Les bestiaux (Al-Anam)
Au nom d'Allah, le Tout Miséricordieux, le Très Miséricordieux.

6:1 Louange à Allah qui a créé les cieux et la terre, et établi les ténèbres et la lumière. Pourtant, les mécréants donnent des égaux à leur Seigneur.

6:2 C'est Lui qui vous a créés d'argile; puis Il vous a décrété un terme, et il y a un terme fixé auprès de Lui. Pourtant, vous doutez encore!

6:3 Et Lui, Il est Allah dans les cieux et sur la terre. Il connaît ce que vous cachez en vous et ce que vous divulguez et Il sait ce que vous acquérez.

6:4 Et il ne leur vient aucun des signes d'entre les signes de leur Seigneur, sans qu'ils ne s'en détournent.

6:5 Ils traitent de mensonge la vérité quand celle-ci leur vient. Mais ils vont avoir des nouvelles de ce dont ils se moquent.

6:6 N'ont-ils pas vu combien de générations, avant eux, Nous avons détruites, auxquelles Nous avions donné pouvoir sur terre, bien plus que ce que Nous vous avons donné? Nous avions envoyé, sur eux, du ciel, la pluie en abondance, et Nous avions fait couler des rivières à leurs pieds. Puis Nous les avons détruites, pour leurs péchés; et Nous avons créé, après eux, une nouvelle génération.

6:7 Même si Nous avions fait descendre sur toi (Muhammad) un Livre en papier qu'ils pouvaient toucher de leurs mains, ceux qui ne croient pas auraient certainement dit: ‹Ce n'est que de la magie évidente!›

6:8 Et ils disent: ‹Pourquoi n'a-t-on pas fait descendre sur lui (Muhammad) un Ange?› Si Nous avions fait descendre un Ange, ç'eût été, sûrement, affaire faite; puis on ne leur eût point donné de délai.

6:9 Si Nous avions désigné un Ange [comme prophète], Nous aurions fait de lui un homme et Nous leur aurions causé la même confusion que celle dans laquelle ils sont.

6:10 Certes, on s'est moqué de messagers avant toi, mais ceux qui se sont raillés d'eux, leur propre raillerie les enveloppa.

6:11 Dis: ‹Parcourez la terre et regardez ce qu'il est advenu de ceux qui traitaient la vérité de mensonge›.

6:12 Dis: ‹A qui appartient ce qui est dans les cieux et la terre?› Dis: ‹A Allah!› Il S'est à Lui-même prescrit la miséricorde. Il vous rassemblera, certainement, au Jour de la Résurrection: il n'y a pas de doute là-dessus. Ceux qui font leur propre perte sont ceux qui ne croient pas.

6:13 Et à Lui tout ce qui réside dans la nuit et le jour. C'est Lui qui est l'Audient, l'Omniscient.

6:14 Dis: ‹Devais-je prendre pour allié autre qu'Allah, le Créateur des cieux et de la terre? C'est Lui qui nourrit et personne ne Le nourrit. Dis: ‹On m'a commandé d'être le premier à me soumettre›. Et ne sois jamais du nombre des associateurs.

6:15 Dis: ‹Je crains, si je désobéis à mon Seigneur, le châtiment d'un jour redoutable›.

6:16 En ce jour, quiconque est épargné, c'est qu'[Allah] lui a fait miséricorde, Et voilà le succès éclatant.

6:17 Et si Allah fait qu'un malheur te touche, nul autre que Lui ne peut l'enlever. Et s'Il fait qu'un bonheur te touche... c'est qu'Il est Omnipotent.

6:18 C'est Lui Dominateur Suprême sur Ses serviteurs; c'est Lui le Sage, le Parfaitement Connaisseur.

6:19 Dis: ‹Qu'y a-t-il de plus grand en fait de témoignage?› Dis: ‹Allah est témoin entre moi et vous; et ce Qur'an m'a été révélé pour que je vous avertisse, par sa voie, vous et tous ceux qu'il atteindra.› Est-ce vous vraiment qui attestez qu'il y ait avec Allah d'autres divinités? Dis: ‹Je n'atteste pas›. Dis [aussi]: ‹Il n'y a qu'une Divinité Unique. Et moi, je désavoue ce que vous (Lui) associez›.

6:20 Ceux à qui Nous avons donné le Livre reconnaissent (le Messager Muhammad) comme ils reconnaissent leurs propres enfants. Ceux qui font leur propre perte sont ceux qui ne croient pas.

6:21 Qui donc est plus injuste que celui qui invente un mensonge contre Allah, ou qui traite de mensonge Ses versets ? Les injustes ne réussiront pas.

6:22 Et le Jour où Nous les rassemblerons tous puis dirons à ceux qui auront donné des associés: ‹Où sont donc vos associés que vous prétendiez?

6:23 Alors il ne leur restera comme excuse que de dire: ‹Par Allah notre Seigneur! Nous n'étions jamais des associateurs›.

6:24 Vois comment ils mentent à eux-mêmes! Et comment les abandonnent (les associés) qu'ils inventaient!

6:25 Il en est parmi eux qui viennent t'écouter, cependant que Nous avons entouré de voiles leurs coeurs, qui les empêchent de comprendre (le Qur'an), et dans leurs oreilles est une lourdeur. Quand même ils verraient toutes sortes de preuves, ils n'y croiraient pas. Et quand ils viennent disputer avec toi, ceux qui ne croient pas disent alors: ‹Ce ne sont que des légendes des anciens›.

6:26 Ils empêchent [les gens] de s'approcher de lui et s'en écartent eux-mêmes. Ils ne feront périr qu'eux-mêmes sans s'en rendre compte.

6:27 Si tu les voyais, quand ils seront placés devant le Feu. Ils diront alors : ‹Hélas! Si nous pouvions être renvoyés (sur la terre), nous ne traiterions plus de mensonges les versets de notre Seigneur et nous serions du nombre des croyants›.

6:28 Mais non! Voilà que leur apparaîtra ce qu'auparavant ils cachaient. Or, s'ils étaient rendus [à la vie terrestre], ils reviendraient sûrement à ce qui leur était interdit. Ce sont vraiment des menteurs.

6:29 Et ils disent: ‹Il n'y a pour nous [d'autre vie] que celle d'ici-bas; et nous ne serons pas ressuscités›.

6:30 Si tu les voyais, quand ils comparaîtront devant leur Seigneur. Il leur dira: ‹Cela n'est-il pas la vérité?› Ils diront: ‹Mais si! Par notre Seigneur!› Et, il dira: ‹Goûtez alors au châtiment pour n'avoir pas cru›.

6:31 Sont perdants certes ceux qui traitent de mensonges la rencontre d'Allah. Et quand soudain l'Heure leur viendra, ils diront: ‹Malheur à nous pour notre négligence à son égard, Et ils porteront leurs fardeaux sur leurs dos, et quels mauvais fardeaux!

6:32 La présente vie n'est que jeu et amusement. La demeure dans l'au- delà sera meilleure pour ceux qui sont pieux. Eh bien, ne comprenez-vous pas?

6:33 Nous savons qu'en vérité ce qu'ils disent te chagrine. Or, vraiment ils ne croient pas que tu es menteur, mais ce sont les versets (le Qur'an) d'Allah, que les injustes renient.

6:34 Certes, des messagers avant toi (Muhammad) ont été traités de menteurs. Ils endurèrent alors avec constance d'être traités de menteurs et d'être persécutés, jusqu'à ce que Notre secours leur vînt. Et nul ne peut changer les paroles d'Allah, et il t'est déjà parvenu une partie de l'histoire des Envoyés.

6:35 Et si leur indifférence t'afflige énormément, et qu'il est dans ton pouvoir de chercher un tunnel à travers la terre, ou une échelle pour aller au ciel pour leur apporter un miracle, [fais-le donc]. Et si Allah voulait, Il pourrait les mettre tous sur le chemin droit. Ne sois pas du nombre des ignorants.

6:36 Seuls ceux qui entendent répondent à l'appel [de la foi].Et quant aux morts, Allah les ressuscitera; puis ils Lui seront ramenés..

6:37 Et ils disent: ‹Pourquoi n'a-t-on pas fait descendre sur lui (Muhammad) un miracle de la part de son Seigneur?› Dis: ‹Certes Allah est capable de faire descendre un miracle. Mais la plupart d'entre eux ne savent pas›.

6:38 Nulle bête marchent sur terre, nul oiseau volant de ses ailes, qui ne soit comme vous en communauté. Nous n'avons rien omis d'écrire dans le Livre. Puis, c'est vers leur Seigneur qu'ils seront ramenés.

6:39 Et ceux qui traitent de mensonges Nos versets sont sourds et muets, dans les ténèbres. Allah égare qui Il veut; et Il place qui Il veut sur un chemin droit.

6:40 Dis: ‹Informez-moi: si le châtiment d'Allah vous vient, ou que vous vient l'Heure, ferez-vous appel à autre qu'Allah, si vous êtes véridiques?›

6:41 C'est plutòt à Lui que vous ferez appel. Puis, Il dissipera, s'Il veut, l'objet de votre appel et vous oublierez ce que vous [Lui] associez.

6:42 Nous avons, certes, envoyé (des messagers) aux communautés avant toi. Ensuite Nous les avons saisies par l'adversité et la détresse - peut-être imploreront-ils (la miséricorde)! -

6:43 Pourquoi donc, lorsque Notre rigueur leur vînt, n'ont-ils pas imploré (la miséricorde)? Mais leurs coeurs s'étaient endurcis et le Diable enjolivait à leurs yeux ce qu'ils faisaient.

6:44 Puis, lorsqu'ils eurent oublié ce qu'on leur avait rappelé, Nous leur ouvrîmes les portes donnant sur toute chose (l'abondance); et lorsqu'ils eurent exulté de joie en raison de ce qui leur avait été donné, Nous les saisîmes soudain, et les voilà désespérés.

6:45 Ainsi fut exterminé le dernier reste de ces injustes. Et louange à Allah, Seigneur de l'Univers!

6:46 Dis: ‹Voyez-vous? Si Allah prenait votre ouïe et votre vue, et scellait vos coeurs, quelle divinité autre qu'Allah vous les rendrait? Regarde comment, à leur intention, Nous clarifions les preuves! Pourtant ils s'en détournent.

6:47 Dis: ‹Que vous en semble? Si le châtiment d'Allah vous venait à l'improviste ou au grand jour, qui seront détruits sinon les gens injustes?›

6:48 Nous n'envoyons des messagers qu'en annonciateurs et avertisseurs: ceux qui croient donc et se réforment, nulle crainte sur eux et ils ne seront point affligés.

6:49 Et ceux qui traitent de mensonges Nos preuves, le châtiment les touchera, à cause de leur perversité.

6:50 Dis-[leur]: ‹Je ne vous dis pas que je détiens les trésors d'Allah, ni que je connais l'Inconnaissable, et je ne vous dis pas que je suis un ange. Je ne fais que suivre ce qui m'est révélé.› Dis: ‹Est-ce que sont égaux l'aveugle et celui qui voit? Ne réfléchissez-vous donc pas?›

6:51 Et avertis par ceci (le Qur'an), ceux qui craignent d'être rassemblés devant leur Seigneur, qu'ils n'auront hors d'Allah ni allié ni intercesseur. Peut- être deviendraient-ils pieux!

6:52 Et ne repousse pas ceux qui, matin et soir, implorent leur Seigneur, cherchant Sa Face ‹Wajh›. Leur demander compte ne t'incombe en rien, et te demander compte ne leur incombe en rien. En les repoussent donc, tu serais du nombre des injustes..

6:53 Ainsi, éprouvons-Nous (les gens) les uns par les autres, pour qu'ils disent: ‹Est-ce là ceux qu'Allah a favorisés parmi nous?› N'est-ce pas Allah qui sait le mieux lesquels sont reconnaissants?

6:54 Et lorsque viennent vers toi ceux qui croient à notre versets (le Qur'an), dis: ‹Que la paix soit sur vous! Votre Seigneur S'est prescrit à Lui-même la miséricorde. Et quiconque d'entre vous a fait un mal par ignorance, et ensuite s'est repenti et s'est réformé... Il est, alors, Pardonneur et Miséricordieux›.

6:55 C'est ainsi que Nous détaillons les versets, afin qu'apparaisse clairement le chemin des criminels.

6:56 Dis: ‹il m'a été interdit d'adorer ceux que vous priez en dehors d'Allah›. Dis: ‹Je ne suivrai pas vos passions: car ce serait m'égarer, et je ne serais plus parmi les bien-guidés›.

6:57 Dis: ‹Je m'appuie sur une preuve évidente de la part de mon Seigneur, et vous avez traité cela de mensonge. Ce (le châtiment) que vous voulez hâter ne dépend pas de moi. Le jugement n'appartient qu'à Allah: Il tranche en toute vérité et Il est le meilleur des juges.

6:58 Dis: ‹Si ce que vous voulez hâter dépendait de moi, ce serait affaire faite entre vous et moi.› C'est Allah qui connaît le mieux les injustes.

6:59 C'est Lui qui détient les clefs de l'Inconnaissable. Nul autre que Lui ne les connaît. Et Il connaît ce qui est dans la terre ferme, comme dans la mer. Et par une feuille ne tombe qu'Il ne le sache. Et pas une graine dans les ténèbres de la terre, rien de frais ou de sec, qui ne soit consigné dans un livre explicite.

6:60 Et, la nuit, c'est Lui qui prend vos âmes, et Il sait ce que vous avez acquis pendant le jour. Puis Il vous ressuscite le jour afin que s'accomplisse le terme fixé. Ensuite, c'est vers Lui que sera votre retour, et Il vous informera de ce que vous faisiez..

6:61 Et Il est le Dominateur Suprême sur Ses serviteurs. Et Il envoie sur vous des gardiens. Et lorsque la mort atteint l'un de vous, Nos messagers (les Anges) enlèvent son âme sans aucune négligence.

6:62 Ils sont ensuite ramenés vers Allah, leur vrai Maître. C'est à Lui qu'appartient le jugement et Il est le plus prompt des juges.

6:63 Dis: ‹Qui vous délivre des ténèbres de la terre et de la mer?› Vous l'invoquez humblement et en secret: ‹S'Il nous délivre de ceci, nous serons du nombre des reconnaissants.

6:64 Dis: ‹C'est Allah qui vous en délivre ainsi que toute angoisse. Pourtant, vous Lui donnez des associés›.

6:65 Dis: ‹Il est capable, Lui, de susciter contre vous, d'en haut, ou de dessous vos pieds, un châtiment, ou de vous confondre dans le sectarisme. Et Il vous fait goûter l'ardeur [au combat] les uns aux autres.› Regarde comment Nous exposons Nos versets. Peut-être comprendront-ils?

6:66 Et ton peuple traite cela (le Qur'an) de mensonge, alors que c'est la vérité. Dis: ‹Je ne suis pas votre garant.

6:67 Chaque annonce arrive en son temps et en son lieu, Et bientòt vous le saurez.›

6:68 Quand tu vois ceux qui pataugent dans des discussions à propos de Nos versets, éloigne-toi d'eux jusqu'à ce qu'ils entament une autre discussion. Et si le Diable te fait oublier, alors, dès que tu te rappelles, ne reste pas avec les injustes.

6:69 Il n'incombe nullement à ceux qui sont pieux de rendre compte pour ces gens là. Mais c'est à titre de rappel. Peut-être craindront-ils [Allah].

6:70 Laisse ceux qui prennent leur religion pour jeu et amusement, et qui sont séduits par la vie sur terre. Et rappelle par ceci (le Qur'an) pour qu'une âme ne s'expose pas à sa perte selon ce qu'elle aura acquis, elle n'aura en dehors d'Allah, ni allié ni intercesseur. Et quelle que soit la compensation qu'elle offrirait, elle ne sera pas acceptée d'elle. Ceux-là se sont abandonnés à leur perdition à cause de ce qu'ils ont acquis. Leur breuvage sera l'eau bouillante et ils auront un châtiment douloureux, pour avoir mécru.

6:71 Dis: ‹Invoquerons-nous, au lieu d'Allah, ce qui ne peut nous profiter ni nous nuire? Et reviendrons-nous sur nos talons après qu'Allah nous a guidés, comme quelqu'un que les diables ont séduit et qui erre perplexe sur la terre, bien que des amis l'appellent vers le droit chemins (lui disant): - ‹Viens à nous.› Dis: ‹Le vrai chemin, c'est le chemin d'Allah. Et il nous a été commandé de nous soumettre au Seigneur de l'Univers,

6:72 Et d'accomplir la Salat et de Le craindre. C'est vers Lui que vous serez rassemblés›.

6:73 Et c'est Lui qui a créé les cieux et la terre, en toute vérité. Et le jour où Il dit: ‹Sois!› Cela est, Sa parole est la vérité. A Lui, [seul,] la royauté, le jour où l'on soufflera dans la Trompe. C'est Lui le Connaisseur de ce qui est voilé et de ce qui est manifeste. Et c'est Lui le Sage et le Parfaitement Connaisseur.

6:74 (Rappelle le moment) où Abraham dit à Azar, son père: ‹Prends-tu des idoles comme divinités? Je te vois, toi et ton peuple, dans un égarement évident!›

6:75 Ainsi avons-Nous montré à Abraham le royaume des cieux et de la terre, afin qu'il fût de ceux qui croient avec conviction.

6:76 Quand la nuit l'enveloppa, il observa une étoile, et dit: ‹Voilà mon Seigneur!› Puis, lorsqu'elle disparut, il dit: ‹Je n'aime pas les choses qui disparaissent›.

6:77 Lorsqu'ensuite il observa la lune se levant, il dit: ‹Voilà mon Seigneur!› Puis, lorsqu'elle disparut, il dit: ‹Si mon Seigneur ne me guide pas, je serai certes du nombre des gens égarés›.

6:78 Lorsqu'ensuite il observa le soleil levant, il dit: ‹Voilà mon Seigneur! Celui-ci est plus grand› Puis lorsque le soleil disparut, il dit: ‹Ô mon peuple, je désavoue tout ce que vous associez à Allah.

6:79 Je tourne mon visage exclusivement vers Celui qui a créé (à partir du néant) les cieux et la terre; et je ne suis point de ceux qui Lui donnent des associés.›

6:80 Son peuple disputa avec lui; mais il dit: ‹Allez-vous disputer avec moi au sujet d'Allah, alors qu'Il m'a guidé? Je n'ai pas peur des associés que vous Lui donnez. Je ne crains que ce que veut mon Seigneur. Mon Seigneur embrasse tout dans Sa science. Ne vous rappelez- vous donc pas?

6:81 Et comment aurais-je peur des associés que vous Lui donnez, alors que vous n'avez pas eu peur d'associer à Allah des choses pour lesquelles Il ne vous a fait descendre aucune preuve? Lequel donc des deux partis a le plus droit à la sécurité? (Dites-le) si vous savez.

6:82 Ceux qui ont cru et n'ont point troublé la pureté de leur foi par quelqu'inéquité (association), ceux-là ont la sécurité; et ce sont eux les bien-guidés›.

6:83 Tel est l'argument que Nous inspirâmes à Abraham contre son peuple. Nous élevons en haut rang qui Nous voulons. Ton Seigneur est Sage et Omniscient.

6:84 Et Nous lui avons donné Isaac et Jacob et Nous les avons guidés tous les deux. Et Noé, Nous l'avons guidé auparavant, et parmi la descendance (d'Abraham) (ou de Noé), David, Salomon, Job, Joseph, Moïse et Aaron. Et c'est ainsi que Nous récompensons les bienfaisants.

6:85 De même, Zacharie, Jean-Baptiste, Jésus et Elie, tous étant du nombre des gens de bien.

6:86 De même, Ismaël, Elisée, Jonas et Lot. Chacun d'eux Nous l'avons favorisé par dessus le reste du monde.

6:87 De même une partie de leurs ancêtres, de leurs descendants et de leurs frères et Nous les avons choisis et guidés vers un chemin droit.

6:88 Telle est la direction par laquelle Allah guide qui Il veut parmi Ses serviteurs. Mais s'ils avaient donné à Allah des associés, alors, tout ce qu'ils auraient fait eût certainement été vain.

6:89 C'est à eux Nous avons apporté le Livre, la sagesse et la prophétie. Si ces autres-là n'y croient pas, du moins Nous avons confié ces choses à des gens qui ne les nient pas.

6:90 Voilà ceux qu'Allah a guidés: suis donc leur direction. Dis: ‹Je ne vous demande pas pour cela de salaire›. Ce n'est qu'un rappel à l'intention de tout l'univers.

6:91 Ils n'apprécient pas Allah comme Il le mérite quand ils disent : ‹Allah n'a rien fait descendre sur un humain.› Dis: ‹Qui a fait descendre le Livre que Moïse a apporté comme lumière et guide, pour les gens? Vous le mettez en feuillets, pour en montrer une partie, tout en cachant beaucoup. Vous avez été instruits de ce que vous ne saviez pas, ni vous ni vos ancêtres. Dis: ‹C'est Allah›. Et puis, laisse-les s'amuser dans leur égarement.

6:92 Voici un Livre (le Qur'an) béni que Nous avons fait descendre, confirmant ce qui existait déjà avant lui, afin que tu avertisses la Mère des Cités (la Mecque) et les gens tout autour. Ceux qui croient au Jour dernier, y croient et demeurent assidus dans leur Salat.

6:93 Et quel pire injuste que celui qui fabrique un mensonge contre Allah ou qui dit: ‹Révélation m'a été faite›, quand rien ne lui a été révélé. De même celui qui dit: ‹Je vais faire descendre quelque chose de semblable à ce qu'Allah a fait descendre.› Si tu voyais les injustes lorsqu'ils seront dans les affres de la mort, et que les Anges leur tendront les mains (disant): ‹Laissez sortir vos âmes. Aujourd'hui vous allez être récompensés par le châtiment de l'humiliation pour ce que vous disiez sur Allah d'autre que la vérité et parce que vous vous détourniez orgueilleusement des Ses enseignements›.

6:94 Et vous voici venus à Nous, seuls, tout comme Nous vous avions créés la première fois, abandonnant derrière vos dos tout ce que Nous vous avions accordé. Nous ne vous voyons point accompagnés des intercesseurs que vous prétendiez être des associés. Il y a certainement eu rupture entre vous: ils vous ont abandonnés, ceux que vous prétendiez (être vos intercesseurs).

6:95 C'est Allah qui fendre la graine et le noyau: du mort il fait sortir le vivant, et du vivant, il fait sortir le mort. Tel est Allah. Comment donc vous laissez-vous détourner?

6:96 Fendeur de l'aube, Il a fait de la nuit une phase de repos; le soleil et la lune pour mesurer le temps. Voilà l'ordre conçu par le Puissant, l'Omniscient.

6:97 Et c'est Lui qui vous a assigné les étoiles, pour que, par elles, vous vous guidiez dans les ténèbres de la terre et de la mer. Certes, Nous exposons les preuves pour ceux qui savent!

6:98 Et c'est Lui qui vous a créés à partir d'un personne unique (Adam). Et il y a une demeure et un lieu de dépôt (pour vous.) Nous avons exposé les preuves pour ceux qui comprennent.

6:99 Et c'est Lui qui, du ciel, a fait descendre l'eau. Puis par elle, Nous fîmes germer toute plante, de quoi Nous fîmes sortir une verdure, d'où Nous produisîmes des grains, superposés les uns sur les autres; et du palmier, de sa spathe, des régimes de dattes qui se tendent. Et aussi les jardins de raisins, l'olive et la grenade, semblables ou différent les uns des autres. Regardez leurs fruits au moment de leur production et de leur mûrissement. Voilà bien là des signes pour ceux qui ont la foi.

6:100 Et ils ont désigné des associés à Allah: les djinns, alors que c'est Lui qui les a créés. Et ils Lui ont inventé, dans leur ignorance. des fils et des filles, Gloire à Lui! Il transcende tout ce qui lui attribuent.

6:101 Créateur de cieux et de la terre. Comment aurait-Il un enfant, quand Il n'a pas de compagne? C'est Lui qui a tout créé, et Il est Omniscient.

6:102 Voilà Allah, votre Seigneur! Il n'y a de divinité que Lui, Créateur de tout. Adorez-Le donc. C'est Lui qui a chargé de tout.

6:103 Les regards ne peuvent l'atteindre, cependant qu'Il saisit tous les regards. Et Il est le Doux, le Parfaitement Connaisseur.

6:104 Certes, il vous est parvenu des preuves évidentes, de la part de votre Seigneur. Donc, quiconque voit clair, c'est en sa faveur; et quiconque reste aveugle, c'est à son détriment, car je ne suis nullement chargé de votre sauvegarde.

6:105 C'est ainsi que Nous expliquons les versets. Et afin qu'ils disent: ‹Tu as étudié›. Et afin de l'exposer clairement à des gens qui savent.

6:106 Suis ce qui t'est révélé de la part de ton Seigneur. Point de divinité autre que Lui. Et écarte-toi des associateurs.

6:107 Si Allah voulait, ils ne seraient point associateurs! Mais Nous ne t'avons pas désigné comme gardien sur eux; et tu n'es pas leur garant.

6:108 N'injuriez pas ceux qu'ils invoquent, en dehors d'Allah, car par agressivité, ils injurieraient Allah, dans leur ignorance. De même, Nous avons enjolivé (aux yeux) de chaque communauté sa propre action. Ensuite, c'est vers leur Seigneur que sera leur retour; et Il les informera de ce qu'ils oeuvraient.

6:109 Et ils jurent par Allah de toute la force de leurs serments, que s'il leur venait un miracle, ils y croiraient (sans hésiter,) Dis: ‹En vérité, les miracles ne dépendent que d'Allah.› Mais qu'est ce qui vous fait penser que quand cela (le signe) arrivera, ils n'y croiront pas?

6:110 Parce qu'ils n'ont pas cru la première fois, nous détournerons leurs coeurs et leurs yeux; nous les laisserons marcher aveuglement dans leur rébellion.

6:111 Et si Nous faisions descendre les Anges vers eux, [comme ils l'avaient proposé] si les morts leur parlaient, et si Nous rassemblions toute chose devant eux, ils ne croiraient que si Allah veut. Mais la plupart d'entre eux ignorent.

6:112 Ainsi, à chaque prophète avons-Nous assigné un ennemi: des diables d'entre les hommes et les djinns, qui s'inspirent trompeusement les uns aux autres des paroles enjolivées. Si ton Seigneur avait voulu, ils ne l'auraient pas fait; laisse-les donc avec ce qu'ils inventent.

6:113 Et pour que les coeurs de ceux qui ne croient pas à l'au-delà se penchent vers elles, qu'ils les agréent, et qu'ils perpètrent ce qu'ils perpètrent.

6:114 Chercherai-je un autre juge qu'Allah, alors que c'est Lui qui a fait descendre vers vous ce Livre bien exposé? Ceux auxquels Nous avons donné le Livre savent qu'il est descendu avec la vérité venant de ton Seigneur. Ne sois donc point du nombre de ceux qui doutent.

6:115 Et la parole de ton Seigneur s'est accomplie en toute vérité et équité. Nul ne peut modifier Ses paroles. Il est l'Audient, l'Omniscient.

6:116 Et si tu Obéis à la majorité de ceux qui sont sur la terre, ils t'égareront du sentier d'Allah: ils ne suivent que la conjecture et ne font que fabriquer des mensonges.

6:117 Certes ton Seigneur connaît le mieux ceux qui s'égarent de Son sentier, et c'est Lui qui connaît le mieux les bien-guidés.

6:118 Mangez donc de ce sur quoi on a prononcé le nom d'Allah si vous êtes croyants en Ses versets (le Qur'an).

6:119 Qu'avez-vous à ne pas manger de ce sur quoi le nom d'Allah a été prononcé? Alors qu'Il vous a détaillé ce qu'Il vous a interdit, à moins que vous ne soyez contraints d'y recourir. Beaucoup de gens égarent, sans savoir, par leurs passions. C'est ton Seigneur qui connaît le mieux les transgresseurs.

6:120 Evitez le péché apparent ou caché, (car) ceux qui acquièrent le péché seront rétribués selon ce qu'ils auront commis.

6:121 Et ne mangez pas de ce sur quoi le nom d'Allah n'a pas été prononcé, car ce serait (assurément) une perversité. Les diables inspirent à leurs alliés de disputer avec vous. Si vous leur obéissez, vous deviendrez certes des associateurs.

6:122 Est-ce que celui qui était mort et que Nous avons ramené à la vie et à qui Nous avons assigné une lumière grâce à laquelle il marche parmi les gens, est pareil à celui qui est dans les ténèbres sans pouvoir en sortir? Ainsi on a enjolivé aux mécréants ce qu'ils oeuvrent.

6:123 Ainsi, Nous avons placé dans chaque cité de grands criminels qui y ourdissent des complots. Mais ils ne complotent que contre eux-mêmes et ils n'en sont pas conscients.

6:124 Et lorsqu'une preuve leur vient, ils disent: ‹Jamais nous ne croirons tant que nous n'aurons pas reçu un don semblable à celui qui a été donné aux messagers d'Allah›. Allah sait mieux où placer Son message. Ceux qui ont commis le crime seront atteints d'un rapetissement auprès d'Allah ainsi que d'un supplice sévère pour les ruses qu'ils tramaient.

6:125 Et puis, quiconque Allah veut guider, Il lui ouvre la poitrine à l'Islam. Et quiconque Il veut égarer, Il rend sa poitrine étroite et gênée, comme s'il s'efforçait de monter au ciel. Ainsi Allah inflige Sa punition à ceux qui ne croient pas.

6:126 Telle est la voie de ton Seigneur dans toute sa rectitude. Nous avons [effectivement] bien détaillé les signes (ou versets) à des gens qui se rappellent.

6:127 Pour eux la maison du Salut auprès de leur Seigneur. Et c'est Lui qui est leur protecteur, pour ce qu'ils faisaient (sur terre).

6:128 Et le jour où Il les rassemblera tous: ‹Ô communauté des djinns, vous avez trop abusé des humains›. Et leurs alliés parmi les humains diront: ‹Ô notre Seigneur, nous avons profité les uns des autres, et nous avons atteint le terme que Tu avais fixé pour nous.› Il leur dira: ‹l'Enfer est votre demeure, pour y rester éternellement, sauf si Allah en décide autrement.› Vraiment ton Seigneur est Sage et Omniscient.

6:129 Et ainsi accordons-Nous, à certains injustes l'autorité sur d'autres, (injustes) à cause de ce qu'ils ont acquis.

6:130 Ô communauté des djinns et des humains, ne vous est-il pas venu des messagers, choisis parmi vous, qui vous ont raconté Mes signes et averti de la rencontre de ce jour? Ils diront: ‹Nous témoignons contre nous-mêmes.› La vie présente les a trompés; et ils ont témoigné contre eux-mêmes qu'en (vérité) ils étaient mécréants.

6:131 C'est que ton Seigneur n'anéantit point injustement des cités dont les gens ne sont pas encore avertis.

6:132 A chacun des rangs (des récompenses) selon ses oeuvres. Or ton Seigneur n'est pas inattentif à ce qu'ils font.

6:133 Ton Seigneur est le Suffisant à Soi-même, le Détenteur de la miséricorde. S'Il voulait, Il vous ferait périr et mettrait à votre place qui Il veut, de même qu'Il vous a créés d'une descendance d'un autre peuple.

6:134 Ce qui vous a été promis arrivera (certainement.) Et vous n'êtes pas à même de [Nous] réduire à l'impuissance.

6:135 Dis: ‹Ô mon peuple! Continuez à agir selon votre méthode; moi aussi j'agirai selon la mienne. Ensuite, vous saurez qui aura un meilleur (sort) dans l'au-delà.› Certes, les injustes ne réussiront jamais.

6:136 Et ils assignent à Allah une part de ce qu'Il a Lui-même créé, en fait de récoltes et de bestiaux, et ils disent: ‹Ceci est à Allah - selon leur prétention! - et ceci à nos divinités.› Mais ce qui est pour leurs divinités ne parvient pas à Allah, tandis que ce qui est pour Allah parvient à leurs divinités. Comme leur jugement est mauvais!

6:137 Et c'est ainsi que leurs divinités ont enjolivé à beaucoup d'associateurs le meurtre de leurs enfants, afin de les ruiner et de travestir à leurs yeux leur religion. Or si Allah voulait, ils ne le feraient pas. Laisse-les donc, ainsi que ce qu'ils inventent.

6:138 Et ils dirent: ‹Voilà des bestiaux et des champs frappés d'interdiction: n'en mangeront que ceux que nous voudrons.› - selon leur prétention! - Et voilà des bêtes dont le dos est tabou, et des bêtes sur lesquelles ils rétribuera pour ce qu'ils inventaient comme mensonges.

6:139 Et ils dirent: ‹Ce qui est dans le ventre de ces bêtes est réservé aux mâles d'entre nous, et interdit à nos femmes.› Et si c'est un mort-né, ils y participent tous. Bientòt Il les rétribuera pour leur prescription, car Il est Sage et Omniscient.

6:140 Ils sont certes perdants, ceux qui ont, par sottise et ignorance tué leurs enfants, et ceux qui ont interdit ce qu'Allah leur a attribué de nourriture, inventant des mensonges contre Allah. Ils se sont égarés et ne sont point guidés.

6:141 C'est Lui qui a créé les jardins, treillagés et non treillagés; ainsi que les palmiers et la culture aux récoltes diverses; [de même que] l'olive et la grenade, d'espèces semblables et différentes. Mangez de leurs fruits, quand ils en produisent; et acquittez-en les droits le jour de la récolte. Et ne gaspillez point car Il n'aime pas les gaspilleurs.

6:142 Et (Il a créé) parmi les bestiaux, certains pour le transport, et d'autres pour diverses utilités; mangez de ce qu'Allah vous a attribué, et ne suivez pas les pas du Diable, car il est pour vous un ennemi déclaré.

6:143 (Il en a créé) huit, en couples: deux pour les ovins, deux pour les caprins... dis: ‹Est-ce les deux mâles qu'Il a interdits ou les deux femelles, ou ce qui est dans les matrices des deux femelles ? Informez-moi de toute connaissance, si vous êtes véridiques›;

6:144 ...deux pour les camélidés, deux pour les bovins... Dis: ‹Est-ce les deux mâles qu'Il a interdits ou les deux femelles, ou ce qui est dans les matrices des deux femelles? Ou bien étiez-vous témoins quand Allah vous l'enjoignit?› Qui est donc plus injuste que celui qui invente un mensonge contre Allah pour égarer les gens sans se baser sur aucun savoir? Allah ne guide pas les gens injustes.

6:145 Dis: ‹Dans ce qui m'a été révélé, je ne trouve d'interdit, à aucun mangeur d'en manger, que la bête (trouvée) morte, ou le sang qu'on a fait couler, ou la chair de porc - car c'est une souillure - ou ce qui, par perversité, a été sacrifié à autre qu'Allah.› Quiconque est contraint, sans toutefois abuser ou transgresser, ton Seigneur est certes Pardonneur et Miséricordieux.

6:146 Aux Juifs, Nous avons interdit toute bête à ongle unique. Des bovins et des ovins, Nous leur avons interdit les graisses, sauf ce que portent leur dos, leurs entrailles, ou ce qui est mêlé à l'os. Ainsi les avons-Nous punis pour leur rébellion. Et Nous sommes bien véridiques.

6:147 Puis, s'ils te traitent de menteur, alors dis: ‹Votre Seigneur est Détenteur d'une immense miséricorde cependant que Sa rigueur ne saura être détournée des gens criminels›.

6:148 Ceux qui ont associé diront: ‹Si Allah avait voulu, nous ne lui aurions pas donné des associés, nos ancêtres non plus et nous n'aurions rien déclaré interdit.› Ainsi leurs prédécesseurs traitaient de menteurs (les messagers) jusqu'à ce qu'ils eurent goûté Notre rigueur. Dis: ‹Avez-vous quelque science à nous produire? Vous ne suivez que la conjecture et ne faites que mentir›.

6:149 Dis: ‹L'argument décisif appartient à Allah. S'Il avait voulu certainement Il vous aurait tous guidés.(sur le droit chemin)

6:150 Dis: ‹Amenez vos témoins qui attesteraient qu'Allah a interdit cela.› Si ensuite ils témoignent, alors toi, ne témoignent pas avec eux et ne suis pas les passions de ceux qui traitent de mensonges Nos signes et qui ne croient pas à l'au-delà, tandis qu'ils donnent des égaux à leur Seigneur.

6:151 Dis: ‹Venez, je vais réciter ce que votre Seigneur vous a interdit: ne Lui associez rien; et soyez bienfaisants envers vos père et mère. Ne tuez pas vos enfants pour cause de pauvreté. Nous vous nourrissons tout comme eux. N'approchez pas des turpitudes ouvertement, ou en cachette. Ne tuez qu'en toute justice la vie qu'Allah a fait sacrée. Voilà ce qu'[Allah] vous a recommandé de faire; peut-être comprendrez-vous.

6:152 Et ne vous approchez des biens de l'orphelin que de la plus belle manière, jusqu'à ce qu'il ait atteint sa majorité. Et donnez la juste mesure et le bon poids, en toute justice. Nous n'imposons à une âme que selon sa capacité. Et quand vous parlez, soyez équitables même s'il s'agit d'un proche parent. Et remplissez votre engagement envers Allah. Voilà ce qu'Il vous enjoint. Peut-être vous rappellerez-vous.

6:153 ‹Et voilà Mon chemin dans toute sa rectitude, suivez-le donc; et ne suivez pas les sentiers qui vous écartent de Sa voie.› Voilà ce qu'Il vous enjoint. Ainsi atteindrez-vous la piété.

6:154 Puis Nous avons donné à Moïse le Livre complet en récompense pour le bien qu'il avait fait, et comme un exposé détaillé de toute chose, un guide et une miséricorde. Peut-être croiraient-ils en leur rencontre avec leur seigneur (au jour du Jugement dernier).

6:155 Et voici un Livre (le Qur'an) béni que Nous avons fait descendre - suivez-le donc et soyez pieux, afin de recevoir la miséricorde -

6:156 afin que vous ne disiez point: ‹On n'a fait descendre le Livre que sur deux peuples avant nous, et nous avons été inattentifs à les étudier.

6:157 Ou que vous disiez: ‹Si c'était à nous qu'on avait fait descendre le Livre que nous aurions certainement été mieux guidés qu'eux.› Voilà certes que vous sont venus, de votre Seigneur, preuve, guidée et miséricorde. Qui est plus injuste que celui qui traite de mensonges les versets d'Allah et qui s'en détourne? Nous punirons ceux qui se détournent de Nos versets, par un mauvais châtiment, pour s'en être détournés.

6:158 Qu'attendent-ils? Que les Anges leur viennent? Que vienne ton Seigneur? Ou que viennent certains signes de ton Seigneur? Le jour où certains signes de ton Seigneur viendront, la foi en Lui ne profitera à aucune âme qui n'avait pas cru auparavant ou qui n'avait acquis aucun mérite de sa croyance. Dis: ‹Attendez!› Nous attendons, Nous aussi.

6:159 Ceux qui émiettent leur religion et se divisent en sectes, de ceux- là tu n'es responsable en rien: leur sort ne dépend que d'Allah. Puis Il les informera de ce qu'ils faisaient.

6:160 Quiconque viendra avec le bien aura dix fois autant; et quiconque viendra avec le mal ne sera rétribué que par son équivalent. Et on ne leur fera aucune injustice.

6:161 Dis: ‹Moi, mon Seigneur m'a guidé vers un chemin droit, une religion droite, la religion d'Abraham, le soumis exclusivement à Allah et qui n'était point parmi les associateurs.

6:162 Dis: ‹En vérité, ma Salat, mes actes de dévotion, ma vie et ma mort appartiennent à Allah, Seigneur de l'Univers.

6:163 A Lui nul associé! Et voilà ce qu'il m'a été ordonné, et je suis le premier à me soumettre.›

6:164 Dis: ‹Chercherais-je un autre Seigneur qu'Allah, alors qu'Il est le Seigneur de toute chose? Chacun n'acquiert [le mal] qu'à son détriment: personne ne portera le fardeau (responsabilité) d'autrui. Puis vers votre Seigneur sera votre retour et Il vous informera de ce en quoi vous divergez.

6:165 C'est Lui qui a fait de vous les successeurs sur terre et qui vous a élevés, en rangs, les uns au-dessus des autres, afin de vous éprouver en ce qu'Il vous a donné. (Vraiment) ton Seigneur est prompt en punition, Il est aussi Pardonneur et Miséricordieux.

7. Le heights (Al-Araf)
Au nom d'Allah, le Tout Miséricordieux, le Très Miséricordieux.

7:1 Alif, Lam, Mim, Sad.

7:2 C'est un Livre qui t'a été descendu; qu'il n'y ait, à son sujet, nulle gêne dans ton coeur; afin que par cela tu avertisses, et (qu'il soit) un Rappel aux croyants.

7:3 Suivez ce qui vous a été descendu venant de votre Seigneur et ne suivez pas d'autres alliés que Lui. Mais vous vous souvenez peu.

7:4 Que de cités Nous avons détruites! Or, Notre rigueur les atteignit au cours du repos nocturne ou durant leur sieste.

7:5 Leur invocation, lorsque leur survint notre rigueur, se limita à ces paroles: ‹Certes nous étions injustes›.

7:6 Nous interrogerons ceux vers qui furent envoyés des messagers et Nous interrogerons aussi les envoyés.

7:7 Nous leur raconterons en toute connaissance (ce qu'ils faisaient) car Nous n'étions pas absent!

7:8 Et la pesée, ce jour-là, sera équitable. Donc, celui dont les bonnes actions pèseront lourd...Voilà ceux qui réussiront!

7:9 Et quand à celui dont les bonnes actions pèseront léger...Voilà ceux qui auront causé la perte de leurs âmes parce qu'ils étaient injustes envers Nos enseignements.

7:10 Certes, Nous vous avons donné du pouvoir sur terre et Nous vous y avons assigné subsistance. (Mais) vous êtes très peu reconnaissants!

7:11 Nous vous avons créés, puis Nous vous avons donné une forme, ensuite Nous avons dit aux Anges: ‹Prosternez-vous devant Adam.› Ils se prosternèrent, à l'exception d'Iblis qui ne fut point de ceux qui se prosternèrent.

7:12 [Allah] dit: ‹Qu'est-ce qui t'empêche de te prosterner quand Je te l'ai commandé?› Il répondit: ‹Je suis meilleur que lui: Tu m'as créé de feu, alors que Tu l'as créé d'argile›.

7:13 [Allah] dit: ‹Descends d'ici, Tu n'as pas à t'enfler d'orgueil ici. Sors, te voilà parmi les méprisés.›

7:14 ‹Accorde-moi un délai, dit (Satan) jusqu'au jour où ils seront ressuscités.›

7:15 [Allah] dit: ‹Tu es de ceux à qui délai est accordé.›

7:16 ‹Puisque Tu m'as mis en erreur, dit [Satan], je m'assoirai pour eux sur Ton droit chemin,

7:17 puis je les assaillirai de devant, de derrière, de leur droite et de leur gauche. Et, pour la plupart, Tu ne les trouveras pas reconnaissants.›

7:18 ‹Sors de là›, dit (Allah) banni et rejeté. ‹Quiconque te suit parmi eux... de vous tous, J'emplirai l'Enfer›.

7:19 ‹Ô Adam, habite le Paradis, toi et ton épouse; et ne mangez en vous deux, à votre guise; et n'approchez pas l'arbre que voici; sinon, vous seriez du nombre des injustes.›

7:20 Puis le Diable, afin de leur rendre visible ce qui leur était caché - leurs nudités - leur chuchota, disant: ‹Votre Seigneur ne vous a interdit cet arbre que pour vous empêcher de devenir des Anges ou d'être immortels!›.

7:21 Et il leur jura: ‹Vraiment, je suis pour vous deux un bon conseiller›.

7:22 Alors il les fit tomber par tromperie. Puis, lorsqu'ils eurent goûté de l'arbre, leurs nudités leur devinrent visibles; et ils commencèrent tous deux à y attacher des feuilles du Paradis. Et leur Seigneur les appela: ‹Ne vous avais-Je pas interdit cet arbre? Et ne vous avais-Je pas dit que le Diable était pour vous un ennemi déclaré?›

7:23 Tous deux dirent: ‹Ô notre Seigneur, nous avons fait du tort à nous-mêmes. Et si Tu ne nous pardonnes pas et ne nous fais pas miséricorde, nous serons très certainement du nombre des perdants›.

7:24 ‹Descendez, dit [Allah], vous serez ennemis les uns des autres. Et il y aura pour vous sur terre séjour et jouissance, pour un temps.›

7:25 ‹Là, dit (Allah), vous vivrez, là vous mourrez, et de là on vous fera sortir.›

7:26 Ô enfants d'Adam! Nous avons fait descendre sur vous un vêtement pour cacher vos nudités, ainsi que des parures. - Mais le vêtement de la piété voilà qui est meilleur. - C'est un des signes (de la puissance) d'Allah. Afin qu'ils se rappellent.

7:27 Ô enfants d'Adam! Que le Diable ne vous tente point, comme il a fait sortir du Paradis vos père et mère, leur arrachant leur vêtement pour leur rendre visibles leurs nudités. Il vous voit, lui et ses suppôts, d'où vous ne les voyez pas. Nous avons désigné les diables pour alliés à ceux qui ne croient point,

7:28 et quand ceux-ci commettent une turpitude, ils disent: ‹C'est une coutume léguée par nos ancêtres et prescrite par Allah.› Dis: ‹[Non,] Allah ne commande point la turpitude. Direz-vous contre Allah ce que vous ne savez pas?›

7:29 Dis: ‹Mon Seigneur a commandé l'équité. Que votre prosternation soit exclusivement pour Lui. Et invoquez-Le, sincères dans votre culte. De même qu'Il vous a créés, vous retournez à Lui›.

7:30 Il guide une partie, tandis qu'une autre partie a mérité l'égarement parce qu'ils ont pris, au lieu d'Allah, les diables pour alliés, et ils pensent qu'ils sont bien-guidés!

7:31 Ô enfants d'Adam, dans chaque lieu de Salat portez votre parure (vos habits). Et mangez et buvez; et ne commettez pas d'excès, car Il [Allah] n'aime pas ceux qui commettent des excès.

7:32 Dis: ‹Qui a interdit la parure d'Allah, qu'Il a produite pour Ses serviteurs, ainsi que les bonnes nourritures?› Dis: ‹Elles sont destinées à ceux qui ont la foi, dans cette vie, et exclusivement à eux au Jour de la Résurrection.› Ainsi exposons-Nous clairement les versets pour les gens qui savent.

7:33 Dis: ‹Mon Seigneur n'a interdit que les turpitudes (les grands péchés), tant apparentes que secrètes, de même que le péché, l'agression sans droit et d'associer à Allah ce dont Il n'a fait descendre aucune preuve, et de dire sur Allah ce que vous ne savez pas›.

7:34 Pour chaque communauté il y a un terme. Quand leur terme vient, ils ne peuvent le retarder d'une heure et ils ne peuvent le hâter non plus.

7:35 Ô enfants d'Adam! Si des messagers [choisis] parmi vous viennent pour vous exposer Mes signes, alors ceux qui acquièrent la piété et se réforment, n'auront aucune crainte et ne seront point affligés.

7:36 Et ceux qui traitent de mensonges Nos signes et s'en écartent avec orgueil, sont les gens du Feu et ils y demeureront éternellement.

7:37 Quel pire injuste, que celui qui invente un mensonge contre Allah, ou qui traite de mensonges Ses signes? Ceux là auront la part qui leur a été prescrite; jusqu'au moment où Nos Envoyés [Nos Anges] viennent à eux pour leur enlever l'âme, en leur disant: ‹Où sont ceux que vous invoquiez en dehors d'Allah?› - Ils répondront: ‹Nous ne les trouvons plus›. Et ils témoigneront contre eux- mêmes qu'ils étaient mécréants.

7:38 ‹Entrez dans le Feu›, dira [Allah,] ‹parmi les djinns et les hommes des communautés qui vous ont précédés.› Chaque fois qu'une communauté entrera, elle maudira celle qui l'aura précédée. Puis, lorsque tous s'y retrouveront, la dernière fournée dira de la première: ‹Ô notre Seigneur! Voilà ceux qui nous ont égarés: donne-leur donc double châtiment du feu.› Il dira: ‹A chacun le double, mais vous ne savez pas›.

7:39 Et la première fournée dira à la dernière: ‹Mais vous n'avez sur nous aucun avantage. Goûtez donc au châtiment, pour ce que vous avez acquis›.

7:40 Pour ceux qui traitent de mensonges Nos enseignements et qui s'en écartent par orgueil, les portes du ciel ne leur seront pas ouvertes, et ils n'entreront au Paradis que quand le chameau pénètre dans le chas de l'aiguille. Ainsi rétribuons-Nous les criminels.

7:41 L'Enfer leur servira de lit et, comme couverture, ils auront des voiles de ténèbres. Ainsi rétribuons-Nous les injustes.

7:42 Et ceux qui croient et font de bonnes oeuvres - Nous n'imposons aucune charge à personne que selon sa capacité - ceux-là seront les gens du Paradis: ils y demeureront éternellement.

7:43 Et Nous enlèverons toute la rancune de leurs poitrines, sous eux couleront les ruisseaux, et ils diront: ‹Louange à Allah qui nous a guidés à ceci. Nous n'aurions pas été guidés, si Allah ne nous avait pas guidés. Les messagers de notre Seigneur sont venus avec la vérité.› Et on leur proclamera: ‹Voilà le Paradis qui vous a été donné en héritage pour ce que vous faisiez›.

7:44 Les gens du Paradis crieront aux gens du Feu: ‹Certes, nous avons trouvé vrai ce que notre Seigneur nous avait promis. Avez-vous aussi trouvé vrai ce que notre Seigneur avait promis?› ‹Oui›, diront-ils. Un héraut annoncera alors au milieu d'eux: Que la malédiction d'Allah soit sur les injustes,

7:45 qui obstruaient le sentier d'Allah, qui voulaient le rendre tortueux, et qui ne croyaient pas à l'au-delà.›

7:46 Et entre les deux, il y aura un mur, et, sur al-Araf seront des gens qui reconnaîtront tout le monde par leurs traits caractéristiques. Et ils crieront aux gens du Paradis : ‹Paix sur vous!› Ils n'y sont pas entrés bien qu'ils le souhaitent.

7:47 Et quand leurs regards seront tournés vers les gens du Feu, ils diront : ‹Ô notre Seigneur! Ne nous mets pas avec le peuple injuste›.

7:48 Et les gens d'al-Araf, appelant certains hommes qu'ils reconnaîtront par leurs traits caractéristiques, diront: ‹Vous n'avez tiré aucun profit de tout ce que vous aviez amassé et de l'orgueil dont vous étiez enflés!

7:49 Est-ce donc ceux-là au sujet desquels vous juriez qu'ils n'obtiendront de la part d'Allah aucune miséricorde...? - Entrez au Paradis! Vous serez à l'abri de toute crainte et vous ne serez point affligés.

7:50 Et les gens du Feu crieront aux gens du Paradis: ‹Déversez sur nous de l'eau, ou de ce qu'Allah vous a attribué.› ‹Ils répondront: Allah les a interdits aux mécréants›.

7:51 Ceux-ci prenaient leur religion comme distraction et jeu, et la vie d'ici-bas les trompait. Aujourd'hui, Nous les oublierons comme ils ont oublié la rencontre de leur jour que voici, et parce qu'ils reniaient Nos enseignements.

7:52 Nous leur avons, certes, apporté un Livre que Nous avons détaillé, en toute connaissance, à titre de guide et de miséricorde pour les gens qui croient.

7:53 Attendent-ils uniquement la réalisation (de Sa menace et de Ses promesses?). Le jour où sa (véritable) réalisation viendra, ceux qui auparavant l'oubliaient diront: ‹Les messagers de notre Seigneur sont venus avec la vérité. Y a-t-il pour nous des intercesseurs qui puissent intercéder en notre faveur? Ou pourrons-nous être renvoyés [sur terre], afin que nous oeuvrions autrement que ce que nous faisions auparavant?› Ils ont certes créé leur propre perte; et ce qu'ils inventaient les a délaissés.

7:54 Votre Seigneur, c'est Allah, qui a créé les cieux et la terre en six jours, puis S'est établi ‹istawa› sur le Trône. Il couvre le jour de la nuit qui poursuit celui-ci sans arrêt. (Il a créé) le soleil, la lune et les étoiles, soumis à Son commandement. La création et le commandement n'appartiennent qu'à lui. Toute gloire à Allah, Seigneur de l'Univers!

7:55 Invoquez votre Seigneur en toute humilité et recueillement et avec discrétion. Certes, Il n'aime pas les transgresseurs.

7:56 Et ne semez pas la corruption sur la terre après qu'elle ait été réformée. Et invoquez-Le avec crainte et espoir, car la miséricorde d'Allah est proche des bienfaisants.

7:57 C'est Lui qui envoie les vents comme une annonce de Sa Miséricorde. Puis, lorsqu'ils transportent une nuée lourde, Nous la dirigeons vers un pays mort [de sécheresse], puis Nous en faisons descendre l'eau, ensuite Nous en faisons sortir toutes espèces de fruits. Ainsi ferons-Nous sortir les morts. Peut-être vous rappellerez-vous.

7:58 Le bon pays, sa végétation pousse avec la grâce de son Seigneur; quant au mauvais pays, (sa végétation) ne sort qu'insuffisamment et difficilement. Ainsi déployons-Nous les enseignements pour des gens reconnaissants.

7:59 Nous avons envoyé Noé vers son peuple. Il dit: ‹Ô mon peuple, adorez Allah. Pour vous, pas d'autre divinité que Lui. Je crains pour vous le châtiment d'un jour terrible›.

7:60 Les notables de son peuple dirent: ‹Nous te voyons dans un égarement manifeste›.

7:61 Il dit: ‹Ô mon peuple, il n'y a pas d'égarement en moi; mais je suis un Messager de la part du Seigneur de l'Univers.

7:62 Je vous communique les messages de mon Seigneur, et je vous donne conseil sincère, et je sais d'Allah ce que vous ne savez pas.

7:63 Est-ce que vous vous étonnez qu'un rappel vous vienne de votre Seigneur à travers un homme issu de vous, pour qu'ils vous avertisse et que vous deveniez pieux et que la miséricorde vous soit accordée?›

7:64 Et ils le traitèrent de menteur. Or, Nous le sauvâmes, lui et ceux qui étaient avec lui dans l'arche, et noyâmes ceux qui traitaient de mensonges Nos miracles. C'étaient des gens aveugles, vraiment.

7:65 Et aux Aad, leur frère Hud: ‹Ô mon peuple, dit-il, adorez Allah. Pour vous, pas d'autre divinité que Lui. Ne [Le] craignez-vous donc pas ?›

7:66 Les notables de son peuple qui ne croyaient pas dirent: ‹Certes, nous te voyons en pleine sottise, et nous pensons que tu es du nombre des menteurs›.

7:67 Il dit: ‹Ô mon peuple, il n'y a point de sottise en moi; mais je suis un Messager de la part du Seigneur de l'Univers.

7:68 Je vous communique les messages de mon Seigneur, et je suis pour vous un conseiller digne de confiance.

7:69 Quoi! Vous vous étonnez qu'un rappel vous vienne de votre Seigneur à travers un homme issu de vous, pour qu'il vous avertisse? Et rappelez-vous quand Il vous a fait succéder au peuple de Noé, et qu'Il accrut votre corps en hauteur (et puissance). Eh bien, rappelez-vous les bienfaits d'Allah afin que vous réussissiez.

7:70 Ils dirent: ‹Es-tu venu à nous pour que nous adorions Allah seul, et que nous délaissions ce que nos ancêtres adoraient? Fais donc venir ce dont tu nous menaces, si tu es du nombre des véridiques›.

7:71 Il dit: ‹Vous voilà, frappés de la part de votre Seigneur d'un supplice et d'une colère. Allez vous vous disputer avec moi au sujet de noms que vous et vos ancêtres avez donnés, sans qu'Allah n'y fasse descendre la moindre preuve? Attendez donc! Moi aussi j'attends avec vous.

7:72 Or, Nous l'avons sauvé, (lui) et ceux qui étaient avec lui, par miséricorde de Notre part, et Nous avons exterminé ceux qui traitaient de mensonges Nos enseignements et qui n'étaient pas croyants.

7:73 Et aux Tamud, leur frère Salih: ‹Ô mon peuple, dit-il, adorez Allah. Pour vous, pas d'autre divinité que Lui. Certes, une preuve vous est venue de votre Seigneur: voici la chamelle d'Allah, un signe pour vous. Laissez-la donc manger sur la terre d'Allah et ne lui faites aucun mal; sinon un châtiment douloureux vous saisira.

7:74 Et rappelez-vous quand Il vous fit succéder aux Aad et vous installa sur la terre. Vous avez édifié des palais dans ses plaines, et taillé en maisons les montagnes. Rappelez-vous donc les bienfaits d'Allah et ne répandez pas la corruption sur la terre ‹comme des fauteurs de trouble›.

7:75 Les notables de son peuple qui s'enflaient d'orgueil dirent aux opprimés, à ceux d'entre eux qui avaient la foi: ‹Savez-vous si Salih est envoyé de la part de son Seigneur? " Ils dirent: ‹Oui, nous sommes croyants à son message›.

7:76 Ceux qui s'enflaient d'orgueil dirent: ‹Nous, nous ne croyons certainement pas en ce que vous avez cru›.

7:77 Ils tuèrent la chamelle, désobéirent au commandement de leur Seigneur et dirent: ‹Ô Salih, fais nous venir ce dont tu nous menaces, si tu es du nombre des Envoyés›.

7:78 Le cataclysme les saisit; et les voilà étendus gisant dans leurs demeures.

7:79 Alors il se détourna d'eux et dit: ‹Ô mon peuple, je vous avais communiqué le message de mon Seigneur et vous avais conseillé sincèrement. Mais vous n'aimez pas les conseillers sincères!›

7:80 Et Lot, quand il dit à son peuple: ‹Vous livrez vous à cette turpitude que nul, parmi les mondes, n'a commise avant vous?

7:81 Certes, vous assouvissez vos désirs charnels avec les hommes au lieu des femmes! Vous êtes bien un peuple outrancier.›

7:82 Et pour toute réponse, son peuple ne fit que dire: ‹Expulsez- les de votre cité. Ce sont des gens qui veulent se garder purs› !

7:83 Or, Nous l'avons sauvé, lui et sa famille, sauf sa femme qui fut parmi les exterminés.

7:84 Et Nous avons fait pleuvoir sur eux une pluie Regarde donc ce que fut la fin des criminels!

7:85 Et aux Madyan, leur frère Chuaïb: ‹Ô mon peuple, dit-il, adorez Allah. Pour vous, pas d'autre divinité que Lui. Une preuve vous est venue de votre Seigneur. Donnez donc la pleine mesure et le poids et ne donnez pas aux gens moins que ce qui leur est dû. Et ne commettez pas de la corruption sur la terre après sa réforme. Ce sera mieux pour vous si vous êtes croyants.

7:86 Et ne vous placez pas sur tout chemin, menaçant, empêchant du sentier d'Allah celui qui croit en Lui et cherchant à rendre ce sentier tortueux. Rappelez-vous quand vous étiez peu nombreux et qu'Il vous a multipliés en grand nombre. Et regardez ce qui est advenu aux fauteurs de désordre.

7:87 Si une partie d'entre vous a cru au message avec lequel j'ai été envoyé, et qu'une partie n'a pas cru, patientez donc jusqu'à ce qu'Allah juge parmi nous car Il est le Meilleur des juges.›

7:88 Les notables de son peuple qui s'enflaient d'orgueil, dirent: ‹Nous t'expulserons certes de notre cité, ô Chuaïb, toi et ceux qui ont cru avec toi. Ou que vous reveniez à notre religion.› - Il dit: ‹Est-ce même quand cela nous répugne? ›.

7:89 Certes, nous aurions forgé un mensonge contre Allah si nous revenions à votre religion après qu'Allah nous en a sauvés. Il ne nous appartient pas d'y retourner à moins qu'Allah notre Seigneur ne le veuille. Notre Seigneur embrasse toute chose de Sa science. C'est en Allah que nous plaçons notre confiance. Ô notre Seigneur, tranche par la vérité, entre nous et notre peuple car Tu es le meilleur des juges.›

7:90 Et les notables de son peuple qui ne croyaient pas, dirent: ‹Si vous suivez Chuaïb, vous serez assurément perdants›.

7:91 Alors le tremblement (de terre) les saisit; et les voilà étendus, gisant dans leurs demeures.

7:92 Ceux qui traitaient Chuaïb de menteur (disparurent) comme s'ils n'y avaient jamais vécu. Ceux qui traitaient Chuaïb de menteur furent eux les perdants.

7:93 Il se détourna d'eux et dit: ‹Ô mon peuple, je vous ai bien communiqué les messages de mon Seigneur et donné des conseils. Comment donc m'attristerais-je sur des gens mécréants?›

7:94 Nous n'avons envoyé aucun prophète dans une cité, sans que Nous n'ayons pris ses habitants ensuite par l'adversité et la détresse afin qu'ils implorent (le pardon).

7:95 Puis Nous avons changé leur mauvaise condition en y substituant le bien, au point qu'ayant grandi en nombre et en richesse, ils dirent: ‹La détresse et l'aisance ont touché nos ancêtres aussi.› Eh bien, Nous les avons saisis soudain, sans qu'ils s'en rendent compte.

7:96 Si les habitants des cités avaient cru et avaient été pieux, Nous leur aurions certainement accordé des bénédictions du ciel et de la terre. Mais ils ont démenti et Nous les avons donc saisis, pour ce qu'ils avaient acquis.

7:97 Les gens des cités sont-ils sûrs que Notre châtiment rigoureux ne les atteindra pas la nuit, pendant qu'ils sont endormis?

7:98 Les gens des cités sont-ils sûrs que Notre châtiment rigoureux ne les atteindra pas le jour, pendant qu'ils s'amusent?

7:99 Sont-ils à l'abri du stratagème d'Allah? Seuls les gens perdus se sentent à l'abri du stratagème d'Allah.

7:100 N'est-il pas prouvé à ceux qui reçoivent la terre en héritage des peuples précédents que, si Nous voulions, Nous les frapperions pour leurs péchés et scellerions leurs coeurs, et ils n'entendraient plus rien?

7:101 Voilà les cités dont Nous te racontons certaines de leurs nouvelles. [A ceux-là,] en vérité, leurs messagers leur avaient apporté les preuves, mais ils n'étaient pas prêts à accepter ce qu'auparavant ils avaient traité de mensonge. C'est ainsi qu'Allah scelle les coeurs des mécréants.

7:102 Et Nous n'avons trouvé chez la plupart d'entre eux aucun respect de l'engagement; mais Nous avons trouvé la plupart d'entre eux pervers.

7:103 Puis, après [ces messagers,] Nous avons envoyé Moïse avec Nos miracles vers Pharaon et ses notables. Mais ils se montrèrent injustes envers Nos signes. Considère donc quelle fut la fin des corrupteurs.

7:104 Et Moïse dit: ‹Ô Pharaon, je suis un Messager de la part du Seigneur de l'Univers,

7:105 je ne dois dire sur Allah que la vérité. Je suis venu à vous avec une preuve de la part de votre Seigneur. Laisse donc partir avec moi les Enfants d'Israël.›

7:106 ‹Si tu es venu avec un miracle, dit (Pharaon,) apporte-le donc, si tu es du nombre des véridiques.›

7:107 Il jeta son bâton et voilà que c' était un serpent évident.

7:108 Et il sortit sa main et voilà quelle était blanche (éclatante), pour ceux qui regardaient.

7:109 Les notables du peuple de Pharaon dirent: ‹Voilà, certes, un magicien chevronné.

7:110 Il veut vous expulser de votre pays.› - ‹Alors, que commandez-vous?›

7:111 Ils dirent: ‹Fais-le attendre, lui et son frère, et envoie des rassembleurs dans les villes,

7:112 qui t'amèneront tout magicien averti.

7:113 Et les magiciens vinrent à Pharaon en disant: ‹Y aura-t-il vraiment une récompense pour nous, si nous sommes les vainqueurs?›

7:114 Il dit: ‹Oui, et vous serez certainement du nombre de mes rapprochés›.

7:115 Ils dirent: ‹Ô Moïse, ou bien tu jetteras (le premier), ou bien nous serons les premiers à jeter›.

7:116 ‹Jetez› dit-il. Puis lorsqu'ils eurent jeté, ils ensorcelèrent les yeux des gens et les épouvantèrent, et vinrent avec une puissante magie.

7:117 Et Nous révélâmes à Moïse: ‹Jette ton bâton›. Et voilà que celui-ci se mit à engloutir ce qu'ils avaient fabriqué.

7:118 Ainsi la vérité se manifesta et ce qu'ils firent fût vain.

7:119 Ainsi ils furent battus et se trouvèrent humiliés.

7:120 Et les magiciens se jetèrent prosternés.

7:121 Ils dirent: ‹Nous croyons au Seigneur de l'Univers,

7:122 au Seigneur de Moïse et d'Aron.›

7:123 ‹Y avez-vous cru avant que je ne vous (le) permette? dit Pharaon. C'est bien un stratagème que vous avez manigancé dans la ville, afin d'en faire partir ses habitants. Vous saurez bientôt...

7:124 Je vais vous couper la main et la jambe opposées, et puis, je vous crucifierai tous.›

7:125 Ils dirent: ‹En vérité, c'est vers notre Seigneur que nous retournerons.

7:126 Tu ne te venges de nous que parce que nous avons cru aux preuves de notre Seigneur, lorsqu'elles nous sont venues. Ô notre Seigneur! Déverse sur nous l'endurance et fais nous mourir entièrement soumis.›

7:127 Et les notables du peuple de Pharaon dirent: ‹Laisseras-tu Moïse et son peuple commettre du désordre sur la terre, et lui-même te délaisser, toi et tes divinités?› Il dit: ‹Nous allons massacrer leurs fils et laisser vivre leurs femmes. Nous aurons le dessus sur eux et les dominerons.›

7:128 Moïse dit à son peuple: ‹Demandez aide auprès d'Allah et soyez patients, car la terre appartient à Allah. Il en fait qui Il veut parmi Ses serviteurs. Et la fin (heureuse) sera aux pieux›.

7:129 Ils dirent: ‹Nous avons été persécutés avant que tu ne viennes à nous, et après ton arrivée.› Il dit: ‹Il se peut que votre Seigneur détruise votre ennemi et vous donne la lieutenance sur terre, et Il verra ensuite comment vous agirez›.

7:130 Nous avons éprouvé les gens de Pharaon par des années de disette et par une diminution des fruits afin qu'ils se rappellent.

7:131 Et quand le bien-être leur vint, ils dirent: ‹Cela nous est dû›; et si un mal les atteignait, ils voyaient en Moïse et ceux qui étaient avec lui un mauvais augure. En vérité leur sort dépend uniquement d'Allah? Mais la plupart d'entre eux ne savent pas.

7:132 Et ils dirent: ‹Quel que soit le miracle que tu nous apportes pour nous fasciner, nous ne croirons pas en toi›.

7:133 Et Nous avons alors envoyé sur eux l'inondation, les sauterelles, les poux (ou la calandre), les grenouilles et le sang, comme signes explicites, Mais ils s'enflèrent d'orgueil et demeurèrent un peuple criminel.

7:134 Et quand le châtiment les frappa, ils dirent: ‹Ô Moïse, invoque pour nous ton Seigneur en vertu de l'engagement qu'Il t'a donné. Si tu éloignes de nous le châtiment, nous croirons certes en toi et laisserons partir avec toi les enfants d'Israël›.

7:135 Et quand Nous eûmes éloigné d'eux le châtiment jusqu'au terme fixé qu'ils devaient atteindre, voilà qu'ils violèrent l'engagement.

7:136 Alors Nous Nous sommes vengés d'eux; Nous les avons noyés dans les flots, parce qu'ils traitaient de mensonges Nos signes et n'y prêtaient aucune attention.

7:137 Et les gens qui étaient opprimés, Nous les avons fait hériter les contrées orientales et occidentales de la terre que Nous avons bénies. Et la très belle promesse de ton Seigneur sur les enfants d'Israël s'accomplit pour prix de leur endurance. Et Nous avons détruit ce que faisaient Pharaon et son peuple, ainsi que ce qu'ils construisaient.

7:138 Et nous avons fait traverser la Mer aux enfants d'Israël. Ils passèrent auprès d'un peuple attaché à ses idoles et dirent: ‹Ô Moïse, désigne-nous une divinité semblable à leurs dieux.› Il dit: ‹Vous êtes certes des gens ignorants.

7:139 Le culte, auquel ceux-là s'adonnent, est caduc; et tout ce qu'ils font est nul et sans valeur.›

7:140 Il dit: ‹Chercherai-je pour vous une autre divinité qu'Allah, alors que c'est Lui qui vous a préférés à toutes les créatures [de leur époque]?›

7:141 (Rappelez-vous) le moment où Nous vous sauvâmes des gens de Pharaon qui vous infligeaient le pire châtiment. Ils massacraient vos fils et laissaient vivre vos femmes. C'était là une terrible épreuve de la part de votre Seigneur.

7:142 Et Nous donnâmes à Moïse rendez-vous pendant trente nuits, et Nous les complétâmes par dix, de sorte que le temps fixé par son Seigneur se termina au bout de quarante nuits. Et Moïse dit a Aaron son frère: ‹Remplace-moi auprès de mon peuple, et agis en bien, et ne suis pas le sentier des corrupteurs›.

7:143 Et lorsque Moïse vint à Notre rendez-vous et que son Seigneur lui eut parlé, il dit: ‹Ô mon Seigneur, montre Toi à moi pour que je Te voie!› Il dit: ‹Tu ne Me verras pas; mais regarde le Mont: s'il tient en sa place, alors tu Me verras.› Mais lorsque son Seigneur Se manifesta au Mont, Il le pulvérisa, et Moïse s'effondra foudroyé. Lorsqu'il se fut remis, il dit: ‹Gloire à toi! A Toi je me repens; et je suis le premier des croyants›.

7:144 Et (Allah) dit: ‹Ô Moïse, Je t'ai préféré à tous les hommes, par Mes messages et Ma parole. Prends donc ce que Je te donne, et sois du nombre des reconnaissants›.

7:145 Et Nous écrivîmes pour lui, sur les tablettes, une exhortation concernant toute chose, et un exposé détaillé de toute chose. ‹Prends-les donc fermement et commande à ton peuple d'en adopter le meilleur. Bientôt Je vous ferai voir la demeure des pervers.

7:146 J'écarterai de Mes signes ceux qui, sans raison, s'enflent d'orgueil sur terre. Même s'ils voyaient tous les miracles, ils n'y croiraient pas. Et s'ils voient le bon sentier, ils ne le prennent pas comme sentier. Mais s'ils voient le sentier de l'erreur, ils le prennent comme sentier. C'est qu'en vérité ils traitent de mensonges Nos preuves et ils ne leur accordaient aucune attention.

7:147 Et ceux qui traitent de mensonges Nos preuves ainsi que la rencontre de l'au-delà, leurs oeuvres sont vaines. Seraient-ils rétribués autrement que selon leurs oeuvres?›

7:148 Et le peuple de Moïse adopta après lui un veau, fait de leurs parures: un corps qui semblait mugir. N'ont-ils pas vu qu'il ne leur parlait point et qu'il ne les guidait sur aucun chemin? Ils l'adoptèrent [comme divinité], et ils étaient des injustes.

7:149 Et quand ils éprouvèrent des regrets, et qu'ils virent qu'ils étaient bel et bien égarés, ils dirent: ‹Si notre Seigneur ne nous fait pas miséricorde et ne nous pardonne pas, nous serons très certainement du nombre des perdants›.

7:150 Et lorsque Moïse retourna à son peuple, fâché, attristé, il dit: ‹Vous avez très mal agi pendant mon absence! Avez-vous voulu hâter le commandement de votre Seigneur?› Il jeta les tablettes et prit la tête de son frère, en la tirant à lui: ‹Ô fils de ma mère, (dit Aaron), le peuple m'a traité en faible, et peu s'en est fallu qu'ils ne me tuent. Ne fais donc pas que les ennemis se réjouissent à mes dépens, et ne m'assigne pas la compagnie des gens injustes›.

7:151 Et (Moïse) dit: ‹Ô mon Seigneur, pardonne à moi et à mon frère et fais-nous entrer en Ta miséricorde, car Tu es Le plus Miséricordieux des miséricordieux›.

7:152 Ceux qui prenaient le veau (comme divinité), bientôt tombera sur eux de la part de leur Seigneur, une colère, et un avilissement dans la vie présente. Ainsi, Nous rétribuons les inventeurs (d'idoles).

7:153 Ceux qui ont fait de mauvaises actions et qui ensuite se sont repentis et ont cru... ton Seigneur, après cela est sûrement Pardonneur et Miséricordieux.

7:154 Et quand la colère de Moïse se fut calmée, il prit les tablettes. Il y avait dans leur texte guide et miséricorde à l'intention de ceux qui craignent leur Seigneur.

7:155 Et Moïse choisit de son peuple soixante-dix hommes pour un rendez-vous avec Nous. Puis lorsqu'ils furent saisis par le tremblement (de terre), il dit: ‹Mon Seigneur, si Tu avais voulu, Tu les aurais détruis avant, et moi avec. Vas-Tu nous détruire pour ce que des sots d'entre nous ont fait? Ce n'est là qu'une épreuve de Toi, par laquelle Tu égares qui Tu veux, et guides qui Tu veux. Tu es notre Maître. Pardonne-nous et fais-nous miséricorde, car Tu es le Meilleur des pardonneurs.

7:156 Et prescris pour nous le bien ici-bas ainsi que dans l'au-delà. Nous voilà revenus vers Toi, repentis.› Et (Allah) dit: ‹Je ferai que Mon châtiment atteigne qui Je veux. Et Ma miséricorde embrasse toute chose. Je la prescrirai à ceux qui (Me) craignent, acquittent la Zakat, et ont foi en Nos signes.

7:157 Ceux qui suivent le Messager, le Prophète illettré qu'ils trouvent écrit (mentionné) chez eux dans la Thora et l'Evangile. Il leur ordonne le convenable, leur défend le blâmable, leur rend licites les bonnes choses, leur interdit les mauvaises, et leur ôte le fardeau et les jougs qui étaient sur eux. Ceux qui croiront en lui, le soutiendront, lui porteront secours et suivront la lumière descendue avec lui; ceux-là seront les gagnants.

7:158 Dis: ‹Ô hommes! Je suis pour vous tous le Messager d'Allah, à Qui appartient la royauté des cieux et de la terre. Pas de divinité à part Lui. Il donne la vie et Il donne la mort. Croyez donc en Allah, en Son messager, le Prophète illettré qui croit en Allah et en Ses paroles. Et suivez-le afin que vous soyez bien guidés›.

7:159 Parmi le peuple de Moïse, il est une communauté qui guide (les autres) avec la vérité, et qui, par là, exerce la justice.

7:160 Nous les répartîmes en douze tribus, (en douze) communautés. Et Nous révélâmes à Moïse, lorsque son peuple lui demanda de l'eau: ‹Frappe le rocher avec ton bâton.› Et voilà qu'en jaillirent douze sources. Chaque tribu sut son abreuvoir. Nous les couvrîmes de l'ombre du nuage, et fîmes descendre sur eux la manne et les cailles: ‹Mangez des bonnes choses que Nous vous avons attribuées.› Et ce n'est pas à Nous qu'ils ont fait du tort, mais c'est à eux même qu'ils en faisaient.

7:161 Et lorsqu'il leur fut dit: ‹Habitez cette cité et mangez [de ses produits] à votre guise, mais dites: rémission [à nos pêchés] et entrez par la porte en vous prosternant. Nous vous pardonnerons vos fautes; et aux bienfaisants (d'entre vous,) Nous accorderons davantage›.

7:162 Puis, les injustes parmi eux changèrent en une autre, la parole qui leur était dite. Alors Nous envoyâmes du ciel un châtiment sur eux, pour le méfait qu'ils avaient commis.

7:163 Et interroges-les au sujet de la cité qui donnait sur la mer, lorsqu'on y transgressait le Sabbat! Que leurs poissons venaient à eux faisant surfaces, au jour de leur Sabbat, et ne venaient pas à ceux le jour où ce n'était pas Sabbat! Ainsi les éprouvions-Nous pour la perversité qu'ils commettaient.

7:164 Et quand parmi eux une communauté dit: ‹Pourquoi exhortez-vous un peuple qu'Allah va anéantir ou châtier d'un châtiment sévère?› Ils répondirent: ‹Pour dégager notre responsabilité vis-à-vis de votre Seigneur; et que peut-être ils deviendront pieux!›

7:165 Puis, lorsqu'ils oublièrent ce qu'on leur avait rappelé, Nous sauvâmes ceux qui (leur) avaient interdit le mal et saisîmes par un châtiment rigoureux les injustes pour leurs actes pervers.

7:166 Puis, lorsqu'ils refusèrent (par orgueil) d'abandonner ce qui leur avait été interdit, Nous leur dîmes: ‹Soyez des singes abjects›.

7:167 Et lorsque ton Seigneur annonça qu'Il enverra certes contre eux quelqu'un qui leur imposera le pire châtiment jusqu'au Jour de la Résurrection. En vérité ton Seigneur est prompt à punir mais Il est aussi Pardonneur et Miséricordieux.

7:168 Et Nous les avons répartis en communautés sur la terre. Il y a parmi eux des gens de bien, mais il y en a qui le sont moins. Nous les avons éprouvés par les biens et par des maux, peut-être reviendraient-ils (au droit chemin).

7:169 Puis les suivirent des successeurs qui héritèrent le Livre, mais qui préférèrent ce qu'offre la vie d'ici-bas en disant: ‹Nous aurons le pardon.› Et si des choses semblables s'offrent à eux, ils les acceptent. N'avait-on pas pris d'eux l'engagement du Livre, qu'ils ne diraient sur Allah que la vérité? Ils avaient pourtant étudié ce qui s'y trouve. Et l'ultime demeure est meilleure pour ceux qui pratiquent la piété, - Ne comprendrez-vous donc pas ? -

7:170 Et ceux qui se conforment au Livre et accomplissent la Salat, [en vérité], Nous ne laissons pas perdre la récompense de ceux qui s'amendent.

7:171 Et lorsque Nous avons brandi au-dessus d'eux le Mont, Comme si c'eût été une ombrelle. Ils pensaient qu'il allait tomber sur eux. ‹Tenez fermement à ce que Nous vous donnons et rappelez-vous son contenu. Peut-être craindrez vous Allah›.

7:172 Et quand ton Seigneur tira une descendance des reins des fils d'Adam et les fit témoigner sur eux-mêmes: ‹Ne suis-Je pas votre Seigneur?› Ils répondirent: ‹Mais si, nous en témoignons...› - afin que vous ne disiez point, au Jour de la Résurrection: ‹Vraiment, nous n'y avons pas fait attention›,

7:173 ou que vous auriez dit (tout simplement): ‹Nos ancêtres autrefois donnaient des associés à Allah, et nous sommes leurs descendants, après eux. Vas-Tu nous détruire pour ce qu'ont fait les imposteurs?›

7:174 Et c'est ainsi que Nous expliquons intelligemment les signes. Peut- être reviendront-ils!

7:175 Et raconte-leur l'histoire de celui à qui Nous avions donné Nos signes et qui s'en écarta. Le Diable, donc, l'entraîna dans sa suite et il devint ainsi du nombre des égarés.

7:176 Et si Nous avions voulu, Nous l'aurions élevé par ces mêmes enseignements, mais il s'inclina vers la terre et suivit sa propre passion. Il est semblable à un chien qui halète si tu l'attaques, et qui halète aussi si tu le laisses. Tel est l'exemple des gens qui traitent de mensonges Nos signes. Eh bien, raconte le récit. Peut-être réfléchiront-ils!

7:177 Quel mauvais exemple que ces gens qui traitent de mensonges Nos signes, cependant que c'est à eux-mêmes qu'ils font de tort.

7:178 Quiconque Allah guide, voilà le bien guidé. Et quiconque Il égare, voilà les perdants.

7:179 Nous avons destiné beaucoup de djinns et d'hommes pour l'Enfer. Ils ont des coeurs, mais ne comprennent pas. Ils ont des yeux, mais ne voient pas. Ils ont des oreilles, mais n'entendent pas. Ceux-là sont comme les bestiaux, même plus égarés encore. Tels sont les insouciants.

7:180 C'est à Allah qu'appartiennent les noms les plus beaux. Invoquez- Le par ces noms et laissez ceux qui profanent Ses noms: ils seront rétribués pour ce qu'ils ont fait.

7:181 Parmi ceux que Nous avons créés, il y a une communauté qui guide (les autres) selon la vérité et par celle-ci exerce la justice.

7:182 Ceux qui traitent de mensonges Nos enseignements, Nous allons les conduire graduellement vers leur perte par des voies qu'ils ignorent.

7:183 Et Je leur accorderai un délai, car Mon stratagème est solide!

7:184 Est-ce qu'ils n'ont pas réfléchi? Il n'y a point de folie en leur compagnon (Muhammad): il n'est qu'un avertisseur explicite!

7:185 N'ont-ils pas médité sur le royaume des cieux et de la terre, et toute chose qu'Allah a créée, et que leur terme est peut-être déjà proche? En quelle parole croiront-ils après cela?

7:186 Quiconque Allah égare, pas de guide pour lui. Et Il les laisse dans leur transgression confus et hésitants.

7:187 Ils t'interrogent sur l'Heure: ‹Quand arrivera-t-elle?› Dis: ‹Seul mon Seigneur en a connaissance. Lui seul la manifesta en son temps. Lourde elle sera dans les cieux et (sur) la terre et elle ne viendra à vous que soudainement.› Ils t'interrogent comme si tu en étais averti. Dis: ‹Seul Allah en a connaissance.› Mais beaucoup de gens ne savant pas.

7:188 Dis: ‹Je ne détiens pour moi-même ni profit ni dommage, sauf ce qu'Allah veut. Et si je connaissais l'Inconnaissable, j'aurais eu des biens en abondance, et aucun mal ne m'aurait touché. Je ne suis, pour les gens qui croient, qu'un avertisseur et un annonciateur›

7:189 C'est Lui qui vous a créés d'un seul être dont il a tiré son épouse, pour qu'il trouve de la tranquillité auprès d'elle; et lorsque celui-ci eut cohabité avec elle, elle conçut une légère grossesse, avec quoi elle se déplaçait (facilement). Puis lorsqu'elle se trouva alourdie, tous deux invoquèrent leur Seigneur: ‹Si Tu nous donnes un (enfant) sain, nous serons certainement du nombre des reconnaissants›.

7:190 Puis, lorsqu'Il leur eût donné un (enfant) sain, tous deux assignèrent à Allah des associés en ce qu'Il leur avait donné. Mais Allah est bien au-dessus des associés qu'on Lui assigne.

7:191 Est-ce qu'ils assignent comme associés ce qui ne crée rien et qui eux-mêmes sont créés,

7:192 et qui ne peuvent ni les secourir ni se secourir eux-mêmes?

7:193 Si vous les appelez vers le chemin droit, ils ne vous suivront pas. Le résultat pour vous est le même, que vous les appeliez ou que vous gardiez le silence.

7:194 Ceux que vous invoquez en dehors d'Allah sont des serviteurs comme vous. Invoquez-les donc et qu'ils vous répondent, si vous êtes véridiques.

7:195 Ont-ils des jambes pour marcher? Ont-ils de mains pour frapper? Ont-ils des yeux pour observer? Ont-ils des oreilles pour entendre? Dis: ‹Invoquez vos associés, et puis, rusez contre moi; et ne me donnez pas de répit.

7:196 Certes mon Maître, c'est Allah qui a fait descendre le Livre (le Qur'an). C'est Lui qui se charge (de la protection) des vertueux.

7:197 Et ceux que vous invoquez en dehors de Lui ne sont capables ni de vous secourir, ni de se secourir eux-mêmes.›

7:198 Et si tu les appelles vers le chemin droit, ils n'entendent pas. Tu les vois qui te regardent, (mais) ils ne voient pas.

7:199 Accepte ce qu'on t'offre de raisonnable, commande ce qui est convenable et éloigne-toi des ignorants.

7:200 Et si jamais le Diable t'incite à faire le mal, cherche refuge auprès d'Allah. Car Il entend, et sais tout.

7:201 Ceux qui pratiquent la piété, lorsqu'une suggestion du Diable les touche se rappellent [du châtiment d'Allah]: et les voilà devenus clairvoyants.

7:202 (Quand aux méchants), leurs partenaires diaboliques les enfoncent dans l'aberration, puis ils ne cessent (de s'enfoncer).

7:203 Quand tu ne leur apportes pas de miracles, ils disent: ‹Pourquoi ne l'inventes-tu pas?› Dis: ‹Je ne fais que suivre ce qui m'est révélé de mon Seigneur. Ces [versets coraniques] sont des preuves illuminantes venant de votre Seigneur, un guide et une grâce pour des gens qui croient.

7:204 Et quand on récite le Qur'an, prêtez-lui l'oreille attentivement et observez le silence, afin que vous obteniez la miséricorde (d'Allah).

7:205 Et invoque ton Seigneur en toi-même, en humilité et crainte, à mi-voix, le matin et le soir, et ne sois pas du nombre des insouciants.

7:206 Ceux qui sont auprès de ton Seigneur [les anges] ne dédaignent pas de L'adorer. Ils Le glorifient et se prosternent devant Lui.

8. Le butin (Al-Anfal)
Au nom d'Allah, le Tout Miséricordieux, le Très Miséricordieux.

8:1 Ils t'interrogent au sujet du butin. Dis: ‹Le butin est à Allah et à Son messager.› Craignez Allah, maintenez la concorde entre vous et obéissez à Allah et à Son messager, si vous êtes croyants.

8:2 Les vrais croyants sont ceux dont les coeurs frémissent quand on mentionne Allah. Et quand Ses versets leur sont récités, cela fait augmenter leur foi. Et ils placent leur confiance en leur Seigneur.

8:3 Ceux qui accomplissent la Salat et qui dépensent [dans le sentir d'Allah] de ce que Nous leur avons attribué.

8:4 Ceux-là sont, en toute vérité les croyants: à eux des degrés (élevés) auprès de leur Seigneur, ainsi qu'un pardon et une dotation généreuse.

8:5 De même, c'est au nom de la vérité que ton Seigneur t'a fait sortir de ta demeure, malgré la répulsion d'une partie des croyants.

8:6 Ils discutent avec toi au sujet de la vérité après qu'elle fut clairement apparue; comme si on les poussait vers la mort et qu'ils (la) voyaient.

8:7 (Rappelez-vous), quand Allah vous promettait qu'une des deux bandes sera à vous. ‹Vous désiriez vous emparer de celle qui était sans armes, alors qu'Allah voulait par Ses paroles faire triompher la vérité et anéantir les mécréants jusqu'au dernier.

8:8 afin qu'Il fasse triompher la vérité et anéantir le faux, en dépit de la répulsion qu'en avaient les criminels.

8:9 (Et rappelez-vous) le moment où vous imploriez le secours de votre Seigneur et qu'Il vous exauça aussitôt: ‹Je vais vous aider d'un millier d'Anges déferlant les uns à la suite des autres.

8:10 Allah ne fit cela que pour (vous) apporter une bonne nouvelle et pour qu'avec cela vos coeurs se tranquillisent. Il n'y a de victoire que de la part d'Allah. Allah est Puissant est Sage.

8:11 Et quand Il vous enveloppa de sommeil comme d'une sécurité de Sa part, et du ciel Il fit descendre de l'eau sur vous afin de vous en purifier, d'écarter de vous la souillure du Diable, de renforcer les coeurs et d'en raffermir les pas! [vos pas].

8:12 Et ton Seigneur révéla aux Anges: ‹Je suis avec vous: affermissez donc les croyants. Je vais jeter l'effroi dans les coeurs des mécréants. Frappez donc au-dessus des cous et frappez-les sur tous les bouts des doigts.

8:13 Ce, parce qu'ils ont désobéi à Allah et à Son messager.› Et quiconque désobéit à Allah et à Son messager... Allah est certainement dur en punition!

8:14 Voilà (votre sort); goûtez-le donc! Et aux mécréants le châtiment du Feu (sera réservé).

8:15 Ô vous qui croyez quand vous rencontrez (l'armée) des mécréants en marche, ne leur tournez point le dos.

8:16 Quiconque, ce jour-là, leur tourne le dos, - à moins que ce soit par tactique de combat, ou pour rallier un autre groupe, - celui-là encourt la colère d'Allah et son refuge sera l'Enfer. Et quelle mauvaise destination!

8:17 Ce n'est pas vous qui les avez tués: mais c'est Allah qui les a tués. Et lorsque tu lançais (une poignée de terre), ce n'est pas toi qui lançais: mais c'est Allah qui lançait, et ce pour éprouver les croyants d'une belle épreuve de Sa part! Allah est Audient et Omniscient.

8:18 Voilà! Allah réduit à rien la ruse des mécréants.

8:19 Si vous avez imploré l'arbitrage d'Allah vous connaissez maintenant la sentence [d'Allah] Et si vous cessez [la mécréance et l'hostilité contre le Prophète..], c'est mieux pour vous. Mais si vous revenez, Nous reviendrons, et votre masse, même nombreuse, ne vous sera d'aucune utilité. Car Allah est vraiment avec les croyants.

8:20 Ô vous qui croyez! Obéissez à Allah et à Son messager et ne vous détournez pas de lui quand vous l'entendez (parler).

8:21 Et ne soyez pas comme ceux qui disent: ‹Nous avons entendu ›, alors qu'ils n'entendent pas.

8:22 Les pires des bêtes auprès d'Allah, sont, [en vérité], les sourds-muets qui ne raisonnent pas.

8:23 Et si Allah avait reconnu en eux quelque bien, Il aurait fait qu'ils entendent. Mais, même s'Il les faisait entendre, ils tourneraient [sûrement] le dos en s'éloignant.

8:24 Ô vous qui croyez! Répondez à Allah et au Messager lorsqu'il vous appelle à ce qui vous donne la (vraie) vie, et sachez qu'Allah s'interpose entre l'homme et son coeur, et que c'est vers Lui que vous serez rassemblés.

8:25 Et craignez une calamité qui n'affligera pas exclusivement les injustes d'entre vous. Et sachez qu'Allah est dur en punition.

8:26 Et rappelez-vous quand vous étiez peu nombreux, opprimés sur terre, craignant de vous faire enlever par des gens. Il vous donna asile, vous renforça se Son secours et vous attribua de bonnes choses afin que vous soyez reconnaissants

8:27 Ô vous qui croyez! Ne trahissez pas Allah et le Messager. Ne trahissez pas sciemment la confiance qu'on a placée en vous ?

8:28 Et sachez que vos biens et vos enfants ne sont qu'une épreuve et qu'auprès d'Allah il y a une énorme récompense.

8:29 Ô vous qui croyez! Si vous craignez Allah, Il vous accordera la faculté de discerner (entre le bien et le mal), vous effacera vos méfaits et vous pardonnera. Et Allah est le Détenteur de l'énorme grâce.

8:30 (Et rappelle-toi) le moment où les mécréants complotaient contre toi pour t'emprisonner ou t'assassiner ou te bannir. Ils complotèrent, mais Allah a fait échouer leur complot, et Allah est le meilleur en stratagèmes.

8:31 Et lorsque Nos versets leur sont récités, ils disent: ‹Nous avons écouté, certes! Si nous voulions, nous dirions pareil à cela, ce ne sont que des légendes d'anciens.

8:32 Et quand ils dirent: ‹Ô Allah, si cela est la vérité de Ta part, alors, fais pleuvoir du ciel des pierres sur nous, ou fais venir sur nous un châtiment douloureux›.

8:33 Allah n'est point tel qu'Il les châtie, alors que tu es au milieu d'eux. Et Allah n'est point tel qu'Il les châtie alors qu'ils demandent pardon.

8:34 Qu'ont-ils donc pour qu'Allah ne les châtie pas, alors qu'ils repoussent (les croyants) de la Mosquée sacrée, quoiqu'ils n'en soient pas les gardiens, car ses gardiens ne sont que les pieux. Mais la plupart d'entre eux ne le savent pas.

8:35 Et leur prière, auprès de la Maison, n'est que sifflement et battements de mains: ‹Goûtez donc au châtiment, à cause de votre mécréants!›

8:36 Ceux qui ne croient pas dépensent leurs biens pour éloigner (les gens) du sentier d'Allah. Or, après les avoir dépensés, ils seront pour un sujet de regret. Puis ils seront vaincus, et tous ceux qui ne croient pas seront rassemblés vers l'Enfer,

8:37 afin qu'Allah distingue le mauvais du bon, et qu'Il place les mauvais les uns sur les autres, pour en faire un amoncellement qu'Il jettera dans l'Enfer. Ceux-là sont les perdants.

8:38 Dis à ceux qui ne croient pas que, s'ils cessent, on leur pardonnera ce qui s'est passé. Et s'ils récidivent, (ils seront châtiés); à l'exemple de (leurs) devanciers.

8:39 Et combattez-les jusqu'à ce qu'il ne subsiste plus d'association, et que la religion soit entièrement à Allah. Puis, s'ils cessent (ils seront pardonnés car) Allah observe bien ce qu'ils oeuvrent.

8:40 Et s'ils tournent le dos, sachez alors qu'Allah est votre Maître. Quel excellent Maître et quel excellent Protecteur!

8:41 Et sachez que, de tout butin que vous avez ramassé, le cinquième appartient à Allah, au messager, à ses proches parents, aux orphelins, aux pauvres, et aux voyageurs (en détresse), si vous croyez en Allah et en ce que Nous avons fait descendre sur Notre serviteur, le jour du Discernement: le jour où les deux groupes s'étaient rencontrés, et Allah est Omnipotent).

8:42 Vous étiez sur le versant le plus proche, et eux (les ennemis) sur le versant le plus éloigné, tandis que la caravane était plus bas que vous. Si vous vous étiez donné rendez-vous, vous l'auriez manqué (effrayés par le nombre de l'ennemi). Mais il fallait qu'Allah accomplît un ordre qui devait être exécuté, pour que, sur preuve, pérît celui qui (devait) périr, et vécût, sur preuve, celui qui (devait) vivre. Et certes, Allah est Audient et Omniscient.

8:43 En songe, Allah te les avait montrés peu nombreux! Car s'Il te les avait montrés nombreux, vous auriez certainement fléchi, et vous vous seriez certainement disputés à propos de l'affaire. Mais Allah vous en a préservés. Il connaît le contenu des coeurs.

8:44 Et aussi, au moment de la rencontre, Il vous les montrait peu nombreux à Vos yeux, de même qu'Il vous faisant paraître à leurs yeux peu nombreux afin qu'Allah parachève un ordre qui devait être exécuté. C'est a Allah que sont ramenées les choses.

8:45 Ô vous qui croyez! Lorsque vous rencontrez une troupe (ennemie), soyez fermes, et invoquez beaucoup Allah afin de réussir.

8:46 Et obéissez à Allah et à Son messager; et ne vous disputez pas, sinon vous fléchirez et perdrez votre force. Et soyez endurants, car Allah est avec les endurants.

8:47 Et ne soyez pas comme ceux qui sortirent de leurs demeures pour repousser la vérité et avec ostentation publique, obstruant le chemin d'Allah. Et Allah cerne ce qu'ils font.

8:48 Et quand le Diable leur eut embelli leurs actions et dit: ‹Nul parmi les humains ne peut vous dominer aujourd'hui, et je suis votre soutien.› Mais, lorsque les deux groupes furent en vue l'un de l'autre, il tourna les deux talons et dit: ‹Je vous désavoue. Je vois ce que vous ne voyez pas; je crains Allah, et Allah est dur en punition›.

8:49 (Et rappelez-vous), quand les hypocrites et ceux qui ont une maladie au coeur [dont la foi est douteuse] disaient: ‹Ces gens-là, leur religion les trompe.› Mais quiconque place sa confiance en Allah (sera victorieux)... car Allah est Puissant et Sage.

8:50 Si tu voyais, lorsque les Anges arrachaient les âmes aux mécréants! Ils les frappaient sur leurs visages et leurs derrières, (en disant): ‹Goûtez au châtiment du Feu.

8:51 Cela (le châtiment), pour ce que vos mains ont accompli.› Et Allah n'est point injuste envers les esclaves.

8:52 Il en fut de même des gens de Pharaon et ceux qui avant eux n'avaient pas cru aux signes (enseignements) d'Allah. Allah les saisit pour leurs péchés. Allah est certes Fort et sévère en punition.

8:53 C'est qu'en effet Allah ne modifie pas un bienfait dont Il a gratifié un peuple avant que celui-ci change ce qui est en lui-même. Et Allah est, Audient et Omniscient.

8:54 Il en fut de même des gens de Pharaon et ceux qui avant eux avaient traité de mensonges les signes (enseignements) de leur Seigneur. Nous les avons fait périr pour leurs péchés. Et Nous avons noyé les gens de Pharaon. Car ils étaient tous des injustes.

8:55 Les pires bêtes, auprès d'Allah, sont ceux qui ont été infidèles (dans le passé) et qui ne croient donc point (actuellement),

8:56 ceux-là mêmes avec lesquels tu as fait un pacte et qui chaque fois le rompent, sans aucune crainte [d'Allah].

8:57 Donc, si tu les maîtrises à la guerre, inflige-leur un châtiment exemplaire de telle sorte que ceux qui sont derrière eux soient effarouchés. Afin qu'ils se souviennent.

8:58 Et si jamais tu crains vraiment une trahison de la part d'un peuple, dénonce alors le pacte (que tu as conclu avec), d'une façon franche et loyale car Allah n'aime pas les traîtres.

8:59 Que les mécréants ne pensent pas qu'ils Nous ont échappé. Non, ils ne pourront jamais Nous empêcher (de les rattraper à n'importe quel moment).

8:60 Et préparez [pour lutter] contre eux tout ce que vous pouvez comme force et comme cavalerie équipée, afin d'effrayer l'ennemi d'Allah et le vôtre, et d'autres encore que vous ne connaissez pas en dehors de ceux-ci mais qu'Allah connaît. Et tout ce que vous dépensez dans le sentier d'Allah vous sera remboursé pleinement et vous ne serez point lésés.

8:61 Et s'ils inclinent à la paix, incline vers celle-ci (toi aussi) et place ta confiance en Allah, car c'est Lui l'Audient, l'Omniscient.

8:62 Et s'ils veulent te tromper, alors Allah te suffira. C'est Lui qui t'a soutenu par Son secours, ainsi que par (l'assistance) des croyants.

8:63 Il a uni leurs coeurs (par la foi). Aurais-tu dépensé tout ce qui est sur terre, tu n'aurais pu unir leurs coeurs; mais c'est Allah qui les a unis, car Il est Puissant et Sage.

8:64 Ô Prophète, Allah et ceux des croyants qui te suivent te suffisent.

8:65 Ô Prophète, incite les croyants au combat. S'il se trouve parmi vous vingt endurants, ils vaincront deux cents; et s'il s'en trouve cent, ils vaincront mille mécréants, car ce sont vraiment des gens qui ne comprennent pas.

8:66 Maintenant, Allah a allégé votre tâche, sachant qu'il y a de la faiblesse en vous. S'il y a cent endurants parmi vous, ils vaincront deux cents; et s'il y en a mille, ils vaincront deux mille, par la grâce d'Allah. Et Allah est avec les endurants.

8:67 Un prophète ne devrait pas faire de prisonniers avant d'avoir prévalu [mis les mécréants hors de combat] sur la terre. Vous voulez les biens d'ici-bas, tandis qu'Allah veut l'au-delà. Allah est Puissant et Sage.

8:68 N'eût-été une prescription préalable d'Allah, un énorme châtiment vous aurait touché pour ce que vous avez pris. [de la rançon]

8:69 Mangez donc de ce qui vous est échu en butin, tant qu'il est licite et pur. Et craignez Allah, car Allah est Pardonneur et Miséricordieux.

8:70 Ô Prophète, dis aux captifs qui sont entre vos mains: ‹Si Allah sait qu'il y a quelque bien dans vos coeurs, Il vous donnera mieux que ce qui vous a été pris et vous pardonnera. Allah est Pardonneur et Miséricordieux.

8:71 Et s'ils veulent te trahir..., c'est qu'ils ont déjà trahi Allah [par la mécréance]; mais Il a donné prise sur eux [le jour de Badr]. Et Allah est Omniscient et Sage.

8:72 Ceux qui ont cru, émigré et lutté de leurs biens et de leurs personnes dans le sentier d'Allah, ainsi que ceux qui leur ont donné refuge et secours, ceux-là sont alliés les uns des autres. Quant à ceux qui ont cru et n'ont pas émigré, vous ne serez pas liés à eux, jusqu'à ce qu'ils émigrent. Et s'ils vous demandent secours au nom de la religion, à vous alors de leur porter secours, mais pas contre un peuple auquel vous êtes liés par un pacte. Et Allah observe bien ce que vous oeuvrez.

8:73 Et ceux qui n'ont pas cru sont alliés les uns des autres. Si vous n'agissez pas ainsi [en rompant les liens avec les infidèles], il y aura discorde sur terre et grand désordre.

8:74 Et ceux qui ont cru, émigré et lutté dans le sentier d'Allah, ainsi que ceux qui leur ont donné refuge et porté secours, ceux-là sont les vrais croyants: à eux, le pardon et une récompense généreuse.

8:75 Et ceux qui après cela ont cru et émigré et lutté en votre compagnie, ceux-là sont des vôtres. Cependant ceux qui sont liés par la parenté ont priorité les uns envers les autres, d'après le Livre d'Allah. Certes, Allah est Omniscient.

9. Le repentir (At-Tawbah)

9:1 Désaveu de la part d'Allah et de Son messager à l'égard des associateurs avec qui vous avez conclu un pacte:

9:2 Parcourez la terre durant quatre mois; et sachez que vous ne réduirez pas Allah à l'impuissance et qu'Allah couvre d'ignominie les mécréants.›

9:3 Et proclamation aux gens, de la part d'Allah et de Son messager, au jour du Grand Pèlerinage, qu'Allah et Son messager, désavouent les associateurs. Si vous vous repentez, ce sera mieux pour vous. Mais si vous vous détournez, sachez que vous ne réduirez pas Allah à l'impuissance. Et annonce un châtiment douloureux à ceux qui ne croient pas.

9:4 A l'exception des associateurs avec lesquels vous avez conclu un pacte, puis ils ne vous ont manqué en rien, et n'ont soutenu personne [à lutter] contre vous: respectez pleinement le pacte conclu avec eux jusqu'au terme convenu. Allah aime les pieux.

9:5 Après que les mois sacrés expirent, tuez les associateurs où que vous les trouviez. Capturez-les, assiégez-les et guettez-les dans toute embuscade. Si ensuite ils se repentent, accomplissent la Salat et acquittent la Zakat, alors laissez-leur la voie libre, car Allah est Pardonneur et Miséricordieux.

9:6 Et si l'un des associateurs te demande asile, accorde-le lui, afin qu'il entende la parole d'Allah, puis fais-le parvenir à son lieu de sécurité. Car ce sont des gens qui ne savent pas.

9:7 Comment y aurait-il pour les associateurs un pacte admis par Allah et par Son messager? A l'exception de ceux avec lesquels vous avez conclu un pacte près de la Mosquée sacrée. Tant qu'ils sont droits envers vous, soyez droits envers eux. Car Allah aime les pieux.

9:8 Comment donc! Quand ils triomphent de vous, ils ne respectent à votre égard, ni parenté ni pacte conclu. Ils vous satisfont de leurs bouches, tandis que leurs coeurs se refusent; et la plupart d'entre eux sont des pervers.

9:9 Ils troquent à vil prix les versets d'Allah (le Qur'an) et obstruent Son chemin. Ce qu'ils font est très mauvais!

9:10 Ils ne respectent, à l'égard d'un croyant, ni parenté ni pacte conclu. Et ceux-là sont les transgresseurs.

9:11 Mais s'ils se repentent, accomplissent la Salat et acquittent la Zakat, ils deviendront vos frères en religion. Nous exposons intelligiblement les versets pour des gens qui savent.

9:12 Et si, après le pacte, ils violent leurs serments et attaquent votre religion, combattez alors les chefs de la mécréance - car, ils ne tiennent aucun serment - peut- être cesseront-ils?

9:13 Ne combattrez-vous pas des gens qui ont violé leurs serments, qui ont voulu bannir le Messager et alors que ce sont eux qui vous ont attaqués les premiers? Les redoutiez-vous? C'est Allah qui est plus digne de votre crainte si vous êtes croyants!

9:14 Combattez-les. Allah, par vos mains, les châtiera, les couvrira d'ignominie, vous donnera la victoire sur eux et guérira les poitrines d'un peuple croyant.

9:15 Et il fera partir la colère de leurs coeurs. Allah accueille le repentir de qui Il veut. Allah est Omniscient et Sage.

9:16 Pensez-vous que vous serez délaissés, cependant qu'Allah n'a pas encore distingué ceux d'entre vous qui ont lutté et qui n'ont pas cherché des alliés en dehors d'Allah, de Son messager et des croyants? Et Allah est Parfaitement Connaisseur de ce que vous faites.

9:17 Il n'appartient pas aux associateurs de peupler les mosquées d'Allah, vu qu'ils témoignent contre eux-mêmes de leur mécréance. Voilà ceux dont les oeuvres sont vaines; et dans le Feu ils demeureront éternellement.

9:18 Ne peupleront les mosquées d'Allah que ceux qui croient en Allah et au Jour dernier, accomplissent la Salat, acquittent la Zakat et ne craignent qu'Allah. Il se peut que ceux- là soient du nombre des bien-guidés.

9:19 Ferez-vous de la charge de donner à boire aux pèlerins et d'entretenir la Mosquée sacrée (des devoirs) comparables [au mérite] de celui qui croit en Allah et au Jour dernier et lutte dans le sentier d'Allah? Ils ne sont pas égaux auprès d'Allah et Allah ne guide pas les gens injustes.

9:20 Ceux qui ont cru, qui ont émigré et qui ont lutté par leurs biens et leurs personnes dans le sentier d'Allah, ont les plus hauts rangs auprès d'Allah... et ce sont eux les victorieux.

9:21 Leur Seigneur leur annonce de Sa part, miséricorde et agrément, et des Jardins où il y aura pour eux un délice permanent

9:22 où ils demeureront éternellement. Certes il y a auprès d'Allah une énorme récompense

9:23 Ô vous qui croyez! Ne prenez pas pour alliés, vos pères et vos frères s'ils préfèrent la mécréance à la foi. Et quiconque parmi vous les prend pour alliés... ceux-là sont les injustes.

9:24 Dis: ‹Si vos pères, vos enfants, vos frères, vos épouses, vos clans, les biens que vous gagnez, le négoce dont vous craignez le déclin et les demeures qui vous sont agréables, vous sont plus chers qu'Allah, Son messager et la lutte dans le sentier d'Allah, alors attendez qu'Allah fasse venir Son ordre. Et Allah ne guide pas les gens pervers›.

9:25 Allah vous a déjà secourus en maints endroits. Et [rappelez- vous] le jour de Hunayn, quand vous étiez fiers de votre grand nombre et que cela ne vous a servi à rien. La terre, malgré son étendue vous devint bien étroite; puis vous avez tourné le dos en fuyards.

9:26 Puis, Allah fit descendre Sa quiétude [Sa ‹sakina›] sur Son messager et sur les croyants. Il fit descendre des troupes (Anges) que vous ne voyiez pas, et châtia ceux qui ont mécru. Telle est la rétribution des mécréants.

9:27 Après cela Allah, accueillera le repentir de qui Il veut, car Allah est Pardonneur et Miséricordieux.

9:28 Ô vous qui croyez! Les associateurs ne sont qu'impureté: qu'ils ne s'approchent plus de la Mosquée sacrée, après cette année-ci. Et si vous redoutez une pénurie, Allah vous enrichira, s'Il veut, de par Sa grâce. Car Allah est Omniscient et Sage.

9:29 Combattez ceux qui ne croient ni en Allah ni au Jour dernier, qui n'interdisent pas ce qu'Allah et Son messager ont interdit et qui ne professent pas la religion de la vérité, parmi ceux qui ont reçu le Livre, jusqu'à ce qu'ils versent la capitation par leurs propres mains, après s'être humiliés.

9:30 Les Juifs disent: ‹Uzayr est fils d'Allah› et les Chrétiens disent: ‹Le Christ est fils d'Allah›. Telle est leur parole provenant de leurs bouches. Ils imitent le dire des mécréants avant eux. Qu'Allah les anéantisse! Comment s'écartent-ils (de la vérité)?

9:31 Ils ont pris leurs rabbins et leurs moines, ainsi que le Christ fils de Marie, comme Seigneurs en dehors d'Allah, alors qu'on ne leur a commandé que d'adorer un Dieu unique. Pas de divinité à part Lui! Gloire à Lui! Il est au-dessus de ce qu'ils [Lui] associent.

9:32 Ils veulent éteindre avec leurs bouches la lumière d'Allah, alors qu'Allah ne veut que parachever Sa lumière, quelque répulsion qu'en aient les mécréants.

9:33 C'est Lui qui a envoyé Son messager avec la bonne direction et la religion de la vérité, afin qu'elle triomphe sur toute autre religion, quelque répulsion qu'en aient les associateurs.

9:34 Ô vous qui croyez! Beaucoup de rabbins et de moines dévorent, les biens des gens illégalement et [leur] obstruent le sentier d'Allah. A ceux qui thésaurisent l'or et l'argent et ne les dépensent pas dans le sentier d'Allah, annonce un châtiment douloureux,

9:35 le jour où (ces trésors) seront portés à l'incandescence dans le feu de l'Enfer et qu'ils en seront cautérisés, front, flancs et dos: voici ce que vous avez thésaurisé pour vous-mêmes. Goûtez de ce que vous thésaurisiez.›

9:36 Le nombre de mois, auprès d'Allah, est de douze [mois], dans la prescription d'Allah, le jour où Il créa les cieux et la terre. Quatre d'entre eux sont sacrés: telle est la religion droite. [Durant ces mois], ne faites pas de tort à vous-mêmes. Combattez les associateurs sans exception, comme ils vous combattent sans exception. Et sachez qu'Allah est avec les pieux.

9:37 Le report d'un mois sacré à un autre est un surcroît de mécréance. Par là, les mécréants sont égarés: une année, ils le font profane, et une année, ils le font sacré, afin d'ajuster le nombre de mois qu'Allah a fait sacrés. Ainsi rendent-ils profane ce qu'Allah a fait sacré. Leurs méfaits leurs sont enjolivés. Et Allah ne guide pas les gens mécréants.

9:38 Ô vous qui croyez! Qu'avez-vous? Lorsque l'on vous a dit: ‹Elancez-vous dans le sentier d'Allah›; vous vous êtes appesantis sur la terre. La vie présente vous agrée-t-elle plus que l'au-delà? - Or, la jouissance de la vie présente ne sera que peu de chose, comparée à l'au-delà!

9:39 Si vous ne vous lancez pas au combat, Il vous châtiera d'un châtiment douloureux et vous remplacera par un autre peuple. Vous ne Lui nuirez en rien. Et Allah est Omnipotent.

9:40 Si vous ne lui portez pas secours... Allah l'a déjà secouru, lorsque ceux qui avaient mécru l'avaient banni, deuxième de deux. Quand ils étaient dans la grotte et qu'il disait à son compagnon: ‹Ne t'afflige pas, car Allah est avec nous.› Allah fit alors descendre sur lui Sa sérénité ‹Sa sakina› et le soutint de soldats (Anges) que vous ne voyiez pas, et Il abaissa ainsi la parole des mécréants, tandis que la parole d'Allah eut le dessus. Et Allah est Puissant et Sage.

9:41 Légers ou lourds, lancez-vous au combat, et luttez avec vos biens et vos personnes dans le sentier d'Allah. Cela est meilleur pour vous, si vous saviez

9:42 S'il s'était agi d'un profit facile ou d'un court voyage, ils t'auraient suivi; mais la distance leur parut longue. Et ils jureront par Allah: ‹Si nous avions pu, nous serions sortis en votre compagnie.› Ils se perdent eux-mêmes. Et Allah sait bien qu'ils mentent.

9:43 Qu'Allah te pardonne! Pourquoi leur as-tu donné permission avant que tu ne puisses distinguer ceux qui disaient vrai et reconnaître les menteurs?

9:44 Ceux qui croient en Allah et au Jour dernier ne te demandent pas permission quand il s'agit de mener combat avec leurs biens et leurs personnes. Et Allah connaît bien les pieux.

9:45 Ne te demandent permission que ceux qui ne croient pas en Allah et au Jour dernier, et dont les coeurs sont emplis de doute. Ils ne font qu'hésiter dans leur incertitude.

9:46 Et s'ils avaient voulu partir (au combat), ils lui auraient fait des préparatifs. Mais leur départ répugna à Allah; Il les a rendus paresseux. Et il leur fut dit: ‹Restez avec ceux qui restent›.

9:47 S'ils étaient sortis avec vous, ils n'auraient fait qu'accroître votre trouble et jeter la dissension dans vos rangs, cherchant à créer la discorde entre vous. Et il y en a parmi vous qui les écoutent. Et Allah connaît bien les injustes.

9:48 Ils ont, auparavant, cherché à semer la discorde (dans vos rangs) et à embrouiller tes affaires jusqu'à ce que vint la vérité et triomphât le commandement d'Allah, en dépit de leur hostilité.

9:49 Parmi eux il en est qui dit: ‹Donne-moi la permission (de rester) et ne me mets pas en tentation.› Or, c'est bien dans la tentation qu'ils sont tombés; l'Enfer est tout autour des mécréants.

9:50 Qu'un bonheur t'atteigne, ça les afflige. Et que t'atteigne un malheur, ils disent: ‹Heureusement que nous avions pris d'avance nos précautions.› Et ils se détournent tout en exultant.

9:51 Dis: ‹Rien ne nous atteindra, en dehors de ce qu'Allah a prescrit pour nous. Il est notre Protecteur. C'est en Allah que les croyants doivent mettre leur confiance›.

9:52 Dis: ‹Qu'attendez-vous pour nous, sinon l'une des deux meilleures choses ? Tandis que ce que nous attendons pour vous, c'est qu'Allah vous inflige un châtiment de Sa part ou par nos mains. Attendez donc! Nous attendons aussi, avec vous›.

9:53 Dis: ‹Dépensez bon gré, mal gré: jamais cela ne sera accepté de vous, car vous êtes des gens pervers›.

9:54 Ce qui empêche leurs dons d'être agréés, c'est le fait qu'ils n'ont pas cru en Allah et Son messager, qu'ils ne se rendent à la Salat que paresseusement, et qu'ils ne dépensent (dans les bonnes oeuvres) qu'à contrecoeur.

9:55 Que leurs biens et leurs enfants ne t'émerveillent point! Allah ne veut par là que les châtier dans la vie présente, et que (les voir) rendre péniblement l'âme en état de mécréance.

9:56 Et ils (les hypocrites) jurent par Allah qu'ils sont vraiment des vôtres; alors qu'ils ne le sont pas. Mais ce sont des gens peureux.

9:57 S'ils trouvaient un refuge, des cavernes ou un souterrain, ils s'y tourneraient donc et s'y précipiteraient à bride abattue.

9:58 Il en est parmi eux qui te critiquent au sujet des Sadaqats: s'il leur en est donné, les voilà contents; mais s'il ne leur en est pas donné, les voilà pleins de rancoeur.

9:59 S'ils s'étaient contentés de ce qu'Allah leur avait donné ainsi que Son messager et avaient dit: ‹Allah nous suffit. Bientôt Allah nous accordera Sa faveur de même que Son messager!... C'est vers Allah que va tout notre désir ›.

9:60 Les Sadaqats ne sont destinés que pour les pauvres, les indigents, ceux qui y travaillent, ceux dont les coeurs sont à gagner (à l'Islam), l'affranchissement des jougs, ceux qui sont lourdement endettés, dans le sentier d'Allah, et pour le voyageur (en détresse). C'est un décret d'Allah! Et Allah est Omniscient et Sage.

9:61 Et il en est parmi eux ceux qui font du tort au Prophète et disent: ‹Il est tout oreille›. - Dis: ‹Une oreille pour votre bien. Il croit en Allah et fait confiance aux croyants, et il est une miséricorde pour ceux d'entre vous qui croient. Et ceux qui font du tort au Messager d'Allah auront un châtiment douloureux.

9:62 Ils vous jurent par Allah pour vous satisfaire. Alors qu'Allah - ainsi que Son messager - est plus en droit qu'ils Le satisfassent, s'ils sont vraiment croyants.

9:63 Ne savent-ils pas qu'en vérité quiconque s'oppose à Allah et à Son messager, aura le feu de l'Enfer pour y demeurer éternellement? Et voilà l'immense opprobre.

9:64 Les hypocrites craignent que l'on fasse descendre sur eux une Sourate leur dévoilant ce qu'il y a dans leurs coeurs. Dis: ‹Moquez-vous! Allah fera surgir ce que vous prenez la précaution (de cacher)›.

9:65 Et si tu les interrogeais, ils diraient très certainement: ‹Vraiment, nous ne faisions que bavarder et jouer.› Dis: ‹Est-ce d'Allah, de Ses versets (le Qur'an) et de Son messager que vous vous moquiez?›

9:66 Ne vous excusez pas: vous avez bel et bien rejeté la foi après avoir cru. Si Nous pardonnons à une partie des vôtres, Nous en châtierons une autre pour avoir été des criminels.

9:67 Les hypocrites, hommes et femmes, appartiennent les uns aux autres. Ils commandent le blâmable, interdisent le convenable, et replient leurs mains (d'avarice). Ils ont oublié Allah et Il les a alors oubliés. En vérité, les hypocrites sont les pervers.

9:68 Aux hypocrites, hommes et femmes, et aux mécréants, Allah a promis le feu de l'Enfer pour qu'ils y demeurent éternellement. C'est suffisant pour eux. Allah les a maudits. Et pour eux, il y aura un châtiment permanent.

9:69 [Il en fut] de même de ceux qui vous ont précédés: ils étaient plus forts que vous, plus riches et avaient plus d'enfants. Ils jouirent de leur lot [en ce monde] et vous avez joui de votre lot comme ont joui vos prédécesseurs de leur lot. Et vous avez discuté à tort et à travers comme ce qu'ils avaient discuté. Ceux-là verront leurs oeuvres anéantis dans ce monde et dans l'autre et ceux-là sont les perdants.

9:70 Est-ce que ne leur est pas parvenue l'histoire de ceux qui les ont précédés: le peuple de Noé, des Aad, des Tamud, d'Abraham, des gens de Madyan, et des Villes renversées ? Leurs messagers leur avaient apporté des preuves évidentes. Ce ne fut pas Allah qui leur fit du tort, mais ils se firent du tort à eux-mêmes.

9:71 Les croyants et les croyantes sont alliés les uns des autres. Ils commandent le convenable, interdisent le blâmable accomplissent la Salât, acquittent la Zakat et obéissent à Allah et à Son messager. Voilà ceux auxquels Allah fera miséricorde, car Allah est Puissant et Sage.

9:72 Aux croyants et aux croyantes, Allah a promis des Jardins sous lesquels coulent les ruisseaux, pour qu'ils y demeurent éternellement, et des demeures excellentes, aux jardins d'Eden [du séjour permanent]. Et la satisfaction d'Allah est plus grande encore, et c'est là l'énorme succès.

9:73 Ô Prophète, lutte contre les mécréants et les hypocrites, et sois rude avec eux; l'Enfer sera leur refuge, et quelle mauvaise destination!

9:74 Ils jurent par Allah qu'ils n'ont pas dit (ce qu'ils ont proféré), alors qu'en vérité ils ont dit la parole de la mécréance et ils ont rejeté la foi après avoir été musulmans. Ils ont projeté ce qu'ils n'ont pu accomplir. Mais ils n'ont pas de reproche à faire si ce n'est qu'Allah - ainsi que Son messager - les a enrichis par Sa grâce. S'ils se repentaient, ce serait mieux pour eux. Et s'ils tournent le dos, Allah les châtiera d'un douloureux châtiment, ici-bas et dans l'au-delà; et ils n'auront sur terre ni allié ni secoureur.

9:75 Et parmi eux il en est qui avaient pris l'engagement envers Allah: ‹S'il nous donne de Sa grâce, nous payerons, certes, la Zakat, et serons du nombre des gens de bien›.

9:76 Mais, lorsqu'Il leur donna de Sa grâce, ils s'en montrèrent avares et tournèrent le dos en faisant volte-face.

9:77 Il a donc suscité l'hypocrisie dans leurs coeurs, et cela jusqu'au jour où ils Le rencontreront, pour avoir violé ce qu'ils avaient promis à Allah et pour avoir menti.

9:78 Ne savent-ils pas qu'Allah connaît leur secret et leurs conversations confidentielles et qu'Allah connaît parfaitement les (choses) inconnaissables.

9:79 Ceux-là qui dirigent leurs calomnies contre les croyants qui font des aumònes volontaires et contre ceux qui ne trouvent que leurs faibles moyens (à offrir), et ils se moquent alors d'eux. Qu'Allah les raille. Et ils auront un châtiment douloureux.

9:80 Que tu demandes pardon pour eux, ou que tu ne le demandes pas - et si tu demandes pardon pour eux soixante dix fois - Allah ne leur pardonnera point. Et ce parce qu'ils n'ont pas cru en Allah et en Son messager et Allah ne guide pas les gens pervers.

9:81 Ceux qui ont été laissés à l'arrière se sont réjouis de pouvoir rester chez eux à l'arrière du Messager d'Allah, ils ont répugné à lutter par leurs biens et leurs personnes dans le sentier d'Allah, et ont dit: ‹Ne partez pas au combat pendant cette chaleur!› Dis: ‹Le feu de l'Enfer est plus intense en chaleur.› - S'ils comprenaient ! -

9:82 Qu'ils rient un peu et qu'ils pleurent beaucoup en récompense de ce qu'ils se sont acquis.

9:83 Si Allah te ramène vers un groupe de ces (gens-là), et qu'ils te demandent permission de partir au combat, alors dis: ‹Vous ne sortirez plus jamais en ma compagnie, et vous ne combattrez plus jamais d'ennemis avec moi. Vous avez été plus contents de rester chez vous la première fois; demeurez donc chez vous en compagnie de ceux qui se tiennent à l'arrière›.

9:84 Et ne fais jamais la Salat sur l'un d'entre eux qui meurt, et ne te tiens pas debout auprès de sa tombe, parce qu'ils n'ont pas cru en Allah et en Son messager, et ils sont morts tout en étant pervers.

9:85 Et que ni leurs biens ni leurs enfants ne t'émerveillent! Allah ne veut par là, que les châtier ici-bas, et qu'ils rendent péniblement l'âme en mécréants.

9:86 Et lorsqu'une Sourate est révélée: ‹Croyez en Allah et luttez en compagnie de Son messager›, les gens qui ont tous les moyens (de combattre) parmi eux te demandent de les dispenser (du combat), et disent: ‹Laisse-nous avec ceux qui restent›.

9:87 Il leur plaît, (après le départ des combattants) de demeurer avec celles qui sont restées à l'arrière. Leurs coeurs ont été scellés et ils ne comprennent rien.

9:88 Mais le Messager et ceux qui ont cru avec lui ont lutté avec leurs biens et leurs personnes. Ceux-là auront les bonnes choses et ce sont eux qui réussiront.

9:89 Allah a préparé pour eux des Jardins sous lesquels coulent les ruisseaux, pour qu'ils y demeurent éternellement. Voilà l'énorme succès!

9:90 Et parmi les Bédouins, certains sont venus demander d'être dispensés (du combat). Et ceux qui ont menti à Allah et à Son messager sont restés chez eux. Un châtiment douloureux affligera les mécréants d'entre eux.

9:91 Nul grief sur les faibles, ni sur les malades, ni sur ceux qui ne trouvent pas de quoi dépenser (pour la cause d'Allah), s'ils sont sincères envers Allah et Son messager. Pas de reproche contre les bienfaiteurs. Allah est Pardonneur et Miséricordieux.

9:92 (Pas de reproche) non plus à ceux qui vinrent te trouver pour que tu leur fournisses une monture et à qui tu dis: ‹Je ne trouve pas de monture pour vous.› Ils retournèrent les yeux débordant de larmes, tristes de ne pas trouver de quoi dépenser.

9:93 Il n'y a de voie (de reproche à), vraiment, que contre ceux qui demandent d'être dispensés, alors qu'ils sont riches. Il leur plaît de demeurer avec celles qui sont restées à l'arrière. Et Allah a scellé leurs coeurs et ils ne savent pas.

9:94 Ils vous présentent des excuses quand vous revenez à eux. Dis : ‹Ne présentez pas d'excuses: nous ne vous croyons pas. Allah nous a déjà informés de vos nouvelles. Et Allah verra votre oeuvre, ainsi que Son messager. Puis vous serez ramenés vers Celui qui connaît bien l'invisible et le visible, et alors, Il vous informera de ce que vous faisiez.

9:95 Ils vous feront des serments par Allah, quand vous êtes de retour vers eux, afin que vous passiez (sur leur tort). Détournez-vous d'eux. Ils sont une souillure et leur refuge est l'Enfer, en rétribution de ce qu'ils acquéraient.

9:96 Ils vous font des serments pour se faire agréer de vous, même si vous les agréez, Allah n'agrée pas les gens pervers.

9:97 Les Bédouins sont plus endurcis dans leur impiété et dans leur hypocrisie, et les plus enclins à méconnaître les préceptes qu'Allah a révélés à Son messager. Et Allah est Omniscient et Sage.

9:98 Parmi les Bédouins, certains prennent leur dépense (en aumône ou à la guerre) comme une charge onéreuse, et attendent pour vous un revers de fortune. Que le malheur retombe sur eux! Allah est Audient et Omniscient.

9:99 (Tel autre,) parmi les Bédouins, croit en Allah et au Jour dernier et prend ce qu'il dépense comme moyen de se rapprocher d'Allah et afin de bénéficier des invocations du Messager. C'est vraiment pour eux (un moyen) de se rapprocher (d'Allah) et Allah les admettra en Sa miséricorde. Car Allah est Pardonneur et Miséricordieux.

9:100 Les tout premiers [croyants] parmi les Emigrés et les Auxiliaires et ceux qui les ont suivis dans un beau comportement, Allah les agrée, et ils l'agréent. Il a préparé pour eux des Jardins sous lesquels coulent les ruisseaux, et ils y demeureront éternellement. Voilà l'énorme succès !

9:101 Et parmi les Bédouins qui vous entourent, il y a des hypocrites, tout comme une partie des habitants de Médine. Ils s'obstinent dans l'hypocrisie. Tu ne les connais pas mais Nous les connaissons. Nous les châtierons deux fois puis ils seront ramenés vers un énorme châtiment.

9:102 D'autres ont reconnu leurs péchés, ils ont mêlé de bonnes actions à d'autres mauvaises. Il se peut qu'Allah accueille leur repentir. Car Allah est Pardonneur et Miséricordieux.

9:103 Prélève de leurs biens une Sadaqa par laquelle tu les purifies et les bénis, et prie pour eux. Ta prière est une quiétude pour eux. Et Allah est Audient et Omniscient.

9:104 Ne savent-ils pas que c'est Allah qui accueille le repentir de Ses serviteurs, et qui reçoit les Sadaqat, et qu'Allah est L'Accueillant au repentir et le Miséricordieux.

9:105 Et dis: ‹Oeuvrez, car Allah va voir votre oeuvre, de même que Son messager et les croyants, et vous serez ramenés vers Celui qui connaît bien l'invisible et le visible. Alors Il vous informera de ce que vous faisiez›.

9:106 Et d'autres sont laissés dans l'attente de la décision d'Allah, soit qu'Il les punisse, soit qu'Il leur pardonne. Et Allah est Omniscient et Sage.

9:107 Ceux qui ont édifié une mosquée pour en faire [un mobile] de rivalité, d'impiété et de division entre les croyants, qui la préparent pour celui qui auparavant avait combattu Allah et Son Envoyé et jurent en disant: ‹Nous ne voulions que le bien!› [Ceux-là], Allah atteste qu'ils mentent.

9:108 Ne te tient jamais dans (cette mosquée). Car une Mosquée fondée dès le premier jour, sur la piété, est plus digne que tu t'y tiennes debout. [pour y prier] On y trouve des gens qui aiment bien se purifier, et Allah aime ceux qui se purifient.

9:109 Lequel est plus méritant? Est-ce celui qui a fondé son édifice sur la piété et l'agrément d'Allah, ou bien celui qui a placé les assises de sa construction sur le bord d'une falaise croulante et qui croula avec lui dans le feu de l'Enfer? Et Allah ne guide pas les gens injustes.

9:110 La construction qu'ils ont édifiée sera toujours une source de doute dans leurs coeurs, jusqu'à ce que leurs coeurs se déchirent. Et Allah est Omniscient et Sage.

9:111 Certes, Allah a acheté des croyants, leurs personnes et leurs biens en échange du Paradis. Ils combattent dans le sentier d'Allah: ils tuent, et ils se font tuer. C'est une promesse authentique qu'Il a prise sur Lui-même dans la Thora, l'Evangile et le Qur'an. Et qui est plus fidèle qu'Allah à son engagement?

Réjouissez-vous donc de l'échange que vous avez fait: Et c'est là le très grand succès.

9:112 Ils sont ceux qui se repentent, qui adorent, qui louent, qui parcourent la terre (ou qui jeûnent), qui s'inclinent, qui se prosternent, qui commandent le convenable et interdisent le blâmable et qui observent les lois d'Allah... et fais bonne annonce aux croyants.

9:113 Il n'appartient pas au Prophète et aux croyants d'implorer le pardon en faveur des associateurs, fussent-ils des parents alors qu'il leur est apparu clairement que ce sont les gens de l'Enfer.

9:114 Abraham ne demanda pardon en faveur de son père qu'à cause d'une promesse qu'il lui avait faite. Mais, dès qu'il lui apparut clairement qu'il était un ennemi d'Allah, il le désavoua. Abraham était certes plein de sollicitude et indulgent.

9:115 Allah n'est point tel à égarer un peuple après qu'Il les a guidés, jusqu'à ce qu'Il leur ait montré clairement ce qu'ils doivent éviter. Certes, Allah est Omniscient.

9:116 A Allah appartient la royauté des cieux et de la terre. Il donne la vie et Il donne la mort. Et il n'y a pour vous, en dehors d'Allah, ni allié ni protecteur.

9:117 Allah a accueilli le repentir du Prophète, celui des Emigrés et des Auxiliaires qui l'ont suivi à un moment difficile, après que les coeurs d'un groupe d'entre eux étaient sur le point de dévier. Puis Il accueillit leur repentir car Il est Compatissant et Miséricordieux à leur égard.

9:118 Et [Il accueillit le repentir] des trois qui étaient restés à l'arrière si bien que, toute vaste qu'elle fût, la terre leur paraissait exiguë; ils se sentaient à l'étroit, dans leur propre personne et ils pensaient qu'il n'y avait d'autre refuge d'Allah qu'auprès de Lui. Puis Il agréa leur repentir pour qu'ils reviennent [à Lui], car Allah est L'accueillant au repentir, le Miséricordieux.

9:119 Ô vous qui croyez! Craignez Allah et soyez avec les véridiques.

9:120 Il n'appartient pas aux habitants de Médine, ni aux Bédouins qui sont autour d'eux, de traîner loin derrière le Messager d'Allah, ni de préférer leur propre vie à la sienne. Car ils n'éprouveront ni soif, ni fatigue, ni faim dans le sentier d'Allah, ils ne fouleront aucune terre en provoquant la colère des infidèles, et n'obtiendront aucun avantage sur un ennemi, sans qu'il ne leur soit écrit pour cela une bonne action. En vérité Allah ne laisse pas perdre la récompense des bienfaiteurs.

9:121 Ils ne supporteront aucune dépense, minime ou importante, ne traverseront aucune vallée, sans que (cela) ne soit inscrit à leur actif, en sorte qu'Allah les récompense pour le meilleur de ce qu'ils faisaient.

9:122 Les croyants n'ont pas à quitter tous leurs foyers. Pourquoi de chaque clan quelques hommes ne viendraient-il pas s'instruire dans la religion, pour pouvoir à leur retour, avertir leur peuple afin qu'ils soient sur leur garde.

9:123 Ô vous qui croyez! Combattez ceux des mécréants qui sont près de vous; et qu'ils trouvent de la dureté en vous. Et sachez qu'Allah est avec les pieux.

9:124 Et quand une Sourate est révélée, il en est parmi eux qui dit: ‹Quel est celui d'entre vous dont elle fait croître la foi?› Quant aux croyants, elle fait certes croître leur fois, et ils s'en réjouissent.

9:125 Mais quant à ceux dont les coeurs sont malades elle ajoute une souillure à leur souillure, et ils meurent dans la mécréance.

9:126 Ne voient-ils pas que chaque année on les éprouve une ou deux fois? Malgré cela, ils ne se repentent, ni ne se souviennent.

9:127 Et quand une Sourate est révélée, ils se regardent les uns les autres [et se disent]: ‹Quelqu'un vous voit-il ?› Puis ils se détournent. Qu'Allah détourne leurs coeurs, puisque ce sont des gens qui ne comprennent rien.

9:128 Certes, un Messager pris parmi vous, est venu à vous, auquel pèsent lourd les difficultés que vous subissez, qui est plein de sollicitude pour vous, qui est compatissant et miséricordieux envers les croyants.

9:129 Alors, s'ils se détournent, dis: ‹Allah me suffit. Il n'y a de divinité que Lui. En Lui je place ma confiance; et Il est Seigneur du Trône immense›.

10. Jonas (Yunus)
Au nom d'Allah, le Tout Miséricordieux, le Très Miséricordieux.

10:1 Alif, Lam, Ra. Voici les versets du Livre plein de sagesse.

10:2 Est-il étonnant pour les gens, que Nous ayons révélé à un homme d'entre eux: ‹Avertis les gens, et annonce la bonne nouvelle aux croyants qu'ils ont auprès de leur Seigneur une présence méritée [pour leur loyauté antérieure]? Les mécréants dirent alors: ‹Celui-ci est certainement un magicien évident›.

10:3 Votre Seigneur est, Allah qui créa les cieux et la terre en six jours, puis S'est établi ‹Istawa› sur le Trône, administrant toute chose. Il n'y a d'intercesseur qu'avec Sa permission. Tel est Allah votre Seigneur. Adorez-Le donc. Ne réfléchissez-vous pas?

10:4 C'est vers Lui que vous retournerez tous, c'est là, la promesse d'Allah en toute vérité! C'est Lui qui fait la création une première fois puis la refait (en la ressuscitant) afin de rétribuer en toute équité ceux qui ont cru et fait de bonnes oeuvres. Quant à ceux qui n'ont pas cru, ils auront un breuvage d'eau bouillante et un châtiment douloureux à cause de leur mécréance!

10:5 C'est Lui qui a fait du soleil une clarté et de la lune une lumière, et Il en a déterminé les phases afin que vous sachiez le nombre des années et le calcul (du temps). Allah n'a créé cela qu'en toute vérité. Il expose les signes pour les gens doués de savoir.

10:6 Dans l'alternance de la nuit et du jour, et aussi dans tout ce qu'Allah a créé dans les cieux et la terre, il y a des signes, certes, pour des gens qui craignent (Allah).

10:7 Ceux qui n'espèrent pas Notre rencontre, qui sont satisfaits de la vie présente et s'y sentent en sécurité, et ceux qui sont inattentifs à Nos signes [ou versets],

10:8 leur refuge sera le Feu, pour ce qu'ils acquéraient.

10:9 Ceux qui croient et font de bonnes oeuvres, leur Seigneur les guidera à cause de leur foi. A leurs pieds les ruisseaux couleront dans les jardins des délices.

10:10 Là, leur invocation sera ‹Gloire à Toi, Ô Allah›, et leur salutation: ‹Salam›, [Paix!] et la fin de leur invocation: ‹Louange à Allah, Seigneur de l'Univers›.

10:11 Et si Allah hâtait le malheur des gens avec autant de hâte qu'ils cherchent le bonheur, le terme de leur vie aurait été décrété. Mais Nous laissons ceux qui n'espèrent pas Notre rencontre confus et hésitants dans leur transgression.

10:12 Et quand le malheur touche l'homme, il fait appel à Nous, couché sur le côté, assis, ou debout. Puis quand Nous le délivrons de son malheur, il s'en va comme s'il ne Nous avait point imploré pour un mal qui l'a touché. C'est ainsi que furent embellies aux outranciers leurs actions.

10:13 Nous avons fait périr les générations d'avant vous lorsqu'elles eurent été injustes alors que leurs messagers leur avaient apporté des preuves.

Cependant, elles n'étaient pas disposées à croire. C'est ainsi que Nous rétribuons les gens criminels.

10:14 Puis nous fîmes de vous des successeurs sur terre après eux, pour voir comment vous agiriez.

10:15 Et quand leur sont récités Nos versets en toute clarté, ceux qui n'espèrent pas notre rencontre disent: ‹Apporte un Qur'an autre que celui-ci› ou bien ‹Change-le›. Dis: ‹Il ne m'appartient pas de le changer de mon propre chef. Je ne fait que suivre ce qui m'est révélé. Je crains, si je désobéis à mon Seigneur, le châtiment d'un jour terrible›.

10:16 Dis: ‹Si Allah avait voulu, je ne vous l'aurais pas récité et Il ne vous l'aurait pas non plus fait connaître. Je suis bien resté, avant cela, tout un âge parmi vous. Ne raisonnez-vous donc pas?›.

10:17 Qui est plus injuste que celui qui invente un mensonge contre Allah, ou qui traite de mensonges Ses versets (le Qur'an)? Vraiment, les criminels ne réussissent pas.

10:18 Ils adorent au lieu d'Allah ce qui ne peut ni leur nuire ni leur profiter et disent: ‹Ceux-ci sont nos intercesseurs auprès d'Allah›. Dis: ‹Informerez-vous Allah de ce qu'Il ne connaît pas dans les cieux et sur la terre?› Pureté à Lui, Il est Très élevé au-dessus de ce qu'Ils Lui associent!

10:19 Les gens ne formaient (à l'origine) qu'une seule communauté. Puis ils divergèrent. Et si ce n'était une décision préalable de ton Seigneur, les litiges qui les opposaient auraient été tranchés.

10:20 Et ils disent: ‹Que ne fait-on descendre sur lui (Muhammad) un miracle de son Seigneur?› Alors, dis: ‹L'inconnaissable relève seulement d'Allah. Attendez donc; je serai avec vous parmi ceux qui attendent.

10:21 Et quand Nous faisons goûter aux gens une miséricorde après qu'un malheur les a touchés, voilà qu'ils dénigrent Nos versets. Dis: ‹Allah est plus prompt à réprimer (ceux qui dénigrent Ses versets)›. Car Nos anges enregistrent vos dénigrements.

10:22 C'est Lui qui vous fait aller sur terre et sur mer, quand vous êtes en bateau. [Ces bateaux] les emportèrent, grâce à un bon vent. Ils s'en réjouirent jusqu'au moment où, assaillis par un vent impétueux, assaillis de tous côtés par les vagues, se jugeant enveloppés [par la mort], ils prièrent Allah, Lui vouant le culte [et disant]: ‹Certes, si Tu nous sauves de ceci, nous serons parmi les reconnaissants!›

10:23 Lorsqu'Il les a sauvés, les voilà qui, sur terre, transgressent injustement. Ô gens! Votre transgression ne retombera que sur vous-mêmes. C'est une jouissance temporaire de la vie présente. Ensuite, c'est vers Nous que sera votre retour, et Nous vous rappellerons alors ce que vous faisiez.

10:24 La vie présente est comparable à une eau que Nous faisons descendre du ciel et qui se mélange à la végétation de la terre dont se nourrissent les hommes et les bêtes. Puis lorsque la terre prend sa parure et s'embellit, et que ses habitants pensent qu'elles est à leur entière disposition, Notre Ordre lui vient, de nuit ou de jour, c'est alors que Nous la rendrons toute moissonnée, comme si elle n'avait pas été florissante la veille. Ainsi exposons-Nous les preuves pour des gens qui réfléchissent.

10:25 Allah appelle à la demeure de la paix et guide qui Il veut vers un droit chemin.

10:26 A ceux qui agissent en bien est réservée la meilleure (récompense) et même davantage. Nulle fumée noircissante, nul avilissement ne couvriront leurs visages. Ceux-là sont les gens du Paradis, où ils demeureront éternellement.

10:27 Et ceux qui ont commis de mauvaises actions, la rétribution d'une mauvaise action sera l'équivalent. Un avilissement les couvrira, - pas de protection pour eux contre Allah -, comme si leurs visages se couvraient de lambeaux de ténèbres nocturnes. Ceux- là sont là les gens du Feu où ils demeureront éternellement.

10:28 (Et rappelle-toi) le jour où Nous les rassemblerons tous. Puis, Nous dirons à ceux qui ont donné [à Allah] des associés: ‹A votre place, vous et vos associés.› Nous les séparerons les uns des autres et leurs associés diront: ‹Ce n'est pas nous que vous adoriez›.

10:29 Allah suffit comme témoin entre nous et vous. En vérité, nous étions indifférents à votre adoration›.

10:30 Là, chaque âme éprouvera (les conséquences de) ce qu'elle a précédemment accompli. Et ils seront ramenés vers Allah leur vrai Maître; et leurs inventions (idoles) s'éloigneront d'eux.

10:31 Dis: ‹Qui vous attribue de la nourriture du ciel et de la terre? Qui détient l'ouïe et la vue, et qui fait sortir le vivant du mort et fait sortir le mort du vivant, et qui administre tout?› Ils diront: ‹Allah›. Dis alors: ‹Ne le craignez-vous donc pas? ›.

10:32 Tel est Allah, votre vrai Seigneur. Au delà de la vérité qu'y a-t-il donc sinon l'égarement? Comment alors pouvez-vous, vous détourner?›

10:33 C'est ainsi que s'est réalisée la parole de ton Seigneur contre ceux qui sont pervers: ‹Ils ne croiront pas›.

10:34 Dis: ‹Parmi vos associés, qui donne la vie par une première création et la redonne [après la mort]?› Dis: ‹Allah [seul] donne la vie par une première création et la redonne. Comment pouvez-vous vous écarter [de l'adoration d'Allah]?

10:35 Dis: ‹Est-ce qu'il y a parmi vos associés un qui guide vers la vérité?› Dis: ‹C'est Allah qui guide vers la vérité. Celui qui guide vers la vérité est-il plus digne d'être suivi, ou bien celui qui ne se dirige qu'autant qu'il est lui-même dirigé? Qu'avez-vous donc? Comment jugez-vous ainsi?›

10:36 Et la plupart d'entre eux ne suivent que conjecture. Mais, la conjecture ne sert à rien contre la vérité! Allah sait parfaitement ce qu'ils font.

10:37 Ce Qur'an n'est nullement à être forgé en dehors d'Allah mais c'est la confirmation de ce qui existait déjà avant lui, et l'exposé détaillé du Livre en quoi il n'y a pas de doute, venu du Seigneur de l'Univers.

10:38 Ou bien ils disent: ‹Il (Muhammad) l'a inventé?› Dis: ‹Composez donc une Sourate semblable à ceci, et appelez à votre aide n'importe qui vous pourrez, en dehors Allah, si vous êtes véridiques›.

10:39 Bien au contraire: ils ont traité de mensonge ce qu'ils ne peuvent embrasser de leur savoir, et dont l'interprétation ne leur est pas encore parvenue. Ainsi ceux qui vivaient avant eux traitaient d'imposteurs (leurs messagers). Regarde comment a été la fin des injustes!

10:40 Certains d'entre eux y croient, et d'autres n'y croient pas. Et ton Seigneur connaît le mieux les fauteurs de désordre.

10:41 Et s'ils te traitent de menteur, dis alors: ‹A moi mon oeuvre, et à vous la vòtre. Vous êtes irresponsables de ce que je fais et je suis irresponsable de ce que vous faites›.

10:42 Et il en est parmi eux qui te prêtent l'oreille. Est-ce toi qui fait entendre les sourds, même s'ils sont incapables de comprendre.

10:43 Et il en est parmi eux qui te regardent. Est-ce toi qui peux guider les aveugles, même s'ils ne voient pas?

10:44 En vérité, Allah n'est point injuste à l'égard des gens, mais ce sont les gens qui font du tord à eux-mêmes.

10:45 Et le jour où Il les rassemblera, ce sera comme s'ils n'étaient restés [dans leur tombeau] qu'une heure du jour et ils se reconnaîtront mutuellement. Perdants seront alors ceux qui auront traité de mensonge la rencontre d'Allah, et ils n'auront pas été bien guidés.

10:46 Que Nous te fassions voir une partie de ce dont Nous les menaçons, ou que Nous te fassions mourir, (en tout cas), c'est vers Nous que sera leur retour. Allah est en outre, témoin de ce qu'ils font.

10:47 A chaque communauté un Messager. Et lorsque leur messager vint, tout se décida en équité entre eux et ils ne furent point lésés.

10:48 Et ils disent: ‹A quand cette promesse, si vous êtes véridiques›?

10:49 Dis: ‹Je ne détiens pour moi rien qui peut me nuire ou me profiter, excepté ce qu'Allah veut. A chaque communauté un terme. Quand leur terme arrive, ils ne peuvent ni le retarder d'une heure ni l'avancer›.

10:50 Dis: ‹Voyez-vous! Si Son châtiment vous arrivait de nuit ou de jour, les criminels pourraient-ils en hâter quelque chose?

10:51 ‹Est-ce au moment où le châtiment se produira que vous croirez? [Il vous sera dit: ‹Inutile›.] Maintenant! Autrefois, vous en réclamiez [ironiquement] la prompte arrivée!›

10:52 Puis il sera dit aux injustes: ‹Goûtez au châtiment éternel! Etes-vous rétribués autrement qu'en rapport de ce que vous acquériez?›

10:53 Et ils s'informent auprès de toi: ‹Est-ce vrai?› - Dis: ‹Oui! Par mon Seigneur! C'est bien vrai. Et vous ne pouvez vous soustraire à la puissance d'Allah›.

10:54 Si chaque âme injuste possédait tout ce qu'il y a sur terre, elle le donnerait pour sa rançon. Ils dissimuleront leur regret quand ils verront le châtiment. Et il sera décidé entre eux en toute équité, et ils ne seront point lésés.

10:55 C'est à Allah qu'appartient, certes, tout ce qui est dans les cieux et sur la terre. Certes, la promesse d'Allah est vérité. Mais la plupart d'entre eux ne (le) savent pas.

10:56 C'est Lui qui donne la vie et qui donne la mort; et c'est vers Lui que vous serez ramenés.

10:57 Ô gens! Une exhortation vous est venue, de votre Seigneur, une guérison de ce qui est dans les poitrines, un guide et une miséricorde pour les croyants.

10:58 Dis: ‹[Ceci provient] de la grâce d'Allah et de sa miséricorde; Voilà de quoi ils devraient se réjouir. C'est bien mieux que tout ce qu'ils amassent›.

10:59 Que dites-vous de ce qu'Allah a fait descendre pour vous comme subsistance et dont vous avez alors fait des choses licites et des choses interdites? - Dis: ‹Est-ce Allah qui vous l'a permis? Ou bien forgez vous (des mensonges) contre Allah›?

10:60 Et que penseront, au Jour de la Résurrection, ceux qui forgent le mensonge contre Allah? - Certes, Allah est Détenteur de grâce pour les gens, mais la plupart d'entre eux ne sont pas reconnaissants.

10:61 Tu ne te trouveras dans aucune situation, tu ne réciteras aucun passage du Qur'an, vous n'accomplirez aucun acte sans que Nous soyons témoin au moment où vous l'entreprendrez. Il n'échappe à ton seigneur ni le poids d'un atome sur terre ou dans le ciel, ni un poids plus petit ou plus grand qui ne soit déjà inscrit dans un livre évident.

10:62 En vérité, les bien-aimés d'Allah seront à l'abri de toute crainte, et ils ne seront point affligés,

10:63 Ceux qui croient et qui craignent [Allah].

10:64 Il y a pour eux une bonne annonce dans la vie d'ici-bas tout comme dans la vie ultime. - Il n'y aura pas de changement aux paroles d'Allah -. Voilà l'énorme succès!

10:65 Que ce qu'ils disent ne t'afflige pas. La puissance toute entière appartient à Allah. C'est Lui qui est l'Audient, l'Omniscient.

10:66 C'est à Allah qu'appartient, ce qui est dans les cieux et ce qui est sur la terre. Que suivent donc ceux qui invoquent, en dehors d'Allah, [des divinités] qu'ils Lui associent? Ils ne suivent que la conjecture et ne font que mentir.

10:67 C'est Lui qui vous a désigné la nuit pour que vous vous y reposiez, et le jour pour vous permettre de voir. Ce sont en vérité des signes pour les gens qui entendent !

10:68 Ils disent: ‹Allah S'est donné un enfant› Gloire et Pureté à Lui! Il est le Riche par excellence. A Lui appartient tout ce qui est aux cieux et sur la terre; - vous n'avez pour cela aucune preuve. Allez-vous dire contre Allah ce que vous ne savez pas?

10:69 Dis: ‹En vérité, ceux qui forgent le mensonge contre Allah ne réussiront pas›.

10:70 C'est une jouissance (temporaire) dans la vie d'ici-bas; puis ils retourneront vers Nous et Nous leur ferons goûter au dur châtiment, à titre de sanction pour leur mécréance.

10:71 Raconte-leur l'histoire de Noé, quand il dit à son peuple: ‹Ô mon peuple, si mon séjour (parmi vous), et mon rappel des signes d'Allah vous pèsent trop, alors c'est en Allah que je place (entièrement) ma confiance. Concertez-vous avec vos associés, et ne cachez pas vos desseins. Puis, décidez de moi et ne me donnez pas de répit.

10:72 Si vous vous détournez, alors je ne vous ai pas demandé de salaire... Mon salaire n'incombe qu'à Allah. Et il m'a été commandé d'être du nombre des soumis›.

10:73 Ils le traitèrent de menteur. Nous le sauvâmes, lui et ceux qui étaient avec lui dans l'arche, desquels Nous fîmes les successeurs (sur la terre). Nous noyâmes ceux qui traitaient de mensonge Nos preuves. Regarde comment a été la fin de ceux qui avaient été avertis!

10:74 Puis Nous envoyâmes après lui des messagers à leurs peuples. Ils leur vinrent avec les preuves. Mais (les gens) étaient tels qu'ils ne pouvaient croire à ce qu'auparavant ils avaient traité de mensonge. Ainsi scellons-Nous les coeurs des transgresseurs.

10:75 Ensuite, Nous envoyâmes après eux Moïse et Aaron, munis de Nos preuves à Pharaon et ses notables. Mais (ces gens) s'enflèrent d'orgueil et ils étaient un peuple criminel.

10:76 Et lorsque la vérité leur vint de Notre part, ils dirent: ‹Voilà certes, une magie manifeste!›

10:77 Moïse dit: ‹Dites-vous à la Vérité quand elle vous est venue: Est-ce que cela est de la magie? Alors que les magiciens ne réussissent pas...›.

10:78 Ils dirent: ‹Est-ce pour nous écarter de ce sur quoi nous avons trouvé nos ancêtres que tu es venu à nous, et pour que la grandeur appartienne à vous deux sur la terre? Et nous ne croyons pas en vous!›

10:79 Et Pharaon dit: ‹Amenez-moi tout magicien savant!›

10:80 Puis, lorsque vinrent les magiciens, Moïse leur dit: ‹Jetez ce que vous avez à jeter›.

10:81 Lorsqu'ils jetèrent, Moïse dit: ‹Ce que vous avez produit est magie! Allah l'annulera. Car Allah ne fait pas prospérer ce que font les fauteurs de désordre.

10:82 Et par Ses paroles, Allah fera triompher la Vérité, quelque répulsion qu'en aient les criminels›.

10:83 Personne ne crut (au message) de Moïse, sauf un groupe de jeunes gens de son peuple, par crainte de représailles de Pharaon et de leurs notables. En vérité, Pharaon fut certes superbe sur terre et il fut du nombre des extravagants.

10:84 Et Moïse dit: ‹Ô mon peuple, si vous croyez en Allah, placez votre confiance en Lui si vous (Lui) êtes soumis›.

10:85 Ils dirent: ‹En Allah nous plaçons notre confiance. Ô notre Seigneur, ne fais pas de nous une cible pour les persécutions des injustes.

10:86 Et délivre-nous, par Ta miséricorde, des gens mécréants›.

10:87 Et Nous révélâmes à Moïse et à son frère: ‹Prenez pour votre peuple des maisons en Egypte, faîtes de vos maisons un lieu de prière et soyez assidus dans la prière. Et fais la bonne annonce aux croyants›.

10:88 Et Moïse dit: ‹Ô notre Seigneur, Tu as accordé à Pharaon et ses notables des parures et des biens dans la vie présente, et voilà, Ô notre Seigneur, qu'avec cela ils égarent (les gens loin) de Ton sentier. Ô notre Seigneur, anéantis leurs biens et endurcis leurs coeurs, afin qu'ils ne croient pas, jusqu'à ce qu'ils aient vu le châtiment douloureux›.

10:89 Il dit: ‹Votre prière est exaucée. Restez tous deux sur le chemin droit, et ne suivez point le sentier de ceux qui ne savent pas›.

10:90 Et Nous fîmes traverser la mer aux Enfants d'Israël. Pharaon et ses armées les poursuivirent avec acharnement et inimitié. Puis, quand la noyade l'eut atteint. il dit: ‹Je crois qu'il n'y a d'autre divinité que Celui en qui ont cru les enfants d'Israël. Et je suis nombre des soumis›.

10:91 [Allah dit]: Maintenant? Alors qu'auparavant tu as désobéi et que tu as été du nombre des corrupteurs!

10:92 Nous allons aujourd'hui épargner ton corps, afin que tu deviennes un signe à tes successeurs. Cependant beaucoup de gens ne prêtent aucune attention à Nos signes (d'avertissement).

10:93 Certes, Nous avons établi les Enfants d'Israël dans un endroit honorable, et leur avons attribué comme nourriture de bons aliments. Par la suite, ils n'ont divergé qu'au moment où leur vint la science. Ton Seigneur décidera entre eux, au Jour de la Résurrection sur ce qui les divisait.

10:94 Et si tu es en doute sur ce que Nous avons fait descendre vers toi, interroge alors ceux qui lisent le Livre révélé avant toi. La vérité certes t'est venue de ton Seigneur: ne sois donc point de ceux qui doutent.

10:95 Et ne sois point de ceux qui traitent de mensonge les versets d'Allah. Tu serais alors du nombre des perdants.

10:96 Ceux contre qui la parole (la menace) de ton Seigneur se réalisera ne croiront pas,

10:97 même si tous les signes leur parvenaient, jusqu'à ce qu'ils voient le châtiment douloureux.

10:98 Si seulement il y avait, à part le peuple de Younus (Jonas), une cité qui ait cru et à qui sa croyance eut ensuite profité! Lorsqu'ils eurent cru, Nous leur enlevâmes le châtiment d'ignominie dans la vie présente et leur donnâmes jouissance pour un certain temps.

10:99 Si ton Seigneur l'avait voulu, tous ceux qui sont sur la terre auraient cru. Est-ce à toi de contraindre les gens à devenir croyants ?

10:100 Il n'appartient nullement à une âme de croire si ce n'est avec la permission d'Allah. Et Il voue au châtiment ceux qui ne raisonnent pas.

10:101 Dis: ‹Regardez ce qui est dans les cieux et sur la terre›. Mais ni les preuves ni les avertisseurs (prophètes) ne suffisent à des gens qui ne croient pas.

10:102 Est-ce qu'ils attendent autre chose que des châtiments semblables à ceux des peuples antérieurs ? Dis: ‹Attendez! Moi aussi, j'attends avec vous›.

10:103 Ensuite, Nous délivrerons Nos messagers et les croyants. C'est ainsi qu'il Nous incombe [en toute justice] de délivrer les croyants.

10:104 Dis: ‹Ô gens! Si vous êtes en doute sur ma religion, moi, je n'adore point ceux que vous adorez en dehors d'Allah; mais j'adore Allah qui vous fera mourir. Et il m'a été commandé d'être du nombre des croyants›.

10:105 Et (il m'a été dit): ‹Oriente-toi exclusivement sur la religion en pur monothéiste! Et ne sois pas du nombre des Associateurs;

10:106 et n'invoque pas, en dehors d'Allah, ce qui ne peut te profiter ni te nuire. Et si tu le fais, tu sera alors du nombre des injustes›.

10:107 Et si Allah fait qu'un mal te touche, nul ne peut l'écarter en dehors de Lui. Et s'Il te veut un bien, nul ne peut repousser Sa grâce. Il en gratifie qui Il veut parmi Ses serviteurs. Et c'est Lui le Pardonneur, le Miséricordieux.

10:108 Dis: ‹Ô gens! Certes la vérité vous est venue de votre Seigneur. Donc, quiconque est dans le bon chemin ne l'est que pour lui-même; et quiconque s'égare, ne s'égare qu'à son propre détriment. Je ne suis nullement un protecteur pour vous.

10:109 Et suis ce qui t'est révélé, et sois constant jusqu'à ce qu'Allah rende Son jugement car Il est le meilleur des juges.

11. Hud (Hud)
Au nom d'Allah, le Tout Miséricordieux, le Très Miséricordieux.

11:1 Alif, Lam, Ra. C'est un Livre dont les versets sont parfaits en style et en sens, émanant d'un Sage, Parfaitement Connaisseur.

11:2 N'adorez qu'Allah. Moi, je suis pour vous, de Sa part, un avertisseur et un annonciateur.

11:3 Demandez pardon à votre Seigneur; ensuite, revenez à Lui. Il vous accordera une belle jouissance jusqu'à un terme fixé, et Il accordera à chaque méritant l'honneur qu'il mérite. Mais si vous tournez le dos, je crains alors pour vous le châtiment d'un grand jour.

11:4 C'est à Allah que sera votre retour; et Il est Omnipotent.

11:5 Eh quoi! Ils replient leurs poitrines afin de se cacher de Lui. Même lorsqu'ils se couvrent de leurs vêtements, Il sait ce qu'ils cachent et ce qu'ils divulguent car Il connaît certes le contenu des poitrines.

11:6 Il n'y a point de bête sur terre dont la subsistance n'incombe à Allah qui connaît son gîte et son dépôt; tout est dans un Livre explicite.

11:7 Et c'est Lui qui a créé les cieux et la terre en six jours, - alors que Son Trône était sur l'eau, - afin d'éprouver lequel de vous agirait le mieux. Et si tu dis: ‹Vous serez ressuscités après la mort›, ceux qui ne croient pas diront: ‹Ce n'est là qu'une magie évidente›.

11:8 Et si Nous retardons pour eux le châtiment jusqu'à une période fixée, ils diront: ‹Qu'est-ce qui le retient? - Mais le jour où cela viendra, il ne sera pas détourné d'eux; et ce dont ils se moquaient les enveloppera.

11:9 Et si Nous faisons goûter à l'homme une grâce de Notre part, et qu'ensuite Nous la lui arrachons, le voilà désespéré et ingrat.

11:10 Et si Nous lui faisons goûter le bonheur, après qu'un malheur l'ait touché, il dira: ‹Les maux se sont éloignés de moi›, et le voilà qui exulte, plein de gloriole.

11:11 sauf ceux qui sont endurants et font de bonnes oeuvres. Ceux-là obtiendront pardon et une grosse récompense.

11:12 Il se peut que tu négliges une partie de ce qui t'est révélé, et que ta poitrine s'en sente compressée; parce qu'ils disent: ‹Que n'a-t-on fait descendre sur lui un trésor?› Ou bien: ‹Que n'est-il venu un Ange en sa compagnie?› - Tu n'es qu'un avertisseur. Et Allah est Le protecteur de toute chose.

11:13 Où bien ils disent: ‹Il l'a forgé [le Qur'an]› - Dis: ‹Apportez donc dix Sourates semblables à ceci, forgées (par vous). Et appelez qui vous pourrez (pour vous aider), hormis Allah, si vous êtes véridiques›.

11:14 S'ils ne vous répondent pas, sachez alors que c'est par la science d'Allah qu'il est descendu, et qu'il n'y a de divinité que Lui. Etes-vous soumis(à lui)?

11:15 Ceux qui veulent la vie présente avec sa parure, Nous les rétribuerons exactement selon leurs actions sur terre, sans que rien leur en soit diminué.

11:16 Ceux-là qui n'ont rien, dans l'au-delà, que le Feu. Ceux qu'ils auront fait ici-bas sera un échec, et sera vain ce qu'ils auront oeuvré.

11:17 Est-ce que celui qui se fonde sur une preuve évidente (le Qur'an) venant de son Seigneur et récitée par un témoin [l'archange Gabriel] de Sa part, cependant qu'avant lui [Muhammad] il y a le livre de Moïse tenant lieu de guide et de miséricorde... [est meilleur ou bien celui qui ne se fonde sur aucune preuve valable?]: Ceux-là y croient; mais quiconque d'entre les factions n'y croit pas, aura le Feu comme rendez-vous. Ne sois donc pas en doute au sujet de ceci (le Qur'an). Oui, c'est la vérité venant de ton Seigneur; mais la plupart des gens n'y croient pas.

11:18 Et quel pire injuste que celui qui forge un mensonge contre Allah? Ceux-là seront présentés à leur Seigneur, et les témoins (les anges) diront: ‹Voilà ceux qui ont menti contre leur Seigneur›. Que la malédiction d'Allah (frappe) les injustes.

11:19 qui obstruent le sentier d'Allah (aux gens), cherchent à rendre tortueux et ne croient pas en l'au-delà.

11:20 Ceux-là ne peuvent réduire (Allah) à l'impuissance sur terre! Pas d'alliés pour eux en dehors d'Allah et leur châtiment sera doublé. Ils étaient incapables d'entendre; ils ne voyaient pas non plus.

11:21 Ce sont ceux-là qui ont causé la perte de leurs propres âmes. Et leurs inventions (idoles) se sont éloignées d'eux.

11:22 Ce sont eux, infailliblement, qui dans l'au-delà seront les plus grands perdants.

11:23 Certes ceux qui croient, font de bonnes oeuvres et s'humilient devant leur Seigneur, voilà les gens du Paradis où ils demeureront éternellement.

11:24 Les deux groupes ressemblent, l'un à l'aveugle et au sourd, l'autre à celui qui voit et qui entend. Les deux sont-ils comparativement égaux? Ne vous souvenez- vous pas?

11:25 Nous avons déjà envoyé Noé à son peuple: ‹Je suis pour vous un avertisseur explicite

11:26 afin que vous n'adoriez qu'Allah. Je crains pour vous le châtiment d'un jour douloureux›.

11:27 Les notables de son peuple qui avaient mécru, dirent alors: ‹Nous ne voyons en toi qu'un homme comme nous; et nous voyons que ce sont seulement les vils parmi nous qui te suivent sans réfléchir; et nous ne voyons en vous aucune supériorité sur nous. Plutôt, nous pensons que vous êtes des menteurs›.

11:28 Il dit: ‹Ô mon peuple! Que vous en semble? Si je me conforme à une preuve de mon Seigneur, si une Miséricorde, (prophétie) échappant à vos yeux, est venue à moi de Sa part, devrons-nous vous l'imposer alors que vous la répugnez?

11:29 Ô mon peuple, je ne vous demande pas de richesse en retour. Mon salaire n'incombe qu'à Allah. Je ne repousserai point ceux qui ont cru, ils auront à rencontrer leur Seigneur. Mais je vous trouve des gens ignorants.

11:30 Ô mon peuple, qui me secourra contre (la punition d') Allah si je les repousse? Ne vous souvenez-vous pas?

11:31 Et je ne vous dis pas que je détiens les trésors d'Allah, je ne connais pas l'Inconnaissable, et je ne dis pas que je suis un Ange; et je ne dis pas non plus aux gens, que vos yeux méprisent, qu'Allah ne leur accordera aucune faveur; Allah connaît mieux ce qu'il y a dans leurs âmes. [Si je le leur disais], je serais du nombre des injustes.

11:32 Ils dirent: ‹Ô Noé, tu as disputé avec nous et multiplié les discussions. Apporte-nous donc ce dont tu nous menaces, si tu es du nombre des véridiques›.

11:33 Il dit: ‹C'est Allah seul qui vous l'apportera - s'Il veut - et vous ne saurez y échapper.

11:34 Et mon conseil ne vous profiterait pas, au cas où je voulais vous conseiller, et qu'Allah veuille vous égarer. Il est votre Seigneur, et c'est vers Lui que vous serez ramenés›.

11:35 Où bien ils disent: il l'a inventé? Dis: ‹Si je l'ai inventé, que mon crime retombe sur moi! Et je suis innocent de vos criminelles accusations›.

11:36 Et il fut révélé à Noé: ‹De ton peuple, il n'y aura plus de croyants que ceux qui ont déjà cru. Ne t'afflige pas de ce qu'ils faisaient.

11:37 Et construis l'arche sous Nos yeux et d'après Notre révélation. Et ne M'interpelle plus au sujet des injustes, car ils vont être noyés›.

11:38 Et il construisait l'arche. Et chaque fois que des notables de son peuple passaient près de lui, ils se moquaient de lui. Il dit: ‹Si vous vous moquez de nous, eh bien, nous nous moquerons de vous, comme vous vous moquerez [de nous].

11:39 Et vous saurez bientôt à qui viendra un châtiment qui l'humiliera, et sur qui s'abattra un châtiment durable!›

11:40 Puis, lorsque Notre commandement vint et que le four se mit à bouillonner [d'eau], Nous dîmes: ‹Charge [dans l'arche] un couple de chaque espèce ainsi que ta famille - sauf ceux contre qui le décret est déjà prononcé - et ceux qui croient›. Or, ceux qui avaient cru avec lui étaient peu nombreux.

11:41 Et il dit: ‹Montez dedans. Que sa course et son mouillage soient au nom d'Allah. Certes mon Seigneur est Pardonneur et Miséricordieux›.

11:42 Et elle vogua en les emportant au milieu des vagues comme des montagnes. Et Noé appela son fils, qui restait en un lieu écarté (non loin de l'arche): ‹Ô mon enfant, monte avec nous et ne reste pas avec les mécréants›.

11:43 Il répondit: ‹Je vais me réfugier vers un mont qui me protégera de l'eau›. Et Noé lui dit: ‹Il n'y a aujourd'hui aucun protecteur contre l'ordre d'Allah. (Tous périront) sauf celui à qui Il fait miséricorde›. Et les vagues s'interposèrent entre les deux, et le fils fut alors du nombre des noyés.

11:44 Et il fut dit: ‹Ô terre, absorbe ton eau! Et toi, ciel, cesse [de pleuvoir]!›. L'eau baissa, l'ordre fut exécuté, et l'arche s'installa sur le Joudi, et il fut dit : ‹Que disparaissent les gens pervers›!

11:45 Et Noé invoqua son Seigneur et dit: ‹Ô mon Seigneur, certes mon fils est de ma famille et Ta promesse est vérité. Tu es le plus juste des juges›.

11:46 Il dit: ‹Ô Noé, il n'est pas de ta famille car il a commis un acte infâme. Ne me demande pas ce dont tu n'as aucune connaissance. Je t'exhorte afin que tu ne sois pas un nombre des ignorants›.

11:47 Alors Noé dit: ‹Seigneur, je cherche Ta protection contre toute demande de ce dont je n'ai aucune connaissance. Et si Tu me pardonnes pas et ne me fais pas miséricorde, je serai au nombre des perdants›.

11:48 Il fut dit: ‹Ô Noé, débarque avec Notre sécurité et Nos bénédictions sur toi et sur des communautés [issues] de ceux qui sont avec toi. Et il y (en) aura des communautés auxquelles Nous accorderons une jouissance temporaire; puis un châtiment douloureux venant de Nous les toucheras›.

11:49 Voilà quelques nouvelles de l'Inconnaissable que Nous te révélons. Tu ne les savais pas, ni toi ni ton peuple, avant cela. Sois patient. La fin heureuse se sera aux pieux.

11:50 Et (Nous avons envoyé) au Aad, leur frère Hud, qui leur dit: ‹Ô mon peuple, adorez Allah. Vous n'avez point de divinité à part de Lui. Vous n'êtes que des forgeurs (de mensonges).

11:51 Ô mon peuple, je ne vous demande pas de salaire pour cela. Mon salaire n'incombe qu'à Celui qui m'a créé. Ne raisonnez-vous pas?

11:52 Ô mon peuple, implorez le pardon de votre Seigneur et repentez-vous à Lui pour qu'Il envoie sur vous du ciel des pluies abondantes et qu'il ajoute force à votre force. Et ne vous détournez pas [de Lui] en devenant coupables›.

11:53 Ils dirent: ‹Ô Hud, tu n'es pas venu à nous avec une preuve, et nous ne sommes pas disposés à abandonner nos divinités sur ta parole, et nous n'avons pas de foi en toi.

11:54 Nous dirons plutôt qu'une de nos divinité t'a affligé d'un mal›. Il dit: ‹Je prends Allah à témoin - et vous aussi soyez témoins - qu'en vérité, je désavoue ce que vous associez,

11:55 en dehors de Lui. Rusez donc tous contre moi et ne me donnez pas de répit.

11:56 Je place ma confiance en Allah, mon Seigneur et le vôtre. Il n'y pas d'être vivant qu'Il ne tienne par son toupet. Mon Seigneur, certes, est sur un droit chemin.

11:57 Si vous vous détournez... voilà que je vous ai transmis [le message] que j'étais chargé de vous faire parvenir. Et mon Seigneur vous remplacera par un autre peuple, sans que vous ne Lui nuisiez en rien, car mon Seigneur, est gardien par excellence sur toute chose›.

11:58 Et quand vint Notre Ordre, Nous sauvâmes par une miséricorde de Notre part, Hud et ceux qui avec lui avaient cru. Et Nous les sauvâmes d'un terrible châtiment.

11:59 Voilà les Aad. Ils avaient nié les signes (enseignements) de leur Seigneur, désobéi à Ses messagers et suivi le commandement de tout tyran entêté.

11:60 Et ils furent poursuivis, ici-bas, d'une malédiction, ainsi qu'au Jour de la Résurrection. En vérité les Aad n'ont pas cru en leur Seigneur. Que s'éloignent (périssent) les Aad, peuple de Hud!

11:61 Et (Nous avons envoyé) au Tamud, leur frère Salih, qui dit: ‹Ô mon peuple, adorez Allah. Vous n'avez point de divinité en dehors de Lui. De la terre Il vous a créé, et Il vous l'a fait peupler (et exploiter). Implorez donc Son pardon, puis repentez-vous à Lui. Mon Seigneur est bien proche et Il répond toujours (aux appels)›.

11:62 Ils dirent: ‹Ô Salih, tu étais auparavant un espoir pour nous. Nous interdirais-tu d'adorer ce qu'adoraient nos ancêtres? Cependant, nous voilà bien dans un doute troublant au sujet de ce vers quoi tu nous invites›.

11:63 Il dit: ‹Ô mon peuple! Que vous en semble, si je m'appuie sur une preuve évidente émanant de mon Seigneur et s'Il m'a accordé, de Sa part, une miséricorde, qui donc me protégera contre Allah si je Lui désobéis? Vous ne ferez qu'accroître ma perte.

11:64 Ô mon peuple, voici la chamelle d'Allah qu'Il vous a envoyée comme signe. Laissez-la donc paître sur la terre d'Allah, et ne lui faites aucun mal sinon, un châtiment proche vous saisira!›

11:65 Ils la tuèrent. Alors, il leur dit: ‹Jouissez (de vos biens) dans vos demeures pendant trois jours (encore)! Voilà une promesse qui ne sera pas démentie›.

11:66 Puis, lorsque Notre ordre vint, Nous sauvâmes Salih et ceux qui avaient cru avec lui, - par une miséricorde venant de Nous - de l'ignominie de ce jour-là. En vérité, c'est ton Seigneur qui est le Fort, le Puissant.

11:67 Et le Cri saisit les injustes. Et les voilà foudroyés dans leurs demeures,

11:68 comme s'ils n'y avaient jamais prospéré. En vérité, les Tamud n'ont pas cru en leur Seigneur. Que périssent les Tamud!

11:69 Et Nos émissaires sont, certes, venus à Abraham avec la bonne nouvelle, en disant: ‹Salam!›. Il dit: ‹Salam!›, et il ne tarda pas à apporter un veau rôti.

11:70 Puis, lorsqu'il vit que leurs mains ne l'approchaient pas, il fut pris de suspicion à leur égard et ressentit de la peur vis-à-vis d'eux. Ils dirent: ‹N'aie pas peur, nous sommes envoyés au peuple de Lot›.

11:71 Sa femme était debout, et elle rit alors; Nous lui annonçâmes donc (la naissance d') Isaac, et après Isaac, Jacob.

11:72 Elle dit: ‹Malheur à moi! Vais-je enfanter alors que je suis veille et que mon mari, que voici, est un vieillard? C'est là vraiment une chose étrange!›

11:73 Ils dirent: ‹T'étonnes-tu de l'ordre d'Allah? Que la miséricorde d'Allah et Ses bénédictions soient sur vous, gens de cette maison! Ils est vraiment digne de louange et de glorification!›

11:74 Lorsque l'effroi eut quitté Abraham et que la bonne nouvelle l'eut atteint voilà qu'il discuta avec Nous (en faveur) du peuple de Lot,

11:75 Abraham était, certes, longanime, très implorant et repentant.

11:76 Ô Abraham, renonce à cela; car l'ordre de Ton Seigneur est déjà venu, et un châtiment irrévocable va leur arriver›.

11:77 Et quand Nos émissaires (Anges) vinrent à Lot, il fut chagriné pour eux, et en éprouva une grande gêne. Et il dit: ‹Voici un jour terrible›.

11:78 Quant à son peuple, ils vinrent à lui, accourant. Auparavant ils commettaient des mauvaises actions. Il dit: ‹Ô mon peuple, voici mes filles: elles sont plus pures pour vous. Craignez Allah donc, et ne me déshonorez pas dans mes hôtes. N'y a-t-il pas parmi vous un homme raisonnable ?›

11:79 Ils dirent: Tu sais très bien que nous n'avons pas le droit sur tes filles. Et en vérité, tu sais bien ce que nous voulons›.

11:80 Il dit: ‹[Ah!] si j'avais de la force pour vous résister! ou bien si je trouvais un appui solide!›

11:81 Alors [les hôtes] dirent: ‹Ô Lot, nous sommes vraiment les émissaires de ton Seigneur. Ils ne pourront jamais t'atteindre. Pars avec ta famille à un moment de la nuit. Et que nul d'entre vous ne se retourne en arrière. Exception faite de ta femme qui sera atteinte par ce qui frappera les autres. Ce qui les menace s'accomplira à l'aube. L'aube n'est-elle pas proche?›

11:82 Et, lorsque vint Notre ordre, Nous renversâmes [la cité] de fond en comble, et fîmes pleuvoir sur elle en masse, des pierres d'argile succédant les unes aux autres,

11:83 portant une marque connue de ton Seigneur. Et elles (ces pierres) ne sont pas loin des injustes.

11:84 Et (Nous avons envoyé) au Madyan, leur frère Chuaïb qui leur dit: ‹Ô mon peuple, adorez Allah; vous n'avez point de divinité en dehors Lui. Et ne diminuez pas les mesures et le poids. Je vous vois dans l'aisance, et je crains pour vous [si vous ne croyez pas] le châtiment d'un jour qui enveloppera tout.

11:85 Ô mon peuple, faites équitablement pleine mesure et plein poids, ne dépréciez pas aux gens leurs valeurs et ne semez pas la corruption sur terre.

11:86 Ce qui demeure auprès d'Allah est meilleur pour vous si vous êtes croyants! Et je ne suis pas un gardien pour vous›.

11:87 Ils dirent: ‹Ô Chuaïb! Est-ce que ta prière te demande de nous faire abandonner ce qu'adoraient nos ancêtres, ou de ne plus faire de nos biens ce que nous voulons? Est-ce toi l'indulgent, le droit?›

11:88 Il dit: ‹Ô mon peuple, voyez-vous si je me base sur une preuve évidente émanant de mon Seigneur, et s'Il m'attribue de Sa part une excellente donation?... Je ne veux nullement faire ce que je vous interdis. Je ne veux que la réforme, autant que je le puis. Et ma réussite ne dépend que d'Allah. En Lui je place ma confiance, et c'est vers Lui que je reviens repentant.

11:89 Ô mon peuple, que votre répugnance et votre hostilité à mon égard ne vous entraînent pas à encourir les mêmes châtiment qui atteignirent le peuple de Noé, le peuple de Hud, ou le peuple de Salih et (l'exemple du) peuple de Lot n'est pas éloigné de vous.

11:90 Et implorez le pardon de votre Seigneur et repentez-vous à Lui. Mon Seigneur est vraiment Miséricordieux et plein d'amour›.

11:91 Ils dirent: ‹Ô Chuaïb, nous ne comprenons pas grand chose à ce que tu dis; et vraiment nous te considérons comme faible parmi nous. Si ce n'est ton clan, nous t'aurions certainement lapidé. Et rien ne nous empêche de t'atteindre›.

11:92 Il dit: ‹Ô mon peuple, mon clan est-il à vos yeux plus puissant qu'Allah à qui vous tournez ouvertement le dos? Mon Seigneur embrasse(en Sa science) tout ce que vous oeuvrez.

11:93 Ô mon peuple, agissez autant que vous voulez. Moi aussi j'agis. Bientòt, vous saurez sur qui tombera un châtiment qui le déshonorera, et qui de nous est l'imposteur. Et attendez (la conséquence de vos actes)! Moi aussi j'attends avec vous›.

11:94 Lorsque vint Notre ordre, Nous sauvâmes, par une miséricorde de Notre part, Chuaïb et ceux qui avaient cru avec lui. Et le Cri terrible saisit les injustes, et ils gisèrent dans leurs demeures,

11:95 comme s'ils n'y avaient jamais prospéré. Que les Madyan s'éloignent comme les Tamud se sont éloignés.

11:96 Et Nous avions envoyé Moïse, avec Nos miracles et une autorité incontestable,

11:97 à Pharaon et ses notables. Mais ils suivirent l'ordre de Pharaon, bien que l'ordre de Pharaon n'avait rien de sensé.

11:98 Il précédera son peuple, au Jour de la Résurrection. IL les mènera à l'aiguade du Feu. Et quelle détestable aiguade!

11:99 Et ils sont poursuivis par une malédiction ici-bas et au Jour de la Résurrection. Quel détestable dont leur sera donné!

11:100 Cela fait partie des récits que Nous te [Muhammad] racontons concernant des cités: les unes sont encore debout, tandis que d'autres (sont complètement) rasées.

11:101 Nous ne leur avons fait aucun tort. Mais ils se sont fait du tort à eux-mêmes. Leurs divinités, qu'ils invoquaient en dehors d'Allah, ne leur ont servi à rien, quand l'Ordre (le châtiment) de ton Seigneur fut venu; elles n'ont fait qu'accroître leur perte.

11:102 Telle est la rigueur de la prise de ton Seigneur quand Il frappe les cités lorsqu'elles sont injustes. Son châtiment est bien douloureux et bien dur.

11:103 Il y a bien là un signe pour celui qui craint le châtiment de l'au-delà. C'est un jour où les gens seront rassemblés; et c'est un jour solennel (attesté par tous).

11:104 Et Nous ne le retardons que pour un terme bien déterminé.

11:105 Le jour où cela arrivera, nulle âme ne parlera qu'avec Sa permission (celle d'Allah). Il y aura des damnés et des heureux.

11:106 Ceux qui sont damnés seront dans le Feu où ils ont des soupirs et des sanglots.

11:107 Pour y demeurer éternellement tant que dureront les cieux et la terre - à moins que ton Seigneur décide autrement - car ton Seigneur fait absolument tout ce qu'Il veut.

11:108 Et quant aux bienheureux, ils seront au Paradis, pour y demeurer éternellement tant que dureront les cieux et la terre - à moins que ton Seigneur n'en décide autrement - c'est là un don qui n'est jamais interrompu.

11:109 Ne sois donc pas en doute au sujet de ceux-là adorent. Ils n'adorent que comme leurs ancêtres adoraient auparavant. Et Nous leur donnerons la totalité de leur part, sans en rien retrancher.

11:110 Et Nous avons déjà donné à Moïse le Livre. Il y eut des divergences à son sujet. S'il n'y avait pas un décret préalable de la part de ton Seigneur, tout aurait été décidé entre eux. Et ils sont, à son sujet pleins d'un doute troublant.

11:111 Très certainement, ton Seigneur fera pleine rétribution à tous pour leurs oeuvres... Il est Parfaitement Connaisseur de ce qu'ils font.

11:112 Demeure sur le droit chemin comme il t'est commandé, ainsi que ceux qui sont revenus [à Allah] avec toi. Et ne commettez pas d'excès. Car vraiment Il observe ce que vous faites.

11:113 Et ne vous penchez pas vers les injustes: sinon le Feu vous atteindrait. Vous n'avez pas d'alliés en dehors d'Allah. Et vous ne serez pas secourus.

11:114 Et accomplis la Salat aux deux extrémités du jour et à certaines heures de nuit. Les bonnes oeuvres dissipent les mauvaises. Cela est une exhortation pour ceux qui réfléchissent.

11:115 Et sois patient. Car Allah ne laisse pas perdre la récompense des gens bienfaisants.

11:116 Si seulement il existait, dans les générations d'avant vous, des gens vertueux qui interdisent la corruption sur terre! (Hélas) Il n'y en avait qu'un petit nombre que Nous sauvâmes, alors que les injustes persistaient dans le luxe (exagéré) dans lequel ils vivaient, et ils étaient des criminels.

11:117 Et ton Seigneur n'est point tel à détruire injustement des cités dont les habitants sont des réformateurs.

11:118 Et si ton Seigneur avait voulu, Il aurait fait des gens une seule communauté. Or, ils ne cessent d'être en désaccord (entre eux,)

11:119 sauf ceux à qui ton Seigneur a accordé miséricorde. C'est pour cela qu'Il les a créés. Et la parole de ton Seigneur s'accomplit: ‹Très certainement, Je remplirai l'Enfer de djinns et d'hommes, tous ensemble›.

11:120 Et tout ce que Nous te racontons des récits des messagers, c'est pour en raffermir ton coeur. Et de ceux-ci t'est venue la vérité ainsi qu'une exhortation et un appel aux croyants.

11:121 Et dis à ceux qui ne croient pas: ‹Oeuvrez autant que vous pouvez. Nous aussi, nous oeuvrons.

11:122 Et attendez. Nous aussi nous attendons!›

11:123 A Allah appartient l'Inconnaissable des cieux et de la terre, et c'est à Lui que revient l'ordre tout entier. Adore-Le donc et place ta confiance en Lui. Ton Seigneur n'est pas inattentif à ce que vous faites.

12. Joseph (Yusuf)

Au nom d'Allah, le Tout Miséricordieux, le Très Miséricordieux.

12:1 Alif, Lam, Ra. Tels sont les versets du Livre explicite.

12:2 Nous l'avons fait descendre, un Qur'an en [langue] arabe, afin que vous raisonniez.

12:3 Nous te racontons le meilleur récit, grâce à la révélation que Nous te faisons dans le Qur'an même si tu étais auparavant du nombre des inattentifs (à ces récits).

12:4 Quand Joseph dit à son père: ‹Ô mon père, j'ai vu [en songe], onze étoiles, et aussi le soleil et la lune; je les ai vus prosternés devant moi›.

12:5 ‹Ô mon fils, dit-il, ne raconte pas ta vision a tes frères car ils monteraient un complot contre toi; le Diable est certainement pour l'homme un ennemi déclaré.

12:6 Ainsi ton Seigneur te choisira et l'enseignera l'interprétation des rêves, et Il parfera Son bienfait sur toi et sur la famille de Jacob, tout comme Il l'a parfait auparavant sur tes deux ancêtres, Abraham et Isaac car ton Seigneur est Omniscient et Sage.

12:7 Il y avait certainement, en Joseph et ses frères, des exhortations pour ceux qui interrogent,

12:8 quand ceux-ci dirent: ‹Joseph et son frère sont plus aimés de notre père que nous, alors que nous sommes un groupe bien fort. Notre père est vraiment dans un tort évident.

12:9 Tuez Joseph ou bien éloignez-le dans n'importe quel pays, afin que le visage de votre père se tourne exclusivement vers nous, et que vous soyez après cela des gens de bien›.

12:10 L'un d'eux dit: ‹Ne tuez pas Joseph, mais jetez-le si vous êtes disposés à agir, au fond du puits afin que quelque caravane le recueille›.

12:11 Ils dirent: ‹Ô notre père, qu'as-tu à ne pas te fier à nous au sujet de Joseph? Nous sommes cependant bien intentionnés a son égard.

12:12 Envoie-le demain avec nous faire une promenade et jouer. Et nous veillerons sur lui›.

12:13 Il dit: ‹Certes, je m'attristerai que vous l'emmeniez; et je crains que le loup ne le dévore dans un moment où vous ne ferez pas attention a lui›.

12:14 Ils dirent: ‹Si le loup le dévore alors que nous sommes nombreux, nous seront vraiment les perdants›.

12:15 Et lorsqu'ils l'eurent emmené, et se furent mis d'accord pour le jeter dans les profondeurs invisibles du puits, Nous lui révélâmes: ‹Tu les informeras sûrement de cette affaire sans qu'il s'en rendre compte›.

12:16 Et ils vinrent a leur père, le soir, en pleurant.

12:17 Ils dirent: ‹Ô notre père, nous sommes allés faire une course, et nous avons laissé Joseph auprès de nos effets; et le loup l'a dévoré. Tu ne nous croiras pas, même si nous disons la vérité›.

12:18 Ils apportèrent sa tunique tachée d'un faux sang. Il dit: ‹Vos âmes, plutòt, vous ont suggéré quelque chose... [Il ne me reste plus donc] qu'une belle patience! C'est Allah qu'il faut appeler au secours contre ce que vous racontez!›

12:19 Or, vint une caravane. Ils envoyèrent leur chercheur d'eau, qui fit descendre son eau. Il dit: ‹Bonne nouvelle! Voilà un garçon!› Et ils le dissimulèrent [pour le vendre] telle une marchandise. Allah cependant savait fort bien ce qu'ils faisaient.

12:20 Et ils le vendirent à vil prix: pour quelques dirhams comptés. Ils le considéraient comme indésirable.

12:21 Et celui qui l'acheta était de l'Egypte, Il dit à sa femme: ‹Accorde lui une généreuse hospitalité. Il se peut qu'il nous soit utile ou que nous l'adoptions comme notre enfant.› Ainsi avons-nous raffermi Joseph dans le pays et nous lui avons appris l'interprétation des rêves. Et Allah est souverain en Son Commandement: mais la plupart des gens ne savent pas.

12:22 Et quand il eut atteint sa maturité Nous lui accordâmes sagesse et savoir. C'est ainsi que nous récompensons les bienfaisants.

12:23 Or celle [Zulikha] qui l'avait reçu dans sa maison essaya de le séduire. Et elle ferma bien les portes et dit: ‹Viens, (je suis prête pour toi!)› - Il dit: ‹Qu'Allah me protège! C'est mon maître qui m'a accordé un bon asile. Vraiment les injustes ne réussissent pas›.

12:24 Et, elle le désira. Et il l'aurai désirée n'eût été ce qu'il vit comme preuve évidente de son Seigneur. Ainsi [Nous avons agi] pour écarter de lui le mal et la turpitude. Il était certes un de Nos serviteurs élus.

12:25 Et tous deux coururent vers la porte, et elle lui déchira sa tunique par derrière. Ils trouvèrent le mari [de cette femme] à la porte. Elle dit: ‹Quelle serait la punition de quiconque a voulu faire du mal à ta famille sinon la prison, ou un châtiment douloureux?›

12:26 [Joseph] dit: ‹C'est elle qui a voulu me séduire›. Et un témoin, de la famille de celle-ci témoigna: ‹Si sa tunique [à lui] est déchirée par devant, alors c'est elle qui dit la vérité, tandis qu'il est du nombre des menteurs.

12:27 Mais si sa tunique est déchirée par derrière, alors c'est elle qui mentit, tandis qu'il est du nombre des véridiques›.

12:28 Puis, quand il (le mari) vit la tunique déchirée par derrière, il dit: ‹C'est bien de votre ruse de femmes! Vos ruses sont vraiment énormes!

12:29 Joseph, ne pense plus à cela! Et toi, (femme), implore le pardon pour ton péché car tu es fautives›.

12:30 Et dans la ville, des femmes dirent: ‹La femme d'Al-Azize essaye de séduire son valet! Il l'a vraiment rendue folle d'amour. Nous la trouvons certes dans un égarement évident.

12:31 Lorsqu'elle eut entendu leur fourberie, elle leur envoya [des invitations,] et prépara pour elles une collation; et elle remit à chacune d'elles un couteau. Puis elle dit: ‹Sors devant elles, (Joseph!)› - Lorsqu'elles le virent, elles l'admirèrent, se coupèrent les mains et dirent: ‹A Allah ne plaise! Ce n'est pas un être humain, ce n'est qu'un ange noble!›

12:32 Elle dit: ‹Voilà donc celui à propos duquel vous me blâmiez. J'ai essayé de le séduire mais il s'en défendit fermement. Or, s'il ne fait pas ce que je lui commande, il sera très certainement emprisonné et sera certes parmi les humiliés›.

12:33 Il dit: ‹Ô mon Seigneur, la prison m'est préférable à ce à quoi elles m'invitent. Et si Tu n'écartes pas de moi leur ruse, je pencherai vers elles et serai du nombre des ignorants› [des pêcheurs].

12:34 Son Seigneur l'exauça donc, et éloigna de lui leur ruse. C'est Lui, vraiment, qui est l'Audient et l'Omniscient.

12:35 Puis, après qu'ils eurent vu les preuves (de son innocence), il leur sembla qu'ils devaient l'emprisonner pour un temps.

12:36 Deux valets entrèrent avec lui en prison. L'un d'eux dit: ‹Je me voyais [en rêve] pressant du raisin...› Et l'autre dit: ‹Et moi, je me voyais portant sur ma tête du pain dont les oiseaux mangeaient. Apprends-nous l'interprétation (de nos rêves), nous te voyons au nombre des bienfaisants›.

12:37 ‹La nourriture qui vous est attribuée ne vous parviendra point, dit-il, que je ne vous aie avisés de son interprétation [de votre nourriture] avant qu'elle ne vous arrive. Cela fait partie de ce que mon Seigneur m'a enseigné. Certes, j'ai abandonné la religion d'un peuple qui ne croit pas en Allah et qui nie la vie future›.

12:38 Et j'ai suivi la religion de mes ancêtres, Abraham, Isaac et Jacob. Il ne nous convient pas d'associer à Allah quoi que ce soit. Ceci est une grâce d'Allah sur nous et sur tout le monde; mais la plupart des gens ne sont pas reconnaissants.

12:39 Ô mes deux compagnons de prison! Qui est le meilleur: des Seigneurs éparpillés ou Allah, l'Unique, le Dominateur suprême?

12:40 Vous n'adorez, en dehors de Lui, que des noms que vous avez inventés, vous et vos ancêtres, et à l'appui desquels Allah n'a fait descendre aucune preuve. Le pouvoir n'appartient qu'Allah. Il vous a commandé de n'adorer que Lui. Telle est la religion droite; mais la plupart des gens ne savent pas.

12:41 Ô mes deux compagnons de prison! L'un de vous donnera du vin à boire à son maître; quand à l'autre, il sera crucifié, et les oiseaux mangeront de sa tête. L'affaire sur laquelle vous me consultez est déjà décidée.›

12:42 Et il dit à celui des deux dont il pensait qu'il serait délivré: ‹Parle de moi auprès de ton maître›. Mais le Diable fit qu'il oublia de rappeler (le cas de Joseph) à son maître. Joseph resta donc en prison quelques années.

12:43 Et le roi dit: ‹Et vérité, je voyais (en rêve) sept vaches grasses mangées par sept maigres; et sept épis verts, et autant d'autres, secs. Ô conseil de notables, donnez-moi une explication de ma vision, si vous savez interpréter le rêve›.

12:44 Ils dirent: ‹C'est un amas de rêves! Et nous ne savons pas interpréter les rêves!›

12:45 Or, celui des deux qui avait été délivré et qui, après quelque temps se rappela, dit: ‹Je vous en donnerai l'interprétation. Envoyez-moi donc›.

12:46 ‹Ô toi, Joseph, le véridiques! Eclaire-nous au sujet de sept vaches grasses que mangent sept très maigres, et sept épis verts et autant d'autres, secs, afin que je retourne aux gens et qu'ils sachent [l'interprétation exacte du rêve]›.

12:47 Alors [Joseph dit]: ‹Vous sèmerez pendant sept années consécutives. Tout ce que vous aurez moissonné, laissez-le en épi, sauf le peu que vous consommerez.

12:48 Viendront ensuite sept année de disette qui consommeront tout ce que vous aurez amassé pour elles sauf le peu que vous aurez réservé [comme semence].

12:49 Puis, viendra après cela une année où les gens seront secourus [par la pluie] et iront au pressoir.›

12:50 Et le roi dit: ‹Amenez-le moi›. Puis, lorsque l'émissaire arriva auprès de lui, [Joseph] dit: ‹Retourne auprès de ton maître et demande-lui : ‹Quelle était la raison qui poussa les femmes à se couper les mains? Mon Seigneur connaît bien leur ruse›.

12:51 Alors, [le roi leur] dit: ‹Qu'est-ce donc qui vous a poussées à essayer de séduire Joseph?› Elles dirent: ‹A Allah ne plaise! Nous ne connaissons rien de mauvais contre lui›. Et la femme d'Al-Azize dit: ‹Maintenant la vérité s'est manifestée. C'est moi qui ai voulu le séduire. Et c'est lui, vraiment, qui est du nombre des véridiques!›

12:52 ‹Cela afin qu'il sache que je ne l'ai pas trahi en son absence, et qu'en vérité Allah ne guide pas la ruse des traîtres.

12:53 Je ne m'innocente cependant pas, car l'âme est très incitatrice au mal, à moins que mon Seigneur, par miséricorde, [ne la préserve du péché]. Mon Seigneur est certes Pardonneur et très Miséricordieux›.

12:54 Et le roi dit: ‹Amenez-le moi: je me le réserve pour moi- même›. Et lorsqu'il lui eut parlé, il dit: ‹Tu es dès aujourd'hui prés de nous, en une position d'autorité et de confiance›.

12:55 Et [Joseph] dit: ‹Assigne-moi les dépòts du territoire: je suis bon gardien et connaisseurs›.

12:56 Ainsi avons-nous affermi (l'autorité de) Joseph dans ce territoire et il s'y installait là où il le voulait. Nous touchons de Notre miséricorde qui Nous voulons et ne faisons pas perdre aux hommes de bien le mérite [de leurs oeuvres].

12:57 Et la récompense de l'au-delà est meilleure pour ceux qui ont cru et ont pratiqué le piété.

12:58 Et le frères de Joseph vinrent et entrèrent auprès de lui. Il les reconnut, mais eux ne le reconnurent pas.

12:59 Et quand il leur eut fourni leur provision, il dit: ‹Amenez-moi un frère que vous avez de votre père. Ne voyez-vous pas que je donne la pleine mesure et que je suis le meilleur des hôtes?

12:60 Et si vous ne me l'amenez pas, alors il n'y aura plus de provision pour vous, chez moi; et vous ne m'approcherez plus›.

12:61 Ils dirent: ‹Nous essayerons de persuader son père. Certes, nous le ferons›.

12:62 Et il dit à Ses serviteurs: ‹Remettez leurs marchandises dans leurs sacs: peut-être les reconnaîtront-ils quand ils seront de retour vers leur famille et peut-être qu'ils reviendront›.

12:63 Et lorsqu'ils revinrent à leur père, ils dirent: ‹Ô notre père, il nous sera refusé [à l'avenir] de nous ravitailler [en grain]. Envoie donc avec nous notre frère, afin que nous obtenions des provisions. Nous le surveillerons bien›.

12:64 Il dit: ‹Vais-je vous le confier comme, auparavant, je vous ai confié son frère? Mais Allah est le meilleur gardien, et Il est Le plus Miséricordieux des miséricordieux!›

12:65 Et lorsqu'ils ouvrirent leurs bagages, ils trouvèrent qu'on leur avait rendu leurs marchandises. Ils dirent: ‹Ô notre père. Que désirons-nous [de plus]? Voici que nos marchandises nous ont été rendues. Et ainsi nous approvisionnerons notre famille, nous veillerons à la sécurité de notre frère et nous nous ajouterons la charge d'un chameau et c'est une charge facile›.

12:66 - Il dit: ‹Jamais je ne l'enverrai avec vous, jusqu'à ce que vous m'apportiez l'engagement formel au nom d'Allah que vous me le ramènerez à moins que vous ne soyez cernés›. Lorsqu'ils lui eurent apporté l'engagement, il dit: ‹Allah est garant de ce que nous disons›.

12:67 Et il dit: ‹Ô mes fils, n'entrez pas par une seule porte, mais entrez par portes séparées. Je ne peux cependant vous être d'aucune utilité contre les desseins d'Allah. La décision n'appartient qu'à Allah: en lui je place ma confiance. Et que ceux qui placent en lui leur confiance la place en lui›.

12:68 Etant entrés comme leur père leur avait commandé [cela] ne leur servit à rien contre (les décrets d') Allah. Ce n'était [au reste] qu'une précaution que Jacob avait jugé [de leur recommander]. Il avait pleine connaissance de ce que nous lui avions enseigné. Mais la plupart des gens ne savent pas.

12:69 Et quand ils furent entrés auprès de Joseph, [celui-ci] retînt son frère auprès de lui en disant: ‹Je suis ton frère. Ne te chagrine donc pas pour ce qu'ils faisaient›.

12:70 Puis, quand il leur eut fourni leurs provisions, il mit la coupe dans le sac de son frère. Ensuite un crieur annonça: ‹Caravaniers! vous êtes des voleurs›.

12:71 Ils se retournèrent en disant: ‹Qu'avez vous perdu?›

12:72 Ils répondirent: ‹Nous cherchons la grande coupe du roi. La charge d'un chameau à qui l'apportera et j'en suis garant›.

12:73 ‹Par Allah, dirent-ils, vous savez certes que nous ne sommes pas venus pour semer la corruption sur le territoire et que nous ne sommes pas des voleurs›.

12:74 - Quelle sera donc la sanction si vous êtes des menteurs? (dirent-ils).

12:75 Ils dirent: ‹La sanction infligée à celui dont les bagages de qui la coupe sera retrouvée est: [qu'il soit livré] lui-même [à titre d'esclave à la victime du vol]. C'est ainsi que nous punissons les malfaiteurs›.

12:76 [Joseph] commença par les sacs des autres avant celui de son frère; puis il la fit sortir du sac de son frère. Ainsi suggérâmes-Nous cet artifice à Joseph. Car il ne pouvait pas se saisir de son frère, selon la justice du roi, à moins qu'Allah ne l'eût voulu. Nous élevons en rang qui Nous voulons. Et au-dessus de tout homme détenant la science il y a un savant [plus docte que lui].

12:77 Ils dirent: ‹S'il a commis un vol, un frère à lui auparavant a volé aussi. ‹Mais Joseph tint sa pensée secrète, et ne la leur dévoila pas. Il dit [en lui même]: ‹Votre position est bien pire encore! Et Allah connaît mieux ce que vous décrivez›.

12:78 - Ils dirent: ‹Ô Al-Azize, il a un père très vieux; saisis-toi donc de l'un de nous, à sa place. Nous voyons que tu es vraiment du nombre des gens bienfaisants›.

12:79 - Il dit: ‹Qu'Allah nous garde de prendre un autre que celui chez qui nous avons trouvé notre bien! Nous serions alors vraiment injustes.

12:80 Puis, lorsqu'ils eurent perdu tout espoir [de ramener Benyamin] ils se concertèrent en secret. Leur aîné dit: ‹Ne savez-vous pas que votre père a pris de vous un engagement formel au nom d'Allah, et que déjà vous y avez manqué autrefois à propos de Joseph? Je ne quitterai point le territoire, jusqu'à ce que mon père me le permette ou qu'Allah juge en ma faveur, et Il est le meilleur des juges.

12:81 retournez à votre père et dites: ‹Ô notre père, ton fils a volé. Et nous n'attestons que ce que nous savons. Et nous n'étions nullement au courant de l'inconnu.

12:82 Et interroge la ville où nous étions, ainsi que la caravane dans la quelle nous sommes arrivés. Nous disons réellement la vérité.›

12:83 Alors [Jacob] dit: ‹Vos âmes plutòt vous inspiré [d'entreprendre] quelque chose!... Oh! belle patience. Il se peut qu'Allah me les ramènera tous les deux. Car c'est Lui l'Omniscient, le Sage›.

12:84 Et il se détourna d'eux et dit: ‹Que mon chagrin est grand pour Joseph!› Et ses yeux blanchirent d'affliction. Et il était accablé.

12:85 - Ils dirent: ‹Par Allah! Tu ne cesseras pas d'évoquer Joseph, jusqu'à ce que t'épuises ou que tu sois parmi les morts›.

12:86 - Il dit: ‹Je ne me plains qu'à Allah de mon déchirement et de mon chagrin. Et, je sais de la part d'Allah, ce que vous ne savez pas.

12:87 Ô mes fils! Partez et enquérez-vous de Joseph et de son frère. Et ne désespérez pas de la miséricorde d'Allah. Ce sont seulement les gens mécréants qui désespèrent de la miséricorde d'Allah›.

12:88 Et lorsqu'ils s'introduisirent auprès de [Joseph,] ils dirent: ‹Ô al-Azize, la famine nous a touchés nous et notre famille; et nous venons avec marchandise sans grande valeur. Donne-nous une pleine mesure, et fais-nous la charité. Certes, Allah récompense les charitables!›

12:89 - Il dit: ‹Savez-vous ce que vous avez fait de Joseph et de son frère alors que vous étiez ignorant? [injustes]›.

12:90 - Ils dirent: ‹Est-ce que tu es... Certes, tu es Joseph!› - Il dit: ‹Je suis Joseph, et voici mon frère. Certes, Allah nous a favorisés. Quiconque craint et patiente... Et très certainement, Allah ne fait pas perdre la récompense des bienfaisants›.

12:91 - Ils dirent: ‹Par Allah! Vraiment Allah t'a préféré à nous et nous avons été fautifs›.

12:92 - Il dit: ‹Pas de récrimination contre vous aujourd'hui! Qu'Allah vous pardonne. C'est Lui Le plus Miséricordieux des miséricordieux.

12:93 Emportez ma tunique que voici, et appliquez-la sur le visage de mon père: il recouvrera [aussitôt] la vue. Et amenez-moi toute votre famille›.

12:94 - Et dès que la caravane franchit la frontière [de Canaan], leur père dit: ‹Je décèle, certes, l'odeur de Joseph, même si vous dites que je radote›.

12:95 Ils lui dirent: ‹Par Allah te voilà bien dans ton ancien égarement›.

12:96 Puis quand arriva le porteur de bonne annonce, il l'appliqua [la tunique] sur le visage de Jacob. Celui-ci recouvra [aussitôt] la vue, et dit: ‹Ne vous ai-je pas dit que je sais, par Allah, ce que vous ne savez pas?›

12:97 - Ils dirent: ‹Ô notre père, implore pour nous la rémission de nos péchés. Nous étions vraiment fautifs›.

12:98 - Il dit: ‹J'implorerai pour vous le pardon de mon Seigneur. Car c'est Lui le Pardonneur, le Très Miséricordieux›.

12:99 Lorsqu'ils s'introduisirent auprès de Joseph, celui-ci accueillit ses père et mère, et leur dit: ‹Entrez en Egypte, en toute sécurité, si Allah le veut!›

12:100 Et il éleva ses parents sur le trône, et tous tombèrent devant lui, prosternés Et il dit: ‹Ô mon père, voilà l'interprétation de mon rêve de jadis. Allah l'a bel et bien réalisé... Et Il m'a certainement fait du bien quand Il m'a fait sortir de prison et qu'Il vous a fait venir de la compagne, [du désert], après que le Diable ait suscité la discorde entre mes frères et moi. Mon Seigneur est plein de douceur pour ce qu'Il veut. Et c'est Lui L'Omniscient, le Sage.

12:101 Ô mon Seigneur, Tu m'as donné du pouvoir et m'as enseigné l'interprétation des rêves. [C'est Toi Le] Créateur des cieux et de la terre, Tu es mon patron, ici-bas et dans l'au-delà. Fais-moi mourir en parfaite soumission et fait moi rejoindre les vertueux.

12:102 Ce sont là des récits inconnus que Nous te révélons. Et tu n'étais pas auprès d'eux quand ils se mirent d'accords pour comploter.

12:103 Et la plupart des gens ne sont pas croyants malgré ton désir ardent.

12:104 Et tu ne leur demandes aucun salaire pour cela. Ce n'est là qu'un rappel adressé à l'univers.

12:105 Et dans les cieux et sur la terre, que de signes auprès desquels les gens passent, en s'en détournant!

12:106 Et la plupart d'entre eux ne croient en Allah, qu'en lui donnant des associés.

12:107 Est-ce qu'ils sont sûrs que le châtiment d'Allah ne viendra pas les couvrir ou que l'Heure ne leur viendra pas soudainement, sans qu'ils s'en rendent compte?

12:108 Dis: ‹Voici ma voie, j'appelle les gens [à la religion] d'Allah, moi et ceux qui me suivent, nous basant sur une preuve évidente. Gloire à Allah! Et je ne suis point du nombre des associateurs.

12:109 Nous n'avons envoyé avant toi que des hommes originaires des cités, à qui Nous avons fait des révélations. [Ces gens là] n'ont-ils pas parcouru la terre et considéré quelle fut la fin de ceux qui ont vécu avant eux? La demeure de l'au-delà est assurément meilleure pour ceux qui craignent [Allah]. Ne raisonnerez- vous donc pas?

12:110 Quand les messagers faillirent perdre espoir (et que leurs adeptes) eurent pensé qu'ils étaient dupés voilà que vint à eux Notre secours. Et furent sauvés ceux que Nous voulûmes. Mais Notre rigueur ne saurait être détournée des gens criminels.

12:111 Dans leurs récits il y a certes une leçon pour les gens doués d'intelligence. Ce n'est point là un récit fabriqué. C'est au contraire la confirmation de ce qui existait déjà avant lui, un exposé détaillé de toute chose, un guide et une miséricorde pour des gens qui croient.

13. Le tonnerre (Ar-Raad)
Au nom d'Allah, le Tout Miséricordieux, le Très Miséricordieux.

13:1 Alif, Lam, Mim, Ra. Voici les versets du Livre; et ce que t'a été révélé par ton Seigneur est la vérité; mais la plupart des gens ne croient pas.

13:2 Allah est Celui qui a élevé [bien haut] les cieux sans piliers visibles. Il S'est établi [istawa] sur le Trône et a soumis le soleil et la lune, chacun poursuivant sa course vers un terme fixé. Il règle l'Ordre [de tout] et expose en détail les signes afin que vous ayez la certitude de la rencontre de votre Seigneur.

13:3 Et c'est Lui qui étendu la terre et y a placé montagnes et fleuves. Et de chaque espèce de fruits Il y établit deux éléments de couple. Il fait que la nuit couvre le jour. Voilà bien là des preuves pour des gens qui réfléchissent.

13:4 Et sur la terre il y a des parcelles voisines les unes des autres, des jardins [plantés] de vignes, et des céréales et des palmiers, en touffes ou espacés, arrosés de la même eau, cependant Nous rendons supérieurs les uns aux autres quant au goût. Voilà bien là des preuves pour des gens qui raisonnent.

13:5 Et si tu dois t'étonner, rien de plus étonnant que leurs dires: ‹Quand nous seront poussière, reviendrons-nous vraiment à une nouvelle création?› Ceux-là sont ceux qui ne croient pas en leur Seigneur. Et ce sont eux qui auront des jougs à leur cou. Et ce sont eux les gens du Feu, où ils demeureront éternellement.

13:6 Et ils te demandent de hâter [la venue] du malheur plutòt que celle du bonheur. Certes, il s'est produit avant eux des châtiments exemplaires. Ton Seigneur est Détenteur du pardon pour les gens, malgré leurs méfaits. Et ton seigneur est assurément dur en punition.

13:7 Et ceux qui ont mécru disent: ‹Pourquoi n'a-t-on pas fait descendre sur celui-ci (Muhammad) un miracle venant de son Seigneur?› Tu n'est qu'un avertisseur, et à chaque peuple un guide.

13:8 Allah sait ce que porte chaque femelle, et de combien la période de gestation dans la matrice est écourtée ou prolongée. Et toute chose a auprès de Lui sa mesure.

13:9 Le Connaisseur de ce qui est caché et de ce qui est apparent, Le Grand, Le Sublime.

13:10 Sont égaux pour lui, celui parmi vous qui tient secrète sa parole, et celui qui se montre au grand jour.

13:11 Il [l'homme] a par devant lui et derrière lui des Anges qui se relaient et qui veillent sur lui par ordre d'Allah. En vérité, Allah ne modifie point l'état d'un peuple, tant que les [individus qui le composent] ne modifient pas ce que est en eux-mêmes. Et lorsqu'Allah veut [infliger] un mal à un peuple, nul ne peut le repousser: ils n'ont en dehors de lui aucun protecteur.

13:12 C'est lui qui vous fait voir l'éclair (qui vous inspire) crainte et espoir; et Il crée les nuages lourds.

13:13 Le tonnerre Le glorifie par Sa louange, et aussi les Anges, sous l'effet de Sa crainte. Et Il lance les foudres dont Il atteint qui Il veut. Or ils disputent au sujet d'Allah alors qu'il est redoutable en Sa force.

13:14 A lui l'appel de la Vérité ! Ceux qu'ils invoquent en dehors de Lui ne leur répondent d'aucune façon; semblables à celui qui étend ses deux mains vers l'eau pour la porter à sa bouche, mais qui ne parvient jamais à l'atteindre. L'invocation des mécréants n'est que vanité.

13:15 Et c'est à Allah que se prosternent, bon gré mal gré, tous ceux qui sont dans les cieux et sur la terre, ainsi que leurs ombres, au début et à la fin de journée. l'Enfer sera leur refuge. Quel détestable lit de repos!

13:16 Dis: ‹Qui est le Seigneur des cieux et de la terre?› Dis: ‹Allah›. Dis: ‹Et prendrez-vous en dehors de Lui, des maîtres qui ne détiennent pour eux-mêmes égales, les ténèbres et la lumière? Ou donnent-ils à Allah des associés qui créent comme Sa création au point que les deux créations se soient confondues à eux? Dis: ‹Allah est le Créateur de toute chose, et c'est Lui l'Unique, le Dominateur suprême›.

13:17 Il a fait descendre une eau du ciel à laquelle des vallée servent de lit, selon leur grandeur. Le flot débordé à charrié une écume flottante; et semblable à celle-ci est [l'] écume provenant de ce qu'on porte à fusion, dans le feu pour [fabriquer] des bijoux et des ustensils. Ainsi Allah représente en va, au rebut, tandis que [l'eau et les objets] utiles aux hommes demeurent sur la terre. Ainsi Allah propose des paraboles.

13:18 La meilleur [fin] est pour ceux qui répondent à [l'appel] de leur Seigneur. Et quand à ceux qui ne Lui répondent pas, s'il avaient tout ce qui est sur le terre, et autant encore, ils l'offriraient en rançon. Ceux-là auront le détestable rendement de compte et l'Enfer sera leur refuge. Quel détestable lit de repos!

13:19 Celui qui sait que ce qui t'est révélé de la part de ton Seigneur est la vérité, est-il semblable à l'aveugle ? Seuls les gens doués d'intelligence réfléchissent bien,

13:20 ceux qui remplissent leur engagement envers Allah et ne violent pas le pacte,

13:21 qui unissent ce qu'Allah a commandé d'unir, redoutent leur Seigneur et craignent une malheureuse reddition de compte,

13:22 et qui endurent dans la recherche de l'agrément d'Allah, accomplissent la Salat et dépensent (dans le bien), en secret et en public, de ce que Nous leur avons attribué, et repoussent le mal par le bien. A ceux-là, la bonne demeure finale,

13:23 les jardins d'Eden, où ils entreront, ainsi que tous ceux de leurs ascendants, conjoints et descendants, qui ont été de bons croyants. De chaque porte, les Anges entreront auprès d'eux:

13:24 - ‹Paix sur vous, pour ce que vous avez enduré!› - Comme est bonne votre demeure finale!›

13:25 [Mais] ceux qui violent leur pacte avec Allah après l'avoir engagé, et rompent ce qu'Allah a commandé d'unir et commettent le désordre sur terre, auront la malédiction et la mauvaise demeure.

13:26 Allah étend largement Ses dons ou [les] restreint à qui Il veut. Ils se réjouissent de la vie sur terre, mais la vie d'ici-bas ne paraîtra que comme une jouissance éphémère en comparaison de l'au-delà.

13:27 Ceux qui ont mécru disent: ‹Pourquoi n'a-t-on pas descendu sur lui (Muhammad) un miracle venant de son Seigneur?› Dis: ‹En vérité, Allah égare qui Il veut et Il guide vers Lui celui qui se repent,

13:28 ceux qui ont cru, et dont les coeurs se tranquillisent à l'évocation d'Allah›. N'est-ce point par l'évocation d'Allah que se tranquillisent les coeurs?

13:29 Ceux qui croient et font de bonnes oeuvres, auront le plus grand bien et aussi le plus bon retour.

13:30 Ainsi Nous t'envoyons dans une communauté - que d'autres communautés ont précédée - pour que tu leur récites ce que Nous te révélons [le Qur'an], cependant qu'ils ne croient pas au Tout Miséricordieux. Dis: ‹C'est Lui mon Seigneur. Pas d'autre divinité à part Lui. En Lui je place ma confiance Et à Lui je me repens›.

13:31 S'ils y avait un Qur'an à mettre les montagnes en marche, à fendre la terre ou à faire parler les morts (ce serait celui-ci). C'est plutòt à Allah le commandement tout entier. Les croyants ne savent-ils pas que, si Allah voulait, Il aurait dirigé tous les hommes vers le droit chemin. Cependant, ceux qui ne croient pas ne manqueront pas, pour prix de ce qu'ils font d'être frappés par un cataclysme, ou [qu'un cataclysme] s'abattra près de leur demeures jusqu'à ce que vienne la promesse d'Allah. Car Allah, ne manque pas Sa promesse.

13:32 On s'est certes moqué des messagers avant toi. Alors, J'ai donné un répit aux mécréants. Ensuite, Je les ai saisis. Et quel fut Mon châtiment!

13:33 Est-ce que Celui qui observe ce que chaque âme acquiert [est semblable aux associés?...] Et pourtant ils donnent des associés à Allah. Dis [leur:] ‹Nommez-les. Ou essayez-vous de Lui apprendre ce qu'Il ne connaît pas sur la terre? Ou avez- vous été simplement séduits par de faux noms?› En fait, on a embelli aux mécréants leur stratagème et on les a empêchés de prendre le droit chemin. Et quiconque Allah laisse égarer, n'a plus personne pour le guider.

13:34 Un châtiment les atteindra dans la vie présente. Le châtiment de l'au-delà sera cependant plus écrasant et ils n'auront nul protecteur contre Allah.

13:35 Tel est le paradis qui a été promis aux pieux: sous lequel coulent les ruisseaux; ses fruits perpétuels, ainsi que son ombrage. Voilà la fin de ceux qui pratiquent la piété, tandis que la fin des mécréants sera le Feu.

13:36 Et ceux à qui Nous avons déjà donné le Livre se réjouissent de ce qu'on a fait descendre vers toi. Tandis que certaines factions en rejettent une partie. Dis: ‹Il m'a seulement été commandé d'adorer Allah et de ne rien Lui associer. C'est à Lui que j'appelle [les gens], Et c'est vers Lui que sera mon retour›.

13:37 Ainsi l'avons-Nous fait descendre (le Qur'an) [sous forme] de loi en arabe. Et si tu suis leurs passions après ce que tu as reçu comme savoir, il n'y aura pour toi, contre Allah, ni allié ni protecteur.

13:38 Et Nous avons certes envoyé avant toi des messagers, et leur avons donné des épouses et des descendants. Et il n'appartient pas à un Messager d'apporter un miracle, si ce n'est qu'avec la permission d'Allah. Chaque échéance a son terme prescrit.

13:39 Allah efface ou confirme ce qu'Il veut en l'Ecriture primordiale est auprès de Lui.

13:40 Que Nous te fassions voir une partie de ce dont Nous les menaçons, ou que Nous te fassions mourir (avant cela), ton devoir est seulement la communication du message, et le règlement de compte sera à Nous.

13:41 Ne voient-ils pas que Nous frappons la terre et que Nous la réduisons de tous côtés? C'est Allah qui juge et personne ne peut s'opposer à Son jugement, et Il est prompt à régler les comptes.

13:42 Certes ceux d'avant eux ont manigancé (contre leur Messager); le stratagème tout entier appartient à Allah. Il sait ce que chaque âme acquiert. Et les mécréants sauront bientôt à qui appartient la bonne demeure finale.

13:43 Et ceux qui ne croient pas disent: ‹Tu n'es pas un Messager›. Dis: ‹Allah suffit, comme témoin entre vous et moi, et ceux qui ont la connaissance du Livre (sont aussi témoins)›.

14. Abraham (Ibrahim)
Au nom d'Allah, le Tout Miséricordieux, le Très Miséricordieux.

14:1 Alif, Lam, Ra. (Voici) un livre que nous avons fait descendre sur toi, afin que - par la permission de leur Seigneur - tu fasses sortir les gens des ténèbres vers la lumière, sur la voie du Tout Puissant, du Digne de louange,

14:2 Allah, à qui appartient tout ce qui est dans les cieux et sur la terre. Et malheur aux mécréants, pour un dur châtiment [qu'ils subiront].

14:3 Ceux qui préfèrent la vie d'ici bas à l'au-delà, obstruent [aux gens], le chemin d'Allah et cherchent à le rendre tortueux, ceux-là sont loin dans l'égarement.

14:4 Et Nous n'avons envoyé de Messager qu'avec la langue de son peuple, afin de les éclairer. Allah égare qui Il veut et guide qui Il veut. Et, c'est Lui le tout Puissant, le Sage.

14:5 Nous avons certes, envoyé Moïse avec Nos miracles [en lui disant]: ‹Fais sortir ton peuple des ténèbres vers la lumière, et rappelle-leur les jours d'Allah›. [Ses bienfaits]. Dans tout cela il y a des signes pour tout homme plein d'endurance et de reconnaissance.

14:6 (Rappelle-toi) quand Moïse dit à son peuple: ‹Rappelez- vous le bienfait d'Allah sur vous quand Il vous sauva des gens de Pharaon qui vous infligeaient le pire châtiment. Ils massacraient vos fils et laissaient en vie vos filles. Il y avait là une dure épreuve de la part de votre Seigneur›,

14:7 Et lorsque votre Seigneur proclama: ‹Si vous êtes reconnaissants, très certainement J'augmenterai [Mes bienfaits] pour vous. Mais si vous êtes ingrats, Mon châtiment sera terrible›.

14:8 Et Moïse dit: ‹Si vous êtes ingrats, vous ainsi que tous ceux qui sont sur terre, [sachez] qu'Allah Se suffit à Lui-même et qu'Il est digne de louange›.

14:9 Ne vous est-il pas parvenu le récit de ceux d'avant vous, du peuple de Noé, des Aad, des Tamud et de ceux qui vécurent après eux, et que seul Allah connaît? Leurs messagers vinrent à eux avec des épreuves, mais il dirent, ramenant leurs mains à leurs bouches: ‹Nous ne croyons pas [au message] avec lequel vous avez été envoyés et nous sommes, au sujets de ce à quoi vous nous appelez, dans un doute vraiment troublant›.

14:10 Leurs messagers dirent: ‹Y a-t-il un doute au sujet d'Allah, Créateur des cieux et de la terre, qui vous appelle pour vous pardonner une partie de vos péchés et vous donner un délai jusqu'à un terme fixé?› [Les mécréants] répondirent: ‹Vous n'êtes que des hommes comme nous. Vous voulez nous empêcher de ce que nos ancêtres adoraient. Apportez-nous donc une preuve évidente›.

14:11 Leurs messagers leur dirent: ‹Certes, nous ne sommes que des humains comme vous. Mais Allah favorise qui Il veut parmi Ses serviteurs. Il ne nous appartient de vous apporter quelque preuve, que par la permission d'Allah. Et c'est en Allah que les croyants doivent placer leur confiance.

14:12 Et qu'aurions-nous à ne pas placer notre confiance en Allah, alors qu'Il nous guidés sur les sentiers [que nous devions suivre]? Nous endurerons sûrement la persécution que vous nous infligez. Et ceux qui ont confiance en Allah s'en remettent entièrement à Lui.›

14:13 Et ceux qui ont mécru dirent à leurs messagers: ‹Nous vous expulserons certainement de notre territoire, à moins que vous ne réintégriez notre religion!› Alors, leur Seigneur leur révéla: ‹Assurément Nous anéantirons les injustes,

14:14 et vous établirons dans le pays après eux. Cela est pour celui qui craint Ma présence et craint Ma menace›.

14:15 Et ils demandèrent [à Allah] la victoire. Et tout tyran insolent fut déçu.

14:16 L'Enfer est sa destination et il sera abreuvé d'une eau purulente

14:17 qu'il tentera d'avaler à petites gorgées. Mais c'est à peine s'il peut l'avaler. La mort lui viendra de toutes parts, mais il ne mourra pas; et il aura un châtiment terrible.

14:18 Les oeuvres de ceux qui ont mécru en leur Seigneur sont comparables à de la cendre violemment frappée par le vent, dans un jour de tempête. ils ne tireront aucun profit de ce qu'ils ont acquis. C'est cela l'égarement profond.

14:19 Ne vois-tu pas qu'Allah a créé les cieux et la terre pour une juste raison? S'Il voulait, Il vous ferait disparaître et ferait venir de nouvelles créatures,

14:20 et cela n'est nullement difficile pour Allah.

14:21 Et tous comparaîtront devant Allah. Puis, les faibles diront à ceux qui s'enflaient d'orgueil: ‹Nous étions bien vos suiveurs. Pouvez-vous nous être de quelque utilité contre le châtiment d'Allah?› - Alors, les autres diront: ‹Si Allah nous avait guidés nous vous aurions certainement guidées. Il est indifférent pour nous plaindre ou d'endurer; nous n'avons pas d'échappatoire›.

14:22 Et quand tout sera accompli, le Diable dira: ‹Certes, Allah vous avait fait une promesse de vérité; tandis que moi, je vous ai fait une promesse que je n'ai pas tenue. Je n'avais aucune autorité sur vous si ce n'est que je vous ai appelés, et que vous m'avez répondu. Ne me faites donc pas de reproches; mais faites-en à vous même. Je ne vous suis d'aucun secours et vous ne m'êtes d'aucun secours. Je vous renie de m'avoir jadis associé [à Allah]›. Certes, un châtiment douloureux attend les injustes [les associateurs].

14:23 Et on fera entrer ceux qui croient et font de bonnes oeuvres, dans les jardins sous lesquels coulent les ruisseaux, pour y demeurer éternellement, par permission de leur Seigneur. Et là, leur salutation sera: ‹Salam› (Paix)

14:24 N'as-tu pas vu comment Allah propose en parabole une bonne parole pareille à un bel arbre dont la racine est ferme et la ramure s'élançant dans le ciel?

14:25 Il donne à tout instant ses fruits, par la grâce de son Seigneur. Allah propose ses paraboles à l'intention des gens afin qu'ils s'exhortent.

14:26 Et une mauvaise parole est pareille a un mauvais arbre, déraciné de la surface de la terre et qui n'a point de stabilité.

14:27 Allah affermit les croyants par une parole ferme, dans la vie présente et dans l'au-delà. Tandis qu'Il égare Ies injustes. Et Allah fait ce qu'Il veut.

14:28 Ne vois-tu point ceux qui troquent les bienfaits d'Allah contre l'ingratitude et établissent leur peuple dans la demeure de la perdition

14:29 ...l'Enfer, où ils brûleront? Et quel mauvais gîte!

14:30 Et ils ont donné à Allah des égaux afin d'égarer (les gens) de Son sentier. - Dis: ‹Jouissez [de cette vie] car votre destination sera le feu›.

14:31 Dis à Mes serviteurs qui ont cru, qu'ils accomplissent la Salat et qu'ils dépensent [dans le bien] en secret et en public de ce que Nous leur avons attribué, avant que vienne le jour où il n'y a ni rachat ni amitié.

14:32 Allah, c'est Lui qui a crée les cieux et la terre et qui, du ciel, a fait descendre l'eau; grâce à laquelle Il a produit des fruits pour vous nourrir. Il a soumis à votre service les vaisseaux qui, par Son ordre, voguent sur la mer. Et Il a soumis à votre service les rivières.

14:33 Et pour vous, Il a assujetti le soleil et la lune à une perpétuelle révolution. Et Il vous a assujetti la nuit et le jour.

14:34 Il vous a accordé de tout ce que vous Lui avez demandé. Et si vous comptiez les bienfaits d'Allah, vous ne sauriez les dénombrer. L'homme est vraiment très injuste, très ingrat.

14:35 Et (rappelle-toi) quand Abraham dit: ‹Ô mon Seigneur, fais de cette cité un lieu sûr, et préserve-moi ainsi que mes enfants de l'adoration des idoles.

14:36 Ô mon Seigneur, elles (les idoles) ont égaré beaucoup de gens. Quiconque me suit est des miens. Quand a celui qui me désobéit... c'est Toi, le Pardonneur, le Très Miséricordieux!

14:37 Ô notre Seigneur, j'ai établi une partie de ma descendance dans une vallée sans agriculture, près de Ta Maison sacrée [la Kaaba], - ò notre Seigneur - afin qu'ils accomplissent la Salat. Fais donc que se penchent vers eux les coeurs d'une partie des gens. Et nourris-les de fruits. Peut-être seront-ils reconnaissants?

14:38 Ô notre Seigneur, Tu sais, vraiment, ce que nous cachons et ce que nous divulguons: - et rien n'échappe à Allah, ni sur terre, ni au ciel! -

14:39 Louange à Allah, qui en dépit de ma vieillesse, m'a donné Ismaël et Isaac. Certes, mon Seigneur entend bien les prières.

14:40 Ô mon Seigneur! Fais que j'accomplisse assidûment la Salat ainsi qu'une partie de ma descendance; exauce ma prière, ò notre Seigneur!

14:41 Ô notre Seigneur! pardonne-moi, ainsi qu'à mes père et mère et aux croyants, le jour de la reddition des comptes›.

14:42 Et ne pense point qu'Allah soit inattentif à ce que font les injustes. Ils leur accordera un délai jusqu'au jour où leurs regards se figeront.

14:43 Ils courront [suppliant], levant la tête, les yeux hagards et les coeurs vides.

14:44 Et avertis les gens du jour où le châtiment les atteindra et ceux qui auront été injustes diront: ‹Ô notre Seigneur accorde-nous un court délai, nous répondrons à Ton appel et suivront les messagers›. - N'avez-vous pas juré auparavant que vous ne deviez jamais disparaître?

14:45 Et vous avez habité, les demeures de ceux qui s'étaient fait du tord à eux-mêmes. Il vous est apparu en toute évidence comment Nous les avions traité et Nous vous avons cité les exemples.

14:46 Ils ont certes comploté. Or leur complot est (inscrit) auprès d'Allah même si leur complot était assez puissant pour faire disparaître les montagnes...

14:47 Ne pense point qu'Allah manque à Sa Promesse envers Ses messagers. Certes Allah est Tout Puissant et Détenteur du pouvoir de punir,

14:48 au jour où la terre sera remplacée par une autre, de même que les cieux et où (les hommes) comparaîtront devant Allah, l'Unique, Le Dominateur Suprême.

14:49 Et ce jour-là, tu verras les coupables, enchaînés les uns aux autres,

14:50 leurs tuniques seront de goudron et le feu couvrira leurs visages.

14:51 (Tout cela) afin qu'Allah rétribue chaque âme de ce qu'elle aura acquis. Certes Allah est prompt dans Ses comptes.

14:52 Ceci est un message (le Qur'an) pour les gens afin qu'ils soient avertis, qu'ils sachent qu'Ils n'est qu'un Dieu unique, et pour que les doués d'intelligence s'exhortent.

15. Les secteuers de Rock (Al-Hijr)
Au nom d'Allah, le Tout Miséricordieux, le Très Miséricordieux.

15:1 Alif, Lam, Ra. Voici les versets du Livre et d'une Lecture explicite.

15:2 [Le Jour du Jugement Dernier] les mécréants voudraient avoir été Musulmans [soumis].

15:3 Laisse-les manger, jouir (un temps), et être distraits par l'espoir; car bientòt ils sauront!

15:4 Or Nous ne détruisons aucune cité sans qu'elle n'ait eu [un terme fixé en] une Ecriture connue.

15:5 Nulle communauté ne devance son terme, ni ne le retard.

15:6 Et ils (les mecquois) disent: ‹Ô toi sur qui on a fait descendre le Qur'an, tu es certainement fou!

15:7 Pourquoi ne nous es-tu pas venu avec les Anges, si tu es du nombre des véridiques?›

15:8 Nous ne faisons descendre les Anges qu'avec la vérité; et alors, il ne leur sera pas accordé de répit [à ces impies].

15:9 Nous ne faisons descendre les Anges qu'avec la vérité; et alors, il ne leur sera pas accordé de répit [a ces impies].

15:10 En vérité c'est Nous qui avons fait descendre le Qur'an, et c'est Nous qui en sommes gardien.

15:11 Et nous avons certes envoyé, avant toi, [des Messagers] parmi les peuples des Anciens.

15:12 Et pas un Messager ne leur est venu sans qu'ils s'en soient moqués.

15:13 C'est ainsi que Nous faisons pénétrer (la mécréance) dans les coeurs des coupables.

15:14 Ils ne croiront pas en lui [le Messager ou le Qur'an] bien que se soit accompli le sort traditionnel des anciens.

15:15 Et même si Nous ouvrions pour eux une porte du ciel, et qu'ils pussent y monter,

15:16 ils diraient: ‹Vraiment nos yeux sont voilés. Mais plutòt, nous sommes des gens ensorcelés›.

15:17 Certes Nous avons placé dans le ciel des constellations et Nous l'avons embelli pour ceux qui regardent.

15:18 Et Nous l'avons protégé contre tout diable banni.

15:19 A moins que l'un d'eux parvienne subrepticement à écouter, une flamme brillante alors le poursuit.

15:20 Et quant à la terre, Nous l'avons étalée et y avons placé des montagnes (immobiles) et y avons fait pousser toute chose harmonieusement proportionnée.

15:21 Et Nous y avons placé des vivres pour vous, et (placé aussi pour vous) des êtres que vous ne nourrissez pas.

15:22 Et il n'est rien dont Nous n'ayons les réserves et Nous ne le faisons descendre que dans une mesure déterminée.

15:23 Et Nous envoyons les vents fécondants; et Nous faisons alors descendre du ciel une eau dont Nous vous abreuvons et que vous n'êtes pas en mesure de conserver.

15:24 Et c'est bien Nous qui donnons la vie et donnons la mort, et c'est Nous qui sommes l'héritier [de tout].

15:25 Et Nous connaissons certes ceux qui parmi vous ont avancé et Nous connaissons ceux qui tardent encore.

15:26 Certes, c'est ton Seigneur qui les rassemblera. Car c'est lui le Sage, l'Omniscient.

15:27 Nous créâmes l'homme d'une argile crissante, extraite d'une boue malléable.

15:28 Et quand au djinn, Nous l'avions auparavant créé d'un feu d'une chaleur ardente.

15:29 Et lorsque ton Seigneur dit aux Anges: ‹Je vais créer un homme d'argile crissante, extraite d'une boue malléable,

15:30 et dès que Je l'aurais harmonieusement formé et lui aurait insufflé Mon souffle de vie, jetez-vous alors, prosternés devant lui›.

15:31 Alors, les Anges se prosternèrent tous ensemble,

15:32 excepté Iblis qui refusa d'être avec les prosternés.

15:33 Alors [Allah] dit: ‹Ô Iblis, pourquoi n'es-tu pas au nombre des prosternés?›

15:34 Il dit: ‹Je ne puis me prosterner devant un homme que Tu as créé d'argile crissante, extraite d'une boue malléable›.

15:35 - Et [Allah] dit: ‹Sors de là [du Paradis], car te voilà banni!

15:36 Et malédiction sur toi, jusqu'au Jour de la rétribution!›

15:37 - Il dit: ‹Ô mon Seigneur, donne-moi donc un délai jusqu'au jour où ils (les gens) seront ressuscités›.

15:38 [Allah] dit: tu es de ceux à qui ce délai est accordé,

15:39 jusqu'au jour de l'instant connu› [d'Allah].

15:40 - Il dit: ‹Ô mon Seigneur, parce que Tu m'as induit en erreur, eh bien je leur enjoliverai la vie sur terre et les égarerai tous,

15:41 à l'exception, parmi eux, de Tes serviteurs élus.›

15:42 - ‹[Allah] dit: voici une voie droite [qui mène] vers Moi.

15:43 Sur Mes serviteurs tu n'auras aucune autorité, excepté sur celui qui te suivra parmi les dévoyés.

15:44 Et l'Enfer sera sûrement leur lieu de rendez-vous à tous.

15:45 Certes, les pieux seront dans des jardins avec des sources.

15:46 ‹Entrez-y en paix et en sécurité›.

15:47 Et Nous aurons arraché toute rancune de leurs poitrines: et ils se sentiront frères, faisant face les uns aux autres sur des lits.

15:48 Nulle fatigue ne les y touchera. Et on ne les en fera pas sortir.

15:49 Informe Mes serviteurs que c'est Moi le Pardonneur, le Très Miséricordieux.

15:50 et que Mon châtiment est certes le châtiment douloureux.

15:51 Et informe-les au sujet des hôtes d'Abraham

15:52 Quand ils entrèrent chez lui et dirent: ‹Salam› - Il dit: ‹Nous avons peur de vous›.

15:53 Ils dirent: ‹N'aie pas peur! Nous t'annonçons une bonne nouvelle, [la naissance] d'un garçon plein de savoir›.

15:54 Il dit: ‹M'annoncez-vous [cette nouvelle] alors que la vieillesse m'a touché? Que m'annoncez-vous donc?›

15:55 - Ils dirent: ‹Nous t'annonçons la vérité. Ne sois donc pas de ceux qui désespèrent›.

15:56 - Il dit: ‹Et qui désespère de la miséricorde de son Seigneur, sinon les égarés?›

15:57 Et il [leur] dit: ‹Que voulez-vous, ò envoyés d'Allah?

15:58 - Ils dirent: ‹En vérité, nous sommes envoyés à des gens criminels,

15:59 à l'exception de la famille de Lot que nous sauverons tous

15:60 sauf sa femme. ‹Nous (Allah) avions déterminé qu'elle sera du nombre des exterminés.

15:61 Puis lorsque les envoyés vinrent auprès de la famille de Lot

15:62 celui-ci dit: ‹Vous êtes [pour moi] des gens inconnus›.

15:63 - Ils dirent: ‹Nous sommes plutòt venus à toi en apportant (le châtiment) à propos duquel ils doutaient.

15:64 Et nous venons à toi avec la vérité. Et nous sommes véridiques.

15:65 Pars donc avec ta famille en fin de nuit et suis leurs arrières; et que nul d'entre vous ne se retourne. Et allez là où on vous le commande›.

15:66 Et Nous lui annonçâmes cet ordre: que ces gens-là, au matin, seront anéantis jusqu'au dernier.

15:67 Et les habitants de la ville (Sodome) vinrent [à lui] dans la joie.

15:68 - Il dit: ‹Ceux-ci sont mes hòtes, ne me déshonorez donc pas.

15:69 Et craignez Allah. Et ne me couvrez pas d'ignominie.

15:70 Ils dirent: ‹Ne t'avions-nous pas interdit de [recevoir] du monde?›

15:71 Il dit: ‹Voici mes filles, si vous voulez faire [quelque chose]!›

15:72 Par ta vie! ils se confondaient dans leur délire.

15:73 Alors, au lever du soleil le Cri (la catastrophe) les saisit.

15:74 Et Nous renversâmes [la ville] de fond en comble et fîmes pleuvoir sur eux des pierres d'argile dure.

15:75 Voilà vraiment des preuves, pour ceux qui savent observer!

15:76 Elle [cette ville] se trouvait sur un chemin connu de tous.

15:77 Voilà vraiment une exhortation pour les croyants!

15:78 Et les habitants d'al-Aïka étaient [aussi] des injustes.

15:79 Nous Nous sommes donc vengés d'eux. Et ces deux [cités], vraiment, sont sur une route bien évidente [que vous connaissez].

15:80 Certes, les gens d'al-Hijr ont traité de menteurs les messagers.

15:81 Nous leur avons montré Nos miracles, mais ils s'en étaient détournés.

15:82 Et ils taillaient des maisons dans leur montagnes, vivant en sécurité.

15:83 Puis, au matin, le Cri les saisit.

15:84 Ce qu'ils avaient acquis ne leur a donc point profité.

15:85 Et Nous n'avons créé les cieux et la terre, et ce qui est entre eux, que pour une juste raison. Et l'Heure [sans aucun doute] arrivera! Pardonne-[leur] donc d'un beau pardon.

15:86 Ton Seigneur, c'est Lui vraiment le grand Créateur, l'Omniscient.

15:87 Nous t'avons certes donné ‹les sept versets que l'on répété›, ainsi que le Qur'an sublime.

15:88 Ne regarde surtout pas avec envie les choses dont Nous avons donné jouissance temporaire à certains couples d'entre eux, ne t'afflige pas à leur sujet et abaisse ton aile pour les croyants.

15:89 Et dis: ‹Je suis l'avertisseur évident› (d'un châtiment),

15:90 De même que Nous avons fait descendre [le châtiment] sur ceux qui ont juré (entre eux),

15:91 ceux qui ont fait du Qur'an des fractions diverses, (pour créer des doutes).

15:92 Par ton Seigneur! Nous les interrogerons tous

15:93 sur ce qu'ils oeuvraient.

15:94 Expose donc clairement ce qu'on t'a commandé et détourne- toi des associateurs.

15:95 Nous t'avons effectivement défendu vis-à-vis des railleurs.

15:96 Ceux qui associent à Allah une autre divinité. Mais ils sauront bientòt.

15:97 Et Nous savons certes que ta poitrine se serre, à cause de ce qu'ils disent.

15:98 Glorifie donc Ton Seigneur par Sa louange et sois de ceux qui se prosternent;

15:99 et adore ton Seigneur jusqu'à ce que te vienne la certitude (la mort).

16. Les abeilles (An-Nahl)

Au nom d'Allah, le Tout Miséricordieux, le Très Miséricordieux.

16:1 L'ordre d'Allah arrive. Ne le hâtez donc pas. Gloire à lui! Il est au-dessus de ce qu'on Lui associe.

16:2 Il fait descendre, par Son ordre, les Anges, avec la révélation, sur qui Il veut parmi Ses serviteurs: ‹Avertissez qu'il n'est d'autre divinité que Moi. Craignez-Moi donc›.

16:3 Il a créé les cieux et la terre avec juste raison. Il transcende ce qu'on [Lui] associe.

16:4 Il a créé l'homme d'une goutte de sperme; et voilà que l'homme devient un disputeur déclaré.

16:5 Et les bestiaux, Il les a créés pour vous; vous en retirez des [vêtements] chauds ainsi que d'autres profits. Et vous en mangez aussi.

16:6 Ils vous paraissent beaux quand vous les ramenez, le soir, et aussi le matin quand vous les lâchez pour le pâturage.

16:7 Et ils portent vos fardeaux vers un pays que vous n'atteindriez qu'avec peine. Vraiment, votre Seigneur est Compatissant et Miséricordieux.

16:8 Et les chevaux, les mulets et les ânes, pour que vous les montiez, et pour l'apparat. Et Il crée ce que vous ne savez pas.

16:9 Il appartient à Allah [par Sa grâce, de montrer] le droit chemin car il en est qui s'en détachent. Or, s'Il voulait, Il vous guiderait tous.

16:10 C'est Lui qui, du ciel, a fait descendre de l'eau qui vous sert de boisson et grâce à la quelle poussent des plantes dont vous nourrissez vos troupeaux.

16:11 D'elle, Il fait pousser pour vous, les cultures, les oliviers, les palmiers, les vignes et aussi toutes sortes de fruits. Voilà bien là une preuve pour des gens qui réfléchissent.

16:12 Pour vous, Il a assujetti la nuit et le jour; le soleil et la lune. Et à Son ordre sont assujetties les étoiles. Voilà bien là des preuves pour des gens qui raisonnent.

16:13 Ce qu'Il a créé pour vous sur la terre a des couleurs diverses. Voilà bien là une preuve pour des gens qui se rappellent.

16:14 Et c'est Lui qui a assujetti la mer afin que vous en mangiez une chair fraîche, et que vous en retiriez des parures que vous portez. Et tu vois les bateaux fendre la mer avec bruit, pour que vous partiez en quête de Sa grâce et afin que vous soyez reconnaissants.

16:15 Et Il a implanté des montagnes immobiles dans la terre afin qu'elle ne branle pas en vous emportant avec elle de même que des rivières et des sentiers, pour que vous vous guidiez,

16:16 ainsi que des points de repère. Et au moyen des étoiles [les gens] se guident.

16:17 Celui qui crée est-il semblable à celui qui ne crée rien? Ne vous souvenez-vous pas?

16:18 Et si vous comptez les bienfaits d'Allah, vous ne saurez pas les dénombrer. Car Allah est Pardonneur, et Miséricordieux.

16:19 Et Allah sait ce que vous cachez et ce que vous divulguez.

16:20 Et ceux qu'ils invoquent en dehors d'Allah ne créent rien, et ils sont eux-mêmes créés.

16:21 Ils sont morts, et non pas vivants, et ils ne savent pas quand ils seront ressuscités.

16:22 Votre Dieu est un Dieu unique. Ceux qui ne croient pas en l'au-delà leurs coeurs nient (l'unicité d'Allah) et ils sont remplis d'orgueil.

16:23 Nul doute qu'Allah sait ce qu'ils cachent et ce qu'ils divulguent. Et assurèment Il n'aime pas les orgueilleux.

16:24 Et lorsqu'on leur dit: ‹Qu'est-ce que votre Seigneur a fait descendre?› Ils disent: ‹Des légendes anciennes!›

16:25 Qu'ils portent donc, au Jour de la Résurrection, tous les fardeaux de leurs propres oeuvres ainsi qu'une partie de fardeaux de ceux qu'ils égarent, sans le savoir; combien est mauvais [le fardeau] qu'ils portent!

16:26 Ceux qui ont vécu avant eux, certes, ont comploté, mais Allah attaqua les bases mêmes de leur bâtisse. Le toit s'écroula au-dessus d'eux et le châtiment les surprit d'où ils ne l'avaient pas pas senti.

16:27 Puis, le Jour de la Résurrection, Il les couvrira d'ignominie, et [leur] dira: ‹Où sont Mes associés pour lesquels vous combattiez?› - Ceux qui ont le savoir diront: ‹L'ignominie et le malheur tombent aujourd'hui sur les mécréants›.

16:28 Ceux à qui les Anges ôtent la vie, alors qu'ils sont injustes envers eux-mêmes, se soumettront humiliés, (et diront): ‹Nous ne faisions pas de mal!› - ‹Mais, en fait, Allah sait bien ce que vous faisiez›.

16:29 Entrez donc par les portes de l'Enfer pour y demeurer éternellement. Combien est mauvaise la demeure des orgueilleux!

16:30 Et on dira à ceux qui étaient pieux: ‹Qu'a fait descendre votre Seigneur?› Ils diront: ‹Un bien›. Ceux qui font les bonnes oeuvres auront un bien ici-bas; mais la demeure de l'au-delà est certes meilleure. Combien agréable sera la demeure des pieux!

16:31 Les jardins du séjour (éternel), où ils entreront et sous lesquels coulent les ruisseaux. Ils auront là ce qu'ils voudront; c'est ainsi qu'Allah récompense les pieux.

16:32 Ceux dont les Anges reprennent l'âme - alors qu'ils sont bons - [les Anges leur] disent: ‹Paix sur vous! Entrez au Paradis, pour ce que vous faisiez›.

16:33 [Les infidèles] attendent-ils que les Anges leur viennent, ou que survienne l'ordre de ton Seigneur ? Ainsi agissaient les gens avant eux. Allah ne les a pas lésés; mais ils faisaient du tort à eux-mêmes.

16:34 Les méfaits qu'ils accomplissaient les atteindront, et ce dont ils se moquaient les cernera de toutes parts.

16:35 Et les associateurs dirent: ‹Si Allah avait voulu, nous n'aurions pas adoré quoi que ce soit en dehors de Lui, ni nous ni nos ancêtres; et nous n'aurions rien interdit qu'Il n'ait interdit Lui-même. Ainsi agissaient les gens avant eux. N'incombe-t-il aux messagers sinon de transmettre le message en toute clarté?

16:36 Nous avons envoyé dans chaque communauté un Messager, [pour leur dire]: ‹Adorez Allah et écartez-vous du Tagut›. Alors Allah en guida certains, mais il y en eut qui ont été destinés a l'égarement. Parcourez donc la terre, et regardez quelle fut la fin de ceux qui traitaient [Nos messagers] de menteurs.

16:37 Même si tu désirais ardemment qu'ils soient guidés... [Sache] qu'Allah ne guide pas ceux qui s'égarent. Et ils n'auront pas de secoureurs.

16:38 Et ils jurent par Allah en prononçant leurs serments les plus solennels: ‹Allah ne ressuscitera pas celui qui meurt›. Bien au contraire! C'est une promesse véritable [de Sa part], mais la plupart des gens ne le savent pas.

16:39 (Ils les ressuscitera) afin qu'Il leur expose clairement ce en quoi ils divergeaient, et pour que ceux qui ont mécru sachent qu'ils ont été des menteurs.

16:40 Quand Nous voulons une chose, Notre seule parole est: ‹Sois›. Et, elle est.

16:41 Et ceux qui, pour (la cause d') Allah, ont émigré après avoir subi des injustices, Nous les installerons dans une situation agréable dans la vie d'ici-bas. Et le salaire de la vie dernière sera plus grand encore s'ils savaient!

16:42 Eux qui ont enduré et placé leur confiance en leur Seigneur.

16:43 Nous n'avons envoyé, avant toi, que des hommes auxquels Nous avons fait des révélations. Demandez donc aux gens du rappel si vous ne savez pas.

16:44 (Nous les avons envoyés) avec des preuves évidentes et des livres saints. Et vers toi, Nous avons fait descendre le Qur'an, pour que tu exposes clairement aux gens ce qu'on a fait descendre pour eux et afin qu'ils réfléchissent.

16:45 Ceux qui complotaient des méfaits sont-ils à l'abri de ce qu'Allah les engloutisse en terre ou que leur vienne le châtiment d'où ils ne s'attendaient point?

16:46 Ou bien qu'Il les saisisse en pleine activité sans qu'ils puissent échapper (au châtiment d'Allah).

16:47 Ou bien qu'Il les saisisse en plein effroi? Mais vraiment, votre Seigneur est Compatissant et Miséricordieux.

16:48 N'ont-ils point vu que les ombres de toute chose qu'Allah a créée s'allongent à droite et à gauche, en se prosternant devant Allah, en toute humilité?

16:49 Et c'est devant Allah que se prosterne tout être vivant dans les cieux, et sur la terre; ainsi que les Anges qui ne s'enflent pas d'orgueil.

16:50 Ils craignent leur Seigneur, au-dessus d'eux, et font ce qui leur est commandé.

16:51 Allah dit: ‹Ne prenez pas deux divinités. Il n'est qu'un Dieu unique. Donc, ne craignez que Moi›.

16:52 C'est à Lui qu'appartient ce qui est dans les cieux et sur la terre; c'est à Lui que l'obéissance perpétuelle est due. Craindriez-vous donc, d'autres qu'Allah?

16:53 Et tout ce que vous avez comme bienfait provient d'Allah. Puis quand le malheur vous touche, c'est Lui que vous implorez a haute voix.

16:54 Et une fois qu'Il a dissipé voter malheur, voilà qu'une partie d'entre vous se mettent à donner des associés à leur Seigneur,

16:55 méconnaissant ainsi ce que Nous leur avons donné. Jouissez donc [pour un temps!] Bientòt vous saurez!

16:56 Et ils assignent une partie [des biens] que Nous leur avons attribués à (des idoles) qu'ils ne connaissent pas. Par Allah! Vous serez certes interrogés sur ce que vous inventiez.

16:57 Et ils assignent à Allah des filles. Gloire et pureté à Lui! Et à eux-mêmes, cependant, (ils assignent) ce qu'ils désirent (des fils).

16:58 Et lorsqu'on annonce à l'un d'eux une fille, son visage s'assombrit et une rage profonde [l'envahit].

16:59 Il se cache des gens, à cause du malheur qu'on lui a annoncé. Doit-il la garder malgré la honte ou l'enfouira-t-il dans la terre? Combien est mauvais leur jugement!

16:60 C'est à ceux qui ne croient pas en l'au-delà que revient le mauvais qualificatif (qu'ils ont attribué à Allah). Tandis qu'à Allah [Seul] est le qualificatif suprême. Et c'est Lui le tout Puissant, le Sage.

16:61 Si Allah s'en prenait aux gens pour leurs méfaits, Il ne laisserait sur cette terre aucun être vivant. Mais Il les renvoie jusqu'à un terme fixe. Puis, quand leur terme vient, ils ne peuvent ni le retarder d'une heure ni l'avancer.

16:62 Et ils assignent à Allah ce qu'ils détestent [pour eux- mêmes]. Et leurs langues profèrent un mensonge quand ils disent que la plus belle récompense leur sera réservée. C'est le Feu, sans nul doute, qui leur sera réservé et ils y seront envoyés, les premiers.

16:63 Par Allah! Nous avons effectivement envoyé (des messagers) à des communautés avant toi. Mais le Diable leur enjoliva ce qu'ils faisaient. C'est lui qui est, leur allié, aujourd'hui [dans ce monde]. Et ils auront un châtiment douloureux [dans l'au- delà].

16:64 Et Nous n'avons fait descendre sur toi le Livre qu'afin que tu leur montres clairement le motif de leur dissension, de même qu'un guide et une miséricorde pour des gens croyants.

16:65 Allah a fait descendre du ciel une eau avec laquelle Il revivifie la terre après sa mort. Il y a vraiment là une preuve pour des gens qui entendent.

16:66 Il y a certes un enseignement pour vous dans les bestiaux: Nous vous abreuvons de ce qui est dans leurs ventres, - [un produit] extrait du [mélange] des excréments [intestinaux] et du sang - un lait pur, délicieux pour les buveurs.

16:67 Des fruits des palmiers et des vignes, vous retirez une boisson enivrante et un aliment excellent. Il y a vraiment là un signe pour des gens qui raisonnent.

16:68 [Et voilà] ce que ton Seigneur révéla aux abeilles: ‹Prenez des demeures dans les montagnes, les arbres, et les treillages que [les hommes] font.

16:69 Puis mangez de toute espèce de fruits, et suivez les sentiers de votre Seigneur, rendus faciles pour vous. De leur ventre, sort une liqueur, aux couleurs variées, dans laquelle il y a une guérison pour les gens. Il y a vraiment là une preuve pour des gens qui réfléchissent.

16:70 Allah vous a créés! Puis Il vous fera mourir. Tel parmi vous sera reconduit jusqu'à l'âge le plus vil, de sorte qu'après avoir su, il arrive à ne plus rien savoir. Allah est, certes, Omniscient et Omnipotent.

16:71 Allah a favorisé les uns d'entre vous par rapport aux autres dans [la répartition] de Ses dons. Ceux qui ont été favorisés ne sont nullement disposés à donner leur portion à ceux qu'ils possèdent de plein droit [esclaves] au point qu'ils y deviennent associés à part égale. Nieront-ils les bienfaits d'Allah?

16:72 Allah vous a fait à partir de vous-mêmes des épouses, et de vos épouses Il vous a donné des enfants et des petits-enfants. Et Il vous a attribué de bonnes choses. Croient-ils donc au faux et nient-ils le bienfait d'Allah?

16:73 Et ils adorent, en dehors d'Allah, ce qui ne peut leur procurer aucune nourriture des cieux et de la terre et qui n'est capable de rien.

16:74 N'attribuez donc pas à Allah des semblables. Car Allah sait, tandis que vous ne savez pas.

16:75 Allah propose en parabole un esclave appartenant [à son maître], dépourvu de tout pouvoir, et un homme à qui Nous avons accordé de Notre part une bonne attribution dont il dépense en secret et en public. [Ces deux hommes] sont-ils égaux? Louange à Allah! Mais la plupart d'entre eux ne savent pas.

16:76 Et Allah propose en parabole deux hommes: l'un d'eux est muet, dépourvu de tout pouvoir et totalement à la charge de son maître; Quelque lieu où celui-ci l'envoie, il ne rapporte rien de bon; serait-il l'égal de celui qui ordonne la justice et qui est sur le droit chemin?

16:77 C'est à Allah qu'appartient l'inconnaissable des cieux et de la terre. Et l'ordre [concernant] l'Heure ne sera que comme un clin d'oeil ou plus bref encore! Car Allah est, certes, Omnipotent.

16:78 Et Allah vous a fait sortir des ventres de vos mères, dénués de tout savoir, et vous a donné l'ouïe, les yeux et les coeurs (l'intelligence), afin que vous soyez reconnaissants.

16:79 N'ont-ils pas vu les oiseaux assujettis [au vol] dans l'atmosphère du ciel sans que rien ne les retienne en dehors d'Allah? Il y a vraiment là des preuves pour des gens qui croient.

16:80 Et Allah vous a fait de vos maisons une habitation, tout comme Il vous a procuré des maisons faites de peaux de bêtes que vous trouvez légères, le jour où vous vous déplacez et le jour où vous vous campez. De leur laine, de leur poil et de leur crin (Il vous a procuré) des effets et des objets dont vous jouissez pour un certain délai.

16:81 Et de ce qu'Il a créé, Allah vous a procuré des ombres. Et Il vous a procuré des abris dans les montagnes. Et Il vous a procuré des vêtements qui vous protègent de la chaleur, ainsi que des vêtements [cuirasses, armures] qui vous protègent de votre propre violence. C'est ainsi qu'Allah parachève sur vous Son bienfait, peut-être que vous vous soumettez.

16:82 S'ils se détournent... il ne t'incombe que la communication claire.

16:83 Ils reconnaissent le bienfait d'Allah; puis, ils le retient. Et la plupart d'entre eux sont des ingrats.

16:84 (Et rappelle-toi) le jour où de chaque communauté Nous susciterons un témoin, on ne permettra pas aux infidèles (de s'excuser), et on ne leur demandera pas de revenir [sur ce qui a provoqué la colère d'Allah].

16:85 Et quand les injustes verront le châtiment, on ne leur accordera ni allégement ni répit.

16:86 Quand les associateurs verront ceux qu'ils associaient à Allah, ils diront: ‹Ô notre Seigneur, voilà nos divinités que nous invoquions en dehors de Toi›. Mais [leur associés] leur adresseront la parole: ‹Vous êtes assurément des menteurs›.

16:87 Ils offriront ce jour-là à Allah la soumission, et ce qu'ils avaient inventé sera perdu pour eux.

16:88 Ceux qui ne croyaient pas et obstruaient le sentier d'Allah, Nous leur ajouterons châtiment sur châtiment, pour la corruption qu'ils semaient (sur terre).

16:89 Et le jour où dans chaque communauté, Nous susciterons parmi eux-mêmes un témoin contre eux, Et Nous t'emmènerons [Muhammad] comme témoin contre ceux-ci. Et Nous avons fait descendre sur toi le Livre, comme un exposé explicite de toute chose, ainsi qu'un guide, une grâce et une bonne annonce aux Musulmans.

16:90 Certes, Allah commande l'équité, la bienfaisance et l'assistance aux proches. Et Il interdit la turpitude, l'acte répréhensible et la rébellion. Il vous exhorte afin que vous vous souveniez.

16:91 Soyez fidèles au pacte d'Allah après l'avoir contracté et ne violez pas vos serments après les avoir solennellement prêtés et avoir pris Allah comme garant [de votre bonne foi]. Vraiment Allah sait ce que vous faites!

16:92 Et ne faites pas comme celle qui défaisait brin par brin sa quenouille après l'avoir solidement filée, en prenant vos serments comme un moyen pour vous tromper les uns les autres, du fait que (vous avez trouvé) une communauté plus forte et plus nombreuse que l'autre. Allah ne fait, par là, que vous éprouver. Et, certes, Il vous montrera clairement, au Jour de la Résurrection ce sur quoi vous vous opposiez.

16:93 Si Allah avait voulu, Il aurait certes fait de vous une seule communauté. Mais Il laisse s'égarer qui Il veut et guide qui Il veut. Et vous serez certes, interrogés sur ce que vous faisiez.

16:94 Et ne prenez pas vos serments comme un moyen pour vous tromper les uns les autres, sinon [vos] pas glisseront après avoir été fermes, et vous goûterez le malheur pour avoir barré le sentier d'Allah. Et vous subirez un châtiment terrible.

16:95 Et ne vendez pas à vil prix le pacte d'Allah. Ce qui se trouve auprès d'Allah est meilleur pour vous, si vous saviez!

16:96 Tout ce que vous possédez s'épuisera, tandis que ce qui est auprès d'Allah durera. Et Nous récompenserons ceux qui ont été constants en fonction du meilleur de ce qu'ils faisaient.

16:97 Quiconque, mâle ou femelle, fait une bonne oeuvre tout en étant croyant, Nous lui ferons vivre une bonne vie. Et Nous les récompenserons, certes, en fonction des meilleures de leurs actions.

16:98 Lorsque tu lis le Qur'an, demande la protection d'Allah contre le Diable banni.

16:99 Il n'a aucun pouvoir sur ceux qui croient et qui placent leur confiance en leur Seigneur.

16:100 Il n'a de pouvoir que sur ceux qui le prennent pour allié et qui deviennent associateurs à cause de lui.

16:101 Quand Nous remplaçons un verset par un autre - et Allah sait mieux ce qu'Il fait descendre - ils disent: ‹Tu n'es qu'un menteur›. Mais la plupart d'entre eux ne savent pas.

16:102 Dis: ‹C'est le Saint Esprit [Gabriel] qui l'a fait descendre de la part de ton Seigneur en toute vérité, afin de raffermir [la foi] de ceux qui croient, ainsi qu'un guide et une bonne annonce pour les Musulmans.

16:103 Et Nous savons parfaitement qu'ils disent: ‹Ce n'est qu'un être humain qui lui enseigne (le Qur'an)›. Or, la langue de celui auquel ils font allusion est étrangère [non arabe], et celle-ci est une langue arabe bien claire.

16:104 Ceux qui ne croient pas aux versets d'Allah, Allah ne les guide pas. Et ils ont un châtiment douloureux.

16:105 Seuls forgent le mensonge ceux qui ne croient pas aux versets d'Allah; et tels sont les menteurs.

16:106 Quiconque a renié Allah après avoir cru... - sauf celui qui y a été contraint alors que son coeur demeure plein de la sérénité de la foi - mais ceux qui ouvrent délibérément leur coeur à la mécréance, ceux-là ont sur eux une colère d'Allah et ils ont un châtiment terrible.

16:107 Il en est ainsi, parce qu'ils ont aimé la vie présente plus que l'au-delà. Et Allah, vraiment, ne guide pas les gens mécréants.

16:108 Voilà ceux dont Allah a scellé les coeurs, l'ouïe, et les yeux. Ce sont eux les insouciants.

16:109 Et nul doute que dans l'au-delà, ils seront les perdants.

16:110 Quant à ceux qui ont émigré après avoir subi des épreuves, puis ont lutté et ont enduré, ton Seigneur après cela, est certes Pardonneur et Miséricordieux.

16:111 (Rappelle-toi) le jour où chaque âme viendra, plaidant pour elle-même, et chaque âme sera pleinement rétribuée pour ce qu'elle aura oeuvré sans qu'ils subissent la moindre injustice.

16:112 Et Allah propose en parabole une ville: elle était en sécurité, tranquille; sa part de nourriture lui venait de partout en abondance. Puis elle se montra ingrate aux bienfaits d'Allah. Allah lui fit alors goûter la violence de la faim et de la peur [en punition] de ce qu'ils faisaient.

16:113 En effet, un Messager des leurs est venu à eux, mais ils l'ont traité de menteur. Le châtiment, donc, les saisit parce qu'ils étaient injustes.

16:114 Mangez donc de ce qu'Allah vous a attribué de licite et de bon. Et soyez reconnaissants pour les bienfaits d'Allah, si c'est Lui que vous adorez.

16:115 Il vous a, en effet, interdit (la chair) de la bête morte, le sang, la chair de porc, et la bête sur laquelle un autre nom que celui d'Allah a été invoque. Mais quiconque en mange sous contrainte, et n'est ni rebelle ni transgresseur, alors Allah est Pardonneur et Miséricordieux.

16:116 Et ne dites pas, conformément aux mensonges proférés par vos langues: ‹Ceci est licite, et cela est illicite›, pour forger le mensonge contre Allah. Certes, ceux qui forgent le mensonge contre Allah ne réussiront pas.

16:117 Ce sera pour eux une piètre jouissance, mais un douloureux châtiment les attend.

16:118 Aux Juifs, Nous avions interdit ce que Nous t'avons déjà relaté. Nous leur avons fait aucun tort; mais ils se faisaient du tort à eux-mêmes.

16:119 Puis ton Seigneur envers ceux qui ont commis le mal par ignorance, et se sont par la suite repentis et ont amélioré leur conduite, ton Seigneur, après cela est certes Pardonneur et Miséricordieux.

16:120 Abraham était un guide (Umma) parfait. Il était soumis à Allah, voué exclusivement à Lui et il n'était point du nombre des associateurs.

16:121 Il était reconnaissant pour Ses bienfaits et Allah l'avait élu et guidé vers un droit chemin.

16:122 Nous lui avons donné une belle part ici-bas. Et il sera certes dans l'au-delà du nombre des gens de bien.

16:123 Puis Nous t'avons révélé: ‹Suis la religion d'Abraham qui était voué exclusivement à Allah et n'était point du nombre des associateurs›.

16:124 Le Sabbat n'a été imposé qu'à ceux qui divergeaient à son sujet. Au Jour de la Résurrection, ton Seigneur jugera certainement au sujet de ce dont ils divergeaient.

16:125 Par la sagesse et la bonne exhortation appelle (les gens) au sentier de ton Seigneur. Et discute avec eux de la meilleure façon. Car c'est ton Seigneur qui connaît le mieux celui qui s'égare de Son sentier et c'est Lui qui connaît le mieux ceux qui sont bien guidés.

16:126 Et si vous punissez, infligez [à l'agresseur] une punition égale au tort qu'il vous a fait. Et si vous endurez... cela est certes meilleur pour les endurants.

16:127 Endure! Ton endurance [ne viendra] qu'avec (l'aide) d'Allah. Ne t'afflige pas pour eux. Et ne sois pas angoissé à cause de leurs complots.

16:128 Certes, Allah est avec ceux qui [L'] ont craint avec piété et ceux qui sont bienfaisants.

17. Le voyage nocturne (Al-Isra)
Au nom d'Allah, le Tout Miséricordieux, le Très Miséricordieux.

17:1 Gloire et Pureté à Celui qui de nuit, fit voyager Son serviteur [Muhammad], de la Mosquée Al-Haram à la Mosquée Al-Aqsa dont Nous avons béni l'alentours, afin de lui faire voir certaines de Nos merveilles. C'est Lui, vraiment, qui est l'Audient, le Clairvoyant.

17:2 Et Nous avions donné à Moïse le Livre dont Nous avions fait un guide pour les Enfants d'Israël: ‹Ne prenez pas de protecteur en dehors de Moi›.

17:3 [Ô vous], les descendants de ceux que Nous avons transportés dans l'arche avec Noé. Celui-ci était vraiment un serviteur fort reconnaissant.

17:4 Nous avions décrété pour les Enfants d'Israël, (et annoncé) dans le Livre: ‹Par deux fois vous sèmerez la corruption sur terre et vous allez transgresser d'une façon excessive›.

17:5 Lorsque vint l'accomplissement de la première de ces deux [prédictions,] Nous envoyâmes contre vous certains de Nos serviteurs doués d'une force terrible, qui pénétrèrent à l'intérieur des demeures. Et la prédiction fut accomplie.

17:6 Ensuite, Nous vous donnâmes la revanche sur eux; et Nous vous renforçâmes en biens et en enfants. Et Nous vous fîmes [un peuple] plus nombreux:

17:7 ‹Si vous faites le bien, vous le faites à vous-mêmes; et si vous faites le mal, vous le faites à vous [aussi]›. Puis, quand vint la dernière [prédiction,] ce fut pour qu'ils affligent vos visages et entrent dans la Mosquée comme ils y étaient entrés la première fois, et pour qu'ils détruisent complètement ce dont ils se sont emparés.

17:8 Il se peut que votre Seigneur vous fasse miséricorde. Mais si vous récidivez, Nous récidiverons. Et Nous avons assigné l'Enfer comme camp de détention aux infidèles.

17:9 Certes, ce Qur'an guide vers ce qu'il y a de plus droit, et il annonce aux croyants qui font de bonnes oeuvres qu'ils auront une grande récompense,

17:10 et à ceux qui ne croient pas en l'au-delà, que Nous leur avons préparé un châtiment douloureux.

17:11 L'homme appelle le mal comme il appelle le bien, car l'homme est très hâtif.

17:12 Nous avons fait de la nuit et du jour deux signes, et Nous avons effacé le signe de la nuit, tandis que Nous avons rendu visible le signe du jour, pour que vous recherchiez des grâces de votre Seigneur, et que vous sachiez le nombre des années et le calcul du temps. Et Nous avons expliqué toute chose d'une manière détaillée.

17:13 Et au cou de chaque homme, Nous avons attaché son oeuvre. Et au Jour de la Résurrection, Nous lui sortirons un écrit qu'il trouvera déroulé:

17:14 ‹Lis ton écrit. Aujourd'hui, tu te suffis d'être ton propre comptable›.

17:15 Quiconque prend le droit chemin ne le prend que pour lui-même; et quiconque s'égare, ne s'égare qu'à son propre détriment. Et nul ne portera le fardeau d'autrui. Et Nous n'avons jamais puni [un peuple] avant de [lui] avoir envoyé un Messager.

17:16 Et quand Nous voulons détruire une cité, Nous ordonnons à ses gens opulents [d'obéir à Nos prescriptions], mais (au contraire) ils se livrent à la perversité. Alors la Parole prononcée contre elle se réalise, et Nous la détruisons entièrement.

17:17 Que de générations avons-nous exterminées, après Noé! Et ton Seigneur suffit qu'Il soit Parfaitement Connaisseur et Clairvoyant sur les péchés de Ses serviteurs.

17:18 Quiconque désire [la vie] immédiate Nous nous hâtons de donner ce que Nous voulons; à qui Nous voulons. Puis, Nous lui assignons l'Enfer où il brûlera méprisé et repoussé.

17:19 et ceux qui cherchent l'au-delà et fournissent les efforts qui y mènent, tout en étant croyants... alors l'effort de ceux-là sera reconnu.

17:20 Nous accordons abondamment à tous; ceux-ci comme ceux- là, des dons de ton Seigneur. Et les dons de ton Seigneur ne sont refusés [à personne].

17:21 Regarde comment Nous favorisons certains sur d'autres. Et dans l'au- delà, il y a des rangs plus élevés et plus privilégiés.

17:22 N'assigne point à Allah d'autre divinité; sinon tu te trouveras méprisé et abandonné.

17:23 et ton Seigneur a décrété: ‹n'adorez que Lui; et (marquez) de la bonté envers les père et mère: si l'un d'eux ou tous deux doivent atteindre la vieillesse auprès de toi; alors ne leur dis point: ‹Fi!› et ne les brusque pas, mais adresse-leur des paroles respectueuses.

17:24 et par miséricorde; abaisse pour eux l'aile de l'humilité; et dis : ‹Ô mon Seigneur, fais-leur; à tous deux; miséricorde comme ils m'ont élevé tout petit›.

17:25 Votre Seigneur connaît mieux ce qu'il y a dans vos âmes. Si vous êtes bons; Il est certes Pardonneur pour ceux qui Lui reviennent se repentant.

17:26 ‹Et donne au proche parent ce qui lui est dû ainsi qu'au pauvre et au voyageur (en détresse). Et ne gaspille pas indûment,

17:27 car les gaspilleurs sont les frères des diables; et le Diable est très ingrat envers son Seigneur.

17:28 Si tu t'écartes d'eux à la recherche d'une miséricorde de Ton Seigneur, que tu espères; adresse-leur une parole bienveillante.

17:29 Ne porte pas ta main enchaînée à ton cou [par avarice], et ne l'étend pas non plus trop largement, sinon tu te trouveras blâmé et chagriné.

17:30 En vérité ton Seigneur étend Ses dons largement à qu'Il veut ou les accorde avec parcimonie. Il est, sur Ses serviteurs, Parfaitement Connaisseur et Clairvoyant

17:31 Et ne tuez pas vos enfants par crainte de pauvreté; c'est Nous qui attribuons leur subsistance; tout comme à vous. Les tuer, c'est vraiment, un énorme pêché.

17:32 Et n'approchez point la fornication. En vérité, c'est une turpitude et quel mauvais chemin!

17:33 Et; sauf en droit, ne tuez point la vie qu'Allah a rendu sacrée. Quiconque est tué injustement, alors Nous avons donné pouvoir à son proche [parent] . Que celui-ci ne commette pas d'excès dans le meurtre, car il est déjà assisté (par la loi).

17:34 Et n'approchez les biens de l'orphelin que de la façon la meilleur, jusqu'à ce qu'il atteigne sa majorité. Et remplissez l'engagement, car on sera interrogé au sujet des engagements

17:35 Et donnez la pleine mesure quand vous mesurez; et pesez avec une balance exacte. C'est mieux [pour vous] et le résultat en sera meilleur.

17:36 Et ne poursuis pas ce dont tu n'as aucune connaissance. L'ouïe, la vue et le coeur: sur tout cela, en vérité, on sera interrogé.

17:37 Et ne foule pas la terre avec orgueil: tu ne sauras jamais fendre la terre et tu ne pourras jamais atteindre la hauteur des montagnes!

17:38 Ce qui est mauvais en tout cela est détesté de ton Seigneur.

17:39 Tout cela fait partie de ce que ton Seigneur t'a révélé de la Sagesse. N'assigne donc pas à Allah d'autre divinité, sinon tu seras jeté dans l'Enfer, blâmé et repoussé.

17:40 Votre Seigneur, aurait-Il réservé exclusivement pour vous des fils, et Lui, aurait-Il pris pour Lui des filles parmi les Anges! Vous prononcez là une parole monstrueuse.

17:41 Très certainement Nous avons exposé [tout ceci] dans ce Qur'an afin que [les gens] réfléchissent. Mais cela ne fait qu'augmenter leur répulsion.

17:42 Dis: ‹S'il y avait des divinités avec Lui, comme ils le disent, elles auraient alors cherché un chemin [pour atteindre] le Détenteur du Trône›.

17:43 Pureté à Lui! Il est plus haut et infiniment au-dessus de ce qu'ils disent!

17:44 Les sept cieux et la terre et ceux qui s'y trouvent, célèbrent Sa gloire. Et il n'existe rien qui ne célèbre Sa gloire et Ses louanges. Mais vous ne comprenez pas leur façon de Le glorifier. Certes c'est Lui qui est Indulgent et Pardonneur.

17:45 Et quand tu lis le Qur'an, Nous plaçons, entre toi et ceux qui ne croient pas en l'au-delà, un voile invisible,

17:46 Nous avons mis des voiles sur leurs coeurs, de sorte qu'ils ne le comprennent pas: et dans leurs oreilles, une lourdeur. Et quand, dans le Qur'an, tu évoques Ton Seigneur l'Unique, ils tournent le dos par répulsion.

17:47 Nous savons très bien ce qu'ils écoutent. Quand ils t'écoutent et qu'ils chuchotent entre eux, les injustes disent: ‹Vous ne suivez qu'un homme ensorcelé›.

17:48 Vois ce à quoi ils te comparent! Ils s'égarent donc et sont incapables de trouver un chemin (vers la vérité).

17:49 Et ils disent: ‹Quand nous serons ossements et poussière, serons-nous ressuscités en une nouvelle création?›

17:50 Dis: ‹Soyez pierre ou fer

17:51 ou toute autre créature que vous puissiez concevoir. Ils diront alors: ‹Qui donc nous fera revenir?› - Dis: ‹Celui qui vous a créés la première fois›. Ils secoueront vers toi leurs têtes et diront: ‹Quand cela?› Dis: ‹il se peut que ce soit proche.

17:52 Le jour où Il vous appellera, vous Lui répondrez en Le glorifiant. Vous penserez cependant que vous n'êtes restés [sur terre] que peu de temps!›.

17:53 Et dis à Mes serviteurs d'exprimer les meilleures paroles, car le Diable sème la discorde parmi eux. Le Diable est certes, pour l'homme, un ennemi déclaré.

17:54 Votre Seigneur vous connaît mieux. S'Il veut, Il vous fera miséricorde, et s'Il veut, Il vous châtiera. Et Nous ne t'avons pas envoyé pour que tu sois leur protecteur.

17:55 Et ton Seigneur est plus Connaisseur de ceux qui sont dans les cieux et sur la terre. Et parmi les prophètes, Nous avons donné à certains plus de faveurs qu'à d'autres. Et à David nous avons donné le ‹Zabour›.

17:56 Dis: ‹Invoquez ceux que vous prétendez, (être des divinités) en dehors de Lui. Ils ne possèdent ni le moyen de dissiper votre malheur ni de le détourner.

17:57 Ceux qu'ils invoquent, cherchent [eux-mêmes], à qui mieux, le moyen de se rapprocher le plus de leur Seigneur. Ils espèrent Sa miséricorde et craignent Son châtiment. Le châtiment de ton Seigneur est vraiment redouté.

17:58 Il n'est point de cité [injuste] que Nous ne fassions périr avant le Jour de la Résurrection, ou que Nous ne punissons d'un dur châtiment. Cela est bien tracé dans le Livre [des décrets immuables].

17:59 Rien ne Nous empêche d'envoyer les miracles, si ce n'est que les Anciens les avaient traités de mensonges. Nous avions apporté aux Tamud la chamelle qui était un [miracle] visible: mais ils lui firent du tort. En outre, nous n'envoyons de miracles qu'à titre de menace.

17:60 Et lorsque Nous te disions que ton Seigneur cerne tous les gens (par Sa puissance et Son savoir). Quant à la vision que Nous t'avons montrée, Nous ne l'avons faite que pour éprouver les gens, tout comme l'arbre maudit mentionné dans le Qur'an. Nous les menaçons; mais cela ne fait qu'augmenter leurs grande transgression.

17:61 Et lorsque Nous avons dit aux Anges: ‹Prosternez-vous devant Adam›, ils se prosternèrent, à l'exception d'Iblis, qui dit: ‹Me prosternerai-je devant quelqu'un que tu as créé d'argile?›

17:62 Il dit encore: ‹Vois-Tu? Celui que Tu as honoré au-dessus de moi, si Tu me donnais du répit jusqu'au Jour de la Résurrection; j'éprouverai, certes sa descendance, excepté un petit nombre [parmi eux]›.

17:63 Et [Allah] dit: ‹Va-t-en! Quiconque d'entre eux te suivra... votre sanction sera l'Enfer, une ample rétribution.

17:64 Excite, par ta voix, ceux d'entre eux que tu pourras, rassemble contre eux ta cavalerie et ton infanterie, associe-toi à eux dans leurs biens et leurs enfants et fais-leur des promesses›. Or, le Diable ne leur fait des promesses qu'en tromperie.

17:65 Quant à Mes serviteurs, tu n'as aucun pouvoir sur eux›. Et ton Seigneur suffit pour les protéger!

17:66 Votre Seigneur est Celui qui fait voguer le vaisseau pour vous en mer, afin que vous alliez à la recherche de quelque grâce de Sa part; Certes Il est Miséricordieux envers vous,

17:67 Et quand le mal vous touche en mer, ceux que vous invoquiez en dehors de Lui se perdent. Puis, quand Il vous sauve et vous ramène à terre, vous vous détournez. L'homme reste très ingrat!

17:68 Etes-vous à l'abri de ce qu'Il vous fasse engloutir par un pan de terre, ou qu'Il envoie contre vous un ouragan (avec pluie en pierres) et que vous ne trouverez alors aucun protecteur.

17:69 Ou êtes-vous à l'abri de ce qu'Il vous y ramène (en mer) une autre fois, qu'Il déchaîne contre vous un de ces vents à tout casser, puis qu'Il vous fasse noyer à cause de votre mécréance? Et alors vous ne trouverez personne pour vous défendre contre Nous!

17:70 Certes, Nous avons honoré les fils d'Adam. Nous les avons transportés sur terre et sur mer, leur avons attribué de bonnes choses comme nourriture, et Nous les avons nettement préférés à plusieurs de Nos créatures.

17:71 Le jour où Nous appellerons chaque groupement d'hommes par leur chef, ceux à qui on remettra leur livre dans la main droite liront leur livre (avec plaisir) et ne subiront pas la moindre injustice.

17:72 Et quiconque aura été aveugle ici-bas, sera aveugle dans l'au-delà, et sera plus égaré [encore] par rapport à la bonne voie.

17:73 Ils ont failli te détourner de ce que Nous t'avions révélé, [dans l'espoir] qu'à la place de ceci, tu inventes quelque chose d'autre et (l'imputes) à Nous. Et alors, ils t'auraient pris pour ami intime.

17:74 Et si Nous ne t'avions pas raffermi, tu aurais bien failli t'incliner quelque peu vers eux

17:75 Alors, Nous t'aurions certes fait goûter le double [supplice] de la vie et le double [supplice] de la mort; et ensuite tu n'aurais pas trouvé de secoureur contre Nous.

17:76 En vérité, ils ont failli t'inciter à fuir du pays pour t'en bannir. Mais dans ce cas, ils n'y seraient pas restés longtemps après toi.

17:77 Telle fut la règle appliquée par Nous à Nos messagers que nous avons envoyés avant toi. Et tu ne trouveras pas de changement en Notre règle.

17:78 Accomplis la Salat au déclin du soleil jusqu'à l'obscurité de la nuit, et [fais] aussi la Lecture à l'aube, car la Lecture à l'aube a des témoins.

17:79 Et de la nuit consacre une partie [avant l'aube] pour des Salat surérogatoires: afin que ton Seigneur te ressuscite en une position de gloire.

17:80 Et dis: ‹Ô mon Seigneur; fais que j'entre par une entrée de vérité et que je sorte par une sortie de vérité; et accorde-moi de Ta part, un pouvoir bénéficiant de Ton secours›.

17:81 Et dis: ‹La Vérité (l'Islam) est venue et l'Erreur a disparu. Car l'Erreur est destinée à disparaître›.

17:82 Nous faisons descendre du Qur'an, ce qui est une guérison et une miséricorde pour les croyants cependant. Cependant, cela ne fait qu'accroître la perdition des injustes.

17:83 Et quand Nous comblons l'homme de bienfaits; il se détourne et se replie sur lui-même; et quand un mal le touche, le voilà profondément désespéré.

17:84 Dis: ‹chacun agit selon sa méthode, alors que votre Seigneur connaît mieux qui suit la meilleure voie›.

17:85 Et ils t'interrogent au sujet de l'âme, - Dis: ‹l'âme relève de l'Ordre de mon Seigneur›. Et on ne vous a donné que peu de connaissance.

17:86 Si Nous voulons, Nous pouvons certes faire disparaître ce que Nous t'avons révélé; et tu n'y trouverais par la suite aucun défenseur contre Nous.

17:87 Si ce n'est par une miséricorde de ton Seigneur, car en vérité Sa grâce sur toi est grande.

17:88 Dis: ‹Même si les hommes et les djinns s'unissaient pour produire quelque chose de semblable à ce Qur'an, ils ne sauraient produire rien de semblable, même s'ils se soutenaient les un les autres›.

17:89 Et certes, Nous avons déployé pour les gens, dans ce Qur'an, toutes sortes d'exemples. Mais la plupart des gens s'obstinent à être mécréants.

17:90 Et ils dirent: ‹Nous ne croirons pas en toi, jusqu'à ce que tu aies fait jaillir de terre, pour nous, une source;

17:91 ou que tu aies un jardin de palmiers et de vignes, entre lesquels tu feras jaillir des ruisseaux en abondance;

17:92 ou que tu fasses tomber sur nous, comme tu le prétends, le ciel en morceaux, ou que tu fasses venir Allah et les Anges en face de nous;

17:93 ou que tu aies une maison [garnie] d'ornements; ou que tu sois monté au ciel. Encore ne croirons-nous pas à ta montée au ciel, jusqu'à ce que tu fasses descendre sur nous un Livre que nous puissions lire›. Dis-[leur]: ‹Gloire à mon Seigneur! Ne suis-je qu'un être humain-Messager? "

17:94 Et rien n'empêcha les gens de croire, quand le guide leur est parvenu, si ce n'est qu'ils disaient: ‹Allah envoie-t-Il un être humain-Messager?›

17:95 Dis: ‹S'il y avait sur terre des Anges marchant tranquillement, Nous aurions certes fait descendre sur eux du ciel un Ange-Messager›.

17:96 Dis: ‹Allah suffit comme témoin entre vous et moi›. Il est, sur Ses serviteurs, Parfaitement Connaisseur et Clairvoyant.

17:97 Celui qu'Allah guide, c'est lui le bien-guidé et ceux qu'il égare... tu ne leur trouveras jamais d'alliés en dehors de Lui et au Jour de la Résurrection, Nous les rassemblons traînés sur leur visages, aveugles, muets et sourds. L'Enfer sera leur demeure: chaque fois que son feu s'affaiblit, Nous leur accroîtrons la flamme ardente.

17:98 Telle sera leur sanction parce qu'ils ne croient pas en Nos preuves et disent: ‹Quand nous serons ossements et poussière, serons-nous ressuscités en une nouvelle création?›

17:99 N'ont-ils pas vu qu'Allah qui a créé les cieux et la terre est capable de créer leur pareils ? Il leur a fixé un terme, sur lequel il n'y a aucun doute, mais les injustes s'obstinent dans leur mécréance.

17:100 Dis: ‹Si c'était vous qui possédiez les trésors de la miséricorde de mon Seigneur; vous lésineriez, certes, de peur de les dépenser. Et l'homme est très avare!

17:101 Et certes, Nous donnâmes à Moïse neuf miracle évidents. Demande donc aux Enfants d'Israël, lorsqu'il leur vint et que Pharaon lui dit: ‹Ô Moïse, je pense que tu es ensorcelé›.

17:102 Il dit: ‹Tu sais fort bien que ces choses [les miracles], seul le Seigneur des cieux et de la terre les a fait descendre comme autant de preuves illuminantes; et certes, Ô Pharaon, je te crois perdu›.

17:103 [Pharaon] voulut donc les expulser du pays. Alors Nous les noyâmes tous, lui et ceux qui étaient avec lui.

17:104 Et après lui, Nous dîmes aux Enfants d'Israël: ‹Habitez la terre›. Puis, lorsque viendra la promesse de la (vie) dernière, Nous vous ferons venir en foule.

17:105 Et c'est en toute vérité que Nous l'avons fait descendre (le Qur'an), et avec la vérité il est descendu, et Nous t'avons envoyé qu'en annonciateur et avertisseur.

17:106 (Nous avons fait descendre) un Qur'an que Nous avons fragmenté, pour que tu le lises lentement aux gens. Et Nous l'avons fait descendre graduellement.

17:107 Dis: ‹Croyez-y ou n'y croyez pas. Ceux à qui la connaissance a été donnée avant cela, lorsqu'on le leur récite, tombent, prosternés, le menton contre la terre›

17:108 et disent: ‹Gloire à notre Seigneur! La promesse de notre Seigneur est assurément accomplie›.

17:109 Et ils tombent sur leur menton, pleurant, et cela augmente leur humilité.

17:110 Dis: ‹Invoquez Allah, ou invoquez le Tout Miséricordieux. Quel que soit le nom par lequel vous l'appelez, Il a les plus beaux noms. Et dans ta Salat, ne récite pas à voix haute; et ne l'y abaisse pas trop, mais cherche le juste milieu entre les deux›.

17:111 Et dis: ‹Louange à Allah qui ne S'est jamais attribué d'enfant, qui n'a point d'associé en la royauté et qui n'a jamais eu de protecteur de l'humiliation›. Et proclame hautement Sa grandeur.

18. La caverne (Al-Kahf)
Au nom d'Allah, le Tout Miséricordieux, le Très Miséricordieux.

18:1 Louange à Allah qui a fait descendre sur Son serviteur (Muhammad), le Livre, et n'y a point introduit de tortuosité (ambiguïté)!

18:2 [Un livre] d'une parfaite droiture pour avertir d'une sévère punition venant de Sa part et pour annoncer aux croyants qui font de bonnes oeuvres qu'il y aura pour eux une belle récompense.

18:3 où ils demeureront éternellement,

18:4 et pour avertir ceux qui disent: ‹Allah S'est attribué un enfant.›

18:5 Ni eux ni leurs ancêtres n'en savent rien. Quelle monstrueuse parole que celle qui sort de leurs bouches! Ce qu'ils disent n'est que mensonge.

18:6 Tu vas peut-être te consumer de chagrin parce qu'ils se détournent de toi et ne croient pas en ce discours!

18:7 Nous avons placé ce qu'il y a sur la terre pour l'embellir, afin d'éprouver (les hommes et afin de savoir) qui d'entre eux sont les meilleurs dans leurs actions.

18:8 Puis, Nous allons sûrement transformer sa surface en sol aride.

18:9 Penses-tu que les gens de la Caverne et d'ar-Raquim ont constitué une chose extraordinaire d'entre Nos prodiges?

18:10 Quand les jeunes se furent réfugiés dans la caverne, ils dirent : ‹Ô notre Seigneur, donne nous de Ta part une miséricorde; et assure nous la droiture dans tout ce qui nous concerne›.

18:11 Alors, Nous avons assourdi leur oreilles, dans la caverne pendant nombreuses années.

18:12 Ensuite, Nous les avons ressuscités, afin de savoir lequel des deux groupes saurait le mieux calculer la durée exacte de leur séjour.

18:13 Nous allons te raconter leur récit en toute vérité. Ce sont des jeunes gens qui croyaient en leur Seigneur; et Nous leurs avons accordé les plus grands moyens de se diriger [dans la bonne voie].

18:14 Nous avons fortifié leurs coeurs lorsqu'ils s'étaient levés pour dire: ‹Notre Seigneur est le Seigneur des cieux et de la terre: jamais nous n'invoquerons de divinité en dehors de Lui, sans quoi, nous transgresserions dans nos paroles.

18:15 Voilà que nos concitoyens ont adopté en dehors de Lui des divinités. Que n'apportent-ils sur elles une preuve évidente? Quel pire injuste, donc que celui qui invente un mensonge contre Allah?

18:16 Et quand vous vous serez séparés d'eux et de ce qu'ils adorent en dehors d'Allah, réfugiez-vous donc dans la caverne: votre Seigneur répandra de Sa miséricorde sur vous et disposera pour vous un adoucissement à votre sort›.

18:17 Tu aurais vu le soleil, quand il se lève, s'écarter de leur caverne vers la droite, et quant il se couche, passer à leur gauche, tandis qu'eux-mêmes sont là dans une partie spacieuse (de la caverne)... Cela est une des merveilles d'Allah. Celui qu'Allah guide, c'est lui le bien-guidé. Et quiconque Il égare, tu ne trouvera alors pour lui aucun allié pour le mettre sur la bonne voie.

18:18 Et tu les aurais cru éveillés, alors qu'ils dorment. Et Nous les tournons sur le côté droit et sur le côté gauche, tandis que leur chien est à l'entrée, pattes étendues. Si tu les avais aperçus, certes tu leur aurais tourné le dos en fuyant; et tu aurais été assurément rempli d'effroi devant eux.

18:19 Et c'est ainsi que Nous les ressuscitâmes, afin qu'ils s'interrogent entre eux. L'un parmi eux dit: ‹Combien de temps avez-vous demeuré là?› Ils dirent: ‹Nous avons demeuré un jour ou une partie d'un jour›. D'autres dirent: ‹Votre Seigneur sait mieux combien [de temps] vous y avez demeuré. Envoyez donc l'un de vous à la ville avec votre argent que voici, pour qu'il voit quel aliment est le plus pur et qu'il vous apporte de quoi vous nourrir. Qu'il agisse avec tact; et qu'il ne donne l'éveil à personne sur vous.

18:20 Si jamais ils vous attrapent, ils vous lapideront ou vous feront retourner à leur religion, et vous ne réussirez alors plus jamais›.

18:21 Et c'est ainsi que Nous fîmes qu'ils furent découverts, afin qu'ils [les gens de la cité] sachent que la promesse d'Allah est vérité et qu'il n'y ait point de doute au sujet de l'Heure. Aussi se disputèrent-ils à leur sujet et déclarèrent-ils: ‹Construisez sur eux un édifice. Leur Seigneur les connaît mieux›. Mais ceux qui l'emportèrent [dans la discussion] dirent: ‹Elevons sur eux un sanctuaire›.

18:22 Ils diront: ‹ils étaient trois et le quatrième était leur chien›. Et ils diront en conjecturant sur leur mystère qu'ils étaient cinq, le sixième étant leur chien et ils diront: ‹sept, le huitième étant leur chien›. Dis: ‹Mon Seigneur connaît mieux leur nombre. Il n'en est que pue qui le savent›. Ne discute à leur sujet que d'une façon apparente et ne consulte personne en ce qui les concerne.

18:23 Et ne dis jamais, à propos d'une chose: ‹Je la ferai sûrement demain›.

18:24 sans ajouter: ‹Si Allah le veut›, et invoque ton Seigneur quand tu oublies et dis: ‹Je souhaite que mon Seigneur me guide et me mène plus près de ce qui est correct›.

18:25 Or, ils demeurèrent dans leur caverne trois cent ans et en ajoutèrent neuf (années).

18:26 Dis: ‹Allah sait mieux combien de temps ils demeurèrent là. A Lui appartient l'Inconnaissable des cieux et de la terre. Comme Il est Voyant et Audient! Ils n'ont aucun allié en dehors de Lui et Il n'associe personne à Son commandement.

18:27 Et récite ce qui t'a été révélé du Livre de ton Seigneur. Nul ne peut changer Ses paroles. Et tu ne trouvera, en dehors de Lui, aucun refuge.

18:28 Fais preuve de patience [en restant] avec ceux qui invoquent leur Seigneur matin et soir, désirant Sa Face. Et que tes yeux ne se détachent point d'eux, en cherchant (le faux) brillant de la vie sur terre. Et n'obéis pas à celui dont Nous avons rendu le coeur inattentif à Notre Rappel, qui poursuit sa passion et dont le comportement est outrancier.

18:29 Et dis: ‹La vérité émane de votre Seigneur›. Quiconque le veut, qu'il croit, et quiconque le veut qu'il mécroie›. Nous avons préparé pour les injustes un Feu dont les flammes les cernent. Et s'ils implorent à boire on les abreuvera d'une eau comme du métal fondu brûlant les visages. Quelle mauvaise boisson et quelle détestable demeure!

18:30 Ceux qui croient et font de bonnes oeuvres... vraiment Nous ne laissons pas perdre la récompense de celui qui fait le bien.

18:31 Voilà ceux qui auront les jardins du séjour (éternel) sous lesquels coulent les ruisseaux. Ils y seront parés de bracelets d'or et se vêtiront d'habits verts de soie fine et de brocart, accoudés sur des divans (bien ornés). Quelle bonne récompense et quelle belle demeure!

18:32 Donne-leur l'exemple de deux hommes: à l'un d'eux Nous avons assigné deux jardins de vignes que Nous avons entourés de palmiers et Nous avons mis entre les deux jardins des champs cultivés.

18:33 Les deux jardins produisaient leur récolte sans jamais manquer. Et Nous avons fait jaillir entre eux un ruisseau.

18:34 Et il avait des fruits et dit alors à son compagnon avec qui il conversait: ‹Je possède plus de bien que toi, et je suis plus puissant que toi grâce à mon clan›.

18:35 Il entra dans son jardin coupable envers lui-même [par sa mécréance]; il dit: ‹Je ne pense pas que ceci puisse jamais périr,

18:36 et je ne pense pas que l'Heure viendra. Et si on me ramène vers mon Seigneur, je trouverai certes meilleur lieu de retour que ce jardin.

18:37 Son compagnon lui dit, tout en conversant avec lui: ‹Serais-tu mécréant envers Celui qui t'a créé de terre, puis de sperme et enfin t'a façonné en homme?

18:38 Quant à moi, c'est Allah qui est mon Seigneur; et je n'associe personne à mon Seigneur?

18:39 En entrant dans ton jardin, que ne dis-tu: ‹Telle est la volonté (et la grâce) d'Allah! Il n'y a de puissance que par Allah›. Si tu me vois moins pourvu que toi en biens et en enfants,

18:40 il se peut que mon Seigneur, bientòt, me donne quelque chose de meilleur que ton jardin, qu'Il envoie sur [ce dernier], du ciel, quelque calamité, et que son sol devienne glissant,

18:41 ou que son eau tarisse de sorte que tu ne puisses plus la retrouver›.

18:42 Et sa récolte fut détruite et il se mit alors à se tordre les deux mains à cause de ce qu'il y avait dépensé, cependant que ses treilles étaient complètement ravagées. Et il disait: ‹Que je souhaite n'avoir associé personne à mon Seigneur!›.

18:43 Il n'eut aucun groupe de gens pour le secourir contre (la punition) d'Allah. Et il ne put se secourir lui-même.

18:44 En l'occurrence, la souveraine protection appartient à Allah, le Vrai. Il accorde la meilleure récompense et le meilleur résultat.

18:45 Et propose-leur l'exemple de la vie ici-bas. Elle est semblable à une eau que Nous faisons descendre du ciel; la végétation de la terre se mélange à elle. Puis elle devient de l'herbe desséchée que les vents dispersent. Allah est certes Puissant en toutes choses!

18:46 Les biens et les enfants sont l'ornement de la vie de ce monde. Cependant, les bonnes oeuvres qui persistent ont auprès de ton Seigneur une meilleure récompense et [suscitent] une belle espérance.

18:47 Le jour où Nous ferons marcher les montagnes et où tu verras la terre nivelée (comme une plaine) et Nous les rassemblerons sans en omettre un seul.

18:48 Et ils seront présentés en rangs devant ton Seigneur. ‹Vous voilà venus à Nous comme Nous vous avons créés la première fois. Pourtant vous prétendiez que Nous ne remplirions pas Nos promesses›.

18:49 Et on déposera le livre (de chacun). Alors tu verras les criminels, effrayés à cause de ce qu'il y a dedans, dire: ‹Malheur à nous, qu'a donc ce livre à n'omettre de mentionner ni pêché véniel ni pêché capital?› Et ils trouveront devant eux tout ce qu'ils ont oeuvré. Et ton Seigneur ne fait du tort à personne.

18:50 Et lorsque Nous dîmes aux Anges: ‹Prosternez-vous devant Adam›, ils se prosternèrent, excepté Iblis [Satan] qui était du nombre des djinns et qui se révolta contre le commandement de son Seigneur. Allez-vous cependant le prendre, ainsi que sa descendance, pour alliés en dehors de Moi, alors qu'ils vous sont ennemis? Quel mauvais échange pour les injustes!

18:51 Je ne les ai pas pris comme témoins de la création des cieux et de la terre, ni de la création de leurs propres personnes. Et Je n'ai pas pris comme aides ceux qui égarent.

18:52 Et le jour où Il dira: ‹Appelez ceux que vous prétendiez être Mes associés›. Ils les invoqueront; mais eux ne leur répondront pas, Nous aurons placé entre eux une vallée de perdition.

18:53 Et les criminels verront le Feu. Il seront alors convaincus qu'ils y tomberont et n'en trouveront pas d'échappatoire.

18:54 Et assurément, Nous avons déployé pour les gens, dans ce Qur'an, toutes sortes d'exemples. L'homme cependant, est de tous les êtres le plus grand disputeur.

18:55 Qu'est-ce qui a donc empêché les gens de croire, lorsque le guide leur est venu, ainsi que de demander pardon à leur Seigneur, si ce n'est qu'ils veulent subir le sort des Anciens, ou se trouver face à face avec le châtiment.

18:56 Et Nous n'envoyons les messagers que pour annoncer la bonne nouvelle et avertir. Et ceux qui ont mécru disputent avec de faux arguments, afin d'infirmer la vérité et prennent en raillerie Mes versets (le Qur'an) ainsi que ce (châtiment) dont on les a avertis.

18:57 Quel pire injuste que celui à qui on a rappelé les versets de son Seigneur et qui en détourna le dos en oubliant ce que ses deux mains ont commis? Nous avons placé des voiles sur leurs coeurs, de sorte qu'ils ne comprennent pas (le Qur'an), et mis une lourdeur dans leurs oreilles. Même si tu les appelles vers la bonne voie, jamais il ne pourront donc se guider.

18:58 Et ton Seigneur est le Pardonneur, le Détenteur de la miséricorde. S'il s'en prenait à eux pour ce qu'ils ont acquis. Il leur hâterait certes le châtiment. Mais il y a pour eux un terme fixé (pour l'accomplissement des menaces) contre lequel ils ne trouveront aucun refuge.

18:59 Et voilà les villes que Nous avons fait périr quand leurs peuples commirent des injustices et Nous avons fixé un rendez-vous pour leur destruction.

18:60 (Rappelle-toi) quand Moïse dit à son valet: ‹Je n'arrêterai pas avant d'avoir atteint le confluent des deux mers, dussé-je marcher de longues années›.

18:61 Puis, lorsque tous deux eurent atteint le confluent, ils oublièrent leur poisson qui prit alors librement son chemin dans la mer.

18:62 Puis, lorsque tous deux eurent dépassé [cet endroit,] il dit son valet: ‹Apporte-nous notre déjeuner: nous avons rencontré de la fatigue dans notre présent voyage›.

18:63 [Le valet lui] dit: ‹Quand nous avons pris refuge près du rocher, vois-tu, j'ai oublié le poisson - le Diable seul m'a fait oublier de (te) le rappeler - et il a curieusement pris son chemin dans la mer›.

18:64 [Moïse] dit: ‹Voilà ce que nous cherchions›. Puis, ils retournèrent sur leurs pas, suivant leurs traces.

18:65 Ils trouvèrent l'un de Nos serviteurs à qui Nous avions donné une grâce, de Notre part, et à qui Nous avions enseigné une science émanant de Nous.

18:66 Moïse lui dit: ‹Puis-je suivre, à la condition que tu m'apprennes de ce qu'on t'a appris concernant une bonne direction?›.

18:67 [L'autre] dit: ‹Vraiment, tu ne pourras jamais être patient avec moi.

18:68 Comment endurerais-tu sur des choses que tu n'embrasses pas par ta connaissance?›.

18:69 [Moïse] lui dit: ‹Si Allah veut, tu me trouvera patient; et je ne désobéirai à aucun de tes ordres›.

18:70 ‹Si tu me suis, dit [l'autre,] ne m'interroge sur rien tant que je ne t'en aurai pas fait mention›.

18:71 Alors les deux partirent. Et après qu'ils furent montés sur un bateau, l'homme y fit une brèche. [Moïse] lui dit: ‹Est-ce pour noyer ses occupants que tu l'as ébréché? Tu as commis, certes, une chose monstrueuse!›.

18:72 [L'autre] répondit: ‹N'ai-je pas dit que tu ne pourrais pas garder patience en ma compagnie?›.

18:73 ‹Ne t'en prend pas à moi, dit [Moïse,] pour un oubli de ma part; et ne m'impose pas de grande difficulté dans mon affaire›.

18:74 Puis ils partirent tous deux; et quand ils eurent rencontré un enfant, [l'homme] le tua. Alors [Moïse] lui dit: ‹As-tu tué un être innocent, qui n'a tué personne? Tu as commis certes, une chose affreuse!›

18:75 [L'autre] lui dit: ‹Ne t'ai-je pas dit que tu ne pourrais pas garder patience en ma compagnie?›

18:76 ‹Si, après cela, je t'interroge sur quoi que ce soit, dit [Moïse,] alors ne m'accompagne plus. Tu seras alors excusé de te séparer de moi›.

18:77 Ils partirent donc tous deux; et quand ils furent arrivés à un village habité, ils demandèrent à manger à ses habitants; mais ceux-ci refusèrent de leur donner l'hospitalité. Ensuite, ils y trouvèrent un mur sur le point de s'écrouler. L'homme le redressa. Alors [Moïse] lui dit: ‹Si tu voulais, tu aurais bien pu réclamer pour cela un salaire›.

18:78 ‹Ceci [marque] la séparation entre toi et moi, dit [l'homme,] Je vais t'apprendre l'interprétation de ce que tu n'as pu supporter avec patience.

18:79 Pour ce qui est du bateau, il appartenait à des pauvres gens qui travaillaient en mer. Je voulais donc le rendre défectueux, car il y avait derrière eux un roi qui saisissait de force tout bateau.

18:80 Quant au garçon, ses père et mère étaient des croyants; nous avons craint qu'il ne leur imposât la rébellion et la mécréance.

18:81 Nous avons donc voulu que leur Seigneur leur accordât en échange un autre plus pur et plus affectueux.

18:82 Et quant au mur, il appartenait à deux garçons orphelins de la ville, et il y avait dessous un trésor à eux; et leur père était un homme vertueux. Ton Seigneur a donc voulu que tous deux atteignent leur maturité et qu'ils extraient, [eux- mêmes] leur trésor, par une miséricorde de ton Seigneur. Je ne l'ai d'ailleurs pas fait de mon propre chef. Voilà l'interprétation de ce que tu n'as pas pu endurer avec patience›.

18:83 Et ils t'interrogent sur Zul-Qarnayn. Dis: ‹Je vais vous en citer quelque fait mémorable›.

18:84 Vraiment, Nous avons affermi sa puissance sur terre, et Nous lui avons donné libre voie à toute chose.

18:85 Il suivit donc une voie.

18:86 Et quand il eut atteint le Couchant, il trouva que le soleil se couchait dans une source boueuse, et, après d'elle il trouva une peuplade [impie]. Nous dîmes: ‹Ô Zul-Qarnayn! ou tu les châties, ou tu uses de bienveillance à leur égard›.

18:87 Il dit: ‹Quant à celui qui est injuste, nous le châtierons; ensuite il sera ramené vers son Seigneur qui le punira d'un châtiment terrible.

18:88 Et quant à celui qui croit et fait bonne oeuvre, il aura, en retour, la plus belle récompense. Et nous lui donnerons des ordres faciles à exécuter›.

18:89 Puis, il suivit (une autre) voie.

18:90 Et quand il eut atteint le Levant, il trouva que le soleil se levait sur une peuplade à laquelle Nous n'avions pas donné de voile pour s'en protéger.

18:91 Il en fut ainsi et Nous embrassons de Notre Science ce qu'il détenait.

18:92 Puis, il suivit (une autre) voie.

18:93 Et quant il eut atteint un endroit situé entre les Deux Barrières (montagnes), il trouva derrière elles une peuplade qui ne comprenait presque aucun langage.

18:94 Ils dirent: ‹Ô Zul-Qarnayn, les Yajuj et les Majuj commettent du désordre sur terre. Est-ce que nous pourrons t'accorder un tribut pour construire une barrière entre eux et nous?›

18:95 Il dit: ‹Ce que Mon Seigneur m'a conféré vaut mieux (que vos dons). Aidez-moi donc avec force et je construirai un remblai entre vous et eux.

18:96 Apportez-moi des blocs de fer›. Puis, lorsqu'il en eut comblé l'espace entre les deux montagnes, il dit: ‹Soufflez!› Puis, lorsqu'il l'eut rendu une fournaise, il dit: ‹Apportez-moi du cuivre fondu, que je le déverse dessus›.

18:97 Ainsi, ils ne purent guère l'escalader ni l'ébrécher non plus.

18:98 Il dit: ‹C'est une miséricorde de la part de mon Seigneur. Mais, lorsque la promesse de mon Seigneur viendra, Il le nivellera. Et la promesse de mon Seigneur est vérité›.

18:99 Nous les laisserons, ce jour-là, déferler comme les flots les uns sur les autres, et on soufflera dans la Trompe et Nous les rassemblerons tous.

18:100 Et ce jour-là Nous présenterons de près l'Enfer aux mécréants,

18:101 dont les yeux étaient couverts d'un voile qui les empêchait de penser à Moi, et ils ne pouvaient rien entendre non plus.

18:102 Ceux qui ont mécru, comptent-ils donc pouvoir prendre, pour alliés, Mes serviteurs en dehors de Moi? Nous avons préparé l'Enfer comme résidence pour les mécréants.

18:103 Dis: ‹Voulez-vous que Nous vous apprenions lesquels sont les plus grands perdants, en oeuvres?

18:104 Ceux dont l'effort, dans la vie présente, s'est égaré, alors qu'ils s'imaginent faire le bien.

18:105 Ceux-là qui ont nié les signes de leur Seigneur, ainsi que Sa rencontre. Leurs actions sont donc vaines›. Nous ne leur assignerons pas de poids au Jour de la Résurrection.

18:106 C'est que leur rétribution sera l'Enfer, pour avoir mécru et pris en raillerie Mes signes (enseignements) et Mes messagers.

18:107 Ceux qui croient et font de bonnes oeuvres auront pour résidence les Jardins du ‹Firdaws,› (Paradis),

18:108 où ils demeureront éternellement, sans désirer aucun changement.

18:109 Dis: ‹Si la mer était une encre [pour écrire] les paroles de mon Seigneur, certes la mer s'épuiserait avant que ne soient épuisées les paroles de mon Seigneur, quand même Nous lui apporterions son équivalent comme renfort›.

18:110 Dis: ‹Je suis en fait un être humain comme vous. Ils m'a été révélé que votre Dieu est un Dieu unique! Quiconque, donc, espère rencontrer son Seigneur, qu'il fasse de bonnes actions et qu'il n'associe dans son adoration aucun à son Seigneur›.

19. Marie (Maryam)

Au nom d'Allah, le Tout Miséricordieux, le Très Miséricordieux.

19:1 Kaf, Ha, Ya, Ain, Sad.

19:2 C'est un récit de la miséricorde de ton Seigneur envers Son serviteur Zacharie.

19:3 Lorsqu'il invoqua son Seigneur d'une invocation secrète,

19:4 et dit: ‹Ô mon Seigneur, mes os sont affaiblis et ma tête s'est enflammée de cheveux blancs. [Cependant], je n'ai jamais été malheureux [déçu] en te priant, ò mon Seigneur.

19:5 Je crains [le comportement] de mes héritiers, après mois. Et ma propre femme est stérile. Accorde-moi, de Ta part, un descendant

19:6 qui hérite de moi et hérite de la famille de Jacob. Et fais qu'il te soit agréable, ò mon Seigneur›.

19:7 ‹Ô Zacharie, Nous t'annonçons la bonne nouvelle d'un fils. Son nom sera Yahya [Jean]. Nous ne lui avons pas donné auparavant d'homonyme›.

19:8 Et [Zacharie dit]: ‹Ô mon Seigneur, comment aurai-je un fils, quand ma femme est stérile et que je suis très avancé en vieillesse?›

19:9 [Allah] lui dit: ‹Ainsi sera-t-il! Ton Seigneur a dit: ‹Ceci m'est facile. Et avant cela, Je t'ai créé alors que tu n'étais rien›.

19:10 ‹Ô mon Seigneur, dit [Zacharie], accorde-moi un signe›. ‹Ton signe, dit [Allah,] sera que tu ne pourras pas parler aux gens pendant trois nuits tout en étant bien portant.

19:11 Il sortit donc du sanctuaire vers son peuple; puis il leur fit signe de prier matin et soir.

19:12 ...‹Ô Yahya, tiens fermement au Livre (la Thora)!› Nous lui donnâmes la sagesse alors qu'il était enfant,

19:13 ainsi que la tendresse de Notre part et la pureté. Il était pieux,

19:14 et dévoué envers ses père et mère; et ne fut ni violent ni désobéissant.

19:15 Que la paix soit sur lui le jour où il naquit, le jour où il mourra, et le jour où il sera ressuscité vivant!

19:16 Mentionne, dans le Livre (le Qur'an), Marie, quand elle se retira de sa famille en un lieu vers l'Orient.

19:17 Elle mit entre elle et eux un voile. Nous lui envoyâmes Notre Esprit (Gabriel), qui se présenta à elle sous la forme d'un homme parfait.

19:18 Elle dit: ‹Je me réfugie contre toi auprès du Tout Miséricordieux. Si tu es pieux, [ne m'approche point].

19:19 Il dit: ‹Je suis en fait un Messager de ton Seigneur pour te faire don d'un fils pur›.

19:20 Elle dit: ‹Comment aurais-je un fils, quand aucun homme ne m'a touchée, et je ne suis pas prostituée?›

19:21 Il dit: ‹Ainsi sera-t-il! Cela M'est facile, a dit ton Seigneur! Et Nous ferons de lui un signe pour les gens, et une miséricorde de Notre part. C'est une affaire déjà décidée›.

19:22 Elle devient donc enceinte [de l'enfant], et elle se retira avec lui en un lieu éloigné.

19:23 Puis les douleurs de l'enfantement l'amenèrent au tronc du palmier, et elle dit: ‹Malheur à moi! Que je fusse mort avant cet instant! Et que je fusse totalement oubliée!›

19:24 Alors, il l'appela d'au-dessous d'elle, [lui disant:] ‹Ne t'afflige pas. Ton Seigneur a placé à tes pieds une source.

19:25 Secoue vers toi le tronc du palmier: il fera tomber sur toi des dattes fraîches et mûres.

19:26 Mange donc et bois et que ton oeil se réjouisse! Si tu vois quelqu'un d'entre les humaines, dis [lui:] ‹Assurément, j'ai voué un jeûne au Tout Miséricordieux: je ne parlerai donc aujourd'hui à aucun être Humain›.

19:27 Puis elle vint auprès des siens en le portant [le bébé]. Ils dirent: ‹Ô Marie, tu as fait une chose monstrueuse!

19:28 ‹Soeur de Haroun, ton père n'était pas un homme de mal et ta mère n'était pas une prostituée›.

19:29 Elle fit alors un signe vers lui [le bébé]. Ils dirent: ‹Comment parlerions-nous à un bébé au berceau?›

19:30 Mais (le bébé) dit: ‹Je suis vraiment le serviteur d'Allah. Il m'a donné le Livre et m'a désigné Prophète.

19:31 Où que je sois, Il m'a rendu béni; et Il m'a recommandé, tant que je vivrai, la prière et la Zakat;

19:32 et la bonté envers ma mère. Il ne m'a fait ni violent ni malheureux.

19:33 Et que la paix soit sur moi le jour où je naquis, le jour où je mourrai, et le jour où je serai ressuscité vivant.›

19:34 Tel est Hissa (Jésus), fils de Marie: parole de vérité, dont ils doutent.

19:35 Il ne convient pas à Allah de S'attribuer un fils. Gloire et Pureté à Lui! Quand Il décide d'une chose, Il dit seulement: ‹Soi!› et elle est.

19:36 Certes, Allah est mon Seigneur tout comme votre Seigneur. Adorez-le donc. Voilà un droit chemin›.

19:37 [Par la suite,] les sectes divergèrent entre elles. Alors, malheur aux mécréants lors de la vue d'un jour terrible !

19:38 Comme ils entendront et verront bien le jour où ils viendront à Nous! Mais aujourd'hui, les injustes sont dans un égarement évident.

19:39 Et avertis-les du jour du Regret, quand tout sera réglé; alors qu'ils sont [dans ce monde] inattentifs et qu'ils ne croient pas.

19:40 C'est Nous, en vérité, qui hériterons la terre et tout ce qui s'y trouve, et c'est à Nous qu'ils seront ramenés.

19:41 Et mentionne dans le Livre, Abraham C'était un très véridique et un Prophète.

19:42 Lorsqu'il dit à son père: ‹Ô mon père, pourquoi adores-tu ce qui n'entend ni ne voit, et ne te profite en rien?

19:43 Ô mon père, il m'est venu de la science ce que tu n'as pas reçu; suis-moi, donc, je te guiderai sur une voie droite.

19:44 Ô mon père, n'adore pas le Diable, car le Diable désobéit au Tout Miséricordieux.

19:45 Ô mon père, je crains qu'un châtiment venant du Tout Miséricordieux ne te touche et que tu ne deviennes un allié du Diable›.

19:46 Il dit: ‹Ô Abraham, aurais-tu du dédain pour mes divinités? Si tu ne cesses pas, certes je te lapiderai, éloigne-toi de moi pour bien longtemps›.

19:47 ‹Paix sur toi›, dit Abraham. ‹J'implorerai mon Seigneur de te pardonner car Il a m'a toujours comblé de Ses bienfaits.

19:48 Je me sépare de vous, ainsi que de ce que vous invoquez, en dehors d'Allah, et j'invoquerai mon Seigneur. J'espère ne pas être malheureux dans mon appel à mon Seigneur›.

19:49 Puis, lorsqu'il se fut séparé d'eux et de ce qu'ils adoraient en dehors d'Allah, Nous lui fîmes don d'Isaac et de Jacob; et de chacun Nous fîmes un prophète.

19:50 Et Nous leur donnâmes de par Notre miséricorde, et Nous leur accordâmes un langage sublime de vérité.

19:51 Et mentionne dans le Livre Moïse. C'était vraiment un élu, et c'était un Messager et un prophète.

19:52 Du còté droit du Mont (Sinaï) Nous l'appelâmes et Nous le fîmes approcher tel un confident.

19:53 Et par Notre miséricorde, Nous lui donnâmes Aaron son frère comme prophète.

19:54 Et mentionne Ismaël, dans le Livre. Il était fidèle à ses promesses; et c'était un Messager et un prophète.

19:55 Et il commandait à sa famille la prière et la Zakat; et il était agréé auprès de son Seigneur.

19:56 Et mentionne Idris, dans le Livre. C'était un véridique et un prophète.

19:57 Et nous l'élevâmes à un haut rang.

19:58 Voilà ceux qu'Allah a comblés de faveurs, parmi les prophètes, parmi les descendants d'Adam, et aussi parmi ceux que Nous avons transportés en compagnie de Noé, et parmi la descendance d'Abraham et d'Israël, et parmi ceux que Nous avons guidés et choisis. Quand les versets du Tout Miséricordieux leur étaient récités, ils tombaient prosternés en pleurant.

19:59 Puis leur succédèrent des générations qui délaissèrent la prière et suivirent leurs passions. Ils se trouveront en perdition,

19:60 sauf celui qui se repent, croit et fait le bien: ceux-là entreront dans le Paradis et ne seront point lésés,

19:61 aux jardins du séjours (éternel) que le Tout Miséricordieux a promis à Ses serviteurs, [qui ont cru] au mystère. Car Sa promesse arrivera sans nul doute.

19:62 On n'y entend nulle parole insignifiante; seulement: ‹Salam›; et ils auront là leur nourriture, matin et soir.

19:63 Voilà le Paradis dont Nous ferons hériter ceux de Nos serviteurs qui auront été pieux.

19:64 ‹Nous ne descendons que sur ordre de ton Seigneur. A Lui tout ce qui est devant nous, tout ce qui est derrière nous et tout ce qui est entre les deux. Ton Seigneur n'oublie rien.

19:65 Il est le Seigneur des cieux et de la terre et de tout ce qui est entre eux. Adore-Le donc, et sois constant dans Son adoration. Lui connais-tu un homonyme?›

19:66 Et l'homme dit: ‹Une fois mort, me sortira-t-on vivant?›

19:67 L'homme ne se rappelle-t-il pas qu'avant cela, c'est Nous qui l'avons créé, alors qu'il n'était rien?

19:68 Pas ton Seigneur! Assurément, Nous les rassemblerons, eux et les diables. Puis, Nous les placerons autour de l'Enfer, agenouillés.

19:69 Ensuite, Nous arracherons de chaque groupe ceux d'entre eux qui étaient les plus obstinés contre le Tout Miséricordieux.

19:70 Puis nous sommes Le meilleur à savoir ceux qui méritent le plus d'y être brûlés.

19:71 Il n'y a personne parmi vous qui ne passera pas par [L'Enfer]: Car [il s'agit là] pour ton Seigneur d'une sentence irrévocable.

19:72 Ensuite, Nous délivrerons ceux qui étaient pieux et Nous y laisserons les injustes agenouillés.

19:73 Et lorsque Nos versets évidents leur sont récités les mécréants disent à ceux qui croient: ‹Lequel des deux groupes a la situation la plus confortable et la meilleure compagnie?›

19:74 Combien de générations, avant eux, avons-Nous fait périr, qui les surpassaient en biens et en apparence?

19:75 Dis: ‹Celui qui est dans l'égarement, que le Tout Miséricordieux prolonge sa vie pour un certain temps, jusqu'à ce qu'ils voient soit le châtiment, soit l'Heure dont ils sont menacés. Alors, ils sauront qui a la pire situation et la troupe la plus faible›.

19:76 Allah accroît la rectitude de ceux qui suivent le bon chemin, et les bonnes oeuvres durables méritent auprès de ton Seigneur une meilleure récompense et une meilleure destination.

19:77 As-tu vu celui qui ne croit pas à Nos versets et dit: ‹On me donnera certes des biens et des enfants›?

19:78 Est-il au courant de l'Inconnaissable ou a-t-il pris un engagement avec le Tout Miséricordieux?

19:79 Bien au contraire! Nous enregistrerons ce qu'il dit et accroîtrons son châtiment.

19:80 C'est Nous qui hériterons ce dont il parle, tandis qu'il viendra à Nous, tout seul.

19:81 Ils ont adopté des divinités en dehors d'Allah pour qu'ils leur soient des protecteurs (contre le châtiment).

19:82 Bien au contraire! [ces divinités] renieront leur adoration et seront pour eux des adversaires.

19:83 N'as-tu pas vu que Nous avons envoyé contre les mécréants des diables qui les excitent furieusement [à désobéir]?

19:84 Ne te hâte donc pas contre eux: Nous tenons un compte précis de [tous leurs actes].

19:85 (Rappelle-toi) le jour où Nous rassemblerons les pieux sur des montures et en grande pompe, auprès du Tout Miséricordieux,

19:86 et pousserons les criminels à l'Enfer comme (un troupeau) à l'abreuvoir,

19:87 ils ne disposeront d'aucune intercession, sauf celui qui aura pris un engagement avec le Tout Miséricordieux.

19:88 Et ils ont dit: ‹Le Tout Miséricordieux S'est attribué un enfant!›

19:89 Vous avancez certes là une chose abominable!

19:90 Peu s'en faut que les cieux ne s'entrouvrent à ces mots, que la terre ne se fende et que les montagnes ne s'écroulent,

19:91 du fait qu'ils ont attribué un enfant au Tout Miséricordieux,

19:92 alors qu'il ne convient nullement au Tout Miséricordieux d'avoir un enfant!

19:93 Tous ceux qui sont dans les cieux et sur la terre se rendront auprès du Tout Miséricordieux, [sans exceptions], en serviteurs.

19:94 Il les a certes dénombrés et bien comptés.

19:95 Et au Jour de la Résurrection, chacun d'eux se rendra seul auprès de Lui.

19:96 A ceux qui croient et font de bonnes oeuvres, le Tout Miséricordieux accordera Son amour.

19:97 Nous l'avons rendu (le Qur'an) facile [à comprendre] en ta langue, afin que tu annonces par lui la bonne nouvelle aux gens pieux, et que, tu avertisses un peuple irréductible.

19:98 Que de générations avant eux avons-Nous fait périr! En retrouves-tu un seul individu? ou en entends-tu le moindre murmure?

20. Ta-Ha (Ta-Ha)

Au nom d'Allah, le Tout Miséricordieux, le Très Miséricordieux.

20:1 Ta-Ha.

20:2 Nous n'avons point fait descendre sur toi le Qur'an pour que tu sois malheureux,

20:3 si ce n'est qu'un Rappel pour celui qui redoute (Allah),

20:4 (et comme) une révélation émanant de Celui qui a créé la terre et les cieux sublimes.

20:5 Le Tout Miséricordieux S'est établi ‹Istawa› sur le Trône.

20:6 A Lui appartient ce qui est dans les cieux, sur la terre, ce qui est entre eux et ce qui est sous le sol humide.

20:7 Et si tu élèves la voix, Il connaît certes les secrets, mêmes les plus cachés.

20:8 Allah! Point de divinité que Lui! Il possède les noms les plus beaux.

20:9 Le récit de Moïse t'est-il parvenu?

20:10 Lorsqu'il vit du feu, il dit à sa famille: ‹Restez ici! Je vois du feu de loin; peut-être vous en apporterai-je un tison, ou trouverai-je auprès du feu de quoi me guider›.

20:11 Puis, lorsqu'il y arriva, il fut interpellé: ‹Moïse!

20:12 Je suis ton Seigneur. Enlève tes sandales: car tu es dans la vallée sacrée Tuwa.

20:13 Moi, Je t'ai choisi. Ecoute donc ce qui va être révélé.

20:14 Certes, c'est Moi Allah: point de divinité que Moi. Adore-Moi donc et accomplis la Salat pour le souvenir de Moi.

20:15 L'Heure va certes arriver. Je la cache à peine, pour que chaque âme soit rétribuée selon ses efforts.

20:16 Que celui qui n'y croit pas et qui suit sa propre passion ne t'en détourne pas. Sinon tu périras.

20:17 Et qu'est-ce qu'il y a dans ta main droite, ò Moïse?›

20:18 Il dit: ‹C'est mon bâton sur lequel je m'appuie, qui me sert à effeuiller (les arbres) pour mes moutons et j'en fais d'autres usages›.

20:19 [Allah lui] dit: ‹Jette-le, Ô Moïse›.

20:20 Il le jeta: et le voici un serpent qui rampait.

20:21 [Allah] dit: ‹Saisis-le et ne crains rien: Nous le ramènerons à son premier état.

20:22 Et serre ta main sous ton aisselle: elle en sortira blanche sans aucun mal, et ce sera là un autre prodige,

20:23 afin que Nous te fassions voir de Nos prodiges les plus importants.

20:24 Rends-toi auprès de Pharaon car il a outrepassé toute limite.

20:25 [Moïse] dit: ‹Seigneur, ouvre-moi ma poitrine,

20:26 et facilite ma mission,

20:27 et dénoue un noeud en ma langue,

20:28 afin qu'ils comprennent mes paroles,

20:29 et assigne-moi un assistant de ma famille:

20:30 Aaron, mon frère,

20:31 accrois par lui ma force!

20:32 et associe-le à ma mission,

20:33 afin que nous Te glorifions beaucoup,

20:34 et que nous T'invoquions beaucoup.

20:35 Et Toi, certes, Tu es Très Clairvoyant sur nous›.

20:36 [Allah] dit: ‹Ta demande est exaucée, ô Moïse.

20:37 Et Nous t'avons déjà favorisé une première fois,

20:38 lorsque Nous révélâmes à ta mère ce qui fut révélé:

20:39 ‹Mets-le dans le coffret, puis jette celui-ci dans les flots pour qu'ensuite le fleuve le lance sur la rive; un ennemi à Moi et à lui le prendra›. Et J'ai répandu sur toi une affection de Ma part, afin que tu sois élevé sous Mon oeil.

20:40 Et voilà que ta soeur (te suivait en) marchant et disait: ‹Puis- je vous indiquer quelqu'un qui se chargera de lui?› Ainsi, Nous te rapportâmes à ta mère afin que son oeil se réjouisse et qu'elle ne s'afflige plus. Tu tuas ensuite un individu; Nous te sauvâmes des craintes qui t'oppressaient; et Nous t'imposâmes plusieurs épreuves. Puis tu demeuras des années durant chez les habitants de Madyan. Ensuite tu es venu, ô Moïse, conformément à un décret.

20:41 Et je t'ai assigné à Moi-Même.

20:42 Pars, toi et ton frère, avec Mes prodiges; et ne négligez pas de M'invoquer.

20:43 Allez vers Pharaon: il s'est vraiment rebellé.

20:44 Puis, parlez-lui gentiment. Peut-être se rappellera-t-il ou [Me] craindra-t-il?

20:45 Ils dirent: ‹Ô notre Seigneur, nous craignons qu'il ne nous maltraite indûment, ou qu'il dépasse les limites›.

20:46 Il dit: ‹Ne craignez rien. Je suis avec vous: J'entends et Je vois.

20:47 Allez donc chez lui; puis, dites-lui: ‹Nous sommes tous deux, les messagers de ton Seigneur. Envoie donc les Enfants d'Israël en notre compagnie et ne les châtie plus. Nous sommes venus à toi avec une preuve de la part de ton Seigneur. Et que la paix soit sur quiconque suit le droit chemin!

20:48 Il nous a été révélé que le châtiment est pour celui qui refuse d'avoir fois et qui tourne le dos›.

20:49 Alors [Pharaon] dit: ‹Qui donc est votre Seigneur, ô Moïse?›

20:50 ‹Notre Seigneur, dit Moïse, est celui qui a donné à chaque chose sa propre nature puis l'a dirigée›.

20:51 ‹Qu'en est-il donc des générations anciennes?› dit Pharaon.

20:52 Moïse dit: ‹La connaissance de leur sort est auprès de mon Seigneur, dans un livre. Mon Seigneur [ne commet] ni erreur ni oubli.

20:53 C'est Lui qui vous a assigné la terre comme berceau et vous y a tracé des chemins; et qui du ciel a fait descendre de l'eau avec laquelle Nous faisons germer des couples de plantes de toutes sortes.›

20:54 ‹Mangez et faites paître votre bétail›. Voilà bien là des signes pour les doués d'intelligence.

20:55 C'est d'elle (la terre) que Nous vous avons créés, et en elle Nous vous retournerons, et d'elle Nous vous ferons sortir une fois encore.

20:56 Certes Nous lui avons montré tous Nos prodiges; mais il les a démentis et a refusé (de croire).

20:57 Il dit: ‹Es-tu venu à nous, ô Moïse, pour nous faire sortir de notre terre par ta magie?

20:58 Nous t'apporterons assurément une magie semblable. Fixe entre nous et toi un rendez-vous auquel ni nous ni toi ne manquerons, dans un lieu convenable›.

20:59 Alors Moïse dit: ‹Votre rendez-vous, c'est le jour de la fête. Et que les gens se rassemblent dans la matinée›.

20:60 Pharaon, donc, se retira. Ensuite il rassembla sa ruse puis vint (au rendez-vous).

20:61 Moïse leur dit: ‹Malheur à vous! Ne forgez pas de mensonge contre Allah: sinon par un châtiment Il vous anéantira. Celui qui forge (un mensonge) est perdu›.

20:62 Là-dessus, ils se mirent à disputer entre eux de leur affaire et tinrent secrètes leurs discussions.

20:63 Ils dirent: ‹Voici deux magiciens qui, par leur magie, veulent vous faire abandonner votre terre et emporter votre doctrine idéale.

20:64 Rassemblez donc votre ruse puis venez en ranges serrés. Et celui qui aura le dessus aujourd'hui aura réussi›.

20:65 Ils dirent: ‹Ô Moïse, ou tu jettes, [le premier ton bâton] ou que nous soyons les premiers à jeter?›

20:66 Il dit: ‹Jetez plutôt›. Et voilà que leurs cordes et leurs bâtons lui parurent ramper par l'effet de leur magie.

20:67 Moïse ressentit quelque peur en lui-même.

20:68 Nous lui dîmes: ‹N'aie pas peur, c'est toi qui auras le dessus.

20:69 Jette ce qu'il y a dans ta main droit; cela dévorera ce qu'ils ont fabriqué. Ce qu'ils ont fabriqué n'est qu'une ruse de magicien; et le magicien ne réussit pas, où qu'il soit›.

20:70 Les magiciens se jetèrent prosternés, disant: ‹Nous avons foi en le Seigneur d'Aaron et de Moïse›.

20:71 Alors Pharaon dit: ‹Avez-vous cru en lui avant que je ne vous y autorise? C'est lui votre chef qui vous a enseigné la magie. Je vous ferai sûrement, couper mains et jambes opposées, et vous ferai crucifier aux troncs des palmiers, et vous saurez, avec certitude, qui de nous est plus fort en châtiment et qui est le plus durable›.

20:72 ‹Par celui qui nous a créés, dirent-ils, nous ne te préférerons jamais à ce qui nous est parvenu comme preuves évidentes. Décrète donc ce que tu as à décréter. Tes décrets ne touchent que cette présente vie.

20:73 Nous croyons en notre Seigneur, afin qu'Il nous pardonne nos fautes ainsi que la magie à laquelle tu nous as contraints›. Et Allah est meilleur et éternel.

20:74 Quiconque vient en criminel à son Seigneur, aura certes l'Enfer où il ne meurt ni ne vit.

20:75 Et quiconque vient auprès de Lui en croyant, après avoir fait de bonnes oeuvres, voilà donc ceux qui auront les plus hauts rangs,

20:76 les jardins du séjours (éternel), sous lesquels coulent les ruisseaux, où ils demeureront éternellement. Et voilà la récompense de ceux qui se purifient [de la mécréance et des pêchés].

20:77 Nous révélâmes à Moïse: ‹Pars la nuit, à la tête de Mes serviteurs, puis, trace-leur un passage à sec dans la mer: sans craindre une poursuite et sans éprouver aucune peur›.

20:78 Pharaon les poursuivit avec ses armées. La mer les submergea bel et bien.

20:79 Pharaon égara ainsi son peuple et ne le mît pas sur le droit chemin.

20:80 Ô Enfants d'Israël, Nous vous avons déjà délivrés de votre ennemi, et Nous vous avons donné rendez-vous sur le flanc droit du Mont. Et Nous avons fait descendre sur vous la manne et les cailles.

20:81 ‹Mangez des bonnes choses que Nous vous avons attribuées et ne vous montrez pas ingrats, sinon Ma colère s'abattra sur vous: et celui sur qui Ma colère s'abat, va sûrement vers l'abîme.

20:82 Et Je suis Grand Pardonneur à celui qui se repent, croit, fait bonne oeuvre, puis se met sur le bon chemin›.

20:83 ‹Pourquoi Moïse t'es-tu hâté de quitter ton peuple?›

20:84 Ils sont là sur mes traces, dit Moïse. Et je me suis hâté vers Toi, Seigneur, afin que Tu sois satisfait.

20:85 Allah dit: ‹Nous avons mis ton peuple à l'épreuve après ton départ. Et le Samiri les a égarés›.

20:86 Moïse retourna donc vers son peuple, courroucé et chagriné; il dit: ‹Ô mon peuple, votre Seigneur ne vous a-t-Il pas déjà fait une belle promesse? L'alliance a-t-elle donc été trop longue pour vous? ou avez-vous désiré que la colère de votre Seigneur s'abatte sur vous, pour avoir trahi votre engagement envers moi?›

20:87 Ils dirent: ‹Ce n'est pas de notre propre gré que nous avons manqué à notre engagement envers toi. Mais nous fûmes chargés de fardeaux d'ornements du peuple (de Pharaon); nous les avons donc jetés (sur le feu) tout comme le Samiri les a lancés.

20:88 Puis il en a fait sortir pour eux un veau, un corps à mugissement. Et ils ont dis: ‹C'est votre divinité et la divinité de Moïse; il a donc oublié› !

20:89 Quoi! Ne voyaient-ils pas qu'il [le veau] ne leur rendait aucune parole et qu'il ne possédait aucun moyen de leur nuire ou de leur faire du bien?

20:90 Certes, Aaron leur avait bien auparavant: ‹Ô mon peuple, vous êtes tombés dans la tentation (à cause du veau). Or, c'est le Tout Miséricordieux qui est vraiment votre Seigneur. Suivez-moi donc et obéissez à mon commandement›.

20:91 Ils dirent: ‹Nous continuerons à y être attachés, jusqu'à ce que Moïse retourne vers nous›.

20:92 Alors [Moïse] dit: ‹Qu'est-ce qui t'a empêché, Aaron, quand tu les as vus s'égarer.

20:93 de me suivre? As-tu donc désobéi à mon commandement?›

20:94 [Aaron] dit: ‹Ô fils de ma mère, ne me prends ni par la barbe ni par la tête. Je craignais que tu ne dises: ‹Tu as divisé les enfants d'Israël et tu n'as pas observé mes ordres›.

20:95 Alors [Moïse] dit: ‹Quel a été ton dessein? Ô Samiri?›

20:96 Il dit: ‹J'ai vu ce qu'ils n'ont pas vu: j'ai donc pris une poignée de la trace de l'Envoyé; puis, je l'ai lancée. Voilà ce que mon âme m'a suggéré›.

20:97 ‹Va-t-en, dit [Moïse]. Dans la vie, tu auras à dire (à tout le monde): ‹Ne me touchez pas!› Et il y aura pour toi un rendez-vous que tu ne pourras manquer. Regarde ta divinité que tu as adorée avec assiduité. Nous la brûlerons certes, et ensuite, nous disperserons [sa cendre] dans les flots.

20:98 En vérité, votre seul Dieu est Allah en dehors de qui il n'y a point de divinité. De Sa science Il embrasse tout.

20:99 C'est ainsi que Nous te racontons les récits de ce qui s'est passé. C'est bien un rappel de Notre part que Nous t'avons apporté.

20:100 Quiconque s'en détourne (de ce Qur'an), portera au jour de la résurrection un fardeau;

20:101 ils resteront éternellement dans cet état, et quel mauvais fardeau pour eux au Jour de la Résurrection,

20:102 le jour où l'on soufflera dans la Trompe, ce jour-là Nous rassemblerons les criminels tout bleus (de peur)!

20:103 Ils chuchoteront entre eux: ‹Vous n'êtes restés là que dix [jours]› !

20:104 Nous connaissons parfaitement ce qu'ils diront lorsque l'un d'entre eux dont la conduite est exemplaire dira: ‹Vous n'êtes restés qu'un jour›.

20:105 Et ils t'interrogent au sujet des montagnes. Dis: ‹Mon Seigneur les dispersera comme la poussière,

20:106 et les laissera comme une plaine dénudée

20:107 dans laquelle tu ne verras ni tortuosité, ni dépression.

20:108 Ce jour-là, ils suivront le Convocateur sans tortuosité et les voix baisseront devant le Tout Miséricordieux. Tu n'entendras alors qu'un chuchotement.

20:109 Ce jour-là, l'intercession ne profitera qu'à celui auquel le Tout Miséricordieux aura donné Sa permission et dont Il agréera la parole.

20:110 Il connaît ce qui est devant eux et ce qui est derrière eux, alors qu'eux-mêmes ne Le cernent pas de leur science.

20:111 Et les visages s'humilieront devant Le Vivant, Celui qui subsiste par Lui-même› al-Qayyum›, et malheureux sera celui qui [se présentera devant Lui] chargé d'une iniquité.

20:112 Et quiconque aura fait de bonnes oeuvres tout en étant croyant, ne craindra ni injustice ni oppression.

20:113 C'est ainsi que nous l'avons fait descendre un Qur'an en [langue] arabe, et Nous y avons multiplié les menaces, afin qu'ils deviennent pieux ou qu'il les incite à s'exhorter?

20:114 Que soit exalté Allah, le Vrai Souverain! Ne te hâte pas [de réciter] le Qur'an avant que ne te soit achevée sa révélation. Et dis: ‹Ô mon Seigneur, accroît mes connaissances!›

20:115 En effet, Nous avons auparavant fait une recommandation à Adam; mais il oublia; et Nous n'avons pas trouvé chez lui de résolution ferme.

20:116 Et quand Nous dîmes aux Anges: ‹Prosternez-vous devant Adam›, ils se prosternèrent, excepté Iblis qui refusa.

20:117 Alors Nous dîmes: ‹Ô Adam, celui-là est vraiment un ennemi pour toi et ton épouse. Prenez garde qu'il vous fasse sortir du Paradis, car alors tu seras malheureux.

20:118 Car tu n'y auras pas faim ni ne sera nu,

20:119 tu n'y auras pas soif ni ne seras frappé par l'ardeur du soleil›.

20:120 Puis le Diable le tenta en disant: ‹Ô Adam, t'indiquerai-je l'arbre de l'éternité et un royaume impérissable?›

20:121 Tous deux (Adam et Eve) en mangèrent. Alors leur apparut leur nudité. Ils se mirent à se couvrir avec des feuilles du paradis. Adam désobéit ainsi à son Seigneur et il s'égara.

20:122 Son Seigneur l'a ensuite élu, agréé son repentir et l'a guidé.

20:123 Il dit: ‹Descendez d'ici, (Adam et Eve), [Vous serez] tous (avec vos descendants) ennemis les uns des autres. Puis, si jamais un guide vous vient de Ma part, quiconque suit Mon guide ne s'égarera ni ne sera malheureux.

20:124 Et quiconque se détourne de Mon Rappel, mènera certes, une vie pleine de gêne, et le Jour de la Résurrection Nous l'amènerons aveugle au rassemblement›.

20:125 Il dira: ‹Ô mon Seigneur, pourquoi m'as-Tu amené aveugle alors qu'auparavant je voyais?›

20:126 [Allah lui] dira: ‹De même que Nos Signes (enseignements) t'étaient venus et que tu les as oubliés, ainsi aujourd'hui tu es oublié›.

20:127 Ainsi sanctionnons-nous l'outrancier qui ne croit pas aux révélations de son Seigneur. Et certes, le châtiment de l'au-delà est plus sévère et plus durable.

20:128 Cela ne leur a-t-il pas servi de direction, que Nous ayons fait périr avant eux tant de générations dans les demeures desquelles ils marchent maintenant? Voilà bien là des leçons pour les doués d'intelligence!

20:129 N'eussent-été un décret préalable de ton Seigneur et aussi un terme déjà fixé, (leur châtiment) aurait été inévitable (et immédiat).

20:130 Supporte patiemment ce qu'ils disent et célèbre Sa louange, avant le lever du soleil, avant son coucher et pendant la nuit; et exalte Sa Gloire aux extrémités du jour. Peut-être auras-tu satisfaction:

20:131 Et ne tends point tes yeux vers ce dont Nous avons donné jouissance temporaire à certains groupes d'entre eux, comme décor de la vie présente, afin de les éprouver par cela. Ce qu'Allah fournit (au Paradis) est meilleur et plus durable.

20:132 Et commande à ta famille la Salat, et fais-la avec persévérance. Nous ne te demandons point de nourriture: c'est à Nous de te nourrir. La bonne fin est réservée à la piété.

20:133 Et ils disent: ‹Pourquoi ne nous apporte-t-il pas un miracle de son Seigneur? La Preuve (le Qur'an) de ce que contiennent les Ecritures anciennes ne leur est-elle pas venue?

20:134 Et si Nous les avions fait périr par un châtiment avant lui [Muhammad], ils auraient certainement dit: ‹Ô notre Seigneur, pourquoi ne nous as-Tu pas envoyé de Messager? Nous aurions alors suivi Tes enseignements avant d'avoir été humiliés et jetés dans l'ignominie›.

20:135 Dis: ‹Chacun attend. Attendez donc! Vous saurez bientòt qui sont les gens du droit chemin et qui sont les biens guidés›.

21. Les prophètes (Al-Anbiya)
Au nom d'Allah, le Tout Miséricordieux, le Très Miséricordieux.

21:1 [L'échéance] du règlement de leur compte approche pour les hommes, alors que dans leur insouciance ils s'en détournent.

21:2 Aucun rappel de [révélation] récente ne leur vient de leur Seigneur, sans qu'ils ne l'entendent en s'amusant,

21:3 leurs coeurs distraits; et les injustes tiennent des conversations secrètes et disent: ‹Ce n'est là qu'un être humain semblable à vous? Allez-vous donc vous adonner à la magie alors que vous voyez clair?›

21:4 Il a répondu: ‹Mon Seigneur sait tout ce qui se dit au ciel et sur la terre; et Il est l'Audient, l'Omniscient›.

21:5 Mais il dirent: ‹Voilà plutòt un amas de rêves! Ou bien Il l'a inventé. Ou, c'est plutòt un poète. Qu'il nous apporte donc un signe [identique] à celui dont furent chargés les premiers envoyés›.

21:6 Pas une seule cité parmi celles que Nous avons fait périr avant eux n'avait cru [à la vue des miracles]. Ceux-ci croiront-ils donc?

21:7 Nous n'avons envoyé avant toi que des hommes à qui Nous faisions des révélations. Demandez-donc aux érudits du Livre, si vous ne savez pas.

21:8 Et Nous n'en avons pas fait des corps qui ne consommaient pas de nourriture. Et ils n'étaient pas éternels.

21:9 Puis Nous réalisâmes la promesse (qui leur avait été faite). Nous les sauvâmes avec ceux que Nous voulûmes [sauver]. Et Nous fîmes périr les outranciers.

21:10 Nous avons assurément fait descendre vers vous un livre où se trouve votre rappel [ou votre renom]. Ne comprenez-vous donc pas?

21:11 Et que de cités qui ont commis des injustices, Nous avons brisées; et Nous avons créé d'autres peuples après eux.

21:12 Quand [ces gens] sentirent Notre rigueur ils s'en enfuirent hâtivement.

21:13 Ne galopez point. Retournez plutôt au grand luxe où vous étiez et dans vos demeures, afin que vous soyez interrogés.

21:14 Ils dirent: ‹Malheur à nous! Nous étions vraiment injustes›.

21:15 Telle ne cessa d'être leur lamentation jusqu'à ce que Nous les eûmes moissonnés et éteints.

21:16 Ce n'est pas par jeu que Nous avons créé le ciel et la terre et ce qui est entre eux.

21:17 Si nous avions voulu prendre une distraction, Nous l'aurions prise de Nous-mêmes, si vraiment Nous avions voulu le faire

21:18 Bien au contraire, Nous lançons contre le faux la vérité qui le subjugue, et le voilà qui disparaît. Et malheur à vous pour ce que vous attribuez [injustement à Allah].

21:19 A Lui seul appartiennent tous ceux qui sont dans les cieux et sur la terre. Ceux qui sont auprès de Lui [Les Anges] ne se considèrent point trop grands pour L'adorer et ne s'en lassent pas.

21:20 Ils exaltent Sa Gloire nuit et jour et ne s'interrompent point.

21:21 Ont-ils pris des divinités qui peuvent ressusciter (les morts) de la terre ?

21:22 S'il y avait dans le ciel et la terre des divinités autre qu'Allah, tous deux seraient certes dans le désordre. Gloire, donc à Allah, Seigneur du Trône; Il est au- dessus de ce qu'ils Lui attribuent!

21:23 Il n'est pas interrogé sur ce qu'Il fait, mais ce sont eux qui devront rendre compte [de leurs actes].

21:24 Ont-ils pris des divinités en dehors de Lui? Dis: ‹Apportez votre preuve›. Ceci est la révélation de ceux qui sont avec moi et de ceux qui étaient avant moi. Mais la plupart d'entre eux ne connaissent pas la vérité et s'en écartent.

21:25 Et Nous n'avons envoyé avant toi aucun Messager à qui Nous n'ayons révélé: ‹Point de divinité en dehors de Moi. Adorez-Moi donc›.

21:26 Et ils dirent: ‹Le Tout Miséricordieux s'est donné un enfant›. Pureté à Lui! Mais ce sont plutôt des serviteurs honorés.

21:27 Ils ne devancent pas Son Commandement et agissent selon Ses ordres.

21:28 Il sait ce qui est devant eux et ce qui derrière eux. Et Ils n'intercèdent qu'en faveur de ceux qu'Il a agréés [tout en étant] pénétrés de Sa crainte.

21:29 Et quiconque d'entre eux dirait: ‹Je suis une divinité en dehors de Lui›. Nous le rétribuerons de l'Enfer. C'est ainsi que Nous rétribuons les injustes.

21:30 Ceux qui ont mécru, n'ont-ils pas vu que les cieux et la terre formaient une masse compacte? Ensuite Nous les avons séparés et fait de l'eau toute chose vivante. Ne croiront-ils donc pas ?

21:31 Et Nous avons placé des montagnes fermes dans la terre, afin qu'elle ne s'ébranle pas en les [entraînant]. Et Nous y avons placé des défilés servant de chemins afin qu'ils se guident.

21:32 Et Nous avons fait du ciel un toit protégé. et cependant ils se détournent de ses merveilles.

21:33 Et c'est Lui qui a créé la nuit et le jour, le soleil et la lune, chacun voguant dans une orbite.

21:34 Et Nous n'avons attribué l'immortalité à nul homme avant toi. Est-ce que si tu meurs, toi, ils seront, eux éternels?

21:35 Toute âme doit goûter la mort. Nous vous éprouverons par le mal et par le bien [à titre] de tentation. Et c'est a Nous vous serez ramenés.

21:36 Quand les mécréants te voient, ils ne te prennent qu'en dérision (disant): ‹Quoi! Est-ce-là celui qui médit de vos divinités?› Et ils nient [tout] rappel du Tout Miséricordieux.

21:37 L'homme a été créé prompt dans sa nature. Je vous montrerai Mes signes [la réalisation de Mes menaces]. Ne me hâtez donc pas.

21:38 Et ils disent: ‹A quand cette promesse si vous êtes véridiques?›

21:39 Si [seulement] les mécréants connaissaient le moment où ils ne pourront empêcher le feu de leurs visages ni de leur dos, et où ils ne seront point secourus...

21:40 Mais non, cela leur viendra subitement et ils seront alors stupéfaits; ils ne pourront pas le repousser et on ne leur donnera pas de répit.

21:41 On s'est moqué de messagers venus avant toi. Et ceux qui se sont moqués d'eux, se virent frapper de toutes parts par l'objet même de leurs moqueries.

21:42 Dis: ‹Qui vous protège la nuit et le jour, contre le [châtiment] du Tout Miséricordieux?› Pourtant ils se détournent du rappel de leur Seigneur.

21:43 Ont-ils donc des divinités en dehors de Nous, qui peuvent les protéger? Mais celles-ci ne peuvent ni se secourir elles-mêmes, ni se faire assister contre Nous.

21:44 Au contraire Nous avons accordé une jouissance [temporaire] à ceux-là comme à leurs ancêtres jusqu'à un âge avancé. Ne voient-ils pas que Nous venons à la terre que Nous réduisons de tous còtés? Seront-ils alors les vainqueurs?

21:45 Dis: ‹Je vous avertis par ce qui m'est révélé›. Les sourds, cependant, n'entendent pas l'appel quand on les avertit.

21:46 Si un souffle du châtiment de ton Seigneur les effleurait, ils diraient alors: ‹Malheur à nous! Nous étions vraiment injustes›.

21:47 Au Jour de la Résurrection, Nous placerons les balances exactes. Nulle âme ne sera lésée en rien, fût-ce du poids d'un grain de moutarde que Nous ferons venir. Nous suffisons largement pour dresser les comptes.

21:48 Nous avons déjà apporté a Moïse et Aaron le Livre du discernement (la Thora) ainsi qu'une lumière et un rappel pour les gens pieux,

21:49 qui craignent leur Seigneur malgré qu'ils ne Le voient pas, et redoutent l'Heure (la fin du monde).

21:50 Et ceci [le Qur'an] est un rappel béni que Nous avons fait descendre. Allez-vous donc le renier?

21:51 En effet, Nous avons mis auparavant Abraham sur le droit chemin. Et Nous en avions bonne connaissance.

21:52 Quand il dit à son père et à son peuple: ‹Que sont ces statues auxquelles vous vous attachez?›.

21:53 Ils dirent: ‹Nous avons trouvé nos ancêtres les adorant›.

21:54 Il dit: ‹Certainement, vous avez été, vous et vos ancêtres, dans un égarement évident›.

21:55 Ils dirent: ‹Viens-tu à nous avec la vérité ou plaisantes-tu?›.

21:56 Il dit: ‹Mais votre Seigneur est plutôt le Seigneur des cieux et de la terre, et c'est Lui qui les a créés. Et je suis un de ceux qui en témoignent.

21:57 Et par Allah! Je ruserai certes contre vos idoles une fois que vous serez partis›.

21:58 Il les mit en pièces, hormis [la statue] la plus grande. Peut-être qu'ils reviendraient vers elle.

21:59 Ils dirent: ‹Qui a fait cela a nos divinités? Il est certes parmi les injustes›.

21:60 (Certains) dirent: ‹Nous avons entendu un jeune homme médire d'elles; il s'appelle Abraham›.

21:61 Ils dirent: ‹Amenez-le sous les yeux des gens afin qu'ils puissent témoigner›

21:62 (Alors) ils dirent: ‹Est-ce toi qui as fait cela a nos divinités, Abraham?›

21:63 Il dit: ‹C'est la plus grande d'entre elles que voici, qui l'a fait. Demandez-leur donc, si elles peuvent parler›.

21:64 Se ravisant alors, ils se dirent entre eux: ‹C'est vous qui êtes les vrais injustes›.

21:65 Puis ils firent volte-face et dirent: Tu sais bien que celles-ci ne parlent pas›.

21:66 Il dit: ‹Adorez-vous donc, en dehors d'Allah, ce qui ne saurait en rien vous être utile ni vous nuire non plus.

21:67 Fi de vous et de ce que vous adorez en dehors d'Allah! Ne raisonnez-vous pas?›

21:68 Il dirent: ‹Brûlez-le Secourez vos divinités si vous voulez faire quelque chose (pour elles)›.

21:69 Nous dîmes: ‹Ô feu, sois pour Abraham une fraîcheur salutaire›.

21:70 Ils voulaient ruser contre lui, mais ce sont eux que Nous rendîmes les plus grands perdants.

21:71 Et Nous le sauvâmes, ainsi que Lot, vers une terre que Nous avions bénie pour tout l'univers.

21:72 Et Nous lui donnâmes Isaac et, de surcroît Jacob, desquels Nous fîmes des gens de bien.

21:73 Nous les fîmes des dirigeants qui guidaient par Notre ordre. Et Nous leur révélâmes de faire le bien, d'accomplir la prière et d'acquitter la Zakat. Et ils étaient Nos adorateurs.

21:74 Et Lot! Nous lui avons apporté la capacité de juger et le savoir, et Nous l'avons sauvé de la cité où se commettaient les vices; ces gens étaient vraiment des gens du mal, des pervers.

21:75 Et Nous l'avons fait entrer en Notre miséricorde. Il était vraiment du nombre des gens du bien.

21:76 Et Noé, quand auparavant il fit son appel. Nous l'exauçâmes et Nous le sauvâmes, ainsi que sa famille, de la grande angoisse,

21:77 et Nous le secourûmes contre le peuple qui traitait Nos prodiges de mensonges. Il furent vraiment des gens du Mal. Nous les noyâmes donc tous.

21:78 Et David, et Salomon, quand ils eurent à juger au sujet d'un champ cultivé où des moutons appartenant à une peuplade étaient allés paître, la nuit. Et Nous étions témoin de leur jugement.

21:79 Nous la fîmes comprendre à Salomon. Et à chacun Nous donnâmes la faculté de juger et le savoir. Et Nous asservîmes les montagnes à exalter Notre Gloire en compagnie de David, ainsi que les oiseaux. Et c'est Nous qui sommes le Faiseur.

21:80 Nous lui (David) apprîmes la fabrication des cottes de mailles afin qu'elles vous protègent contre vos violences mutuelles (la guerre). En êtes-vous donc reconnaissants?

21:81 Et (Nous avons soumis) à Salomon le vent impétueux qui, par son ordre, se dirigea vers la terre que Nous avions bénie. Et Nous sommes à même de tout savoir,

21:82 et parmi les diables il en était qui plongeaient pour lui et faisaient d'autres travaux encore, et Nous les surveillions Nous-mêmes.

21:83 Et Job, quand il implora son Seigneur: ‹Le mal m'a touché. Mais Toi, tu es le plus miséricordieux des miséricordieux› !

21:84 Nous l'exauçâmes, enlevâmes le mal qu'il avait, lui rendîmes les siens et autant qu'eux avec eux, par miséricorde de Notre part et en tant que rappel aux adorateurs.

21:85 Et Ismaël, Idris et Zul-Kifl qui étaient tous endurants;

21:86 que Nous fîmes entrer en Notre miséricorde car ils étaient vraiment du nombre des gens de bien.

21:87 Et Zun-Nun (Jonas) quand il partit, irrité. Il pensa que Nous N'allions pas l'éprouver. Puis il fit, dans les ténèbres, l'appel que voici: ‹Pas de divinité à part Toi! Pureté a Toi! J'ai été vraiment du nombre des injustes›.

21:88 Nous l'exauçâmes et le sauvâmes de son angoisse. Et c'est ainsi que Nous sauvons les croyants.

21:89 Et Zacharie, quand il implora son Seigneur: ‹Ne me laisse pas seul, Seigneur, alors que Tu es le meilleur des héritiers›.

21:90 Nous l'exauçâmes, lui donnâmes Yahya et guérîmes son épouse. Ils concouraient au bien et Nous invoquaient par amour et par crainte. Et ils étaient humbles devant Nous.

21:91 Et celle [la vierge Marie] qui avait préservé sa chasteté! Nous insufflâmes en elle un souffle (de vie) venant de Nous et fîmes d'elle ainsi que de son fils, un signe [miracle] pour l'univers.

21:92 Certes, cette communauté qui est la vòtre est une communauté unique, et Je suis votre Seigneur. Adorez-Moi donc.

21:93 Ils se sont divisés en sectes. Mais tous, retourneront a Nous.

21:94 Quiconque fait de bonnes oeuvres tout en étant croyant, on ne méconnaîtra pas son effort, et Nous le lui inscrivons [à son actif].

21:95 Il est défendu [aux habitants] d'une cité que Nous avons fait périr de revenir [à la vie d'ici-bas]!

21:96 Jusqu'à ce que soient relâchés les Yajuj et les Majuj et qu'ils se précipiteront de chaque hauteur;

21:97 c'est alors que la vraie promesse s'approchera, tandis que les regards de ceux qui ont mécru se figent: ‹Malheur à nous! Nous y avons été inattentifs. Bien plus, nous étions des injustes›.

21:98 ‹Vous serez, vous et ce que vous adoriez en dehors d'Allah, le combustible de l'Enfer, vous vous y rendrez tous.

21:99 Si ceux-là étaient vraiment des divinités, ils n'y entreraient pas; et tous y demeureront éternellement.

21:100 Ils y pousseront des gémissements, et n'y entendront rien.

21:101 En seront écartés, ceux a qui étaient précédemment promises de belles récompenses de Notre part.

21:102 Ils n'entendront pas son sifflement et jouiront éternellement de ce que leurs âmes désirent.

21:103 La grande terreur ne les affligera pas, et les Anges les accueilleront: ‹voici le jour qui vous a été promis›.

21:104 Le jour où Nous plierons le ciel comme on plie le rouleau des livres. Tout comme Nous avons commencé la première création, ainsi Nous la répéterons; c'est une promesse qui Nous incombe et Nous l'accomplirons!

21:105 Et Nous avons certes écrit dans le Zabour, après l'avoir mentionné (dans le Livre céleste), que la terre sera héritée par Mes bons serviteurs›.

21:106 Il y a en cela [ces enseignements] une communication à un peuple d'adorateurs!

21:107 Et Nous ne t'avons envoyé qu'en miséricorde pour l'univers.

21:108 Dis: ‹Voilà ce qui m'est révélé: Votre Dieu est un Dieu unique; Etes-vous Soumis?› [décidés à embrasser l'Islam]

21:109 Si ensuite ils se détournent dis alors: ‹Je vous ai avertis en toute équité; je ne sais si ce qui vous est promis est proche ou lointain.

21:110 Il connaît ce que vous dites à haute voix et ce que vous cachez.

21:111 Et je ne sais pas; ceci est peut-être une tentation pour vous et une jouissance pour un certain temps›!

21:112 Il dit: ‹Seigneur, juge en toute justice ! Et Notre Seigneur le Tout Miséricordieux, c'est Lui dont le secours est imploré contre vos assertions›

22. Le pèlerinage (Al-Hajj)
Au nom d'Allah, le Tout Miséricordieux, le Très Miséricordieux.

22:1 Ô hommes! Craignez votre Seigneur. Le séisme [qui précédera] l'Heure est une chose terrible.

22:2 Le jour où vous le verrez, toute nourrice oubliera ce qu'elle allaitait, et toute femelle enceinte avortera de ce qu'elle portait. Et tu verras les gens ivres, alors qu'ils ne le sont pas. Mais le châtiment d'Allah est dur.

22:3 Et il y a des gens qui discutent au sujet d'Allah sans aucune science, et qui suivent toute diable rebelle.

22:4 Il a été prescrit à l'égard de ce dernier qu'il égarera quiconque le prendra pour maître, et qu'il le guidera vers le châtiment de la fournaise.

22:5 Ô hommes! Si vous doutez au sujet de la Résurrection, C'est Nous qui vous avons créés de terre, puis d'une goutte de sperme, puis d'une adhérence puis d'un embryon [normalement] formé aussi bien qu'informe pour vous montrer [Notre Omnipotence] et Nous déposerons dans les matrices ce que Nous voulons jusqu'à un terme fixé. Puis Nous vous en sortirons [à l'état] de bébé, pour qu'ensuite vous atteignez votre maturité. Il en est parmi vous qui meurent [jeunes] tandis que d'autres parviennent au plus vil de l'âge si bien qu'ils ne savent plus rien de ce qu'ils connaissaient auparavant. De même tu vois la terre desséchée: dès que Nous y faisons descendre de l'eau elle remue, se gonfle, et fait pousser toutes sortes de splendides couples de végétaux.

22:6 Il en est ainsi parce qu'Allah est la vérité; et c'est Lui qui rend la vie aux morts; et c'est Lui qui est Omnipotent.

22:7 Et que l'Heure arrivera; pas de doute à son sujet, et qu'Allah ressuscitera ceux qui sont dans les tombeaux.

22:8 Or, il y a des gens qui discutent au sujet d'Allah sans aucune science, ni guide, ni Livre pour les éclairer,

22:9 affichant une attitude orgueilleuse pour égarer les gens du sentier d'Allah. A lui l'ignominie ici-bas; et Nous Lui ferons goûter le Jour de la Résurrection, le châtiment de la fournaise.

22:10 Voilà, pour ce que tes deux mains ont préparé (ici- bas)! Cependant, Allah n'est point injuste envers Ses serviteurs.

22:11 Il en est parmi les gens qui adorent Allah marginalement. S'il leur arrive un bien, ils s'en tranquillisent, et s'il leur arrive une épreuve, ils détournent leur visage, perdant ainsi (le bien) de l'ici-bas et de l'au-delà. Telle est la perte évidente!

22:12 Ils invoquent en dehors d'Allah, ce qui ne peut ni leur nuire ni leur profiter. Tel est l'égarement profond!

22:13 Ils invoquent ce dont le mal est certainement plus proche que l'utilité. Quel mauvais allié, et quel mauvais compagnon!

22:14 Ceux qui croient et font de bonnes oeuvres, Allah les fait entrer aux Jardins sous lesquels coulent les ruisseaux, car Allah fait certes ce qu'Il veut.

22:15 Celui qui pense qu'Allah ne le secourra pas dans l'ici-bas et dans l'au- delà, qu'il tende une corde jusqu'au ciel, puis qu'il la coupe, et qu'il voie si sa ruse va faire disparaître ce qui l'enrage.

22:16 C'est ainsi que Nous le fîmes descendre (le Qur'an) en versets clairs et qu'Allah guide qui Il veut.

22:17 Certes, ceux qui ont cru, les Juifs, les Sabéens [ils adorateurs des étoiles], les Nazaréens, les Mages et ceux qui donnent à Allah des associés, Allah tranchera entre eux le jour de Jugement, car Allah est certes témoin de toute chose.

22:18 N'as-tu pas vu que c'est devant Allah que se prosternent tous ceux qui sont dans les cieux et tous ceux qui sont sur la terre, le soleil, la lune, les étoiles les montagnes, les arbres, les animaux, ainsi que beaucoup de gens? Il y en a aussi beaucoup qui méritent le châtiment. Et quiconque Allah avilit n'a personne pour l'honorer, car Allah fait ce qu'il veut.

22:19 Voici deux clans adverses qui disputaient au sujet de leur Seigneur. A ceux qui ne croient pas, on taillera des vêtements de feu, tandis que sur leurs têtes on versera de l'eau bouillante.

22:20 qui fera fondre ce qui est dans leurs ventres de même que leurs peaux.

22:21 Et il y aura pour eux des maillets de fer.

22:22 Toutes les fois qu'ils voudront en sortir (pour échapper) à la détresse, on les y remettra et (on leur dira): ‹Goûtez au châtiment de la Fournaise›.

22:23 Certes Allah introduit ceux qui croient et font de bonnes oeuvres aux Jardins sous lesquels coulent les ruisseaux. Là, ils seront parés de bracelets d'or, et aussi de perles; et leurs vêtements y seront de soie.

22:24 Ils ont été guidés vers la bonne parole et ils ont été guidés vers le chemin du Digne des louanges.

22:25 Mais ceux qui mécroient et qui obstruent le sentier d'Allah et celui de la Mosquée sacrée, que Nous avons établie pour les gens: aussi bien les résident que ceux de passage... Quiconque cherche à y commettre un sacrilège injustement, Nous lui ferons goûter un châtiment douloureux,

22:26 Et quand Nous indiquâmes pour Abraham le lieu de la Maison (La Kaaba) [en lui disant]: ‹Ne M'associe rien; et purifie Ma Maison pour ceux qui tournent autour, pour qui s'y tiennent debout et pour ceux qui s'y inclinent et se prosternent›.

22:27 Et fais aux gens une annonce pour le Hajj. Ils viendront vers toi, à pied, et aussi sur toute monture, venant de tout chemin éloigné,

22:28 pour participer aux avantages qui leur ont été accordés et pour invoquer le nom d'Allah aux jours fixés, sur la bête de cheptel qu'Il leur a attribuée, ‹Mangez-en vous-mêmes et faites-en manger le besogneux misérable.

22:29 Puis qu'ils mettent fin à leurs interdits (qu'ils nettoient leurs corps), qu'ils remplissent leurs voeux, et qu'ils fassent les circuits autour de l'Antique Maison›.

22:30 Voilà [ce qui doit être observé] et quiconque prend en haute considération les limites sacrées d'Allah cela lui sera meilleur auprès de Son Seigneur. Le bétail, sauf ce qu'on vous a cité, vous a été rendu licite. Abstenez- vous de la souillure des idoles et abstenez-vous des paroles mensongères.

22:31 (Soyez) exclusivement [acquis à la religion] d'Allah ne Lui associez rien; car quiconque associe à Allah, c'est comme s'il tombait du haut du ciel et que les oiseaux le happaient, ou que le vent le précipitait dans un abîme très profond.

22:32 Voilà [ce qui est prescrit]. Et quiconque exalte les injonctions sacrées d'Allah, s'inspire en effet de la piété des coeurs.

22:33 [De ces bêtes-là] vous tirez des avantages jusqu'à un terme fixé; puis son lieu d'immolation est auprès de l'Antique Maison.

22:34 A chaque communauté, Nous avons assigné un rite sacrificiel, afin qu'ils prononcent le nom d'Allah sur la bête de cheptel qu'Il leur a attribuée. Votre Dieu est certes un Dieu unique. Soumettez-vous donc à Lui. Et fais bonne annonce à ceux qui s'humilient,

22:35 ceux dont les coeurs frémissent quand le nom d'Allah est mentionné, ceux qui endurent ce qui les atteint et ceux qui accomplissent la Salat et dépensent de ce que Nous leur avons attribué.

22:36 Nous vous avons désigné les chameaux (et les vaches) bien portants pour certains rites établis par Allah. Il y a en eux pour vous un bien. Prononcez donc sur eux le nom d'Allah, quand ils ont eu la patte attachée, [prêts à être immolés]. Puis, lorsqu'ils gisent sur le flançmangez-en, et nourrissez-en le besogneux discret et le mendiant. Ainsi Nous vous les avons assujettis afin que vous soyez reconnaissants.

22:37 Ni leurs chairs ni leurs sangs n'atteindront Allah, mais ce qui L'atteint de votre part c'est la piété. Ainsi vous les a-t-Il assujettis afin que vous proclamiez la grandeur d'Allah, pour vous avoir mis sue le droit chemin. Et annonce la bonne nouvelle aux bienfaisants.

22:38 Allah prend la défense de ceux qui croient. Allah n'aime aucun traître ingrat.

22:39 Autorisation est donnée à ceux qui sont attaqués (de se défendre) - parce que vraiment ils sont lésés; et Allah est certes Capable de les secourir -

22:40 ceux qui ont été expulsés de leurs demeures, - contre toute justice, simplement parce qu'ils disaient: ‹Allah est notre Seigneur›. - Si Allah ne repoussait pas les gens les uns par les autres, les ermitages seraient démolis, ainsi que les églises, les synagogues et les mosquées où le nom d'Allah est beaucoup invoqué. Allah soutient, certes, ceux qui soutiennent (Sa Religion). Allah est assurément Fort et Puissant,

22:41 ceux qui, si Nous leur donnons la puissance sur terre, accomplissent la Salat, acquittent la Zakat, ordonnent le convenable et interdisent le blâmable. Cependant, l'issue finale de toute chose appartient à Allah.

22:42 Et s'ils te traitent de menteur, [sache que] le peuple de Noé, les Aad, les Tamud avant eux, ont aussi crié au mensonge (à l'égard de leurs messagers),

22:43 de même que le peuple d'Abraham, le peuple de Lot.

22:44 et les gens de Madyan. Et Moïse fut traité de menteur; Puis, J'ai donné un répit aux mécréants, ensuite Je les ai saisis. Et quelle fut Ma réprobation!

22:45 Que de cités, donc, avons-Nous fait périr, parce qu'elles commettaient des tyrannies. Elles sont réduites à des toits écroulés: Que de puits désertés! Que de palais édifiés (et désertés aussi)!

22:46 Que ne voyagent-ils sur la terre afin d'avoir des coeurs pour comprendre, et des oreilles pour entendre? Car ce ne sont pas les yeux qui s'aveuglent, mais, ce sont les coeurs dans les poitrines qui s'aveuglent.

22:47 Et ils te demandent de hâter [l'arrivée] du châtiment. Jamais Allah ne manquera à Sa promesse. Cependant, un jour auprès de ton Seigneur, équivaut à mille ans de ce que vous comptez.

22:48 A combien de cités n'ai-Je pas donné répit alors qu'elles commettaient des tyrannies? Ensuite, Je les ai saisies. Vers Moi et le devenir.

22:49 Dis: ‹Ô hommes! Je ne suis pour vous, en vérité, qu'un avertisseur explicite›.

22:50 Ceux donc qui croient et font de bonnes oeuvres auront pardon et faveurs généreuses,

22:51 tandis que ceux qui s'efforcent à échapper (au châtiment mentionné dans) Nos versets, ceux-là sont les gens de l'Enfer.

22:52 Nous n'avons envoyé, avant toi, ni Messager ni prophète qui n'ait récité. (ce qui lui a été révélé) sans que le Diable n'ait essayé d'intervenir [pour semer le doute dans le coeur des gens au sujet] de sa récitation. Allah abroge ce que le Diable suggère, et Allah renforce Ses versets. Allah est Omniscient et Sage.

22:53 Afin de faire, de ce que jette le Diable, une tentation pour ceux qui ont une maladie au coeur et ceux qui ont le coeur dur... Les injustes sont certes dans un schisme profond.

22:54 Et afin que ceux à qui le savoir a été donné sachent que (le Qur'an) est en effet, la Vérité venant de ton Seigneur, qu'ils y croient alors, et que leurs coeurs s'y soumettent en toute humilité. Allah guide certes vers le droit chemin ceux qui croient.

22:55 Et ceux qui mécroient ne cesseront d'être en doute à son sujet, jusqu'à ce que l'Heure les surprenne à l'improviste ou que les atteigne le châtiment d'un jour terrifiant.

22:56 La souveraineté ce jour-là appartiendra à Allah qui jugera parmi eux. Ceux qui auront cru et fait de bonnes oeuvres seront dans les Jardins de délice,

22:57 et quand aux infidèles qui auront traité Nos révélations de mensonges, ils auront un châtiment avilissant!

22:58 Ceux qui émigrent dans le sentier d'Allah et qui sont tués ou meurent, Allah leur accordera certes une belle récompense, car Allah est le meilleur des donateurs.

22:59 il les fera, certes, entrer en un lieu qu'ils agréeront, et Allah est certes Omniscient et Indulgent.

22:60 Ainsi en est-il. Quiconque châtie de la même façon dont il a été châtié, et qu'ensuite il est victime d'un nouvel outrage, Allah l'aidera, car Allah est certainement Absoluteur et Pardonneur.

22:61 C'est ainsi qu'Allah fait pénétrer la nuit dans le jour, et fait pénétrer le jour dans la nuit. Allah est, certes, Audient et Clairvoyant.

22:62 C'est ainsi qu'Allah est Lui le Vrai, alors que ce qu'ils invoquent en dehors de Lui est le faux; c'est Allah qui est le Sublime, le Grand.

22:63 N'as-tu pas vu qu'Allah fait descendre l'eau du ciel, et la terre devient alors verte? Allah est Plein de bonté et Parfaitement Connaisseur.

22:64 A Lui appartient ce qui est dans les cieux et sur la terre. Allah est le seul qui se suffit à Lui-Même et qui est Le Digne de louange!

22:65 N'as-tu pas vu qu'Allah vous a soumis tout ce qui est sur la terre ainsi que le vaisseau qui vogue sur la mer par Son ordre? Il retient le ciel de tomber sur la terre, sauf quand Il le permettra. Car Allah est Plein de bonté et de miséricorde envers les hommes.

22:66 C'est Lui qui vous donne la vie puis vous donne la mort, puis vous fait revivre. Vraiment l'homme est très ingrat.

22:67 A chaque communauté, Nous avons assigné un culte à suivre. Qu'ils ne disputent donc point avec toi l'ordre reçu! Et appelle à ton Seigneur. Tu es certes sur une voie droite.

22:68 Et s'ils discutent avec toi, alors dis: ‹C'est Allah qui connaît mieux ce que vous faites.

22:69 Allah jugera entre vous, au Jour de la Résurrection, ce en quoi vous divergez›.

22:70 Ne sais-tu pas qu'Allah sait ce qu'il y a dans le ciel et sur la terre? Tout cela est dans un Livre, et cela pour Allah est bien facile.

22:71 Et ils adorent en dehors, d'Allah, ce en quoi Il n'a fait descendre aucune preuve et ce dont ils n'ont aucune connaissance. Et il n'y aura pas de protecteur pour les injustes.

22:72 Et quand on leur récite Nos versets bien clairs, tu discerneras la réprobation sur les visages de ceux qui ont mécru. Peu s'en faut qu'ils ne se jettent sur ceux qui leur récitent Nos versets. Dis: ‹Vous informerai-je de quelque chose de plus terrible? - Le Feu : Allah l'a promis à ceux qui ont mécru. Et quel triste devenir!›

22:73 Ô hommes! Une parabole vous est proposée, écoutez-la : ‹Ceux que vous invoquez en dehors d'Allah ne sauraient même pas créer une mouche, quand même ils s'uniraient pour cela. Et si la mouche les dépouillait de quelque chose, ils ne sauraient le lui reprendre. Le solliciteur et le sollicité sont [également] faibles!›

22:74 Ils n'ont pas estimé Allah à sa juste valeur; Allah est certes Fort et Puissant.

22:75 Allah choisit des messagers parmi les Anges et parmi les hommes. Allah est Audient et Clairvoyant.

22:76 Il sait ce qui est devant eux et derrière eux. Et c'est vers Allah que tout retournera.

22:77 Ô vous qui croyez! Inclinez-vous, prosternez-vous, adorez votre Seigneur, et faites le bien. Peut-être réussirez vous !

22:78 Et luttez pour Allah avec tout l'effort qu'Il mérite. C'est Lui qui vous a élus; et Il ne vous a imposé aucune gêne dans la religion, celle de votre père Abraham, lequel vous a déjà nommés ‹Musulmans› avant (ce Livre) et dans ce (Livre), afin que le Messager soit témoin contre vous, et que vous soyez vous-mêmes témoins contre les gens. Accomplissez donc la Salat, acquittez la Zakat et attachez-vous fortement à Allah. C'est Lui votre Maître. Et quel Excellent Maître! Et quel Excellent soutien!

23. Les croyants (Al-Muminune)

Au nom d'Allah, le Tout Miséricordieux, le Très Miséricordieux.

23:1 Bienheureux sont certes les croyants,

23:2 ceux qui sont humbles dans leur Salat,

23:3 qui se détournent des futilités,

23:4 qui s'acquittent de la Zakat,

23:5 et qui préservent leurs sexes [de tout rapport],

23:6 si ce n'est qu'avec leurs épouses ou les esclaves qu'ils possèdent, car là vraiment, on ne peut les blâmer;

23:7 alors que ceux qui cherchent au-delà de ces limites sont des transgresseurs;

23:8 et qui veillent à la sauvegarde des dépòts confiés à eux et honorent leurs engagements,

23:9 et qui observent strictement leur Salat.

23:10 Ce sont eux les héritiers,

23:11 qui hériteront le Paradis pour y demeurer éternellement.

23:12 Nous avons certes créé l'homme d'un extrait d'argile,

23:13 puis Nous en fîmes une goutte de sperme dans un reposoir solide.

23:14 Ensuite, Nous avons fait du sperme une adhérence; et de l'adhérence Nous avons créé un embryon; puis, de cet embryon Nous avons créé des os et Nous avons revêtu les os de chair. Ensuite, Nous l'avons transformé en une tout autre création. Gloire à Allah le Meilleur des créateurs!

23:15 Et puis, après cela vous mourrez.

23:16 Et puis au Jour de la Résurrection vous serez ressuscités.

23:17 Nous avons créé, au-dessus de vous, sept cieux. Et Nous ne sommes pas inattentifs à la création.

23:18 Et Nous avons fait descendre l'eau du ciel avec mesure. Puis Nous l'avons maintenue dans la terre, cependant que Nous sommes bien Capable de la faire disparaître.

23:19 Avec elle, Nous avons produit pour vous des jardins de palmiers et de vignes, dans lesquels vous avez des fruits abondants et desquels vous mangez,

23:20 ainsi qu'un arbre (l'olivier) qui pousse au Mont Sinai, en produisant l'huile servant à oindre et où les mangeurs trempent leur pain.

23:21 Vous avez certes dans les bestiaux, un sujet de méditation: Nous vous donnons à boire de ce qu'ils ont dans le ventre, et vous y trouvez également maintes utilités; et vous vous en nourrissez.

23:22 Sur eux ainsi que sur des vaisseaux vous êtes transportés.

23:23 Nous envoyâmes Noé vers son peuple. Il dit: ‹Ô mon peuple, adorez Allah. Vous n'avez pas d'autre divinité en dehors de Lui. Ne [Le] craignez-vous pas?›

23:24 Alors les notables de son peuple qui avaient mécru dirent: ‹Celui-ci n'est qu'un être humain comme vous voulant se distinguer à votre détriment. Si Allah avait voulu, ce sont des Anges qu'Il aurait fait descendre. Jamais nous n'avons entendu cela chez nos ancêtres les plus reculés.

23:25 Ce n'est en vérité qu'un homme atteint de folie, observez-le donc durant quelque temps.

23:26 Il dit: ‹Seigneur! Apporte-moi secours parce qu'ils me traitent de menteur›.

23:27 Nous lui révélâmes: ‹Construis l'arche sous Nos yeux et selon Notre révélation. Et quand Notre commandement viendra et que le four bouillonnera, achemine là-dedans un couple de chaque espèce, ainsi que ta famille, sauf ceux d'entre eux contre qui la parole a déjà été prononcée; et ne t'adresse pas à Moi au sujet des injustes, car ils seront fatalement noyés.

23:28 Et lorsque tu seras installé, toi et ceux qui sont avec toi, dans l'arche, dis: ‹Louange à Allah qui nous a sauvés du peuple des injustes.›

23:29 Et dis: ‹Seigneur, fais-moi débarquer d'un débarquement béni. Tu es Celui qui procure le meilleur débarquement›.

23:30 Voilà bien là des signes. Nous sommes certes Celui qui éprouve.

23:31 Puis, après eux, Nous avons créé d'autres générations,

23:32 Nous envoyâmes parmi elles un Messager [issu] d'elles pour leur dire: ‹Adorez Allah. Vous n'avez pas d'autre divinité en dehors de Lui. Ne le craignez-vous pas?›

23:33 Les notables de son peuple qui avaient mécru et traité de mensonge la rencontre de l'au-delà, et auxquels Nous avions accordé le luxe dans la vie présente, dirent: ‹Celui-ci n'est qu'un être humain comme vous, mangeant de ce que vous mangez, et buvant de ce que vous buvez.

23:34 Si vous obéissez à un homme comme vous, vous serez alors perdants.

23:35 Vous promet-il, quand vous serez morts, et devenus poussière et ossements, que vous serez sortis [de vos sépulcres]?

23:36 Loin, loin, ce qu'on vous promet!

23:37 Ce n'est là que notre vie présente: nous mourons et nous vivons; et nous ne serons jamais ressuscités.

23:38 Ce n'est qu'un homme qui forge un mensonge contre Allah; et nous ne croirons pas en lui›.

23:39 Il dit: ‹Seigneur! Apporte-moi secours parce qu'ils me traitent de menteur›.

23:40 [Allah] dit: ‹Oui, bientòt ils en viendront aux regrets›.

23:41 Le cri, donc, les saisit en toute justice; puis Nous les rendîmes semblables à des débris emportés par le torrent. Que disparaissent à jamais les injustes!

23:42 Puis après eux Nous avons créé d'autres générations.

23:43 Nulle communauté ne peut avancer ni reculer son terme.

23:44 Ensuite, Nous envoyâmes successivement Nos messagers. Chaque fois qu'un messager se présentait à sa communauté, ils le traitaient de menteur. Et Nous les fîmes succéder les unes aux autres [dans la destruction], et Nous en fîmes des thèmes de récits légendaires. Que disparaissent à jamais les gens qui ne croient pas!

23:45 Ensuite, Nous envoyâmes Moïse et son frère Aaron avec Nos prodiges et une preuve évidente,

23:46 vers Pharaon et ses notables mais ceux-ci s'enflèrent d'orgueil: ils étaient des gens hautains.

23:47 Ils dirent: ‹Croirons-nous en deux hommes comme nous dont les congénères sont nos esclaves.

23:48 Ils les traitèrent [tous deux] de menteurs et ils furent donc parmi les anéantis.

23:49 Et Nous avions apporté le Livre à Moïse afin qu'ils se guident.

23:50 Et Nous fîmes du fils de Marie, ainsi que de sa mère, un prodige; et Nous donnâmes à tous deux asile sur une colline bien stable et dotée d'une source.

23:51 Ô Messagers! Mangez de ce qui est permis et agréable et faites du bien. Car Je sais parfaitement ce que vous faites.

23:52 Cette communauté, la vòtre, est une seule communauté, tandis que Je suis votre Seigneur. Craignez-Moi donc,›.

23:53 Mais ils se sont divisés en sectes, chaque secte exultant de ce qu'elle détenait.

23:54 Laisse-les dans leur égarement pour un certain temps.

23:55 Pensent-ils que ce que Nous leur accordons, en biens et en enfants,

23:56 [soit une avance] que Nous Nous empressons de leur faire sur les biens [de la vie future]? Au contraire, ils n'en sont pas conscients.

23:57 Ceux qui, de la crainte de leur Seigneur, sont pénétrés,

23:58 qui croient aux versets de leur Seigneur,

23:59 qui n'associent rien à leur Seigneur,

23:60 qui donnent ce qu'ils donnent, tandis que leurs coeurs sont pleins de crainte [à la pensée] qu'ils doivent retourner à leur Seigneur.

23:61 Ceux-là se précipitent vers les bonnes actions et sont les premiers à les accomplir.

23:62 Nous n'imposons à personne que selon sa capacité. Et auprès de Nous existe un Livre qui dit la vérité, et ils ne seront pas lésés.

23:63 Mais leurs coeurs restent dans l'ignorance à l'égard de cela [le Qur'an]. [En outre] ils ont d'autres actes (vils) qu'ils accomplissent,

23:64 jusqu'à ce que par le châtiment Nous saisissions les plus aisés parmi eux et voilà qu'ils crient au secours.

23:65 ‹Ne criez pas aujourd'hui. Nul ne vous protégera contre Nous.

23:66 Mes versets vous étaient récités auparavant; mais vous vous [en] détourniez,

23:67 enflant d'orgueil, et vous les dénigriez au cours de vos veillées›.

23:68 Ne méditent-ils donc pas sur la parole (le Qur'an)? Ou est-ce que leur est venu ce qui n'est jamais venu à leurs premiers ancêtres?

23:69 Ou n'ont-ils pas connu leur Messager, au point de le renier?

23:70 Ou diront-ils: ‹Il est fou?› Au contraire, c'est la vérité qu'il leur a apportée. Et la plupart d'entre eux dédaignent la vérité.

23:71 Si la vérité était conforme à leurs passions, les cieux et la terre et ceux qui s'y trouvent seraient, certes, corrompus. Au contraire, Nous leur avons donné leur rappel Mais ils s'en détournent.

23:72 Ou leur demandes-tu une rétribution? Mais la rétribution de ton Seigneur est meilleure. Et c'est Lui, le Meilleur des pourvoyeurs.

23:73 Et tu les appelles, certes, vers le droit chemin.

23:74 Or, ceux qui ne croient pas à l'au-delà sont bien écartés de ce chemin.

23:75 Si Nous leur faisions miséricorde et écartions d'eux le mal, ils persisteraient certainement dans leur transgression, confus et hésitants.

23:76 Nous les avons certes saisis du châtiment, mais ils ne se sont pas soumis à leur Seigneur; de même qu'ils ne [Le] supplient point,

23:77 jusqu'au jour où Nous ouvrirons sur eux une porte au dur châtiment, et voilà qu'ils en seront désespérés.

23:78 Et c'est Lui qui a créé pour vous l'ouïe, les yeux et les coeurs. Mais vous êtes rarement reconnaissants.

23:79 C'est Lui qui vous a répandus sur la terre, et c'est vers Lui que vous serez rassemblés.

23:80 Et c'est Lui qui donne la vie et qui donne la mort; et l'alternance de la nuit et du jour dépend de Lui. Ne raisonnerez-vous donc pas?

23:81 Ils ont plutòt tenu les mêmes propos que les anciens.

23:82 Ils ont dit: ‹lorsque nous serons morts et que nous serons poussière et ossements, serons-nous vraiment ressuscités?

23:83 On nous a promis cela, ainsi qu'à nos ancêtres auparavant; ce ne sont que de vieilles sornettes›.

23:84 Dis: ‹A qui appartient la terre et ceux qui y sont? si vous savez›.

23:85 Ils diront: ‹A Allah›. Dis: ‹Ne vous souvenez-vous donc pas?›

23:86 Dis: ‹Qui est le Seigneur des sept cieux et le Seigneur du Trône sublime?›

23:87 Ils diront: [ils appartiennent] ‹A Allah›. Dis: ‹Ne craignez-vous donc pas?›

23:88 Dis: ‹Qui détient dans sa main la royauté absolue de toute chose, et qui protège et n'a pas besoin d'être protégé? [Dites], si vous le savez!›

23:89 Ils diront: ‹Allah›. Dis: ‹Comment donc se fait-il que vous soyez ensorcelés?› [au point de ne pas croire en Lui].

23:90 Nous leur avons plutòt apporté la vérité et ils sont assurément des menteurs.

23:91 Allah ne S'est point attribué d'enfant et il n'existe point de divinité avec Lui; sinon, chaque divinité s'en irait avec ce qu'elle a créés et certaines seraient supérieures aux autres. (Gloire et pureté) à Allah! Il est Supérieur à tout ce qu'ils décrivent.

23:92 [Il est] Connaisseur de toute chose visible et invisible! Il est bien au-dessus de ce qu'ils [Lui] associent!

23:93 Dis: ‹Seigneur, si jamais Tu me montres ce qui leur est promis;

23:94 alors, Seigneur, ne me place pas parmi les gens injustes.

23:95 Nous sommes Capable, certes, de te montrer ce que Nous leur promettons.

23:96 Repousse le mal par ce qui est meilleur. Nous savons très bien ce qu'ils décrivent.

23:97 Et dis: ‹Seigneur, je cherche Ta protection, contre les incitations des diables.

23:98 et je cherche Ta protection, Seigneur, contre leur présence auprès de moi›.

23:99 ... Puis, lorsque la mort vient à l'un deux, il dit: ‹Mon Seigneur! Fais-moi revenir (sur terre),

23:100 afin que je fasse du bien dans ce que je délaissais›. Non, c'est simplement une parole qu'il dit. Derrière eux, cependant, il y a une barrière, jusqu'au jour où ils seront ressuscités›.

23:101 Puis quand on soufflera dans la Trompe, il n'y aura plus de parenté entre eux ce jour là, et ils ne se poseront pas de questions.

23:102 Ceux dont la balance est lourde seront les bienheureux;

23:103 et ceux dont la balance est légère seront ceux qui ont ruiné leurs propres âmes et ils demeureront éternellement dans l'Enfer.

23:104 Le feu brûlera leurs visages et ils auront les lèvres crispées.

23:105 ‹Mes versets ne vous étaient-ils pas récités et vous les traitiez alors de mensonges?›

23:106 Ils dirent: ‹Seigneur! Notre malheur nous a vaincus, et nous étions des gens égarés.

23:107 Seigneur, fais-nous-en sortir! Et si nous récidivons, nous serons alors des justes›.

23:108 Il dit: ‹Soyez-y refoulés (humiliés) et ne Me parlez plus›.

23:109 Il y eut un groupe de Mes serviteurs qui dirent: ‹Seigneur, nous croyons; pardonne-nous donc et fais-nous miséricorde, car Tu es le meilleur des Miséricordieux›;

23:110 mais vous les avez pris en raillerie jusqu'à oublier de M'invoquer, et vous vous riiez d'eux.

23:111 Vraiment, Je les ai récompensés aujourd'hui pour ce qu'ils ont enduré; et ce sont eux les triomphants.

23:112 Il dira: ‹Combien d'années êtes-vous restés sur terre?›

23:113 Ils diront: ‹Nous y avons demeuré un jour, ou une partie d'un jour. Interroge donc ceux qui comptent.›

23:114 Il dira: ‹Vous n'y avez demeuré que peu [de temps], si seulement vous saviez.

23:115 Pensiez-vous que Nous vous avions créés sans but, et que vous ne seriez pas ramenés vers Nous?›

23:116 Que soit exalté Allah, le vrai Souverain! Pas de divinité en dehors de Lui, le Seigneur du Trône sublime!

23:117 Et quiconque invoque avec Allah une autre divinité, sans avoir la preuve évidente [de son existence], aura à en rendre compte à son Seigneur. En vérité, les mécréants, ne réussiront pas.

23:118 Et dis: ‹Seigneur, pardonne et fais miséricorde. C'est Toi le Meilleur des miséricordieux›.

24. La lumière (An-Nur)

Au nom d'Allah, le Tout Miséricordieux, le Très Miséricordieux.

24:1 Voici une Sourate que Nous avons fait descendre et que Nous avons imposée, et Nous y avons fait descendre des versets explicites afin que vous vous souveniez›.

24:2 La fornicatrice et le fornicateur, fouettez-les chacun de cent coups de fouet. Et ne soyez point pris de pitié pour eux dans l'exécution de la loi d'Allah - si vous croyez en Allah et au Jour dernier. Et qu'un groupe de croyants assiste à leur punition.

24:3 Le fornicateur n'épousera qu'une fornicatrice ou une associatrice. Et la fornicatrice ne sera épousée que par un fornicateur ou un associateur; et cela a été interdit aux croyants.

24:4 Et ceux qui lancent des accusations contre des femmes chastes sans produire par la suite quatre témoins, fouettez-les de quatre-vingts coups de fouet, et n'acceptez plus jamais leur témoignage. Et ceux-là sont les pervers,

24:5 à l'exception de ceux qui, après cela, se repentent et se réforment, car Allah est Pardonneur et Miséricordieux.

24:6 Et quant à ceux qui lancent des accusations contre leurs propres épouses, sans avoir d'autres témoins qu'eux mêmes, le témoignage de l'un d'eux doit être une quadruple attestation par Allah qu'il est du nombre des véridiques,

24:7 et la cinquième [attestation] est ‹que la malédiction d'Allah tombe sur lui s'il est du nombre des menteurs›.

24:8 Et on ne lui infligera pas le châtiment [de la lapidation] si elle atteste quatre fois par Allah qu'il [son mari] est certainement du nombre des menteurs,

24:9 et la cinquième [attestation] est que la colère d'Allah soit sur elle, s'il était du nombre des véridiques.

24:10 Et, n'étaient la grâce d'Allah sur vous et Sa miséricorde...! Allah est Grand, Accueillant au repentir et Sage!

24:11 Ceux qui sont venus avec la calomnies sont un groupe d'entre vous. Ne pensez pas que c'est un mal pour vous, mais plutòt, c'est un bien pour vous. A chacun d'eux ce qu'il s'est acquis comme pêché. Celui d'entre eux qui s'est chargé de la plus grande part aura un énorme châtiment.

24:12 Pourquoi, lorsque vous l'avez entendue [cette calomnie], les croyants et les croyantes n'ont-ils pas, en eux-mêmes, conjecturé favorablement, et n'ont-ils pas dit: ‹C'est une calomnie évidente?›

24:13 Pourquoi n'ont-ils pas produit [à l'appui de leurs accusations] quatre témoins? S'ils ne produisent pas de témoins, alors ce sont eux, auprès d'Allah, les menteurs.

24:14 N'eussent-été la grâce d'Allah sur vous et Sa miséricorde ici-bas comme dans l'au-delà, un énorme châtiment vous aurait touchés pour cette (calomnie) dans laquelle vous vous êtes lancés,

24:15 quand vous colportiez la nouvelle avec vos langues et disiez de vos bouches ce dont vous n'aviez aucun savoir; et vous le comptiez comme insignifiant alors qu'auprès d'Allah cela est énorme.

24:16 Et pourquoi, lorsque vous l'entendiez, ne disiez-vous pas: ‹Nous ne devons pas en parler. Gloire à Toi (ò Allah)! C'est une énorme calomnie›?

24:17 Allah vous exhorte à ne plus jamais revenir à une chose pareille si vous êtes croyants.

24:18 Allah vous expose clairement les versets et Allah est Omniscient et Sage.

24:19 Ceux qui aiment que la turpitude se propage parmi les croyants auront un châtiment douloureux, ici-bas comme dans l'au-delà. Allah sait, et vous, vous ne savez pas.

24:20 Et n'eussent été la grâce d'Allah sur vous et Sa miséricorde et (n'eût été) qu'Allah est Compatissant et Miséricordieux...

24:21 Ô vous qui avez cru! Ne suivez pas les pas du Diable. Quiconque suit les pas du Diable, [sachez que] celui-ci ordonne la turpitude et le blâmable. Et n'eussent été la grâce d'Allah envers vous et Sa miséricorde, nul d'entre vous n'aurait jamais été pur. Mais Allah purifie qui Il veut. Et Allah est Audient et Omniscient.

24:22 Et que les détenteurs de richesse et d'aisance parmi vous, ne jurent pas de ne plus faire des dons aux proches, aux pauvres, et à ceux qui émigrent dans le sentier d'Allah. Qu'ils pardonnent et absolvent. N'aimez-vous pas qu'Allah vous pardonne? et Allah est Pardonneur et Miséricordieux!

24:23 Ceux qui lancent des accusations contre des femmes vertueuses, chastes [qui ne pensent même pas à commettre la turpitude] et croyantes sont maudits ici-bas comme dans l'au-delà; et ils auront un énorme châtiment,

24:24 Le jour où leurs langues, leurs mains et leurs pieds témoigneront contre eux de ce qu'ils faisaient.

24:25 Ce Jour-là, Allah leur donnera leur pleine et vraie rétribution; et ils sauront que c'est Allah qui est le Vrai de toute évidence.

24:26 Les mauvaises [femmes] aux mauvais [hommes], et les mauvais [hommes] aux mauvaises [femmes]. De même, les bonnes [femmes] aux bons [hommes], et les bons [hommes] aux bonnes [femmes]. Ceux-là sont innocents de ce que les autres disent. Ils ont un pardon et une récompense généreuse.

24:27 Ô vous qui croyez! N'entrez pas dans des maisons autres que les vòtres avant de demander la permission [d'une façon délicate] et de saluer leurs habitants. Cela est meilleur pour vous. Peut-être vous souvenez-vous.

24:28 Si vous n'y trouvez personne, alors n'y entrez pas avant que permission vous soit donnée. Et si on vous dit: ‹Retournez›, eh bien, retournez. Cela est plus pur pour vous. Et Allah, de ce que vous faites est Omniscient.

24:29 Nul grief contre vous à entrer dans des maisons inhabitées où se trouve un bien pour vous. Allah sait ce que vous divulguez et ce que vous cachez.

24:30 Dis aux croyants de baisser leurs regards et de garder leur chasteté. C'est plus pur pour eux. Allah est, certes, Parfaitement Connaisseur de ce qu'ils font.

24:31 Et dis aux croyantes de baisser leurs regards, de garder leur chasteté, et de ne montrer de leurs atours que ce qui en paraît et qu'elles rabattent leur voile sur leurs poitrines; et qu'elles ne montrent leurs atours qu'à leurs maris, ou à leurs pères, ou aux pères de leurs maris, ou à leurs fils, ou aux fils de leurs maris, ou à leurs frères, ou aux fils de leurs frères, ou aux fils de leurs soeurs, ou aux femmes musulmanes, ou aux esclaves qu'elles possèdent, ou aux domestiques mâles impuissants, ou aux garçons impubères qui ignorent tout des parties cachées des femmes. Et qu'elles ne frappent pas avec leurs pieds de façon que l'on sache ce qu'elles cachent de leurs parures. Et repentez-vous tous devant Allah, ò croyants, afin que vous récoltiez le succès.

24:32 Mariez les célibataires d'entre vous et les gens de bien parmi vos esclaves, hommes et femmes. S'ils sont besogneux, Allah les rendra riches par Sa grâce. Car (la grâce d') Allah est immense et Il est Omniscient.

24:33 Et que ceux qui n'ont pas de quoi se marier, cherchent à rester chastes jusqu'à ce qu'Allah les enrichisse par Sa grâce. Ceux de vos esclaves qui cherchent un contrat d'affranchissement, concluez ce contrat avec eux si vous reconnaissez du bien en eux; et donnez-leur des biens d'Allah qu'Il vous a accordés. Et dans votre recherche des profits passagers de la vie présente, ne contraignez pas vos femmes esclaves à la prostitution, si elles veulent rester chastes. Si on les y contraint, Allah leur accorde après qu'elles aient été contraintes, Son pardon et Sa miséricorde.

24:34 Nous avons effectivement fait descendre vers vous des versets clairs, donnant une parabole de ceux qui ont vécu avant vous, et une exhortation pour les pieux!

24:35 Allah est la Lumière des cieux et de la terre. Sa lumière est semblable à une niche où se trouve une lampe. La lampe est dans un (récipient de) cristal et celui-ci ressemble à un astre de grand éclat; son combustible vient d'un arbre béni: un olivier ni oriental ni occidental dont l'huile semble éclairer sans même que le feu la touche. Lumière sur lumière. Allah guide vers Sa lumière qui Il veut. Allah propose aux hommes des paraboles et Allah est Omniscient.

24:36 Dans des maisons [des mosquées] qu'Allah a permis que l'on élève, et où Son Nom est invoqué; Le glorifient en elles matin et après- midi,

24:37 des hommes que ni le négoce, ni le troc ne distraient de l'invocation d'Allah, de l'accomplissement de la Salat et de l'acquittement de la Zakat, et qui redoutent un Jour où les coeurs seront bouleversés ainsi que les regards.

24:38 Afin qu'Allah les récompense de la meilleure façon pour ce qu'ils ont fait [de bien]. Et Il leur ajoutera de Sa grâce. Allah attribue à qui Il veut sans compter.

24:39 Quant à ceux qui ont mécru, leurs actions sont comme un mirage dans une plaine désertique que l'assoiffé prend pour de l'eau. Puis quand il y arrive, il s'aperçoit que ce n'était rien; mais y trouve Allah qui lui règle son compte en entier, car Allah est prompt à compter.

24:40 [Les actions des mécréants] sont encore semblables à des ténèbres sur une mer profonde: des vagues la recouvrent, [vagues] au dessus desquelles s'élèvent [d'autres] vagues, sur lesquelles il y a [d'épais] nuages. Ténèbres [entassées] les unes au-dessus des autres. Quand quelqu'un étend la main, il ne la distingue presque pas. Celui qu'Allah prive de lumière n'a aucune lumière.

24:41 N'as-tu pas vu qu'Allah est glorifié par tous ceux qui sont dans les cieux et la terre; ainsi que par les oiseaux déployant leurs ailes? Chacun, certes, a appris sa façon de L'adorer et de Le glorifier. Allah sait parfaitement ce qu'ils font.

24:42 C'est à Allah qu'appartient la royauté des cieux et de la terre. Et vers Allah sera le retour final.

24:43 N'as-tu pas vu qu'Allah pousse les nuages? Ensuite Il les réunit et Il en fait un amas, et tu vois la pluie sortir de son sein. Et Il fait descendre du ciel, de la grêle [provenant] des nuages [comparables] à des montagnes. Il en frappe qui Il veut et l'écarte de qui Il veut. Peu s'en faut que l'éclat de son éclair ne ravisse la vue.

24:44 Allah fait alterner la nuit et le jour. Il y a là un sujet de réflexion pour ceux qui ont des yeux.

24:45 Et Allah a créé d'eau tout animal. Il y en a qui marche sur le ventre, d'autres marchent sur deux pattes, et d'autres encore marchent sur quatre. Allah créé ce qu'Il veut et Allah est Omnipotent.

24:46 Nous avons certes fait descendre des versets explicites. Et Allah guide qui Il veut vers un droit chemin.

24:47 Et ils disent: ‹Nous croyons en Allah et au messager et nous obéissons›. Puis après cela, une partie d'entre eux fait volte-face. Ce ne sont point ceux-là les croyants.

24:48 Et quand on les appelle vers Allah et Son messager pour que celui-ci juge parmi eux, voilà que quelques-uns d'entre eux s'éloignent.

24:49 Mais s'ils ont le droit en leur faveur, ils viennent à lui, soumis.

24:50 Y a-t-il une maladie dans leurs coeurs? ou doutent-ils? ou craignent-ils qu'Allah les opprime, ainsi que Son messager? Non!... mais ce sont eux les injustes.

24:51 La seule parole des croyants, quand on les appelle vers Allah et Son messager, pour que celui-ci juge parmi eux, est: ‹Nous avons entendu et nous avons obéi›. Et voilà ceux qui réussissent.

24:52 Et quiconque obéit à Allah et à Son messager, et craint Allah et Le redoute... alors, voilà ceux qui récoltent le succès.

24:53 Et ils jurent par Allah en serments solennels que si tu le leur ordonnais, ils sortiraient à coup sûr (au combat). Dis: ‹Ne jurez donc pas. [Votre] obéissance [verbale] est bien connue. Allah est Parfaitement Connaisseur de ce que vous faites›.

24:54 Dis: ‹Obéissez à Allah et obéissez au messager. S'ils se détournent,... il [le messager] n'est alors responsable que de ce dont il est chargé; et vous assumez ce dont vous êtes chargés. Et si vous lui obéissez, vous serez bien guidés›. Et il n'incombe au messager que de transmettre explicitement (son message).

24:55 Allah a promis à ceux d'entre vous qui ont cru et fait les bonnes oeuvres qu'Il leur donnerait la succession sur terre comme Il l'a donnée à ceux qui les ont précédés. Il donnerait force et suprématie à leur religion qu'il a agréée pour eux. Il leur changerait leur ancienne peur en sécurité. Ils M'adorent et ne M'associent rien et celui qui mécroît par la suite, ce sont ceux-là les pervers.

24:56 Accomplissez la Salat, acquittez la Zakat et obéissez au messager, afin que vous ayez la miséricorde.

24:57 Ne pense point que ceux qui ne croient pas puissent s'opposer à l'autorité d'Allah sur terre. Le Feu sera leur refuge. Quelle mauvaise destination.

24:58 Ô vous qui avez-cru! Que les esclaves que vous possédez vous demandent permission avant d'entrer, ainsi que ceux des vòtres qui n'ont pas encore atteint la puberté, à trois moments: avant la Salat de l'aube, à midi quand vous enlevez vos vêtements, ainsi qu'après la Salat de la nuit; trois occasions de vous dévêtir. En dehors de ces moments, nul reproche ni à vous ni à eux d'aller et venir, les uns chez les autres. C'est ainsi qu'Allah vous expose clairement Ses versets, et Allah est Omniscient et Sage.

24:59 Et quand les enfants parmi vous atteignent la puberté, qu'ils demandent permission avant d'entrer, comme font leurs aînés. C'est ainsi qu'Allah vous expose clairement Ses versets, et Allah est Omniscient et Sage.

24:60 Et quant aux femmes atteintes par la ménopause qui n'espèrent plus le mariage, nul reproche à elles d'enlever leurs vêtements de [sortie], sans cependant exhiber leurs atours et si elle cherchent la chasteté c'est mieux pour elles. Allah est Audient et Omniscient.

24:61 Il n'y a pas d'empêchement à l'aveugle, au boiteux, au malade, ainsi qu'à vous-mêmes de manger dans vos maisons, ou dans les maisons de vos pères, ou dans celles de vos mères, ou de vos frères, ou de vos soeurs, ou de vos oncles paternels, ou de vos tantes paternelles ou de vos oncles maternels, ou de vos tantes maternelles, ou dans celles dont vous possédez les clefs, ou chez vos amis. Nul empêchement à vous, non plus, de manger ensemble, ou séparément. Quand donc vous entrez dans des maisons, adressez-vous mutuellement des salutations venant d'Allah, bénies et agréables. C'est ainsi qu'Allah vous expose Ses versets, afin que vous compreniez.

24:62 Les vrais croyants sont ceux qui croient en Allah et en Son messager, et qui, lorsqu'ils sont en sa compagnie pour une affaire d'intérêt général, ne s'en vont pas avant de lui avoir demandé la permission. Ceux qui te demandent cette permission sont ceux qui croient en Allah et en Son messager. Si donc ils te demandent la permission pour une affaire personnelle, donne-la à qui tu veux d'entre eux; et implore le pardon d'Allah pour eux, car Allah est Pardonneur et Miséricordieux.

24:63 Ne considérez pas l'appel du messager comme un appel que vous vous adresseriez les uns aux autres. Allah connaît certes ceux des vôtres qui s'en vont secrètement en s'entrecachant. Que ceux, donc, qui s'opposent à son commandement prennent garde qu'une épreuve ne les atteigne, ou que ne les atteigne un châtiment douloureux.

24:64 C'est à Allah, vraiment, qu'appartient tout ce qui est dans les cieux et sur la terre. Il sait parfaitement l'état dans lequel vous êtes, et le Jour où les hommes seront ramenés vers Lui, Il les informera alors de ce qu'ils oeuvraient. Allah est Omniscient.

25. Le discernement (Al Furqane)
Au nom d'Allah, le Tout Miséricordieux, le Très Miséricordieux.

25:1 Qu'on exalte la Bénédiction de Celui qui a fait descendre le Livre de Discernement sur Son serviteur, afin qu'il soit un avertisseur à l'univers.

25:2 Celui à qui appartient la royauté des cieux et de la terre, qui ne S'est point attribué d'enfant, qui n'a point d'associé en Sa royauté et qui a créé toute chose en lui donnant ses justes proportions.

25:3 Mais ils ont adopté en dehors de Lui des divinités qui, étant elles-mêmes créées, ne créent rien, et qui ne possèdent la faculté de faire ni le mal ni le bien pour elles-mêmes, et qui ne sont maîtresses ni de la mort, ni de la vie, ni de la résurrection.

25:4 Les mécréants disent: ‹Tout ceci n'est qu'un mensonge qu'il (Muhammad) a inventé, et où d'autres gens l'ont aidé›. Or, ils commettent là une injustice et un mensonge.

25:5 Et ils disent: ‹Ce sont des contes d'anciens qu'il se fait écrire! On les lui dicte matin et soir!›

25:6 Dis: ‹L'a fait descendre Celui qui connaît les secrets dans les cieux et la terre. Et IL est Pardonneur et Miséricordieux.

25:7 Et ils disent: ‹Qu'est-ce donc que ce Messager qui mange de la nourriture et circule dans les marchés? Que n'a-t-on fait descendre vers lui un Ange qui eût été avertisseur en sa compagnie?

25:8 Ou que ne lui a-t-on lancé un trésor? Ou que n'a-t-il un jardin à lui, dont il pourrait manger (les fruits)?› Les injustes disent: ‹Vous ne suivez qu'un homme ensorcelé›.

25:9 Vois à quoi ils te comparent! Ils se sont égarés. Ils ne pourront trouver aucun chemin.

25:10 Béni soit Celui qui, s'il le veut, t'accordera bien mieux que cela: des Jardins sous lesquels coulent les ruisseaux; et Il t'assignera des châteaux.

25:11 Mais ils ont plutòt qualifié l'Heure de mensonge. Nous avons cependant préparé, pour quiconque qualifie l'Heure de mensonge, une Flamme brûlante.

25:12 Lorsque de loin elle les voit, ils entendront sa fureur et ses pétillements.

25:13 Et quand on les y aura jetés, dans un étroit réduit, les mains liées derrière le cou, ils souhaiteront alors leur destruction complète.

25:14 ‹Aujourd'hui, ne souhaitez pas la destruction une seule fois, mais souhaitez-en plusieurs.

25:15 Dis: ‹Est-ce mieux ceci? ou bien le Paradis éternel qui a été promis aux pieux, comme récompense et destination dernière?

25:16 Ils auront là tout ce qu'ils désireront et une demeure éternelle. C'est une promesse incombant à ton Seigneur.

25:17 Et le jour où Il les rassemblera, eux et ceux qu'ils adoraient en dehors d'Allah, Il dira: ‹Est-ce vous qui avez égaré Mes serviteurs que voici, ou ont-ils eux-mêmes perdu le sentier?›

25:18 Ils diront: ‹Gloire à Toi .! Il ne nous convenait nullement de prendre en dehors de Toi des patrons protecteurs mais Tu les as comblés de jouissance ainsi que leurs ancêtres au point qu'ils en ont oublié le livre du rappel [le Qur'an]. Et ils ont été des gens perdus›.

25:19 ‹Ils vous ont démentis en ce que vous dites. Il n'y aura pour vous ni échappatoire ni secours (possible). Et quiconque des vòtres est injuste, Nous lui ferons goûter un grand châtiment›.

25:20 Et Nous n'avons envoyé avant toi que des messagers qui mangeaient de la nourriture et circulaient dans les marchés. Et Nous avons fait de certains d'entre vous une épreuve pour les autres - endurerez-vous avec constance? - Et ton Seigneur demeure Clairvoyant.

25:21 Et ceux qui n'espèrent pas Nous rencontrer disent: ‹Si seulement on avait fait descendre sur nous des Anges ou si nous pouvions voir notre Seigneur!› En effet, ils se sont enflés d'orgueil en eux-mêmes, et ont dépassé les limites de l'arrogance.

25:22 Le jour où ils verront les Anges, ce ne sera pas une bonne nouvelle, ce jour-là, pour les injustes, ils (les Anges) diront: ‹Barrage totalement défendu›!

25:23 Nous avons considéré l'oeuvre qu'ils ont accomplie et Nous l'avons réduite en poussière éparpillée.

25:24 Les gens du Paradis seront, ce jour-là, en meilleure demeure et au plus beau lieu de repos.

25:25 Et le jour où le ciel sera fendu par les nuages et qu'on fera descendre des Anges,

25:26 ce jour-là, la vraie royauté appartient au Tout Miséricordieux, et ce sera un jour difficile aux infidèles.

25:27 Le jour où l'injuste se mordra les deux mains et dira: ‹[Hélas pour moi!] Si seulement j'avais suivi chemin avec le Messager!...

25:28 Malheur à moi! Hélas! Si seulement je n'avais pas pris ‹un tel› pour ami!...

25:29 Il m'a, en effet, égaré loin du rappel [le Qur'an], après qu'il me soit parvenu›. Et le Diable déserte l'homme (après l'avoir tenté).

25:30 Et le Messager dit: ‹Seigneur, mon peuple a vraiment pris ce Qur'an pour une chose délaissée!›

25:31 C'est ainsi que Nous fîmes à chaque prophète un ennemi parmi les criminels. Mais ton Seigneur suffit comme guide et comme soutien.

25:32 Et ceux qui ne croient pas disent: ‹Pourquoi n'a-t-on pas fait descendre sur lui le Qur'an en une seule fois?› Nous l'avons révélé ainsi pour raffermir ton coeur. Et Nous l'avons récité soigneusement.

25:33 Ils ne t'apporteront aucune parabole, sans que Nous ne t'apportions la vérité avec la meilleure interprétation.

25:34 Ceux qui seront traînés [ensemble] sur leurs visages vers l'Enfer, ceux-là seront dans la pire des situations et les plus égarés hors du chemin droit.

25:35 En effet, Nous avons apporté à Moïse le Livre et lui avons assigné son frère Aaron comme assistant.

25:36 Puis Nous avons dit: ‹Allez tous deux vers les gens qui ont traité de mensonge Nos preuves›. Nous les avons ensuite détruits complètement.

25:37 Et le peuple de Noé, quand ils eurent démenti les messagers, Nous les noyâmes et en fîmes pour les gens un signe d'avertissement. Et Nous avons préparé pour les injustes un châtiment douloureux.

25:38 Et les Aad, les Tamud, les gens d'Ar-Rass et de nombreuses générations intermédiaires!

25:39 A tous, cependant, Nous avions fait des paraboles et Nous les avions tous anéantis d'une façon brutale.

25:40 Ils sont passés par la cité sur laquelle est tombée une pluie de malheurs. Ne la voient-ils donc pas? Mais ils n'espèrent pas de résurrection!

25:41 Et quand ils te voient, ils ne te prennent qu'en raillerie: ‹Est-ce là celui qu'Allah a envoyé comme Messager?

25:42 Peu s'en est fallu qu'il ne nous égare de nos divinités, si ce n'était notre attachement patient à elles!›. Cependant, ils sauront quand ils verront le châtiment, qui est le plus égaré en son chemin.

25:43 Ne vois-tu pas celui qui a fait de sa passion sa divinité? Est-ce à toi d'être un garant pour lui ?

25:44 Ou bien penses-tu que la plupart d'entre eux entendent ou comprennent? Ils ne sont en vérité comparables qu'à des bestiaux. Ou plutòt, ils sont plus égarés encore du sentier.

25:45 N'as-tu pas vu comment ton Seigneur étend l'ombre? S'Il avait voulu, certes, Il l'aurait faite immobile. Puis Nous lui fîmes du soleil son indice,

25:46 puis Nous la saisissons [pour la ramener] vers Nous avec facilité.

25:47 Et c'est Lui qui vous fit de la nuit un vêtement, du sommeil un repos et qui fit du jour un retour à la vie active.

25:48 Et c'est Lui qui envoya les vents comme une annonce précédant Sa miséricorde. Nous fîmes descendre du ciel une eau pure et purifiante,

25:49 pour faire revivre par elle une contrée morte, et donner à boire aux multiples bestiaux et hommes que Nous avons créés.

25:50 Nous l'avions répartie entre eux afin qu'ils se rappellent (de Nous). Mais la plupart des gens se refusent à tout sauf à être ingrats.

25:51 Or, si Nous avions voulu, Nous aurions certes envoyé dans chaque cité un avertisseur.

25:52 N'obéis donc pas aux infidèles; et avec ceci (le Qur'an), lutte contre eux vigoureusement.

25:53 Et c'est Lui qui donne libre cours aux deux mers: l'une douce, rafraîchissante, l'autre salée, amère. Et IL assigne entre les deux une zone intermédiaire et un barrage infranchissable.

25:54 Et c'est Lui qui de l'eau a créé une espèce humaine qu'Il unit par les liens de la parenté et de l'alliance. Et ton Seigneur demeure Omnipotent.

25:55 Mais ils adorent en dehors d'Allah, ce qui ne leur profite point, ni ne leur nuit! Et l'infidèle sera toujours l'allié des ennemis de son Seigneur!

25:56 Or, Nous ne t'avons envoyé que comme annonciateur et avertisseur.

25:57 Dis: ‹Je ne vous en demande aucun salaire (pour moi même). Toutefois, celui qui veut suivre un chemin conduisant vers son Seigneur [est libre de dépenser dans la voie d'Allah]›.

25:58 Et place ta confiance en Le Vivant qui ne meurt jamais. Et par Sa louange, glorifie-Le. Il suffit comme Parfait Connaisseur des péchés de Ses serviteurs.

25:59 C'est Lui qui, en six jours, a créé les cieux, la terre et tout ce qui existe entre eux, et le Tout Miséricordieux S'est établi ‹Istawa› ensuite sur le Trône. Interroge donc qui est bien informé de Lui.

25:60 Et quand on leur dit: ‹Prosternez-vous devant le Tout Miséricordieux›, ils disent: ‹Qu'est-ce donc que le Tout Miséricordieux? Allons-nous nous prosterner devant ce que tu nous commandes?› - Et cela accroît leur répulsion.

25:61 Que soit béni Celui qui a placé au ciel des constellations et y a placé un luminaire (le soleil) et aussi une lune éclairante!

25:62 Et c'est Lui qui a assigné une alternance à la nuit et au jour pour quiconque veut y réfléchir ou montrer sa reconnaissance.

25:63 Les serviteurs du Tout Miséricordieux sont ceux qui marchent humblement sur terre, qui, lorsque les ignorants s'adressent à eux, disent: ‹Paix›,

25:64 qui passent les nuits prosternés et debout devant leur Seigneur;

25:65 qui disent: ‹Seigneur, écarte de nous le châtiment de l'Enfer›. - car son châtiment est permanent.

25:66 Quels mauvais gîte et lieu de séjour!

25:67 Qui, lorsqu'ils dépensent, ne sont ni prodigues ni avares mais se tiennent au juste milieu.

25:68 Qui n'invoquent pas d'autre dieu avec Allah et ne tuent pas la vie qu'Allah a rendue sacrée, sauf à bon droit; qui ne commettent pas de fornication - car quiconque fait cela encourra une punition

25:69 et le châtiment lui sera doublé, au Jour de la Résurrection, et il y demeurera éternellement couvert d'ignominie;

25:70 sauf celui qui se repent, croit et accomplit une bonne oeuvre; ceux-là Allah changera leurs mauvaises actions en bonnes, et Allah est Pardonneur et Miséricordieux;

25:71 et quiconque se repent et accomplit une bonne oeuvre c'est vers Allah qu'aboutira son retour.

25:72 Ceux qui ne donnent pas de faux témoignages; et qui, lorsqu'ils passent auprès d'une frivolité, s'en écartent noblement;

25:73 qui lorsque les versets de leur Seigneur leur sont rappelés, ne deviennent ni sourds ni aveugles;

25:74 et qui disent: ‹Seigneur, donne-nous, en nos épouses et nos descendants, la joie des yeux, et fais de nous un guide pour les pieux›.

25:75 Ceux-là auront pour récompense un lieu élevé [du Paradis] à cause de leur endurance, et ils y seront accueillis avec le salut et la paix,

25:76 pour y demeurer éternellement. Quel beau gîte et lieu de séjour!

25:77 Dis: ‹Mon Seigneur ne se souciera pas de vous sans votre prière; mais vous avez démenti (le Prophète). Votre [châtiment] sera inévitable et permanent.

26. Les poètes (As-Shuaraa)
Au nom d'Allah, le Tout Miséricordieux, le Très Miséricordieux.

26:1 Ta, Sin, Mim.

26:2 Voici les versets du Livre explicite.

26:3 Il se peut que tu te consumes de chagrin parce qu'ils ne sont pas croyants!

26:4 Si Nous voulions, Nous ferions descendre du ciel sur eux un prodige devant lequel leurs nuques resteront courbées.

26:5 Aucun nouveau rappel ne leur vient du Tout Miséricordieux sans qu'ils ne l'esquivent.

26:6 Et ils ont traité de mensonge [tout ce qui leur vient du Seigneur]. Il leur viendra bientôt des nouvelles de ce dont ils se raillent.

26:7 N'ont-ils pas observé la terre, combien Nous y avons fait pousser de couples généreux de toutes sortes?

26:8 Voilà bien là une preuve! Et la plupart d'entre eux ne croient pas.

26:9 Et ton Seigneur est en vérité Lui le Tout Puissant, le Très Miséricordieux.

26:10 Et lorsque ton Seigneur appela Moïse: ‹Rends-toi auprès du peuple injuste,

26:11 [auprès du] peuple de Pharaon›; ne craindront-ils pas (Allah)?

26:12 Il dit: ‹Seigneur, je crains qu'ils ne me traitent de menteur;

26:13 que ma poitrine ne se serre, et que ma langue ne soit embarrassée: Mande donc Aaron.

26:14 Ils ont un crime à me reprocher; je crains donc qu'ils ne me tuent›.

26:15 Mais [Allah lui] dit: ‹Jamais! Allez tous deux avec Nos prodiges. Nous resterons avec vous et Nous écouterons.

26:16 Rendez-vous donc tous deux auprès de Pharaon, puis dites: ‹Nous sommes les messagers du Seigneur de l'univers,

26:17 pour que tu renvoies les Enfants d'Israël avec nous›.

26:18 ‹Ne t'avons-nous pas, dit Pharaon, élevé chez nous tout enfant? Et n'as-tu pas demeuré parmi nous des années de ta vie?

26:19 Puis tu as commis le méfait que tu as fait, en dépit de toute reconnaissance›.

26:20 ‹Je l'ai fait, dit Moïse, alors que j'étais encore du nombre des égarés.

26:21 Je me suis donc enfui de vous quand j'ai eu peur de vous: puis, mon Seigneur m'a donné la sagesse et m'a désigné parmi Ses messagers.

26:22 Est-ce là un bienfait de ta part [que tu me rappelles] avec reproche, alors que tu as asservi les Enfants d'Israël?›

26:23 ‹Et qu'est-ce que le Seigneur de l'univers?› dit Pharaon.

26:24 ‹Le Seigneur des cieux et de la terre et de ce qui existe entre eux, dit [Moïse], si seulement vous pouviez en être convaincus!›

26:25 [Pharaon] dit à ceux qui l'entouraient: ‹N'entendez-vous pas?›

26:26 [Moïse] continue: ‹... Votre Seigneur, et le Seigneur de vos plus anciens ancêtres›.

26:27 ‹Vraiment, dit [Pharaon], votre messager qui vous a été envoyé, est un fou›.

26:28 [Moïse] ajouta: ‹... Le Seigneur du Levant et du Couchant et de ce qui est entre les deux; si seulement vous compreniez!›

26:29 ‹Si tu adoptes, dit [Pharaon], une autre divinité que moi, je te mettrai parmi les prisonniers›.

26:30 ‹Et même si je t'apportais, dit [Moïse], une chose (une preuve) évidente?

26:31 ‹Apporte-la, dit [Pharaon], si tu es du nombre des véridiques›.

26:32 [Moïse] jeta donc son bâton et le voilà devenu un serpent manifeste.

26:33 Et il tira sa main et voilà qu'elle était blanche (étincelante) à ceux qui regardaient.

26:34 [Pharaon] dit aux notables autour de lui: ‹Voilà en vérité un magicien savant.

26:35 Il veut par sa magie vous expulser de votre terre. que commandez-vous?›

26:36 Ils dirent: ‹Remets-les à plus tard, [lui] et son frère, et envoie des gens dans les villes, pour rassembler,

26:37 et t'amener tout grand magicien savant›.

26:38 Les magiciens furent donc réunis en rendez-vous au jour convenu.

26:39 Et il fut dit aux gens: ‹Est-ce que vous allez vous réunir,

26:40 afin que nous suivions les magiciens, si ce sont eux les vainqueurs?›

26:41 Puis, lorsque les magiciens arrivèrent, ils dirent à Pharaon: ‹Y aura-t-il vraiment une récompense pour nous, si nous sommes les vainqueurs?›

26:42 Il dit: ‹Oui, bien sûr, vous serez alors parmi mes proches!

26:43 Moïse leur dit: ‹Jetez ce que vous avez à jeter›.

26:44 Ils jetèrent donc leurs cordes et leurs bâtons et dirent: ‹Par la puissance de Pharaon!... C'est nous qui serons les vainqueurs›.

26:45 Puis Moïse jeta son bâton, et voilà qu'il happait ce qu'ils avaient fabriqué.

26:46 Alors les magiciens tombèrent prosternés,

26:47 disant: ‹Nous croyons au Seigneur de l'univers,

26:48 Le Seigneur de Moïse et d'Aaron›.

26:49 [Pharaon] dit: ‹Avez-vous cru en lui avant que je ne vous le permette? En vérité, c'est lui votre chef, qui vous a enseigné la magie! Eh bien, vous saurez bientôt! Je vous couperai, sûrement, mains et jambes opposées, et vous crucifierai tous›.

26:50 Ils disent: ‹Il n'y a pas de mal! Car c'est vers notre Seigneur que nous retournerons.

26:51 Nous convoitons que notre Seigneur nous pardonne nos fautes pour avoir été les premiers à croire›.

26:52 Et Nous révélâmes à Moïse [ceci]: ‹Pars de nuit avec Mes serviteurs, car vous serez poursuivis›.

26:53 Puis, Pharaon envoya des rassembleurs [dire] dans les villes:

26:54 ‹Ce sont, en fait, une bande peu nombreuse,

26:55 mais ils nous irritent,

26:56 tandis que nous sommes tous vigilants›.

26:57 Ainsi, Nous les fîmes donc sortir des jardins, des sources,

26:58 des trésors et d'un lieu de séjour agréable.

26:59 Il en fut ainsi! Et Nous les donnâmes en héritage aux enfants d'Israël.

26:60 Au lever du soleil, ils les poursuivirent.

26:61 Puis, quand les deux partis se virent, les compagnons de Moïse dirent : ‹Nous allons être rejoints›.

26:62 Il dit: ‹Jamais, car j'ai avec moi mon Seigneur qui va me guider›.

26:63 Alors Nous révélâmes à Moïse: ‹Frappe la mer de ton bâton›. Elle se fendit alors, et chaque versant fut comme une énorme montagne.

26:64 Nous fîmes approcher les autres [Pharaon et son peuple].

26:65 Et Nous sauvâmes Moïse et tous ceux qui étaient avec lui;

26:66 ensuite Nous noyâmes les autres.

26:67 Voilà bien là un prodige, mais la plupart d'entre eux ne croient pas.

26:68 Et ton Seigneur, c'est en vérité Lui le Tout Puissant, le Très Miséricordieux.

26:69 Et récite-leur la nouvelle d'Abraham:

26:70 Quand il dit à son père et à son peuple: ‹Qu'adorez-vous?›

26:71 Ils dirent: ‹Nous adorons des idoles et nous leurs restons attachés›.

26:72 Il dit: ‹Vous entendent-elles lorsque vous [les] appelez?

26:73 ou vous profitent-elles? ou vous nuisent-elles?›

26:74 Ils dirent: ‹Non! mais nous avons trouvé nos ancêtres agissant ainsi›.

26:75 Il dit: ‹Que dites-vous de ce que vous adoriez...?

26:76 Vous et vos vieux ancêtres?

26:77 Ils sont tous pour moi des ennemis sauf le Seigneur de l'univers,

26:78 qui m'a créé, et c'est Lui qui me guide;

26:79 et c'est Lui qui me nourrit et me donne à boire;

26:80 et quand je suis malade, c'est Lui qui me guérit,

26:81 et qui me fera mourir, puis me redonnera la vie,

26:82 et c'est de Lui que je convoite le pardon de mes fautes le Jour de la Rétribution.

26:83 Seigneur, accorde-moi sagesse (et savoir) et fais-moi rejoindre les gens de bien;

26:84 fais que j'aie une mention honorable sur les langues de la postérité;

26:85 et fais de moi l'un des héritiers du Jardin des délices.

26:86 et pardonne à mon père: car il a été du nombre des égarés;

26:87 et ne me couvre pas d'ignominie, le jour où l'on sera ressuscité,

26:88 le jour où ni les biens, ni les enfants ne seront d'aucune utilité,

26:89 sauf celui qui vient à Allah avec un coeur sain›.

26:90 On rapprochera alors le Paradis pour le pieux.

26:91 et l'on exposera aux errants la Fournaise,

26:92 et on leur dira: ‹Où sont ceux que vous adoriez,

26:93 en dehors d'Allah? vous secourent-ils? ou se secourent-ils eux-mêmes?›

26:94 Ils y seront donc jetés pêle-mêle, et les errants aussi,

26:95 ainsi que toutes les légions d'Iblis.

26:96 Ils diront, tout en s'y querellant:

26:97 ‹Par Allah! Nous étions certes dans un égarement évident,

26:98 quand nous faisions de vous les égaux du Seigneur de l'univers.

26:99 Ce ne sont que les criminels qui nous ont égarés.

26:100 Et nous n'avons pas d'intercesseurs,

26:101 ni d'ami chaleureux.

26:102 Si un retour nous était possible, alors Cous serions parmi les croyants!›

26:103 Voilà bien là un signe; cependant, la plupart d'entre eux ne croient pas.

26:104 Et ton Seigneur, c'est Lui vraiment le Puissant, le Très Miséricordieux.

26:105 Le peuple de Noé traita de menteurs les Messagers,

26:106 lorsque Noé, leur frère, (contribule) leur dit: ‹Ne craindrez-vous pas [Allah]?

26:107 Je suis pour vous un messager digne de confiance.

26:108 Craignez Allah donc et obéissez-moi.

26:109 Et je ne vous demande pas de salaire pour cela; mon salaire n'incombe qu'au Seigneur de l'univers.

26:110 Craignez Allah donc, et obéissez-moi›.

26:111 Ils dirent: ‹Croirons-nous en toi, alors que ce sont les plus vils qui te suivent?›

26:112 Il dit: ‹Je ne sais pas ce que ceux-là faisaient.

26:113 Leur compte n'incombe qu'à mon Seigneur. Si seulement vous êtes conscients.

26:114 Je ne suis pas celui qui repousse les croyants.

26:115 Je ne suis qu'un avertisseur explicite›.

26:116 Ils dirent: ‹Si tu ne cesses pas, Noé, tu seras certainement du nombre des lapidés!›

26:117 Il dit: ‹Ô mon Seigneur, mon peuple me traite de menteur.

26:118 Tranche donc clairement entre eux et moi: et sauve-moi ainsi que ceux des croyants qui sont avec moi›.

26:119 Nous le sauvâmes donc, de même que ceux qui étaient avec lui dans l'arche, pleinement chargée.

26:120 Et ensuite nous noyâmes le reste (les infidèles).

26:121 Voilà bien là un signe. Cependant, la plupart d'entre eux ne croient pas.

26:122 Et Ton Seigneur, c'est lui vraiment le Puissant! le Très Miséricordieux.

26:123 Les Aad traitèrent de menteurs les Envoyés.

26:124 Et quand Hud, leur frère (contribule), leur dit: ‹Ne craindrez-vous pas [Allah]?›

26:125 Je suis pour vous un messager digne de confiance,

26:126 Craignez Allah donc et obéissez-moi.

26:127 Et je ne vous demande pas de salaire pour cela; mon salaire n'incombe qu'au Seigneur de l'univers.

26:128 Bâtissez-vous par frivolité sur chaque colline un monument?

26:129 Et édifiez-vous des châteaux comme si vous deviez demeurer éternellement?

26:130 Et quand vous sévissez contre quelqu'un, vous le faites impitoyablement.

26:131 Craignez Allah donc et obéissez-moi.

26:132 Craignez Celui qui vous a pourvus de [toutes les bonnes choses] que vous connaissez,

26:133 qui vous a pourvus de bestiaux et d'enfants,

26:134 de jardins et de sources.

26:135 Je crains pour vous le châtiment d'un Jour terrible.

26:136 Ils dirent: ‹Que tu nous exhortes ou pas, cela nous est parfaitement égal!

26:137 Ce ne sont là que des moeurs des anciens:

26:138 Nous ne serons nullement châtiés›.

26:139 Ils le traitèrent donc de menteur. Et nous les fîmes périr. Voilà bien là un signe! Cependant, la plupart d'entre eux ne croient pas.

26:140 Et Ton Seigneur, c'est Lui vraiment le Puissant, le Très Miséricordieux.

26:141 Les Tamud traitèrent de menteurs les Messagers.

26:142 Quand Salih, leur frère (contribue) leur dit: ‹Ne craindrez- vous pas [Allah]?›

26:143 Je suis pour vous un messager digne de confiance.

26:144 Craignez Allah donc et obéissez-moi.

26:145 Je ne vous demande pas de salaire pour cela, mon salaire n'incombe qu'au Seigneur de l'univers.

26:146 Vous laissera-t-on en sécurité dans votre présente condition?

26:147 Au milieu de jardins, de sources,

26:148 de cultures et de palmiers aux fruits digestes?

26:149 Creusez-vous habilement des maisons dans les montagnes?

26:150 Craignez Allah donc et obéissez-moi.

26:151 N'obéissez pas à l'ordre des outranciers,

26:152 qui sèment le désordre sur la terre et n'améliorent rien›.

26:153 Ils dirent: ‹Tu n'es qu'un ensorcelé.

26:154 Tu n'es qu'un homme comme nous. Apporte donc un prodige, si tu es du nombre des véridiques›.

26:155 Il dit: ‹Voici une chamelle: à elle de boire un jour convenu, et à vous de boire un jour.

26:156 Et ne lui infligez aucun mal, sinon le châtiment d'un jour terrible vous saisira›.

26:157 Mais ils la tuèrent Eh bien, ils eurent à regretter!

26:158 Le châtiment, en effet, les saisit. Voilà bien là un prodige. Cependant, la plupart d'entre eux ne croient pas.

26:159 Et ton Seigneur. c'est en vérité Lui le Tout-Puissant, le Très Miséricordieux.

26:160 Le peuple de Lot traita de menteurs les Messagers,

26:161 quand leur frère Lot leur dit: ‹Ne craindrez-vous pas [Allah]?

26:162 Je suis pour vous un messager digne de confiance.

26:163 Craignez Allah donc et obéissez-moi.

26:164 Je ne vous demande pas de salaire pour cela; mon salaire n'incombe qu'au Seigneur de l'univers.

26:165 Accomplissez-vous l'acte charnel avec les mâles de ce monde?

26:166 Et délaissez-vous les épouses que votre Seigneur a créées pour vous? Mais vous n'êtes que des gens transgresseurs›.

26:167 Ils dirent: ‹Si tu ne cesses pas, Lot, tu seras certainement du nombre des expulsés›.

26:168 Il dit: ‹Je déteste vraiment ce que vous faites.

26:169 Seigneur, sauve-moi ainsi que ma famille de ce qu'ils font›. X

26:170 Nous le sauvâmes alors, lui et toute sa famille,

26:171 sauf une vieille qui fut parmi les exterminés.

26:172 Puis Nous détruisîmes les autres;

26:173 et Nous fîmes pleuvoir sur eux une pluie (de pierres). Et quelle pluie fatale pour ceux qui sont avertis!

26:174 Voilà bien là un prodige. Cependant, la plupart d'entre eux ne croient pas.

26:175 Et ton Seigneur, c'est en vérité Lui le Tout Puissant, le Très Miséricordieux.

26:176 Les gens d'Al-Aïka traitèrent de menteurs les Messagers.

26:177 Lorsque Chuaïb leur dit: ‹Ne craindrez-vous pas [Allah]›.

26:178 Je suis pour vous un messager digne de confiance.

26:179 Craignez Allah donc et obéissez-moi,

26:180 et je ne vous demande pas de salaire pour cela; mon salaire n'incombe qu'au Seigneur de l'univers.

26:181 Donnez la pleine mesure et n'en faites rien perdre [aux gens].

26:182 et pesez avec une balance exacte.

26:183 Ne donnez pas aux gens moins que leur dû; et ne commettez pas de désordre et de corruption sur terre.

26:184 Et craignez Celui qui vous a créés, vous et les anciennes générations›.

26:185 Ils dirent: ‹Tu es certes du nombre des ensorcelés;

26:186 Tu n'es qu'un homme comme nous; et vraiment nous pensons que tu es du nombre des menteurs.

26:187 Fais donc tomber sur nous des morceaux du ciel si tu es du nombre des véridiques!›

26:188 Il dit: ‹Mon Seigneur sait mieux ce que vous faites›.

26:189 Mais ils le traitèrent de menteur. Alors, le châtiment du jour de l'Ombre les saisit. Ce fut le châtiment d'un jour terrible.

26:190 Voilà bien là un prodige. Cependant, la plupart d'entre eux ne croient pas.

26:191 Et ton Seigneur, c'est en vérité Lui le Tout Puissant, le Très Miséricordieux.

26:192 Ce (Qur'an) ci, c'est le Seigneur de l'univers qui l'a fait descendre,

26:193 et l'Esprit fidèle est descendu avec cela

26:194 sur ton coeur, pour que tu sois du nombre des avertisseurs,

26:195 en une langue arabe très claire.

26:196 Et ceci était déjà mentionné dans les Écrits des anciens (envoyés).

26:197 N'est-ce pas pour eux un signe, que les savants des Enfants d'Israël le sachent?

26:198 Si Nous l'avions fait descendre sur quelqu'un des non-Arabes,

26:199 et que celui-ci le leur eut récité, ils n'y auraient pas cru.

26:200 Ainsi l'avons Nous fait pénétrer [le doute] dans les coeurs des criminels;

26:201 mais ils n'y [le Qur'an] croiront pas avant de voir le châtiment douloureux,

26:202 qui viendra sur eux soudain, sans qu'ils s'en rendent compte;

26:203 alors ils diront: ‹Est-ce qu'on va nous donner du répit?›

26:204 Est-ce qu'ils cherchent à hâter Notre châtiment?

26:205 Vois-tu si Nous leur permettions de jouir, des années durant,

26:206 et qu'ensuite leur arrive ce dont on les menaçait,

26:207 les jouissances qu'on leur a permises ne leur serviraient à rien.

26:208 Et Nous ne faisons pas périr de cité avant qu'elle n'ait eu des avertisseurs,

26:209 [à titre de] rappel, et Nous ne sommes pas injuste.

26:210 Et ce ne sont point les diables qui sont descendus avec ceci (le Qur'an):

26:211 cela ne leur convient pas; et ils n'auraient pu le faire.

26:212 Car ils sont écartés de toute écoute (du message divin).

26:213 N'invoque donc pas une autre divinité avec Allah, sinon tu seras du nombre des châtiés.

26:214 Et avertis les gens qui te sont les plus proches.

26:215 Et abaisse ton aile [sois bienveillant] pour les croyants qui te suivent.

26:216 Mais s'ils te désobéissent, dis-leur: ‹Moi, je désavoue ce que vous faites›.

26:217 Et place ta confiance dans le Tout Puissant, le Très Miséricordieux,

26:218 qui te voit quand tu te lèves,

26:219 et (voit) tes gestes parmi ceux qui se prosternent.

26:220 C'est Lui vraiment, l'Audient, l'Omniscient.

26:221 Vous apprendrai-Je sur qui les diables descendent?

26:222 Ils descendent sur tout calomniateur, pécheur.

26:223 Ils tendent l'oreille... Cependant, la plupart d'entre eux sont menteurs.

26:224 Et quant aux poètes, ce sont les égarés qui les suivent.

26:225 Ne vois-tu pas qu'ils divaguent dans chaque vallée,

26:226 et qu'ils disent ce qu'ils ne font pas?

26:227 à part ceux qui croient et font de bonnes oeuvres, qui invoquent souvent le nom d'Allah et se défendent contre les torts qu'on leur fait. Les injustes verront bientòt le revirement qu'ils [éprouveront]!

27. Les fourmis (An-Naml)

Au nom d'Allah, le Tout Miséricordieux, le Très Miséricordieux.

27:1 Ta, Sin.. Voici les versets du Qur'an et d'un Livre explicite,

27:2 un guide et une bonne annonce aux croyants,

27:3 qui accomplissent la Salat, acquittent la Zakat et croient avec certitude en l'au-delà.

27:4 Quant à ceux qui ne croient pas en l'au-delà, Nous embellissons [à leurs yeux] leurs actions, et alors ils deviennent confus et hésitants.

27:5 Ce sont eux qui subiront le pire châtiment, tandis qu'ils seront dans l'au- delà les plus grands perdants.

27:6 Certes c'est toi qui reçois le Qur'an, de la part d'un Sage, d'un Savant.

27:7 (Rappelle) quand Moïse dit à sa famille: ‹J'ai aperçu un feu; je vais vous en apporter des nouvelles, ou bien je vous apporterai un tison allumé afin que vous vous réchauffiez›.

27:8 Lorsqu'il y arriva, on l'appela. - béni soit Celui qui est dans le feu et Celui qui est tout autour, et gloire à Allah, Seigneur de l'univers.

27:9 ‹Ô Moïse, c'est Moi, Allah le Tout Puissant, le Sage›.

27:10 Et: ‹Jette ton bâton›. Quand il le vit remuer comme un serpent, il tourna le dos [pour fuir] sans revenir sur ses pas. ‹N'aie pas peur, Moïse. Les Messagers n'ont point peur auprès de Moi.

27:11 Sauf celui qui a commis une injustice puis a remplacé le mal par le bien... alors Je suis Pardonneur e t Miséricordieux›.

27:12 Et introduis ta main dans l'ouverture de ta tunique. Elle sortira blanche et sans aucun mal - un des neuf prodiges à Pharaon et à son peuple, car ils sont vraiment des gens pervers›.

27:13 Et lorsque Nos prodiges leur parvinrent, clairs et explicites, ils dirent: ‹C'est là une magie évidente!›

27:14 Ils les nièrent injustement et orgueilleusement, tandis qu'en eux- mêmes ils y croyaient avec certitude. Regarde donc ce qu'il est advenu des corrupteurs.

27:15 Nous avons effectivement donné à David et à Salomon une science; et ils dirent: ‹Louange à Allah qui nous a favorisés à beaucoup de Ses serviteurs croyants›.

27:16 Et Salomon hérita de David et dit: ‹Ô hommes! On nous a appris le langage des oiseaux; et on nous a donné part de toutes choses. C'est là vraiment la grâce évidente.

27:17 Et furent rassemblées pour Salomon, ses armées de djinns, d'hommes et d'oiseaux, et furent placées en rangs.

27:18 Quand ils arrivèrent à la Vallée des Fourmis, une fourmi dit: ‹Ô fourmis, entrez dans vos demeures, [de peur] que Salomon et ses armées ne vous écrasent [sous leurs pieds] sans s'en rendre compte›.!

27:19 Il sourit, amusé par ses propos et dit: ‹Permets-moi Seigneur, de rendre grâce pour le bienfait dont Tu m'as comblé ainsi que mes père et mère, et que je fasse une bonne oeuvre que tu agrées et fais-moi entrer, par Ta miséricorde, parmi Tes serviteurs vertueux›.

27:20 Puis il passa en revue les oiseaux et dit: ‹Pourquoi ne vois-je pas la huppe? est-elle parmi les absents?

27:21 Je la châtierai sévèrement! ou je l'égorgerai! ou bien elle m'apportera un argument explicite›.

27:22 Mais elle n'était restée (absente) que peu de temps et dit: ‹J'ai appris ce que tu n'as point appris; et je te rapporte de Sabaa› une nouvelle sûre:

27:23 J'ai trouvé qu'une femme est leur reine, que de toute chose elle a été comblée et qu'elle a un trône magnifique.

27:24 Je l'ai trouvée, elle et son peuple, se prosternant devant le soleil au lieu d'Allah. Le Diable leur a embelli leurs actions, et les a détournés du droit chemin, et ils ne sont pas bien guidés.

27:25 Que ne se prosternent-ils devant Allah qui fait sortir ce qui est caché dans les cieux et la terre, et qui sait ce que vous cachez et aussi ce que vous divulguez?

27:26 Allah! Point de divinité à part Lui, le Seigneur du Trône Immense.

27:27 Alors, Salomon dit: ‹Nous allons voir si tu as dis la vérité ou si tu as menti.

27:28 Pars avec ma lettre que voici; puis lance-la à eux; ensuite tiens-toi à l'écart d'eux pour voir ce que sera leur réponse.

27:29 La reine dit: ‹Ô notables! Une noble lettre m'a été lancée.

27:30 Elle vient de Salomon; et c'est: ‹Au nom d'Allah, le Tout Miséricordieux, le Très Miséricordieux,

27:31 Ne soyez pas hautains avec moi et venez à moi en toute soumission›.

27:32 Elle dit: ‹Ô notables! Conseillez-moi sur cette affaire: je ne déciderai rien sans que vous ne soyez présents (pour me conseiller)›.

27:33 Ils dirent: ‹Nous sommes détenteurs d'une force et d'une puissance redoutable. Le commandement cependant t'appartient. Regarde donc ce que tu veux ordonner›.

27:34 Elle dit: ‹En vérité, quand les rois entrent dans une cité ils la corrompent, et font de ses honorables citoyens des humiliés. Et c'est ainsi qu'ils agissent.

27:35 Moi, je vais leur envoyer un présent, puis je verrai ce que les envoyés ramèneront›.

27:36 Puis, lorsque [la délégation] arriva auprès de Salomon, celui-ci dit: ‹Est-ce avec des biens que vous voulez m'aider? alors que ce qu'Allah m'a procuré est meilleur que ce qu'Il vous a procuré. Mais c'est vous plutòt qui vous réjouissez de votre cadeau.

27:37 Retourne vers eux. Nous viendrons avec des armées contre lesquelles ils n'auront aucune résistance. et nous les en expulserons tout humiliés et méprisés.

27:38 Il dit: ‹Ô notables! Qui de vous m'apportera son trône avant qu'ils ne viennent à moi soumis?›

27:39 Un djinn redoutable dit: ‹Je te l'apporterai avant que tu ne te lèves de ta place: pour cela. je suis fort et digne de confiance›.

27:40 Quelqu'un qui avait une connaissance du Livre dit: ‹Je te l'apporterai avant que tu n'aies cligné de l'oeil›. Quand ensuite, Salomon a vu le trône installé auprès de lui, il dit: ‹Cela est de la grâce de mon Seigneur, pour m'éprouver si je suis reconnaissant ou si je suis ingrat. Quiconque est reconnaissant. c'est dans son propre intérêt qu'il le fait, et quiconque est ingrat... alors mon Seigneur Se suffit à Lui- même et est Généreux›.

27:41 Et il dit [encore]: ‹Rendez-lui son trône méconnaissable, nous verrons alors si elle sera guidée ou si elle est du nombre de ceux qui ne sont pas guidés›.

27:42 Quand elle fut venue on lui dit: ‹Est-ce que ton trône est ainsi?› Elle dit: ‹C'est comme s'il c'était›. - [Salomon dit]: ‹Le savoir nous a été donné avant elle; et nous étions déjà soumis›.

27:43 Or, ce qu'elle adorait en dehors d'Allah l'empêchait (d'être croyante) car elle faisait partie d'un peuple mécréant.

27:44 On lui dit: ‹Entre dans le palais›. Puis, quand elle le vit, elle le prit pour de l'eau profonde et elle se découvrit les jambes. Alors, [Salomon] lui dit: ‹Ceci est un palais pavé de cristal›. - Elle dit: ‹Seigneur, je me suis fait du tort à moi-même: Je me soumets avec Salomon à Allah, Seigneur de l'univers›.

27:45 Nous envoyâmes effectivement vers les Tamud leur frère. Salih. [qui leur dit]: ‹Adorez Allah›. Et voilà qu'ils se divisèrent en deux groupes qui se disputèrent.

27:46 Il dit: ‹Ô mon peuple, pourquoi cherchez-vous à hâter le mal plutòt que le bien? Si seulement vous demandiez pardon à Allah? Peut- être vous serait-il fait miséricorde.

27:47 Ils dirent: ‹Nous voyons en toi et en ceux qui sont avec toi. des porteurs de malheur›. Il dit: ‹Votre sort dépend d'Allah. Mais vous êtes plutòt des gens qu'on soumet à la tentation.

27:48 Et il y avait dans la vide un groupe de neuf individus qui semaient le désordre sur terre et ne faisaient rien de bon.

27:49 Ils dirent: ‹Jurons par Allah que nous l'attaquerons de nuit, lui et sa famille. Ensuite nous dirons à celui qui est chargé de le venger: ‹Nous n'avons pas assisté à l'assassinat de sa famille, et nous sommes sincères›.

27:50 Ils ourdirent une ruse et Nous ourdîmes une ruse sans qu'ils s'en rendent compte.

27:51 Regarde donc ce qu'a été la conséquence de leur stratagème: Nous les fîmes périr, eux et tout leur peuple.

27:52 Voilà donc leurs maisons désertes à cause de leurs méfaits. C'est bien là un avertissement pour des gens qui savent.

27:53 Et Nous sauvâmes ceux qui avaient cru et étaient pieux.

27:54 [Et rappelle-leur] Lot, quand il dit à son peuple: ‹Vous livrez- vous à la turpitude [l'homosexualité] alors que vous voyez clair›.

27:55 Vous allez aux hommes au lieu de femmes pour assouvir vos désirs? Vous êtes plutòt un peuple ignorant.

27:56 Puis son peuple n'eut que cette réponse: ‹Expulsez de votre cité la famille de Lot! Car ce sont des gens qui affectent la pureté.

27:57 Nous le sauvâmes ainsi que sa famille, sauf sa femme pour qui Nous avions déterminé qu'elle serait du nombre des exterminés.

27:58 Et Nous fûmes pleuvoir sur eux une pluie (de pierres). Et quelle mauvaise pluie que celle des gens prévenues!

27:59 Dis: ‹louange à Allah et paix sur Ses serviteurs qu'Il a élus!› Lequel est meilleur: Allah ou bien ce qu'ils Lui associent?

27:60 N'est-ce pas Lui qui a créé les cieux et la terre et qui vous a fait descendre du ciel une eau avec laquelle Nous avons fait pousser des jardins pleins de beauté. Vous n'étiez nullement capables de faire pousser leurs arbres. Y-a-t-il donc une divinité avec Allah? Non, mais ce sont des gens qui Lui donnent des égaux.

27:61 N'est-ce pas Lui qui a établi la terre comme lieu de séjour, placé des rivières à travers elle, lui a assigné des montagnes fermes et établi une séparation entre les deux mers, - Y a-t-il donc une divinité avec Allah? Non, mais la plupart d'entre eux ne savent pas.

27:62 N'est-ce pas Lui qui répond à l'angoissé quand il L'invoque, et qui enlève le mal, et qui vous fait succéder sur la terre, génération après génération, - Y a-t-il donc une divinité avec Allah? C'est rare que vous vous rappeliez!

27:63 N'est-ce pas Lui qui vous guide dans les ténèbres de la terre et de la mer, et qui envoie les vents, comme une bonne annonce précédant Sa grâce. - Y a-t-il donc une divinité avec Allah? Allah est Très Elevé au-dessus de ce qu'ils [Lui] associent.

27:64 N'est-ce pas Lui qui commence la création, puis la refait, et qui vous nourrit du ciel et de la terre. Y a-t-il donc une divinité avec Allah? Dis: ‹Apportez votre preuve, si vous êtes véridiques!›

27:65 Dis: ‹Nul de ceux qui sont dans les cieux et sur la terre ne connaît l'Inconnaissable, à part Allah›. Et ils ne savent pas quand ils seront ressuscités!

27:66 Mais leurs sciences se sont rejointes au sujet de l'autre monde. Ils doutent plutòt là-dessus. Ou plutòt ils sont aveugles à son sujet.

27:67 Et ceux qui ne croient pas disent: ‹Est-ce que, quand nous seront poussière, nous et nos pères, est-ce que vraiment on nous fera sortir (de nos tombes)?

27:68 Certes, on nous l'a promis à nous et à nos pères, auparavant. Ce ne sont que des contes d'anciens!›.

27:69 Dis: ‹Parcourez la terre et voyez ce qu'il est advenu des criminels›.

27:70 Et ne t'afflige pas sur eux et ne sois pas angoissé à cause de leur complot.

27:71 Et ils disent: ‹Pour quand cette promesse si vous êtes véridiques?›

27:72 Dis: ‹Il se peut qu'une partie de ce que vous cherchez à hâter soit déjà sur vos talons›.

27:73 Certes, ton Seigneur est pourvoyeur de grâce aux hommes, mais la plupart d'entre eux ne sont pas reconnaissants.

27:74 Certes, ton Seigneur sait ce que cachent leurs poitrines et ce qu'ils divulguent.

27:75 Et il n'y a rien de caché, dans le ciel et la terre, qui ne soit dans un Livre explicite.

27:76 Ce Qur'an raconte aux enfants d'Israël la plupart des sujets sur lesquels ils divergent,

27:77 cependant qu'il est pour les croyants un guide et une miséricorde.

27:78 Ton Seigneur décidera certes entre eux par son jugement; et Il est le Tout Puissant, le Sage.

27:79 Place donc la confiance en Allah, car tu es de toute évidence dans la vérité et le bon droit.

27:80 Tu ne peux faire entendre les morts ni faire entendre l'appel aux sourds quand ils s'enfuient en tournant le dos.

27:81 Tu ne peux non plus guider les aveugles hors de leur égarement. Tu ne feras entendre que ceux qui croient en Nos versets et se soumettent.

27:82 Et quand la Parole tombera sur eux, Nous leur ferons sortir de terre une bête qui leur parlera; les gens n'étaient nullement convaincus de la vérité de Nos signes [ou versets].

27:83 Et le jour où Nous rassemblons, de chaque communauté, une foule de ceux qui démentaient Nos révélations, et qu'ils seront placés en rangs.

27:84 Puis, quand ils seront arrivés, [Allah] dira: ‹Avez-vous traité de mensonges Mes signes sans les avoir embrassés de votre savoir? Ou que faisiez-vous donc?›

27:85 Et la Parole leur tombera dessus à cause de leurs méfaits. Et ils ne pourront rien dire.

27:86 N'ont-ils pas vu qu'en vérité, Nous avons désigné la nuit pour qu'ils y aient du repos, et le jour pour voir? Voilà bien des preuves pour des gens qui croient.

27:87 Et le jour où l'on soufflera dans la Trompe, tous ceux qui sont dans les cieux et ceux qui sont dans la terre seront effrayés, - sauf ceux qu'Allah a voulu [préserver]! - Et tous viendront à Lui en s'humiliant.

27:88 Et tu verras les montagnes - tu les crois figées - alors qu'elles passent comme des nuages. Telle est l'oeuvre d'Allah qui a tout façonné à la perfection. Il est Parfaitement Connaisseur de ce que vous faites!

27:89 Quiconque viendra avec le bien aura bien mieux, et ce jour-là ils seront à l'abri de tout effroi.

27:90 Et quiconque viendra avec le mal... alors ils seront culbutés le visage dans le Feu. N'êtes-vous pas uniquement rétribués selon ce que vous oeuvriez?›

27:91 ‹Il m'a été seulement commandé d'adorer le Seigneur de cette Ville (la Mecque) qu'Il a sanctifiée, - et à Lui toute chose - et il m'a été commandé d'être du nombre des Musulmans,

27:92 Et de réciter le Qur'an›. Quiconque se guide, c'est pour Lui- même en effet qu'il se guide. Et quiconque s'égare..., alors dis: ‹Je ne suis que l'un des avertisseurs›.

27:93 Dis: ‹Louange à Allah! Il vous fera voir Ses preuves, et vous les reconnaîtrez›. Ton Seigneur n'est pas inattentif à ce que vous faites.

28. Le rècit (Al-Qasas)
Au nom d'Allah, le Tout Miséricordieux, le Très Miséricordieux.

28:1 T'a, Sin, Mim.

28:2 Voici les versets du Livre explicite.

28:3 Nous te racontons en toute vérité, de l'histoire de Moïse et de Pharaon, à l'intention des gens qui croient.

28:4 Pharaon était hautain sur terre; il répartit en clans ses habitants, afin d'abuser de la faiblesse de l'un d'eux: Il égorgeait leurs fils et laissait vivantes leurs femmes. Il était vraiment parmi les fauteurs de désordre.

28:5 Mais Nous voulions favoriser ceux qui avaient été faibles sur terre et en faire des dirigeant et en faire les héritiers,

28:6 et les établir puissamment sur terre, et faire voir à Pharaon, à Haman, et à leurs soldats, ce dont ils redoutaient.

28:7 Et Nous révélâmes à la mère de Moïse [ceci]: ‹Allaite-le. Et quand tu craindras pour lui, jette-le dans le flot. Et n'aie pas peur et ne t'attriste pas: Nous te le rendrons et ferons de lui un Messager›.

28:8 Les gens de Pharaon le recueillirent, pour qu'il leur soit un ennemi et une source d'affliction! Pharaon, Haman et leurs soldats étaient fautifs.

28:9 Et la femme de Pharaon dit: ‹(Cet enfant) réjouira mon oeil et le tien! Ne le tuez pas. Il pourrait nous être utile ou le prendrons-nous pour enfant›. Et ils ne pressentaient rien.

28:10 Et le coeur de la mère de Moïse devient vide. Peu s'en fallut qu'elle ne divulguât tout, si Nous n'avions pas renforcé son coeur pour qu'elle restât du nombre des croyants.

28:11 Elle dit à sa soeur: ‹Suis-le›; elle l'aperçut alors de loin sans qu'ils ne s'en rendent compte.

28:12 Nous lui avions interdit auparavant (le sein) des nourrices. Elle (la soeur de Moïse) dit donc: ‹Voulez-vous que je vous indique les gens d'une maison qui s'en chargeront pour vous tout en étant bienveillants à son égard?›...

28:13 Ainsi Nous le rendîmes à sa mère, afin que son oeil se réjouisse, qu'elle ne s'affligeât pas et qu'elle sût que la promesse d'Allah est vraie. Mais la plupart d'entre eux ne savent pas.

28:14 Et quand il eut atteint sa maturité et sa plein formation, Nous lui donnâmes la faculté de juger et une science. C'est ainsi que Nous récompensons les bienfaisants.

28:15 Il entra dans la ville à un moment d'inattention de ses habitants; il y trouva deux hommes qui se battaient, l'un était de ses partisans et l'autre de ses adversaires. L'homme de son parti l'appela au secours contre son ennemi. Moïse lui donna un coup de poing qui l'acheva. - [Moïse] dit: ‹Cela est l'oeuvre du Diable. C'est vraiment un ennemi, un égareur évident›.

28:16 Il dit: ‹Seigneur, je me suis fait du tort à moi-même; pardonne-moi›. Et Il lui pardonna. C'est Lui vraiment le Pardonneur, le Miséricordieux!

28:17 Il dit: ‹Seigneur, grâce au bienfaits dont tu m'as comblé, jamais je ne soutiendrai les criminels›.

28:18 Le lendemain matin, il se trouva en ville, craintif et regardant autour de lui, quand voilà que celui qui lui avait demandé secours la veille, l'appelait à grand cris. Moïse lui dit: ‹Tu es certes un provocateur déclaré›.

28:19 Quand il voulut porter un coup à leur ennemi commun, il (l'Israélite) dit: ‹Ô Moïse, veux-tu me tuer comme tu as tué un homme hier? Tu ne veux être qu'un tyran sur terre; et tu ne veux pas être parmi les bienfaiteurs›.

28:20 Et c'est alors qu'un homme vint du bout de la ville en courant et dit: ‹Ô Moïse, les notables sont en train de se concerter à ton sujet pour te tuer. Quitte (la ville). C'est le conseil que je te donne›.

28:21 Il sortit de là, craintif, regardant autour de lui. Il dit: ‹Seigneur, sauve-moi de [ce] peuple injuste!›.

28:22 Et lorsqu'il se dirigea vers Madyan, il dit: ‹Je souhaite que mon Seigneur me guide sur la voie droite›.

28:23 Et quand il fut arrivé au point d'eau de Madyan, il y trouva un attroupement de gens abreuvant [leur bêtes] et il trouva aussi deux femmes se tenant à l'écart et retenant [leurs bêtes]. Il dit: ‹Que voulez-vous?› Elles dirent: ‹Nous n'abreuverons que quand les bergers seront partis; et notre père est fort âgé›.

28:24 Il abreuva [les bêtes] pour elles puis retourna à l'ombre et dit: ‹Seigneur, j'ai grand besoin du bien que tu feras descendre vers moi›.

28:25 Puis l'une des deux femmes vint à lui, d'une démarche timide, et lui dit: ‹Mon père t'appelle pour te récompenser pour avoir abreuvé pour nous›. Et quand il fut venu auprès de lui et qu'il lui eut raconté son histoire, il (le vieillard) dit: ‹N'aie aucune crainte: tu as échappé aux gens injustes›.

28:26 L'une d'elles dit: ‹Ô mon père, engage-le [à ton service] moyennant salaire, car le meilleur à engager c'est celui qui est fort et digne de confiance›.

28:27 Il dit: ‹Je voudrais te marier à l'une de mes deux filles que voici, à condition que tu travailles à mon service durant huit ans. Si tu achèves dix [années], ce sera de ton bon gré; je ne veux cependant rien t'imposer d'excessif. Tu me trouveras, si Allah le veut, du nombre des gens de bien›.

28:28 ‹C'est (conclu) entre toi et moi, dit [Moïse]. Quel que soit celui des deux termes que je m'assigne, il n'y aura nulle pression sur moi. Et Allah est Garant de ce que nous disons›.

28:29 Puis, lorsque Moïse eut accompli la période convenue et qu'il se mit en route avec sa famille, il vit un feu du còté du Mont. Il dit à sa famille: ‹Demeurez ici, J'ai vu du feu. Peut-être vous en apporterai-je une nouvelle ou un tison de feu afin que vous vous réchauffiez›.

28:30 Puis quand il y arriva, on l'appela, du flanc droit de la vallée, dans place bénie, à partir de l'arbre: ‹Ô Moïse! C'est Moi Allah, le Seigneur de l'univers›.

28:31 Et: ‹Jette ton bâton›; Puis quand il le vit remuer comme si c'était un serpent, il tourna le dos sans même se retourner.› Ô Moïse! Approche et n'aie pas peur: tu es du nombre de ceux qui sont en sécurité.

28:32 Introduis ta main dans l'ouverture de ta tunique: elle sortira blanche sans aucun mal. Et serre ton bras contre toi pour ne pas avoir peur. Voilà donc deux preuves de ton Seigneur pour Pharaon et ses notables. Ce sont vraiment des gens pervers›.

28:33 ‹Seigneur, dit [Moïse], j'ai tué un des leurs et je crains qu'ils ne me tuent.

28:34 Mais Aaron, mon frère, est plus éloquent que moi. Envoie-le donc avec moi comme auxiliaire, pour déclarer ma véracité: je crains, vraiment, qu'ils ne me traitent de menteur›.

28:35 [Allah] dit: ‹Nous allons, par ton frère, fortifier ton bras, et vous donner des arguments irréfutables; ils ne sauront vous atteindre, grâce à Nos signes [Nos miracles]. Vous deux et ceux qui vous suivront seront les vainqueurs.

28:36 Puis, quand Moïse vint à eux avec Nos prodiges évidents, ils dirent: ‹Ce n'est là que magie inventée. Jamais nous n'avons entendu parler de cela chez nos premiers ancêtres›.

28:37 Et Moïse dit: ‹Mon Seigneur connaît mieux qui est venu de Sa part avec la guidée, et à qui appartiendra la Demeure finale. Vraiment, les injustes ne réussiront pas›.

28:38 Et Pharaon dit: ‹Ô notables, je ne connais pas de divinité pour vous, autre que moi. Haman, allume-moi du feu sur l'argile puis construis-moi une tour peut-être alors monterai-je jusqu'au Dieu de Moïse. Je pense plutòt qu'il est du nombre des menteurs›.

28:39 Et il s'enfla d'orgueil sur terre ainsi que ses soldats, sans aucun droit. Et ils pensèrent qu'ils ne seraient pas ramenés vers Nous.

28:40 Nous le saisîmes donc, ainsi que ses soldats, et les jetâmes dans le flot. Regarde donc ce qu'il est devenu des injustes.

28:41 Nous fîmes d'eux des dirigeants qui appellent les gens au Feu. Et au Jour de la Résurrection ils ne seront pas secourus.

28:42 Nous les fîmes suivre, dans cette vie ici-bas, d'une malédiction. Et au Jour de la Résurrection, ils seront parmi les honnis.

28:43 Nous avons en effet, donné le Livre à Moïse, - après avoir fait périr les anciennes générations, - en tant que preuves illuminantes pour les gens, ainsi que guidée et miséricorde afin qu'ils se souviennent.

28:44 Tu n'étais pas sur le versant ouest (du Sinaï), quand Nous avons décrété les commandements à Moïse: tu n'était pas parmi les témoins.

28:45 Mais Nous avons fait naître des générations dont l'âge s'est prolongé. Et tu n'étais pas [non plus] résident parmi les gens de Madyan leur récitant Nos versets; mais c'est Nous qui envoyons les Messagers.

28:46 Et tu n'étais pas au flanc du Mont Tor quand Nous avons appelé. Mais (tu es venu comme) une miséricorde de ton Seigneur, pour avertir un peuple à qui nul avertisseur avant toi n'est venu, afin qu'ils se souviennent.

28:47 Si un malheur les atteignait en rétribution de ce que leurs propres mains avaient préparé, ils diraient: ‹Seigneur, pourquoi ne nous as-Tu pas envoyé un Messager? Nous aurions alors suivi Tes versets et nous aurions été croyants›.

28:48 Mais quand la vérité leur est venue de Notre part, ils ont dit: ‹Si seulement il avait reçu la même chose que Moïse!› Est-ce qu'ils n'ont pas nié ce qui auparavant fut apporté à Moïse? Ils dirent: ‹Deux magies se sont mutuellement soutenues!› Et ils dirent: ‹Nous n'avons foi en aucune›.

28:49 Dis-leur: ‹Apportez donc un Livre venant d'Allah qui soit meilleur guide que ces deux-là, et je le suivrai si vous êtes véridiques›.

28:50 Mais s'ils ne te répondent pas, sache alors que c'est seulement leurs passions qu'ils suivent. Et qui est plus égaré que celui qui suit sa passion sans une guidée d'Allah? Allah vraiment, ne guide pas les gens injustes.

28:51 Nous leur avons déjà exposé la Parole (le Qur'an) afin qu'ils se souviennent.

28:52 Ceux à qui, avant lui [le Qur'an], Nous avons apporté le Livre, y croient.

28:53 Et quand on le leur récite, ils disent: ‹Nous y croyons. Ceci est bien la vérité émanant de notre Seigneur. Déjà avant son arrivée, nous étions Soumis›..

28:54 Voilà ceux qui recevront deux fois leur récompense pour leur endurance, pour avoir répondu au mal par le bien, et pour avoir dépensé de ce que Nous leur avons attribué;

28:55 et quand ils entendent des futilités, ils s'en détournent et disent: ‹A nous nos actions, et à vous les vòtres. Paix sur vous. Nous ne recherchons pas les ignorants›.

28:56 Tu (Muhammad) ne diriges pas celui que tu aimes: mais c'est Allah qui guide qui Il veut. Il connaît mieux cependant les bien-guidés.

28:57 Et ils dirent: ‹Si nous suivons avec toi la bonne voie, on nous arrachera de notre terre›. - Ne les avons-Nous pas établis dans une enceinte sacrée, sûre, vers laquelle des produits de toute sorte sont apportés comme attribution de Notre part? Mais la plupart d'entre eux ne savent pas.

28:58 Et combien avons-Nous fait périr des cités qui étaient ingrates (alors que leurs habitants vivaient dans l'abondance), et voilà qu'après eux leurs demeures ne sont que très peu habitées, et c'est Nous qui en fûmes l'héritier.

28:59 Ton Seigneur ne fait pas périr des cités avant d'avoir envoyé dans leur métropole un Messager pour leur réciter Nos versets. Et Nous ne faisons périr les cités que lorsque leurs habitants sont injustes.

28:60 Tout ce qui vous a été donné est la jouissance éphémère de la vie ici-bas et sa parure, alors que ce qui est auprès d'Allah est meilleur et plus durable... Ne comprenez-vous donc pas?

28:61 Celui à qui Nous avons fait une belle promesse dont il verra l'accomplissement, est-il comparable à celui à qui Nous avons accordé la jouissance de la vie présente et qui sera ensuite, le Jour de la Résurrection, de ceux qui comparaîtront (devant Nous).

28:62 Et le jour où Il les appellera, Il dira: ‹Où sont ceux que vous prétendiez être Mes associés?›

28:63 Ceux contre qui la Parole se réalisera diront: ‹Voici, Seigneur, ceux que nous avons séduits. Nous les avons séduits comme nous nous sommes dévoyés nous-mêmes. Nous les désavouons devant Toi: ce n'est pas nous qu'ils adoraient›.

28:64 Et on [leur] dira: ‹Appelez vos associés›. Ils les appelleront, mais ceux-ci ne leur répondront pas. Quand ils verront le châtiment, ils désireront alors avoir suivi le chemin droit (dans la vie d'ici-bas).

28:65 Et le jour où Il les appellera et qu'Il dira: ‹Que répondiez-vous aux Messagers?›

28:66 Ce jour-là, leurs arguments deviendront obscurs et ils ne se poseront point de questions.

28:67 Mais celui qui se sera repenti, qui aura cru et fait le bien, il se peut qu'il soit parmi ceux qui réussissent.

28:68 Ton Seigneur crée ce qu'Il veut et Il choisit; il ne leur a jamais appartenu de choisir. Gloire à Allah! Il transcende ce qu'ils associent à Lui!

28:69 Ton Seigneur sait ce que cachent leurs poitrines et ce qu'ils divulguent.

28:70 C'est lui Allah. Pas de divinité à part Lui. A Lui la louange ici-bas comme dans l'au-delà. A Lui appartient le jugement. Et vers Lui vous serez ramenés.

28:71 Dis: ‹Que diriez-vous? Si Allah vous assignait la nuit en permanence jusqu'au jour de la Résurrection, quelle divinité autre qu'Allah pourrait vous apporter une lumière? N'entendez-vous donc pas?›

28:72 Dis: ‹Que diriez-vous? Si Allah vous assignait le jour en permanence jusqu'au Jour de la Résurrection, quelle divinité autre qu'Allah pourrait vous apporter une nuit durant laquelle vous reposeriez? N'observez-vous donc pas?›

28:73 C'est de par Sa miséricorde qu'Il vous a assigné la nuit et le jour: pour que vous vous reposiez et cherchiez de Sa grâce, et afin que vous soyez reconnaissants.

28:74 Et le jour où Il les appellera, il dira: ‹Où sont ceux que vous prétendiez être Mes associés?›

28:75 Cependant, Nous ferons sortir de chaque communauté un témoin, puis Nous dirons: ‹Apportez votre preuve décisive›. Ils sauront alors que la Vérité est à Allah; et que ce qu'ils avaient inventé les a abandonnés.

28:76 En vérité, Coré [Karoun] était du peuple de Moïse mais il était empli de violence envers eux. Nous lui avions donné de trésors dont les clefs pesaient lourd à toute une bande de gens forts. Son peuple lui dit: ‹Ne te réjouis point. Car Allah n'aime pas les arrogants.

28:77 Et recherche à travers ce qu'Allah t'a donné, la Demeure dernière. Et n'oublie pas ta part en cette vie. Et sois bienfaisant comme Allah a été bienfaisant envers toi. Et ne recherche pas la corruption sur terre. Car Allah n'aime point les corrupteurs›.

28:78 Il dit: ‹C'est par une science que je possède que ceci m'est venu›. Ne savait-il pas qu'avant lui Allah avait péri des générations supérieures à lui en force et plus riches en biens? Et les criminels ne seront pas interrogés sur leurs péchés› !

28:79 Il sortit à son peuple dans tout son apparat. Ceux que aimaient la vie présente dirent: ‹Si seulement nous avions comme ce qui a été donné à Coré. Il a été doté, certes, d'une immense fortune›.

28:80 Tandis que ceux auxquels le savoir a été donné dirent : ‹Malheur à vous! La récompense d'Allah est meilleure pour celui qui croit et fait le bien›. Mais elle ne sera reçue que par ceux qui endurent.

28:81 Nous fîmes donc que la terre l'engloutît, lui et sa maison. Aucun clan en dehors d'Allah ne fut là pour le secourir, et il ne pût se secourir lui-même.

28:82 Et ceux qui, la veille, souhaitaient d'être à sa place, se mirent à dire: ‹Ah! Il est vrai qu'Allah augmente la part de qui Il veut, parmi Ses serviteurs, ou la restreint. Si Allah ne nous avait pas favorisés, Il nous aurait certainement fait engloutir. Ah! Il est vrai que ceux qui ne croient pas ne réussissent pas›.

28:83 Cette Demeure dernière, Nous la réservons à ceux qui ne recherchent, ni à s'élever sur terre, ni à y semer ma corruption. Cependant, l'heureuse fin appartient aux pieux.

28:84 Quiconque viendra avec le bien, aura meilleur que cela encore; et quiconque viendra avec le mal, (qu'il sache que) ceux qui commettront des méfaits ne seront rétribués que selon ce qu'ils ont commis.

28:85 Celui qui t'a prescrit le Qur'an te ramènera certainement là où tu (souhaites) retourner. Dis: ‹Mon Seigneur connaît mieux celui qui a apporté la guidée et celui qui est dans un égarement évident.

28:86 Tu n'espérais nullement que le Livre te serait révélé. Ceci n'a été que par une miséricorde de ton Seigneur. Ne sois donc jamais un soutien pour les infidèles;

28:87 et que ceux-ci ne te détournent point des versets d'Allah une fois qu'on les a fait descendre vers toi. Appelle les gens vers ton Seigneur et ne sois point du nombre des Associateurs.

28:88 Et n'invoque nulle autre divinité avec Allah. Point de divinité à part Lui. Tout doit périr, sauf Son Visage. A Lui appartient le jugement; et vers Lui vous serez ramenés.

29. L'araignèe (Al-Ankabut)
Au nom d'Allah, le Tout Miséricordieux, le Très Miséricordieux.

29:1 Alif, Lam, Mim.

29:2 Est-ce que les gens pensent qu'on les laissera dire: ‹Nous croyons!› sans les éprouver?

29:3 Certes, Nous avons éprouvé ceux qui ont vécu avant eux; [Ainsi] Allah connaît ceux qui disent la vérité et ceux qui mentent.

29:4 Ou bien ceux qui commettent des méfaits, comptent-ils pouvoir Nous échapper? Comme leur jugement est mauvais!

29:5 Celui qui espère rencontrer Allah, le terme fixé par Allah va certainement venir. Et c'est Lui l'Audient, l'Omniscient.

29:6 Et quiconque lutte, ne lutte que pour lui-même, car Allah peut Se passer de tout l'univers.

29:7 Et quant à ceux qui croient et font de bonnes oeuvres, Nous leur effacerons leurs méfaits, et Nous le rétribuerons de la meilleure récompense pour ce qu'ils auront accompli.

29:8 Et Nous avons enjoint à l'homme de bien traiter ses père et mère, et ‹si ceux-ci te forcent à M'associer, ce dont tu n'as aucun savoir, alors ne leur obéis pas›. Vers Moi est votre retour, et alors Je vous informerai de ce que vous faisiez.

29:9 Et quant à ceux qui croient et font de bonnes oeuvres, Nous les ferons certainement entrer parmi les gens de bien.

29:10 Parmi les gens il en est qui disent: ‹Nous croyons en Allah›; puis, si on les fait souffrir pour la cause d'Allah, ils considèrent l'épreuve de la part des hommes comme un châtiment d'Allah. Or, s'il vient du secours de ton Seigneur, ils diront certes: ‹Nous étions avec vous!› Allah n'est-Il pas le meilleur à savoir ce qu'il y a dans les poitrines de tout le monde?

29:11 Allah connaît parfaitement les croyants et connaît parfaitement les hypocrites.

29:12 Et ceux qui ne croient pas disent à ceux qui croient; ‹Suivez notre sentier, et que nous supportions vos fautes›. Mais ils ne supporteront rien de leurs fautes. En vérité ce sont des menteurs.

29:13 Et très certainement, ils porteront leurs fardeaux et d'autres fardeaux en plus de leurs propres fardeaux. et ils seront interrogés, le Jour de la Résurrection, sur ce qu'ils inventaient.

29:14 Et en effet, Nous avons envoyé Noé vers son peuple. Il demeura parmi eux mille ans moins cinquante années. Puis le déluge les emporta alors qu'ils étaient injustes.

29:15 Puis Nous les sauvâmes, lui et les gens de l'arche; et Nous en fîmes un avertissement pour l'univers.

29:16 Et Abraham, quand il dit à son peuple: ‹Adorez Allah, et craignez-Le: cela vous est bien meilleur si vous saviez›.

29:17 Vous n'adorez que des idoles, en dehors d'Allah, et vous forgez un mensonge. Ceux que vous adorez en dehors d'Allah ne possèdent aucun moyen pour vous procurer nourriture; recherchez votre subsistance auprès d'Allah. Adorez-Le et soyez-Lui reconnaissants. C'est à Lui que vous serez ramenés.

29:18 Et si vous criez au mensonge, d'autres nations avant vous, ont aussi traité (leurs prophètes) de menteurs. Au Messager, cependant, n'incombe que la transmission claire.

29:19 Ne voient-ils pas comment Allah commence la création puis la refait? Cela est facile pour Allah.

29:20 Dis: ‹Parcourez la terre et voyez comment Il a commencé la création. Puis comment Allah crée la génération ultime. Car Allah est Omnipotent›.

29:21 Il châtie qui Il veut et fait miséricorde à qui Il veut; c'est vers Lui que vous serez ramenés.

29:22 Et vous ne pourrez vous opposer à Sa puissance ni sur terre, ni au ciel; et il n'y a pas pour vous, en dehors d'Allah, ni allié ni secoureur.

29:23 Et ceux qui ne croient pas aux versets d'Allah et à Sa rencontre, désespèrent de Ma miséricorde. Et ceux-là auront un châtiment douloureux.

29:24 Son peuple ne fît d'autre réponse que: ‹tuez-le ou brûlez-le›. Mais Allah le sauva du feu. C'est bien là des signes pour des gens qui croient.

29:25 Et [Abraham] dit: ‹En effet, c'est pour cimenter des liens entre vous- même dans la vie présente, que vous avez adopté des idoles, en dehors d'Allah. Ensuite, le Jour de la Résurrection, les uns rejetteront les autres, et les uns maudiront les autres, tandis que vous aurez le Feu pour refuge, et vous n'aurez pas de protecteurs.

29:26 Lot crut en lui. Il dit: ‹Moi, j'émigre vers mon Seigneur, car c'est Lui le Tout Puissant, le Sage›.

29:27 Nous lui donnâmes Isaac et Jacob, et plaçâmes dans sa descendance la prophétie et le Livre. Nous lui accordâmes sa récompense ici-bas, tandis que dans l'au-delà, il sera parmi les gens de bien.

29:28 Et Lot, quand il dit à son peuple: ‹Vraiment, vous commettez la turpitude où nul dans l'univers ne vous a précédés.

29:29 Aurez-vous commerce charnel avec des mâles? Pratiquerez-vous le brigandage? Commettrez-vous le blamâble dans votre assemblée?› Mais son peuple ne fit d'autre réponse que: ‹Fait que le châtiment d'Allah nous vienne, si tu es du nombre des véridiques›.

29:30 Il dit: ‹Seigneur, donne-moi victoire sur ce peuple de corrupteurs!›

29:31 Et quand Nos Anges apportèrent à Abraham la bonne annonce, ils dirent: ‹Nous allons anéantir les habitants de cette cité car ses habitants sont injustes›.

29:32 Il dit: ‹Mais Lot s'y trouve!› Ils dirent: ‹Nous savons parfaitement qui y habite: nous le sauverons certainement, lui et sa famille, excepté sa femme qui sera parmi ceux qui périront›.

29:33 Et quand Nos Anges vinrent à Lot, il fut affligé pour eux, et se sentit incapable de les protéger. Ils lui dirent: ‹Ne crains rien et ne t'afflige pas... Nous te sauverons ainsi que ta famille, excepté ta femme qui sera parmi ceux qui périront.

29:34 Nous ferons tomber du ciel un châtiment sur les habitants de cette cité, pour leur perversité›.

29:35 Et certainement, Nous avons laissé (des ruines de cette cité) un signe (d'avertissement) évident pour des gens qui comprennent.

29:36 De même, aux Madyan (Nous envoyâmes) leur frère Chuaïb qui leur dit: ‹Ô mon peuple, adorez Allah et attendez-vous au Jour dernier, et ne semez pas la corruption sur terre›.

29:37 Mais ils le traitèrent de menteur. Le cataclysme des saisit, et au matin, ils gisaient sans vie dans leurs demeures.

29:38 De même (Nous anéantîmes) les Aad et les Tamud. - Vous le voyez clairement à travers leurs habitations - Le Diable, cependant, leur avait embelli leurs actions, au point de les repousser loin du Sentier; ils étaient pourtant invités à être clairvoyants.

29:39 De même (Nous détruisîmes) Coré, Pharaon et Haman. Alors que Moïse leur apporta des preuves, ils s'enorgueillirent sur terre. Et ils n'ont pas pu [Nous] échapper.

29:40 Nous saisîmes donc chacun pour son péché: Il y en eut sur qui Nous envoyâmes un ouragan; il y en eut que le Cri saisit; il y en eut que Nous fîmes engloutir par la terre; et il y en eut que Nous noyâmes. Cependant, Allah n'est pas tel à leur faire du tort; mais ils ont fait du tort à eux-mêmes.

29:41 Ceux qui ont pris les protecteurs en dehors d'Allah ressemblent à l'araignée qui s'est donnée maison. Or la maison la plus fragile est celle de l'araignée. Si seulement ils savaient!

29:42 Allah connaît toute chose qu'ils invoquent en dehors de Lui. Et c'est Lui le Tout Puissant, le Sage.

29:43 Telles sont les paraboles que Nous citons aux gens; cependant, seuls les savants les comprennent.

29:44 C'est pour une juste raison qu'Allah a crée les cieux et la terre. Voilà bien là une preuve pour les croyants.

29:45 Récite ce qui t'est révélé du Livre et accomplis la Salat. En vérité la Salat préserve de la turpitude et du blâmable. Le rappel d'Allah est certes ce qu'il y a de plus grand. Et Allah sait ce que vous faites.

29:46 Et ne discutez que de la meilleure façon avec les gens du Livre, sauf ceux d'entre eux qui sont injustes. Et dites: ‹Nous croyons en ce qu'on a fait descendre vers nous et descendre vers vous, tandis que notre Dieu et votre Dieu est le même, et c'est à Lui que nous nous soumettons›.

29:47 C'est ainsi que Nous t'avons fait descendre le Livre (le Qur'an). Ceux à qui Nous avons donné le Livre y croient. Et parmi ceux-ci, il en est qui y croient. Seuls les mécréants renient Nos versets.

29:48 Et avant cela, tu ne récitais aucun livre et tu n'en n'écrivais aucun de ta main droite. Sinon, ceux qui nient la vérité auraient eu des doutes.

29:49 Il consiste plutòt en des versets évidents, (préservés) dans les poitrines de ceux à qui le savoir a été donné. Et seuls les injustes renient Nos versets.

29:50 Et ils dirent: ‹Pourquoi n'a-t-on pas fait descendre sur lui des prodiges de la part de son Seigneur?› Dis: ‹Les prodiges sont auprès d'Allah. Moi, je ne suis qu'un avertisseur bien clair›.

29:51 Ne leur suffit-il donc point que Nous ayons fait descendre sur toi le Livre et qu'il leur soit récité? Il y a assurément là une miséricorde et un rappel pour des gens qui croient.

29:52 Dis: ‹Allah suffit comme témoin entre moi et vous›. Il sait ce qui est dans les cieux et la terre. Et quant à ceux qui croient au faux et ne croient pas en Allah, ceux-là seront les perdants.

29:53 Et ils demandent de hâter [la venue] du châtiment. S'il n'y avait pas eu un terme fixé, le châtiment leur serait certes venu. Et assurément, il leur viendra soudain, sans qu'ils en aient conscience.

29:54 Ils te demandent de hâter [la venue] du châtiment, tandis que l'Enfer cerne les mécréants de toutes parts.

29:55 Le jour où le châtiment les enveloppera d'en haut et sous leurs pieds. Il [leur] dira: ‹Goûtez à ce que vous faisiez!›

29:56 Ô Mes serviteurs qui avaient cru! Ma terre est bien vaste. Adorez-Moi donc!

29:57 Toute âme goûtera la mort. Ensuite c'est vers Nous que vous serez ramenés.

29:58 Et quant à ceux qui croient et accomplissent de bonnes oeuvres, Nous les installerons certes à l'étage dans le Paradis sous lequel coulent les ruisseaux, pour y demeurer éternellement. Quelle belle récompense que celle de ceux qui font le bien,

29:59 qui endurent, et placent leur confiance en leur Seigneur!

29:60 Que de bêtes ne se chargent point de leur propre nourriture! C'est Allah qui les nourrit ainsi que vous. Et c'est Lui l'Audient, l'Omniscient.

29:61 Si tu leur demandes: ‹Qui a créé les cieux et la terre, et assujetti le soleil et la lune?›, ils diront très certainement: ‹Allah›. Comment se fait-il qu'ensuite ils se détournent (du chemin droit)?

29:62 Allah dispense largement ou restreint Ses dons à qui Il veut parmi Ses serviteurs. Certes, Allah est Omniscient.

29:63 Si tu leur demandes: ‹Qui a fait descendre du ciel une eau avec laquelle Il fit revivre la terre après sa mort?›, ils diront très certainement: ‹Allah›. Dis: ‹Louange à Allah!› Mais la plupart d'entre eux ne raisonnent pas.

29:64 Cette vie d'ici-bas n'est pas qu'amusement et jeu. La Demeure de l'au- delà est assurément la vraie vie. S'ils savaient!

29:65 Quand ils montent en bateau, ils invoquent Allah Lui vouant exclusivement leur culte. Une fois qu'Il les a sauvés [des dangers de la mer en les ramenant] sur la terre ferme, voilà qu'ils [Lui] donnent des associés.

29:66 Qu'ils nient ce que nous leur avons donné et jouissent des biens de ce monde! Ils sauront bientòt!

29:67 Ne voient-ils pas que vraiment Nous avons fait un sanctuaire sûr [la Mecque], alors que tout autour d'eux on enlève les gens? Croiront-ils donc au faux et nieront-ils les bienfaits d'Allah?

29:68 Et quel pire injuste que celui qui invente un mensonge contre Allah, ou qui dément la Vérité quand elle lui parvient? N'est-ce pas dans l'Enfer une demeure pour les mécréants?

29:69 Et quant à ceux qui luttent pour Notre cause, Nous les guiderons certes sur Nos sentiers, Allah est en vérité avec les bienfaisants.

30. Les romains (Ar-Rum)
Au nom d'Allah, le Tout Miséricordieux, le Très Miséricordieux.

30:1 Alif, Lam, Mim.

30:2 Les Romains ont été vaincus,

30:3 dans le pays voisins, et après leur défaite ils seront les vainqueurs,

30:4 dans quelques années. A Allah appartient le commandement, au début et à la fin, et ce jour-là les Croyants se réjouiront

30:5 du secours d'Allah. Il secourt qui Il veut et Il est le Tout Puissant, le Tout Miséricordieux.

30:6 C'est [là] la promesse d'Allah. Allah ne manque jamais à Sa promesse mais la plupart des gens ne savent pas.

30:7 Ils connaissent un aspect de la vie présente, tandis qu'ils sont inattentifs à l'au-delà.

30:8 N'ont-ils pas médité en eux-mêmes? Allah n'a créé les cieux et la terre et ce qui est entre eux, qu'à juste raison et pour un terme fixé. Beaucoup de gens cependant ne croient pas en la rencontre de leur Seigneur.

30:9 N'ont-ils pas parcouru la terre pour voir ce qu'il est advenu de ceux qui ont vécu avant eux? Ceux-là les surpassaient en puissance et avaient labouré et peuplé la terre bien plus qu'ils ne l'ont fait eux-mêmes. Leurs messagers leur vinrent avec des preuves évidentes. Ce n'est pas Allah qui leur fît du tort; mais ils se firent du tort à eux- mêmes.

30:10 Puis, mauvaise fut la fin de ceux qui faisaient le mal, ayant traité de mensonges les versets d'Allah et les ayant raillés.

30:11 C'est Allah qui commence la création; ensuite Il la refait; puis, vers Lui vous serez ramenés.

30:12 Et le jour où l'Heure arrivera, les criminels seront frappés de désespoir.

30:13 Et ils n'auront point d'intercesseurs parmi ceux qu'ils associaient [à Allah] et ils renieront même leurs divinités.

30:14 Le jour où l'Heure arrivera, ce jour-là ils se sépareront [les uns des autres].

30:15 Ceux qui auront cru et accompli de bonnes oeuvres se réjouiront dans un jardin;

30:16 et quant à ceux qui n'auront pas cru et auront traité de mensonges Nos signes ainsi que la rencontre de l'au-delà, ceux-là seront emmenés au châtiment.

30:17 Glorifiez Allah donc, soir et matin!

30:18 A Lui toute louange dans les cieux et la terre, dans l'après-midi et au milieu de la journée.

30:19 Du mort, Il fait sortir le vivant, et du vivant, Il fait sortir le mort. Et Il redonne la vie à la terre après sa mort. Et c'est ainsi que l'on vous fera sortir (à la résurrection).

30:20 Parmi Ses signes: Il vous a créés de terre, - puis, vous voilà des hommes qui se dispersent [dans le monde]-.

30:21 Et parmi Ses signes Il a créé de vous, pour vous, des épouses pour que vous viviez en tranquillité avec elles et Il a mis entre vous de l'affection et de la bonté. Il y a en cela des preuves pour des gens qui réfléchissent.

30:22 Et parmi Ses signes la création des cieux et de la terre et la variété de vos idiomes et de vos couleurs. Il y a en cela des preuves pour les savants.

30:23 Et parmi Ses signes votre sommeil la nuit et le jour, et aussi votre quête de Sa grâce. Il y a en cela des preuves pour des gens qui entendent.

30:24 Et parmi Ses signes Il vous montre l'éclaire avec crainte (de la foudre) et espoir (de la pluie), et fait descendre du ciel une eau avec laquelle Il redonne la vie à la terre après sa mort. Il y a en cela des preuves pour des gens qui raisonnent.

30:25 Et parmi Ses signes le ciel et la terre sont maintenus par Son ordre; ensuite lorsqu'Il vous appellera d'un appel, voilà que de la terre vous surgirez.

30:26 A Lui tous ceux qui sont dans les cieux et la terre: tous Lui sont entièrement soumis.

30:27 Et c'est Lui qui commence la création puis la refait; et cela Lui est plus facile. Il a la transcendance absolue dans les cieux et sur la terre. C'est Lui le Tout Puissant, le Sage.

30:28 Il vous a cité une parabole de vous-mêmes: Avez-vous associé vos esclaves à ce que Nous Vous avons attribué en sorte que vous soyez tous égaux [en droit de propriété] et que vous les craignez [autant] que vous vous craignez mutuellement? C'est ainsi que Nous exposons Nos versets pour des gens qui raisonnent.

30:29 Ceux qui ont été injustes ont plutôt suivi leurs propres passions, sans savoir. Qui donc peut guider celui qu'Allah égare? Et ils n'ont pas pour eux, de protecteur.

30:30 Dirige tout ton être vers la religion exclusivement [pour Allah], telle est la nature qu'Allah a originellement donnée aux hommes - pas de changement à la création d'Allah -. Voilà la religion de droiture; mais la plupart des gens ne savent pas.

30:31 Revenez repentants vers Lui; craignez-Le, accomplissez la Salat et ne soyez pas parmi les associateurs,

30:32 parmi ceux qui ont divisé leur religion et sont devenus des sectes, chaque parti exultant de ce qu'il détenait.

30:33 Et quand un mal touche les gens, ils invoquent leur Seigneur en revenant à Lui repentants. Puis s'Il leur fait goûter de Sa part une miséricorde, voilà qu'une partie d'entre eux donnent à leur Seigneur des associés,

30:34 en sorte qu'ils deviennent ingrats envers ce que Nous leur avons donné. ‹Et jouissez donc. Vous saurez bientôt›.

30:35 Avons-Nous fait descendre sur eux une autorité (un Livre) telle qu'elle parle de ce qu'ils Lui associaient?

30:36 Et quand Nous faisons goûter une miséricorde aux gens, ils en exultent. Mais si un malheur les atteint à cause de ce que leurs propres mains ont préparé, voilà qu'ils désespèrent.

30:37 N'ont-ils pas vu qu'Allah dispense Ses dons ou les restreint à qui Il veut? Il y a en cela des preuves pour des gens qui croient.

30:38 Donne donc au proche parent son dû, ainsi qu'au pauvre, et au voyageur en détresse. Cela est meilleur pour ceux qui recherchent la face d'Allah (Sa satisfaction); et ce sont eux qui réussissent.

30:39 Tout ce que vous donnerez à usure pour augmenter vos biens au dépens des biens d'autrui ne les accroît pas auprès d'Allah, mais ce que vous donnez comme Zakat, tout en cherchant la Face d'Allah (Sa satisfaction)... Ceux-là verront [leurs récompenses] multipliées.

30:40 C'est Allah qui vous a créés et vous a nourris. Ensuite Il vous fera mourir, puis Il vous redonnera vie. Y en a-t-il parmi vos associés, qui fasse quoi que ce soit de tout cela? Gloire à Lui! Il transcende ce qu'on Lui associe.

30:41 La corruption est apparue sur la terre et dans la mer à cause de ce que les gens ont accompli de leurs propres mains; afin qu'[Allah] leur fasse goûter une partie de ce qu'ils ont oeuvré; peut-être reviendront-ils (vers Allah).

30:42 Dis: ‹Parcourez la terre et regardez ce qu'il est advenu de ceux qui ont vécu avant. La plupart d'entre eux étaient des associateurs›.

30:43 Dirige tout ton être vers la religion de droiture, avant que ne vienne d'Allah un jour qu'on ne peut repousser. Ce jour-là [les gens] seront divisés:

30:44 Celui qui aura mécru subira [les conséquences] de son infidélité. Et quiconque aura oeuvré en bien... C'est pour eux-mêmes qu'ils préparent (leur avenir),

30:45 afin qu'[Allah] récompense par Sa grâce ceux qui croient et accomplissent les bonnes oeuvres. En vérité, Il n'aime pas les infidèles.

30:46 Parmi Ses signes, Il envoie les vents comme annonciateurs, pour vous faire goûter de Sa miséricorde et pour que le vaisseau vogue, par Son ordre, et que vous recherchiez de Sa grâce. Peut-être seriez-vous reconnaissants!

30:47 Nous avons effectivement envoyé avant toi des Messagers vers leurs peuples et ils leur apportèrent les preuves. Nous Nous vengeâmes de ceux qui commirent les crimes [de la négation]; et c'était Notre devoir de secourir les croyants.

30:48 Allah, c'est Lui qui envoie les vents qui soulèvent des nuages; puis Il les étend dans le ciel comme Il veut; et Il les met en morceaux. Tu vois alors la pluie sortir de leurs profondeurs. Puis, lorsqu'Il atteint avec elle qui Il veut parmi Ses serviteurs, les voilà qui se réjouissent,

30:49 même s'ils étaient auparavant, avant qu'on ne l'ait fait descendre sur eux, désespérés.

30:50 Regarde donc les effets de la miséricorde d'Allah comment Il redonne la vie à la terre après sa mort. C'est Lui qui fait revivre les morts et Il est Omnipotent.

30:51 Et si Nous envoyons un vent et qu'ils voient jaunir [leur végétation], ils demeurent après cela ingrats (oubliant les bienfaits antérieurs).

30:52 En vérité, tu ne fais pas entendre les morts; et tu ne fais pas entendre aux sourds l'appel, s'ils s'en vont en tournant le dos.

30:53 Tu n'es pas celui qui guide les aveugles hors de leur égarement. Tu ne fais entendre que ceux qui croient en Nos versets et qui sont alors entièrement soumis [musulmans].

30:54 Allah, c'est Lui qui vous a créés faibles; puis après la faiblesse, Il vous donne la force; puis après la force, Il vous réduit à la faiblesse et à la vieillesse: Il crée ce qu'Il veut et c'est Lui l'Omniscient, l'Omnipotent.

30:55 Et le jour où l'Heure arrivera, les criminels jureront qu'ils n'ont demeuré qu'une heure. C'est ainsi qu'ils ont été détournés (de la vérité);

30:56 tandis que ceux à qui le savoir et la foi furent donnés diront: ‹Vous avez demeuré d'après le Décret d'Allah, jusqu'au Jour de la Résurrection, - voici le Jour de la Résurrection, - mais vous ne saviez point›.

30:57 ce jour-là donc, les excuses ne seront pas utiles aux injustes et on ne leur demandera pas à chercher à plaire à [Allah].

30:58 Et dans ce Qur'an, Nous avons certes cité, pour les gens, des exemples de toutes sortes. Et si tu leur apportes un prodige, ceux qui ne croient pas diront: ‹Certes, vous n'êtes que des imposteurs›.

30:59 C'est ainsi qu'Allah scelle les coeurs de ceux qui ne savent pas.

30:60 Sois donc patient, car la promesse d'Allah est vérité. Et que ceux qui ne croient pas fermement ne t'ébranlent pas!

31. Luqman (Luqman)
Au nom d'Allah, le Tout Miséricordieux, le Très Miséricordieux.

31:1 Alif, Lam, Mim.

31:2 Voici les versets du Livre plein de sagesse,

31:3 c'est un guide et une miséricorde aux bienfaisants,

31:4 qui accomplissent la Salat, acquittent le Zakat et qui croient avec certitude en l'au-delà.

31:5 Ceux-là sont sur le chemin droit de leur Seigneur et ce sont eux les bienheureux.

31:6 Et, parmi les hommes, il est [quelqu'un] qui, dénué de science, achète de plaisants discours pour égarer hors du chemin d'Allah et pour le prendre en raillerie. Ceux-là subiront un châtiment avilissant.

31:7 Et quand on lui récite Nos versets, il tourne le dos avec orgueil, comme s'il ne les avait point entendus, comme s'il y avait un poids dans ses oreilles. Fais-lui donc l'annonce d'un châtiment douloureux.

31:8 Ceux qui croient et accomplissent les bonnes oeuvres auront les Jardins des délices,

31:9 pour y demeurer éternellement, - c'est en vérité une promesse d'Allah. - C'est Lui le Puissant, le Sage.

31:10 Il a créé les cieux sans piliers que vous puissiez voir; et Il a enfoncé des montagnes fermes dans la terre pour l'empêcher de basculer avec vous; et Il y a propagé des animaux de toute espèce. Et du ciel, Nous avons fait descendre une eau, avec laquelle Nous avons fait pousser des plantes productives par couples de toute espèce.

31:11 ‹Voilà la création d'Allah. Montrez-Moi donc ce qu'ont créé, ceux qui sont en dehors de Lui?› Mais les injustes sont dans un égarement évident.

31:12 Nous avons effectivement donné à Luqman la sagesse: ‹Sois reconnaissant à Allah, car quiconque est reconnaissant, n'est reconnaissant que pour soi-même; quant à celui qui est ingrat..., En vérité, Allah se dispense de tout, et Il est digne de louange›.

31:13 Et lorsque Luqman dit à son fils tout en l'exhortant: ‹Ô mon fils, ne donne pas d'associé à Allah, car l'association à [Allah] est vraiment une injustice énorme›.

31:14 Nous avons commandé à l'homme [la bienfaisance envers] ses père et mère; sa mère l'a porté [subissant pour lui] peine sur peine: son sevrage a lieu à deux ans.› Sois reconnaissant envers Moi ainsi qu'envers tes parents. Vers Moi est la destination.

31:15   Et si tous deux te forcent a M'associer ce dont tu n'as aucune connaissance, alors ne leur obéis pas; mais reste avec eux ici-bas de façon convenable. Et suis le sentier de celui qui se tourne vers Moi. Vers Moi, ensuite, est votre retour, et alors Je vous informerai de ce que vous faisiez›.

31:16   ‹Ô mon enfant, fût-ce le poids d'un grain de moutarde, au fond d'un rocher, ou dans les cieux ou dans la terre, Allah le fera venir. Allah est infiniment Doux et Parfaitement Connaisseur.

31:17   Ô mon enfant, accomplis la Salat, commande le convenable, interdis le blâmable et endure ce qui t'arrive avec patience. Telle est la résolution à prendre dans toute entreprise!

31:18   Et ne détourne pas ton visage des hommes, et ne foule pas la terre avec arrogance: car Allah n'aime pas le présomptueux plein de gloriole.

31:19   Sois modeste dans ta démarche, et baisse ta voix, car la plus détestée des voix, c'est bien la voix des ânes›.

31:20   Ne voyez-vous pas qu'Allah vous a assujetti ce qui est dans les cieux et sur la terre? Et Il vous a comblés de Ses bienfaits apparents et cachés. Et parmi les gens, il y en a qui disputent à propos d'Allah, sans science, ni guidée, ni Livre éclairant.

31:21   Et quand on leur dit: ‹Suivez ce qu'Allah a fait descendre›, ils disent: ‹Nous suivons plutòt ce sur quoi nous avons trouvé nos ancêtres›. Est-ce donc même si le Diable les appelait au châtiment de la fournaise!

31:22   Et quiconque soumet son être à Allah, tout en étant bienfaisant, s'accroche réellement à l'anse la plus ferme. La fin de toute chose appartient à Allah.

31:23   Celui qui a mécru, que sa mécréance ne t'afflige pas: vers Nous sera leur retour et Nous les informerons de ce qu'ils faisaient. Allah connaît bien le contenu des poitrines.

31:24   Nous leur donnons de la jouissance pour peu de temps; ensuite Nous les forcerons vers un dur châtiment.

31:25   Si tu leur demandes: ‹Qui a créé les cieux et la terre? ›, ils diront, certes: ‹Allah!› Dis: ‹Louange à Allah!›. Mais la plupart d'entre eux ne savent pas.

31:26   A Allah appartient tout ce qui est dans les cieux et en terre. Allah est Celui qui se suffit à Lui-même, Il est Le Digne de louange!

31:27   Quand bien même tous les arbres de la terre se changeraient en calames [plumes pour écrire], quand bien même l'océan serait un océan d'encre où conflueraient sept autres océans, les paroles d'Allah ne s'épuiseraient pas. Car Allah est Puissant et Sage.

31:28   Votre création et votre résurrection [à tous] sont [aussi faciles à Allah] que s'il s'agissait d'une seule âme. Certes Allah est Audient et Clairvoyant.

31:29   N'as-tu pas vu qu'Allah fait pénétrer la nuit dans le jour, et qu'il fait pénétrer le jour dans la nuit, et qu'Il a assujetti le soleil et la lune chacun poursuivant sa course jusqu'à un terme fixé? Et Allah est Parfaitement Connaisseur de ce que vous faites.

31:30   Il en est ainsi parce qu'Allah est la Vérité, et que tout ce qu'ils invoquent en dehors de Lui est le Faux, et qu'Allah, c'est Lui le Haut, le Grand.

31:31   N'as-tu pas vu que c'est par la grâce d'Allah que le vaisseau vogue dans la mer, afin qu'Il vous fasse voir de Ses merveilles? Il y a en cela des preuves pour tout homme patient et reconnaissant.

31:32 Quand une vague les recouvre comme des ombres, ils invoquent Allah, vouant leur Culte exclusivement à Lui; et lorsqu'Il les sauve, en les ramenant vers la terre ferme, certains d'entre eux deviennent réticents; mais, seul le grand traître et le grand ingrat renient Nos signes.

31:33 Ô hommes! Craignez votre Seigneur et redoutez un jour où le père ne répondra en quoi que ce soit pour son enfant, ni l'enfant pour son père. La promesse d'Allah est vérité. Que la vie présente ne vous trompe donc pas, et que le Trompeur (Satan) ne vous induise pas en erreur sur Allah!

31:34 La connaissance de l'Heure est auprès d'Allah; et c'est Lui qui fait tomber la pluie salvatrice; et Il sait ce qu'il y a dans les matrices. Et personne ne sait ce qu'il acquerra demain, et personne ne sait dans quelle terre il mourra. Certes Allah est Omniscient et Parfaitement Connaisseur.

32. Le prosternation (As-Sajda)

Au nom d'Allah, le Tout Miséricordieux, le Très Miséricordieux.

32:1 Alif, Lam, Mim.

32:2 La Révélation du Livres, nul doute là-dessus, émane du Seigneur de l'univers.

32:3 Diront-ils qu'il (Muhammad) l'a inventé? Ceci est, au contraire, la vérité venant de ton Seigneur pour que tu avertisses un peuple à qui nul avertisseur avant toi n'est venu, afin qu'ils se guident.

32:4 Allah qui a créé en six jours les cieux et la terre, et ce qui est entre eux. Ensuite Il S'est établi ‹Istawa› sur le Trône. Vous n'avez, en dehors de Lui, ni allié ni intercesseur. Ne vous rappelez-vous donc pas?

32:5 Du ciel à la terre, Il administre l'affaire, laquelle ensuite monte vers Lui en un jour équivalant à mille ans de votre calcul.

32:6 C'est Lui le Connaisseur [des mondes] inconnus et visibles, le Puissant, le Miséricordieux,

32:7 qui a bien fait tout ce qu'Il a créé. Et Il a commencé la création de l'homme à partir de l'argile,

32:8 puis Il tira sa descendance d'une goutte d'eau vile [le sperme];

32:9 puis Il lui donna sa forme parfaite et lui insuffla de Son Esprit. Et Il vous a assigné l'ouïe, les yeux et le coeur. Que vous êtes peu reconnaissants!

32:10 Et ils disent: ‹Quand nous serons perdus dans la terre [sous forme de poussière], redeviendrons-nous une création nouvelle?› En outre, ils ne croient pas en la rencontre avec leur Seigneur.

32:11 Dis: ‹L'Ange de la mort qui est chargé de vous, vous fera mourir. Ensuite, vous serez ramenés vers Votre Seigneur›.

32:12 Si tu voyais alors les criminels [comparaître], têtes basses devant leur Seigneur! ‹Notre Seigneur, Nous avons vu et entendu, renvoie-nous donc afin que nous puissions faire du bien; nous croyons (maintenant) avec certitude›.

32:13 ‹Si Nous voulions, Nous apporterions à chaque âme sa guidée. Mais la parole venant de Moi doit être réalisée: ‹J'emplirai l'Enfer de djinns et d'hommes réunis›.

32:14 ‹Goûtez donc! Pour avoir oublié la rencontre de votre jour que voici. Nous aussi Nous vous avons oubliés. Goûtez au châtiment éternel pour ce que vous faisiez›.

32:15 Seuls croient en Nos versets ceux qui, lorsqu'on les leur rappelle, tombent prosternés et, par des louanges à leur Seigneur, célèbrent Sa gloire et ne s'enflent pas d'orgueil.

32:16 Ils s'arrachent de leurs lits pour invoquer leur Seigneur, par crainte et espoir; et ils font largesse de ce que Nous Leur attribuons.

32:17 Aucun être ne sait ce qu'on a réservé pour eux comme réjouissance pour les yeux, en récompense de ce qu'ils oeuvraient!

32:18 Celui qui est croyant est-il comparable au pervers? (Non), ils ne sont point égaux.

32:19 Ceux qui croient et accomplissent les bonnes oeuvres, auront leur résidence dans les Jardins du Refuge, en récompense de ce qu'ils oeuvraient.

32:20 Et quant à ceux qui auront été pervers, leur refuge sera le Feu: toutes les fois qu'ils voudront en sortir, ils y seront ramenés, et on leur dira: ‹Goûtez au châtiment du Feu auquel vous refusiez de croire›.

32:21 Nous leur ferons certainement goûter au châtiment ici-bas, avant le grand châtiment afin qu'ils retournent (vers le chemin droit)!

32:22 Qui est plus injuste que celui à qui les versets d'Allah sont rappelés et qui ensuite s'en détourne? Nous nous vengerons certes des criminels.

32:23 Nous avons effectivement donné à Moïse le Livre - ne sois donc pas en doute sur ta rencontre avec lui -, et l'avons assigné comme guide aux Enfants d'Israël.

32:24 Et Nous avons désigné parmi eux des dirigeants qui guidaient (les gens) par Notre ordre aussi longtemps qu'ils enduraient et croyaient fermement en Nos versets.

32:25 Ton Seigneur, c'est Lui qui décidera entre eux, au Jour de la Résurrection, de ce sur quoi ils divergeaient.

32:26 N'est-ce pas pour eux une indication le fait qu'avant eux, Nous ayons fait périr tant de générations dans les maisons desquelles ils marchent? Il y a en cela des preuves! N'écouteront-ils donc pas?

32:27 N'ont-ils pas vu que Nous poussons l'eau vers un sol aride, qu'ensuite Nous en faisons sortir une culture que consomment leurs bestiaux et eux-mêmes? Ne voient-ils donc pas?

32:28 Et ils disent: ‹A quand cette victoire, si vous êtes véridiques›?

32:29 Dis: ‹Le jour de la Victoire,, il sera inutile aux infidèles de croire! Et aucun délai ne leur sera donné›.

32:30 Eloigne-toi d'eux et attends. Eux aussi demeurent dans l'attente.

33. Les coalisès (Al-Ahzab)

Au nom d'Allah, le Tout Miséricordieux, le Très Miséricordieux.

33:1 Ô Prophète! Crains Allah et n'obéis pas aux infidèles et aux hypocrites, car Allah demeure Omniscient et Sage.

33:2 Et suis ce qui t'est révélé émanant de Ton Seigneur. Car Allah est Parfaitement Connaisseur de ce que vous faites.

33:3 Et place ta confiance en Allah. Allah te suffit comme protecteur.

33:4 Allah n'a pas placé à l'homme deux coeurs dans sa poitrine. Il n'a point assimilé à vos mères vos épouses [à qui vous dites en les répudiant]: ‹Tu es [aussi illicite] pour moi que le dos de ma mère›. Il n'a point fait de vos enfants adoptifs vos propres enfants. Ce sont des propos [qui sortent] de votre bouche. Mais Allah dit la vérité et c'est Lui qui met [l'homme] dans la bonne direction.

33:5 Appelez-les du nom de leurs pères: c' est plus équitable devant Allah. Mais si vous ne connaissez pas leurs pères, alors considérez-les comme vos frères en religion ou vos alliés. Nul blâme sur vous pour ce que vous faites par erreur, mais (vous serez blâmés pour) ce que vos coeurs font délibérément. Allah, cependant, est Pardonneur et Miséricordieux.

33:6 Le Prophète a plus de droit sur les croyants qu'ils n'en ont sur eux- mêmes; et ses épouses sont leurs mères. Les liens de consanguinité ont [dans les successions] la priorité [sur les liens] unissant les croyants [de Médine] et les émigrés [de la Mecque] selon le livre d'Allah, à moins que vous ne fassiez un testament convenable en faveur de vos frères en religion. Et cela est inscrit dans le Livre.

33:7 Lorsque Nous prîmes des prophètes leur engagement, de même que de toi, de Noé, d'Abraham, de Moïse, et de Jésus fils de Marie: et Nous avons pris d'eux un engagement solennel,

33:8 afin [qu'Allah] interroge les véridiques sur leur sincérité. Et Il a préparé aux infidèles un châtiment douloureux.

33:9 Ô vous qui croyez! Rappelez-vous le bienfait d'Allah sur vous, quand des troupes vous sont venues et que Nous avons envoyé contre elles un vent et des troupes que vous n'avez pas vues. Allah demeure Clairvoyant sur ce que vous faites.

33:10 Quand ils vous vinrent d'en haut et d'en bas [de toutes parts], et que les regards étaient troublés, et les coeurs remontaient aux gorges, et vous faisiez sur Allah toutes sortes de suppositions...

33:11 Les croyants furent alors éprouvés et secoués d'une dure secousse.

33:12 Et quand les hypocrites et ceux qui ont la maladie [le doute] au coeur disaient: ‹Allah et Son messager ne nous ont promis que tromperie›.

33:13 De même, un groupe d'entre eux dit: ‹Gens de Yatrib ! Ne demeurez pas ici. Retournez [chez vous]›. Un groupe d'entre eux demande au Prophète la permission de partir en disant: ‹Nos demeures sont sans protection›, alors qu'elle ne l'étaient pas: ils ne voulaient que s'enfuir.

33:14 Et si une percée avait été faite sur eux par les flancs de la ville et qu'ensuite on leur avait demandé de renier leur foi, ils auraient accepté certes, et n'auraient guère tardé,

33:15 tandis qu'auparavant ils avaient pris l'engagement envers Allah qu'ils ne tourneraient pas le dos. Et il sera demandé compte de tout engagement vis-à-vis d'Allah.

33:16 Dis: ‹Jamais la fuite ne vous sera utile si c'est la mort (sans combat) ou le meurtre (dans le combat) que vous fuyez; dans ce cas, vous ne jouirez (de la vie) que peu (de temps)›.

33:17 Dis: ‹Quel est celui qui peut vous protéger d'Allah, s'Il vous veut du mal ou s'Il veut vous accorder une miséricorde?› Et ils ne trouveront pour eux-mêmes en dehors d'Allah, ni allié ni secoureur.

33:18 Certes, Allah connaît ceux d'entre vous qui suscitent des obstacles, ainsi que ceux qui disent à leurs frères: ‹Venez à nous›, tandis qu'ils ne déploient que peu d'ardeur au combat,

33:19 avares à votre égard. Puis, quand leur vient la peur, tu les vois te regarder avec des yeux révulsés, comme ceux de quelqu'un qui s'est évanoui par peur de la mort. Une fois la peur passée, ils vous lacèrent avec des langues affilées, alors qu'ils sont chiches à faire le bien. Ceux-là n'ont jamais cru. Allah donc, rend vaines leurs actions. Et cela est facile à Allah.

33:20 Ils pensent que les coalisés ne sont pas partis. Or si les coalisés revenaient, [ces gens-là] souhaiteraient être des nomades parmi les Bédouins, et [se contenteraient] de demander de vos nouvelles. S'ils étaient parmi vous, ils n'auraient combattu que très peu.

33:21 En effet, vous avez dans le Messager d'Allah un excellent modèle [à suivre], pour quiconque espère en Allah et au Jour dernier et invoque Allah fréquemment.

33:22 Et quand les croyants virent les coalisés, ils dirent: ‹Voilà ce qu'Allah et Son messager nous avaient promis; et Allah et Son messager disaient la vérité›. Et cela ne fit que croître leur foi et leur soumission.

33:23 Il est, parmi les croyants, des hommes qui ont été sincères dans leur engagement envers Allah. Certain d'entre eux ont atteint leur fin, et d'autres attendent encore; et ils n'ont varié aucunement (dans leur engagement);

33:24 afin qu'Allah récompense les véridiques pour leur sincérité, et châtie, s'Il veut, les hypocrites, ou accepte leur repentir. Car Allah est Pardonneur et Miséricordieux.

33:25 Et Allah a renvoyé, avec leur rage, les infidèles sans qu'ils n'aient obtenu aucun bien, et Allah a épargné aux croyants le combat. Allah est Fort et Puissant.

33:26 Et Il a fait descendre de leurs forteresses ceux des gens du Livre qui les avaient soutenus [les coalisés], et Il a jeté l'effroi dans leurs coeurs; un groupe d'entre eux vous tuiez, et un groupe vous faisiez prisonniers.

33:27 Et Il vous a fait hériter leur terre, leurs demeures, leurs biens, et aussi une terre que vous n'aviez point foulée. Et Allah est Omnipotent.

33:28 Ô Prophète! Dis à tes épouses: ‹Si c'est la vie présente que vous désirez et sa parure, alors venez! Je vous demanderai [les moyens] d'en jouir et vous libérerai [par un divorce] sans préjudice.

33:29 Mais si c'est Allah que vous voulez et Son messager ainsi que la Demeure dernière, Allah a préparé pour les bienfaisantes parmi vous une énorme récompense.

33:30 turpitude prouvée, le châtiment lui sera doublé par deux fois! Et ceci est facile pour Allah.

33:31 Et celle d'entre vous qui est entièrement soumise à Allah et à Son messager et qui fait le bien, Nous lui accorderons deux fois sa récompense, et Nous avons préparé pour elle une généreuse attribution.

33:32 Ô femmes du Prophète! Vous n'êtes comparables à aucune autre femme. Si vous êtes pieuses, ne soyez pas trop complaisantes dans votre langage, afin que celui dont le coeur est malade [l'hypocrite] ne vous convoite pas. Et tenez un langage décent.

33:33 Restez dans vos foyers; et ne vous exhibez pas à la manière des femmes avant l'Islam (Jahiliyah). Accomplissez le Salat, acquittez la Zakat et obéissez à Allah et à Son messager. Allah ne veut que vous débarrasser de toute souillure, ò gens de la maison [du prophète], et vous purifier pleinement.

33:34 Et gardez dans vos mémoires ce qui, dans vos foyers, est récité des versets d'Allah et de la sagesse. Allah est Doux et Parfaitement Connaisseur.

33:35 Les Musulmans et Musulmanes, croyants et croyantes, obéissants et obéissantes, loyaux et loyales, endurants et endurantes, craignants et craignantes, donneurs et donneuses d'aumônes, jeûnants et jeûnantes, gardiens de leur chasteté et gardiennes, invocateurs souvent d'Allah et invocatrices: Allah a préparé pour eux un pardon et une énorme récompense.

33:36 Il n'appartient pas à un croyant ou à une croyante, une fois qu'Allah et Son messager ont décidé d'une chose d'avoir encore le choix dans leur façon d'agir. Et quiconque désobéit à Allah et à Son messager, s'est égaré certes, d'un égarement évident.

33:37 Quand tu disais à celui qu'Allah avait comblé de bienfaits, tout comme toi-même l'avais comblé: ‹Garde pou toi ton épouse et crains Allah›, et tu cachais en ton âme ce qu'Allah allait rendre public. Tu craignais les gens, et c'est Allah qui est plus digne de ta crainte. Puis quand Zayd eût cessé toute relation avec elle, Nous te la fîmes épouser, afin qu'il n'y ait aucun empêchement pour les croyants d'épouser les femmes de leurs fils adoptifs, quand ceux-ci cessent toute relation avec elles. Le commandement d'Allah doit être exécuté.

33:38 Nul grief à faire au Prophète en ce qu'Allah lui a imposé, conformément aux lois établies pour ceux qui vécurent antérieurement. Le commandement d'Allah est un décret inéluctable.

33:39 Ceux qui communiquent les messages d'Allah, Le craignants et ne redoutaient nul autre qu'Allah. Et Allah suffit pour tenir le compte de tout.

33:40 Muhammad n'a jamais été le père de l'un de vos hommes, mais le messager d'Allah et le dernier des prophètes. Allah est Omniscient.

33:41 Ô vous qui croyez! Evoquez Allah d'une façon abondante.

33:42 et glorifiez-Le à la pointe et au déclin du jour.

33:43 C'est Lui qui prie sur vous, - ainsi que Ses anges, - afin qu'Il vous fasse sortir des ténèbres à la lumière; et Il est Miséricordieux envers les croyants.

33:44 Leur salutation au jour où ils Le rencontreront sera: ‹Salam› [paix], et Il leur a préparé une généreuse récompense.

33:45 Ô Prophète! Nous t'avons envoyé [pour être] témoin, annonciateur, avertisseur.

33:46 appelant (les gens) à Allah, par Sa permission; et comme une lampe éclairante.

33:47 Et fait aux croyants la bonne annonce qu'ils recevront d'Allah une grande grâce.

33:48 Et n'obéis pas aux infidèles et aux hypocrites, ne prête pas attention à leur méchanceté et place ta confiance en Allah et Allah suffit comme protecteur.

33:49 Ô vous qui croyez! Quand vous vous mariez avec des croyantes et qu'ensuite vous divorcez d'avec elles avant de les avoir touchées, vous ne pouvez leur imposer un délai d'attente. Donnez-leur jouissance [d'un bien] et libérez-les [par un divorce] sans préjudice.

33:50 Ô Prophète! Nous t'avons rendue licites tes épouses à qui tu as donné leur mahr (dot), ce que tu as possédé légalement parmi les captives [ou esclaves] qu'Allah t'a destinées, les filles de ton oncle paternel, les filles de tes tantes paternelles, les filles de ton oncle maternel, et les filles de tes tantes maternelles, - celles qui avaient émigré en ta compagnie, - ainsi que toute femme croyante si elle fait don de sa personne au Prophète, pourvu que le Prophète consente à se marier avec elle: c'est là un privilège pour toi, à l'exclusion des autres croyants. Nous savons certes, ce que nous leur avons imposé au sujet de leurs épouses et des esclaves qu'ils possèdent, afin qu'il n'eût donc point de blâme contre toi. Allah est Pardonneur et Miséricordieux.

33:51 Tu fais attendre qui tu veux d'entre elles, et tu héberges chez toi qui tu veux. Puis il ne t'est fait aucun grief si tu invites chez toi l'une de celles que tu avais écartées. Voilà ce qui est le plus propre à les réjouir, à leur éviter tout chagrin et à leur faire accepter de bon coeur ce que tu leur as donné à toutes. Allah sait, cependant, ce qui est en vos coeurs. Et Allah est Omniscient et Indulgent.

33:52 Il ne t'est plus permis désormais de prendre [d'autres] femmes. ni de changer d'épouses, même si leur beauté te plaît; - à l'exception des esclaves que tu possèdes. Et Allah observe toute chose.

33:53 Ô vous qui croyez! N'entrez pas dans les demeures du Prophète, à moins qu'invitation ne vous soit faite à un repas, sans être là à attendre sa cuisson. Mais lorsqu'on vous appelle, alors, entrez. Puis, quand vous aurez mangé, dispersez-vous, sans chercher à vous rendre familiers pour causer. Cela faisait de la peine au Prophète, mais il se gênait de vous (congédier), alors qu'Allah ne se gêne pas de la vérité. Et si vous leur demandez (à ses femmes) quelque objet, demandez-le leur derrière un rideau: c'est plus pur pour vos coeurs et leurs coeurs; vous ne devez pas faire de la peine au Messager d'Allah, ni jamais vous marier avec ses épouses après lui; ce serait, auprès d'Allah, un énorme pêché.

33:54 Que vous divulguiez une chose ou que vous la cachiez,... Allah demeure Omniscient.

33:55 Nul grief sur elles au sujet de leurs pères, leur fils, leurs frères, les fils de leurs frères, les fils de leurs soeurs, leurs femmes [de suite] et les esclaves qu'elles possèdent. Et craignez Allah. Car Allah est témoin de toute chose.

33:56 Certes, Allah est Ses Anges prient sur le Prophète; ô vous qui croyez priez sur lui et adresses [lui] vos salutations.

33:57 Ceux qui offensent Allah et Son messager, Allah les maudit ici-bas, comme dans l'au-delà et leur prépare un châtiment avilissant.

33:58 Et ceux qui offensent les croyants et les croyantes sans qu'ils l'aient mérité, se chargent d'une calomnie et d'un péché évident.

33:59 Ô Prophète! Dis à tes épouses, à tes filles, et aux femmes des croyants, de ramener sur elles leurs grands voiles: elles en seront plus vite reconnues et éviteront d'être offensées. Allah est Pardonneur et Miséricordieux.

33:60 Certes, si les hypocrites, ceux qui ont la maladie au coeur, et les alarmistes [semeurs de troubles] à Médine ne cessent pas, Nous t'inciterons contre eux, et alors, ils n'y resteront que peu de temps en ton voisinage.

33:61 Ce sont des maudits. Où qu'on les trouve, ils seront pris et tués impitoyablement:

33:62 Telles était la loi établie par Allah envers ceux qui ont vécu auparavant et tu ne trouvera pas de changement dans la loi d'Allah.

33:63 Les gens t'interrogent au sujet de l'Heure. Dis: ‹Sa connaissance est exclusive à Allah›. Qu'en sais-tu? Il se peut que l'Heure soit proche.

33:64 Allah a maudit les infidèles et leur a préparé une fournaise,

33:65 pour qu'ils y demeurent éternellement, sans trouver ni alliés ni secoureur.

33:66 Le jour où leurs visages seront tournés dans le Feu, ils diront : ‹Hélas pour nous! Si seulement nous avions obéi à Allah et obéi au Messager!›.

33:67 Et ils dirent: ‹Seigneur, nous avons obéi à nos chefs et à nos grands. C'est donc eux qui nous ont égarés du Sentier.

33:68 Ô notre Seigneur, inflige-leur deux fois le châtiment et maudis les d'une grande malédiction›.

33:69 Ô vous qui croyez! Ne soyez pas comme ceux qui ont offensé Moïse. Allah l'a déclaré innocent de leurs accusations, car il était honorable auprès d'Allah.

33:70 Ô vous qui croyez! Craignez Allah et parlez avec droiture.

33:71 afin qu'Il améliore vos actions et vous pardonne vos péchés. Quiconque obéit à Allah et à Son messager obtient certes une grande réussite.

33:72 Nous avions proposé aux cieux, à la terre et aux montagnes la responsabilité (de porter les charges de faire le bien et d'éviter le mal). Ils ont refusé de la porter et en ont eu peur, alors que l'homme s'en est chargé; car il est très injuste [envers lui-même] et très ignorant.

33:73 [Il en est ainsi] afin qu'Allah châtie les hypocrites, hommes et femmes, et les associateurs et les associatrices, et Allah accueille le repentir des croyants et des croyantes. Allah est Pardonneur et Miséricordieux.

34. Saba (Saba)

Au nom d'Allah, le Tout Miséricordieux, le Très Miséricordieux.

34:1 Louange à Allah à qui appartient tout ce qui est dans les cieux et tout ce qui est sur la terre. Et louange à Lui dans l'au-delà. Et c'est Lui le Sage, le Parfaitement Connaisseur.

34:2 Il sait qui pénètre en terre et qui en sort, ce qui descend du ciel et ce qui y remonte. Et c'est Lui le Miséricordieux, le Pardonneur.

34:3 Ceux qui ne croient pas disent: ‹L'Heure de nous viendra pas›. Dis: ‹Par mon Seigneur! Très certainement, elle vous viendra. [Mon Seigneur] le Connaisseur de l'Inconnaissable. Rien ne Lui échappe fût-il du poids d'un atome dans les cieux, comme sur la terre. Et rien n'existe de plus petit ni de plus grand, qui ne soit inscrit dans un Livre explicite.

34:4 afin qu'Il récompense ceux qui croient et accomplissent les bonnes oeuvres. Pour ceux-ci, il y aura un pardon et un don généreux.

34:5 Et ceux qui s'efforcent de rendre vains Nos versets, ceux-là auront le châtiment d'un supplice douloureux.

34:6 Et ceux à qui le savoir a été donné voient qu'on t'a fait descendre de la part de ton Seigneur est la vérité qui guide au chemin du Tout Puissant, du Digne de Louange.

34:7 Et ceux qui ne croient pas dirent: ‹Voulez-vous que l'on vous montre un homme qui vous prédise que lorsque vous serez complètement désintégrés, vous reparaîtrez, sans nul doute, en une nouvelle création?

34:8 Invente-t-il un mensonge contre Allah? ou bien est-il fou?› [Non], mais ceux qui ne croient pas en l'au-delà sont voués au châtiment et à l'égarement lointain.

34:9 Ne voient-ils donc pas ce qu'il y a comme ciel et comme terre devant et derrière eux? Si Nous voulions, Nous ferions au la terre les engloutisse, ou que des morceaux du ciel tombent sur eux. Il y a en cela une preuve pour tout serviteur repentant.

34:10 Nous avons certes accordé une grâce à David de notre part. Ô montagnes et oiseaux, répétez avec lui (les louanges d'Allah). Et pour lui, Nous avons amolli le fer.

34:11 (en lui disant): ‹Fabrique des cottes de mailles complètes et mesure bien les mailles›. Et faites le bien. Je suis Clairvoyant sur ce que vous faites.

34:12 Et à Salomon (Nous avons assujetti) le vent, dont le parcours du matin équivaut à un mois (de marche) et le parcours du soir, un mois aussi. Et pour lui nous avons fait couler la source de cuivre. Et parmi les djinns il y en a qui travaillaient sous ses ordres, par permission de son Seigneur. Quiconque d'entre eux, cependant, déviait de Notre ordre, Nous lui faisions goûter le châtiment de la fournaise.

34:13 Ils exécutaient pour lui ce qu'il voulait: sanctuaires, statues, plateaux comme des bassin et marmites bien ancrées. ‹Ô famille de David, oeuvrez par gratitude›, alors qu'il y a peu de Mes serviteurs qui sont reconnaissants.

34:14 Puis, quand Nous décidâmes sa mort, il n'y eut pour les avertir de sa mort que ‹la bête de terre›, qui rongea sa canne. Puis lorsqu'il s'écroula, il apparut de toute évidence aux djinns que s'ils savaient vraiment l'inconnu, ils ne seraient pas restés dans le supplice humiliant [de la servitude].

34:15 Il y avait assurément, pour la tribu de Saba un Signe dans leurs habitats; deux jardin, l'un à droit et l'autre à gauche. ‹Mangez de ce que votre Seigneur vous a attribué, et soyez Lui reconnaissants: une bonne contrée et un Seigneur Pardonneur›.

34:16 Mais ils se détournèrent. Nous déchaînâmes contre eux l'inondation du Barrage, et leur changeâmes leurs deux jardins en deux jardins aux fruits amers, tamaris et quelques jujubiers.

34:17 Ainsi les rétribuâmes Nous pour leur mécréance. Saurions-Nous sanctionner un autre que le mécréant?

34:18 Et Nous avions placé entre eux et les cités que Nous avions bénies, d'autres cités proéminentes, et Nous avions évalué les étapes de voyage entre elles. ‹Voyagez entre elles pendant des nuits et des jours, en sécurité›.

34:19 Puis ils dirent: ‹Seigneur, allonge les distances entre nos étapes›, et ils se firent du tort à eux mêmes. Nous fîmes d'eux, donc, des sujets de légendes et les désintégrâmes totalement. Il y a en cela des avertissements pour tous grand endurant et grand reconnaissant.

34:20 Et Satan a très certainement rendu véridique sa conjecture à leur égard. Ils l'ont suivi donc, sauf un groupe parmi les croyants.

34:21 Et pourtant il n'avait sur eux aucun pouvoir si ce n'est que Nous voulions distinguer celui qui croyait en l'au-delà et celui qui doutait. Ton Seigneur, cependant, assure la sauvegarde de toute chose.

34:22 Dis: ‹Invoquez ceux qu'en dehors d'Allah vous prétendez [être des divinités]. Ils ne possèdent même pas le poids d'un atome, ni dans les cieux ni sur la terre. Ils n'ont jamais été associés à leur création et Il n'a personne parmi eux pour Le soutenir›.

34:23 L'intercession auprès de Lui ne profite qu'à celui qui en faveur duquel Il la permet. Quand ensuite la frayeur se sera éloignée de leurs coeurs, ils diront : ‹Qu'a dit votre Seigneur?› Ils répondront: ‹La Vérité; C'est Lui le Sublime, le Grand›.

34:24 Dis: ‹Qui vous nourrit du ciel et de la terre?› Dis: ‹Allah. C'est nous ou bien vous qui sommes sur une bonne voie, ou dans un égarement manifeste›.

34:25 Dis: ‹Vous ne serez pas interrogés sur les crimes que nous avons commis, et nous ne serons pas interrogés sur ce que vous faites›.

34:26 Dis: ‹Notre Seigneur nous réunira, puis Il tranchera entre nous, avec la vérité, car c'est Lui le Grand Juge, l'Omniscient›.

34:27 Dis: ‹Montrez-moi ceux que vous Lui avez donnés comme associés. Eh bien, non! C'est plutòt Lui, Allah, le Puissant, le Sage›.

34:28 Et Nous ne t'avons envoyé qu'en tant qu'annonciateur et avertisseur pour toute l'humanité. Mais la plupart des gens ne savent pas.

34:29 Et ils disent: ‹A quand cette promesse, si vous êtes véridiques?›.

34:30 Dis: ‹Le rendez-vous est pour un jour que vous ne saurez retarder d'une heure, ni avancer!›.

34:31 Et ceux qui avaient mécru dirent: ‹Jamais nous ne croirons à ce Qur'an ni à ce qui l'a précédé›. Et si tu pouvais voir les injustes seront debout devant leur Seigneur, se renvoyant la parole les uns aux autres! Ceux que l'on considérait comme faibles diront à ceux qui s'enorgueillissaient: ‹Sans vous, nous aurions certes été croyants›.

34:32 Ceux qui s'enorgueillissaient diront à ceux qu'ils considéraient comme faibles: ‹Est-ce nous qui vous avons repoussés de la bonne direction après qu'elle vous fut venue? Mais vous étiez plutòt des criminels›.

34:33 Et ceux que l'on considérait comme faibles diront à ceux qui s'enorgueillissaient: ‹C'était votre stratagème, plutòt, nuit et jours, de nous commander de ne pas croire en Allah et de Lui donner des égaux›. Et ils cacheront leur regret quand ils verront le châtiment. Nous placerons des carcans aux cous de ceux qui ont mécru: les rétribuerait-on autrement que selon ce qu'ils oeuvraient?›

34:34 Et Nous n'avons envoyé aucun avertisseur dans une cité sans que ses gens aisés n'aient dit: ‹Nous ne croyons pas au message avec lequel vous êtes envoyés›.

34:35 Et ils dirent: ‹Nous avons d'avantage de richesses et d'enfants et nous ne serons pas châtiés›.

34:36 Dis: ‹Mon Seigneur dispense avec largesse ou restreint Ses dons à qui Il veut. Mais la plupart des gens ne savent pas›.

34:37 Ni vos biens ni vos enfants ne vous rapprocherons à proximité de Nous. Sauf celui qui croit et oeuvre dans le bien. Ceux-là auront une double récompense pour ce qu'ils oeuvraient, tandis qu'ils seront en sécurités, aux étages supérieurs (du Paradis).

34:38 Et quant à ceux qui s'efforcent à rendre Nos versets inefficient, ceux-là seront forcés de se présenter au châtiment.

34:39 Dis: ‹Mon Seigneur dispense avec largesse ou restreint Ses dons à ce qui Il veut parmi Ses serviteurs. Et toute dépense que vous faites [dans le bien], Il la remplace, et c'est Lui le Meilleur des donateurs›.

34:40 Et un jour Il les rassemblera tous. Puis Il dira aux Anges: ‹Est-ce vous que ces gens-là adoraient?›.

34:41 Ils diront: ‹Gloire à Toi! Tu es notre Allié en dehors d'eux. Ils adoraient plutòt les djinns, en qui la plupart d'entre eux croyaient.

34:42 Ce jour-là donc, vous n'aurez aucun moyen pour profiter ou nuire les uns aux autres, tandis que Nous dirons aux injustes: ‹Goûtez au châtiment du Feu que vous traitiez de mensonge›.

34:43 Et quand Nos versets édifiants leur sont récités, ils disent: ‹Ce n'est là qu'un homme qui veut vous repousser de ce que vos ancêtres adoraient›. Et ils disent: ‹Ceci (Le Qur'an) n'est qu'un mensonge inventé›. Et ceux qui ne croient pas disent de la Vérité quand elle leur vient: ‹Ce n'est là qu'une magie évidente!›.

34:44 [Pourtant] Nous ne leurs avons pas donné de livres à étudier. Et Nous ne leur avons envoyés avant toi aucun avertisseur.

34:45 Ceux d'avant eux avaient [aussi] démenti (leurs messagers). [Les Mecquois] n'ont pas atteint le dixième de ce que Nous leur avons donné [en force et en richesse]. Ils traitaient Mes Messagers de menteurs. Et quelle réprobation fut la mienne!

34:46 Dis: ‹Je vous exhorte seulement à une chose: que pour Allah vous vous leviez, par deux ou isolément, et qu'ensuite vous réfléchissiez. Votre compagnon (Muhammad) n'est nullement possédé: il n'est pour vous qu'un avertisseur annonçant un dur châtiment›.

34:47 Dis: ‹Ce que je vous demande comme salaire, c'est pour vous- mêmes. Car mon salaire n'incombe qu'à Allah. Il est Témoin de toute chose›.

34:48 Dis: ‹Certes, mon Seigneur lance la Vérité, [à Ses messagers]. Il est Parfait Connaisseur des inconnaissables›.

34:49 Dis: ‹La Vérité [l'Islam] est venue. Et le Faux [la mécréance] ne peut rien commencer ni renouveler›.

34:50 Dis: ‹Si je m'égare, je ne m'égare qu'à mes dépens; tandis que si je me guide, alors c'est grâce à ce que Mon Seigneur m'a révèle, car Il est Audient et Proche›.

34:51 Si tu voyais quand ils seront saisis de peur, - pas d'échappatoires pour eux, - et ils seront saisis de près!

34:52 Ils diront alors: ‹Nous croyons en lui›, - Mais comment atteindront-ils la foi de si loin?

34:53 alors qu'auparavant ils y avaient effectivement mécru et ils offensent l'inconnu à partir d'un endroit éloignés !

34:54 On les empêchera d'atteindre ce qu'ils désirent, comme cela fut fait auparavant avec leurs semblables, car ils se trouvaient dans un doute profond.

35. Le Crèateur (Fatir)
Au nom d'Allah, le Tout Miséricordieux, le Très Miséricordieux.

35:1 Louange à Allah, Créateur des cieux et de la terre, qui a fait des Anges des messagers dotés de deux, trois, ou quatre ailes. Il ajoute à la création ce qu'Il veut, car Allah est Omnipotent.

35:2 Ce qu'Allah accorde en miséricorde aux gens, il n'est personne à pouvoir le retenir. Et ce qu'Il retient, il n'est personne à le relâcher après Lui. Et c'est Lui le Puissant, le Sage.

35:3 Ô hommes! Rappelez-vous le bienfait d'Allah sur vous: existe-t-il en dehors d'Allah, un créateur qui du ciel et de la terre vous attribue votre subsistance? Point de divinité à part Lui! Comment pouvez-vous vous détourner [de cette vérité]?

35:4 Et s'ils te traitent de menteur, certes on a traité de menteurs des Messagers avant toi. Vers Allah cependant, tout est ramené.

35:5 Ô hommes! La promesse d'Allah est vérité. Ne laissez pas la vie présente vous tromper, et que le grand trompeur (Satan) ne vous trompe pas à propos d'Allah.

35:6 Le Diable est pour vous un ennemi. Prenez-le donc pour un ennemi. Il ne fait qu'appeler ses partisans pour qu'ils soient des gens de la Fournaise.

35:7 Ceux qui ont mécru auront un dur châtiment, tandis que ceux qui croient et accomplissent les bonnes oeuvres auront un pardon et une grosse récompense.

35:8 Et quoi! Celui à qui on a enjolivé sa mauvaise action au point qu'il la voit belle...? - Mais Allah égare qui Il veut, et guide qui Il veut - Que ton âme ne se répande donc pas en regrets pour eux: Allah est Parfaitement Savant de ce qu'ils fabriquent.

35:9 Et c'est Allah qui envoie les vents qui soulèvent un nuage que Nous poussons ensuite vers une contrée morte; puis, Nous redonnons la vie à la terre après sa mort. C'est ainsi que se fera la Résurrection.

35:10 Quiconque veut la puissance (qu'il la cherche auprès d'Allah) car la puissance tout entière est à Allah: vers Lui monte la bonne parole, et Il élève haut la bonne action. Et quand à ceux qui complotent de mauvaises actions, ils auront un dur châtiment. Cependant leur stratagème est voué à l'échec.

35:11 Et Allah vous a créés de terre, puis d'une goutte de sperme, Il vous a ensuite établis en couples. Nulle femelle ne porte ni ne met pas sans qu'Il le sache. Et aucune existence n'est prolongée ou abrégée sans que cela soit consigné dans un livre. Cela est vraiment facile pour Allah.

35:12 Les deux mers ne sont pas identiques: [l'eau de] celle-ci est potable, douce et agréable à boire, et celle-là est salée, amère. Cependant de chacune vous mangez une chair fraîche, et vous extrayez un ornement que vous portez. Et tu vois le vaisseau fendre l'eau avec bruit, pour que vous cherchiez certains [de produits] de Sa grâce. Peut-être serez vous reconnaissants.

35:13 Il fait que la nuit pénètre le jour et que le jour pénètre la nuit. Et Il a soumis le soleil à la lune. Chacun d'eux s'achemine vers un terme fixé. Tel est Allah, votre Seigneur: à Lui appartient la royauté, tandis que ceux que vous invoquez, en dehors de Lui, ne sont même pas maîtres de la pellicule d'un noyau de datte.

35:14 Si vous les invoquez, ils n'entendent pas votre invocation; et même s'ils entendaient, ils ne sauraient vos répondre. Et le jour du Jugement ils vont nier votre association. Nul ne peut te donner des nouvelles comme Celui qui est parfaitement informé.

35:15 Ô hommes, vous êtes les indigents ayant besoin d'Allah, et c'est Allah, Lui qui se dispense de tout et Il est Le Digne de louange.

35:16 S'Il voulait, Il vous ferait disparaître, et ferait surgir une nouvelle création.

35:17 Et cela n'est point difficile pour Allah.

35:18 Or, personne ne portera le fardeau de l'autrui. Et si une âme surchargée [de péchés] appelle à l'aide, rien de sa charge ne sera supporté par une autre même si c'est un proche parent. Tu n'avertis en fait, que ceux qui craignent leur Seigneur malgré qu'ils ne Le voient pas, et qui accomplissent la Salat. Et quiconque se purifie, ne se purifie que pour lui-même, et vers Allah est la destination.

35:19 L'aveugle et celui qui voit ne sont pas semblables.

35:20 ni les ténèbres et la lumière.

35:21 ni l'ombre et la chaleur ardente.

35:22 De même, ne sont pas semblables les vivants et les morts. Allah fait entendre qu'Il veut, alors que toi [Muhammad], tu ne peux faire entendre ceux qui sont dans les tombeaux.

35:23 Tu n'est qu'un avertisseur.

35:24 Nous t'avons envoyé avec la Vérité en tant qu'annonciateur et avertisseur, Il n'est pas une nation qui n'ait déjà eu un avertisseur.

35:25 Et s'ils te traitent de menteur, eh bien, ceux d'avant eux avaient traité (leurs Messagers) de menteurs, cependant que leurs Messagers leur avaient apporté les preuves, les Ecrits et le Livre illuminant.

35:26 Puis j'ai saisi ceux qui ont mécru. Et quelle réprobation fut la Mienne.

35:27 N'as-tu pas vu que, du ciel, Allah fait descendre l'eau? Puis nous en faisons sortir des fruits de couleurs différentes. Et dans les montagnes, il y a des sillons blancs et rouges, de couleurs différentes, et des roches excessivement noires.

35:28 Il y a pareillement des couleurs différentes, parmi les hommes, les animaux et les bestiaux. Parmi Ses serviteurs, seuls les savants craignent Allah. Allah est, certes, Puissant et Pardonneur.

35:29 Ceux qui récitent le Livre d'Allah, accomplissent la Salat, et dépensent, en secret et en public de ce que Nous leur avons attribué, espèrent ainsi faire une commerce qui ne périra jamais.

35:30 afin [qu'Allah] les récompensent pleinement et leur ajoute Sa grâce. Il est Pardonneur et Reconnaissant.

35:31 Et ce que Nous t'avons révélé du Livre est la Vérité confirmant ce qui l'a précédé. Certes Allah est Parfaitement Connaisseur et Clairvoyant sur Ses serviteurs.

35:32 Ensuite, Nous fîmes héritiers du Livre ceux qui de Nos serviteurs que Nous avons choisis. Il en est parmi eux qui font du tort à eux-mêmes, d'autres qui se tiennent sur une voie moyenne, et d'autres avec la permission d'Allah devancent [tous les autres] par les bonnes actions; telle est la grâce infinie.

35:33 Les jardin d'Eden où ils entreront, parés de bracelets en or ainsi que de perles; et là, leurs vêtements sont de soie.

35:34 Et ils diront: ‹Louange à Allah qui a écarté de nous l'affliction. Notre Seigneur est certes Pardonneur et Reconnaissant.

35:35 C'est Lui qui nous a installés, par Sa grâce, dans la Demeure de la stabilité, où nulle fatigue, nulle lassitude ne nous touchent›.

35:36 Et ceux qui ont mécru auront le feu de l'Enfer: on ne les achève pas pour qu'ils meurent; on ne leur allège rien de ses tourments. C'est ainsi que Nous récompensons tout négateur obstiné.

35:37 Et là, ils hurleront: ‹Seigneur, fais-nous sortir; nous ferons le bien, contrairement à ce que nous faisions›. ‹Ne vous avons-Nous pas donné une vie assez longue pour que celui qui réfléchit réfléchisse? L'avertisseur, cependant, vous était venu. Et bien, goûtez (votre punition). Car pour les injustes, il n'y a pas de secoureur›.

35:38 Allah connaît l'Inconnaissable dans les cieux et la terre. Il connaît le contenu des poitrines.

35:39 C'est Lui qui a fait de vous des successeurs sur terre. Quiconque mécroît, sa mécréance retombera sur lui. Leur mécréance n'ajoute aux mécréants qu'opprobre auprès de leur Seigneur. Leur mécréance n'ajoute que perte aux mécréants.

35:40 Dis: ‹Voyez-vous vos associés que vous invoquez en dehors d'Allah? Montrez-moi ce qu'ils ont créé de la terre. Ont-ils été associés à la création des cieux? Ou leur avons-Nous apporté un Livre qui contiene des preuves [pour ce qu'ils font?]› Non! Mais ce n'est qu'en tromperie que des injustes se font des promesses les uns aux autres.

35:41 Allah retient les cieux et la terre pour qu'ils ne s'affaissent pas. Et s'ils s'affaissaient, nul autre après Lui ne pourra les retenir. Il est Indulgent et Pardonneur.

35:42 Et ils ont juré solennellement par Allah, que si un avertisseur leur venait, ils seraient certes mieux guidés que n'importe quelle autre communauté. Puis quand un avertisseur (Muhammad) leur est venu, cela n'a fait qu'accroître leur répulsion.

35:43 Par orgueil sur terre et par manoeuvre perfide. Cependant, la manoeuvre perfide n'enveloppe que ses propres auteurs. Attendent-ils donc un autre sort que celui des Anciens? Or, jamais tu ne trouvera de changement dans la règle d'Allah, et jamais tu ne trouvera de déviation dans la règle d'Allah.

35:44 N'ont-ils donc jamais parcouru la terre pour voir ce qu'il est advenu de ceux qui vécurent avant eux et qui étaient plus puissants qu'eux? Et rien, dans les cieux ni sur terre ne saurait réduire l'autorité d'Allah. Car il est certes Omniscient, Omnipotent.

35:45 Et si Allah s'en prenait aux gens pour ce qu'ils acquièrent. Il ne laisserait à la surface [de la terre] aucun être vivant. Mais Il leur donne un délais jusqu'à un terme fixé. Puis quand leur terme viendra... (Il se saisira d'eux) car Allah est Très Clairvoyant sur Ses serviteurs.

36. Ya-Sin (Ya-Sin)
Au nom d'Allah, le Tout Miséricordieux, le Très Miséricordieux.

36:1 Ya-Sin.

36:2 Par le Qur'an plein de sagesse.

36:3 Tu (Muhammad) est certes du nombre des messagers.

36:4 sur un chemin droit.

36:5 C'est une révélation de la part du Tout-Puissant, du Très Miséricordieux.

36:6 Pour que tu avertisses un peuple dont les ancêtres n'ont pas été avertis: ils sont donc insouciants.

36:7 En effet, la Parole contre la plupart d'entre eux s'est réalisée: ils ne croiront donc pas.

36:8 Nous mettrons des carcans à leurs cous, et il y en aura jusqu'aux mentons: et voilà qu'ils iront têtes dressées.

36:9 et Nous mettrons une barrière devant eux et une barrière derrière eux; Nous les recouvrirons d'un voile: et voilà qu'ils ne pourront rien voir.

36:10 Cela leur est égal que tu les avertisses et que tu ne les avertisses pas: ils ne croiront jamais.

36:11 Tu avertis seulement celui qui suit le Rappel (le Qur'an), et craint le Tout Miséricordieux, malgré qu'il ne Le voit pas. Annonce-lui un pardon et une récompense généreuse.

36:12 C'est Nous qui ressuscitons les morts et écrivons ce qu'ils ont fait [pour l'au-delà] ainsi que leurs traces. Et Nous avons dénombré toute chose dans un registre explicite.

36:13 Donne-leur comme exemple les habitants de la cité, quand lui vinrent les envoyés..

36:14 Quand Nous leur envoyâmes deux [envoyés] et qu'ils les traitèrent de menteurs. Nous [les] renforçâmes alors par un troisième et ils dirent : ‹Vraiment, nous sommes envoyés à vous›.

36:15 Mais ils [les gens] dirent: ‹Vous n'êtes que des hommes comme nous. Le Tout Miséricordieux n'a rien fait descendre et vous ne faites que mentir›.

36:16 Ils [les messagers] dirent: ‹Notre Seigneur sait qu'en vérité nous sommes envoyés à vous.

36:17 et il ne nous incombe que de transmettre clairement (notre message).›

36:18 Ils dirent: ‹Nous voyons en vous un mauvais présage. Si vous ne cessez pas, nous vous lapideront et un douloureux châtiment de notre part vous touchera›.

36:19 Ils dirent: ‹Votre mauvais présage est avec vous- mêmes›. Est-ce que (c'est ainsi que vous agissez) quand on vous [le] rappelle? Mais vous êtes des gens outranciers!›.

36:20 Et du bout de la ville, un homme vint en toute hâte et il dit: ‹Ô mon peuple, suivez les messagers:

36:21 suivez ceux qui ne vous demandent aucun salaire et qui sont sur la bonne voie.

36:22 et qu'aurais-je à ne pas adorer Celui qui m'a crée? Et c'est vers Lui que vous serez ramenés.

36:23 Prendrais-je en dehors de Lui des divinités? si le Tout Miséricordieux me veut du mal, leur intercession de me servira à rien et ils ne me sauveront pas.

36:24 Je serais alors dans un égarement évident.

36:25 [Mais] je crois en votre Seigneur, Ecoutez-moi donc›.

36:26 Alors il [lui] fut dit: ‹Entre au Paradis›. Il dit: ‹Ah si seulement mon peuple savait!

36:27 ... en raison de quoi mon Seigneur m'a pardonné et mis au nombre des honorés›.

36:28 Et après lui Nous ne fîmes descendre du ciel aucune armée. Nous ne voulions rien faire descendre sur son peuple.

36:29 Ce ne fut qu'un seul Cri et les voilà éteints.

36:30 Hélas pour les esclaves [les humains]! Jamais il ne leur vient de messager sans qu'ils ne s'en raillent.

36:31 Ne voient-ils pas combien de générations avant eux Nous avons fait périr? Lesquelles ne retourneront jamais parmi eux.

36:32 Et tous sans exception comparaîtront devant Nous.

36:33 Une preuve pour eux est la terre morte, à laquelle Nous redonnons la vie, et d'où Nous faisons sortir des grains dont ils mangent.

36:34 Nous y avons mis des jardins de palmiers et de vignes et y avons fait jaillir des sources,

36:35 afin qu'ils mangent de Ses fruits et de ce que leurs mains ont produit. Ne seront-ils pas reconnaissants?

36:36 Louange à Celui qui a créé tous les couples de ce que la terre fait pousser, d'eux-mêmes, et de ce qu'ils ne savent pas!

36:37 Et une preuve pour eux est la nuit. Nous en écorchons le jour et ils sont alors dans les ténèbres.

36:38 et le soleil court vers un gîte qui lui est assigné; telle est la détermination du Tout-Puissant, de l'Omniscient.

36:39 Et la lune, Nous lui avons déterminé des phases jusqu'à ce qu'elle devienne comme la palme vieillie.

36:40 Le soleil ne peut rattraper la lune, ni la nuit devancer le jour; et chacun vogue dans une orbite.

36:41 Et un (autre) signe pour eux est que Nous avons transporté leur descendance sur le bateau chargé;

36:42 et Nous leur créâmes des semblables sur lesquels ils montent.

36:43 Et si Nous le voulons, Nous les noyons; pour eux alors, pas de secoureur et ils ne seront pas sauvés,

36:44 sauf par une miséricorde de Notre part, et à titre de jouissance pour un temps.

36:45 Et quand on leur dit: ‹Craignez ce qu'il y a devant vous et ce qu'il y a derrière vous afin que vous ayez la miséricorde› !...

36:46 Or, pas une preuve ne leur vient, parmi les preuves de leur Seigneur sans qu'ils ne s'en détournent.

36:47 Et quand on leur dit: ‹Dépensez de ce qu'Allah vous a attribué›, ceux qui ont mécru disent à ceux qui ont cru: ‹Nourrirons- nous quelqu'un qu'Allah aurait nourri s'Il avait voulu? Vous n'êtes que dans un égarement évident›.

36:48 Et ils disent: ‹A quand cette promesse si vous êtes véridiques?›

36:49 Ils n'attendent qu'un seul Cri qui les saisira alors qu'ils seront en train de disputer.

36:50 Ils ne pourront donc ni faire de testament, ni retourner chez leurs familles.

36:51 Et on soufflera dans la Trompe, et voilà que, des tombes, ils se précipiteront vers leur Seigneur,

36:52 en disant: ‹Malheur à nous! Qui nous a ressuscités de là ou nous dormions?› C'est ce que le Tout Miséricordieux avait promis; et les Messagers avaient dit vrai.

36:53 Ce ne sera qu'un seul Cri, et voilà qu'ils seront tous amenés devant Nous.

36:54 Ce jour-là, aucune âme ne sera lésée en rien. Et vous ne serez rétribués que selon ce que vous faisiez.

36:55 Les gens du Paradis seront, ce jour-là, dans une occupation qui les remplit de bonheur;

36:56 eux et leurs épouses sont sous des ombrages, accoudés sur les divans.

36:57 Là ils auront des fruits et ils auront ce qu'ils réclameront,

36:58 ‹Salam› [paix et salut]! Parole de la part d'un Seigneur Très Miséricordieux.

36:59 ‹Ô injustes! Tenez-vous à l'écart ce jour- là!

36:60 Ne vous ai-Je pas engagés, enfants d'Adam, à ne pas adorer le Diable? Car il est vraiment pour vous un ennemi déclaré,

36:61 et [ne vous ai-Je pas engagés] à M'adorer? Voilà un chemin bien droit.

36:62 Et il a très certainement égaré un grand nombre d'entre vous. Ne raisonniez-vous donc pas?

36:63 Voici l'Enfer qu'on vous promettait.

36:64 Brûlez-y aujourd'hui, pour avoir mécru›.

36:65 Ce jour-là, Nous scellerons leurs bouches, tandis que leurs mains Nous parleront et que leurs jambes témoigneront de ce qu'ils avaient accompli.

36:66 Et si Nous voulions, Nous effacerions leurs yeux et ils courront vers le chemin. Mais comment alors pourront-ils voir?

36:67 Et si Nous voulions, Nous les métamorphoserions sur place; alors ils ne sauront ni avancer ni revenir.

36:68 A quiconque Nous accordons une longue vie, Nous faisons baisser sa forme. Ne comprendront-ils donc pas?

36:69 Nous ne lui (à Muhammad) avons pas enseigné la poésie; cela ne lui convient pas non plus. Ceci n'est qu'un rappel et une Lecture [Qur'an] claire,

36:70 pour qu'ils avertisse celui qui est vivant et que la Parole se réalise contre les mécréants.

36:71 Ne voient-ils donc pas que, parmi ce que Nos mains ont fait, Nous leur avons créé des bestiaux dont ils sont propriétaires;

36:72 et Nous les leurs avons soumis; certains leur servent de monture et d'autre de nourriture;

36:73 et ils en retirent d'autres utilités et des boissons. Ne seront-ils donc pas reconnaissants?

36:74 Et ils adoptèrent des divinités en dehors d'Allah, dans l'espoir d'être secourus...

36:75 Celles-ci ne pourront pas les secourir, elles formeront au contraire une armée dressée contre eux.

36:76 Que leurs paroles ne t'affligent donc pas! Nous savons ce qu'ils cachent et ce qu'ils divulguent.

36:77 L'homme ne voit-il pas que Nous l'avons créé d'une goutte de sperme? Et le voilà [devenu] un adversaire déclaré!

36:78 Il cite pour Nous un exemple, tandis qu'il oublie sa propre création; il dit: ‹Qui va redonner la vie à des ossements une fois réduits en poussière?›

36:79 Dis: ‹Celui qui les a créés une première fois, leur redonnera la vie. Il Se connaît parfaitement à toute création;

36:80 c'est Lui qui, de l'arbre vert, a fait pour vous du feu, et voilà que de cela vous allumez.

36:81 Celui qui a créé les cieux et la terre ne sera-t-Il pas capable de créer leur pareil? Oh que si! et Il est le grand Créateur, l'Omniscient.

36:82 Quand Il veut une chose, Son commandement consiste à dire: ‹Sois›, et c'est.

36:83 Louange donc, à Celui qui détient en sa main la royauté sur toute chose! Et c'est vers Lui que vous serez ramenés.

37. Les rangés (As-Saffat)
Au nom d'Allah, le Tout Miséricordieux, le Très Miséricordieux.

37:1 Par ceux qui sont rangés en rangs.

37:2 Par ceux qui poussent (les nuages) avec force.

37:3 Par ceux qui récitent, en rappel:

37:4 ‹Votre Dieu est en vérité unique,

37:5 le Seigneur des cieux et de la terre et de ce qui existe entre eux et Seigneur des Levants›.

37:6 Nous avons décoré le ciel le plus proche d'un décor: les étoiles,

37:7 afin de le protéger contre tout diable rebelle.

37:8 Ils ne pourront être à l'écoute des dignitaires suprêmes [les Anges]; car ils seront harcelés de tout côté,

37:9 et refoulés. Et ils auront un châtiment perpétuel.

37:10 Sauf celui qui saisit au vol quelque [information]; il est alors pourchassé par un météore transperçant.

37:11 Demande-leur s'ils sont plus difficiles à créer que ceux que Nous avons créés? Car Nous les avons créés de boue collante !

37:12 Mais tu t'étonnes, et ils se moquent!

37:13 Et quand on le leur rappelle (le Qur'an), ils ne se rappellent pas;

37:14 et quand ils voient un prodige, ils cherchent à s'en moquer,

37:15 et disent: ‹Ceci n'est que magie évidente.

37:16 Lorsque nous serons morts et que nous deviendrons poussière et ossements, serons-nous ressuscités?

37:17 ainsi que nos premiers ancêtres?›

37:18 Dis: ‹Oui! et vous vous humilierez›.

37:19 Il n'y aura qu'un seul Cri, et voilà qu'ils regarderont,

37:20 et ils diront: ‹Malheur à nous! c'est le jour de la Rétribution›.

37:21 ‹C'est le jour du Jugement que vous traitiez de mensonge›.

37:22 ‹Rassemblez les injustes et leurs épouses et tout ce qu'ils adoraient,

37:23 en dehors d'Allah. Puis conduisez-les au chemin de la Fournaise.

37:24 Et arrêtez-les: car ils doivent être interrogés›.

37:25 ‹Pourquoi ne vous portez-vous pas secours mutuellement›?

37:26 Mais ce jour-là, ils seront complètement soumis,

37:27 et les uns se tourneront vers les autres s'interrogeant mutuellement;

37:28 Ils diront: ‹C'est vous qui nous forciez (à la mécréance)›.

37:29 ‹C'est vous plutòt (diront les chefs) qui ne vouliez pas croire.

37:30 Et nous n'avions aucun pouvoir sur vous. C'est vous plutòt qui étiez des gens transgresseurs.

37:31 La parole de notre Seigneur s'est donc réalisée contre nous; certes, nous allons goûter [au châtiment].

37:32 ‹Nous vous avons induits en erreur car, en vérité, nous étions égarés nous-mêmes›.

37:33 Ce jour-là donc, ils seront tous associés dans le châtiment.

37:34 Ainsi traitons-Nous les criminels.

37:35 Quand on leur disait: ‹Point de divinité à part Allah›, ils se gonflaient d'orgueil,

37:36 et disaient: ‹Allons-nous abandonner nos divinités pour un poète fou?›

37:37 Il est plutòt venu avec la vérité et il a confirmé les messagers (précédents),

37:38 Vous allez certes, goûter au châtiment douloureux.

37:39 Et vous ne serez rétribués que selon ce que vous oeuvriez,

37:40 sauf les serviteurs élus d'Allah,

37:41 Ceux-là auront une rétribution bien connue:

37:42 des fruits, et ils seront honorés,

37:43 dans les Jardins du délice,

37:44 sur des lits, face à face.

37:45 On fera circuler entre eux une coupe d'eau remplie à une source

37:46 blanche, savoureuse à boire,

37:47 Elle n'offusquera point leur raison et ne les enivrera pas.

37:48 Et Ils auront auprès d'eux des belles aux grandes yeux, au regard chaste,

37:49 semblables au blanc bien préservé de l'oeuf.

37:50 Puis les uns se tourneront vers les autres s'interrogeant mutuellement.

37:51 L'un d'eux dira: ‹J'avais un compagnon

37:52 qui disait: ‹Es-tu vraiment de ceux qui croient?

37:53 Est-ce que quand nous mourrons et serons poussière et ossements, nous aurons à rendre des comptes?›

37:54 Il dira: ‹Est-ce que vous voudriez regarder d'en haut?›

37:55 Alors il regardera d'en haut et il le verra en plein dans la Fournaise,

37:56 et dira: ‹Par Allah! Tu as bien failli causer ma perte!

37:57 et sans le bienfait de mon Seigneur, j'aurais certainement été du nombre de ceux qu'on traîne [au supplice].

37:58 N'est-il pas vrai que nous ne mourrons

37:59 que de notre première mort et que nous ne serons pas châtiés?›

37:60 C'est cela, certes, le grand succès.

37:61 C'est pour une chose pareille que doivent oeuvrer ceux qui oeuvrent.

37:62 Est-ce que ceci est meilleur comme séjour, ou l'arbre de Zaqqoum ?

37:63 Nous l'avons assigné en épreuve aux injustes.

37:64 C'est un arbre qui sort du fond de la Fournaise.

37:65 Ses fruits sont comme des têtes de diables.

37:66 Ils doivent certainement en manger et ils doivent s'en remplir le ventre.

37:67 Ensuite ils auront par-dessus une mixture d'eau bouillante.

37:68 Puis leur retour sera vers la Fournaise.

37:69 C'est qu'ils ont trouvé leurs ancêtres dans l'égarement,

37:70 et les voilà courant sur leurs traces.

37:71 En effet, avant eux, la plupart des anciens se sont égarés.

37:72 Et Nous avions certes envoyé parmi eux des avertisseurs.

37:73 Regarde donc ce qu'il est advenu de ceux qui ont été avertis!

37:74 Exception faite des élus, parmi les serviteurs d'Allah:

37:75 Noé, en effet, fit appel à Nous qui sommes le Meilleur Répondeur (qui exauce les prières).

37:76 Et Nous le sauvâmes, lui et sa famille, de la grande angoisse,

37:77 et Nous fîmes de sa descendance les seuls survivants.

37:78 et Nous avons perpétué son souvenir dans la postérité,

37:79 Paix sur Noé dans tout l'univers!

37:80 Ainsi récompensons-Nous les bienfaisants.

37:81 Il était, certes, un de Nos serviteurs croyants.

37:82 Ensuite Nous noyâmes les autres.

37:83 Du nombre de ses coreligionnaires, certes, fut Abraham.

37:84 Quand il vint à son Seigneur avec un coeur sain.

37:85 Quand il dit à son père et à son peuple: ‹Qu'est-ce que vous adorez?›

37:86 Cherchez-vous, dans votre égarement, des divinités en dehors d'Allah?

37:87 Que pensez-vous du Seigneur de l'univers?›

37:88 Puis, il jeta un regard attentif sur les étoiles,

37:89 et dit: ‹Je suis malade›.

37:90 Ils lui tournèrent le dos et s'en allèrent.

37:91 Alors il se glissa vers leurs divinités et dit: ‹Ne mangez-vous pas?

37:92 Qu'avez-vous à ne pas parler?›

37:93 Puis il se mit furtivement à les frapper de sa main droite.

37:94 Alors [les gens] vinrent à lui en courant.

37:95 Il [leur] dit: ‹Adorez-vous ce que vous-mêmes sculptez,

37:96 alors que c'est Allah qui vous a créés, vous et ce que vous fabriquez?›

37:97 Ils dirent: ‹Qu'on lui construise un four et qu'on le lance dans la fournaise!›

37:98 Ils voulurent lui jouer un mauvais tour; mais ce sont eux que Nous mîmes à bas.

37:99 Et il dit: ‹Moi, je pars vers mon Seigneur et Il me guidera.

37:100 Seigneur, fais-moi don d'une [progéniture] d'entre les vertueux›.

37:101 Nous lui fîmes donc la bonne annonce d'un garçon (Ismaël) longanime.

37:102 Puis quand celui-ci fut en âge de l'accompagner, [Abraham] dit: ‹Ô mon fils, je me vois en songe en train de t'immoler. Vois donc ce que tu en penses›. (Ismaël) dit: ‹Ô mon cher père, fais ce qui t'es commandé: tu me trouveras, s'il plaît à Allah, du nombre des endurants›.

37:103 Puis quand tous deux se furent soumis (à l'ordre d'Allah) et qu'il l'eut jeté sur le front,

37:104 voilà que Nous l'appelâmes ‹Abraham!

37:105 Tu as confirmé la vision. C'est ainsi que Nous récompensons les bienfaisants›.

37:106 C'était là certes, l'épreuve manifeste.

37:107 Et Nous le rançonnâmes d'une immolation généreuse.

37:108 Et Nous perpétuâmes son renom dans la postérité:

37:109 ‹Paix sur Abraham›.

37:110 Ainsi récompensons-Nous les bienfaisants;

37:111 car il était de Nos serviteurs croyants.

37:112 Nous lui fîmes la bonne annonce d'Isaac comme prophète d'entre les gens vertueux.

37:113 Et Nous le bénîmes ainsi que Isaac. Parmi leurs descendances il y a [l'homme] de bien et celui qui est manifestement injuste envers lui-même.

37:114 Et Nous accordâmes certes à Moïse et Aaron des faveurs,

37:115 et les sauvâmes ainsi que leur peuple, de la grande angoisse,

37:116 et les secourûmes, et ils furent eux les vainqueurs.

37:117 Et Nous leur apportâmes le livre explicite

37:118 et les guidâmes vers le droit chemin.

37:119 Et Nous perpétuâmes leur renom dans la postérité:

37:120 ‹Paix sur Moïse et Aaron›

37:121 Ainsi récompensons-Nous les bienfaisants;

37:122 car ils étaient du nombre de Nos serviteurs croyants.

37:123 Elie était, certes, du nombre des Messagers.

37:124 Quand il dit à son peuple: ‹Ne craignez-vous pas [Allah]?›

37:125 Invoquerez-vous Baal (une idole) et délaisserez-vous le Meilleur des créateurs,

37:126 Allah, votre Seigneur et le Seigneur de vos plus anciens ancêtres?›

37:127 Ils le traitèrent de menteur. Et bien, ils seront emmenées (au châtiment).

37:128 Exception faite des serviteurs élus d'Allah.

37:129 Et Nous perpétuâmes son renom dans la postérité:

37:130 ‹Paix sur Elie et ses adeptes›.

37:131 Ainsi récompensons-Nous les bienfaisants,

37:132 car il était du nombre de Nos serviteurs croyants.

37:133 Et Lot. était, certes, du nombre des Messagers.

37:134 Quand Nous le sauvâmes, lui et sa famille, tout entière,

37:135 sauf une vieille femme qui devait disparaître avec les autres,

37:136 Et Nous détruisîmes les autres

37:137 Et vous passez certainement auprès d'eux le matin

37:138 et la nuit. Ne raisonnez-vous donc pas?

37:139 Jonas était certes, du nombre des Messagers.

37:140 Quand il s'enfuit vers le bateau comble,

37:141 Il prit part au tirage au sort qui le désigna pour être jeté [à la mer].

37:142 Le poisson l'avala alors qu'il était blâmable.

37:143 S'il n'avait pas été parmi ceux qui glorifient Allah,

37:144 il serait demeuré dans son ventre jusqu'au jour où l'on sera ressuscité.

37:145 Nous le jetâmes sur la terre nue, indisposé qu'il était.

37:146 Et Nous fîmes pousser au-dessus de lui un plant de courge,

37:147 et l'envoyâmes ensuite (comme prophète) vers cent mille hommes ou plus.

37:148 Ils crurent, et Nous leur donnâmes jouissance de la vie pour un temps.

37:149 Pose-leur donc la question: ‹Ton Seigneur aurait-Il des filles et eux des fils?

37:150 Ou bien avons-Nous créé des Anges de sexe féminin, et en sont-ils témoins?›.

37:151 Certes, ils disent dans leur mensonge:

37:152 ‹Allah a engendré›; mais ce sont certainement des menteurs!

37:153 Aurait-Il choisi des filles de préférence à des fils?

37:154 Qu'avez-vous donc à juger ainsi?

37:155 Ne réfléchissez-vous donc pas?

37:156 Ou avez-vous un argument évident?

37:157 Apportez donc votre Livre si vous êtes véridiques!›

37:158 Et ils ont établi entre Lui et les djinns une parenté, alors que les djinns savent bien qu'ils [les mécréants] vont être emmenés (pour le châtiment).

37:159 Gloire à Allah. Il est au-dessus de ce qu'ils décrivent!

37:160 Exception faite des serviteurs élus d'Allah.

37:161 En vérité, vous et tout ce que vous adorez,

37:162 ne pourrez tenter [personne],

37:163 excepté celui qui sera brûlé dans la Fournaise.

37:164 Il n'y en a pas un, parmi nous, qui n'ait une place connue;

37:165 nous sommes certes, les rangés en rangs;

37:166 et c'est nous certes, qui célébrons la gloire [d'Allah].

37:167 Même s'ils disaient:

37:168 ‹Si nous avions eu un Rappel de [nos] ancêtres,

37:169 nous aurions été certes les serviteurs élus d'Allah!

37:170 Ils y ont mécru et ils sauront bientòt!

37:171 En effet, Notre Parole a déjà été donnée à Nos serviteurs, les Messagers,

37:172 que ce sont eux qui seront secourus,

37:173 et que Nos soldats auront le dessus.

37:174 Eloigne-toi d'eux, jusqu'à un certain temps;

37:175 et observe-les: ils verront bientòt!

37:176 Quoi! est-ce Notre châtiment qu'ils cherchent à hâter?

37:177 Quand il tombera dans leur place, ce sera alors un mauvais matin pour ceux qu'on a avertis!

37:178 Et éloigne-toi d'eux jusqu'à un certain temps;

37:179 et observe; ils verront bientòt!

37:180 Gloire à ton Seigneur, le Seigneur de la puissance. Il est au-dessus de ce qu'ils décrivent!

37:181 Et paix sur les Messagers,

37:182 et louange à Allah, Seigneur de l'univers!

38. Sad (Sad)
Au nom d'Allah, le Tout Miséricordieux, le Très Miséricordieux.

38:1 Sad. Par le Qur'an, au renom glorieux (Zikr) !

38:2 Ceux qui ont mécru sont plutòt dans l'orgueil et le schisme!

38:3 Que de générations avant eux avons-Nous fait périr, qui ont crié, hélas, quand il n'était plus temps d'échapper?

38:4 Et ils (les Mecquois) s'étonnèrent qu'un avertisseur parmi eux leur soit venu, et les infidèles disent: ‹C'est un magicien et un grand menteur,

38:5 Réduira-t-il les divinités à un Seul Dieu? Voilà une chose vraiment étonnante›.

38:6 Et leurs notables partirent en disant: ‹Allez-vous en, et restez constants à vos dieux: c'est là vraiment une chose souhaitable.

38:7 Nous n'avons pas entendu cela dans la dernière religion (le Christianisme); ce n'est en vérité que pure invention!

38:8 Quoi! C'est sur lui, parmi nous, qu'on aurait fait descendre le Rappel [le Qur'an]?› Plutòt ils sont dans le doute au sujet de Mon message. Ou plutòt ils n'ont pas encore goûté à Mon châtiment!

38:9 Ou bien détiennent-ils les trésors de la miséricorde de ton Seigneur, le Puissant, le Dispensateur par excellence.

38:10 Ou bien ont-ils le royaume des cieux et de la terre et de ce qui existe entre eux? Eh bien, qu'ils y montent par n'importe quel moyen!

38:11 Une armée de coalisés qui, ici-même, sera mise en déroute!

38:12 Avant eux, le peuple de Noé, les Aad et Pharaon l'homme aux pals (ou aux Pyramides),

38:13 et les Tamud, le peuple de Lot, et les gens d'Al-Aïka, (ont tous démenti leurs Messagers). Voilà les coalisés.

38:14 Il n'en est aucun qui n'ait traité les Messagers de menteurs. Et bien, Ma punition s'est avérée contre eux!

38:15 Ceux-ci n'attendent qu'un seul Cri, sans répétition.

38:16 Et ils disent: ‹Seigneur, hâte-nous notre part avant le jour des Comptes›.

38:17 Endure ce qu'ils disent; et rappelle-toi David, Notre serviteur, doué de force [dans l'adoration] et plein de repentir [à Allah].

38:18 Nous soumîmes les montagnes à glorifier Allah, soir et matin, en sa compagnie,

38:19 de même que les oiseaux assemblés en masse, tous ne faisant qu'obéir à lui [Allah].

38:20 Et Nous renforçâmes son royaume et lui donnâmes les sagesse et la faculté de bien juger.

38:21 Et t'est-elle parvenue la nouvelle des disputeurs quand ils grimpèrent au mur du sanctuaire !

38:22 Quand ils entrèrent auprès de David, il en fut effrayé. Ils dirent: ‹N'aie pas peur! Nous sommes tous deux en dispute; l'un de nous a fait du tort à l'autre. Juge donc en toute équité entre nous, ne sois pas injuste et guide-nous vers le chemin droit.

38:23 Celui-ci est mon frère: il a quatre-vingt-dix-neuf brebis, tandis que je n'ai qu'une brebis. Il m'a dit: ‹Confie-la-moi›; et dans la conversation; il a beaucoup fait pression sur moi›.

38:24 Il [David] dit: ‹Il a été certes injuste envers toi en demandant de joindre ta brebis à ses brebis›. Beaucoup de gens transgressent les droits de leurs associés, sauf ceux qui croient et accomplissent les bonnes oeuvres - cependant ils sont bien rares. - Et David pensa alors que Nous l'avions mis à l'épreuve. Il demanda donc pardon à son Seigneur et tomba prosterné et se repentit.

38:25 Nous lui pardonnâmes. Il aura une place proche de Nous et un beau refuge.

38:26 ‹Ô David, Nous avons fait de toi un calife sur la terre. Juge donc en toute équité parmi les gens et ne suis pas la passion: sinon elle t'égarera du sentir d'Allah›. Car ceux qui s'égarent du sentir d'Allah auront un dur châtiment pour avoir oublié le Jour des Comptes.

38:27 Nous n'avons pas créé le ciel et la terre et ce qui existe entre eux en vain. C'est ce que pensent ceux qui ont mécru. Malheur à ceux qui ont mécru pour le feu [qui les attend]!

38:28 Traiterons-Nous ceux qui croient et accomplissent les bonnes oeuvres comme ceux qui commettent du désordre sur terre? ou traiterons-Nous les pieux comme les pervers?

38:29 [Voici] un Livre béni que Nous avons fait descendre vers toi, afin qu'ils méditent sur ses versets et que les doués d'intelligence réfléchissent!

38:30 Et à David Nous fîmes don de Salomon, - quel bon serviteur! - Il était plein de repentir.

38:31 Quand un après-midi, on lui présenta de magnifiques chevaux de course,

38:32 il dit: ‹Oui, je me suis complu à aimer les biens (de ce monde) au point [d'oublier] le rappel de mon Seigneur jusqu'à ce que [le soleil] se soit caché derrière son voile.

38:33 Ramenez-les moi.› Alors il se mit à leur couper les pattes et les cous.

38:34 Et Nous avions certes éprouvé Salomon en plaçant sur son siège un corps. Ensuite, il se repentit.

38:35 Il dit: ‹Seigneur, pardonne-moi et fais-moi don d'un royaume tel que nul après moi n'aura de pareil. C'est Toi le grand Dispensateur›.

38:36 Nous lui assujettîmes alors le vent qui, par son ordre, soufflait modérément partout où il voulait.

38:37 De même que les diables, bâtisseurs et plongeurs de toutes sortes.

38:38 Et d'autres encore, accouplés dans des chaînes.

38:39 ‹Voilà Notre don; distribue-le ou retiens-le sans avoir à en rendre compte›.

38:40 Et il a une place rapprochée de Nous et un beau refuge.

38:41 Et rappelle-toi Job, Notre serviteur, lorsqu'il appela son Seigneur: ‹Le diable m'a infligé détresse et souffrance›.

38:42 Frappe [la terre] de ton pied: voici une eau fraîche pour te laver et voici de quoi boire.

38:43 Et Nous lui rendîmes sa famille et la fîmes deux fois plus nombreuse, comme une miséricorde de Notre part et comme un rappel pour les gens doués d'intelligence.

38:44 ‹Et prends dans ta main un faisceau de brindilles, puis frappe avec cela. Et ne viole pas ton serment›. Oui, Nous l'avons trouvé vraiment endurant. Quel bon serviteur! Sans cesse il se repentait.

38:45 Et rappelle-toi Abraham, Isaac et Jacob? Nos serviteurs puissants et clairvoyants.

38:46 Nous avons fait d'eux l'objet d'une distinction particulière: le rappel de l'au-delà.

38:47 Ils sont auprès de Nous, certes, parmi les meilleurs élus.

38:48 Et rappelle-toi Ismaël et Elisée, et Zal-Kifl, chacun d'eux parmi les meilleurs.

38:49 Cela est un rappel. C'est aux pieux qu'appartient, en vérité, la meilleure retraite,

38:50 Les Jardins d'Eden, aux portes ouvertes pour eux,

38:51 où, accoudés, ils demanderont des fruits abondants et des boissons.

38:52 Et auprès d'eux seront les belles au regard chaste, toutes du même âge.

38:53 Voilà ce qui vous est promis pour le Jour des Comptes.

38:54 Ce sera Notre attribution inépuisable.

38:55 Voilà! Alors que les rebelles auront certes la pire retraite,

38:56 L'Enfer où ils brûleront. Et quel affreux lit!

38:57 Voilà! Qu'ils y goûtent: eau bouillante et eau purulente,

38:58 et d'autres punitions du même genre.

38:59 Voici un groupe qui entre précipitamment en même temps que vous, nulle bienvenue à eux. Ils vont brûler dans le Feu.

38:60 Ils dirent: ‹Pas de bienvenue pour vous, plutòt, C'est vous qui avez préparé cela pour nous›. Quel mauvais lieu de séjour!

38:61 Ils dirent: ‹Seigneur, celui qui nous a préparé cela, ajoute-lui un double châtiment dans le Feu›.

38:62 Et ils dirent: ‹Pourquoi ne voyons-nous pas des gens que nous comptions parmi les malfaiteurs?

38:63 Est-ce que nous les avons raillés (à tort) ou échappent-ils à nos regards?›

38:64 Telles sont en vérité les querelles des gens du Feu.

38:65 Dis: ‹Je ne suis qu'un avertisseur. Point de divinité à part Allah, l'Unique, le Dominateur Suprême,

38:66 Seigneur des cieux et de la terre et de ce qui existe entre eux, le Puissant, le Grand Pardonneur›.

38:67 Dis: ‹Ceci (le Qur'an) est une grande nouvelle,

38:68 mais vous vous en détournez.

38:69 Je n'avais aucune connaissance de la cohorte sublime au moment où elle disputait.

38:70 Il m'est seulement révélé que je suis un avertisseur clair›.

38:71 Quand ton Seigneur dit aux Anges: ‹Je vais créer d'argile un être humain.

38:72 Quand Je l'aurai bien formé et lui aurai insufflé de Mon Esprit, jetez-vous devant lui, prosternés›.

38:73 Alors tous les Anges se prosternèrent,

38:74 à l'exception d'Iblis qui s'enfla d'orgueil et fut du nombre des infidèles.

38:75 (Allah) lui dit: ‹Ô Iblis, qui t'a empêché de te prosterner devant ce que J'ai créé de Mes mains? T'enfles-tu d'orgueil ou te considères- tu parmi les hauts placés?›

38:76 ‹Je suis meilleur que lui, dit [Iblis,] Tu m'as créé de feu et tu l'as créé d'argile›.

38:77 (Allah) dit: ‹Sors d'ici, te voilà banni;

38:78 et sur toi sera ma malédiction jusqu'au jour de la Rétribution›.

38:79 ‹Seigneur, dit [Iblis,] donne-moi donc un délai, jusqu'au jour où ils seront ressuscités›.

38:80 (Allah) dit: ‹Tu es de ceux à qui un délai est accordé,

38:81 jusqu'au jour de l'Instant bien Connu›.

38:82 ‹Par Ta puissance! dit [Satan]. Je les séduirai assurément tous,

38:83 sauf Tes serviteurs élus parmi eux›.

38:84 (Allah) dit: ‹En vérité, et c'est la vérité que je dis,

38:85 J'emplirai certainement l'Enfer de toi et de tous ceux d'entre eux qui te suivront›.

38:86 Dis: ‹Pour cela, je ne vous demande aucun salaire; et je ne suis pas un imposteur.

38:87 Ceci [le Qur'an] n'est qu'un rappel à l'univers.

38:88 Et certainement vous en aurez des nouvelles bientôt!›.

39. Les groupes (Az-Zumar)
Au nom d'Allah, le Tout Miséricordieux, le Très Miséricordieux.

39:1 La révélation du Livre vient d'Allah, le Puissant, le Sage.

39:2 Nous t'avons fait descendre le Livre en toute vérité. Adore donc Allah en Lui vouant un culte exclusif.

39:3 C'est à Allah qu'appartient la religion pure. Tandis que ceux qui prennent des protecteurs en dehors de Lui (disent): ‹Nous ne les adorons que pour qu'ils nous rapprochent davantage d'Allah›. En vérité, Allah jugera parmi eux sur ce en quoi ils divergent. Allah ne guide pas celui qui est menteur et grand ingrat.

39:4 Si Allah avait voulu S'attribuer un enfant, Il aurait certes choisi ce qu'Il eût voulu parmi ce qu'Il crée. Gloire à Lui! C'est Lui Allah, l'Unique, le Dominateur Suprême.

39:5 Il a créé les cieux et la terre en toute vérité. Il enroule la nuit sur le jour et enroule le jour sur la nuit, et Il a assujetti le soleil et la lune à poursuivre chacun sa course pour un terme fixé. C'est bien Lui le Puissant, le Grand Pardonneur!

39:6 Il vous a créés d'une personne unique et a tiré d'elle son épouse. Et Il a fait descendre [créé] pour vous huit couples de bestiaux. Il vous crée dans les ventres de vos mères, création après création, dans trois ténèbres. Tel est Allah, votre Seigneur! A Lui appartient toute la Royauté. Point de divinité à part Lui. Comment pouvez-vous vous détourner [de son culte]?

39:7 Si vous ne croyez pas, Allah se passe largement de vous. De Ses serviteurs cependant, Il n'agrée pas la mécréance. Et si vous êtes reconnaissants, Il l'agrée pour vous. Nul pécheur ne portera les péchés d'autrui. Ensuite, vers votre Seigneur sera votre retour: Il vous informera alors de ce que vous faisiez car Il connaît parfaitement le contenu des poitrines.

39:8 Et quand un malheur touche l'homme, il appelle son Seigneur en se tournant vers Lui. Puis quand Il lui accorde de Sa part un bienfait, il oublie la raison pour laquelle il faisait appel, et il assigne à Allah des égaux, afin d'égarer (les gens) de Son chemin. Dis: ‹Jouis de ta mécréance un court moment. Tu fais partie des gens du Feu›.

39:9 Est-ce que celui qui, aux heures de la nuit, reste en dévotion, prosterné et debout, prenant garde à l'au-delà et espérant la miséricorde de son Seigneur... Dis: ‹Sont-ils égaux, ceux qui savent et ceux qui ne savent pas?› Seuls les doués d'intelligence se rappellent.

39:10 Dis: ‹Ô Mes serviteurs qui avez cru! Craignez votre Seigneur›. Ceux qui ici-bas font le bien, auront une bonne [récompense]. La terre d'Allah est vaste et les endurants auront leur pleine récompense sans compter.

39:11 Dis: ‹Il m'a été ordonné d'adorer Allah en Lui vouant exclusivement le culte,

39:12 et il m'a été ordonné d'être le premier des Musulmans.

39:13 Dis: ‹Je crains, si je désobéis à mon Seigneur, le châtiment d'un jour terrible›.

39:14 Dis: ‹C'est Allah que j'adore, et Lui voue exclusivement mon culte.

39:15 Adorez donc, en dehors de Lui, qui vous voudrez!› - Dis: ‹Les perdants sont ceux qui, au Jour de la Résurrection, auront causé la perte de leurs propres âmes et celles de leurs familles›. C'est bien cela la perte évidente.

39:16 Au-dessus d'eux, ils auront des couches de feu, et des couches au-dessous d'eux. Voilà ce dont Allah menace Ses esclaves. ‹Ô Mes esclaves, craignez-Moi donc!›

39:17 Et à ceux qui s'écartent des Tagut pour ne pas les adorer, tandis qu'ils reviennent à Allah, à eux la bonne nouvelle! Annonce la bonne nouvelle à Mes serviteurs

39:18 qui prêtent l'oreille à la Parole, puis suivent ce qu'elle contient de meilleur. Ce sont ceux-là qu'Allah a guidés et ce sont eux les doués d'intelligence!

39:19 Et bien quoi! Celui contre qui s'avère le décret du châtiment,... est-ce que tu sauves celui qui est dans le Feu?

39:20 Mais ceux qui auront craint leur Seigneur auront [pour demeure] des étages [au Paradis] au-dessus desquels d'autres étages sont construits et sous lesquels coulent les rivières. Promesse d'Allah! Allah ne manque pas à Sa promesse.

39:21 Ne vois-tu pas qu'Allah fait descendre du ciel de l'eau, puis Il l'achemine vers des sources dans la terre; ensuite, avec cela, Il fait sortir une culture aux couleurs diverses, laquelle se fane ensuite, de sorte que tu la vois jaunie; ensuite, Il la réduit en miettes. C'est là certainement un rappel aux [gens] doués d'intelligence.

39:22 Est-ce que celui dont Allah ouvre la poitrine à l'Islam et qui détient ainsi une lumière venant de Son Seigneur... Malheur donc à ceux dont les coeurs sont endurcis contre le rappel d'Allah. Ceux-là sont dans un égarement évident.

39:23 Allah a fait descendre le plus beau des récits, un Livre dont [certains versets] se ressemblent et se répètent. Les peaux de ceux qui redoutent leur Seigneur frissonnent (à l'entendre); puis leurs peaux et leurs coeurs s'apaisent au rappel d'Allah. Voilà le [Livre] guide d'Allah par lequel Il guide qui Il veut. Mais quiconque Allah égare n'a point de guide.

39:24 Est-ce que celui qui, au Jour de la Résurrection, se sera protégé le visage contre le pire châtiment... Et l'on dira aux injustes: ‹Goûtez à ce que vous avez acquis›.

39:25 Ceux qui ont vécu avant eux ont démenti (les Messagers), le châtiment leur est venu par où ils ne le pressentaient pas.

39:26 Allah leur a fait goûter l'ignominie dans la vie présente. Le châtiment de l'au-delà, cependant, est plus grand, si seulement ils savaient!

39:27 Nous avons, dans ce Qur'an, cité pour les gens des exemples de toutes sortes afin qu'ils se souviennent.

39:28 Un Qur'an [en langue] arabe, dénué de tortuosité, afin qu'ils soient pieux!

39:29 Allah a cité comme parabole un homme appartenant à des associés se querellant à son sujet et un [autre] homme appartenant à un seul homme: sont-ils égaux en exemple? Louanges à Allah! Mais la plupart d'entre eux ne savent pas.

39:30 En vérité tu mourras et ils mourront eux aussi;

39:31 ensuite, au Jour de la Résurrection, vous vous disputerez auprès de votre Seigneur.

39:32 Quel pire injuste donc, que celui qui ment contre Allah et qui traite de mensonge la vérité quand elle lui vient? N'est-ce pas dans l'Enfer qu'il y a un refuge pour les mécréants?

39:33 Tandis que celui qui vient avec la vérité et celui qui la confirme, ceux-là sont les pieux.

39:34 Ils auront tout ce qu'ils désireront auprès de leur Seigneur; voilà la récompense des bienfaisants,

39:35 afin qu'Allah leur efface les pires de leurs actions et les récompense selon ce qu'ils auront fait de meilleur.

39:36 Allah ne suffit-Il pas à Son esclave [comme soutien]? Et ils te font peur avec ce qui est en dehors de Lui. Et quiconque Allah égare n'a point de guide.

39:37 Quiconque Allah guide, nul ne peut l'égarer. Allah n'est-Il pas Puissant et Détenteur du pouvoir de châtier?

39:38 Si tu leur demandais: ‹Qui a créé les cieux et la terre? ›, Ils diraient assurément: ‹Allah›. Dis: ‹Voyez-vous ceux que vous invoquez en dehors d'Allah; si Allah me voulait du mal, est-ce que [ces divinités] pourraient dissiper Son mal? Ou s'Il me voulait une miséricorde, pourraient-elles retenir Sa miséricorde?› - Dis: ‹Allah me suffit: c'est en Lui que placent leur confiance ceux qui cherchent un appui›

39:39 Dis: ‹Ô mon peuple, agissez selon votre méthode, moi j'agirai [selon la mienne]. Bientôt vous saurez

39:40 sur qui s'abattra un châtiment qui l'avilira; et sur qui se justifiera un châtiment durable›.

39:41 Nous t'avons fait descendre le Livre, pour les hommes, en toute vérité. Quiconque se guide [le fait] pour son propre bien; et quiconque s'égare, s'égare à son détriment. Tu n'es nullement responsable [de leurs propres affaires].

39:42 Allah reçoit les âmes au moment de leur mort ainsi que celles qui ne meurent pas au cours de leur sommeil. Il retient celles à qui Il a décrété la mort, tandis qu'Il renvoie les autres jusqu'à un terme fixé. Il y a certainement là des preuves pour des gens qui réfléchissent.

39:43 Ont-ils adopté, en dehors d'Allah, des intercesseurs? Dis: ‹Quoi! Même s'ils ne détiennent rien et sont dépourvus de raison?›

39:44 Dis: ‹L'intercession toute entière appartient à Allah. A Lui la royauté des cieux et de la terre. Puis c'est vers Lui que vous serez ramenés›

39:45 Et quand Allah est mentionné seul (sans associés), les coeurs de ceux qui ne croient pas en l'au-delà se crispent et quand on mentionne ceux qui sont en dehors de Lui, voilà qu'ils se réjouissent.

39:46 Dis: ‹Ô Allah, Créateur des cieux et de la terre, Connaisseur de tout ce que le monde ignore comme de ce qu'il perçoit, c'est Toi qui jugeras entre Tes serviteurs ce sur quoi ils divergeaient›.

39:47 Si les injustes possédaient tout ce qui se trouve sur la terre, - et autant encore, - ils l'offriraient comme rançon pour échapper au pire châtiment le Jour de la Résurrection; et leur apparaîtra, de la part d'Allah, ce qu'ils n'avaient jamais imaginé;

39:48 et leur apparaîtront les méfaits qu'ils ont commis, et ce dont ils se raillaient les enveloppera.

39:49 Quand un malheur touche l'homme, il Nous invoque. Quand ensuite Nous lui accordons une faveur de Notre part, il dit: ‹Je ne la dois qu'à [ma] science›. C'est une épreuve, plutôt; mais la plupart d'entre eux ne savent pas.

39:50 Ainsi parlaient ceux qui vécurent avant eux. Mais ce qu'ils ont acquis ne leur a servi à rien;

39:51 Ils furent donc atteints par les mauvaises conséquences de leurs acquis. Ceux des ces gens [les Mecquois] qui auront commis l'injustice seront atteints par les mauvaises conséquences de leurs acquis et ils ne pourront s'opposer à la puissance [d'Allah].

39:52 Ne savent-ils pas qu'Allah attribue Ses dons avec largesse ou les restreint à qui Il veut? Il y a en cela des preuves pour des gens qui croient.

39:53 Dis: ‹Ô Mes serviteurs qui avez commis des excès à votre propre détriment, ne désespérez pas de la miséricorde d'Allah. Car Allah pardonne tous les péchés. Oui, c'est Lui le Pardonneur, le Très Miséricordieux›.

39:54 Et revenez repentant à votre Seigneur, et soumettez-vous à Lui, avant que ne vous vienne le châtiment et vous ne recevez alors aucun secours.

39:55 Et suivez la meilleure révélation qui vous est descendue de la part de votre Seigneur, avant que le châtiment ne vous vienne soudain, sans que vous ne [le] pressentiez;

39:56 avant qu'une âme ne dise: ‹Malheur à moi pour mes manquements envers Allah. Car j'ai été certes, parmi les railleurs›;

39:57 ou qu'elle ne dise: ‹Si Allah m'avait guidée, j'aurais été certes, parmi les pieux›;

39:58 ou bien qu'elle ne dise en voyant le châtiment: ‹Ah! S'il y avait pour moi un retour! Je serais alors parmi les bienfaisants›.

39:59 ‹Oh que si! Mes versets te son venus et tu les as traités de mensonge, tu t'es enflé d'orgueil et tu étais parmi les mécréants›.

39:60 Et au Jour de la Résurrection, tu verras les visages de ceux qui mentaient sur Allah, assombris. N'est-ce pas dans l'Enfer qu'il y aura une demeure pour les orgueilleux?

39:61 Et Allah sauvera ceux qui ont été pieux en leur faisant gagner [leur place au Paradis]. Nul mal ne les touchera et ils ne seront point affligés.

39:62 Allah est le Créateur de toute chose, et de toute chose Il est Garant.

39:63 Il détient les clefs des cieux et de la terre; et ceux qui ne croient pas aux versets d'Allah, ce sont ceux-là les perdants.

39:64 Dis: ‹Me commanderez-vous d'adorer autre qu'Allah, Ô ignorants?›

39:65 En effet, il t'a été révélé, ainsi qu'à ceux qui t'ont précédé: ‹Si tu donnes des associés à Allah, ton oeuvre sera certes vaine; et tu seras très certainement du nombre des perdants.

39:66 Tout au contraire, adore Allah seul et sois du nombre des reconnaissants›.

39:67 Il n'ont pas estimé Allah comme Il devrait l'être alors qu'au Jour de la Résurrection, Il fera de la terre entière une poignée, et les cieux seront pliés dans sa [main] droite. Gloire à Lui! Il est au-dessus de ce qu'ils Lui associent.

39:68 Et on soufflera dans la Trompe, et voilà que ceux qui seront dans les cieux et ceux qui seront sur la terre seront foudroyés, sauf ceux qu'Allah voudra [épargner]. Puis on y soufflera, et voilà debout à regarder.

39:69 Et la terre resplendira de la lumière de son Seigneur; le Livre sera déposé, et on fera venir les prophètes et les témoins; on décidera parmi eux en toute équité et ils ne seront point lésés;

39:70 et chaque âme sera pleinement rétribuée pour ce qu'elle aura oeuvré. Il [Allah] connaît mieux ce qu'ils font.

39:71 Et ceux qui avaient mécru seront conduits par groupes à l'Enfer. Puis quand ils y parviendront, ses portes s'ouvriront et ses gardiens leur diront: ‹Des messagers [choisis] parmi vous ne vous sont-ils pas venus. vous récitant les versets de votre Seigneur et vous avertissant de la rencontre de votre jour que voici?› Ils diront: si, mais le décret du châtiment s'est avéré juste contre les mécréants.

39:72 ‹Entrez, [leur] dira-t-on, par les portes de l'Enfer, pour y demeurer éternellement›. Qu'il est mauvais le lieu de séjour des orgueilleux!

39:73 Et ceux qui avaient craint leur Seigneur seront conduits par groupes au Paradis. Puis, quand ils y parviendront et que ses portes s'ouvriront, ses gardiens leur diront: ‹Salut à vous! Vous avez été bons: entrez donc, pour y demeurer éternellement›.

39:74 Et ils diront: ‹Louange à Allah qui nous a tenu Sa promesse et nous a fait hérité la terre ! Nous allons nous installer dans le Paradis là où nous voulons›. Que la récompense de ceux qui font le bien est excellente!

39:75 Et tu verras les Anges faisant cercle autour du Trône, célébrant les louanges de leur Seigneur et Le glorifiant. Et il sera jugé entre eux en toute équité, et l'on dira: ‹Louange à Allah, Seigneur de l'univers›.

40. Le pardonneur (Gafir)

Au nom d'Allah, le Tout Miséricordieux, le Très Miséricordieux.

40:1 Ha, Mim.

40:2 La révélation du livre vient d'Allah, le Puissant, l'Omniscient.

40:3 Le Pardonneur des péchés, l'Accueillant au repentir, le Dur en punition, le Détenteur des faveurs. Point de divinité à part Lui et vers Lui est la destination.

40:4 Seuls ceux qui ont mécru discutent les versets d'Allah. Que leurs activités dans le pays ne te trompent pas.

40:5 Avant eux, le peuple de Noé a traité (Son Messager) de menteur, et les coalisés après eux (ont fait de même), et chaque communauté a conçu le dessin de s'emparer de Son Messager. Et ils ont discuté de faux arguments pour rejeter la vérité. Alors Je les ai saisis. Et quelle punition fut la Mienne!.

40:6 Ainsi s'avéra juste la Parole de ton Seigneur contre ceux qui ont mécru: ‹Ils seront les gens du feu›.

40:7 Ceux (les Anges) qui portent le Trône et ceux qui l'entourent célèbrent les louanges de leur Seigneur, croient en Lui et implorent le pardon pour ceux qui croient: ‹Seigneur! tu étends sur toute chose Ta miséricorde et Ta science. Pardonne donc à ceux qui se repentent et suivent Ton chemin et protège-les du châtiment de l'Enfer.

40:8 Seigneur! fais-les entrer aux jardins d'Eden que Tu leur as promis, ainsi qu'aux vertueux parmi leurs ancêtres, leurs épouses et leurs descendants, car c'est Toi le Puissant, le Sage.

40:9 Et préserve-les [du châtiment] des mauvaises actions. Quiconque Tu préserves [du châtiment] des mauvaises actions ce jour-là, Tu lui feras miséricorde›. Et c'est là l'énorme succès.

40:10 A ceux qui n'auront pas cru on proclamera: ‹l'aversion d'Allah [envers vous] est plus grande que votre aversion envers vous-mêmes, lorsque vous étiez appelés à la foi et que vous persistiez dans la mécréance›.

40:11 ils diront: ‹Notre Seigneur, tu nous as fais mourir deux fois, et redonné la vie deux fois: nous reconnaissons donc nos péchés. Y a-t-il un moyen d'en sortir›?

40:12 ‹...Il en est ainsi car lorsqu'Allah était invoqué seul (sans associé), vous ne croyiez pas; et si on Lui donnait des associés, alors vous croyiez. Le jugement appartient à Allah, le Très-Haut, le Très Grand›.

40:13 C'est Lui qui vous fait voir Ses preuves, et fait descendre du ciel, pour vous, une subsistance. Seul se rappelle celui qui revient [à Allah].

40:14 Invoquer Allah donc, en Lui vouant un culte exclusif, quelque répulsion qu'en aient les mécréants.

40:15 Ils est Celui qui est élevé aux degrés les plus hauts, Possesseur du Trône, Il envoie par Son ordre l'Esprit sur celui qu'Il veut parmi Ses serviteurs, afin que celui-ci avertisse du jour de la Rencontre,

40:16 le jour où ils comparaîtront sans que rien en eux ne soit caché à Allah. A qui appartient la royauté, aujourd'hui? A Allah, l'Unique, le Dominateur.

40:17 Ce jour-là, chaque âme sera rétribuée selon ce qu'elle aura acquis. Ce jour-là, pas d'injustice, car Allah est prompt dans [Ses] comptes.

40:18 et avertis-les du jour qui approche, quand les coeurs remonteront aux gorges, terrifiés (ou angoissés). Les injustes n'auront ni ami zélé, ni intercesseur écouté.

40:19 Il (Allah) connaît la trahison des yeux, tout comme ce que les poitrines cachent.

40:20 Et Allah juge en toute équité, tandis que ceux qu'ils invoquent en dehors de lui ne jugent rien. En vérité c'est Allah qui est l'Audient, le Clairvoyant.

40:21 Ne parcourent-ils pas la terre, pour voir ce qu'il est advenu de ceux qui ont vécu avant eux? Ils étaient [pourtant] plus forts qu'eux et ont laissé sur terre bien plus de vestiges. Allah les saisit pour leur péchés et ils n'eurent point de protecteur contre Allah.

40:22 Ce fut ainsi, parce que leurs Messagers leur avaient apporté les preuves, mais ils se montrèrent mécréants. Allah donc les saisit, car Il est fort et redoutable dans Son châtiment.

40:23 Nous envoyâmes effectivement Moïse avec Nos signes et une preuve évidente,

40:24 vers Pharaon, Haman et Coré. Mais ils dirent: ‹Magicien! Grand menteur!›

40:25 Puis, quand il leur eut apporté la vérité venant de Nous ils dirent: ‹Tuez les fils de ceux qui ont cru avec lui, et laissez leurs femmes›. Et les ruses des mécréants ne vont qu'en pure perte.

40:26 Et Pharaon dit: ‹Laissez-moi tuer Moïse. Et qu'il appelle son Seigneur! Je crains qu'il ne change votre religion ou qu'il ne fasse apparaître la corruption sur terre›.

40:27 Moïse [lui] dit: ‹Je cherche auprès de mon Seigneur et le vòtre, protection contre tout orgueilleux qui ne croit pas au jour du Compte›.

40:28 Et un homme croyant de la famille de Pharaon, qui dissimulait sa foi, dit: ‹Tuez-vous un homme parce qu'il dit: ‹Mon seigneur est Allah›? Alors qu'il est venu à vous avec les preuves évidentes de la part de votre Seigneur. S'il est menteur, son mensonge sera à son détriment; tandis que s'il est véridique, alors une partie de ce dont il vous menace tombera sur vous›. Certes, Allah ne guide pas celui qui est outrancier et imposteur!

40:29 ‹Ô mon peuple, triomphant sur la terre, vous avez la royauté aujourd'hui. Mais qui nous secourra de la rigueur d'Allah si elle nous vient?› Pharaon dit: ‹Je ne vous indique que ce que je considère bon. Je ne vous guide qu'au sentir de la droiture›.

40:30 Et celui qui était croyant dit: ‹Ô mon peuple, je crains pour vous un jour semblable à celui des coalisés.

40:31 Un sort semblable à celui du peuple de Noé, des Aad et des Tamud, et de ceux [qui vécurent] après eux›. Allah ne veut [faire subir] aucune injustice aux serviteurs.

40:32 ‹Ô mon peuple, je crains pour vous le jour de l'Appel Mutuel,

40:33 Le jour où vous tournerez le dos en déroute, sans qu'il y ait pour vous de protecteur contre Allah›. Et quiconque Allah égare, n'a point de guide.

40:34 ‹Certes, Joseph vous est venu auparavant avec les preuves évidantes, mais vous n'avez jamais cessé d'avoir des doutes sur ce qu'il vous avait apporté. Mais lorsqu'il mourut, vous dites alors: ‹Allah n'enverra plus jamais de Messager après lui›. Ainsi Allah égare-t-Il celui qui est outrancier et celui qui doute.

40:35 Ceux qui discutent les prodiges d'Allah sans qu'aucune preuve ne leur soit venue, [leur action] est grandement haïssable auprès d'Allah et auprès de ceux qui croient. Ainsi Allah scelle-t-Il le coeur de tout orgueilleux tyran.

40:36 Et Pharaon dit: ‹Ô Haman, bâtis-moi une tour: peut- être atteindrai-je les voies,

40:37 les voies des cieux, et apercevrai-je le Dieu de Moïse; mais je pense que celui-ci est menteur›. Ainsi la mauvaise action de Pharaon lui parut enjolivée; et il fut détourné du droit chemin; et le stratagème de Pharaon n'est voué qu'à la destruction

40:38 Et celui qui avait-cru dit: ‹Ô mon peuple, suivez-moi. Je vous guiderai au sentier de la droiture.

40:39 Ô mon peuple, cette vie n'est que jouissance temporaire, alors que l'au- delà est vraiment la demeure de la stabilité.

40:40 Quiconque fait une mauvaise action ne sera rétribué que par son pareil; et quiconque, mâle ou femelle, fait une bonne action tout en étant croyant, alors ceux-là entreront au Paradis pour y recevoir leur subsistance sans compter.

40:41 Ô mon peuple, mais qu'ai-je à vous appeler au salut, alors que vous m'appelez au Feu?

40:42 Vous m'invitez à nier à Allah et à Lui donner des associés dont je n'ai aucun savoir, alors que je vous appelle au Tout Puissant, au Grand Pardonneur.

40:43 Nul doute que ce à quoi vous m'appelez ne peut exaucer une invocation ni ici-bas ni dans l'au-delà. C'est vers Allah qu'est notre retour, et les outranciers sont eux les gens du Feu.

40:44 Bientôt vous vous rappellerez ce que vous dis; et je confie mon sort à Allah. Allah est, certes Clairvoyant sur les serviteurs.

40:45 Allah donc le protégea des méfaits de leurs ruses, alors que le pire châtiment cerna les gens de Pharaon:

40:46 le Feu, auquel ils sont exposés matin et soir. Et le jour où l'Heure arrivera (il sera dit): ‹Faites entrer les gens de Pharaon au plus dur du châtiment›.

40:47 Et quand ils se disputeront dans le Feu, les faibles diront à ceux qui s'enflaient d'orgueil: ‹Nous vous avions suivis: pourriez-vous nous préserver d'une partie du feu?›

40:48 Et ceux qui s'enflaient d'orgueil diront: ‹En vérité, nous y voilà tous›. Allah a déjà rendu Son jugement entre les serviteurs.

40:49 Et ceux qui seront dans le Feu diront aux gardien de l'Enfer: ‹Priez votre Seigneur de nous alléger un jour de [notre] supplice›.

40:50 Ils diront: ‹vos Messagers, ne vous apportaient-ils pas les preuves évidentes›? Ils diront: ‹Si›! Ils [les gardiens] diront: ‹Eh bien, priez›! Et l'invocation des mécréants n'est pas qu'aberration.

40:51 Nous secourrons, certes, Nos Messagers, et ceux qui croient, dans la vie présente tout comme au jour où les témoins [les Anges gardiens] se dresseront (le jour du Jugement),

40:52 au jour où leur excuse ne sera pas utile aux injustes, tandis qu'il y aura pour eux la malédiction et la pire demeure.

40:53 En effet, Nous avons apporté à Moïse la guidée, et fait hériter aux Enfants d'Israël, le Livre,

40:54 une guidée et un rappel aux gens doués d'intelligence.

40:55 Endure donc, car la promesse d'Allah est vérité, implore le pardon pour ton péché et célèbre la gloire et la louange de ton Seigneur, soir et matin.

40:56 Ceux qui discutent sur les versets d'Allah sans qu'aucune preuve ne leur soit venue, n'ont dans leur poitrines qu'orgueil. Ils n'atteindront pas leur but. Implore donc la protection d'Allah, car c'est Lui l'Audient, le Clairvoyant.

40:57 La création des cieux et de la terre est quelque chose de plus grand que la création des gens. Mais la plupart des gens ne savent pas.

40:58 L'aveugle et le voyant ne sont pas égaux, et ceux qui croient et accomplissent les bonnes oeuvres ne peuvent être comparés à celui qui fait le mal. C'est rare que vous vous rappeliez!

40:59 En vérité; L'Heure va arriver: pas de doute là-dessus; mais la plupart des gens n'y croient pas.

40:60 Et votre Seigneur dit: ‹Appelez-Moi, Je vous répondrai. Ceux qui, par orgueil, se refusent à M'adorer entreront bientôt dans l'Enfer, humiliés›.

40:61 Allah est celui qui vous a assigné la nuit pour que vous vous y reposiez, et le jour pour y voir clair. Allah est le Pourvoyeur de grâce aux hommes, mais la plupart des gens ne sont pas reconnaissants.

40:62 Tel est votre Seigneur, Créateur de toute chose. Point de divinité à part Lui. Comment se fait-il que vous vous détourniez (du chemin droit)?

40:63 Ainsi ceux qui nient les prodiges d'Allah se détournent-ils [du chemin droit].

40:64 C'est Allah qui vous a assigné la terre comme demeure stable et le ciel comme toit et vous a donné votre forme, - et quelle belle forme Il vous a donnée! - et Il vous a nourris de bonnes choses. Tel est Allah, votre Seigneur; gloire à Allah, Seigneur de l'univers!

40:65 C'est Lui le Vivant. Point de divinité à part Lui. Appelez-Le donc, en Lui vouant une culte exclusif. Louange à Allah, Seigneur de l'univers!

40:66 Dis: ‹Il m'a été interdit, une fois que les preuves me sont venues de mon Seigneur, d'adorer ceux que vous invoquez en dehors d'Allah, et il m'a été ordonné de me soumettre au Seigneur de l'univers›.

40:67 C'est Lui qui vous a créés de terre, puis d'une goutte sperme, puis d'une adhérence puis Il vous fait sortir petit enfant pour qu'ensuite vous atteigniez votre maturité et qu'ensuite vous deveniez vieux, - certains parmi vous meurent plus tôt, - et pour que vous atteigniez un terme fixé, afin que vous raisonniez.

40:68 C'est Lui qui donne la vie et donne la mort. Puis quand Il décide une affaire, Il n'a qu'à dire: ‹Sois›, et elle est.

40:69 N'as-tu pas vu comment ceux qui discutent sur les versets d'Allah se laissent détourner?

40:70 Ceux qui traitent de mensonge le Livre (le Qur'an) et ce avec quoi Nous avons envoyé Nos messagers; ils sauront bientôt,

40:71 quand, des carcans à leur cous et avec des chaînes ils seront traînés

40:72 dans l'eau bouillante; et qu'ensuite ils brûleront dans le Feu.

40:73 Puis on leur dira: ‹Où sont ceux que vous associez

40:74 à Allah?› ‹Ils se sont écartés de nous, diront-ils. Ou plutôt, nous n'invoquions rien, auparavant›. Ainsi Allah égare-t-il les mécréants.

40:75 Voilà le prix de votre exultation sur terre, sans raison, ainsi que de votre joie immodérée.

40:76 Franchissez les portes de l'Enfer pour y demeurer éternellement. Qu'il est mauvais le lieu de séjour des orgueilleux!

40:77 Endure donc. La promesse d'Allah est vraie. Que Nous te montrions une partie de ce dont Nous les menaçons ou que Nous te fassions mourir (avant cela)... c'est vers Nous qu'ils seront ramenés.

40:78 Certes, Nous avons envoyé avant toi des Messagers. Il en est dont Nous t'avons raconté l'histoire; et il en est dont Nous ne t'avons pas raconté l'histoire. Et il n'appartient pas à un Messager d'apporter un signe [ou verset] si ce n'est avec la permission d'Allah. Lorsque le commandement d'Allah viendra, tout sera décidé en toute justice; et ceux qui profèrent des mensonges sont alors les perdants.

40:79 C'est Allah qui vous a fait les bestiaux pour que vous en montiez et que vous en mangiez,

40:80 et vous y avez des profits et afin que vous atteigniez sur eux une chose nécessaire qui vous tenait à coeur. C'est sur eux et sur les vaisseaux que vous êtes transportés.

40:81 Et Il vous montre Ses merveilles. Quelles merveilles d'Allah niez-vous donc?

40:82 Ne parcourent-ils donc pas la terre pour voir ce qu'il est advenu de ceux qui étaient avant eux? Ils étaient [pourtant] plus nombreux qu'eux et bien plus puissants et ils [avaient laissé] sur terre beaucoup plus de vestiges. Mais ce qu'ils ont acquis ne leur a servi à rien.

40:83 Lorsque leurs Messagers leur apportaient les preuves évidentes, ils exultaient des connaissances qu'ils avaient. Et ce dont ils se moquaient les enveloppa.

40:84 Puis, quand ils virent Notre rigueur ils dirent: ‹Nous croyons en Allah seul, et nous renions ce que nous Lui donnions comme associés›.

40:85 Mais leur croyance, au moment où ils eurent constaté Notre rigueur, ne leur profita point; Telle est la règle d'Allah envers Ses serviteurs dans le passé. Et c'est là que les mécréants se trouvèrent perdants.

41. Les versets détaillés (Fussilat)
Au nom d'Allah, le Tout Miséricordieux, le Très Miséricordieux.

41:1 Ha, Mim.

41:2 [C'est] une Révélation descendue de la part du Tout Miséricordieux, du Très Miséricordieux.

41:3 Un Livre dont les versets sont détaillés (et clairement exposés), un Qur'an [lecture] arabe pour des gens qui savent,

41:4 annonciateur [d'une bonne nouvelle] et avertisseur. Mais la plupart d'entre eux se détournent; c'est qu'ils n'entendent pas.

41:5 Et ils diront: ‹Nos coeurs sont voilés contre ce à quoi tu nous appelles, nos oreilles sont sourdes. Et entre nous et toi, il y a une cloison, Agis donc de ton côté; nous agissons du notre›.

41:6 Dis: ‹Je ne suis qu'un homme comme vous. Il m'a été révélé que votre Dieu est un Dieu unique. Cherchez le droit chemin vers Lui et implorez Son pardon›. Et malheur aux Associateurs

41:7 qui n'acquittent pas la Zakat et ne croient pas en l'au-delà!

41:8 Ceux qui croient et accomplissent de bonnes oeuvres auront une énorme récompense jamais interrompue.

41:9 Dis: ‹Renierez-vous [l'existence] de celui qui a créé la terre en deux jours, et Lui donnerez-vous des égaux? Tel est le Seigneur de l'univers,

41:10 C'est Lui qui fermement fixé des montagnes au-dessus d'elle, l'a bénie, et lui assigna ses ressources alimentaires en quatre jours d'égale durée. [Telle est la réponse] à ceux qui t'interrogent.

41:11 Il S'est ensuite adressé au ciel qui était alors fumée et lui dit, ainsi qu'à la terre: ‹Venez tous deux, bon gré, mal gré›. Tous deux dirent: ‹Nous venons obéissants›.

41:12 Il décréta d'en faire sept cieux en deux jours et révéla à chaque ciel sa fonction. Et Nous avons décoré le ciel le plus proche de lampes [étoiles] et l'avons protégé. Tel est l'Ordre établi par le Puissant, l'Omniscient.

41:13 S'ils s'en détournent, alors dis-leur; ‹Je vous ai avertis d'une foudre semblable à celle qui frappa les Aad et les Tamud›.

41:14 Quand les Messagers leur étaient venus, de devant eux et par derrière, [leur disant]: ‹N'adorez qu'Allah›, ils dirent: ‹Si notre Seigneur avait voulu, Il aurait certainement fait descendre des Anges. Nous ne croyons donc pas a [au message] avec lequel vous avez été envoyés›.

41:15 Quant aux Aad, ils s'enflèrent d'orgueil sur terre injustement, et dirent: ‹Qui est plus fort que nous?› Quoi! N'ont-ils pas vu qu'en vérité Allah qui les a créés est plus fort qu'eux? Et ils reniaient Nos signes.

41:16 Nous déchaînâmes contre eux un vent violent et glacial en des jours néfastes, afin de leur faire goûter le châtiment de l'ignominie dans la vie présente. Le châtiment de l'au-delà cependant est plus ignominieux encore, et ils ne seront pas secourus.

41:17 Et quant aux Tamud, Nous les guidâmes; mais ils ont préféré l'aveuglement à la guidée. C'est alors qu'ils furent saisis par la foudre du supplice le plus humiliant pour ce qu'ils avaient acquis.

41:18 Et Nous sauvâmes ceux qui croyaient et craignaient Allah.

41:19 Et le jour où les ennemis d'Allah seront rassemblés en masse vers le Feu... Puis on les poussera [dans sa direction].

41:20 Alors, quant ils y seront, leur ouïe, leurs yeux et leurs peaux témoigneront contre eux de ce qu'ils oeuvraient.

41:21 Ils diront à leur peaux: ‹Pourquoi avez-vous témoigné contre nous?› Elles diront: ‹C'est Allah qui nous a fait parler, Lui qui fait parler toute chose. C'est Lui qui vous a créés une première fois et c'est vers Lui que vous serez retournés›.

41:22 Vous ne pouvez vous cacher au point que ni votre ouïe, ni vos yeux et ni vos peaux ne puissent témoigner contre vous. Mais vous pensiez qu'Allah ne savait pas beaucoup de ce que vous faisiez.

41:23 Et c'est cette pensée que vous avez eue de votre Seigneur, qui vous a ruinés, de sorte que vous êtes devenus du nombre des perdants.

41:24 S'ils endurent, le Feu sera leur lieu de séjour; et s'ils cherchent à s'excuser, ils ne seront pas excusés.

41:25 Et Nous leur avons destiné des compagnons inséparables [des démons] qui leur ont enjolivé ce qui était devant et derrière eux. Et le décret s'est avéré juste contre eux, comme contre les autres communautés de djinns et d'hommes qui ont vécu avant eux. Ils sont certes perdants!

41:26 Et ceux qui avaient mécru dirent: ‹Ne prêtez pas l'oreille à ce Qur'an, et faites du chahut (pendant sa récitation) afin d'avoir le dessus›.

41:27 Nous ferons certes, goûter à ceux qui ne croient pas un dur châtiment, et les rétribuerons certes [d'une punition] pire que ce [que méritent] leurs méfaits.

41:28 Ainsi, la rétribution des ennemis d'Allah sera le Feu où ils auront une demeure éternelle, comme punition pour avoir nié Nos versets [le Qur'an].

41:29 Et les mécréants diront: ‹Seigneur, fais-nous voir ceux des djinns et des humains qui nous ont égarés, afin que nous les placions tous sous nos pieds, pour qu'ils soient parmi les plus bas›.

41:30 Ceux qui disent: ‹Notre Seigneur est Allah›, et qui se tiennent dans le droit chemin, les Anges descendent sur eux. ‹N'ayez pas peur et ne soyez pas affligés; mais ayez la bonne nouvelle du Paradis qui vous était promis.

41:31 Nous somme vos protecteurs dans la vie présente et dans l'au- delà; et vous y aurez ce que vos âmes désireront et ce que vous réclamerez,

41:32 un lieu d'accueil de la part d'un Très Grand Pardonneur, d'un Très Miséricordieux›.

41:33 Et qui profère plus belles paroles que celui qui appelle à Allah, fait bonne oeuvre et dit: ‹Je suis du nombre des Musulmans?›

41:34 La bonne action et la mauvaise ne sont pas pareilles. Repousse (le mal) par ce qui est meilleur; et voilà que celui avec qui tu avais une animosité devient tel un ami chaleureux.

41:35 Mais (ce privilège) n'est donné qu'à ceux qui endurent et il n'est donné qu'au possesseur d'une grâce infinie.

41:36 Et si jamais le Diable t'incite (à agir autrement), alors cherche refuge auprès Allah; c'est Lui, vraiment l'Audient, l'Omniscient.

41:37 Parmi Ses merveilles, sont la nuit et le jour, le soleil et la lune: ne vous prosternez ni devant le soleil, ni devant la lune, mais prosternez-vous devant Allah qui les a créés, si c'est Lui que vous adorez.

41:38 Mais s'ils s'enflent d'orgueil... ceux qui sont auprès de ton Seigneur [les Anges] Le glorifient, nuit et jour, sans jamais se lasser!

41:39 Et parmi Ses merveilles est que tu vois la terre humiliée (toute nue). Puis aussitòt que Nous faisons descendre l'eau sur elle, elle se soulève et augmente [de volume]. Celui qui lui redonne la vie est certes Celui qui fera revivre les morts, car Il est Omnipotent.

41:40 Ceux qui dénaturent le sens de Nos versets (le Qur'an) ne Nous échappent pas. Celui qui sera jeté au Feu sera-t-il meilleur que celui qui viendra en toute sécurité le Jour de la Résurrection? Faites ce que vous voulez car Il est Clairvoyant sur tout ce que vous faites;

41:41 Ceux qui ne croient pas au Rappel [le Qur'an] quand il leur parvient... alors que c'est un Livre puissant [inattaquable];

41:42 Le faux ne l'atteint [d'aucune part], ni par devant ni par derrière: c'est une révélation émanant d'un Sage, Digne de louange.

41:43 Il ne t'est dit que ce qui a été dit aux Messagers avant toi. Ton Seigneur est certes, Détenteur du pardon et Détenteur aussi d'une punition douloureuse.

41:44 Si Nous en avions fait un Qur'an en une langue autre que l'arabe, ils auraient dit: ‹Pourquoi ses versets n'ont-ils pas été exposés clairement? quoi? Un [Qur'an] non-arabe et [un Messager] arabe?› Dis: ‹pour ceux qui croient, il est une guidée et une guérison›. Et quant à ceux qui ne croient pas, il est une surdité dans leurs oreilles et ils sont frappés aveuglement en ce qui le concerne; ceux- là sont appelés d'un endroit lointain.

41:45 Nous avons effectivement donné à Moïse le Livre. Puis, il y eut controverse là-dessus. Et si ce n'était une parole préalable de ton Seigneur, on aurait certainement tranché entre eux. Ils sont vraiment, à son sujet, dans un doute troublant.

41:46 Quiconque fait une bonne oeuvre, c'est pour son bien. Et quiconque fait le mal, il le fait à ses dépens. Ton Seigneur, cependant, n'est point injuste envers les serviteurs.

41:47 A Lui revient la connaissance de l'Heure. Aucun fruit ne sort de son enveloppe, aucune femelle ne conçoit ni ne met bas sans qu'Il n'en ait connaissance. Et le jour où Il les appellera: ‹Où sont Mes associés?›, ils diront: ‹Nous Te déclarons qu'il n'y a point de témoin parmi nous› !

41:48 Et ce qu'auparavant ils invoquaient les délaissera; et ils réaliseront qu'ils n'ont point d'échappatoire.

41:49 L'homme ne se lasse pas d'implorer le bien. Si le mal le touche, le voilà désespéré, désemparé.

41:50 Et si nous lui faisons goûter une miséricorde de Notre part, après qu'une détresse l'ait touché, il dit certainement: ‹Cela m'est dû! Et je ne pense pas que l'Heure se lèvera [un jour]. Et si je suis ramené vers mon Seigneur, je trouverai, près de Lui, la plus belle part›. Nous informerons ceux qui ont mécru de ce qu'ils ont fait et Nous leur ferons sûrement goûter à un dur châtiment.

41:51 Quand Nous comblons de bienfaits l'homme, il s'esquive et s'éloigne. Et quand un malheur le touche, il se livre alors à une longue prière.

41:52 Dis: ‹Voyez-vous? Si ceci (le Qur'an) émane d'Allah et qu'ensuite vous le reniez; qui se trouvera plus égaré que celui qui s'éloigne dans la dissidence?›

41:53 Nous leur montrerons Nos signes dans l'univers et en eux-mêmes, jusqu'à ce qu'il leur devienne évident que c'est cela (le Qur'an), la Vérité. Ne suffit-il pas que ton Seigneur soit témoin de toute-chose?

41:54 Ils sont dans le doute, n'est-ce pas, au sujet de la rencontre de leur Seigneur? C'est Lui certes qui embrasse toute chose (par Sa science et Sa puissance).

42. La consultation (Ash-Shura)
Au nom d'Allah, le Tout Miséricordieux, le Très Miséricordieux.

42:1 Ha, Mim.

42:2 Ain, Sin, Qaf.

42:3 C'est ainsi qu'Allah, le Puissant, le Sage, te fait des révélations, comme à ceux qui ont vécu avant toi.

42:4 A Lui appartient ce qui est dans les cieux et ce qui est sur la terre. Et Il est le Sublime, le Très Grand,

42:5 Peu s'en faut que les cieux ne se fendent depuis leur faîte quand les anges glorifient leur Seigneur, célèbrent Ses louanges et implorent le pardon pour ceux qui sont sur la terre. Allah est certes le Pardonneur, le Très Miséricordieux.

42:6 Et quant à ceux qui prennent des protecteurs en dehors de Lui, Allah veille à ce qu'ils font. Et tu n'es pas pour eux un garant.

42:7 Et c'est ainsi que Nous t'avons révélé un Qur'an arabe, afin tu avertisses la Mère des cités (la Mecque) et ses alentours et que tu avertisses du jour du rassemblement, - sur lequel il n'y a pas de doute - Un groupe au Paradis et un groupe dans la fournaise ardente.

42:8 Et si Allah avait voulu, Il en aurait fait une seule communauté. Mais il fait entrer qui Il veut dans Sa miséricorde. Et les injustes n'auront ni maître, ni secoureur.

42:9 Ont-ils pris des maîtres en dehors de Lui? C'est Allah qui est le seul Maître et c'est Lui qui redonne la vie aux morts; et c'est Lui qui est Omnipotent.

42:10 Sur toutes vos divergences, le jugement appartient à Allah. Tel est Allah mon Seigneur; en Lui je place ma confiance et c'est à Lui que je retourne [repentant].

42:11 ...Créateur des cieux et de la terre. Il vous a donné des épouses [issues] de vous-même et des bestiaux par couples; par ce moyen Il vous multiplie. Il n'y a rien qui Lui ressemble; et c'est Lui l'Audient, le Clairvoyant.

42:12 Il possède les clefs [des trésors] des cieux et de la terre. Il attribue Ses dons avec largesse, ou les restreint à qui Il veut. Certes, Il est Omniscient.

42:13 Il vous a légiféré en matière de religion, ce qu'Il avait enjoint à Noé, ce que Nous t'avons révélé, ainsi que ce que Nous avons enjoint à Abraham, à Moïse et à Jésus: ‹Etablissez la religion; et n'en faites pas un sujet de division›. Ce à quoi tu appelles les associateurs leur parait énorme. Allah élit et rapproche de Lui qui Il veut et guide vers Lui celui qui se repent.

42:14 Ils ne se sont divisés qu'après avoir reçu la science et ceci par rivalité entre eux. Et si ce n'était une parole préalable de ton Seigneur pour un terme fixé, on aurait certainement tranché entre eux. Ceux à qui le Livre a été donné en héritage après eux sont vraiment à son sujet, dans un doute troublant.

42:15 Appelle donc (les gens) à cela; reste droit comme il t'a été commandé; ne suis pas leurs passions; et dis: ‹Je crois en tout ce qu'Allah a fait descendre comme Livre, et il m'a été commandé d'être équitable entre vous. Allah est notre Seigneur et votre Seigneur. A nous nos oeuvres et à vous vos oeuvres. Aucun argument [ne peut trancher] entre nous et vous. Allah nous regroupera tous. Et vers Lui est la destination›.

42:16 Et ceux qui discutent au sujet d'Allah, après qu'il a été répondu à [Son appel], leur argumentation est auprès d'Allah sans valeur. Une colère tombera sur eux et ils auront un dur châtiment.

42:17 C'est Allah qui a fait descendre le Livre en toute vérité, ainsi que la balance. Et qu'en sais-tu? Peut-être que l'Heure est proche?

42:18 Ceux qui n'y croient pas cherchent à la hâter; tandis que ceux qui croient en sont craintifs et savent qu'elle est la pure vérité. Et ceux qui discutent à propos de l'Heure sont dans un égarement lointain.

42:19 Allah est doux envers Ses serviteurs. Il attribue [Ses biens] à qui Il veut. Et c'est Lui le Fort, le Puissant.

42:20 Quiconque désire labourer [le champ] de la vie future, Nous augmenterons pour lui son labour. Quiconque désire labourer [le champ] de la présence vie, Nous lui en accorderons de [ses jouissances]; mais il n'aura pas de part dans l'au-delà.

42:21 Ou bien auraient-ils des associés [à Allah] qui auraient établi pour eux des lois religieuses qu'Allah n'a jamais permises? Or, si l'arrêt décisif n'avait pas été prononcé, il aurait été tranché entre eux. Les injustes auront certes un châtiment douloureux.

42:22 Tu verras les injustes épouvantés par ce qu'ils ont fait, et le châtiment s'abattra sur eux (inéluctablement). Et ceux qui croient et accomplissent les bonnes oeuvres, seront dans les sites fleuris des jardins, ayant ce qu'ils voudront auprès de leur Seigneur. Telle est la grande grâce!

42:23 Telle est la [bonne nouvelle] qu'Allah annonce à ceux des Ses serviteurs qui croient et accomplissent les bonnes oeuvres! Dis: ‹Je ne vous en demande aucun salaire si ce n'est l'affection eu égard à [nos liens] de parenté›. Et quiconque accomplit une bonne action, Nous répondons par [une récompense] plus belle encore. Allah est certes Pardonneur et Reconnaissant.

42:24 Ou bien ils disent il a inventé un mensonge contre Allah. Or, si Allah voulait, Il scellerait ton coeur. Par Ses Paroles cependant, Allah efface le faux et confirme le vrai. Il connaît parfaitement le contenu des poitrines.

42:25 Et c'est Lui qui agrée de Ses serviteurs le repentir, pardonne les méfaits et sait ce que vous faites.

42:26 et exauce [les voeux] de ceux qui croient et accomplissent les bonnes oeuvres et leur accroît Sa faveur, tandis que les mécréants ont un dur châtiment.

42:27 Si Allah attribuait Ses dons avec largesse à [tous] Ses serviteurs, ils commettraient des abus sur la terre; mais, Il fait descendre avec mesure ce qu'Il veut. Il connaît parfaitement Ses serviteurs et en est Clairvoyant.

42:28 Et c'est Lui qui fait descendre la pluie après qu'on en a désespéré, et répand Sa miséricorde. Et c'est Lui le Maître, le Digne de louange.

42:29 Parmi Ses Preuves est la création des cieux et de la terre et des êtres vivants qu'Il y a disséminés. Il a en outre le pouvoir de les réunir quand Il voudra.

42:30 Tout malheur qui vous atteint est dû à ce que vos mains ont acquis. Et Il pardonne beaucoup.

42:31 Vous ne pouvez pas échapper à la puissance d'Allah sur la terre; et vous n'avez en dehors d'Allah, ni maître ni défenseur.

42:32 Et parmi Ses preuves, sont les vaisseaux à travers la mer, semblables à des montagnes.

42:33 S'Il veut, Il calme le vent, et les voilà qui restent immobiles à sa surface. Ce sont certainement là des preuves pour tout [homme] endurant et reconnaissant.

42:34 Ou bien, Il les détruit en punition de ce qu'ils ont acquis [comme péchés]. Cependant, Il pardonne beaucoup.

42:35 Ceux qui disputent à propos de Nos preuves savent bien qu'ils n'ont pas d'échappatoire.

42:36 Tout ce qui vous a été donné [comme bien] n'est que jouissance de la vie présente; mais ce qui est auprès d'Allah est meilleur et plus durable pour ceux qui ont cru et qui placent leur confiance en leur Seigneur,

42:37 qui évitent [de commettre] des péchés les plus graves ainsi que les turpitudes, et qui pardonnent après s'être mis en colère,

42:38 qui répondent à l'appel de leur Seigneur, accomplissent la Salat, se consultent entre eux à propos de leurs affaires, dépensent de ce que Nous leur attribuons,

42:39 et qui, atteints par l'injustice, ripostent.

42:40 La sanction d'une mauvaise action est une mauvaise action [une peine] identique. Mais quiconque pardonne et réforme, son salaire incombe à Allah. Il n'aime point les injustes!

42:41 Quant à ceux qui ripostent après avoir été lésés,...ceux-là pas de voie (recours légal) contre eux;

42:42 Il n'y a de voie [de recours] que contre ceux qui lèsent les gens et commettent des abus, contrairement au droit, sur la terre: ceux-là auront un châtiment douloureux.

42:43 Et celui qui endure et pardonne, cela en vérité, fait partie des bonnes dispositions et de la résolution dans les affaires.

42:44 Et quiconque Allah égare n'a aucun protecteur après Lui. Cependant, tu verras les injustes dire, en voyant le châtiment: ‹Y a-t-il un moyen de retourner [sur terre]?›

42:45 Et tu les verras exposés devant l'Enfer, confondus dans l'avilissement, et regardant d'un oeil furtif, tandis que ceux qui ont cru diront: ‹Les perdants sont certes, ceux qui au Jour de la Résurrection font leur propre perte et celle de leurs familles›. Les injustes subiront certes un châtiment permanent.

42:46 Il n'auront pas de protecteur en dehors d'Allah pour les secourir et quiconque Allah égare n'a plus aucune voie.

42:47 Répondez à l'appel de votre Seigneur avant que ne vienne un jour dont Allah ne reportera jamais le terme. Ce jour-là, nul refuge pour vous et vous ne pourrez point nier (vos péchés).

42:48 S'ils se détournent,... Nous ne t'avons pas envoyé pour assurer leur sauvegarde: tu n'es chargé que de transmettre [le message]. Et lorsque Nous faisons goûter à l'homme une miséricorde venant de Nous, il en exulte; mais si un malheur les atteint pour ce que leurs mains ont perpétré..., l'homme est alors très ingrat!

42:49 A Allah appartient la royauté des cieux et de la terre. Il crée ce qu'Il veut. Il fait don de filles à qui Il veut, et don de garçons à qui Il veut,

42:50 ou bien Il donne à la fois garçons et filles; et Il rend stérile qui Il veut. Il est certes Omniscient et Omnipotent.

42:51 Il n'a pas été donné à un mortel qu'Allah lui parle autrement que par révélation, ou de derrière un voile, ou qu'Il [lui] envoie un messager (Ange) qui révèle, par Sa permission, ce qu'Il [Allah] veut. Il est Sublime et Sage.

42:52 Et c'est ainsi que Nous t'avons révélé un esprit [le Qur'an] provenant de Notre ordre. Tu n'avait aucune connaissance du Livre ni de la foi; mais Nous en avons fait une lumière par laquelle Nous guidons qui Nous voulons parmi Nos serviteurs. Et en vérité tu guides vers un chemin droit,

42:53 le chemin d'Allah à Qui appartient ce qui est dans les cieux et ce qui est sur la terre. Oui c'est à Allah que s'acheminent les choses.

43. L'ornement (Az-Zukhruf)
Au nom d'Allah, le Tout Miséricordieux, le Très Miséricordieux.

43:1 Ha, Mim.

43:2 Par le Livre explicite!

43:3 Nous en avons fait un Qur'an arabe afin que vous raisonniez.

43:4 Il est auprès de Nous, dans l'Ecriture-Mère (l'original du ciel), sublime et rempli de sagesse.

43:5 Quoi! Allons-Nous vous dispenser du Rappel [le Qur'an] pour la raison que vous êtes des gens outranciers?

43:6 Que de prophètes avons-Nous envoyés aux Anciens!

43:7 et pas un prophète ne leur venait qu'ils ne le tournaient en dérision.

43:8 Nous avons fait périr de plus redoutables qu'eux! Et on a déjà cité l'exemple des anciens.

43:9 Et si tu leur demandes: ‹Qui a créé les cieux et la terre?› Ils diront très certainement: ‹Le Puissant, l'Omniscient les a créés›.

43:10 Celui qui vous a donné la terre pour berceau et vous y a tracé des sentiers afin que vous vous guidiez;

43:11 Celui qui a fait descendre l'eau du ciel avec mesure et avec laquelle Nous ranimons une cité morte [aride]. Ainsi vous serez ressuscités;

43:12 Celui qui a créé les couples dans leur totalité et a fait pour vous, des vaisseaux et des bestiaux, des montures,

43:13 afin que vous vous installiez sur leurs dos, et qu'ensuite, après vous y être installés, vous vous rappeliez le bienfait de votre Seigneur et que vous disiez: ‹Gloire à Celui qui nous a soumis tout cela alors que nous n'étions pas capables de les dominer.

43:14 C'est vers notre Seigneur que nous retournerons›.

43:15 Et ils Lui firent de Ses serviteurs une partie [de Lui-Même]. L'homme est vraiment un ingrat déclaré!

43:16 Ou bien Se serait-Il attribué des filles parmi ce qu'Il crée et accordé à vous par préférence des fils ?

43:17 Or, quand on annonce à l'un d'eux (la naissance) d'une semblable de ce qu'il attribue au Tout Miséricordieux, son visage s'assombrit d'un chagrin profond.

43:18 Quoi! Cet être (la fille) élevé au milieu des parures et qui, dans la dispute, est incapable de se défendre par une argumentation claire et convaincante ?

43:19 Et ils firent des Anges qui sont les serviteurs du Tout Miséricordieux des [êtres] féminins! Etaient-ils témoins de leur création? Leur témoignage sera alors inscrit; et ils seront interrogés.

43:20 Et ils dirent: ‹Si le Tout Miséricordieux avait voulu, nous ne les aurions pas adorés›. Ils n'en ont aucune connaissance; ils ne font que se livrer à des conjectures.

43:21 Ou bien, leur avions-Nous donné avant lui [le Qur'an] un Livre auquel ils seraient fermement attachés?

43:22 Mais plutòt ils dirent: ‹Nous avons trouvé nos ancêtres sur une religion, et nous nous guidons sur leurs traces›.

43:23 Et c'est ainsi que Nous n'avons pas envoyé avant toi d'avertisseur en une cité sans que ses gens aisés n'aient dit: ‹Nous avons trouvé nos ancêtres sur une religion et nous suivons leurs traces›.

43:24 Il dit: ‹Même si je viens à vous avec une meilleure direction que celle sur laquelle vous avez trouvé vous ancêtres?› Ils dirent: ‹Nous ne croyons pas au message avec lequel vous avez été envoyés›.

43:25 Nous Nous vengeâmes d'eux. Regarde ce qu'il est devenu de ceux qui criaient au mensonge.

43:26 Et lorsqu'Abraham dit à son père et à son peuple: ‹Je désavoue totalement ce que vous adorez,

43:27 à l'exception de Celui qui m'a créé, car c'est Lui en vérité qui me guidera›.

43:28 Et il en fit une parole qui devait se perpétuer parmi sa descendance. Peut-être reviendront-ils?

43:29 Mais à ces gens ainsi à leurs ancêtres, J'ai accordé la jouissance jusqu'à ce que leur vinrent la Vérité (le Qur'an) et un Messager explicite.

43:30 Et quand la Vérité leur vint, ils dirent: ‹C'est de la magie et nous n'y croyons pas›.

43:31 Et ils dirent: ‹Pourquoi n'a-t-on pas fait descendre ce Qur'an sur un haut personnage de l'une des deux cités?› (la Mecque et Taef).

43:32 Est-ce eux qui distribuent la miséricorde de ton Seigneur? C'est Nous qui avons réparti entre eux leur subsistance dans la vie présente et qui les avons élevés en grades les uns sur les autres, afin que les uns prennent les autres à leur service. La miséricorde de ton Seigneur vaut mieux, cependant, que ce qu'ils amassent.

43:33 Si les hommes ne devaient pas constituer une seule communauté (mécréante), Nous aurions certes pourvu les maisons de ceux qui ne croient pas au Tout Miséricordieux, de toits d'argent avec des escaliers pour y monter;

43:34 (Nous aurions pourvu) leurs maisons de portes et de divans où ils s'accouderaient,

43:35 ainsi que des ornements. Et tout cela ne serait que jouissance temporaire de la vie d'ici-bas, alors que l'au-delà, auprès de ton Seigneur, est pour les pieux.

43:36 Et quiconque s'aveugle (et s'écarte) du rappel du Tout Miséricordieux, Nous lui désignons un diable qui devient son compagnon inséparable.

43:37 Ils (Les diables) détournent certes [les hommes] du droit chemin, tandis que ceux-ci s'estiment être bien guidés.

43:38 Lorsque cet [homme] vient à Nous, il dira [à son démon]: ‹Hélas! Que n'y a-t-il entre toi et moi la distance entre les deux orients [l'Est et l'Ouest]!› - Quel mauvais compagnon [que tu es]!

43:39 Il ne vous profitera point ce jour-là - du moment que vous avez été injustes - que vous soyez associés dans le châtiment.

43:40 Est-ce donc toi qui fait entendre les sourds ou qui guide les aveugles et ceux qui sont dans un égarement évident?

43:41 Soit que Nous t'enlevons [te ferons mourir] et alors Nous Nous vengerons d'eux;

43:42 Ou bien que Nous te ferons voir ce que Nous leur avons promis [le châtiment]; car Nous avons sur eux un pouvoir certain.

43:43 Tiens fermement à ce qui t'a été révélé car tu es sur le droit chemin.

43:44 C'est certainement un rappel [le Qur'an] pour toi et ton peuple. Et vous en serez interrogés.

43:45 Et demande à ceux de Nos messagers que Nous avons envoyés avant toi, si Nous avons institué, en dehors du Tout Miséricordieux, des divinités à adorer?

43:46 Nous avons effectivement envoyé Moïse avec Nos miracles, à Pharaon et à ses notables. Il dit: ‹Je suis le Messager du Seigneur de l'univers›.

43:47 Puis lorsqu'il vint à eux avec Nos miracles, voilà qu'ils en rirent.

43:48 Chaque miracle que Nous leur montrions était plus probant que son précédent. Et Nous les saisîmes par châtiment, peut-être reviendront-ils [vers Nous].

43:49 Et ils dirent: ‹Ô magicien! Implore pour nous ton Seigneur au nom de l'engagement qu'Il a pris envers toi. Nous suivrons le droit chemin›.

43:50 Puis quand Nous eûmes écarté d'eux le châtiment, voilà qu'ils violèrent leurs engagements.

43:51 Et Pharaon fit une proclamation à son peuple et dit: ‹Ô mon peuple! Le royaume de Misr [l'Egypte] ne m'appartient-il pas ainsi que ces canaux qui coulent à mes pieds? N'observez-vous donc pas?

43:52 Ne suis-je par meilleur que ce misérable qui sait à peine s'exprimer?

43:53 Pourquoi ne lui a-t-on lancé des bracelets d'or? Pourquoi les Anges ne l'ont-ils pas accompagné?›

43:54 Ainsi chercha-t-il à étourdir son peuple et ainsi lui obéirent-ils car ils étaient des gens pervers.

43:55 Puis lorsqu'ils Nous eurent irrité, Nous Nous vengeâmes d'eux et les noyâmes tous.

43:56 Nous fîmes d'eux un antécédent et un exemple [une leçon] pour la postérité.

43:57 Quand on cite l'exemple du fils de Marie, ton peuple s'en détourne,

43:58 en disant: ‹Nos dieux sont-ils meilleurs, ou bien lui?› Ce n'est que par polémique qu'ils te le citent comme exemple. Ce sont plutòt des gens chicaniers.

43:59 Il (Jésus) n'était qu'un Serviteur que Nous avions comblé de bienfaits et que Nous avions désigné en exemples aux Enfants d'Israël.

43:60 Si Nous voulions, Nous ferions de vous des Anges qui vous succéderaient sur la terre.

43:61 Il sera un signe au sujet de l'Heure. N'en doutez point. Et suivez-moi: voilà un droit chemin.

43:62 Que le Diable ne vous détourne point! Car il est pour vous un ennemi déclaré.

43:63 Et quand Jésus apporta les preuves, il dit: ‹Je suis venu à vous avec la sagesse et pour vous expliquer certains de vos sujets de désaccord. Craignez Allah donc et obéissez-moi.

43:64 Allah est en vérité mon Seigneur et votre Seigneur. Adorez- Le donc. Voilà un droit chemin.

43:65 Mais les factions divergèrent entre elles. Malheur donc aux injustes du châtiment d'un jour douloureux!

43:66 Attendent-ils seulement que l'Heure leur vienne à l'improviste, sans qu'ils ne s'en rendent compte?

43:67 Les amies, ce jour-là, seront ennemies les uns des autres; excepté les pieux.

43:68 ‹Ô Mes serviteurs! Vous ne devez avoir aucune crainte aujourd'hui; vous ne serez point affligés,

43:69 Ceux qui croient en Nos signe et sont musulmans,,

43:70 ‹Entrez au Paradis, vous et vos épouses, vous y serez fêtés›.

43:71 On fera circuler parmi eux des plats d'or et des coupes; et il y aura là [pour eux] tout ce que les âmes désirent et ce qui réjouit les yeux; - ‹et vous y demeurerez éternellement.

43:72 Tel est le Paradis qu'on vous fait hériter pour ce que vous faisiez.

43:73 Il y aura là pour vous beaucoup de fruits dont vous mangerez›.

43:74 Quant aux criminels, ils demeureront dans le châtiment de l'Enfer,

43:75 qui ne sera jamais interrompu pour eux et où ils seront en désespoir.

43:76 Nous ne leur avons fait aucun tort, mais c'étaient eux les injustes.

43:77 et ils crieront: ‹Ô Malik ! que ton Seigneur nous achève!› Il dira: ‹En vérité, vous êtes pour y demeurer [éternellement]›!

43:78 ‹Certes, Nous vous avions apporté la Vérité; mais la plupart d'entre vous détestaient la Vérité›.

43:79 Ont-ils pris quelque décision [entre eux]? Car c'est Nous qui décidons!

43:80 Ou bien escomptent-ils que Nous n'entendons pas leur secret ni leurs délibérations? Mais si! Nos Anges prennent note auprès d'eux.

43:81 Dis: ‹Si le Tout Miséricordieux avait un enfant, alors je serais le premier à l'adorer›.

43:82 Gloire au Seigneur des cieux et de la terre, Seigneur du Trône; Il transcende de ce qu'ils décrivent.

43:83 Laisse-les donc s'enfoncer dans leur fausseté et s'amuser jusqu'à ce qu'ils rencontrent le jour qui leur est promis.

43:84 c'est Lui qui est Dieu dans le ciel et Dieu sur terre; et c'est Lui le Sage, l'Omniscient!

43:85 Et béni soit Celui à qui appartient le souveraineté des cieux et de la terre et de ce qui est entre eux. Il détient la science de l'Heure. Et c'est vers Lui que vous serez ramenés.

43:86 Et ceux qu'ils invoquent en dehors de Lui n'ont aucun pouvoir d'intercession, à l'exception de ceux qui auront témoigné de la vérité en pleine connaissance de cause.

43:87 Et si tu leur demandes qui les a créés, ils diront très certainement: ‹Allah›. Comment se fait-il donc qu'ils se détournent?

43:88 Et sa parole (la parole du Prophète à Allah): ‹Seigneur, ce sont là des gens qui ne croient pas›.

43:89 Et bien, éloigne-toi d'eux (pardonne-leur); et dit: ‹Salut!› Car ils sauront bientôt.

44. La fumée (Ad-Dukhan)
Au nom d'Allah, le Tout Miséricordieux, le Très Miséricordieux.

44:1 Ha, Mim.

44:2 Par le Livre (le Qur'an) explicite.

44:3 Nous l'avons fait descendre en une nuit bénie, Nous sommes en vérité Celui qui avertit,

44:4 durant laquelle est décidé tout ordre sage,

44:5 c'est là un commandement venant de Nous. C'est Nous qui envoyons [les Messagers],

44:6 à titre de miséricordieux de la part de ton Seigneur, car c'est Lui l'Audient, l'Omniscient,

44:7 Seigneur des cieux et de la terre et de ce qui est entre eux, si seulement vous pouviez en avoir la conviction.

44:8 Point de divinité à part Lui. Il donne la vie et donne la mort, et Il est votre Seigneur et le Seigneur de vos premiers ancêtres.

44:9 Mais ces gens-là, dans le doute, s'amusent.

44:10 Et bien, attends le jour où le ciel apportera une fumée visible

44:11 qui couvrira les gens. Ce sera un châtiment douloureux.

44:12 ‹Seigneur, éloigne de nous le châtiment. Car [à présent] nous croyons›.

44:13 D'où leur vient cette prise de conscience alors qu'un Messager explicite leur est déjà venu,

44:14 Puis ils s'en détournèrent en disant: ‹C'est un homme instruit [par d'autres], un possédé›.

44:15 Nous dissiperons le châtiment pour peu de temps; car vous récidiverez.

44:16 Le jour où Nous userons de la plus grande violence et Nous Nous vengerons.

44:17 Et avant eux, Nous avons déjà éprouvé le peuple de Pharaon, quand un noble Messager leur était venu,

44:18 [leur disant]: ‹Livrez-moi les serviteurs d'Allah! Je suis pour vous un Messager digne de confiance.

44:19 Ne vous montrez pas hautains vis-à-vis d'Allah, car je vous apporte une preuve évidente.

44:20 Et je cherche protection auprès de mon Seigneur et votre Seigneur, pour que vous ne me lapidiez pas.

44:21 Si vous ne voulez pas croire en moi, éloignez-vous de moi›.

44:22 Il invoqua alors son Seigneur: ‹Ce sont des gens criminels›.

44:23 ‹Voyage de nuit avec Mes serviteurs; vous serez poursuivis.

44:24 Laisse la mer calme; [telle que tu l'as franchie] ce sont, des armées [voués] à la noyade›.

44:25 Que de jardins et de sources ils laissèrent [derrière eux]

44:26 que de champs et de superbes résidences,

44:27 que de délices au sein desquels ils réjouissaient.

44:28 Il en fut ainsi et Nous fîmes qu'un autre peuple en hérita.

44:29 Ni le ciel ni la terre ne les pleurèrent et ils n'eurent aucun délai.

44:30 Et certes, Nous sauvâmes les Enfants d'Israël du châtiment avilissant

44:31 de Pharaon qui était hautain et outrancier.

44:32 A bon escient Nous les choisîmes parmi tous les peuples de l'univers,

44:33 et leur apportâmes des miracles de quoi les mettre manifestement à l'épreuve.

44:34 Ceux-là (les Mecquois) disent:

44:35 ‹Il n'y a pour nous qu'une mort, la première. Et nous ne seront pas ressuscités.

44:36 Faites donc revenir nos ancêtres, si vous êtes véridiques›.

44:37 Sont-ils les meilleurs ou le peuple de Tubbaa et ceux qui les ont précédés? Nous les avons périr parce que vraiment ils étaient criminels.

44:38 Ce n'est pas par divertissement que Nous avons créé les cieux et la terre et ce qui est entre eux.

44:39 Nous ne les avons créés qu'en toute vérité. Mais la plupart d'entre eux ne savent pas.

44:40 En vérité, le Jour de la Décision sera leur rendez- vous à tous,

44:41 Le jour où un allié ne sera d'aucune utilité à un [autre] allié; et ils ne seront point secourus non plus,

44:42 sauf celui qui Allah fera miséricorde. Car c'est Lui, le Puissant, le Très Miséricordieux.

44:43 Certes l'arbre de Zakkoum

44:44 sera la nourriture du grand pécheur.

44:45 Comme du métal en fusion; il bouillonnera dans les ventres

44:46 comme le bouillonnement de l'eau surchauffée.

44:47 Qu'on le saisisse et qu'on l'emporte en plein dans la fournaise;

44:48 qu'on verse ensuite sur sa tête de l'eau bouillante comme châtiment.

44:49 Goûte! Toi [qui prétendait être] le puissant, le noble.

44:50 Voilà ce dont vous doutiez.

44:51 Les pieux seront dans une demeure sûre,

44:52 parmi les jardins et des sources,

44:53 Ils porteront des vêtements de satin et de brocart et seront placés face à face.

44:54 C'est ainsi! Et Nous leur donnerons pour épouses des houris aux grands yeux.

44:55 Ils y demanderont en toute quiétude toutes sortes de fruits.

44:56 Ils n'y goûteront pas à la mort sauf leur mort première. Et [Allah] les protégera du châtiment de la Fournaise,

44:57 c'est là une grâce de ton Seigneur. Et c'est là l'énorme succès.

44:58 Nous ne l'avons facilité dans ta langue, qu'afin qu'ils se rappellent!

44:59 Attends donc. Eux aussi attendent.

45. L'agenouillée (Al-Jathiyah)
Au nom d'Allah, le Tout Miséricordieux, le Très Miséricordieux.

45:1 Ha, Mim.

45:2 La révélation du Livre émane d'Allah, le Puissant, le Sage.

45:3 Il y a certes dans les cieux et la terre des preuves pour les croyants.

45:4 Et dans votre propre création, et dans ce qu'Il dissémine comme animaux, il y a des signes pour des gens qui croient avec certitude.

45:5 De même dans l'alternance de la nuit et du jour, et dans ce qu'Allah fait descendre du ciel, comme subsistance [pluie] par laquelle Il redonne la vie à la terre une fois morte, et dans la distribution des vents, il y a des signes pour des gens qui raisonnent.

45:6 Voilà les versets d'Allah que Nous te récitons en toute vérité. Alors dans quelle parole croiront-ils après [la parole] d'Allah et après Ses signes?

45:7 Malheur à tout grand imposteur pécheur!

45:8 Il entend les versets d'Allah qu'on lui récite puis persiste dans son orgueil, comme s'il ne les avait jamais entendus. Annonce-lui donc un châtiment douloureux.

45:9 S'il a connaissance de quelques-uns de Nos versets, il les tourne en dérision. Ceux-là auront un châtiment avilissant:

45:10 L'Enfer est à leur trousses. Ce qu'ils auront acquis ne leur servira à rien, ni ce qu'ils auront pris comme protecteurs, en dehors d'Allah. Ils auront un énorme châtiment.

45:11 Ceci [le Qur'an] est un guide. Et ceux qui récusent les versets de leur Seigneur auront le supplice d'un châtiment douloureux.

45:12 Allah, c'est Lui qui vous a assujetti la mer, afin que les vaisseaux y voguent, par Son ordre, et que vous alliez en quête de Sa grâce afin que vous soyez reconnaissants.

45:13 Et Il vous a assujetti tout ce qui est dans les cieux et sur la terre, le tout venant de Lui. Il y a là des signes pour des gens qui réfléchissent.

45:14 Dis à ceux qui ont cru de pardonner à ceux qui n'espèrent pas les jours d'Allah afin qu'Il rétribue [chaque] peuple pour les acquis qu'ils faisaient.

45:15 Quiconque fait le bien, le fait pour lui-même; et quiconque agit mal, agit contre lui-même. Puis vous serez ramenés vers votre Seigneur.

45:16 Nous avons effectivement apporté aux Enfants d'Israël le Livre, la sagesse, la prophétie, et leur avons attribué de bonnes choses, et les préférâmes aux autres humains [leurs contemporains];

45:17 Et Nous leur avons apporté des preuves évidentes de l'Ordre. Ils ne divergèrent qu'après que la science leur fut venue, par agressivité entre eux. Ton Seigneur décidera parmi eux, au Jour de la Résurrection, sur ce en quoi ils divergeaient.

45:18 Puis Nous t'avons mis sur la voie de l'Ordre [une religion claire et parfaite]. Suis-la donc et ne suis pas les passions de ceux qui ne savent pas.

45:19 Il ne te seront d'aucune utilité vis-à-vis d'Allah. Les injustes sont vraiment alliés les uns des autres; tandis qu'Allah est le Protecteur des pieux.

45:20 Ceci [le Qur'an] constitue pour les hommes une source de clarté, un guide et une miséricorde pour les gens qui croient avec certitude.

45:21 Ceux qui commettent des mauvaises actions comptent-ils que Nous allons les traiter comme ceux qui croient et accomplissent les bonnes oeuvres, dans leur vie et dans leur mort? Comme ils jugent mal!

45:22 Et Allah a créé les cieux et la terre en toute vérité et afin que chaque âme soit rétribuée selon ce qu'elle a acquis. Ils ne seront cependant pas lésés.

45:23 Vois-tu celui qui prend sa passion pour sa propre divinité? Et Allah l'égare sciemment et scelle son ouïe et son coeur et étend un voile sur sa vue. Qui donc peut le guider après Allah? Ne vous rappelez-vous donc pas?

45:24 Et ils dirent: ‹Il n'y a pour nous que la vie d'ici-bas: nous mourons et nous vivons et seul le temps nous fait périr›. Ils n'ont de cela aucune connaissance: ils ne font qu'émettre des conjectures.

45:25 Et quand on leur récite Nos versets bien clairs, leur seul argument est de dire: ‹Faites revenir nos ancêtres si vous êtes véridiques›.

45:26 Dis: ‹Allah vous donne la vie puis Il vous donne la mort. Ensuite Il vous réunira le Jour de la Résurrection, il n'y a pas de doute à ce sujet, mais la plupart des gens ne savent pas.

45:27 A Allah appartient le royaume des cieux et de la terre. Et le jour où l'Heure arrivera, ce jour-là, les imposteurs seront perdus.

45:28 Et tu verras chaque communauté agenouillée. Chaque communauté sera appelée vers son livre. On vous rétribuera aujourd'hui selon ce que vous oeuvriez.

45:29 Voilà Notre Livre. Il parle de vous en toute vérité car Nous enregistrions [tout] ce que vous faisiez›.

45:30 Ceux qui ont cru et fait de bonnes oeuvres, leur Seigneur les fera entrer dans sa miséricorde. Voilà le succès évident.

45:31 Et quant à ceux qui ont mécru [il sera dit]: ‹Mes versets ne vous étaient-ils pas récités? Mais vous vous enfliez d'orgueil et vous étiez des gens criminels›.

45:32 Et quand on disait: ‹la promesse d'Allah est vérité; et l'Heure n'est pas l'objet d'un doute›, vous disiez: ‹Nous ne savons pas ce que c'est que l'Heure; et nous ne faisions à son sujet que de simples conjectures et nous ne sommes pas convaincus [qu'elle arrivera].

45:33 Et leur apparaîtra [la laideur] de leurs mauvaises actions. Et ce dont ils se moquaient les cernera.

45:34 Et on leur dira: ‹Aujourd'hui Nous vous oublions comme vous avez oublié la rencontre de votre jour que voici. Votre refuge est le Feu; et vous n'aurez point de secoureurs.

45:35 Cela parce que vous preniez en raillerie les versets d'Allah et que la vie d'ici-bas vous trompait›. Ce jour-là on ne les en fera pas sortir et on ne les excusera pas non plus.

45:36 Louange à Allah, Seigneur des cieux et Seigneur de la terre: Seigneur de l'univers.

45:37 Et à Lui la grandeur dans les cieux et la terre. Et c'est Lui le Puissant, le Sage.

46. Courbes des collines de sable (Al-Ahqaf)

Au nom d'Allah, le Tout Miséricordieux, le Très Miséricordieux.

46:1 Ha, Mim.

46:2 La révélation du Livre émane d'Allah, Le Puissant, Le Sage.

46:3 Nous n'avons créé les cieux et la terre et ce qui est entre eux qu'en toute vérité et [pour] un terme fixé. Ceux qui ont mécru se détournent de ce dont ils ont été avertis.

46:4 Dis: ‹Que pensez-vous de ceux que vous invoquez en dehors d'Allah? Montrez-moi donc ce qu'ils ont créé de la terre! Ou ont-ils dans les cieux une participation avec Dieu? Apportez-moi un Livre antérieur à celui-ci (le Qur'an) ou même un vestige d'une science, si vous êtes véridiques›.

46:5 Et qui est plus égaré que celui qui invoque en dehors d'Allah, celui qui ne saura lui répondre jusqu'au Jour de la Résurrection? Et elles [leurs divinités] sont indifférentes à leur invocation.

46:6 Et quand les gens seront rassemblés [pour le Jugement] elles seront leurs ennemies et nieront leur adoration [pour elles].

46:7 Et quand on leur récite Nos versets bien clairs, ceux qui ont mécru disent à propos de la vérité, une fois venue à eux: ‹C'est de la magie manifeste›.

46:8 Ou bien ils disent: ‹Il l'a inventé!› Dis: ‹Si je l'ai inventé, alors vous ne pourrez rien pour moi contre [la punition] d'Allah. Il sait parfaitement ce que vous propagez (en calomnies contre le Qur'an): Allah est suffisant comme témoin entre moi et vous. Et c'est Lui le Pardonneur, le Très Miséricordieux›.

46:9 Dis: ‹Je ne suis pas une innovation parmi les messagers; et je ne sais pas ce que l'on fera de moi, ni de vous. Je ne fais que suivre ce qui m'est révélé; et je ne suis qu'un avertisseur clair›.

46:10 Dis: ‹Que direz-vous si [cette révélation s'avère] venir d'Allah et vous n'y croyez pas, qu'un témoin parmi les fils d'Israël en atteste la conformité [au Pentateuque] et y croit pendant que vous, vous le repoussez avec orgueil... En vérité Allah ne guide pas les gens injustes!›

46:11 Et ceux qui ont mécru dirent à ceux qui ont cru: ‹Si ceci était un bien, ils (les pauvres) ne nous y auraient pas devancés›. Et comme ils ne seront pas laissés guider par lui ils diront: ‹Ce n'est qu'un vieux mensonge!›

46:12 Et avant lui, il y avait le Livre de Moïse, comme guide et comme miséricorde. Et ceci est [un livre] confirmateur, en langue arabe, pour avertir ceux qui font du tort et pour faire la bonne annonce aux bienfaisants.

46:13 Ceux qui disent: ‹Notre Seigneur est Allah› et qui ensuite se tiennent sur le droit chemin. Ils ne doivent avoir aucun crainte et ne seront point affligés.

46:14 Ceux-là sont les gens du Paradis où ils demeureront éternellement, en récompense de ce qu'ils faisaient.

46:15 Et Nous avons enjoint à l'homme de la bonté envers ses père et mère: sa mère l'a péniblement porté et en a péniblement accouché; et sa gestation et sevrage durant trente mois; puis quand il atteint ses pleines forces et atteint quarante ans, il dit: ‹Ô Seigneur! Inspire-moi pour que je rende grâce au bienfait dont Tu m'as comblé ainsi qu'à mes père et mère, et pour que je fasse une bonne oeuvre que Tu agrées. Et fais que ma postérité soit de moralité saine, Je me repens à Toi et je suis du nombre des Soumis›.

46:16 Ce sont ceux-là dont Nous acceptons le meilleur de ce qu'ils oeuvrent et passons sur leurs méfaits, (ils seront) parmi les gens du Paradis, selon la promesse véridique qui leur était faite.

46:17 Quant à celui qui dit à ses père et mère: ‹Fi de vous deux! Me promettez-vous qu'on me fera sortir de terre alors que des générations avant moi ont passé?› Et les deux, implorant le secours d'Allah, [lui dirent]: ‹Malheur à toi! Crois. Car la promesse d'Allah est véridique›. Mais il (répond): ‹Ce ne sont que des contes d'Anciens›.

46:18 Ce sont ceux-là qui ont mérité la sentence [prescrite] en même temps que des communautés déjà passées avant eux parmi les djinns et les hommes. Ils étaient réellement perdants.

46:19 Et il y a des rangs [de mérite] pour chacun, selon ce qu'ils ont fait, afin qu'Allah leur attribue la pleine récompense de leurs oeuvres; et ils ne seront point lésés.

46:20 Et le jour où ceux qui mécru seront présentés au Feu (il leur sera dit): ‹vous avez dissipé vos [biens] excellents et vous en avez joui pleinement durant votre vie sur terre: on vous rétribue donc aujourd'hui du châtiment avilissant, pour l'orgueil dont vous vous enfliez injustement sur terre, et pour votre perversité.

46:21 Et rappelle-toi le frère des Aad (Hud) quand il avertit son peuple à Al-Ahqaf - alors qu'avant et après lui, des avertisseurs sont passés - [en disant]: ‹N'adorez qu'Allah. Je crains pour vous le châtiment d'un jour terrible›.

46:22 Ils dirent: ‹Es-tu venu à nous détourner de nos divinités? Eh bien, apporte-nous ce que tu nous promets si tu es du nombre des véridiques›.

46:23 Il dit: ‹La science n'est qu'auprès d'Allah. Je vous transmets cependant le message avec lequel j'ai été envoyé. Mais je vois que vous êtes des gens ignorants›.

46:24 Puis, voyant un nuage se dirigeant vers leurs vallées, ils dirent; ‹Voici un nuage qui nous apporte de la pluie›. Au contraire! c'est cela même que vous cherchiez à hâter: C'est un vent qui contient un châtiment douloureux,

46:25 détruisant tout, par le commandement de son Seigneur›. Puis, le lendemain on ne voyait plus que leurs demeures. Ainsi rétribuons-Nous les gens criminels.

46:26 En effet, Nous les avions consolidés dans des positions que Nous ne vous avons pas données. Et Nous leur avions assigné une ouïe, des yeux et des coeurs, mais ni leur ouïe, ni leurs yeux, ni leurs coeurs ne leur ont profité en quoi que ce soit, parce qu'ils niaient les signes d'Allah. Et ce dont ils se moquaient les cerna.

46:27 Nous avons assurément fait périr les cités autour de vous; et Nous avons diversifié les signes afin qu'ils reviennent (de leur mécréance).

46:28 Pourquoi donc ne les secourent pas, ceux qu'ils avaient pris, en dehors d'Allah, comme divinités pour [soi-disant] les rapprocher de Lui? Ceux-ci, au contraire, les abandonnèrent; telle est leur imposture et voilà ce qu'ils inventaient comme mensonges.

46:29 (Rappelle-toi) lorsque Nous dirigeâmes vers toi une troupe de djinns pour qu'ils écoutent le Qur'an. Quand ils assistèrent [à sa lecture] ils dirent: ‹Ecoutez attentivement›... Puis, quand ce fut terminé, ils retournèrent à leur peuple en avertisseurs.

46:30 Ils dirent: ‹Ô notre peuple! Nous venons d'entendre un Livre qui a été descendu après Moïse, confirmant ce qui l'a précédé. Il guide vers la vérité et vers un chemin droit.

46:31 Ô notre peuple! Répondez au prédicateur d'Allah et croyez en lui. Il [Allah] vous pardonnera une partie de vos péchés et vous protégera contre un châtiment douloureux.

46:32 Et quiconque ne répond pas au prédicateur d'Allah ne saura échapper au pouvoir [d'Allah] sur terre. Et il n'aura pas de protecteurs en dehors de Lui. Ceux- là sont dans un égarement évident.

46:33 Ne voient-ils pas qu'Allah qui a créé les cieux et la terre, et qui n'a pas été fatigué par leur création, est capable en vérité de redonner la vie aux morts? Mais si. Il est certes Omnipotent.

46:34 Et le jour où seront présenté au Feu ceux qui ont mécru (on leur dira): ‹Ceci n'est-il pas la vérité?› Ils diront: ‹Mais si, par notre Seigneur›. Il dira: ‹Eh bien, goûtez le châtiment pour votre mécréance›.

46:35 Endure (Muhammad) donc, comme ont enduré les messager doués de fermeté; et ne te montre pas trop pressé de les voir subir [leur châtiment]. Le jour où ils verront ce qui leurs est promis, il leur semblera qu'ils n'étaient restés [sur terre] qu'une heure d'un jour. Voilà une communication. Qui sera donc anéanti sinon les gens pervers?

47. Muhammad (Muhammad)
Au nom d'Allah, le Tout Miséricordieux, le Très Miséricordieux.

47:1 Ceux qui ont mécru et obstrué le chemin d'Allah, Il a rendu leurs oeuvres vaines.

47:2 Et ceux qui ont cru et accompli de bonnes oeuvres et ont cru en ce qui a été descendu sur Muhammad - et c'est la vérité venant de leur Seigneur - Il leur efface leurs méfaits et améliore leur condition.

47:3 Il en est ainsi parce que ceux qui ont mécru ont suivi le Faux et que ceux qui ont cru ont suivi la Vérité émanant de leur Seigneur. C'est ainsi qu'Allah propose leurs exemples aux gens.

47:4 Lorsque vous rencontrez (au combat) ceux qui ont mécru frappez-en les cous. Puis, quand vous les avez dominés, enchaînez-les solidement. Ensuite, c'est soit la libération gratuite, soit la rançon, jusqu'à ce que la guerre dépose ses fardeaux. Il en est ainsi, car si Allah voulait, Il se vengerait Lui-même contre eux, mais c'est pour vous éprouver les uns par les autres. Et ceux qui seront tués dans le chemin d'Allah, Il ne rendra jamais vaines leurs actions.

47:5 Il les guidera et améliorera leur condition,

47:6 et les fera entrer au Paradis qu'Il leur aura fait connaître.

47:7 Ô vous qui croyez! si vous faites triompher (la cause d') Allah, Il vous fera triompher et raffermira vos pas.

47:8 Et quand à ceux qui ont mécru, il y aura un malheur pour eux, et Il rendra leurs oeuvres vaines.

47:9 C'est parce qu'ils ont de la répulsion pour ce qu'Allah a fait descendre. Il a rendu donc vaines leurs oeuvres.

47:10 N'ont-il pas parcouru la terre pour voir ce qu'il est advenu de leurs prédécesseurs? Allah les a détruits. Pareilles fins sont réservées aux mécréants.

47:11 C'est qu'Allah est vraiment le Protecteur de ceux qui ont cru; tandis que les mécréants n'ont pas de protecteur.

47:12 Ceux qui croient et accomplissent de bonnes oeuvres, Allah les fera entrer dans des Jardins sous lesquels coulent les ruisseaux. Et ceux qui mécroient jouissent et mangent comme mangent les bestiaux; et le Feu sera leur lieu de séjour.

47:13 Et que de cités, bien plus fortes que ta cité qui t'a expulsé, avons-Nous fait périr, et ils n'eurent point de secoureur.

47:14 Est-ce que celui qui se base sur une preuve claire venant de son Seigneur est comparable à ceux dont on a embelli les mauvaises actions et qui ont suivi leurs propres passions.

47:15 Voici la description du Paradis qui a été promis aux pieux: il y aura là des ruisseaux d'une eau jamais malodorante, et des ruisseaux d'un lait au goût inaltérable, et des ruisseaux d'un vin délicieux à boire, ainsi que des ruisseaux d'un miel purifié. Et il y a là, pour eux, des fruits de toutes sortes, ainsi qu'un pardon de la part de leur Seigneur. [Ceux-là] seront-ils pareils à ceux qui s'éternisent dans le Feu et qui sont abreuvés d'une eau bouillante qui leur déchire les entrailles?

47:16 Et il en est parmi eux qui t'écoutent. Une fois sortis de chez toi, ils disent à ceux qui ont reçu la science: ‹Qu'a-t-il dit, tantòt?› Ce sont ceux- là dont Allah a scellé les coeurs et qui suivent leurs propres passions.

47:17 Quant à ceux qui se mirent sur la bonne voie, Il les guida encore plus et leur inspira leur piété.

47:18 Qu'est-ce qu'ils attendent sinon que l'Heure leur vienne à l'improviste? Or ses signes avant-coureurs sont certes déjà venus. Et comment pourront-ils se rappeler quand elle leur viendra (à l'improviste)?

47:19 Sache donc qu'en vérité, il n'y a point de divinité à part Allah, et implore le pardon pour ton péché, ainsi que pour les croyants et les croyantes. Allah connaît vos activités (sur terre) et votre lieu de repos (dans l'au-delà).

47:20 Ceux qui ont cru disent: ‹Ah! Si une Sourate descendait!› Puis, quand on fait descendre une Sourate explicite et qu'on y mentionne le combat, tu vois ceux qui ont une maladie au coeur te regarder du regard de celui qui s'évanouit devant la mort. Seraient bien préférables pour eux

47:21 une obéissance et une parole convenable. Puis, quand l'affaire est décidée, il serait mieux pour eux certes, de se montrer sincères vis-à-vis d'Allah.

47:22 Si vous détournez, ne risquez-vous pas de semer la corruption sur terre et de rompre vos liens de parenté?

47:23 Ce sont ceux-là qu'Allah a maudits, a rendus sourds et a rendu leurs yeux aveugles.

47:24 Ne méditent-ils pas sur le Qur'an? Ou y a-t-il des cadenas sur leurs coeurs?

47:25 Ceux qui sont revenus sur leurs pas après que le droit chemin leur a été clairement exposé, le Diable les a séduits et trompés.

47:26 C'est parce qu'ils ont dit à ceux qui ont de la répulsion pour la révélation d'Allah: ‹Nous allons vous obéir dans certaines choses›. Allah cependant connaît ce qu'ils cachent.

47:27 Qu'adviendra-t-il d'eux quand les Anges les achèveront, frappant leurs faces et leurs dos?

47:28 Cela parce qu'ils ont suivi ce qui courrouce Allah, et qu'ils ont de la répulsion pour [ce qui attire] Son agrément. Il a donc rendu vaines leurs oeuvres.

47:29 Ou bien est-ce que ceux qui ont une maladie au coeur escomptent qu'Allah ne saura jamais faire apparaître leur haine?

47:30 Or, si Nous voulions Nous te les montrerions. Tu les reconnaîtrais certes à leurs traits; et tu les reconnaîtrais très certainement au ton de leur parler. Et Allah connaît bien vos actions.

47:31 Nous vous éprouverons certes afin de distinguer ceux d'entre vous qui luttent [pour la cause d'Allah] et qui endurent, et afin d'éprouver [faire apparaître] vos nouvelles.

47:32 Ceux qui ont mécru et obstrué le chemin d'Allah et se sont mis dans le clan opposé au Messager après que le droit chemin leur fut clairement exposé, ne sauront nuire à Allah en quoi que ce soit. Il rendra vaines leurs oeuvres.

47:33 Ô vous qui avez cru! Obéissez à Allah, obéissez au Messager, et ne rendez pas vaines vos oeuvres.

47:34 Ceux qui ont mécru et obstrué le chemin d'Allah puis sont morts tout en étant mécréants, Allah ne leur pardonnera jamais.

47:35 Ne faiblissez donc pas et n'appelez pas à la paix alors que vous êtes les plus hauts, qu'Allah et avec vous, et qu'Il ne vous frustrera jamais [du mérite] de vos oeuvres.

47:36 La vie présente n'est que jeu et amusement; alors que si vous croyez et craignez [Allah], Il vous accordera vos récompenses et ne vous demandera pas vos biens.

47:37 S'Il vous les demandait importunément, vous deviendriez avares et Il ferait apparaître vos haines.

47:38 Vous voilà appelés à faire des dépenses dans le chemin d'Allah. Certains parmi vous se montrent avares. Quiconque cependant est avare, l'est à son détriment. Allah est le Suffisant à Soi-même alors que vous êtes les besogneux. Et si vous vous détournez, Il vous remplacera par un peuple autre que vous, et ils ne seront pas comme vous.

48.   La victoire éclatante (Al-Fath)
Au nom d'Allah, le Tout Miséricordieux, le Très Miséricordieux.

48:1 En vérité Nous t'avons accordé une victoires éclatante,

48:2 afin qu'Allah te pardonne tes péchés, passés et futurs, qu'Il parachève sur toi Son bienfait et te guide sur une voie droite;

48:3 et qu'Allah te donne un puissant secours.

48:4 C'est Lui qui a fait descendre la quiétude dans les coeurs des croyants afin qu'ils ajoutent une foi à leur foi. A Allah appartiennent les armées des cieux et de la terre; et Allah est Omniscient et Sage

48:5 afin qu'Il fasse entrer les croyants et les croyantes dans des Jardins sous lesquels coulent les ruisseaux où ils demeureront éternellement, et afin de leur effacer leurs méfaits. Cela est auprès d'Allah un énorme succès.

48:6 Et afin qu'Il châtie les hypocrites, hommes et femmes, et les associateurs et les associatrices, qui pensent du mal d'Allah. Qu'un mauvais sort tombe sur eux. Allah est courroucé contre eux, les a maudits, et leur a préparé l'Enfer. Quelle mauvaise destination!

48:7 A Allah appartiennent les armées des cieux et de la terre; et Allah est Puissant et Sage.

48:8 Nous t'avons envoyé en tant que témoin, annonciateur de la bonne nouvelle et avertisseur,

48:9 pour que vous croyiez en Allah et en Son messager, que vous l'honoriez, reconnaissiez Sa dignité, et Le glorifiez matin et soir.

48:10 Ceux qui te prêtent serment d'allégeance ne font que prêter serment à Allah: la main d'Allah est au-dessus de leurs mains. Quiconque viole le serment, ne le viole qu'à son propre détriment; et quiconque remplit son engagement envers Allah, Il lui apportera bientôt une énorme récompense.

48:11 Ceux des Bédouins qui ont été laissés en arrière diront: ‹Nos biens et nos familles nous ont retenus: implore donc pour nous le pardon›. Ils disent avec leurs langues ce qui n'est pas dans leurs coeurs. Dis: ‹Qui donc peut quelque chose pour vous auprès d'Allah s'Il veut vous faire du mal ou s'Il veut vous faire du bien? Mais Allah est Parfaitement Connaisseur de ce que vous oeuvrez.

48:12 Vous pensiez plutòt que le Messager et les croyants ne retourneraient jamais plus à leur famille. Et cela vous a été embelli dans vos coeurs; et vous avez eu de mauvaises pensées. Et vous fûtes des gens perdus›.

48:13 Et quiconque ne croit pas en Allah et en Son messager... alors, pour les mécréants, Nous avons préparé une fournaise ardente.

48:14 A Allah appartient la souveraineté des cieux et de la terre. Il pardonne à qui Il veut et châtie qui Il veut. Allah demeure cependant, Pardonneur et Miséricordieux.

48:15 Ceux qui restèrent en arrière diront, quand vous vous dirigez vers le butin pour vous en emparer; ‹Laissez-nous vous suivre›. Ils voudraient changer la parole d'Allah. Dis: ‹Jamais vous ne nous suivrez: ainsi Allah a déjà annoncé›. Mais ils diront: ‹Vous êtes plutòt envieux à notre égard›. Mais ils ne comprenaient en réalité que peu.

48:16 Dis à ceux des Bédouins qui restèrent en arrière: ‹Vous serez bientôt appelés contre des gens d'une force redoutable. Vous les combattrez à moins qu'ils n'embrassent l'Islam. Si vous obéissez, Allah vous donnera une belle récompense, et si vous vous détournez comme vous vous êtes détournés auparavant, Il vous châtiera d'un châtiment douloureux›.

48:17 Nul grief n'est à faire à l'aveugle, ni au boiteux ni au malade. Et quiconque obéit à Allah et à Son messager, Il le fera entrer dans des Jardins sous lesquels coulent les ruisseaux. Quiconque cependant se détourne, Il le châtiera d'un douloureux châtiment.

48:18 Allah a très certainement agréé les croyants quand ils t'ont prêté le serment d'allégeance sous l'arbre. Il a su ce qu'il y avait dans leurs coeurs, et a fait descendre sur eux la quiétude, et Il les a récompensés par une victoire proche

48:19 ainsi qu'un abondant butin qu'ils ramasseront. Allah est Puissant et Sage.

48:20 Allah vous a promis un abondant butin que vous prendrez, et Il a hâté pour vous Celle-ci et repoussé de vous les mains des gens, afin que tout cela soit un signe pour les croyants et qu'Il vous guide dans un droit chemin;

48:21 Il vous promet un autre butin que vous ne seriez jamais capables de remporter et qu'Allah a embrassé en Sa puissance, car Allah est Omnipotent.

48:22 Et si ceux qui ont mécru vous combattent, ils se détourneront, certes; puis ils ne trouveront ni allié ni secoureur.

48:23 Telle est la règle d'Allah appliquée aux générations passées. Et tu ne trouveras jamais de changement à la règle d'Allah.

48:24 C'est Lui qui, dans la vallée de la Mecque, a écarté leurs mains de vous, de même qu'Il a écarté vos mains d'eux, après vous avoir fait triompher sur eux. Et Allah voit parfaitement ce que vous oeuvrez.

48:25 Ce sont eux qui ont mécru et qui vous ont obstrué le chemin de la Mosquée Sacrée [et ont empêché] que les offrandes entravées parvinssent à leur lieu d'immolation. S'il n'y avait pas eu des hommes croyants et des femmes croyantes (parmi les Mecquoises) que vous ne connaissiez pas et que vous auriez pu piétiner sans le savoir, vous rendant ainsi coupables d'une action répréhensible... [Tout cela s'est fait] pour qu'Allah fasse entrer qui Il veut dans Sa miséricorde. Et s'ils [les croyants] s'étaient signalés, Nous aurions certes châtié d'un châtiment douloureux ceux qui avaient mécru parmi [les Mecquois].

48:26 Quand ceux qui ont mécru eurent mis dans leurs coeurs la fureur, [la] fureur de l'ignorance... Puis Allah fit descendre Sa quiétude sur Son Messager ainsi que sur les croyants, et les obligea à une parole de piété, dont ils étaient les plus dignes et les plus proches. Allah est Omniscient.

48:27 Allah a été véridique en la vision par laquelle Il annonça à Son messager en toute vérité: vous entrerez dans la Mosquée Sacrée si Allah veut, en toute sécurité, ayant rasé vos têtes ou coupé vos cheveux, sans aucune crainte. Il savait donc ce que vous ne saviez pas. Il a placé en deçà de cela (la trêve de Hudaybiya) une victoire proche.

48:28 C'est Lui qui a envoyé Son messager avec la guidée et la religion de vérité [l'Islam] pour la faire triompher sur toute autre religion. Allah suffit comme témoin.

48:29 Muhammad est le Messager d'Allah. Et ceux qui sont avec lui sont durs envers les mécréants, miséricordieux entre eux. Tu les vois inclinés, prosternés, recherchant d'Allah grâce et agrément. Leurs visages sont marqués par la trace laissée par la prosternation. Telle est leur image dans la Thora. Et l'image que l'on donne d'eux dans l'Evangile est celle d'une semence qui sort sa pousse, puis se raffermit, s'épaissit, et ensuite se dresse sur sa tige, à l'émerveillement des semeurs. [Allah] par eux [les croyants] remplit de dépit les mécréants. Allah promet à ceux d'entre eux qui croient et font de bonnes oeuvres, un pardon et une énorme récompense.

49. Les appartements (Al-Hujurat)
Au nom d'Allah, le Tout Miséricordieux, le Très Miséricordieux.

49:1 Ô vous qui avez cru! Ne devancez pas Allah et Son messager. Et craignez Allah. Allah est Audient et Omniscient.

49:2 Ô vous qui avez cru! N'élevez pas vos voix au-dessus de la voix du Prophète, et ne haussez pas le ton en lui parlant, comme vous le haussez les uns avec les autres, sinon vos oeuvres deviendraient vaines sans que vous vous en rendiez compte.

49:3 Ceux qui auprès du Messager d'Allah baissent leurs voix sont ceux dont Allah a éprouvé les coeurs pour la piété. Ils auront un pardon et une énorme récompense.

49:4 Ceux qui t'appellent à haute voix de derrière les appartements, la plupart d'entre eux ne raisonnent pas.

49:5 Et s'ils patientaient jusqu'à ce que tu sortes à eux, ce serait certes mieux pour eux. Allah cependant, est Pardonneur et Miséricordieux.

49:6 Ô vous qui avez cru! Si un pervers vous apporte une nouvelle, voyez bien clair [de crainte] que par inadvertance vous ne portiez atteinte à des gens et que vous ne regrettiez par la suite ce que vous avez fait.

49:7 Et sachez que le Messager d'Allah est parmi vous. S'il vous obéissait dans maintes affaires, vous seriez en difficultés. Mais Allah vous a fait aimer la foi et l'a embellie dans vos coeurs et vous a fait détester la mécréance, la perversité et la désobéissance. Ceux-là sont les bien dirigés,

49:8 c'est là en effet une grâce d'Allah et une bienfait. Allah est Omniscient et Sage.

49:9 Et si deux groupes de croyants se combattent, faites la conciliation entre eux. Si l'un d'eux se rebelle contre l'autre, combattez le groupe qui se rebelle, jusqu'à ce qu'il se conforme à l'ordre d'Allah. Puis, s'il s'y conforme, réconciliez-les avec justice et soyez équitables car Allah aime les équitables.

49:10 Les croyants ne sont que des frères. Etablissez la concorde entre vos frères, et craignez Allah, afin qu'on vous fasse miséricorde.

49:11 Ô vous qui avez cru! Qu'un groupe ne se raille pas d'un autre groupe: ceux-ci sont peut-être meilleurs qu'eux. Et que des femmes ne se raillent pas d'autres femmes: celles-ci sont peut-être meilleures qu'elles. Ne vous dénigrez pas et ne vous lancez pas mutuellement des sobriquets (injurieux). Quel vilain mot que ‹perversion› lorsqu'on a déjà la foi. Et quiconque ne se repent pas... Ceux-là sont les injustes.

49:12 Ô vous qui avez cru! Evitez de trop conjecturer [sur autrui] car une partie des conjectures est péché. Et n'espionnez pas; et ne médisez pas les uns des autres. L'un de vous aimerait-il manger la chair de son frère mort? (Non!) vous en aurez horreur. Et craignez Allah. Car Allah est Grand Accueillant au repentir, Très Miséricordieux.

49:13 Ô hommes! Nous vous avons créés d'un mâle et d'une femelle, et Nous avons fait de vous des nations et des tribus, pour que vous vous entreconnaissiez. Le plus noble d'entre vous, auprès d'Allah, est le plus pieux. Allah est certes Omniscient et Grand- Connaisseur.

49:14 Les Bédouins ont dit: ‹Nous avons la foi›. Dis: ‹Vous n'avez pas encore la foi. Dites plutòt: Nous nous sommes simplement soumis, car la foi n'a pas encore pénétré dans vos coeurs. Et si vous obéissez à Allah et à Son messager, Il ne vous fera rien perdre de vos oeuvres›. Allah est Pardonneur et Miséricordieux.

49:15 Les vrais croyants sont seulement ceux qui croient en Allah et en Son messager, qui par la suite ne doutent point et qui luttent avec leurs biens et leurs personnes dans le chemin d'Allah. Ceux-là sont les véridiques.

49:16 Dis: ‹Est-ce vous qui apprendrez à Allah votre religion, alors qu'Allah sait tout ce qui est dans les cieux et sur la terre?› Et Allah est Omniscient.

49:17 Ils te rappellent leur conversion à l'Islam comme si c'était une faveur de leur part. Dis: ‹Ne me rappelez pas votre conversion à l'Islam comme une faveur. C'est tout au contraire une faveur dont Allah vous a comblés en vous dirigeant vers la foi, si toutefois vous êtes véridiques›.

49:18 Allah connaît l'Inconnaissable des cieux et de la terre et Allah est Clairvoyant sur ce que vous faites.

50. Qaf (Qaf)
Au nom d'Allah, le Tout Miséricordieux, le Très Miséricordieux.

50:1 Qaf. Par le Qur'an glorieux !

50:2 Mais ils s'étonnent que l'un des leurs leur vint comme avertisseur; et les mécréants dirent: ‹Ceci est une chose étonnante›.

50:3 Quoi! Quand nous serons morts et réduits en poussière...? Ce serait revenir de loin›!

50:4 Certes, Nous savons ce que la terre rongera d'eux [de leurs corps]; et Nous avons un Livre où tout est conservé.

50:5 Plutòt, ils traitent de mensonge la vérité qui leur est venue: les voilà donc dans une situation confuse.

50:6 N'ont-ils donc pas observé le ciel au-dessus d'eux, comment Nous l'avons bâti et embelli; et comment il est sans fissures?

50:7 Et la terre, Nous l'avons étendue et Nous y avons enfoncé fermement des montagnes et y avons fait pousser toutes sortes de magnifiques couples de [végétaux],

50:8 à titre d'appel à la clairvoyance et un rappel pour tout serviteur repentant.

50:9 Et Nous avons fait descendre du ciel une eau bénie, avec laquelle Nous avons fait pousser des jardins et le grain qu'on moissonne,

50:10 ainsi que les hauts palmiers aux régimes superposés,

50:11 comme subsistance pour les serviteurs. Et par elle (l'eau) Nous avons redonné la vie à une contrée morte. Ainsi se fera la résurrection.

50:12 Avant eux, le peuple de Noé, les gens d'Ar-Rass et les Tamud crièrent au mensonge,

50:13 de même que les Aad et Pharaon et les frères de Lot,

50:14 et les gens d'Al-Aïka et le peuple de Tubbaa. Tous traitèrent les Messagers de menteurs. C'est ainsi que Ma menace se justifia.

50:15 Quoi? Avons-Nous été fatigué par la première création? Mais ils sont dans la confusion [au sujet] d'une création nouvelle.

50:16 Nous avons effectivement créé l'homme et Nous savons ce que son âme lui suggère et Nous sommes plus près de lui que sa veine jugulaire

50:17 quand les deux recueillants, assis à droite et à gauche, recueillent.

50:18 Il ne prononce pas une parole sans avoir auprès de lui un observateur prêt à l'inscrire.

50:19 L'agonie de la mort fait apparaître la vérité: ‹Voilà ce dont tu t'écartais›.

50:20 Et l'on soufflera dans la Trompe: Voilà le jour de la Menace.

50:21 Alors chaque âme viendra accompagnée d'un conducteur et d'un témoin.

50:22 ‹Tu restais indifférent à cela. Et bien, Nous ôtons ton voile; ta vue est perçante aujourd'hui.

50:23 Et son compagnon dira: ‹Voilà ce qui est avec moi, tout prêt›..

50:24 ‹Vous deux, jetez dans l'Enfer tout mécréant endurci et rebelle,

50:25 acharné à empêcher le bien, transgresseur, douteur,

50:26 celui qui plaçait à côté d'Allah une autre divinité. Jetez-le donc dans le dur châtiment›.

50:27 Son camarade (le Diable) dira: ‹Seigneur, ce n'est pas moi qui l'ai fait transgresser; mais il était déjà dans un profond égarement›.

50:28 Alors [Allah] dira: ‹Ne vous disputez pas devant moi! Alors que Je vous ai déjà fait part de la menace.

50:29 Chez moi, la parole ne change pas; et Je n'opprime nullement les serviteurs›.

50:30 Le jour où Nous dirons à l'Enfer; ‹Es-tu rempli?› Il dira: ‹Y en a-t-il encore›?

50:31 Le Paradis sera rapproché à proximité des pieux.

50:32 ‹Voilà ce qui vous a été promis, [ainsi qu'] à tout homme plein de repentir et respectueux [des prescriptions divines]

50:33 qui redoute le Tout Miséricordieux bien qu'il ne Le voit pas, et qui vient [vers Lui] avec un coeur porté à l'obéissance.

50:34 Entrez-y en toute sécurité›. Voilà le jour de l'éternité!

50:35 Il y aura là pour eux tout ce qu'ils voudront. Et auprès de Nous il y a davantage encore.

50:36 combien avons-Nous fait périr, avant eux, de générations bien plus fortes qu'eux. Ils avaient parcouru les contrées, cherchant [vainement] où fuir.

50:37 Il y a bien là un rappel pour quiconque a un coeur, prête l'oreille tout en étant témoin.

50:38 En effet, Nous avons créé les cieux et la terre et ce qui existe entre eux en six jours, sans éprouver la moindre lassitude.

50:39 Endure donc ce qu'ils disent: et célèbre la louange de ton Seigneur avant le lever du soleil et avant [son] coucher;

50:40 et célèbre Sa gloire, une partie de la nuit et à la suite des prosternations [prières].

50:41 Et sois à l'écoute, le jour où le Crieur criera d'un endroit proche,

50:42 le jour où ils entendront en toute vérité le Cri. Voilà le Jour de la Résurrection.

50:43 C'est Nous qui donnons la vie et donnons la mort, et vers Nous sera la destination,

50:44 le jour où la terre se fendra, les [rejetant] précipitamment. ce sera un rassemblement facile pour Nous.

50:45 Nous savons mieux ce qu'ils disent. Tu n'as pas pour mission d'exercer sur eux une contrainte. Rappelle donc, par le Qur'an celui qui craint Ma menace.

51. Qui éparpillent (Adh-Dhariyat)
Au nom d'Allah, le Tout Miséricordieux, le Très Miséricordieux.

51:1 Par les vents qui éparpillent!

51:2 Par les porteurs de fardeaux!

51:3 Par les glisseurs agiles!

51:4 Par les distributeurs selon un commandement !

51:5 Ce qui vous est promis est certainement vrai.

51:6 Et la Rétribution arrivera inévitablement.

51:7 Par le ciel aux voies parfaitement tracées!

51:8 Vous divergez sur ce que vous dites.

51:9 Est détourné de lui quiconque a été détourné de la foi.

51:10 Maudits soient les menteurs,

51:11 qui sont plongés dans l'insouciance.

51:12 Ils demandent: ‹A quand le jour de la Rétribution?›

51:13 Le jour où ils seront éprouvés au Feu:

51:14 ‹Goûtez à votre épreuve [punition]; voici ce que vous cherchiez à hâter›.

51:15 Les pieux seront dans des Jardins et [parmi] des sources,

51:16 recevant ce que leur Seigneur leur aura donné. Car ils ont été auparavant de bienfaisants:

51:17 ils dormaient peu, la nuit,

51:18 et aux dernières heures de la nuit ils imploraient le pardon [d'Allah];

51:19 et dans leurs biens, il y avait un droit au mendiant et au déshérité.

51:20 Il y a sur terre des preuves pour ceux qui croient avec certitude;

51:21 ainsi qu'en vous-mêmes. N'observez-vous donc pas?

51:22 Et il y dans le ciel votre subsistance et ce qui vous a été promis.

51:23 Par le Seigneur du ciel et de la terre! Ceci est tout aussi vrai que le fait que vous parliez.

51:24 T'est-il parvenu le récit des visiteurs honorables d'Abraham?

51:25 Quand ils entrèrent chez lui et dirent: ‹Paix!›, il [leur] dit: ‹Paix, visiteurs inconnus›.

51:26 Puis il alla discrètement à sa famille et apporta un veau gras.

51:27 Ensuite il l'approcha d'eux... ‹Ne mangez-vous pas?› dit-il.

51:28 Il ressentit alors de la peur vis-à-vis d'eux. Ils dirent: ‹N'aie pas peur›. Et ils lui annoncèrent [la naissance] d'un garçon plein de savoir.

51:29 Alors sa femme s'avança en criant, se frappa le visage et dit: ‹Une vieille femme stérile...

51:30 Ils dirent: ‹Ainsi a dit ton Seigneur. C'est Lui vraiment le Sage, l'Omniscient›.

51:31 Alors [Abraham] dit: ‹Quelle est donc votre mission, ò envoyés?›

51:32 Ils dirent: ‹Nous avons été envoyés vers des gens criminels,

51:33 pour lancer sur eux des pierres de glaise,

51:34 marquées auprès de ton Seigneur à l'intention des outranciers›.

51:35 Nous en fîmes sortir alors ce qu'il y avait comme croyants,

51:36 mais Nous n'y trouvâmes qu'une seule maison de gens soumis.

51:37 Et Nous y laissâmes un signe pour ceux qui redoutent le douloureux châtiment;

51:38 [Il y a même un signe]: en Moïse quand Nous l'envoyâmes, avec une preuve évidente, vers Pharaon.

51:39 Mais [celui-ci]: se détourna confiant en sa puissance, et dit: ‹C'est un magicien ou un possédé!›

51:40 Nous le saisîmes ainsi que ses troupes, puis les jetâmes dans les flots, pour son comportement blâmable.

51:41 De même pour les Aad, quand Nous envoyâmes contre eux le vent dévastateur

51:42 n'épargnant rien sur son passage sans le réduire en poussière.

51:43 De même pour les Tamud, quand il leur fut dit: ‹Jouissez jusqu'à un certain temps!›

51:44 Ils défièrent le commandement de leur Seigneur. La foudre les saisit alors qu'ils regardaient.

51:45 Ils ne purent ni se mettre debout ni être secourus.

51:46 De même, pour le peuple de Noé auparavant. Ils étaient des gens pervers.

51:47 Le ciel, Nous l'avons construit par Notre puissance: et Nous l'étendons [constamment]: dans l'immensité.

51:48 Et la terre, Nous l'avons étendue. Et de quelle excellente façon Nous l'avons nivelée!

51:49 Et de toute chose Nous avons créé [deux éléments]: de couple. Peut-être vous rappellerez-vous?

51:50 ‹Fuyez donc vers Allah. Moi, je suis pour vous de Sa part, un avertisseur explicite.

51:51 Ne placez pas avec Allah une autre divinité. Je suis pour vous de Sa part, un avertisseur explicite›.

51:52 Ainsi aucun Messager n'est venu à leurs prédécesseurs sans qu'ils n'aient dit: ‹C'est un magicien ou un possédé›!

51:53 est-ce qu'ils se sont transmis cette injonction? Ils sont plutòt des gens transgresseurs.

51:54 Détourne-toi d'eux, tu ne seras pas blâmé [à leur sujet]:.

51:55 Et rappelle; car le rappel profite aux croyants.

51:56 Je n'ai créé les djinns et les hommes que pour qu'ils M'adorent.

51:57 Je ne cherche pas d'eux une subsistance; et Je ne veux pas qu'ils me nourrissent.

51:58 En vérité, c'est Allah qui est le Grand Pourvoyeur, Le Détenteur de la force, l'Inébranlable.

51:59 Ceux qui ont été injustes auront une part [de tourments]: pareille à celle de leurs compagnons

51:60 Malheur donc à ceux qui ont mécru à cause du jour dont ils sont menacés!

52. At-Tur (At-Tur)
Au nom d'Allah, le Tout Miséricordieux, le Très Miséricordieux.

52:1 Par At-Tur!

52:2 Et par un Livre écrit

52:3 Sur un parchemin déployé!

52:4 et par la Maison peuplée !

52:5 Et par la Voûte élevée!

52:6 Et par la Mer portée à ébullition! (au Jour dernier)

52:7 Le châtiment de ton Seigneur aura lieu inévitablement.

52:8 Nul ne pourra le repousser.

52:9 Le jour où le ciel sera agité d'un tourbillonnement,

52:10 et les montagnes se mettront en marche.

52:11 Ce jour-là, malheur à ceux qui traitent (les signes d'Allah) de mensonges,

52:12 ceux qui s'ébattent dans des discours frivoles

52:13 le jour où ils seront brutalement poussés au feu de l'Enfer:

52:14 Voilà le feu que vous traitiez de mensonge.

52:15 Est-ce que cela est de la magie? Ou bien ne voyez-vous pas clair?

52:16 Brûlez dedans! Supportez ou ne supportez pas, ce sera égal pour vous: vous n'êtes rétribués que selon ce que vous faisiez.

52:17 Les pieux seront dans des Jardins et dans des délices,

52:18 se réjouissant de ce que leur Seigneur leur aura donné, et leur Seigneur les aura protégés du châtiment de la Fournaise.

52:19 ‹En récompense de ce que vous faisiez, mangez et buvez en toute sérénité,

52:20 accoudés sur des lits bien rangés›, et Nous leur ferons épouser des houris aux grands yeux noirs,

52:21 Ceux qui auront cru et que leurs descendants auront suivis dans la foi, Nous ferons que leurs descendants les rejoignent. Et Nous ne diminuerons en rien le mérité de leurs oeuvres, chacun étant tenu responsable de ce qu'il aura acquis.

52:22 Nous les pourvoirons abondamment des fruits et des viandes qu'ils désireront.

52:23 Là, ils se passeront les uns les autres une coupe qui ne provoquera ni vanité ni incrimination.

52:24 Et parmi eux circuleront des garçons à leur service, pareils à des perles bien conservées.

52:25 et ils se tourneront les uns vers les autres s'interrogeant;

52:26 Ils diront: ‹Nous vivions au milieu des nòtres dans la crainte [d'Allah];

52:27 Puis Allah nous a favorisés et protégés du châtiment du Samum.

52:28 Antérieurement, nous L'invoquions. C'est Lui certes, le Charitable, le Très Miséricordieux›.

52:29 Rappelle donc et par la grâce de ton Seigneur tu n'es ni un devin ni un possédé;

52:30 Ou bien ils disent: ‹C'est un poète! Attendons pour lui le coup de la mort›.

52:31 Dis: ‹Attendez! Je suis avec vous parmi ceux qui attendent›.

52:32 Est-ce leur raison qui leur commande cela? Ou sont-ils des gens outranciers?

52:33 Ou bien ils disent: ‹Il l'a inventé lui-même?› Non... mais ils ne croient pas.

52:34 Eh bien, qu'ils produisent un récit pareil à lui (le Qur'an), s'ils sont véridiques.

52:35 Ont-ils été créés à partir de rien ou sont-ils eux les créateurs?

52:36 Ou ont-ils créé les cieux et la terre? Mais ils n'ont plutòt aucune conviction.

52:37 Possèdent-ils les trésors de ton Seigneur? Ou sont-ils eux les maîtres souverains?

52:38 Ont-ils une échelle d'où ils écoutent? Que celui des leurs qui reste à l'écoute apporte une preuve évidente !

52:39 [Allah]: aurait-Il les filles, tandis que vous, les fils?

52:40 Ou leur demandes-tu un salaire, de sorte qu'ils soient grevés d'une lourde dette?

52:41 Ou bien détiennent-ils l'Inconnaissable pour le mentionner par écrit?

52:42 Ou cherchent-ils un stratagème? Mais ce sont ceux qui ont mécru qui sont victimes de leur propre stratagème.

52:43 Ou ont-ils une autre divinité à part Allah? Qu'Allah soit glorifié et purifié de tout ce qu'ils associent!

52:44 Et s'ils voient tomber des fragments du ciel, ils disent: ‹Ce sont des nuages superposés›.

52:45 Laisse-les donc, jusqu'à ce qu'ils rencontrent leur jour où ils seront foudroyés,

52:46 le jour où leur ruse ne leur servira à rien, où ils ne seront pas secourus.

52:47 Les injustes auront un châtiment préalable. Mais la plupart d'entre eux ne savent pas.

52:48 et supporte patiemment la décision de ton Seigneur. Car en vérité, tu es sous Nos yeux. Et célèbre la gloire de ton Seigneur quand tu te lèves;

52:49 Glorifie-Le une partie de la nuit et au déclin des étoiles.

53. L'étoile (An-Najm)
Au nom d'Allah, le Tout Miséricordieux, le Très Miséricordieux.

53:1 Par l'étoile à son déclin!

53:2 Votre compagnon ne s'est pas égaré et n'a pas été induit en erreur

53:3 et il ne prononce rien sous l'effet de la passion;

53:4 ce n'est rien d'autre qu'une révélation inspirée.

53:5 que lui a enseigné [L'Ange Gabriel]: à la force prodigieuse,

53:6 doué de sagacité; c'est alors qu'il se montra sous sa forme réelle [angélique],

53:7 alors qu'ils se trouvait à l'horizon supérieur.

53:8 Puis il se rapprocha et descendit encore plus bas,

53:9 et fut à deux portées d'arc, ou plus près encore.

53:10 Il révéla à Son serviteur ce qu'Il révéla.

53:11 Le coeur n'a pas menti en ce qu'il a vu.

53:12 Lui contestez-vous donc ce qu'il voit?

53:13 Il l'a pourtant vu, lors d'une autre descente,

53:14 près de la Sidrat-ul-Muntaha,

53:15 près d'elle se trouve le jardin de Maawa:

53:16 au moment où le lotus était couvert de ce qui le couvrait.

53:17 La vue n'a nullement dévié ni outrepassé la mesure.

53:18 Il a bien vu certaines des grandes merveilles de son Seigneur.

53:19 Que vous en semble [des divinités] Lat et Uzza,

53:20 ainsi que Manat, cette troisième autre?

53:21 Sera-ce à vous le garçon et à Lui la fille?

53:22 Que voilà donc un partage injuste!

53:23 Ce ne sont que des noms que vous avez inventés, vous et vos ancêtres. Allah n'a fait descendre aucune preuve à leur sujet. Ils ne suivent que la conjecture et les passions de [leurs] âmes, alors que la guidée leur est venue de leur Seigneur.

53:24 Ou bien l'homme aura-t-il tout ce qu'il désire?

53:25 A Allah appartiennent la vie future et la vie d'ici-bas.

53:26 Et que d'Anges dans les cieux dont l'intercession ne sert à rien, sinon qu'après qu'Allah l'autre permis, en faveur de qui Il veut et qu'Il agrée.

53:27 Ceux qui ne croient pas en l'au-delà donnent aux Anges des noms de femmes,

53:28 alors qu'ils n'en ont aucune science: ils ne suivent que la conjecture, alors que la conjecture ne sert à rien contre la vérité.

53:29 Ecarte-toi donc, de celui qui tourne le dos à Notre rappel et qui ne désire que la vie présente.

53:30 Voilà toute la portée de leur savoir. Certes ton Seigneur connaît parfaitement celui qui s'égare de Son chemin et Il connaît parfaitement qui est bien guidé.

53:31 A Allah appartient ce qui est dans les cieux et sur la terre afin qu'Il rétribue ceux qui font le mal selon ce qu'ils oeuvrent, et récompense ceux qui font le bien par la meilleure [récompense],

53:32 ceux qui évitent les plus grands péchés ainsi que les turpitudes et [qui ne commettent] que des fautes légères. Certes, le pardon de Ton Seigneur est immense. C'est Lui qui vous connaît le mieux quand Il vous a produits de terre, et aussi quand vous étiez des embryons dans les ventres de vos mères. Ne vantez pas vous-mêmes votre pureté; c'est Lui qui connaît mieux ceux qui [Le] craignent.

53:33 Vois-tu celui qui s'est détourné,

53:34 donné peu et a [finalement] cessé de donner?

53:35 Détient-il la science de l'Inconnaissable en sorte qu'il voit?

53:36 Ne lui a-t-on pas annoncé ce qu'il y avait dans les feuilles de Moïse

53:37 et celles d'Abraham qui a tenu parfaitement [sa promesse de transmettre]

53:38 qu'aucune [âme]: ne portera le fardeau (le péché) d'autrui,

53:39 et qu'en vérité, l'homme n'obtient que [le fruit]: de ses efforts;

53:40 et que son effort, en vérité, lui sera présenté (le jour du Jugement).

53:41 Ensuite il en sera récompensé pleinement,

53:42 et que tout aboutit, en vérité, vers ton Seigneur,

53:43 et que c'est Lui qui a fait rire et qui a fait pleurer,

53:44 et que c'est Lui qui a fait mourir et qui a ramené à la vie,

53:45 et que c'est Lui qui a créé les deux éléments de couple, le mâle et la femelle,

53:46 d'une goutte de sperme quand elle est éjaculée

53:47 et que la seconde création Lui incombe,

53:48 et c'est Lui qui a enrichi et qui a fait acquérir.

53:49 Et c'est Lui qui est le Seigneur de Sirius,

53:50 et c'est Lui qui a fait périr les anciens Aad,

53:51 ainsi que les Tamud, et Il fit que rien n'en subsistât,

53:52 ainsi que le peuple de Noé antérieurement, car ils étaient encore plus injustes et plus violents,

53:53 de même qu'Il anéantit les villes renversées.

53:54 Et les recouvrit de ce dont Il les recouvrit.

53:55 Lequel donc des bienfaits de ton Seigneur mets-tu en doute?

53:56 Voici un avertisseur analogue aux avertisseurs anciens:

53:57 l'Imminente (L'heure du Jugement) s'approche.

53:58 Rien d'autre en dehors d'Allah ne peut la dévoiler.

53:59 Quoi! Vous étonnez-vous de ce discours (le Qur'an)?

53:60 Et vous [en]: riez et n'[en]: pleurez point?

53:61 absorbés [que vous êtes]: par votre distraction.

53:62 Prosternez-vous donc à Allah et adorez-Le.

54. La lune (Al-Qamar)
Au nom d'Allah, le Tout Miséricordieux, le Très Miséricordieux.

54:1 L'Heure approche et la lune s'est fendue.

54:2 Et s'ils voient un prodige, ils s'en détournent et disent: ‹Une magie persistante›.

54:3 et ils [le] traitent de mensonge et suivent leurs propres impulsions, or chaque chose arrivera à son terme [et son but]

54:4 Ils ont pourtant reçu comme nouvelles de quoi les empêcher (du mal);

54:5 [Cela est] une sagesse parfaite. Mais les avertissements ne [leur] servent à rien.

54:6 Détourne-toi d'eux. Le jour où l'appeleur appellera vers une chose affreuse,

54:7 les regards baissés, ils sortiront des tombes comme des sauterelles éparpillées,

54:8 courant, le cou tendu, vers l'appeleur. Les mécréants diront: ‹Voilà un jour difficile›.

54:9 Avant eux, le peuple de Noé avait crié au mensonge. Ils traitèrent Notre serviteur de menteur et dirent: ‹C'est un possédé!› et il fut repoussé.

54:10 il invoqua donc son Seigneur: ‹Moi, je suis vaincu. Fais triompher (Ta cause)›.

54:11 Nous ouvrîmes alors les portes du ciel à une eau torrentielle,

54:12 et fîmes jaillir la terre en sources. Les eaux se rencontrèrent d'après un ordre qui était déjà décrété dans une chose [faite].

54:13 Et Nous le portâmes sur un objet [fait] de planches et de clous [l'arche],

54:14 voguant sous Nos yeux: récompense pour celui qu'on avait renié [Noé].

54:15 Et Nous la laissâmes, comme un signe [d'avertissement]. Y a-t-il quelqu'un pour réfléchir?

54:16 Comment furent Mon châtiment et Mes avertissements?

54:17 En effet, Nous avons rendu le Qur'an facile pour la médiation. Y a-t- il quelqu'un pour réfléchir?

54:18 Les Aad ont traité de menteur (leur Messager). Comment furent Mon châtiment et Mes avertissements?

54:19 Nous avons envoyé contre eux un vent violent et glacial, en un jour néfaste et interminable;

54:20 il arrachait les gens comme des souches de palmiers déracinés.

54:21 Comment furent Mon châtiment et Mes avertissements?

54:22 En effet, Nous avons rendu le Qur'an facile pour la médiation. Y a-t-il quelqu'un pour réfléchir?

54:23 Les Tamud ont traité de mensonges les avertissements?

54:24 Ils dirent: ‹Allons-nous suivre un seul homme (Salih) d'entre nous- mêmes? Nous serions alors dans l'égarement et la folie.

54:25 Est-ce que le message a été envoyé à lui à l'exception de nous tous? C'est plutôt un grand menteur, plein de prétention et d'orgueil›.

54:26 Demain, ils sauront qui est le grand menteur plein de prétention et d'orgueil.

54:27 Nous leur enverrons la chamelle, comme épreuve. Surveille-les donc et sois patient.

54:28 Et informe-les que l'eau sera en partage entre eux [et la chamelle]; chacun boira à son tour.

54:29 Puis ils appelèrent leur camarade qui prit [son épée] et [la] tua.

54:30 Comment furent donc Mon châtiment et Mes avertissements?

54:31 Nous lâchâmes sur eux un seul Cri, et voilà qu'ils furent réduits à l'état de paille d'étable.

54:32 Et vraiment, Nous avons rendu le Qur'an facile pour la médiation. Y a-t-il quelqu'un pour réfléchir?

54:33 Le peuple de Lot traita de mensonges les avertissements.

54:34 Nous lâchâmes sur eux un ouragan, excepté la famille de Lot que Nous sauvâmes avant l'aube,

54:35 à titre de bienfait de Notre part: ainsi récompensons-Nous celui qui est reconnaissant.

54:36 Il les avait pourtant avertis de Nos représailles. Mais ils mirent les avertissements en doute.

54:37 En effet, ils voulaient séduire ses hôtes. Nous aveuglâmes leurs yeux ‹Goûtez donc Mon châtiment et Mes avertissements.

54:38 En effet, au petit matin, un châtiment persistant les surprit.

54:39 Goûtez donc Mon châtiment et Mes avertissements.

54:40 Et vraiment, Nous avons rendu le Qur'an facile pour la médiation. Y a-t-il quelqu'un pour réfléchir?

54:41 Les avertissements vinrent certes, aux gens de Pharaon.

54:42 Ils traitèrent de mensonges tous Nos prodiges. Nous les saisîmes donc, de la saisie d'un Puissant Omnipotent.

54:43 Vos mécréants sont-ils meilleurs que ceux-là? Ou bien y a-t-il dans les Ecritures une immunité pour vous?

54:44 Ou bien ils disent: ‹Nous formons un groupe [fort] et nous vaincrons›.

54:45 Leur rassemblement sera bientòt mis en déroute, et ils fuiront.

54:46 L'Heure, plutòt, sera leur rendez-vous, et l'Heure sera plus terrible et plus amère.

54:47 Les criminels sont certes, dans l'égarement et la folie.

54:48 Le jour où on les traînera dans le Feu sur leurs visages, (on leur dira): ‹Goûtez au contact de Saqar [la chaleur brûlante de l'Enfer]›.

54:49 Nous avons créé toute chose avec mesure,

54:50 et Notre ordre est une seule [parole]; [il est prompt] comme un clin d'oeil.

54:51 En effet, nous avons fait périr des peuples semblables à vous. Y a-t-il quelqu'un pour s'en souvenir?

54:52 Et tout ce qu'ils ont fait est mentionné dans les registres,

54:53 et tout fait, petit et grand, est consigné.

54:54 Les pieux seront dans des Jardins et parmi des ruisseaux,

54:55 dans un séjour de vérité, auprès d'un Souverain Omnipotent.

55. Le Tout Miséricordieux (Ar-Rahman)
Au nom d'Allah, le Tout Miséricordieux, le Très Miséricordieux.

55:1 Le Tout Miséricordieux.

55:2 Il a enseigné le Qur'an.

55:3 Il a créé l'homme.

55:4 Il lui a appris à s'exprimer clairement.

55:5 Le soleil et la lune [évoluent] selon un calcul [minutieux]

55:6 et l'herbe et les arbres se prosternent.

55:7 Et quant au ciel, Il l'a élevé bien haut. Et Il a établit la balance,

55:8 afin que vous ne transgressiez pas dans la pesée:

55:9 Donnez [toujours] le poids exact et ne faussez pas la pesée.

55:10 Quant à la terre, Il l'a étendue pour les êtres vivants:

55:11 il s'y trouve des fruits, et aussi les palmiers aux fruits recouverts d'enveloppes,

55:12 tout comme les grains dans leurs balles, et les plantes aromatiques.

55:13 Lequel donc des bienfaits de votre Seigneur nierez-vous?

55:14 Il a créé l'homme d'argile sonnante comme la poterie;

55:15 et Il a créé les djinns de la flamme d'un feu sans fumée;

55:16 Lequel donc des bienfaits de votre Seigneur nierez-vous?

55:17 Seigneur des deux Levants et Seigneur des deux Couchants!

55:18 Lequel donc des bienfaits de votre seigneur nierez-vous?

55:19 Il a donné libre cours aux deux mers pour se rencontrer;

55:20 il y a entre elles une barrière qu'elles ne dépassent pas.

55:21 Lequel donc des bienfaits de votre Seigneur nierez-vous?

55:22 De ces deux [mers]: sortent la perle et le corail.

55:23 Lequel donc des bienfaits de votre Seigneur nierez-vous?

55:24 A Lui appartiennent les vaisseaux élevés sur la mer comme des montagnes;

55:25 Lequel donc des bienfaits de votre Seigneur nierez-vous?

55:26 Tout ce qui est sur elle [la terre] doit disparaître,

55:27 [Seule] subsistera La Face [Wajh] de ton Seigneur, plein de majesté et de noblesse.

55:28 Lequel donc des bienfaits de votre Seigneur nierez-vous?

55:29 Ceux qui sont dans les cieux et la terre L'implorent. Chaque jour, Il accomplit une oeuvre nouvelle.

55:30 Lequel donc des bienfaits de votre Seigneur nierez-vous?

55:31 Nous allons bientôt entreprendre votre jugement, ô vous les deux charges [hommes et djinns]

55:32 Lequel donc des bienfaits de votre Seigneur nierez-vous?

55:33 Ô peuple de djinns et d'hommes! si vous pouvez sortir du domaine des cieux et de la terre, alors faites-le. Mais vous ne pourrez en sortir qu'à l'aide d'un pouvoir [illimité].

55:34 Lequel donc des bienfaits de votre Seigneur nierez-vous?

55:35 Il sera lancé contre vous un jet de feu et de fumée [ou de cuivre fondu], et vous ne serez pas secourus.

55:36 Lequel donc des bienfaits de votre Seigneur nierez-vous?

55:37 Puis quand le ciel se fendra et deviendra alors écarlate comme le cuir rouge.

55:38 Lequel des bienfaits de votre Seigneur nierez-vous?

55:39 Alors, ni aux hommes ni aux djinns, on ne posera des questions à propos de leurs péchés.

55:40 Lequel donc des bienfaits de votre Seigneur nierez-vous?

55:41 On reconnaîtra les criminels à leurs traits. Ils seront donc saisis par les toupets et les pieds.

55:42 Lequel donc des bienfaits de votre Seigneur nierez-vous?

55:43 Voilà l'Enfer que les criminels traitaient de mensonge.

55:44 Ils feront le va-et-vient entre lui (l'Enfer) et une eau bouillante extrêmement chaude.

55:45 Lequel donc des bienfaits de votre Seigneur nierez-vous?

55:46 et pour celui qui aura craint de comparaître devant son Seigneur, il y aura deux jardins;

55:47 Lequel donc des bienfaits de votre Seigneur nierez-vous?

55:48 Aux branches touffues.

55:49 Lequel donc des bienfaits de votre Seigneur nierez-vous?

55:50 Ils y trouveront deux sources courantes.

55:51 Lequel donc des bienfaits de votre Seigneur nierez-vous?

55:52 Ils contiennent deux espèces de chaque fruit.

55:53 Lequel donc des bienfaits de votre Seigneur nierez-vous?

55:54 ils seront accoudés sur des tapis doublés de brocart, et les fruits des deux jardins seront à leur portée (pour être cueillis).

55:55 Lequel donc des bienfaits de votre Seigneur nierez-vous?

55:56 Ils y trouveront [les houris] aux regards chastes, qu'avant eux aucun homme ou djinn n'aura déflorées.

55:57 Lequel donc des bienfaits de votre Seigneur nierez-vous?

55:58 Elles seront [aussi belles]: que le rubis et le corail.

55:59 Lequel donc des bienfaits de votre Seigneur nierez-vous?

55:60 Y a-t-il d'autre récompense pour le bien, que le bien?

55:61 Lequel donc des bienfaits de votre Seigneur nierez-vous?

55:62 En deçà de ces deux jardins il y aura deux autres jardins.

55:63 Lequel donc des bienfaits de votre Seigneur nierez-vous?

55:64 Ils sont d'un vert sombre.

55:65 Lequel donc des bienfaits de votre Seigneur nierez-vous?

55:66 Dans lesquelles il y aura deux sources jaillissantes.

55:67 Lequel donc des bienfaits de votre Seigneur nierez-vous?

55:68 ils contiennent des fruits, des palmiers, et des grenadiers.

55:69 Lequel donc des bienfaits de votre Seigneur nierez-vous?

55:70 là, il y aura des vertueuses et des belles.

55:71 Lequel donc des bienfaits de votre Seigneur nierez-vous?

55:72 des houris cloîtrées dans les tentes,

55:73 Lequel donc des bienfaits de votre Seigneur nierez-vous?

55:74 qu'avant eux aucun homme ou djinn n'a déflorées.

55:75 Lequel donc des bienfaits de votre Seigneur nierez-vous?

55:76 Ils seront accoudés sur des coussins verts et des tapis épais et jolis.

55:77 Lequel donc des bienfaits de votre Seigneur nierez-vous?

55:78 Béni soit le Nom de ton Seigneur, Plein de Majesté et de Munificence!

56. L'evénement (Al-Waqi'ah)

Au nom d'Allah, le Tout Miséricordieux, le Très Miséricordieux.

56:1 Quand l'événement (le Jugement) arrivera,

56:2 nul ne traitera sa venue de mensonge.

56:3 Il abaissera (les uns), il élèvera (les autres).

56:4 Quand la terre sera secouée violemment,

56:5 et les montagnes seront réduites en miettes,

56:6 et qu'elles deviendront poussière éparpillée

56:7 alors vous serez trois catégories:

56:8 les gens de la droite - que sont les gens de la droite?

56:9 Et les gens de la gauche - que sont les gens de la gauche?

56:10 Les premiers (à suivre les ordres d'Allah sur la terre) ce sont eux qui seront les premiers (dans l'au-delà)

56:11 Ce sont ceux-là les plus rapprochés d'Allah

56:12 dans les Jardins des délices,

56:13 une multitude d'élus parmi les premières [générations],

56:14 et un petit nombre parmi les dernières [générations],

56:15 sur des lits ornés [d'or et de pierreries],

56:16 s'y accoudant et se faisant face.

56:17 Parmi eux circuleront des garçons éternellement jeunes,

56:18 avec des coupes, des aiguières et un verre [rempli]: d'une liqueur de source

56:19 qui ne leur provoquera ni maux de tête ni étourdissement;

56:20 et des fruits de leur choix,

56:21 et toute chair d'oiseau qu'ils désireront.

56:22 Et ils auront des houris aux yeux, grands et beaux,

56:23 pareilles à des perles en coquille.

56:24 en récompense pour ce qu'ils faisaient.

56:25 Ils n'y entendront ni futilité ni blasphème;

56:26 mais seulement les propos: ‹Salam! Salam!›... [Paix! paix!]

56:27 Et les gens de la droite; que sont les gens de la droite?

56:28 [Ils seront parmi]: des jujubiers sans épines,

56:29 et parmi des bananiers aux régimes bien fournis,

56:30 dans une ombre étendue

56:31 [près] d'une eau coulant continuellement,

56:32 et des fruits abondants

56:33 ni interrompus ni défendus,

56:34 sur des lits surélevés,

56:35 C'est Nous qui les avons créées à la perfection,

56:36 et Nous les avons faites vierges,

56:37 gracieuses, toutes de même âge,

56:38 pour les gens de la droite,

56:39 une multitude d'élus parmi les premières [générations],

56:40 et une multitude d'élus parmi les dernières [générations],

56:41 Et les gens de la gauche; que sont les gens de la gauche?

56:42 ils seront au milieu d'un souffle brûlant et d'une eau bouillante,

56:43 à l'ombre d'une fumée noire

56:44 ni fraîche, ni douce.

56:45 Ils vivaient auparavant dans le luxe.

56:46 Ils persistaient dans le grand péché [le polythéisme]

56:47 et disaient: ‹Quand nous mourrons et serons poussière et ossements, serons-nous ressuscités?

56:48 ainsi que nos anciens ancêtres?...›

56:49 Dis: ‹En vérité les premiers et les derniers

56:50 seront réunis pour le rendez-vous d'un jour connu›.

56:51 Et puis, vous, les égarés, qui traitiez (la Résurrection) de mensonge,

56:52 vous mangerez certainement d'un arbre de Zaqqoum.

56:53 Vous vous en remplirez le ventre,

56:54 puis vous boirez par-dessus cela de l'eau bouillante,

56:55 vous en boirez comme boivent les chameaux assoiffés.

56:56 Voilà le repas d'accueil qui leur sera servi, au jour de la Rétribution.

56:57 C'est Nous qui vous avons créés. Pourquoi ne croiriez-vous donc pas [à la résurrection]?

56:58 Voyez-vous donc ce que vous éjaculez:

56:59 est-ce vous qui le créez ou [en]: sommes Nous le Créateur?

56:60 Nous avons prédéterminé la mort parmi vous. Nous ne serons point empêchés

56:61 de vous remplacer par vos semblables, et vous faire renaître dans [un état] que vous ne savez pas.

56:62 Vous avez connu la première création. Ne vous rappelez-vous donc pas?

56:63 Voyez-vous donc ce que vous labourez?

56:64 Est-ce vous qui le cultivez? ou [en] sommes Nous le cultivateur?

56:65 Si Nous voulions, Nous le réduirions en débris. Et vous ne cesseriez pas de vous étonner et [de crier]:

56:66 ‹Nous voilà endettés!

56:67 ou plutòt, exposés aux privations›.

56:68 Voyez-vous donc l'eau que vous buvez?

56:69 Est-ce vous qui l'avez fait descendre du nuage? ou [en] sommes Nous le descendeur?

56:70 Si Nous voulions, Nous la rendrions salée. Pourquoi n'êtes- vous donc pas reconnaissants?

56:71 Voyez-vous donc le feu que vous obtenez par frottement?

56:72 Est-ce vous qui avez créé son arbre ou [en] sommes Nous le Créateur?

56:73 Nous en avons fait un rappel (de l'Enfer), et un élément utile pour ceux qui en ont besoin.

56:74 Glorifie donc le nom de ton Seigneur, le Très Grand!

56:75 Non!... Je jure par les positions des étoiles (dans le firmament).

56:76 Et c'est vraiment un serment solennel, si vous saviez.

56:77 Et c'est certainement un Qur'an noble,

56:78 dans un Livre bien gardé

56:79 que seuls les purifiés touchent;

56:80 C'est une révélation de la part du Seigneur de l'Univers.

56:81 Est-ce ce discours-là que vous traitez de mensonge?

56:82 Et est-ce pour vous [une façon d'être reconnaissant] à votre subsistance que de traiter (le Qur'an) de mensonge?

56:83 Lorsque le souffle de la vie remonte à la gorge (d'un moribond),

56:84 et qu'à ce moment là vous regardez,

56:85 et que Nous sommes plus proche de lui que vous [qui l'entourez] mais vous ne [le] voyez point.

56:86 Pourquoi donc, si vous croyez que vous n'avez pas de compte à rendre,

56:87 ne la faites-vous pas revenir [cette âme], si vous êtes véridiques?

56:88 Si celui-ci est du nombre des rapprochés (d'Allah),

56:89 alors (il aura) du repos, de la grâce et un Jardin de délices.

56:90 Et s'il est du nombre des gens de la droite,

56:91 il sera [accueilli par ces mots]: ‹Paix à toi› de la part des gens de la droite.

56:92 Et s'il est de ceux qui avaient traité de mensonge (la résurrection) et s'étaient égarés,

56:93 alors, il sera installé dans une eau bouillante,

56:94 et il brûlera dans la Fournaise.

56:95 C'est cela la pleine certitude.

56:96 Glorifie donc le nom de ton Seigneur, le Très Grand!

57. Le fer (Al-Hadid)
Au nom d'Allah, le Tout Miséricordieux, le Très Miséricordieux.

57:1 Tout ce qui est dans les cieux et la terre glorifie Allah. Et c'est Lui le Puissant, le Sage.

57:2 A Lui appartient la souveraineté des cieux et de la terre. Il fait vivre et il fait mourir, et Il est Omnipotent.

57:3 C'est Lui le Premier et le Dernier, l'Apparent et le Caché et Il est Omniscient.

57:4 C'est Lui qui a créé les cieux et la terre en six jours puis Il S'est établi sur le Trône; Il sait ce qui pénètre dans la terre et ce qui en sort, et ce qui descend du ciel et ce qui y monte, et Il est avec vous où que vous soyez. Et Allah observe parfaitement ce que vous faites.

57:5 A Lui appartient la souveraineté des cieux et de la terre. Et à Allah tout est ramené.

57:6 Il fait pénétrer la nuit dans le jour et fait pénétrer le jour dans la nuit, et Il sait parfaitement le contenu des poitrines.

57:7 Croyez en Allah et en Son Messager, et dépensez de ce dont Il vous a donné la lieutenance. Ceux d'entre vous croient et dépensent [pour la cause d'Allah] auront une grande récompense.

57:8 Et qu'avez-vous à ne pas croire en Allah, alors que le Messager vous appelle à croire en votre Seigneur? Et [Allah] a déjà pris [acte] de votre engagement si vous êtes [sincères] dans votre foi.

57:9 C'est Lui qui fait descendre sur Son serviteur des versets claires, afin qu'il vous fasse sortir des ténèbres à la lumière; et assurément Allah est Compatissant envers vous, et Très Miséricordieux.

57:10 Et qu'avez-vous à ne pas dépenser dans le chemin d'Allah, alors que c'est à Allah que revient l'héritage des cieux et de la terre? On ne peut comparer cependant celui d'entre vous qui a donné ses biens et combattu avant la conquête... ces derniers sont plus hauts en hiérarchie que ceux qui ont dépensé et ont combattu après. Or, à chacun, Allah a promis la plus belle récompense, et Allah est Grand-Connaisseur de ce que vous faites.

57:11 Quiconque fait à Allah un prêt sincère, Allah le Lui multiplie, et il aura une généreuse récompense.

57:12 Le jour où tu verras les croyants et les croyantes, leur lumière courant devant eux et à leur droite; (on leur dira): ‹Voici une bonne nouvelle pour vous aujourd'hui: des Jardins sous lesquels coulent les ruisseaux pour y demeurer éternellement›. Tel est l'énorme succès.

57:13 Le jour où les hypocrites, hommes et femmes, diront à ceux qui croient: ‹Attendez que nous empruntions [un peu]: de votre lumière›. Il sera dit: ‹Revenez en arrière, et cherchez de la lumière›. C'est alors qu'on éleva entre eux une muraille ayant une porte dont l'intérieur contient la miséricorde, et dont la face apparente a devant elle le châtiment [l'Enfer]

57:14 ‹N'étions-nous pas avec vous?› leur crieront-ils. ‹Oui, répondront [les autres] mais vous vous êtes laissés tenter, vous avez comploté (contre les croyants) et vous avez douté et de vains espoirs vous ont trompés, jusqu'à ce que vînt l'ordre d'Allah. Et le séducteur [Le diable]: vous a trompés au sujet d'Allah.

57:15 Aujourd'hui donc, on n'acceptera de rançon ni de vous ni de ceux qui ont mécru. Votre asile est le Feu: c'est lui qui est votre compagnon inséparable. Et quelle mauvaise destination!

57:16 Le moment n'est-il pas venu pour ceux qui ont cru, que leurs coeurs s'humilient à l'évocation d'Allah et devant ce qui est descendu de la vérité [le Qur'an]? Et de ne point être pareils à ceux qui ont reçu le Livre avant eux. Ceux-ci trouvèrent le temps assez long et leurs coeurs s'endurcirent, et beaucoup d'entre eux sont pervers.

57:17 Sachez qu'Allah redonne la vie à la terre une fois morte. Certes, Nous vous avons exposé les preuves clairement afin que vous raisonniez.

57:18 Ceux et celles qui font la charité et qui ont fait à Allah un prêt sincère, cela leur sera multiplié et ils auront une généreuse récompense.

57:19 Ceux qui ont cru en Allah et en Ses messagers ceux-là sont les grands véridiques et les témoins auprès d'Allah. Ils auront leur récompense et leur lumière, tandis que ceux qui ont mécru et traité de mensonges Nos signes, ceux- là seront les gens de la Fournaise.

57:20 Sachez que la vie présente n'est que jeu, amusement, vaine parure, une course à l'orgueil entre vous et une rivalité dans l'acquisition des richesses et des enfants. Elle est en cela pareille à une pluie: la végétation qui en vient émerveille les cultivateurs, puis elle se fane et tu la vois donc jaunie; ensuite elle devient des débris. Et dans l'au- delà, il y a un dur châtiment, et aussi pardon et agrément d'Allah. Et la vie présente n'est que jouissance trompeuse.

57:21 Hâtez-vous vers un pardon de votre Seigneur ainsi qu'un Paradis aussi large que le ciel et la terre, préparé pour ceux qui ont cru en Allah et en Ses Messagers. Telle est la grâce d'Allah qu'Il donne à qui Il veut. Et Allah est le Détenteur de l'énorme grâce.

57:22 Nul malheur n'atteint la terre ni vos personnes, qui ne soit enregistré dans un Livre avant que Nous ne l'ayons créé; et cela est certes facile à Allah,

57:23 afin que vous ne vous tourmentiez pas au sujet de ce qui vous a échappé, ni n'exultiez pour ce qu'Il vous a donné. Et Allah n'aime point tout présomptueux plein de gloriole.

57:24 Ceux qui sont avares et ordonnent aux gens l'avarice. et quiconque se détourne... Allah Se suffit alors à Lui-même et Il est Digne de louange.

57:25 Nous avons effectivement envoyé Nos Messagers avec des preuves évidentes, et fait descendre avec eux le Livre et la balance, afin que les gens établissent la justice. Et Nous avons fait descendre le fer, dans lequel il y a une force redoutable, aussi bien que des utilités pour les gens, et pour qu'Allah reconnaisse qui, dans l'Invisible, défendra Sa cause et celle de Ses Messagers. Certes, Allah est Fort et Puissant.

57:26 Nous avons effectivement envoyé Noé et Abraham et accordé à leur descendance la prophétie et le Livre. Certains d'entre eux furent bien- guidés, tandis que beaucoup d'entre eux furent pervers.

57:27 Ensuite, sur leurs traces, Nous avons fait suivre Nos [autres] messagers, et Nous les avons fait suivre de Jésus fils de Marie et lui avons apporté l'Evangile, et mis dans les coeurs de ceux qui le suivirent douceur et mansuétude. Le monachisme qu'ils inventèrent, Nous ne le leur avons nullement prescrit. [Ils devaient] seulement rechercher l'agrément d'Allah. Mais ils ne l'observèrent pas (ce monachisme) comme il se devait. Nous avons donné leur récompense à ceux d'entre eux qui crurent. Mais beaucoup d'entre eux furent des pervers.

57:28 Ô Vous qui avez cru! Craignez d'Allah et croyez en Son messager pour qu'Il vous accorde deux parts de Sa miséricorde, et qu'Il vous assigne une lumière à l'aide de laquelle vous marcherez, et qu'Il vous pardonne, car Allah est Pardonneur et Très Miséricordieux.

57:29 Cela afin que les gens du Livre sachent qu'ils ne peuvent en rien disposer de la grâce d'Allah et que la grâce est dans la main d'Allah; Il la donne à qui Il veut, et Allah est le Détenteur de la grâce immense.

58. La discussion (Al-Mujadilah)

Au nom d'Allah, le Tout Miséricordieux, le Très Miséricordieux.

58:1 Allah a bien entendu la parole de celle qui discutait avec toi à propos de son époux et se plaignait à Allah. Et Allah entendait votre conversation, car Allah est Audient et Clairvoyant.

58:2 Ceux d'entre vous qui répudient leurs femme, en déclarant qu'elles sont pour eux comme le dos de leur mères... alors qu'elles ne sont nullement leur mères, car ils n'ont pour mères que celles qui les ont enfantés. Ils prononcent certes une parole blâmable et mensongère. Allah cependant est Indulgent et Pardonneur.

58:3 Ceux qui comparent leurs femmes au dos de leurs mères, puis reviennent sur ce qu'ils ont dit, doivent affranchir un esclave avant d'avoir aucun contact [conjugal] avec leur femme. C'est ce dont on vous exhorte. Et Allah est Parfaitement Connaisseur de ce que vous faites.

58:4 Mais celui qui n'en trouve pas les moyens doit jeûner alors deux mois consécutifs avant d'avoir aucun contact [conjugal] avec sa femme. Mais s'il ne peut le faire non plus, alors qu'il nourrisse soixante pauvres. Cela, pour que vous croyiez en Allah et en Son messager. Voilà les limites imposées par Allah. Et les mécréants auront un châtiment douloureux.

58:5 Ceux qui s'opposent à Allah et à Son messager seront culbutés comme furent culbutés leurs devanciers. Nous avons déjà fait descendre des preuves explicites, et les mécréants auront un châtiment avilissant,

58:6 le jour où Allah les ressuscitera tous, puis les informera de ce qu'ils ont fait. Allah l'a dénombré et ils l'auront oublié. Allah est témoin de toute chose.

58:7 Ne vois-tu pas qu'Allah sait ce qui est dans les cieux et sur la terre? Pas de conversation secrète entre trois sans qu'Il ne soit leur quatrième, ni entre cinq sans qu'Il n'y ne soit leur sixième, ni moins ni plus que cela sans qu'Il ne soit avec eux, là où ils se trouvent. Ensuite, Il les informera, au Jour de la Résurrection, de ce qu'ils faisaient, car Allah est Omniscient.

58:8 Ne vois-tu pas ceux à qui les conversations secrètes ont été interdites? Puis, ils retournent à ce qui leur a été interdit, et se concertent pour pécher, transgresser et désobéir au Messager. Et quand ils viennent à toi, ils te saluent d'une façon dont Allah ne t'a pas salué, et disent en eux- mêmes: ‹Pourquoi Allah ne nous châtie pas pour ce que nous disons?› L'Enfer leur suffira, où ils brûleront. Et quelle mauvaise destination!

58:9 Ô vous qui avez cru! Quand vous tenez des conversations secrètes, ne vous concertez pas pour pécher, transgresser et désobéir au Messager, mais concertez-vous dans la bonté et la piété. Et craignez Allah vers qui vous serez rassemblés.

58:10 La conversation secrète n'est que [l'oeuvre] du Diable pour attrister ceux qui ont cru. Mais il ne peut leur nuire en rien sans la permission d'Allah. Et c'est en Allah que les croyants doivent placer leur confiance.

58:11 Ô vous qui avez cru! Quand on vous dit: ‹Faites place [aux autres] dans les assemblées›, alors faites place. Allah vous ménagera une place (au Paradis) Et quand on vous dit de vous lever, levez-vous. Allah élèvera en degrés ceux d'entre vous qui auront cru et ceux qui auront reçu le savoir. Allah est parfaitement Connaisseur de ce que vous faites.

58:12 Ô vous qui avez cru! Quand vous avez un entretien confidentiel avec le Messager, faites précéder d'une aumòne votre entretien: cela est meilleur pour vous et plus pur. Mais si vous n'en trouvez pas les moyens alors Allah est Pardonneur et très Miséricordieux!

58:13 Appréhendez-vous de faire précéder d'aumònes votre entretien? Mais, si vous ne l'avez pas fait et qu'Allah a accueilli votre repentir, alors accomplissez la Salat, acquittez la Zakat, et obéissez à Allah et à Son messager. Allah est Parfaitement Connaisseur de ce que vous faites.

58:14 N'as-tu pas vu ceux qui ont pris pour alliées des gens contre qui Allah S'est courroucé? Ils ne sont ni des vòtres, ni des leurs; et ils jurent mensongèrement, alors qu'ils savent.

58:15 Allah leur a préparé un dur châtiment. Ce qu'ils faisaient alors était très mauvais.

58:16 Prenant leurs serments comme boucliers, ils obstruent le chemin d'Allah. Ils auront donc un châtiment avilissant.

58:17 Ni leurs bien, ni leurs enfants ne leur seront d'aucune utilité contre la [punition] d'Allah. Ce sont les gens du Feu où ils demeureront éternellement.

58:18 Le jour où Allah les ressuscitera tous, ils Lui jureront alors comme ils vous jurent à vous-mêmes, pensant s'appuyer sur quelque chose de solide. Mais ce sont eux les menteurs.

58:19 Le Diable les a dominés et leur a fait oublier le rappel d'Allah. Ceux- là sont le parti du Diable et c'est le parti du Diable qui sont assurément les perdants.

58:20 Ceux qui s'opposent à Allah et à Son messager seront parmi les plus humiliés.

58:21 Allah a prescrit: ‹Assurément, Je triompherai, moi ainsi que Mes Messagers›. En vérité Allah est Fort et Puissant.

58:22 Tu n'en trouveras pas, parmi les gens qui croient en Allah et au Jour dernier, qui prennent pour amis ceux qui s'opposent à Allah et à Son Messager, fussent-ils leur pères, leur fils, leurs frères ou les gens de leur tribu. Il a prescrit la foi dans leurs coeurs et Il les a aidés de Son secours. Il les fera entrer dans des Jardins sous lesquels coulent les ruisseaux, où ils demeureront éternellement. Allah les agrée et ils L'agréent. Ceux- là sont le parti d'Allah. Le parti d'Allah est celui de ceux qui réussissent.

59. L'exode (Al-Hasr)
Au nom d'Allah, le Tout Miséricordieux, le Très Miséricordieux.

59:1 Ce qui est dans les cieux et ce qui est sur la terre glorifient Allah, et Il est le Puissant, le Sage.

59:2 C'est Lui qui a expulsé de leurs maisons, ceux parmi les gens du Livre qui ne croyaient pas, lors du premier exode. Vous ne pensiez pas qu'ils partiraient, et ils pensaient qu'en vérité leurs forteresses les défendraient contre Allah. Mais Allah est venu à eux par où ils ne s'attendaient point, et a lancé la terreur dans leurs coeurs. Ils démolissaient leurs maisons de leurs propres mains, autant que des mains des croyants. Tirez-en une leçon, ò vous êtes doués de clairvoyance.

59:3 Et si Allah n'avait pas prescrit contre eux l'expatriation, Il les aurait certainement châtiés ici-bas; et dans l'au-delà ils auront le châtiment du Feu.

59:4 Il en est ainsi parce qu'ils se sont dressés contre Allah et Son messager. Et quiconque se dresse contre Allah... alors, vraiment Allah est dur en punition.

59:5 Tout palmier que vous avez coupé ou que vous avez laissé debout sur ses racines, c'est avec la permission d'Allah et afin qu'Il couvre ainsi d'ignominie les pervers.

59:6 Le butin provenant de leurs biens et qu'Allah a accordé sans combat à Son Messager, vous n'y aviez engagé ni chevaux, ni chameaux; mais Allah donne à Ses messagers la domination sur qui Il veut, et Allah est Omnipotent.

59:7 Le butin provenant [des biens] des habitants des cités, qu'Allah a accordé sans combat à Son Messager, appartient à Allah, au Messager, aux proches parents, aux orphelins, aux pauvres et au voyageur en détresse, afin que cela ne circule pas parmi les seuls riches d'entre vous. Prenez ce que le Messager vous donne; et ce qu'il vous interdit, absentez-vous en; et craignez Allah car Allah est dur en punition.

59:8 [Il appartient aussi] aux émigrés besogneux qui ont été expulsés de leurs demeures et de leurs biens, tandis qu'ils recherchaient une grâce et un agrément d'Allah, et qu'ils portaient secours à (la cause d') Allah et à Son Messager. Ceux-là sont les véridiques.

59:9 Il [appartient également] à ceux qui, avant eux, se sont installés dans le pays et dans la foi, qui aiment ceux qui émigrent vers eux, et ne ressentent dans leurs coeurs aucune envie pour ce que [ces immigrés] ont reçu, et qui [les] préfèrent à eux-mêmes, même s'il y a pénurie chez eux. Quiconque se prémunit contre sa propre avarice, ceux-là sont ceux qui réussissent.

59:10 Et [il appartient également] à ceux qui sont venus après eux en disant: ‹Seigneur, pardonne-nous, ainsi qu'à nos frères qui nous ont précédés dans la foi; et ne mets dans nos coeurs aucune rancoeur pour ceux qui ont cru. Seigneur, Tu es Compatissant et Très Miséricordieux›.

59:11 N'as-tu pas vu les hypocrites disant à leurs confrères qui ont mécru parmi les gens du Livre: ‹Si vous êtes chassés, nous partirons certes avec vous et nous n'obéirons jamais à personne contre vous; et si vous êtes attaqués, nous vous secourrons certes›. Et Allah atteste qu'en vérité ils sont des menteurs.

59:12 S'ils sont chassés, ils ne partiront pas avec eux; et s'ils sont attaqués, ils ne les secourront pas; et même s'ils allaient à leur secours, ils tourneraient sûrement le dos; puis ils ne seront point secourus.

59:13 Vous jetez dans leurs coeurs plus de terreur qu'Allah. C'est qu'ils sont des gens qui ne comprennent pas.

59:14 Tous ne vous combattront que retranchés dans des cités fortifiées ou de dernière des murailles. Leurs dissensions internes sont extrêmes. Tu les croirait unis, alors que leurs coeurs sont divisés. C'est qu'ils sont des gens qui ne raisonnent pas.

59:15 ils sont semblables à ceux qui, peu de temps avant eux, ont goûté la conséquence de leur comportement et ils auront un châtiment douloureux;

59:16 ils sont semblables au Diable quand il dit à l'homme: ‹Sois incrédule›. Puis quand il a mécru, il dit: ‹Je te désavoue car redoute Allah, le Seigneur de l'Univers›.

59:17 Ils eurent pour destinée d'être tous deux dans le Feu pour y demeurer éternellement. Telle est la rétribution des injustes.

59:18 Ô vous qui avez cru! Craignez Allah. Que chaque âme voit bien ce qu'elle a avancé pour demain. Et craignez Allah, car Allah est Parfaitement Connaisseur de ce que vous faites.

59:19 Et ne soyez pas comme ceux qui ont oublié Allah; [Allah] leur a fait alors oublier leur propres personnes; ceux-là sont les pervers.

59:20 Ne seront pas égaux les gens du Feu et les gens du Paradis. Les gens du Paradis sont eux les gagnants.

59:21 Si Nous avions fait descendre ce Qur'an sur une montage, tu l'aurais vu s'humilier et se fendre par crainte d'Allah. Et ces paraboles Nous les Nous les citons aux gens afin qu'ils réfléchissent.

59:22 C'est Lui Allah. Nulle divinité autre que Lui, le Connaisseur de l'Invisible tout comme du visible. C'est Lui, le Tout Miséricordieux, le Très Miséricordieux.

59:23 C'est Lui, Allah. Nulle divinité que Lui; Le Souverain, le Pur, L'Apaisant, Le Rassurant, le Prédominant, Le Tout Puissant, Le Contraignant, L'Orgueilleux. Gloire à Allah! Il transcende ce qu'ils Lui associent.

59:24 C'est Lui Allah, le Créateur, Celui qui donne un commencement à toute chose, le Formateur. A Lui les plus beaux noms. Tout ce qui est dans les cieux et la terre Le glorifie. Et c'est Lui le Puissant, le Sage.

60. La femme à examiner (Al-Mumtahanah)

Au nom d'Allah, le Tout Miséricordieux, le Très Miséricordieux.

60:1 Ô vous qui avez cru! Ne prenez pas pour alliés Mon ennemi et le vòtre, leur offrant l'amitié, alors qu'ils ont nié ce qui vous est parvenu de la vérité. Ils expulsent le Messager et vous-mêmes parce que vous croyez en Allah, votre Seigneur. Si vous êtes sortis pour lutter dans Mon chemin et pour rechercher Mon agrément, leur témoignerez-vous secrètement de l'amitié, alors que Je connais parfaitement ce que vous cachez et ce que vous divulguez? Et quiconque d'entre vous le fait s'égare de la droiture du sentier.

60:2 S'ils vous dominent, ils seront des ennemis pour vous et étendront en mal leurs mains et leurs langues vers vous; et ils aimeraient que vous deveniez mécréants.

60:3 Ni vos proches parents ni vos enfants ne vous seront d'aucune utilité le Jour de la Résurrection, Il [Allah] décidera entre vous, et Allah est Clairvoyant sur ce que vous faites.

60:4 Certes, vous avez eu un bel exemple [à suivre] en Abraham et en ceux qui étaient avec lui, quand ils dirent à leur peuple: ‹Nous vous désavouons, vous et ce que vous adorez en dehors d'Allah. Nous vous renions. Entre vous et nous, l'inimitié et la haine sont à jamais déclarées jusqu'à ce que vous croyiez en Allah, seul›. Exception faite de la parole d'Abraham [adressée] à son père: ‹J'implorerai certes, le pardon [d'Allah] en ta faveur bien que je ne puisse rien pour toi auprès d'Allah›. ‹Seigneur, c'est en Toi que nous mettons notre confiance et à Toi nous revenons [repentants]. Et vers Toi est le Devenir.

60:5 Seigneur, ne fais pas de nous [un sujet] de tentation pour ceux qui ont mécru; et pardonne-nous, Seigneur, car c'est Toi le Puissant, le Sage›

60:6 Vous avez certes eu en eux un bel exemple [à suivre], pour celui qui espère en Allah et en le Jour dernier: mais quiconque se détourne... alors Allah Se suffit à Lui-même et est Digne de louange.

60:7 Il se peut qu'Allah établisse de l'amitié entre vous et ceux d'entre eux dont vous avez été les ennemis. Et Allah est Omnipotent et Allah est Pardonneur et Très Miséricordieux.

60:8 Allah ne vous défend pas d'être bienfaisants et équitables envers ceux qui ne vous ont pas combattus pour la religion et ne vous ont pas chassés de vos demeures. Car Allah aime les équitables.

60:9 Allah vous défend seulement de prendre pour alliés ceux qui vous ont combattus pour la religion, chassés de vos demeures et ont aidé à votre expulsion. Et ceux qui les prennent pour alliés sont les injustes.

60:10 Ô vous qui avez cru! Quand les croyantes viennent à vous en émigrées, éprouvez-les; Allah connaît mieux leur foi; si vous constatez qu'elles sont croyantes, ne les renvoyez pas aux mécréants. Elles ne sont pas licites [en tant qu'épouses] pour eux, et eux non plus ne sont pas licites [en tant qu'époux] pour elles. Et rendez-leur ce qu'ils ont dépensé (comme mahr). Il ne vous sera fait aucun grief en vous mariant avec elles quand vous leur aurez donné leur mahr. Et ne gardez pas de liens conjugaux avec les mécréantes. Réclamez ce que vous avez dépensé et que (les mécréants) aussi réclament ce qu'ils ont dépensé. Tel est le jugement d'Allah par lequel Il juge entre vous, et Allah est Omniscient et Sage.

60:11 Et si quelqu'une de vos épouses s'échappe vers les mécréants, et que vous fassiez des représailles, restituez à ceux dont les épouses sont parties autant que ce qu'ils avaient dépensé. Craignez Allah en qui vous croyez.

60:12 Ô Prophète! Quand les croyantes viennent te prêter serment d'allégeance, [et en jurent] qu'elles 'associeront rien à Allah, qu'elles ne voleront pas, qu'elles ne se livreront pas à l'adultère, qu'elles ne tueront pas leurs propres enfants, qu'elles ne commettront aucune infamie ni avec leurs mains ni avec leurs pieds et qu'elles ne désobéiront pas en ce qui est convenable, alors reçois leur serment d'allégeance, et implore d'Allah le pardon pour elles. Allah est certes, Pardonneur et Très Miséricordieux.

60:13 Ô vous qui avez cru! Ne prenez pas pour alliés des gens contre lesquels Allah est courroucé et qui désespèrent de l'au-delà, tout comme les mécréants désespèrent des gens des tombeaux.

61. Le rang (As-Saff)
Au nom d'Allah, le Tout Miséricordieux, le Très Miséricordieux.

61:1 Ce qui est dans les cieux et ce qui est sur la terre glorifient Allah, et Il est le Puissant, le Sage.

61:2 Ô vous qui avez cru! Pourquoi dites-vous ce que vous ne faites pas?

61:3 C'est une grande abomination auprès d'Allah que de dire ce que vous ne faites pas.

61:4 Allah aime ceux qui combattent dans Son chemin en rang serré pareils à un édifice renforcé.

61:5 Et quand Moïse dit à son peuple: ‹Ô mon peuple! Pourquoi me maltraitez-vous alors que vous savez que je suis vraiment le Messager d'Allah [envoyé] à vous?› Puis quand ils dévièrent, Allah fit dévier leurs coeurs, car Allah ne guide pas les gens pervers.

61:6 Et quand Jésus fils de Marie dit: ‹Ô Enfants d'Israël, je suis vraiment le Messager d'Allah [envoyé] à vous, confirmateur de ce qui, dans la Thora, est antérieur à moi, et annonciateur d'un Messager à venir après moi, dont le nom sera ‹Ahmad›. Puis quand celui-ci vint à eux avec des preuves évidentes, ils dirent: ‹C'est là une magie manifeste›.

61:7 Et qui est plus injuste que celui qui invente un mensonge contre Allah, alors qu'il est appelé à l'Islam? Et Allah ne guide pas les gens injustes.

61:8 Ils veulent étendre de leurs bouches la lumière d'Allah, alors qu'Allah parachèvera Sa lumière en dépit de l'aversion des mécréants.

61:9 C'est Lui qui a envoyé Son messager avec la guidée et la Religion de Vérité, pour la placer au-dessus de toute autre religion, en dépit de l'aversion des associateurs.

61:10 Ô vous qui avez cru! Vous indiquerai-je un commerce qui vous sauvera d'un châtiment douloureux?

61:11 Vous croyez en Allah et en Son messager et vous combattez avec vos biens et vos personnes dans le chemin d'Allah, et cela vous est bien meilleur, si vous saviez!

61:12 Il vous pardonnera vos péchés et vous fera entrer dans des Jardins sous lesquels coulent les ruisseaux, et dans des demeures agréables dans les jardins d'Eden? Voilà l'énorme succès

61:13 et il vous accordera d'autres choses encore que vous aimez bien: un secours [venant] d'Allah et une victoire prochaine. Et annonce la bonne nouvelle aux croyants.

61:14 Ô vous qui avez cru! Soyez les alliés d'Allah, à l'instar de ce que Jésus fils de Marie a dit aux apôtres: ‹Qui sont mes alliés (pour la cause) d'Allah?› - Les apôtres dirent: ‹Nous sommes les alliés d'Allah›. Un groupe des Enfants d'Israël crut, tandis qu'un groupe nia. nous aidâmes donc ceux qui crurent contre leur ennemi, et ils triomphèrent.

62. Le vendredi (Al-Jumu'ah)
Au nom d'Allah, le Tout Miséricordieux, le Très Miséricordieux.

62:1 Ce qui est dans les cieux et ce qui sur la terre glorifient Allah, le Souverain, le Pur, le Puissant, le Sage.

62:2 C'est Lui qui a envoyé à des gens sans Livre (les Arabes) un Messager des leurs qui leur récite Ses versets, les purifie et leur enseigne le Livre et la Sagesse, bien qu'ils étaient auparavant dans un égarement évident,

62:3 ainsi qu'à d'autres parmi ceux qui ne les ont pas encore rejoints. C'est Lui le Puissant, le Sage.

62:4 Telle est la grâce d'Allah qu'Il donne à qui Il veut. Et Allah est le Détenteur de l'énorme grâce.

62:5 Ceux qui ont été chargés de la Thora mais qui ne l'ont pas appliquée sont pareils à l'âne qui porte des livres. Quel mauvais exemple que celui de ceux qui traitent de mensonges les versets d'Allah et Allah ne guide pas les gens injustes.

62:6 Dis: ‹Ô vous qui pratiquez le judaïsme! Si vous prétendez être les bien aimés d'Allah à l'exclusion des autres, souhaitez donc la mort, si vous êtes véridiques›.

62:7 Or, ils ne la souhaiteront jamais, à cause de ce que leurs mains ont préparé. Allah cependant connaît bien les injustes.

62:8 Dis: ‹La mort que vous fuyez va certes vous rencontrer. Ensuite vous serez ramenés à Celui qui connaît parfaitement le monde Invisible et le monde visible et qui vous informera alors de ce que vous faisiez›.

62:9 Ô vous qui avez cru! Quand on appelle à la Salat du jour du Vendredi, accourez à l'invocation d'Allah et laissez tout négoce. Cela est bien meilleur pour vous, si vous saviez!

62:10 Puis quand la Salat est achevée, dispersez-vous sur la terre, et recherchez [quelque effet] de la grâce d'Allah, et invoquez beaucoup Allah afin que vous réussissiez.

62:11 Quand ils entrevoient quelque commerce ou quelque divertissement, ils s'y dispersent et te laissent debout. Dis: ‹Ce qui est auprès d'Allah est bien meilleur que le divertissement et le commerce, et Allah est le Meilleur des pourvoyeurs›.

63. Les hypocrites (Al-Munafiqun)
Au nom d'Allah, le Tout Miséricordieux, le Très Miséricordieux.

63:1 Quand les hypocrites viennent à toi, ils disent: ‹Nous attestons que tu es certes le Messager d'Allah›; Allah sait que tu es vraiment Son messager; et Allah atteste que les hypocrites sont assurément des menteurs.

63:2 Ils prennent leurs serments pour bouclier et obstruent le chemin d'Allah. Quelles mauvaises choses que ce qu'ils faisaient!

63:3 C'est parce qu'en vérité ils ont cru, puis rejeté la foi. Leur coeurs donc, ont été scellés, de sorte qu'ils ne comprennent rien.

63:4 Et quand tu les vois, leurs corps t'émerveillent; et s'ils parlent, tu écoutes leur parole. ils sont comme des bûches appuyées (contre des murs) et ils pensent que chaque cri est dirigé contre eux. L'ennemi c'est eux. Prends y garde. Qu'Allah les extermine! Comme les voilà détournés (du droit chemin).

63:5 Et quand on leur dit: ‹Venez que le Messager d'Allah implore le pardon pour vous›, ils détournent leurs têtes, et tu les vois se détourner tandis qu'ils s'enflent d'orgueil.

63:6 C'est égal, pour eux, que tu implores le pardon pour eux ou que tu ne le fasses pas: Allah ne leur pardonnera jamais, car Allah ne guide pas les gens pervers.

63:7 Ce sont eux qui disent: ‹Ne dépensez point pour ceux qui sont auprès du Messager d'Allah, afin qu'ils se dispersent›. Et c'est à Allah qu'appartiennent les trésors des cieux et de la terre, mais les hypocrites ne comprennent pas.

63:8 Ils disent: ‹Si nous retournons à Médine, le plus puissant en fera assurément sortir le plus humble›. Or c'est à Allah qu'est la puissance ainsi qu'à Son messager et aux croyants. Mais les hypocrites ne le savent pas.

63:9 Ô vous qui avez cru! Que ni vos biens ni vos enfants ne vous distraient du rappel d'Allah. Et quiconque fait cela... alors ceux-là seront les perdants.

63:10 Et dépensez de ce que Nous vous avons octroyé avant que la mort ne vienne à l'un de vous et qu'il dise alors: ‹Seigneur! si seulement Tu m'accordais un court délai: je ferais l'aumône et serais parmi les gens de bien›.

63:11 Allah cependant n'accorde jamais de délai à une âme dont le terme est arrivé. Et Allah est Parfaitement Connaisseur de ce que vous faites.

64. La grande perte (At-Taghabun)
Au nom d'Allah, le Tout Miséricordieux, le Très Miséricordieux.

64:1 Ce qui est dans les cieux et ce qui est sur la terre glorifient Allah. A Lui la royauté et à Lui les louanges. Et Il est Omnipotent.

64:2 C'est Lui qui vous a créés. Parmi vous [il y a] mécréant et croyant. Allah observe parfaitement ce que vous faites.

64:3 Il a créé les cieux et la terre en toute vérité et vous a donné votre forme et quelle belle forme Il vous a donnée. Et vers Lui est le devenir.

64:4 Il sait ce qui est dans les cieux et la terre, et il sait ce que vous cachez ainsi que ce que vous divulguez. Et Allah connaît bien le contenu des poitrines.

64:5 Ne vous est-elle pas parvenue, la nouvelle de ceux qui auparavant ont mécru et qui ont goûté la conséquence néfaste de leur acte; ils auront en outre un châtiment douloureux.

64:6 il en est ainsi parce que leurs messagers leur venaient avec des preuves évidentes, et qu'ils ont dit: ‹Sont-ce des hommes qui nous guideront?› Ils mécrurent alors et se détournèrent et Allah Se passa [d'eux] et Allah Se suffit à Lui-même et Il est Digne de louange.

64:7 Ceux qui ont mécru prétendent qu'ils ne seront point ressuscités. Dis: ‹Mais si! Par mon Seigneur! Vous serez très certainement ressuscités; puis vous serez certes informés de ce que vous faisiez. Et cela est facile pour Allah›.

64:8 Croyez en Allah donc et en Son messager, ainsi qu'en la Lumière [le Qur'an] que Nous avons fait descendre. Et Allah est Parfaitement Connaisseur de ce que vous faites.

64:9 Le jour où Il vous réunira pour le jour du Rassemblement, ce sera le jour de la grande perte. Et celui qui croit en Allah et accomplit les bonnes oeuvres, Il lui effacera ses mauvaises actions et fera entrer dans des Jardins sous lesquels coulent les ruisseaux où ils demeureront éternellement. Voilà l'énorme succès!

64:10 Et ceux qui ont mécru et traité de mensonges Nos versets, ceux-là sont les gens du Feu où ils demeureront éternellement. Et quelle mauvaise destination!

64:11 Nul malheur n'atteint [l'homme] que par la permission d'Allah. Et quiconque croit en Allah, [Allah] guide son coeur. Allah est Omniscient.

64:12 Obéissez à Allah et obéissez au Messager et si vous vous détournez... il n'incombe à Notre messager que de transmettre en claire (son message).

64:13 Allah, nulle autre divinité que Lui! Et c'est à Allah que les croyants [doivent] s'en remettre.

64:14 Ô vous qui avez cru, vous avez de vos épouses et de vos enfants un ennemi [une tentation]. Prenez-y garde donc. Mais si vous [les] excusez passez sur [leurs] fautes et [leur] pardonnez, sachez qu'Allah est Pardonneur, Très Miséricordieux.

64:15 Vos biens et vos enfants ne sont qu'une tentation, alors qu'auprès d'Allah est une énorme récompense.

64:16 Craignez Allah, donc autant que vous pouvez, écoutez, obéissez et faites largesses. Ce sera un bien pour vous. Et quiconque a été protégé contre sa propre avidité... ceux-là sont ceux qui réussissent.

64:17 Si vous faites à Allah un prêt sincère, Il multipliera pour vous et vous pardonnera. Allah cependant est très Reconnaissant et Indulgent.

64:18 Il est le Connaisseur du monde Invisible et visible, et Il est le Puissant, le Sage.

65. Le divorce (At-Talaq)
Au nom d'Allah, le Tout Miséricordieux, le Très Miséricordieux.

65:1 Ô Prophète! Quand vous répudier les femmes, répudiez-les conformément à leur période d'attente prescrite; et comptez la période; et craignez Allah votre Seigneur. Ne les faîtes pas sortir de leurs maisons, et qu'elles n'en sortent pas, à moins qu'elles n'aient commis une turpitude prouvée. Telles sont les lois d'Allah. Quiconque cependant transgresse les lois d'Allah, se fait du tort à lui-même. Tu ne sais pas si d'ici là Allah ne suscitera pas quelque chose de nouveau!

65:2 Puis quand elles atteignent le terme prescrit, retenez-les de façon convenable, ou séparez-vous d'elles de façon convenable; et prenez deux hommes intègres parmi vous comme témoins. Et acquittez-vous du témoignage envers Allah. Voilà ce à quoi est exhorté celui qui croit en Allah et au Jour dernier. Et quiconque craint Allah, il lui donnera une issue favorable,

65:3 et lui accordera Ses dons par [des moyens] sur lesquels il ne comptait pas. Et quiconque place sa confiance en Allah, Il [Allah] lui suffit. Allah atteint ce qu'Il Se propose, et Allah a assigné une mesure à chaque chose.

65:4 Si vous avez des doutes à propos (de la période d'attente) de vos femmes qui n'espèrent plus avoir de règles, leur délai est de trois mois. De même pour celles qui n'ont pas encore de règles. Et quant à celles qui sont enceintes, leur période d'attente se terminera à leur accouchement. Quiconque craint Allah cependant, Il lui facilite les choses.

65:5 Tel est le commandement d'Allah qu'Il a fait descendre vers vous. Quiconque craint Allah cependant, il lui efface ses fautes et lui accorde une grosse récompense.

65:6 Et faites que ces femmes habitent où vous habitez, et suivant vos moyens. Et ne cherchez pas à leur nuire en les contraignant à vivre à l'étroit. Et si elle sont enceintes, pourvoyez à leurs besoins jusqu'à ce qu'elles aient accouché. Puis, si elles allaitent [l'enfant né] de vous, donnez-leur leurs salaires. Et concertez-vous [à ce sujet] de façon convenable. Et si vous rencontrez des difficultés réciproques, alors, une autre allaitera pour lui.

65:7 Que celui qui est aisé dépense de sa fortune; et que celui dont les biens sont restreints dépense selon ce qu'Allah lui a accordé. Allah n'impose à personne que selon ce qu'Il lui a donné, et Allah fera succéder l'aisance à la gêne.

65:8 Que de cités ont refusé avec insolence le commandement de leur Seigneur et de Ses messagers! Nous leur en demandâmes compte avec sévérité, et les châtiâmes d'un châtiment inouï.

65:9 Elles goûtèrent donc la conséquence de leur comportement. Et le résultat final de leurs actions fut [leur] perdition.

65:10 Allah a préparé pour eux un dur châtiment. Craignez Allah donc, ò vous qui êtes doués d'intelligence, vous qui avez la foi. certes, Allah a fait descendre vers vous un rappel,

65:11 un Messager qui vous récite les versets d'Allah comme preuves claires, afin de faire sortir ceux qui croient et accomplissent les bonnes oeuvres des ténèbres à la lumière. Et quiconque croit en Allah et fait le bien, Il le fait entrer aux Jardins sous lesquels coulent les ruisseaux, pour y demeurer éternellement. Allah lui a fait une belle attribution.

65:12 Allah qui a créé sept cieux et autant de terres. Entre eux [Son] commandement descend, afin que vous sachiez qu'Allah est en vérité Omnipotent et qu'Allah a embrassé toute chose de [Son] savoir.

66. L'interdiction (At-Tahrim)
Au nom d'Allah, le Tout Miséricordieux, le Très Miséricordieux.

66:1 Ô Prophète! Pourquoi, en recherchant l'agrément de tes femmes, t'interdis-tu ce qu'Allah t'a rendu licite? Et Allah est Pardonneur, Très Miséricordieux.

66:2 Allah vous a prescrit certes, de vous libérer de vos serments. Allah est votre Maître; et c'est Lui l'Omniscient, le Sage.

66:3 Lorsque le Prophète confia un secret à l'une de ses épouses et qu'elle l'eut divulgué et qu'Allah l'en eut informé, celui-ci en fit connaître une partie et passa sur une partie. Puis, quand il l'en eut informée elle dit: ‹Qui t'en a donné nouvelle?› Il dit: ‹C'est l'Omniscient, le Parfaitement Connaisseur qui m'en a avisé›.

66:4 Si vous vous repentez à Allah c'est que vos coeurs ont fléchi. Mais si vous vous soutenez l'une l'autre contre le Prophète, alors ses alliés seront Allah, Gabriel et les vertueux d'entre les croyants, et les Anges sont par surcroît [son] soutien.

66:5 S'Ils vous répudie, il se peut que Seigneur lui donne en échange des épouses meilleurs que vous, musulmanes, croyantes, obéissantes, repentantes, adoratrices, jeûneuses, déjà mariées ou vierges.

66:6 Ô vous qui avez cru! Préservez vos personnes et vos familles, d'un Feu dont le combustible sera les gens et les pierres, surveillé par des Anges rudes, durs, ne désobéissant jamais à Allah en ce qu'Il leur commande, et faisant strictement ce qu'on leur ordonne.

66:7 Ô vous qui avez mécru! Ne vous excusez pas aujourd'hui Vous ne serez rétribués que selon ce que vous oeuvriez.

66:8 Ô vous qui avez cru! Repentez-vous à Allah d'un repentir sincère. Il se peut que votre Seigneur vous efface vos fautes et qu'Il vous fasse entrer dans des Jardins sous lesquels coulent les ruisseaux, le jour où Allah épargnera l'ignominie au Prophète et à ceux qui croient avec lui. Leur lumière courra devant eux et à leur droite; ils diront : ‹Seigneur, parfais-nous notre lumière et pardonne-nous. Car Tu es Omnipotent›.

66:9 Ô Prophète! Mène la lutte contre les mécréants et hypocrites et sois rude à leur égard. leur refuge sera l'Enfer, et quelle mauvaise destination!

66:10 Allah a cité en parabole pour ceux qui ont mécru la femme de Noé et la femme de Lot. Elles étaient sous l'autorité de deux vertueux de Nos serviteurs. Toutes deux les trahirent et ils ne furent d'aucune aide pour [ces deux femmes] vis-à-vis d'Allah. Et il [leur] fut dit: ‹Entrez au Feu toutes les deux, avec ceux qui y entrent›,

66:11 et Allah a cité en parabole pour ceux qui croient, la femme de Pharaon, quand elle dit ‹Seigneur, construis-moi auprès de Toi une maison dans le Paradis, et sauve-moi de Pharaon et de son oeuvre; et sauve-moi des gens injustes›.

66:12 De même, Marie, la fille d'Imran qui avait préservé sa virginité; Nous y insufflâmes alors de Notre Esprit. Elle avait déclaré véridiques les paroles de son Seigneur ainsi que Ses Livres: elle fut parmi les dévoués.

67. La royauté (Al-Mulk)
Au nom d'Allah, le Tout Miséricordieux, le Très Miséricordieux.

67:1 Béni soit celui dans la main de qui est la royauté, et Il est Omnipotent.

67:2 Celui qui a créé la mort et la vie afin de vous éprouver (et de savoir) qui de vous est le meilleur en oeuvre, et c'est Lui le Puissant, le Pardonneur.

67:3 Celui qui a créé sept cieux superposés sans que tu voies de disproportion en la création du Tout Miséricordieux. Ramène [sur elle] le regard. Y vois-tu une brèche quelconque?

67:4 Puis, retourne ton regard à deux fois: le regard te reviendra humilié et frustré.

67:5 Nous avons effectivement embelli le ciel le plus proche avec des lampes [des étoiles] dont Nous avons fait des projectiles pour lapider des diables et Nous leur avons préparé le châtiment de la Fournaise.

67:6 Ceux qui ont mécru à leur Seigneur auront le châtiment de l'Enfer. Et quelle mauvaise destination!

67:7 Quand ils y seront jetés, ils lui entendront un gémissement, tandis qu'il bouillonne.

67:8 Peu s'en faut que, de rage, il n'éclate. Toutes les fois qu'un groupe y est jeté, ses gardiens leur demandent: ‹Quoi! ne vous est-il pas venu d'avertisseur?›

67:9 Ils dirent: ‹Mais si! un avertisseur nous était venu certes, mais nous avons crié au mensonge et avons dit: Allah n'a rien fait descendre, vous n'êtes que dans un grand égarement›

67:10 Et ils dirent: ‹Si nous avions écouté ou raisonné, nous ne serions pas parmi les gens de la Fournaise›.

67:11 Ils ont reconnu leur péché. Que les gens de la Fournaise soient anéantis à jamais.

67:12 Ceux qui redoutent leur Seigneur bien qu'ils ne L'aient jamais vu auront un pardon et une grande récompense.

67:13 Que vous cachiez votre parole ou la divulguiez Il connaît bien le contenu des poitrines.

67:14 Ne connaît-Il pas ce qu'Il a créé alors que c'est Lui Compatissant, le Parfaitement Connaisseur.

67:15 C'est Lui qui vous a soumis la terre: parcourez donc ses grandes étendues. Mangez de ce qu'Il vous fournit. Vers Lui est la Résurrection.

67:16 Etes-vous à l'abri que Celui qui est au ciel enfouisse en la terre? Et voici qu'elle tremble!

67:17 Ou êtes-vous à l'abri que Celui qui au ciel envoie contre vous un ouragan de pierres? Vous saurez ainsi quel fut Mon avertissement.

67:18 En effet, ceux d'avant eux avaient crié au mensonge. Quelle fut alors Ma réprobation!

67:19 N'ont-ils pas vu les oiseaux au-dessus d'eux, déployant et repliant leurs ailes tour à tour? Seul le Tout Miséricordieux les soutient. Car Il est sur toute chose, Clairvoyant.

67:20 Quel est celui qui constituerait pour vous une armée [capable] de vous secourir, en dehors du Tout Miséricordieux? En vérité les mécréants sont dans l'illusion complète.

67:21 Ou quel est celui qui vous donnera votre subsistance s'Il s'arrête de fournir Son attribution? Mais ils persistent dans leur insolence et dans leur répulsion.

67:22 Qui est donc mieux guidé? Celui qui marche face contre terre ou celui qui marche redressé sur un chemin droit.

67:23 Dis: ‹C'est Lui qui vous a crées et vous a donné l'ouïe, les yeux et les coeurs›. Mais vous êtes rarement reconnaissants!

67:24 Dis: ‹C'est Lui qui vous a répandus sur la terre, et c'est vers Lui que vous serez rassemblés›.

67:25 Et ils disent: ‹A quand cette promesse si vous êtes véridiques?›.

67:26 Dis: ‹Allah seul [en] a la connaissance. Et moi je ne suis qu'un avertisseur clair›.

67:27 Puis, quand ils verront (le châtiment) de près, les visages de ceux qui ont mécru seront affligés. Et il leur sera dit: ‹Voilà ce que vous réclamiez›.

67:28 Dis: ‹Que vous en semble? Qu'Alla me fasse périr ainsi que ceux qui sont avec moi ou qu'Il nous fasse miséricorde, qui protégera alors les mécréants d'un châtiment douloureux?›.

67:29 Dis: ‹C'est Lui, le Tout Miséricordieux. Nous croyons en Lui et c'est en Lui que nous plaçons notre confiance. Vous saurez bientòt qui est dans un égarement évident›.

67:30 Dis: ‹Que vous en semble? Si votre eau était absorbée au plus profond de la terre, qui donc vous apporterait de l'eau de source?›

68. La plume (Al-Qalam)

Au nom d'Allah, le Tout Miséricordieux, le Très Miséricordieux.

68:1 Noun. Par la plume et ce qu'ils écrivent!

68:2 Tu (Muhammad) n'est pas, par la grâce de ton Seigneur, un possédé.

68:3 Et il y aura pour toi certes, une récompense jamais interrompue.

68:4 Et tu es certes, d'une moralité imminente.

68:5 Tu verras et ils verront.

68:6 qui d'entre vous a perdu la raison.

68:7 C'est ton Seigneur qui connaît mieux ceux qui s'égarent de Son chemin, et il connaît mieux ceux qui suivent la bonne voie.

68:8 N'obéis pas à ceux qui crient en mensonge,

68:9 Ils aimeraient bien que tu transiges avec eux afin qu'ils transigent avec toi.

68:10 Et n'obéis à aucun grand jureur, méprisable,

68:11 grand diffamateur, grand colporteur de médisance,

68:12 grand empêcheur du bien, transgresseur, grand pécheur,

68:13 au coeur dur, et en plus de cela bâtard.

68:14 Même s'il est doté de richesses et (de nombreux) enfants.

68:15 Quand Nos versets lui sont récités, il dit: ‹Des contes d'anciens›.

68:16 Nous le marquerons sur le museau [nez].

68:17 Nous les avons éprouvés comme Nous avons éprouvés les propriétaires du verger qui avaient juré d'en faire la récolte au matin,

68:18 sans dire: ‹Si Allah le veut›..

68:19 Une calamité de la part de ton Seigneur tomba dessus pendant qu'ils dormaient,

68:20 et le matin, ce fut comme si tout avait été rasé.

68:21 Le [lendemain] matin, ils s'appelèrent les uns les autres:

68:22 ‹Partez tôt à votre champ si vous voulez le récolter›.

68:23 Ils allèrent donc, tout en parlent entre eux à vois basse:

68:24 ‹Ne laissez aucun pauvre y entrer aujourd'hui›.

68:25 Ils partirent de bonne heure décidés à user d'avarice [envers les pauvres], convaincus que cela était en leur pouvoir.

68:26 Puis, quand ils le virent [le jardin], ils dirent: ‹vraiment, nous avons perdus notre chemin,

68:27 Ou plutòt nous somme frustrés›.

68:28 Le plus juste d'entre eux dit: ‹Ne vous avais-je pas dit: Si seulement vous avez rendu gloire à Allah!›

68:29 Ils dirent: ‹Gloire à notre Seigneur! Oui, nous avons été injustes›.

68:30 Puis ils s'adressèrent les uns aux autres, se faisant des reproches.

68:31 Ils dirent: ‹Malheur à nous! Nous avons été des rebelles.

68:32 Nous souhaitons que notre Seigneur nous le remplace par quelque chose de meilleur. Nous désirons nous rapprocher de notre Seigneur›.

68:33 Tel fut le châtiment; et le châtiment de l'au-delà est plus grand encore, si seulement ils savaient!

68:34 Les pieux auront auprès de leur Seigneur les jardins de délice.

68:35 Traiterons-Nous les soumis [à Allah] à la manière des criminels?

68:36 Qu'avez-vous? Comment jugez-vous?

68:37 Ou bien avez-vous un Livre dans lequel vous apprenez

68:38 qu'en vérité vous obtiendrez tout ce que vous désirez?

68:39 Ou bien est-ce que vous avez obtenu de Nous des serments valables jusqu'au Jour de la Résurrection, Nous engageant à vous donner ce que vous décidez?

68:40 Demande-leur qui d'entre eux en est garant?

68:41 Ou encore, est-ce qu'ils ont des associés? Eh bien, qu'ils fassent venir leur associés s'ils sont véridiques!

68:42 Le jour où ils affronteront les horreurs [du Jugement] et où ils seront appelés à la Prosternation mais ils ne le pourront pas.

68:43 Leurs regards seront abaissés, et l'avilissement les couvrira. Or, ils étaient appelés à la Prosternation au temps où ils étaient sains et saufs!...

68:44 Laisse-Moi donc avec quiconque traite de mensonge ce discours; Nous allons les mener graduellement par où ils ne savent pas!

68:45 Et Je leur accorde un délai, car Mon stratagème est sûr!

68:46 Ou bien est-ce que tu leur demandes un salaire, les accablant ainsi d'une lourde dette?

68:47 Ou savent-ils l'Inconnaissable et c'est de là qu'ils écrivent [leurs mensonges]?

68:48 Endure avec patience la sentence de ton Seigneur, et ne soit pas comme l'homme au Poisson (Jonas) qui appela (Allah) dans sa grande angoisse.

68:49 Si un bienfait de son Seigneur ne l'avait pas atteint, il aurait été rejeté honni sur une terre déserte,

68:50 Puis son Seigneur l'élut et le désigna au nombre des gens de bien.

68:51 Peu s'en faut que ceux qui mécroient ne te transpercent par leurs regards, quand ils entendent le Qur'an, ils disent: ‹Il est certes fou!›.

68:52 Et ce n'est qu'un Rappel, adressé aux mondes!.

69. Celle qui montre la vérité (Al- Haqqah)

Au nom d'Allah, le Tout Miséricordieux, le Très Miséricordieux.

69:1 L'inévitable [l'Heure qui montre la vérité].

69:2 Qu'est-ce que l'inévitable?

69:3 Et qui te dira ce que c'est que l'inévitable?

69:4 Les Tamud et les Aad avaient traité de mensonge le cataclysme.

69:5 Quant aux Tamud, ils furent détruits par le [bruit] excessivement fort.

69:6 Et quant aux Aad, ils furent détruits par un vent mugissant et furieux

69:7 qu' [Allah] déchaîna contre eux pendant sept nuits et huit jours consécutifs; tu voyais alors les gens renversés par terre comme des souches de palmiers évidées.

69:8 En vois-tu le moindre vestige?

69:9 Pharaon et ceux qui vécurent avant lui ainsi que les Villes renversées commirent des fautes.

69:10 Ils désobéirent au Messager de leur Seigneur. Celui-ci donc, les saisit d'une façon irrésistible.

69:11 C'est Nous qui, quand l'eau déborda, vous avons chargés sur l'Arche

69:12 afin d'en faire pour vous un rappel que toute oreille fidèle conserve.

69:13 Puis, quand d'un seul souffle, on soufflera dans la Trompe,

69:14 et que la terre et les montagnes seront soulevées puis tassées d'un seul coup;

69:15 Ce jour-là alors, l'Evénement se produira,

69:16 et le ciel se fendra et sera fragile, ce jour-là.

69:17 Et sur ses côtés [se tiendront] les Anges, tandis que huit, ce jour-là, porteront au-dessus d'eux le Trône de ton Seigneur.

69:18 Ce jour-là vous serez exposés; et rien de vous ne sera caché.

69:19 Quant à celui à qui on aura remis le Livre en sa main droite, il dira: ‹Tenez! lisez mon livre.

69:20 J'étais sûr d'y trouver mon compte›.

69:21 Il jouira d'une vie agréable:

69:22 dans un Jardin haut placé

69:23 dont les fruits sont à portées de la main.

69:24 ‹Mangez et buvez agréablement pour ce que vous avez avancé dans les jours passés›.

69:25 Quant à celui à qui on aura remis le Livre en sa main gauche, il dira: ‹Hélas pour moi! J'aurai souhaité qu'on ne m'ait pas remis mon livre,

69:26 et ne pas avoir connu mon compte...

69:27 Hélas, comme j'aurais souhaité que [ma première mort] fût la définitive.

69:28 Ma fortune ne ma servi à rien.

69:29 Mon autorité est anéantie et m'a quitté!›.

69:30 ‹Saisissez-le! Puis, mettez-lui un carcan;

69:31 ensuite, brûlez-le dans la Fournaise;

69:32 puis, liez-le avec une chaîne de soixante-dix coudées,

69:33 car il ne croyait pas en Allah, le Très Grand.

69:34 et n'incitait pas à nourrir le pauvre.

69:35 Il n'a pour lui ici, aujourd'hui, point d'ami chaleureux [pour le protéger],

69:36 ni d'autre nourriture que du pus,

69:37 que seuls les fautifs mangeront›.

69:38 Mais non... Je jure par ce que vous voyez,

69:39 ainsi que par ce que vous ne voyez pas,

69:40 que ceci [le Qur'an] est la parole d'un noble Messager,

69:41 et que ce n'est pas la parole d'un poète; mais vous ne croyez que très peu,

69:42 ni la parole d'un devin, mais vous vous rappelez bien peu.

69:43 C'est une révélation du Seigneur de l'Univers.

69:44 Et s'il avait forgé quelques paroles qu'ils Nous avait attribuées,

69:45 Nous l'aurions saisi de la main droite,

69:46 ensuite, Nous lui aurions tranché l'aorte.

69:47 Et nul d'entre vous n'aurait pu lui servir de rempart.

69:48 C'est en vérité un rappel pour les pieux.

69:49 Et Nous savons qu'il y a parmi vous qui le traitent de menteur;

69:50 mais en vérité, ce sera un sujet de regret pour les mécréants,

69:51 c'est là la véritable certitude.

69:52 Glorifie donc le nom de ton Seigneur, le Très Grand!

70. Les voies d'ascension (Al- Ma'arij)
Au nom d'Allah, le Tout Miséricordieux, le Très Miséricordieux.

70:1 Un demandeur a réclamé un châtiment inéluctable,

70:2 pour les mécréants, que nul ne pourrait repousser,

70:3 et qui vient d'Allah, le Maître des voies d'ascension.

70:4 Les Anges ainsi que l'Esprit montent vers Lui en un jour dont la durée est de cinquante mille ans.

70:5 Supporte donc, d'une belle patience.

70:6 Ile le (le châtiment) voient bien loin,

70:7 alors que Nous le voyons bien proche,

70:8 le jour où le ciel sera comme du métal en fusion

70:9 et les montagnes comme de la laine,

70:10 où nul ami dévoué ne s'enquerra d'un ami,

70:11 bien qu'ils se voient l'un l'autre. Le criminel aimerait pouvoir se racheter du châtiment de ce jour, en livrant ses enfants,

70:12 sa compagne, son frère,

70:13 même son clan qui lui donnait asile,

70:14 et tout ce qui est sur la terre, tout, qui pourrait le sauver.

70:15 Mais rien [ne le sauvera]. [L'Enfer] est un brasier

70:16 arrachant brutalement la peau du crâne.

70:17 Il appellera celui qui tournait le dos et s'en allait,

70:18 amassait et thésaurisait.

70:19 Oui, l'homme a été créé instable [très inquiet];

70:20 quand le malheur le touche, il est abattu;

70:21 et quand le bonheur le touche, il est refuseur.

70:22 Sauf ceux qui pratiquent la Salat

70:23 qui sont assidu à leurs Salats,

70:24 et sur les bien desquels il y a un droit bien déterminé [la Zakat]

70:25 pour le mendiant et le déshérité;

70:26 et qui déclarent véridique le Jour de la Rétribution,

70:27 et ceux qui craignent le châtiment de leur Seigneur

70:28 car vraiment, il n'y a nulle assurance contre le châtiment de leur Seigneur;

70:29 et qui se maintiennent dans la chasteté

70:30 et n'ont pas de rapports qu'avec leurs épouses ou les esclaves qu'ils possèdent car dans ce cas, ils ne sont pas blâmables,

70:31 mais ceux qui cherchent [leur plaisir] en dehors de cela, sont des transgresseurs;

70:32 et qui gardent les dépòts confiés à eux, et respectent leurs engagements scrupuleusement.

70:33 et qui témoignent de la stricte vérité,

70:34 et qui sont régulier dans leur Salat.

70:35 Ceux-là seront honorés dans des Jardins.

70:36 Qu'ont donc, ceux qui ont mécru, à courir vers toi, le cou tendu,

70:37 de droite et de gauche, [venant] par bandes?

70:38 Chacun d'eux convoite-t-il qu'on le laisse entrer au Jardin des délices?

70:39 Mais non! Nous les avons créés de ce qu'ils savent.

70:40 Eh Non!... Je jure par le Seigneur des Levants et des Couchants que Nous sommes Capable

70:41 De les remplacer par de meilleurs qu'eux, et nul ne peut Nous en empêcher.

70:42 Laisse-les donc s'enfoncer (dans leur mécréance) et se divertir jusqu'à ce qu'ils rencontrent leur jour dont on les menaçait,

70:43 le jour où ils sortiront des tombes, rapides comme s'ils couraient vers des pierres dressées;

70:44 leurs yeux seront abaissés, l'avilissement les couvrira. C'est cela le jour dont on les menaçait!

71. Noé (Nuh)

Au nom d'Allah, le Tout Miséricordieux, le Très Miséricordieux.

71:1 Nous avons envoyé Noé vers son peuple: ‹Avertis ton peuple, avant que leur vienne un châtiment douloureux›.

71:2 Il [leur] dit: ‹Ô mon peuple, je suis vraiment pour vous, un avertisseur clair,

71:3 Adorez Allah, craignez-Le et obéissez-moi,

71:4 pour qu'Il vous pardonne vos péchés et qu'Il vous donne un délai jusqu'à un terme fixé. Mais quand vient le terme fixé par Allah, il ne saurait être différé si vous saviez!›

71:5 Il dit: ‹Seigneur! J'ai appelé mon peuple, nuit et jour.

71:6 Mais mon appel n'a fait qu'accroître leur fuite.

71:7 Et chaque fois que je les ai appelés pour que Tu leur pardonnes, ils ont mis leurs doigts dans leurs oreilles, se sont enveloppés de leurs vêtements, se sont entêtés et se sont montrés extrêmement orgueilleux.

71:8 Ensuite, je les ai appelés ouvertement.

71:9 Puis, je leur ai fait des proclamations publiques, et des confidences en secret.

71:10 J'ai donc dit: ‹Implorez le pardon de votre Seigneur, car Il est grand Pardonneur,

71:11 pour qu'Il vous envoie du ciel, des pluies abondante,

71:12 et qu'Il vous accorde beaucoup de biens et d'enfants, et vous donne des jardins et vous donne des rivières.

71:13 Qu'avez-vous à ne pas vénérer Allah comme il se doit,

71:14 alors qu'Il vous a créés par phases successives?

71:15 N'avez-vous pas vu comment Allah a créé sept cieux superposés

71:16 et y a fait de la lune une lumière et du soleil une lampe?

71:17 Et c'est Allah qui, de la terre, vous a fait croître comme des plantes,

71:18 puis Il vous y fera retourner et vous en fera sortir véritablement.

71:19 Et c'est Allah qui vous a fait de la terre un tapis,

71:20 pour que vous vous acheminiez par ses voies spacieuses›.

71:21 Noé dit: ‹Seigneur, ils m'ont désobéi et ils ont suivi celui dont les biens et les enfants n'ont fait qu'accroître la perte.

71:22 Ils ont ourdi un immense stratagème,

71:23 et ils ont dit: ‹N'abandonnez jamais vos divinités et n'abandonnez jamais Wadd, Suwaa, Yagout, Yaouq et Nasr.

71:24 Elles [les idoles] ont déjà égaré plusieurs. Ne fais (Seigneur) croître les injustes qu'en égarement.

71:25 A cause de leurs fautes, ils ont été noyés, puis on les a fait entrer au Feu, et ils n'ont pas trouvé en dehors d'Allah, de secoureurs›.

71:26 Et Noé dit: ‹Seigneur, ne laisse sur la terre aucun infidèle.

71:27 Si Tu les laisses [en vie], ils égareront Tes serviteurs et n'engendreront que des pécheurs infidèles.

71:28 Seigneur! Pardonne-moi, et à mes père et mère et à celui qui entre dans ma demeure croyante, ainsi qu'aux croyants et croyantes; et ne fait croître les injustes qu'en perdition›.

72. Les djinns (Al-Jinn)

Au nom d'Allah, le Tout Miséricordieux, le Très Miséricordieux.

72:1 Dis: ‹Il m'a été révélé qu'un groupe de djinns prêtèrent l'oreille, puis dirent: ‹Nous avons certes entendu une Lecture [le Qur'an] merveilleuse,

72:2 qui guide vers la droiture. Nous y avons cru, et nous n'associerons jamais personne à notre Seigneur.

72:3 En vérité notre Seigneur - que Sa grandeur soit exaltée - ne S'est donné ni compagne, ni enfant!

72:4 Notre insensé [Iblis] disait des extravagances contre Allah.

72:5 Et nous pensions que ni les humains ni les djinns ne sauraient jamais proférer de mensonge contre Allah.

72:6 Or, il y avait parmi les humains, des mâles qui cherchaient protection auprès des mâles paris les djinns mais cela ne fît qu'accroître leur détresse.

72:7 Et ils avaient pensé comme vous avez pensé qu'Allah ne ressusciterait jamais personne.

72:8 Nous avions frôlé le ciel et Nous l'avions trouvé plein d'une forte garde et de bolides.

72:9 Nous y prenions place pour écouter. Mais quiconque prête l'oreille maintenant, trouve contre lui un bolide aux aguets.

72:10 Nous ne savons pas si on veut du mal aux habitants de la terre ou si leur Seigneur veut les mettre sur le droit chemin.

72:11 Il y a parmi nous des vertueux et [d'autre] qui le sont moins: nous étions divisés en différentes sectes.

72:12 Nous pensions bien que nous ne saurions jamais réduire Allah à l'impuissance sur la terre et que nous ne saurions jamais le réduire à l'impuissance en nous enfuyant.

72:13 Et lorsque nous avons entendu le guide [le Qur'an], nous y avons cru, et quiconque croit en son Seigneur ne craint alors ni diminution de récompense ni oppression.

72:14 Il y a parmi nous les Musulmans, et il y en a les injustes [qui ont dévié]. Et ceux qui se sont convertis à l'Islam sont ceux qui ont cherché la droiture.

72:15 Et quant aux injustes, ils formeront le combustible de l'Enfer.

72:16 Et s'ils se maintenaient dans la bonne direction, Nous les aurions abreuvés, certes d'une eau abondante,

72:17 afin de les y éprouver. Et quiconque se détourne du rappel de son Seigneur, Il l'achemine vers un châtiment sans cesse croissant.

72:18 Les mosquées sont consacrées à Allah: n'invoquez donc personne avec Allah.

72:19 Et quand le serviteur d'Allah s'est mis debout pour L'invoquer, ils faillirent se ruer en masse sur lui..

72:20 Dis: ‹Je n'invoque que mon Seigneur et ne Lui associe personne›.

72:21 Dis: ‹Je ne possède aucun moyen pour vous faire du mal, ni pour vous mettre sur le chemin droit›.

72:22 Dis: ‹Vraiment, personne ne saura me protéger contre Allah; et jamais je ne trouverai de refuge en dehors de Lui.

72:23 [Je ne puis que transmettre] une communication et des messages [émanant] d'Allah. Et quiconque désobéit à Allah et à son Messager aura le feu de l'Enfer pour y demeurer éternellement.

72:24 Puis, quand ils verront ce dont on les menaçait, ils sauront lesquels ont les secours les plus faibles et [lesquels] sont les moins nombreux.

72:25 Dis: ‹Je ne sais pas si ce dont vous êtes menacés est proche, ou bien, si mon Seigneur va lui assigner un délai.

72:26 [C'est Lui] qui connaît le mystère. Il ne dévoile Son mystère à personne,

72:27 sauf à celui qu'Il agrée comme Messager et qu'Il fait précéder et suivre de gardiens vigilants,

72:28 afin qu'Il sache s'ils ont bien transmis les messages de leur Seigneur. Il cerne (de Son savoir) ce qui est avec eux, et dénombre exactement toute chose›.

73. L'enveloppé (Al-Muzzammil)
Au nom d'Allah, le Tout Miséricordieux, le Très Miséricordieux.

73:1 Ô!, toi, l'enveloppé [dans tes vêtements]!

73:2 Lève-toi [pour prier], toute la nuit, excepté une petite partie;

73:3 Sa moitié, ou un peu moins;

73:4 ou un peu plus. Et récite le Qur'an, lentement et clairement.

73:5 Nous allons te révéler des paroles lourdes (très importantes).

73:6 La prière pendant la nuit est plus efficace et plus propice pour la récitation.

73:7 Tu as, dans la journée, à vaquer à de longues occupations.

73:8 Et rappelle-toi le nom de ton Seigneur et consacre-toi totalement à Lui,

73:9 le Seigneur du Levant et du Couchant. Il n'y a point de divinité à part Lui. Prends-Le donc comme Protecteur.

73:10 Et endure ce qu'ils disent; et écarte-toi d'eux d'une façon convenable.

73:11 Et laisse-moi avec ceux qui crient au mensonge et qui vivent dans l'aisance; et accorde-leur un court répit:

73:12 Nous avons [pour eux] lourdes chaînes et Enfer,

73:13 et nourriture à faire suffoquer, et châtiment douloureux.

73:14 Le jour où la terre et les montagnes trembleront, tandis que les montagnes deviendront comme une dune de sable dispersée.

73:15 Nous vous avons envoyé un Messager pour être témoin contre vous, de même que Nous avions envoyé un Messager à Pharaon.

73:16 Pharaon désobéit alors au Messager. Nous le saisîmes donc rudement.

73:17 Comment vous préserverez-vous, si vous mécroyez, d'un jour qui rendra les enfants comme des vieillards aux cheveux blancs?

73:18 [et] durant lequel le ciel se fendra. Sa promesse s'accomplira sans doute.

73:19 Ceci est un rappel. Que celui qui veut prenne une voie [menant] à son Seigneur.

73:20 Ton Seigneur sait, certes, que tu (Muhammad) te tiens debout moins de deux tiers de la nuit, ou sa moitié, ou son tiers. De même qu'une partie de ceux qui sont avec toi. Allah détermine la nuit et le jour. Il sait que vous ne saurez jamais passer toute la nuit en prière. Il a usé envers vous avec indulgence. Récitez donc ce qui [vous] est possible du Qur'an. Il sait qu'il y aura parmi vous des malades, et d'autres qui voyageront sur la terre, en quête de la grâce d'Allah, et d'autres encore qui combattront dans le chemin d'Allah. Récitez-en donc ce qui [vous] sera possible. Accomplissez la Salat, acquittez la Zakat, et faites à Allah un prêt sincère. Tout bien que vous vous préparez, vous le retrouverez auprès d'Allah, meilleur et plus grand en fait de récompense. Et implorez le pardon d'Allah. Car Allah est Pardonneur et Très Miséricordieux.

74. Le revêtu d'un manteau (Al-Muddaththir)

Au nom d'Allah, le Tout Miséricordieux, le Très Miséricordieux.

74:1 Ô, toi (Muhammad)! Le revêtu d'un manteau!

74:2 Lève-toi et avertis.

74:3 Et de ton Seigneur, célèbre la grandeur.

74:4 Et tes vêtements, purifie-les.

74:5 Et de tout péché, écarte-toi..

74:6 Et ne donne pas dans le but de recevoir davantage..

74:7 Et pour ton Seigneur, endure.

74:8 Quand on sonnera du Clairon,

74:9 alors, ce jour-là sera un jour difficile,

74:10 pas facile pour les mécréants.

74:11 Laisse-Moi avec celui que J'ai créé seul,

74:12 et à qui J'ai donné des biens étendus,

74:13 et des enfants qui lui tiennent toujours compagnie,

74:14 pour qui aussi J'ai aplani toutes difficultés.

74:15 Cependant, il convoite [de Moi] que Je lui donne davantage.

74:16 Pas du tout! Car il reniait nos versets (le Qur'an) avec entêtement.

74:17 Je vais le contraindre à gravir une pente.

74:18 Il a réfléchi. Et il a décidé.

74:19 Qu'il périsse! Comme il a décidé!

74:20 Encore une fois, qu'il périsse; comme il a décidé!

74:21 Ensuite, il a regardé.

74:22 Et il s'est renfrogné et a durci son visage.

74:23 Ensuite il a tourné le dos et s'est enflé d'orgueil.

74:24 Puis il a dit: ‹Ceci (le Qur'an) n'est que magie apprise

74:25 ce n'est là que la parole d'un humain›.

74:26 Je vais le brûler dans le Feu intense (Saqar).

74:27 Et qui te dira ce qu'est Saqar?

74:28 Il ne laisse rien et n'épargne rien;

74:29 Il brûle la peau et la noircit.

74:30 Ils sont dix neuf à y veiller.

74:31 Nous n'avons assigné comme gardiens du Feu que les Anges. Cependant, Nous n'en avons fixé le nombre que pour éprouver les mécréants, et aussi afin que ceux à qui le Livre a été apporté soient convaincus, et que croisse la foi de ceux qui croient, et que ceux à qui le Livre a été apporté et les croyants n'aient point de doute; et pour que ceux qui ont au coeur quelque maladie ainsi que les mécréants disent: ‹Qu'a donc voulu Allah par cette parabole?› C'est ainsi qu'Allah égare qui Il veut et guide qui Il veut. Nul ne connaît les armées de ton Seigneur, à part Lui. Et ce n'est là qu'un rappel pour les humains.

74:32 Non!... Par la lune!

74:33 Et par la nuit quand elle se retire!

74:34 Et par l'aurore quand elle se découvre!

74:35 [Saqar] est l'un des plus grandes [malheurs]

74:36 un avertissement, pour les humains.

74:37 Pour qui d'entre vous, veut avancer ou reculer.

74:38 Toute âme est l'otage de ce qu'elle a acquis.

74:39 Sauf les gens de la droite (les élus):

74:40 dans des Jardins, ils s'interrogeront

74:41 au sujet des criminels:

74:42 ‹Qu'est-ce qui vous a acheminés à Saqar?›

74:43 Ils diront: ‹Nous n'étions pas de ceux qui faisaient la Salat,

74:44 et nous ne nourrissions pas le pauvre,

74:45 et nous nous associions à ceux qui tenaient des conversations futiles,

74:46 et nous traitions de mensonge le jour de la Rétribution,

74:47 jusqu'à ce que nous vînt la vérité évidente [la mort]›.

74:48 Ne leur profitera point donc, l'intercession des intercesseurs.

74:49 Qu'ont-ils à se détourner du Rappel?

74:50 Ils sont comme des onagres épouvantés,

74:51 s'enfuyant devant un lion.

74:52 Chacun d'eux voudrait plutôt qu'on lui apporte des feuilles tout étalées.

74:53 Ah! Non! C'est plutòt qu'ils ne craignent pas l'au-delà.

74:54 Ah! Non! Ceci est vraiment un Rappel.

74:55 Quiconque veut, qu'il se le rappelle.

74:56 Mais ils ne se rappelleront que si Allah veut. C'est Lui qui est Le plus digne d'être craint; et c'est Lui qui détient le pardon.

75. La résurrection (Al-Qiyamah)

Au nom d'Allah, le Tout Miséricordieux, le Très Miséricordieux.

75:1 Non!... Je jure par le jour de la Résurrection!

75:2 Mais non!, Je jure par l'âme qui ne cesse de se blâmer..

75:3 L'homme, pense-t-il que Nous ne réunirons jamais ses os?

75:4 Mais si! Nous somme Capable de remettre à leur place les extrémités de ses doigts..

75:5 L'homme voudrait plutòt continuer à vivre en libertin.

75:6 Il interroge: ‹A quand, le Jour de la Résurrection?›

75:7 Lorsque la vue sera éblouie,

75:8 et que la lune s'éclipsera,

75:9 et que le soleil et la lune serons réunis,

75:10 l'homme, ce jour-là, dira: ‹Où fuir?›

75:11 Non! Point de refuge!

75:12 Vers ton Seigneur sera, ce jour-là, le retour.

75:13 L'homme sera informé ce jour-là de ce qu'il aura avancé et de ce qu'il aura remis à plus tard.

75:14 Mais l'homme sera un témoin perspicace contre lui-même,

75:15 quand même il présenterait ses excuses.

75:16 Ne remue pas ta langue pour hâter sa récitation:

75:17 Son rassemblement (dans ton coeur et sa fixation dans ta mémoire) Nous incombent, ainsi que la façon de le réciter..

75:18 Quand donc Nous le récitons, suis sa récitation.

75:19 A Nous, ensuite incombera son explication.

75:20 Mais vous aimez plutòt [la vie] éphémère,

75:21 et vous délaissez l'au-delà.

75:22 Ce jour-là, il y aura des visages resplendissants

75:23 qui regarderont leur Seigneur;

75:24 et il y aura ce jour-là, des visages assombris,

75:25 qui s'attendent à subir une catastrophe.

75:26 Mais non! Quand [l'âme] en arrive aux clavicules

75:27 et qu'on dit: ‹Qui est exorciseur?›

75:28 et qu'il [l'agonisant] est convaincu que c'est la séparation (la mort),

75:29 et que la jambe s'enlace à la jambe,

75:30 c'est vers ton Seigneur, ce jour-là que tu seras conduit.

75:31 Mais il n'a ni cru, ni fait la Salat;

75:32 par contre, il a démenti et tourné le dos,

75:33 puis il s'en est allé vers sa famille, marchant avec orgueil.

75:34 ‹Malheur à toi, malheur!›

75:35 Et encore malheur à toi, malheur!

75:36 L'homme pense-t-il qu'on le laissera sans obligation à observer?

75:37 N'était-il pas une goutte de sperme éjaculé?

75:38 Et ensuite une adhérence Puis [Allah] l'a créée et formée harmonieusement;

75:39 puis en a fait alors les deux éléments de couple: le mâle et la femelle?

75:40 Celui-là (Allah) n'est-Il pas capable de faire revivre les morts?

76. L'homme (Al-Insan)

Au nom d'Allah, le Tout Miséricordieux, le Très Miséricordieux.

76:1 S'est-il écoulé pour l'homme un laps de temps durant lequel il n'était même pas une chose mentionnable?

76:2 En effet, Nous avons créé l'homme d'une goutte de sperme mélangé [aux composantes diverses] pour le mettre à l'épreuve. [C'est pourquoi] Nous l'avons fait entendant et voyant.

76:3 Nous l'avons guidé dans le chemin, - qu'il soit reconnaissant ou ingrat -

76:4 Nous avons préparé pour les infidèles des chaînes, des carcans et une fournaise ardente.

76:5 Les vertueux boiront d'une coupe dont le mélange sera de camphre,

76:6 d'une source de laquelle boiront les serviteurs d'Allah et ils la feront jaillir en abondance..

76:7 Ils accomplissent leurs voeux et ils redoutent un jour dont le mal s'étendra partout.

76:8 et offrent la nourriture, malgré son amour, au pauvre, à l'orphelin et au prisonnier,

76:9 (disant): ‹C'est pour le visage d'Allah que nous vous nourrissons: nous ne voulons de vous ni récompense ni gratitude.

76:10 ous redoutons, de notre Seigneur, un jour terrible et catastrophique›.

76:11 Allah les protégera donc du mal de ce jour-là, et leur fera rencontrer la splendeur et la joie,

76:12 et les rétribuera pour ce qu'ils auront enduré, en leur donnant le Paradis et des [vêtements] de soie,

76:13 ils y seront accoudés sur des divans, n'y voyant ni soleil ni froid glacial.

76:14 Ses ombrages les couvriront de près, et ses fruits inclinés bien-bas [à portée de leurs mains].

76:15 Et l'on fera circuler parmi eux des récipients d'argent et des coupes cristallines,

76:16 en cristal d'argent, dont le contenu a été savamment dosé.

76:17 Et là, ils seront abreuvés d'une coupe dont le mélange sera de gingembre,

76:18 puisé là-dedans à une source qui s'appelle Salsabil.

76:19 Et parmi eux, circuleront des garçons éternellement jeunes. Quand tu les verras, tu les prendras pour des perles éparpillées.

76:20 Et quand tu regarderas là-bas, tu verras un délice et un vaste royaume.

76:21 Ils porteront des vêtements verts de satin et de brocart. Et ils seront parés de bracelets d'argent. Et leur Seigneur les abreuvera d'une boisson très pure.

76:22 Cela sera pour vous une récompense, et votre effort sera reconnu.

76:23 En vérité c'est Nous qui avons fait descendre sur toi le Qur'an graduellement.

76:24 Endure donc ce que ton Seigneur a décrété, et n'obéis ni au pécheur, parmi eux, ni au grand mécréant.

76:25 Et invoque le nom de ton Seigneur, matin et après-midi;

76:26 et prosterne-toi devant Lui une partie de la nuit; et glorifie Le de longues [heures] pendant la nuit.

76:27 Ces gens-là aiment [la vie] éphémère (la vie sur terre) et laissent derrière eux un jour bien lourd [le jour du Jugement].

76:28 C'est Nous qui les avons créés et avons fortifié leur constitution. Quand Nous voulons, cependant, Nous les remplaçons [facilement] par leurs semblables.

76:29 Ceci est un rappel. Que celui qui veut prenne donc le chemin vers son Seigneur!

76:30 Cependant, vous ne saurez vouloir, à moins qu'Allah veuille. Et Allah est Omniscient et Sage.

76:31 Il fait entrer qui Il veut dans Sa miséricorde. Et quant aux injustes, Il leur a préparé un châtiment douloureux.

77. Les envoyés (Al-Mursalat)

Au nom d'Allah, le Tout Miséricordieux, le Très Miséricordieux.

77:1 Par ceux qu'on envoie en rafales.

77:2 et qui soufflent en tempête!

77:3 Et qui dispersent largement [dans toutes les directions].

77:4 Par ceux qui séparent nettement (le bien et le mal),

77:5 et lancent un rappel

77:6 En guise d'excuse ou d'avertissement! !

77:7 Ce qui vous est promis est inéluctable.

77:8 Quand donc les étoiles seront effacées,

77:9 et que le ciel sera fendu,

77:10 et que les montagnes seront pulvérisées,

77:11 et que le moment (pour la réunion) des Messagers a été fixé!...

77:12 A quel jour tout cela a-t-il été renvoyé?

77:13 Au Jour de la Décision. [le Jugement]!

77:14 Et qui te dira ce qu'est le Jour de la Décision?

77:15 Malheur, ce jour-là, à ceux qui criaient au mensonge.

77:16 N'avons-Nous pas fait périr les premières [générations]?

77:17 Puis ne les avons-Nous pas fait suivre par les derniers?

77:18 C'est ainsi que Nous agissons avec les criminels.

77:19 Malheur, ce jour-là, à ceux qui criaient au mensonge.

77:20 Ne vous avons-Nous pas créés d'une eau vile

77:21 que Nous avons placée dans un reposoir sûr,,

77:22 pour une durée connue?

77:23 Nous l'avons décrété ainsi et Nous décrétons [tout] de façon parfaite.

77:24 Malheur, ce jour-là, à ceux qui criaient au mensonge.

77:25 N'avons-Nous pas fait de la terre un endroit les contenant tous,

77:26 les vivants ainsi que les morts?

77:27 Et n'y avons-Nous pas placé fermement de hautes montagnes? Et ne vous avons-Nous pas abreuvés d'eau douce?

77:28 Malheur, ce jour-là, à ceux qui criaient au mensonge.

77:29 Allez vers ce que vous traitiez alors de mensonge!

77:30 Allez vers une ombre [fumée de l'Enfer] à trois branches;

77:31 qui n'est ni ombreuse ni capable de protéger contre la flamme;

77:32 car [le feu] jette des étincelles volumineuses comme des châteaux,

77:33 et qu'on prendrait pour des chameaux jaunes.

77:34 Malheur, ce jour-là, à ceux qui criaient au mensonge.

77:35 Ce sera le jour où ils ne [peuvent] pas parler,

77:36 et point ne leur sera donné permission de s'excuser.

77:37 Malheur, ce jour-là, à ceux qui criaient au mensonge.

77:38 C'est le Jour de la Décision [Jugement], où nous vous réunirons ainsi que les anciens.

77:39 Si vous disposez d'une ruse, rusez donc contre Moi.
77:40 Malheur, ce jour-là, à ceux qui criaient au mensonge.
77:41 Les pieux seront parmi des ombrages et des sources.
77:42 De même que des fruits selon leurs désirs.
77:43 ‹Mangez et buvez agréablement, pour ce que vous faisiez›.
77:44 C'est ainsi que Nous récompensons les bienfaisants.
77:45 Malheur, ce jour-là, à ceux qui criaient au mensonge.
77:46 ‹Mangez et jouissez un peu (ici-bas); vous êtes certes des criminels›.
77:47 Malheur, ce jour-là, à ceux qui criaient au mensonge.
77:48 Et quand on leur dit: ‹Inclinez-vous, ils ne s'inclinent pas.
77:49 Malheur, ce jour-là, à ceux qui criaient au mensonge.
77:50 Après cela, en quelle parole croiront-ils donc ?

78. La nouvelle (An-Naba')
Au nom d'Allah, le Tout Miséricordieux, le Très Miséricordieux.

78:1   Sur quoi s'interrogent-ils mutuellement?
78:2   Sur la grande nouvelle,
78:3   à propos de laquelle ils divergent.
78:4   Eh bien non! Ils sauront bientòt.
78:5   Encore une fois, non! Ils sauront bientòt.
78:6   N'avons-Nous pas fait de la terre une couche?
78:7   et (placé) les montagnes comme des piquets?
78:8   Nous vous avons créés en couples,
78:9   et désigné votre sommeil pour votre repos,
78:10 et fait de la nuit un vêtement,
78:11 et assigné le jour pour les affaires de la vie,
78:12 et construit au-dessus de vous sept (cieux) renforcés,
78:13 et [y] avons placé une lampe (le soleil) très ardente,
78:14 et fait descendre des nuées une eau abondante
78:15 pour faire pousser par elle grains et plantes
78:16 et jardins luxuriants.
78:17 Le Jour de la Décision [du Jugement] a son terme fixé.
78:18 Le jour où l'on soufflera dans la Trompe, vous viendrez par troupes,
78:19 et le ciel sera ouvert et [présentera] des portes,
78:20 et les montagnes seront mises en marche et deviendront un mirage.
78:21 L'Enfer demeure aux aguets,
78:22 refuge pour les transgresseurs.
78:23 Ils y demeureront pendant des siècles successifs.
78:24 Ils n'y goûteront ni fraîcheur ni breuvage,
78:25 Hormis une eau bouillante et un pus
78:26 comme rétribution équitable.
78:27 Car ils ne s'attendaient pas à rendre compte,
78:28 et traitaient de mensonges, continuellement, Nos versets,
78:29 alors que Nous avons dénombré toutes choses en écrit.
78:30 Goûtez-donc. Nous n'augmenterons pour vous que le châtiment!
78:31 Pour les pieux ce sera une réussite:
78:32 jardins et vignes,
78:33 et des (belle) aux seins arrondis, d'une égale jeunesse,
78:34 et coupes débordantes.

78:35 Ils n'y entendront ni futilités ni mensonges.

78:36 A titre de récompense de ton Seigneur et à titre de don abondant

78:37 du Seigneur des cieux et de la terre et de ce qui existe entre eux, le Tout Miséricordieux; ils n'osent nullement Lui adresser la parole.

78:38 Le jour où l'Esprit et les Anges se dresseront en rangs, nul ne saura parler, sauf celui à qui le Tout Miséricordieux aura accordé la permission, et qui dira la vérité.

78:39 Ce jour-là est inéluctable. Que celui qui veut prenne donc refuge auprès de son Seigneur.

78:40 Nous vous avons avertis d'un châtiment bien proche, le jour où l'homme verra ce que ses deux mains ont préparé; et l'infidèle dira: ‹Hélas pour moi! Comme j'aurais aimé n'être que poussière›.

79. Les anges qui arrachent les âmes (An-Nazi'at)

Au nom d'Allah, le Tout Miséricordieux, le Très Miséricordieux.

79:1 Par ceux qui arrachent violemment !

79:2 Et par ceux qui recueillent avec douceur !

79:3 Et par ceux qui voguent librement,

79:4 puis s'élancent à toute vitesse,

79:5 et règlent les affaires!

79:6 Le jour où [la terre] tremblera [au premier son du clairon]

79:7 immédiatement suivi du deuxième.

79:8 Ce jour-là, il y aura des coeurs qui seront agités d'effroi,

79:9 et leurs regards se baisseront.

79:10 Ils disent: ‹Quoi! Serons-nous ramenés à notre vie première,

79:11 quand nous serons ossements pourris?›

79:12 Ils disent: ‹ce sera alors un retour ruineux!›

79:13 Il n'y aura qu'une sommation,

79:14 et voilà qu'ils seront sur la terre (ressuscités).

79:15 Le récit de Moïse t'est-il parvenu?

79:16 Quand son Seigneur l'appela, dans Touwa, la vallée sanctifiée:

79:17 ‹Va vers Pharaon. Vraiment, il s'est rebellé!

79:18 Puis dis-lui: ‹Voudrais-tu te purifier?

79:19 et que je te guide vers ton Seigneur afin que tu Le craignes?›

79:20 Il lui fit voir le très grand miracle.

79:21 Mais il le qualifia de mensonge et désobéit;

79:22 Ensuite, il tourna le dos, s'en alla précipitamment,

79:23 rassembla [les gens] et leur fit une proclamation,

79:24 et dit: ‹C'est moi votre Seigneur, le très-Haut›.

79:25 Alors Allah le saisit de la punition exemplaire de l'au-delà et de celle d'ici-bas.

79:26 Il y a certes là un sujet de réflexion pour celui qui craint.

79:27 Etes-vous plus durs à créer? ou le ciel, qu'Il a pourtant construit?

79:28 Il a élevé bien haut sa voûte, puis l'a parfaitement ordonné;

79:29 Il a assombri sa nuit et fait luire son jour.

79:30 Et quant à la terre, après cela, Il l'a étendue:

79:31 Il a fait sortir d'elle son eau et son pâturage,

79:32 et quant aux montagnes, Il les a ancrées,

79:33 pour votre jouissance, vous et vos bestiaux.

79:34 Puis quand viendra le grand cataclysme,

79:35 le jour où l'homme se rappellera à quoi il s'est efforcé,

79:36 l'Enfer sera pleinement visible à celui qui regardera...

79:37 Quant à celui qui aura dépassé les limites

79:38 et aura préféré la vie présente,

79:39 alors, l'Enfer sera son refuge.

79:40 Et pour celui qui aura redouté de comparaître devant son Seigneur, et préservé son âme de la passion,

79:41 le Paradis sera alors son refuge.

79:42 Ils t'interrogent au sujet de l'Heure: ‹Quand va-t-elle jeter l'ancre›

79:43 Quelle [science] en as-tu pour le leur dire?

79:44 Son terme n'est connu que de ton Seigneur.

79:45 Tu n'es que l'avertisseur de celui qui la redoute.

79:46 Le jour où ils la verront, il leur semblera n'avoir demeuré qu'un soir ou un matin.

80. Il s'est renfrogné ('Abasa)

Au nom d'Allah, le Tout Miséricordieux, le Très Miséricordieux.

80:1 Il s'est renfrogné et il s'est détourné

80:2 parce que l'aveugle est venu à lui.

80:3 Qui te dit: peut-être [cherche]-t-il à se purifier?

80:4 ou à se rappeler en sorte que le rappel lui profite?

80:5 Quant à celui qui se complaît dans sa suffisance (pour sa richesse)

80:6 tu vas avec empressement à sa rencontre.

80:7 Or, que t'importe qu'il ne se purifie pas›

80:8 Et quant à celui qui vient à toi avec empressement

80:9 tout en ayant la crainte,

80:10 tu ne t'en soucies pas.

80:11 N'agis plus ainsi! Vraiment ceci est un rappel -

80:12 quiconque veut, donc, s'en rappelle -

80:13 consigné dans des feuilles honorées,

80:14 élevées, purifiées,

80:15 entre les mains d'ambassadeurs

80:16 nobles, obéissants.

80:17 Que périsse l'homme! Qu'il est ingrat!

80:18 De quoi [Allah] l'a-t-Il créé?

80:19 D'une goutte de sperme, Il le crée et détermine (son destin):

80:20 puis Il lui facilite le chemin;

80:21 puis Il lui donne la mort et le met au tombeau;

80:22 puis Il le ressuscitera quand Il voudra.

80:23 Eh bien non! [L'homme] n'accomplit pas ce qu'Il lui commande.

80:24 Que l'homme considère donc sa nourriture:

80:25 C'est Nous qui versons l'eau abondante,

80:26 puis Nous fendons la terre par fissures

80:27 et y faisons pousser grains,

80:28 vignobles et légumes,

80:29 oliviers et palmiers,

80:30 jardins touffus,

80:31 fruits et herbages,

80:32 pour votre jouissance vous et vos bestiaux.

80:33 Puis quand viendra le Fracas,

80:34 le jour où l'homme s'enfuira de son frère,

80:35 de sa mère, de son père,

80:36 de sa compagne et de ses enfants,

80:37 car chacun d'eux, ce jour-là, aura son propre cas pour l'occuper.

80:38 ce jour-là, il y aura des visages rayonnants,

80:39 riants et réjouis.

80:40 De même qu'il y aura, ce jour-là, des visages couverts de poussière,

80:41 recouverts de ténèbres.

80:42 Voilà les infidèles, les libertins.

81. L'obscurcissement (At-Takwir)
Au nom d'Allah, le Tout Miséricordieux, le Très Miséricordieux.

81:1 Quand le soleil sera obscurci,

81:2 et que les étoiles deviendront ternes,

81:3 et les montagnes mises en marche,

81:4 et les chamelles à terme, négligées,

81:5 et les bêtes farouches, rassemblées,

81:6 et les mers allumées,

81:7 et les âmes accouplées

81:8 et qu'on demandera à la fillette enterrée vivante

81:9 pour quel péché elle a été tuée.

81:10 Et quand les feuilles seront déployées,

81:11 et le ciel écorché

81:12 et la fournaise attisée,

81:13 et le Paradis rapproché,

81:14 chaque âme saura ce qu'elle a présenté.

81:15 Non!... Je jure par les planètes qui gravitent

81:16 qui courent et disparaissent!

81:17 par la nuit quand elle survient!

81:18 et par l'aube quand elle exhale son souffle!

81:19 Ceci [le Qur'an] est la parole d'un noble Messager,

81:20 doué d'une grande force, et ayant un rang élevé auprès du Maître du Trône,

81:21 obéi, là-haut, et digne de confiance.

81:22 Votre compagnon (Muhammad) n'est nullement fou;

81:23 il l'a effectivement vu (Gabriel), au clair horizon

81:24 et il ne garde pas avarement pour lui-même ce qui lui a été révélé.

81:25 Et ceci [le Qur'an] n'est point la parole d'un diable banni.

81:26 Où allez-vous donc?

81:27 Ceci n'est qu'un rappel pour l'univers,

81:28 pour celui d'entre vous qui veut suivre le chemin droit.

81:29 Mais vous ne pouvez vouloir, que si Allah veut, [Lui], le Seigneur de l'Univers;

82. La rupture (Al-Infitar)
Au nom d'Allah, le Tout Miséricordieux, le Très Miséricordieux.

82:1 Quand le ciel se rompra,

82:2 et que les étoiles se disperseront,

82:3 et que les mers confondront leurs eaux,

82:4 et que les tombeaux seront bouleversés,

82:5 toute âme saura alors ce qu'elle a accompli et ce qu'elle a remis de faire à plus tard.

82:6 Ô homme! Qu'est-ce qui t'a trompé au sujet de ton Seigneur, le Noble,

82:7 qui t'a créé, puis modelé et constitué harmonieusement?

82:8 Il t'a façonné dans la forme qu'Il a voulue.

82:9 Non...! [malgré tout] vous traitez la Rétribution de mensonge;

82:10 alors que veillent sur vous des gardiens,

82:11 de nobles scribes,

82:12 qui savent ce que vous faites.

82:13 Les bons seront, certes, dans un [jardin] de délice,

82:14 et les libertins seront, certes, dans une fournaise

82:15 où ils brûleront, le jour de Rétribution

82:16 incapables de s'en échapper.

82:17 Et qui te dira ce qu'est le jour de la Rétribution?

82:18 Encore une fois, qui te dira ce qu'est le jour de la Rétribution?

82:19 Le jour où aucune âme ne pourra rien en faveur d'une autre âme. Et ce jour-là, le commandement sera à Allah.

83. Les fraudeurs (Al-Mutaffifin)
Au nom d'Allah, le Tout Miséricordieux, le Très Miséricordieux.

83:1 Malheur aux fraudeurs

83:2 qui, lorsqu'ils font mesurer pour eux-mêmes exigent la pleine mesure,

83:3 et qui lorsqu'eux-mêmes mesurent ou pèsent pour les autres, [leur] causent perte.

83:4 Ceux-là ne pensent-ils pas qu'ils seront ressuscités,

83:5 en un jour terrible,

83:6 le jour où les gens se tiendront debout devant le Seigneur de l'Univers?

83:7 Non...! Mais en vérité le livre des libertins sera dans le Sijjin

83:8 et qui te dira ce qu'est le Sijjin? -

83:9 un livre déjà cacheté (achevé).

83:10 Malheur, ce jour-là, aux négateurs,

83:11 qui démentent le jour de la Rétribution.

83:12 Or, ne le dément que tout transgresseur, pécheur:

83:13 qui, lorsque Nos versets lui sont récités, dit: ‹[Ce sont] des contes d'anciens!›

83:14 Pas du tout, mais ce qu'ils ont accompli couvre leurs coeurs.

83:15 Qu'ils prennent garde! En vérité ce jour-là un voile les empêchera de voir leur Seigneur,

83:16 ensuite, ils brûleront certes, dans la Fournaise;

83:17 on [leur] dira alors: ‹Voilà ce que vous traitiez de mensonge!›

83:18 Qu'ils prennent garde! Le livre des bons sera dans l'Illiyoun -

83:19 et qui te dira ce qu'est l'Illiyun? -

83:20 un livre cacheté!

83:21 Les rapprochés (d'Allah: les Anges) en témoignent.

83:22 Les bons seront dans [un jardin] de délice,

83:23 sur les divans, ils regardent.

83:24 Tu reconnaîtras sur leurs visages, l'éclat de la félicité.

83:25 On leur sert à boire un nectar pur, cacheté,

83:26 laissant un arrière-goût de musc. Que ceux qui la convoitent entrent en compétition [pour l'acquérir]

83:27 Il est mélangé à la boisson de Tasnim,

83:28 source dont les rapprochés boivent.

83:29 Les criminels riaient de ceux qui croyaient,

83:30 et, passant près d'eux, ils se faisaient des oeillades,

83:31 et, retournant dans leurs familles, ils retournaient en plaisantant,

83:32 et les voyant, ils disaient: ‹Ce sont vraiment ceux-là les égarés›.

83:33 Or, ils n'ont pas été envoyés pour être leurs gardiens.

83:34 Aujourd'hui, donc, ce sont ceux qui ont cru qui rient des infidèles

83:35 sur les divans, ils regardent.

83:36 Est-ce que les infidèles ont eu la récompense de ce qu'ils faisaient?

84. La déchirure (Al-Insiqaq)
Au nom d'Allah, le Tout Miséricordieux, le Très Miséricordieux.

84:1 Quand le ciel se déchirera

84:2 et obéira à son Seigneur - et fera ce qu'il doit faire -

84:3 et que la terre sera nivelée,

84:4 et qu'elle rejettera ce qui est en son sein (les morts) et se videra,

84:5 et qu'elle obéira à son Seigneur - et fera ce qu'elle doit faire -

84:6 Ô homme! Toi qui t'efforces vers ton Seigneur sans relâche, tu Le rencontreras alors.

84:7 Celui qui recevra son livre en sa main droite,

84:8 sera soumis à un jugement facile,

84:9 et retournera réjoui auprès de sa famille.

84:10 Quant à celui qui recevra son livre derrière son dos,

84:11 il invoquera la destruction sur lui-même,

84:12 et il brûlera dans un feu ardent.

84:13 Car il était tout joyeux parme les siens,

84:14 et il pensait que jamais il ne ressusciterait

84:15 Mais si! Certes, son Seigneur l'observait parfaitement.

84:16 Non!... Je jure par le crépuscule,

84:17 et par la nuit et ce qu'elle enveloppe,

84:18 et par la lune quand elle devient pleine-lune!

84:19 Vous passerez, certes, par des états successifs!

84:20 Qu'ont-ils à ne pas croire?

84:21 et à ne pas se prosterner quand le Qur'an leur est lu ?

84:22 Mais ceux qui ne croient pas, le traitent plutòt de mensonge.

84:23 Or, Allah sait bien ce qu'ils dissimulent.

84:24 Annonce-leur donc un châtiment douloureux.

84:25 Sauf ceux qui croient et accomplissent les bonnes oeuvres: à eux une récompense jamais interrompue.

85. Les constellations (Al-Buruj)
Au nom d'Allah, le Tout Miséricordieux, le Très Miséricordieux.

85:1 Par le ciel aux constellations!

85:2 et par le jour promis!

85:3 et par le témoin et ce dont on témoigne!

85:4 Périssent les gens de l'Ukhdoud,

85:5 par le feu plein de combustible,

85:6 cependant qu'ils étaient assis tout autour,

85:7 ils étaient ainsi témoins de ce qu'ils faisaient des croyants,

85:8 à qui ils ne leur reprochaient que d'avoir cru en Allah, le Puissant, le Digne de louange,

85:9 Auquel appartient la royauté des cieux et de la terre. Allah est témoin de toute chose.

85:10 Ceux qui font subir des épreuves aux croyants et aux croyantes, puis ne se repentent pas, auront le châtiment de l'Enfer et le supplice du feu.

85:11 Ceux qui croient et accomplissent les bonnes oeuvres auront des Jardins sous lesquels coulent les ruisseaux. Cela est le grand succès.

85:12 La riposte de ton Seigneur est redoutable.

85:13 C'est Lui, certes, qui commence (la création) et la refait.

85:14 Et c'est Lui le Pardonneur, le Tout Affectueux,

85:15 Le Maître du Trône, le Tout Glorieux,

85:16 Il réalise parfaitement tout ce qu'Il veut.

85:17 T'est-il parvenu le récit des armées,

85:18 de Pharaon, et de Tamud?

85:19 Mais ceux qui ne croient pas persistent à démentir,

85:20 alors qu'Allah, derrière eux, les cerne de toutes parts.

85:21 Mais c'est plutôt un Qur'an glorifié

85:22 préservé sur une Tablette (auprès d'Allah).

86. L'astre nocturne (At-Tariq)

Au nom d'Allah, le Tout Miséricordieux, le Très Miséricordieux.

86:1 Par le ciel et par l'astre nocturne

86:2 Et qui te dira ce qu'est l'astre nocturne?

86:3 C'est l'étoile vivement brillante.

86:4 Il n'est pas d'âme qui n'ait sur elle un gardien.

86:5 Que l'homme considère donc de quoi il a été créé.

86:6 Il a été créé d'une giclée d'eau

86:7 sortie d'entre les lombes et les côtes.

86:8 Allah est certes capable de le ressusciter.

86:9 Le jour où les coeurs dévoileront leurs secrets,

86:10 Il n'aura alors ni force ne secoureur.

86:11 Par le ciel qui fait revenir la pluie!

86:12 et par la terre qui se fend !

86:13 Ceci [le Qur'an] est certes, une parole décisive [qui tranche entre le vrai et le faux],

86:14 et non point une plaisanterie frivole!

86:15 Ils se servent d'une ruse,

86:16 et Moi aussi Je me sers de Mon plan.

86:17 Accorde (ò Prophète) donc un délai aux infidèles: accorde-leur un court délai.

87. Le Très-Haut (Al-A'la)

Au nom d'Allah, le Tout Miséricordieux, le Très Miséricordieux.

87:1 Glorifie le nom de ton Seigneur, le Très Haut,

87:2 Celui Qui a crée et agencé harmonieusement,

87:3 qui a décrété et guidé,

87:4 et qui a fait pousser le pâturage,

87:5 et en a fait ensuite un foin sombre.

87:6 Nous te ferons réciter (le Qur'an), de sorte que tu n'oublieras

87:7 que ce qu'Allah veut. Car, Il connaît ce qui paraît au grand jour ainsi que ce qui est caché.

87:8 Nous te mettrons sur la voie la plus facile.

87:9 Rappelle, donc, où le Rappel doit être utile.

87:10 Quiconque craint (Allah) s'[en] rappellera,

87:11 et s'en écartera le grand malheureux,

87:12 qui brûlera dans le plus grand Feu,

87:13 où il ne mourra ni ne vivra.

87:14 Réussit, certes, celui qui se purifie,

87:15 et se rappelle le nom de son Seigneur, puis célèbre la Salat.

87:16 Mais, vous préférez plutòt la vie présente,

87:17 alors que l'au-delà est meilleur et plus durable.

87:18 Ceci se trouve, certes, dans les Feuilles anciennes,

87:19 les Feuilles d'Abraham et de Moïse.

88. L'enveloppante (Al-Ghashiyah)
Au nom d'Allah, le Tout Miséricordieux, le Très Miséricordieux.

88:1 T'est-il parvenu le récit de l'enveloppante?

88:2 Ce jour-là, il y aura des visages humiliés,

88:3 préoccupés, harassés.

88:4 Ils brûleront dans un Feu ardent,

88:5 et seront abreuvés d'une source bouillante.

88:6 Il n'y aura pour eux d'autre nourriture que des plantes épineuses [darii],

88:7 qui n'engraisse, ni n'apaise la faim.

88:8 Ce jour-là, il y aura des visages épanouis,

88:9 contents de leurs efforts,

88:10 dans un haut Jardin,

88:11 où ils n'entendent aucune futilité.

88:12 Là, il y aura une source coulante.

88:13 Là, des divans élevés

88:14 et des coupes posées

88:15 et des coussins rangés

88:16 et des tapis étalés.

88:17 Ne considèrent-ils donc pas les chameaux, comment ils ont été créés,

88:18 et le ciel comment il est élevé,

88:19 et les montagnes comment elles sont dressées

88:20 et la terre comment elle est nivelée?

88:21 Eh bien, rappelle! Tu n'es qu'un rappeleur,

88:22 et tu n'es pas un dominateur sur eux.

88:23 Sauf celui qui tourne le dos et ne croit pas,

88:24 alors Allah le châtiera du plus grand châtiment.

88:25 Vers Nous est leur retour.

88:26 Ensuite, c'est à Nous de leur demander compte.

89. L'aube (Al-Fajr)
Au nom d'Allah, le Tout Miséricordieux, le Très Miséricordieux.

89:1 Par l'Aube!

89:2 et par les dix nuits !

89:3 Par le pair et l'impair!

89:4 Et par la nuit quand elle s'écoule!

89:5 N'est-ce pas là un serment, pour un doué d'intelligence?

89:6 N'as-tu pas vu comment ton Seigneur a agi avec les Aad

89:7 [avec] Iram, [la cité] à la colonne remarquable,

89:8 dont jamais pareille ne fut construite parmi les villes?

89:9 et avec les Tamud qui taillaient le rocher dans la vallée?

89:10 ainsi qu'avec Pharaon, l'homme aux épieux?

89:11 Tous, étaient des gens qui transgressaient dans [leurs] pays,

89:12 et y avaient commis beaucoup de désordre.

89:13 Donc, ton Seigneur déversa sur eux un fouet du châtiment.

89:14 Car ton Seigneur demeure aux aguets.

89:15 Quant à l'homme, lorsque son Seigneur l'éprouve en l'honorant et en le comblant de bienfaits, il dit: ‹Mon Seigneur m'a honoré›.

89:16 Mais par contre, quand Il l'éprouve en lui restreignant sa subsistance, il dit: ‹Mon Seigneur m'a avili›.

89:17 Mais non! C'est vous plutôt, qui n'êtes pas généreux envers les orphelins;

89:18 qui ne vous incitez pas mutuellement à nourrir le pauvre,

89:19 qui dévorez l'héritage avec une avidité vorace,

89:20 et aimez les richesses d'un amour sans bornes.

89:21 Prenez garde! Quand la terre sera complètement pulvérisée,

89:22 et que ton Seigneur viendra ainsi que les Anges, rang par rang,

89:23 et que ce jour-là, on amènera l'Enfer; ce jour-là, l'homme se rappellera. Mais à quoi lui servira de se souvenir?

89:24 Il dira: ‹Hélas! Que n'ai-je fait du bien pour ma vie future!

89:25 Ce jour-là donc, nul ne saura châtier comme Lui châtie,

89:26 et nul ne saura garrotter comme Lui garrotte.

89:27 ‹Ô toi, âme apaisée,

89:28 retourne vers ton Seigneur, satisfaite et agréée;

89:29 entre donc parmi Mes serviteurs,

89:30 et entre dans Mon Paradis›.

90. La cité (Al-Balad)

Au nom d'Allah, le Tout Miséricordieux, le Très Miséricordieux.

90:1 Non!... Je jure par cette Cité !

90:2 et toi, tu es un résident dans cette cité -

90:3 Et par le père et ce qu'il engendre!

90:4 Nous avons, certes, créé l'homme pour une vie de lutte.

90:5 Pense-t-il que personne ne pourra rien contre lui?

90:6 Il dit: ‹J'ai gaspillé beaucoup de biens›.

90:7 Pense-t-il que nul ne l'a vu?

90:8 Ne lui avons Nous pas assigné deux yeux,

90:9 et une langue et deux lèvres?

90:10 Ne l'avons-Nous pas guidé aux deux voies.

90:11 Or, il ne s'engage pas dans la voie difficile!

90:12 Et qui te dira ce qu'est la voie difficile?

90:13 C'est délier un joug [affranchir un esclave],

90:14 ou nourrir, en un jour de famine,

90:15 un orphelin proche parent

90:16 ou un pauvre dans le dénouement.

90:17 Et c'est être, en outre, de ceux qui croient et s'enjoignent mutuellement l'endurance, et s'enjoignent mutuellement la miséricorde.

90:18 Ceux-là sont les gens de la droite;

90:19 alors que ceux qui ne croient pas en Nos versets sont les gens de la gauche.

90:20 Le Feu se refermera sur eux.

91. Le soleil (Ash-Shams)
Au nom d'Allah, le Tout Miséricordieux, le Très Miséricordieux.

91:1 Par le soleil et par sa clarté!

91:2 Et par la lune quand elle le suit!

91:3 Et par le jour quand il l'éclaire!

91:4 Et par la nuit quand elle l'enveloppe !

91:5 Et par le ciel et Celui qui l'a construit!

91:6 Et par la terre et Celui qui l'a étendue!

91:7 Et par l'âme et Celui qui l'a harmonieusement façonnée;

91:8 et lui a alors inspiré son immoralité, de même que sa piété!

91:9 A réussi, certes celui qui la purifie.

91:10 Et est perdu, certes, celui qui la corrompt.

91:11 Les Tamud, par leur transgression, ont crié au mensonge,

91:12 lorsque le plus misérable d'entre eux se leva (pour tuer la chamelle)

91:13 Le Messager d'Allah leur avait dit: ‹La chamelle d'Allah! Laissez-la boire›

91:14 Mais, ils le traitèrent de menteur, et la tuèrent. Leur Seigneur les détruisit donc, pour leur péché et étendit Son châtiment sur tous.

91:15 Et Allah n'a aucune crainte des conséquences:

92. La nuit (Al-Lail)
Au nom d'Allah, le Tout Miséricordieux, le Très Miséricordieux.

92:1 Par la nuit quand elle enveloppe tous!

92:2 Par le jour quand il éclaire!

92:3 Et par ce qu'Il a créé, mâle et femelle!

92:4 Vos efforts sont divergents.

92:5 Celui qui donne et craint (Allah)

92:6 et déclare véridique la plus belle récompense

92:7 Nous lui faciliterons la voie au plus grand bonheur.

92:8 Et quand à celui qui est avare, se dispense (de l'adoration d'Allah),

92:9 et traite de mensonge la plus belle récompense,

92:10 Nous lui faciliterons la voie à la plus grande difficulté,

92:11 et à rien ne lui serviront ses richesses quand il sera jeté (au Feu).

92:12 C'est à Nous, certes, de guider;

92:13 à Nous appartient, certes, la vie dernière et la vie présente.

92:14 Je vous ai donc avertis d'un Feu qui flambe

92:15 où ne brûlera que le damné,

92:16 qui dément et tourne le dos;

92:17 alors qu'en sera écarté le pieux,

92:18 qui donne ses biens pour se purifier

92:19 et auprès de qui personne ne profite d'un bienfait intéressé,

92:20 mais seulement pour la recherche de La Face de son seigneur le Très- Haut.

92:21 Et certes, il sera bientòt satisfait!

93. Le jour montant (Ad-Duha)
Au nom d'Allah, le Tout Miséricordieux, le Très Miséricordieux.

93:1 Par le Jour Montant!

93:2 Et par la nuit quand elle couvre tout!

93:3 Ton Seigneur ne t'a ni abandonné, ni détesté.

93:4 La vie dernière t'est, certes, meilleure que la vie présente.

93:5 Ton Seigneur t'accordera certes [Ses faveurs], et alors tu seras satisfait.

93:6 Ne t'a-t-Il pas trouvé orphelin? Alors Il t'a accueilli!

93:7 Ne t'a-t-Il pas trouvé égaré? Alors Il t'a guidé.

93:8 Ne t'a-t-Il pas trouvé pauvre? Alors Il t'a enrichi.

93:9 Quant à l'orphelin, donc, ne le maltraite pas.

93:10 Quant au demandeur, ne le repousse pas.

93:11 Et quant au bienfait de ton Seigneur, proclame-le.

94. L'ouverture (Ash-Sharh)
Au nom d'Allah, le Tout Miséricordieux, le Très Miséricordieux.

94:1 N'avons-Nous pas ouvert pour toi ta poitrine?

94:2 Et ne t'avons-Nous pas déchargé du fardeau

94:3 qui accablait ton dos?

94:4 Et exalté pour toi ta renommée?

94:5 A còté de la difficulté est, certes, une facilité!

94:6 A còté de la difficulté, est certes, une facilité!

94:7 Quand tu te libères, donc, lève-toi,

94:8 et à ton Seigneur aspire.

95. Le figuier (At-Tin)
Au nom d'Allah, le Tout Miséricordieux, le Très Miséricordieux.

95:1 Par le figuier et l'olivier !

95:2 Et par le Mont Sinin !

95:3 Et par cette Cité sûre !

95:4 Nous avons certes créé l'homme dans la forme la plus parfaite.

95:5 Ensuite, Nous l'avons ramené au niveau le plus bas,

95:6 sauf ceux qui croient et accomplissent les bonnes oeuvres: ceux-là auront une récompense jamais interrompue.

95:7 Après cela, qu'est-ce qui te fait traiter la rétribution de mensonge?

95:8 Allah n'est-Il pas le plus sage des Juges?

96. L'adhérence (Al-'Alaq)
Au nom d'Allah, le Tout Miséricordieux, le Très Miséricordieux.

96:1 Lis, au nom de ton Seigneur qui a créé,

96:2 qui a créé l'homme d'une adhérence.

96:3 Lis! Ton Seigneur est le Très Noble,

96:4 qui a enseigné par la plume [le calame],

96:5 a enseigné à l'homme ce qu'il ne savait pas.

96:6 Prenez-garde! Vraiment l'homme devient rebelle,

96:7 dès qu'il estime qu'il peut se suffire à lui-même (à cause de sa richesse).

96:8 Mais, c'est vers ton Seigneur qu'est le retour.

96:9 As-tu vu celui qui interdit

96:10 à un serviteur d'Allah (Muhammad) de célébrer la Salat?

96:11 Vois-tu s'il est sur la bonne voie,

96:12 ou s'il ordonne la piété?

96:13 Vois-tu s'il dément et tourne le dos?

96:14 Ne sait-il pas que vraiment Allah voit?

96:15 Mais non! S'il ne cesse pas, Nous le saisirons certes, par le toupet,

96:16 le toupet d'un menteur, d'un pécheur.

96:17 Qu'il appelle donc son assemblée.

96:18 Nous appellerons les gardiens (de l'Enfer).

96:19 Non! Ne lui obéis pas; mais prosterne-toi et rapproche-toi

97. La Destinée (Al-Qadr)

Au nom d'Allah, le Tout Miséricordieux, le Très Miséricordieux.

97:1 Nous l'avons certes, fait descendre (le Qur'an) pendant la nuit d'Al-Qadr.

97:2 Et qui te dira ce qu'est la nuit d'Al-Qadr?

97:3 La nuit d'Al-Qadr est meilleure que mille mois.

97:4 Durant celle-ci descendent les Anges ainsi que l'Esprit, par permission de leur Seigneur pour tout ordre.

97:5 Elle est paix et salut jusqu'à l'apparition de l'aube.

98. La preuve (Al-Bayyinah)

Au nom d'Allah, le Tout Miséricordieux, le Très Miséricordieux.

98:1 Les infidèles parmi les gens du Livre, ainsi que les Associateurs, ne cesseront pas de mécroire jusqu'à ce que leur vienne la Preuve évidente:

98:2 un Messager, de la part d'Allah, qui leur récite des feuilles purifiées,

98:3 dans lesquelles se trouvent des prescriptions d'une rectitude parfaite.

98:4 Et ceux à qui le Livre a été donné ne se sont divisés qu'après que la preuve leur fut venue.

98:5 Il ne leur a été commandé, cependant, que d'adorer Allah, Lui vouant un culte exclusif, d'accomplir la Salat et d'acquitter la Zakat. Et voilà la religion de droiture.

98:6 Les infidèles parmi les gens du Livre, ainsi que les Associateurs iront au feu de l'Enfer, pour y demeurer éternellement. De toute la création, ce sont eux les pires.

98:7 Quant à ceux qui croient et accomplissent les bonnes oeuvres, ce sont les meilleurs de toute la création.

98:8 Leur récompense auprès d'Allah sera les Jardins de séjour, sous lesquels coulent les ruisseaux, pour y demeurer éternellement. Allah les agrée et ils L'agréent. Telle sera [la récompense] de celui qui craint son Seigneur.

99. La secousse (Az-Zalzalah)

Au nom d'Allah, le Tout Miséricordieux, le Très Miséricordieux.

99:1 Quand la terre tremblera d'un violent tremblement,

99:2 et que la terre fera sortir ses fardeaux,

99:3 et que l'homme dira: ‹Qu'a-t-elle?›

99:4 ce jour-là, elle contera son histoire,

99:5 selon ce que ton Seigneur lui aura révélé [ordonné].

99:6 Ce jour-là, les gens sortiront séparément pour que leur soient montrées leurs oeuvres.

99:7 Quiconque fait un bien fût-ce du poids d'un atome, le verra,

99:8 et quiconque fait un mal fût-ce du poids d'un atome, le verra.

100. Les coursiers (Al-'Adiyat)

Au nom d'Allah, le Tout Miséricordieux, le Très Miséricordieux.

100:1 Par les coursiers qui halètent,

100:2 qui font jaillir des étincelles,

100:3 qui attaquent au matin.

100:4 et font ainsi voler la poussière,

100:5 et pénètrent au centre de la troupe ennemie.

100:6 L'homme est, certes, ingrat envers son Seigneur;

100:7 et pourtant, il est certes, témoin de cela;

100:8 et pour l'amour des richesses il est certes ardent.

100:9 Ne sait-il donc pas que lorsque ce qui est dans les tombes sera bouleversé,

100:10 et que sera dévoilé ce qui est dans les poitrines,

100:11 ce jour-là, certes, leur Seigneur sera Parfaitement Connaisseur d'eux?

101. Le fracas (Al-Qari'ah)
Au nom d'Allah, le Tout Miséricordieux, le Très Miséricordieux.

101:1 Le fracas!

101:2 Qu'est-ce que le fracas?

101:3 Et qui te dira ce qu'est le fracas?

101:4 C'est le jour où les gens seront comme des papillons éparpillés,

101:5 et les montagnes comme de la laine cardée;

101:6 quant à celui dont la balance sera lourde

101:7 il sera dans une vie agréable;

101:8 et quant à celui dont la balance sera légère,

101:9 sa mère [destination] est un abîme très profond.

101:10 Et qui te dira ce que c'est?

101:11 C'est un Feu ardent.

102: La course aux richesses (At-Takathur)
Au nom d'Allah, le Tout Miséricordieux, le Très Miséricordieux.

102:1 La course aux richesses vous distrait,

102:2 jusqu'à ce que vous visitiez les tombes.

102:3 Mais non! Vous saurez bientòt!

102:4 (Encore une fois)! Vous saurez bientòt!

102:5 Sûrement! Si vous saviez de science certaine.

102:6 Vous verrez, certes, la Fournaise.

102:7 Puis, vous la verrez certes, avec l'oeil de certitude.

102:8 Puis, assurément, vous serez interrogés, ce jour-là, sur les délices.

103. Le temps (Al-'Asr)
Au nom d'Allah, le Tout Miséricordieux, le Très Miséricordieux.

103:1 Par le Temps!

103:2 L'homme est certes, en perdition,

103:3 sauf ceux qui croient et accomplissent les bonnes oeuvres, s'enjoignent mutuellement la vérité et s'enjoignent mutuellement l'endurance.

104. Les calomniateurs (Al-Humazah)
Au nom d'Allah, le Tout Miséricordieux, le Très Miséricordieux.

104:1 Malheur à tout calomniateur diffamateur,

104:2 qui amasse une fortune et la compte,

104:3 pensant que sa fortune l'immortalisera.

104:4 Mais non! Il sera certes, jeté dans la Hutamah.

104:5 Et qui te dira ce qu'est la Hutamah?

104:6 Le Feu attisé d'Allah

104:7 qui monte jusqu'aux coeurs.

104:8 Il se refermera sur eux,

104:9 en colonnes (de flammes) étendues.

105: L'éléphant (Al-Fil)
Au nom d'Allah, le Tout Miséricordieux, le Très Miséricordieux.

105:1 N'as-tu pas vu comment ton Seigneur a agi envers les gens de l'Eléphant.
105:2 N'a-t-Il pas rendu leur ruse complètement vaine?
105:3 et envoyé sur eux des oiseaux par volées
105:4 qui leur lançaient des pierres d'argile?
105:5 Et Il les a rendus semblables à une paille mâchée.

106. Coraïsh (Quraish)
Au nom d'Allah, le Tout Miséricordieux, le Très Miséricordieux.

106:1 A cause du pacte des Coraïsh,
106:2 De leur pacte [concernant] les voyages d'hiver et d'été.
106:3 Qu'ils adorent donc le Seigneur de cette Maison (la Kaaba).
106:4 qui les a nourris contre la faim et rassurés de la crainte!

107. L'ustensile (Al-Ma'un)
Au nom d'Allah, le Tout Miséricordieux, le Très Miséricordieux.

107:1 Vois-tu celui qui traite de mensonge la Rétribution?
107:2 C'est bien lui qui repousse l'orphelin,
107:3 et qui n'encourage point à nourrir le pauvre.
107:4 Malheur donc, à ceux qui prient
107:5 tout en négligeant (et retardant) leur Salat,
107:6 qui sont pleins d'ostentation,
107:7 et refusent l'ustensile (à celui qui en a besoin).

108. L'abondance (Al-Kauther)
Au nom d'Allah, le Tout Miséricordieux, le Très Miséricordieux.

108:1 Nous t'avons certes, accordé l'Abondance.
108:2 Accomplis la Salat pour ton Seigneur et sacrifie.
108:3 Celui qui te hait sera certes, sans postérité.

109. Les infidèles (Al-Kafirun)
Au nom d'Allah, le Tout Miséricordieux, le Très Miséricordieux.

109:1 Dis: ‹Ô vous les infidèles!
109:2 Je n'adore pas ce que vous adorez.
109:3 Et vous n'êtes pas adorateurs de ce que j'adore.
109:4 Je ne suis pas adorateur de ce que vous adorez.
109:5 Et vous n'êtes pas adorateurs de ce que j'adore.
109:6 A vous votre religion, et à moi ma religion›.

110. Les secours (An-Nasr)
Au nom d'Allah, le Tout Miséricordieux, le Très Miséricordieux.

110:1 Lorsque vient le secours d'Allah ainsi que la victoire,
110:2 et que tu vois les gens entrer en foule dans la religion d'Allah,
110:3 alors, par la louange, célèbre la gloire de ton Seigneur et implore Son pardon.
Car c'est Lui le grand Accueillant au repentir.

111. Les fibres (Al-Masad)
Au nom d'Allah, le Tout Miséricordieux, le Très Miséricordieux.

111:1 Que périssent les deux mains d'Abu-Lahab et que lui-même périsse.

111:2 Sa fortune ne lui sert à rien, ni ce qu'il a acquis.

111:3 Il sera brûlé dans un Feu plein de flammes.

111:4 de même sa femme, la porteuse de bois,

111:5 à son cou, une corde de fibres.

112. Le monothéisme pur (Al-Ihlas)
Au nom d'Allah, le Tout Miséricordieux, le Très Miséricordieux.

112:1 Dis: ‹Il est Allah, Unique.

112:2 Allah, Le Seul à être imploré pour ce que nous désirons.

112:3 Il n'a jamais engendré, n'a pas été engendré non plus.

112:4 Et nul n'est égal à Lui›.

113: L'aube naissante (Al-Falaq)
Au nom d'Allah, le Tout Miséricordieux, le Très Miséricordieux.

113:1 Dis: ‹Je cherche protection auprès du Seigneur de l'aube naissante,

113:2 contre le mal des êtres qu'Il a créés,

113:3 contre le mal de l'obscurité quand elle s'approfondit,

113:4 contre le mal de celles qui soufflent (les sorcières) sur les noeuds,

113:5 et contre le mal de l'envieux quand il envie›.

114. Les hommes (An-Nas)
Au nom d'Allah, le Tout Miséricordieux, le Très Miséricordieux.

114:1 Dis: ‹Je cherche protection auprès du Seigneur des hommes.

114:2 Le Souverain des hommes,

114:3 Dieu des hommes,

114:4 contre le mal du mauvais conseiller, furtif,

114:5 qui souffle le mal dans les poitrines des hommes,

114:6 qu'il (le conseiller) soit un djinn, ou un être humain›.

1. *Le Saint Qur'an - Traduction en anglais du sens et de Commentaire,* Dr. Muhammad Taqi-ud-Din Al-Hilali, Dr. Muhammad Muhsin Khan, Complexe du Roi Fahd pour l'impression du Saint Qur'an, Médine, en Arabie Saoudite.
2. *Interprétation de la signification du Qur'an (Anglais et Espagnol),* Abdul Hye, PhD, Final Apocalypse, CP-890071, Houston, Texas 77289.
3. *Traduction en anglais du sens de Al-Qur'an,* Muhammad Farooq-i-Azam Malik, Houston, Texas.
4. *La signification du Qur'an illustre;* Abdullah Yusuf Ali.
5. *Le Qur'an,* Muhammad Marmaduke Pickthall.
6. *Tafheem-ul-Qur'an,* Syed Abul A'la Maududi.
7. *Tafseer ibn Katheer,* Ibn-i-Katheer, Damascus, Syria.
8. *Bayan-al-Qur'an,* Ashraf Ali Thanwi, India.
9. *Atlas du Qur'an,* Khalil Abu Dr Shauqi, Darusssalam, Riyad, en Arabie saoudite.
10. *Atlas sur la biographie du Prophète,* Khalil Abu Dr Shauqi, Darusssalam, Riyad, en Arabie saoudite.
11. *La vie de Muhammad,* Muhammad Husayn Haykal, North American Trust Publications.

Sites Web d'information:

> *isna.net; sultan.org; islamiccity.com; islamicfinder.org; msa-natl.org jews-for-Allah.org; finalrevelation.net*

Sites en espagnol:

> *IslamInSpanish.org; Islam.com.mx*

Direction de la prière

Everyday Useful Books, CDs / DVDs

Books

Qur'an | Cor'an | Hayatus Sahaba | Faza'il-e-A'amal | Daw'ah Etiquette | Price of Paradise | Du'a Organizer | Basics of Islam | Hajj & Umrah Organizer | Hajj & Umrah CDN. | Islamic Org. in America

Daw'ah

Where Do You Stand? | What Every Woman Should Know | Stand CD | ¿Y usted en Qué cree? | Spanish Stand CD | Comparative Religion CD | Gospel of Barnabas

Educational DVDs

Qur'an and Science | Allah's Universe | Prophets of the Qur'an | Life of Prophet Muhammad | Scholars of Islam | Price of Paradise | Jerusalem | Where Do You Stand? | What Every Woman Should know

Contact: www.finalrevelation.net
P.O. Box - 890071, Houston, Texas 77289
281-488-3191; a6h@yahoo.com

Made in the USA
Middletown, DE
04 June 2017